中國近代期刊彙刊·第二輯

新民叢報

五（貳拾伍—叁拾號）

中華書局

明治三十一年十二月廿七日第三種郵便物認可
明治三十六年二月十一日發行

十四二十九日　第貳拾伍號　每月二回發行

醒獅歌　祝今年以後之中國也

觀雲

獅兮獅兮爾乃阿母之産百獸之王胡爲沈沈一睡千年長世界反覆玄爲黃虎豹吽哮淩天闕龍蛇上陸恣强梁杜鵑血盡精衞或爾乃蒔目戢耳斂牙縮爪一任衆獸戲弄相拍張堂堂金鼓震山谷橫橫日月發光芒爾鬣一振懾萬怪爾足一步周四方丁甲待汝司號令僊靈待汝參翺翔獅兮獅兮爾乃上帝至愛首出之驕子供汝東海之上崑崙之下三幹兩戒嶽色河聲煒煌博麗之大地恣汝洪水而後石器以降南征北伐東漸西化數千年歷史有文化有武烈之榮光爾胡爲乎不管山理海濯日浴月掌汝地下天上之鎖鑰而乃山巒水壑草棲木食偃蹇抑塞而深藏獅兮獅兮爾獨不見佃夫獵師網山絡野銛刀利刃耽耽𨗨𨗨將以爾之皮爲衣而以爾之肉爲糧而乃夢夢眼影隆隆鼾聲不自知其死期而受一朝之天亡獅兮獅兮爾之神靈爾之材力豈待一鞭再鞭頑鈍駑僿若牛羊爾不見圜圜大物若橘若球待汝縱送蹴逐拏爪伸髀而舞將獅兮獅兮爾前程兮萬里爾後福兮穰穰吾不惜敝萬舌繭千指爲汝一歌而再歌兮願見爾之一日復威名揚志氣兮慰余百年之望眼消余九結之愁腸

恭賀新年

新民叢報第貳拾伍號目錄

▲叢錄門

◉售報價目表

全年廿四册	半年十二册	每册
六元	三元三角	三角

日本各地全年五元半年二元六角每册二角五分日本及日郵已通之地每册加郵費一分全年二角四分其餘各外埠每册加郵費六分全年一元四角四分

◉廣告價目表

洋裝一頁	洋裝半頁
十元	六元

惠登廣告至少以半頁起算刋資先惠論前加倍欲登長年半年者價當面議從減

編輯兼發行者　馮紫珊
印刷者　陳侶笙
發行所　橫濱山下町百五十二番　新民叢報社
上海發行所　四馬路老巡捕房對面　新民叢報支店
印刷所　橫濱山下町百五十二番　新民叢報社活版部

本社改良廣告

本報開辦未及一年承海內外大雅不棄謬加獎厲發行總數遞增至九千份誠非本社同人所克荷承至二十四號即滿一年之期本社辱承　厚愛且感且奮自維初辦伊始百事草創體例漏略缺點殊多今特悉心研究務求進步改良以副讀者諸君之盛意焉玆將改良條件列下

一增加葉數字數　本號原定百二十葉皆用四號字今擬隨時增加葉數八葉至二十葉其時評記事雜俎餘錄等門皆改用五號字報中內容約比今年增加四分之一

一多聘撰述　今年報中文字大率成於一人之手議論思想未免簡單今得海內碩學能文之士數人相助爲理各任專門議論更歸實際思想益求繁賾惟本社總撰述之文字仍有增無減

一分設時評　叢報之體本以評論爲天職今年之報偏於論說而缺於實際就中惟有國聞短評一門稍具時評之體殊爲缺憾今擬增置政治時評教育時評學藝時評風俗時評等門就中國現在利病一一指陳以求國民之自省

一增加圖畫　各國風景及名人造像每號增加數葉

一改鑄鉛字　本館鉛字印刷既多未免時有糢糊之患今一律淘汰挑去舊字補鑄新字以求娛目

一改良紙張　改用上等潔白厚韌之紙以求美觀

一印送附錄　元旦所出之第二十五號爲本報一年紀念增加附錄百數十葉今年有閏月別出臨時增刊一厚冊比本報葉數約增加一倍有餘由本社總撰述自行編著凡定閱全年報者一律奉送不取分文

本報爲開廣風氣裨補國民起見故取價極廉比諸上海各書局譯印之書價值較賤倍蓰此意當爲識者所同認惟年來內地銀價下落殊甚日本工價紙墨事事昂貴所虧不貲不得不酌爲彌補今定例自二十五號至四十八號凡內地定閱全年者實收報費銀六元定閱半年者三元四角零售每冊三角郵費照加其海外各埠亦照收通用銀六元惟日本各地不加分文

第二年之新民叢報

本報改良章程略具于上今將改定內容大概再布如下

第一論著門

一論說　由本社總撰述主稿其新民說及新民議兩鴻著次第刊布此外有特別重大之問題隨時著論

二學說　泰西近哲之學說如康德學說約翰彌勒學說斯賓塞學說等次第撰成復增演中國先哲學說如孔子孟子荀子墨子莊子王陽明之類

三時局　世界大勢中國前途隨時論列

四政治　專闡實際之學理援證各國之先例不尙空言其中國專制政體進化史亦續成焉

五歷史　新史學各雄篇次第續成並闡發史學原理衆多著史論

六地理　中國地理大勢論尙有餘稿未盡續成之尙有地理學研究法次第附載

七教育　續成中國新教育案隨成更闡明學理提出問題

八兵事　續成軍國民篇更他有所發揮

九法律　專以淺近之語發明法理以養成國民法律思想

十生計　循次淺深發明生計學學理其應用生計學及中國生計問題亦詳載焉

十一學術　續成中國學術思想變遷之大勢更爲泰西學術思想變遷大勢一雄篇又取近世各種科學解其定義叙其源流以爲求學津梁

十二宗教　發明佛學之哲理且爲世界宗教比較論一雄篇以資國民德育之採擇

第二批評門

叢報本以批評爲天職去年之報此類甚爲草率誠缺點也今特立此一門占全冊葉數四分之一而一皆用五號字分兩格刊之於本國及世界緊要事件論載無遺務使讀者因以獲得一切常識養成世界的國民分類如下

一政界時評　內分三部一本國之部二外國之部三國際之部

二教育時評　專調查國中教育之實况加以評論以促從事教育者之猛省

三學界時評　於學界進步墮落之現象有所聞者悉列載焉其新書新報之得失亦附論

四羣俗時評　專論現在國中風俗之得失以爲社會改良之基礎

五實業時評　今日生計界競爭之天下實業盖爲立國之本焉有所見者輙論及之

六雜　評　評論之無可歸類者附於此

七評論之評論　專取各報之論說而評之內分三部一本國之部二歐美之部三日本之部

八紹介新書　佳書則爲提要尋常之書間予存目內分兩部一本國之部二日本之部所以著日本者因和文較易解近日內地學者漸多著此俾讀者譯者知所别擇也

第三叢錄門

一談叢　如上年之例

二譯叢　專擇外國人所著短篇佳作譯之所譯以哲理及有趣味者爲主

三本國輿論　擇錄本國報紙之佳文惟不如上年之例全篇錄入惟擷其要耳

四海外思潮　擇譯外國最近各報之論說亦擷其要不使其占篇幅

五雜俎　如上年例

六小說　續成新羅馬傳奇其章回體小說亦附載焉

七文苑　如上年例

八寄書　社員以外寄來之文字錄之

九專件　若有大事件其記載文字關係重要者擇載焉

十問答　如上年例

十一記事　分中國之部外國之部惟以簡要爲主

以上諸門類惟論著門各類及叢錄門之談叢、譯叢、小說、文苑、四類仍用四號字依上年之例其餘各門皆用五號字庶使文字增加讀者多得常識封面之紙請日本美術大家繪醒獅圖以奬厲國民自尊自立之性

中國唯一之文學報

新小說

每月一回十五日發行

洋裝百八十葉

小說之道感人深矣泰西論文學者必以小說首屈一指豈不以此種文體曲折透達淋漓盡致描人羣之情狀批天地之蘊奥有非尋常文家所能及者耶中國自先秦以前斯道既[illegible]漢書藝文志已列小說家於九流但漢唐以後學者拘文牽義困於破碎之訓詁騖於玄渺之心性而於人情事理切實之跡毫不措意於是反鄙小說爲不足道夫人之好讀小說過於他書性使然矣小說既終不可廢而所謂好學深思之士君子吐棄不肯從事則儇薄無行者從而篡其統於是小說家言遂至毒天下中國人心風俗之敗壞未始不坐是本社同人恫焉是用因勢而利導之取方領矩步之徒所不屑道者集精力而從事焉班孟堅不云乎閭里小知者之所及亦使綴而不忘如或一言可采此亦芻蕘狂夫之議也其諸新世界之青年亦在所不棄歟條例如下

一本報宗旨專在借小說家言以發起國民政治思想激厲其愛國精神一切淫猥鄙野之言有傷德育者在所必擯

一本報所登載各篇著譯各半但一切精心結撰務求不損中國文學之名譽

一本報文言俗語參用其俗語之中官話與粵語參用但其書既用某體者則全部一律

一本報所登各書其屬長篇者每號或登一回二三回不等惟必每號全回完結非如前者清議報、登佳人奇遇之例將就釘裝語氣未完戛然中止也○

本報之內容如下

一圖畫

專搜羅東西古今英雄名士美人之影像按期登載以資觀感其風景畫則專採名勝地方趣味濃深者及歷史上有關係者登之而每篇小說中亦常插入最精緻之繡像繪畫其畫皆由著譯者意匠結撰託名手寫之

二論說

本報論說專屬於小說之範圍大指欲爲中國說部創一新境界如論文學上小說之價值、社會上小說之勢力、東西各國小說學進化之歷史及小說家之功德中國小說界革命之必要及其方法等題尙夥多不能豫定

三歷史小說

歷史小說者專以歷史上事實爲材料而用演義體叙述之蓋讀正史則易生厭讀演義則易生感徵諸陳壽之三國志、與坊間通行之三國演義其比較釐然矣故本社同志甯注精力於演義以恢奇俶詭之筆代莊嚴典重之文茲將擬著譯之目列下

一羅馬史演義

此書乃繙譯西人某氏所著羅馬爲古代世界文明之中心點有王政時代有貴族政時代有共和政時代有帝政時代其全盛也事事足爲後世法其就衰也事事足爲後世戒有大政治家有大宗教家有大文學家有空前絕後之豪傑有震今鑠古之美人詭歷史之最有趣味者莫羅馬史若也此書原本在歐洲既重版十四次今特譯之以餉同好

一十九世紀演義

欲知今日各文明國之所以成立莫要於讀十九世紀史矣此書乃採集當代大史家之著述數十種鎔鑄而成起維也納會議迄義和團事變其中五大洲各國之大事一一詳載精神活現

一自由鐘

此書即美國獨立史演義也因美人初起義時於費特費府建一獨立閣上懸大鐘有大事則撞之以召集國民僉議焉故取以爲名首叙英人虐政次叙八年血戰末叙聯邦立憲讀之使人愛國自立之念油然而生

一洪水禍

此書即法國大革命演義也昔法王路易第十四臨終之言曰『朕死後大洪水將來

一故取以爲名此書初叙革命前太平歌舞驕奢滿盈之象及當時官吏貴族之横暴民間風俗之腐敗次叙革命時代空前絶後之慘劇使人股慄而以拿破侖撼天動地之霸業終焉其中以極淺顯之筆發明盧梭孟德斯鳩諸哲之學理尤足發人深省

一東歐女豪傑

此書專叙俄羅斯民黨之事實以女豪傑威拉、蘇菲亞、葉些三、三人爲中心點將一切運動之歷史皆納入其中盖愛國美人之多未有及俄羅斯者也其中事跡出没變化悲壯淋漓無一不出人意想之外以最愛自由之人而生於專制最烈之國流萬數千志士之血以求易將來之幸福至今未成而其志不衰其勢且日增月盛有加無已中國愛國之士各宜奉此爲枕中鴻祕者也

一亞歷山大外傳

一華盛頓外傳

一拿破侖外傳

一俾斯麥外傳

一西鄉隆盛外傳

四政治小說

政治小說者著者欲借以吐露其所懷抱之政治思想也其立論皆以中國爲主事實全

由於幻想其書皆出於自著書目如下

一新中國未來記

此書起筆於義和團事變敘至今後五十年止全用幻夢倒影之法而敘述皆用史筆一若實有其人實有其事者然令讀者置身其間不復覺其爲寓言也其結搆先於南方有一省獨立舉國豪傑同心協助之建設共和立憲完全之政府與全球各國結平等之約通商修好數年之後各省皆應之羣起獨立爲共和政府者四五復以諸豪傑之盡瘁合爲一聯邦大共和國東三省亦改爲一立憲君主國未幾亦加入聯邦舉國國民戮力一心從事於殖産興業文學之盛國力之富冠絶全球尋以西藏蒙古主權問題與俄羅斯開戰端用外交手段聯結英美日三國大破俄軍復有民間志士以私人資格暗助俄羅斯虛無黨覆其專制政府最後因英美荷蘭諸國殖民地虐待黄人問題幾釀成人種戰爭歐美各國合縱以謀我黄種諸國連横以應之中國爲主盟協同日本非律賓等國互整軍備戰端將破裂匈加利人出而調停其事乃解卒在中國京師開一萬國平和會議中國宰相爲議長議定黄白兩種人權利平等互相親睦種種條款而此書亦以結局焉

一舊中國未來記

此書體例亦與前同惟敘述不變之中國寫其將來之慘狀各强國初時利用北京政

府及各省大吏爲傀儡剝奪全國民權利無所不至人民皆伺外國一嚬一笑爲其奴隸猶不足以謀生卒乎暴動屢起外國人藉口平亂行瓜分政策各國復互相紛爭各驅中國人從事軍役自鬥以糜爛卒經五十年後始有大革命軍起僅保障一兩省以爲恢復之基是此書之內容也

一新桃源(一名海外新中國)

此書專爲發明地方自治之制度以補新中國未來記所未及其結搆設爲二百年前有中國一大族民不堪虐政相率航海遯於一大荒島孳衍發達至今日而內地始有與之交通者其制度一如歐美第一等文明國且有其善而無其弊焉其人又不忘祖國卒助內地志士奏維新之偉業將其法制一切移植於父母之邦是此書之內容也

五哲理科學小說

專借小說以發明哲學及格致學其取材皆出於譯本

一共和國　希臘大哲柏拉圖著

一華嚴界　英國德麻摩里著

一新社會　日本矢野文雄著

一世界未來記　法國埃留著

一月世界一周

一空中旅行

一海底旅行

六軍事小說

專以養成國民尙武精神爲主其取材皆出於譯本　（題未定）

七冐險小說

如魯敏遜漂流記之流以激厲國民遠游冐險精神爲主　（題未定）

八探偵小說

探偵小說其奇情怪想往往出人意表前時務報曾譯數段不過嘗鼎一臠耳本報更博採西國最新奇之本而譯之　（題未定）

九寫情小說

人類有公性情二一曰英雄二曰男女情之爲物固天地間一要素矣本報竊附國風之義不廢關睢之亂但意必蘊藉言必雅馴　（題未定）

十語怪小說

妖怪學爲哲理之一科好學深思之士喜研究焉西人談空說有之書汗牛充棟幾等中國取其尤新奇可詫者譯之亦研究魂學之一助也

十一劄記體小說

如聊齋閱微草堂之類隨意裸錄

十二傳奇體小說

本社員有深通此道酷嗜此業者一二人欲繼索士比亞福祿特爾之風爲中國劇壇起革命軍其結搆詞藻決不在新羅馬傳奇下也（題未定）

十三世界名人逸事

體例畧如世說新語但常有長篇鉅製大率剌取古今中外豪傑之軼事足以廉頑立懦者最而錄之於青年立志最有裨助

十四新樂府

本報全編皆文學科所屬也故文苑一門視尋常報章應有特色專取泰西史事或現今風俗可法可戒者用白香山秦中樂府尤西堂明史樂府之例長言永歎之以資觀感

十五粵謳及廣東戲本

此門專爲廣東人而設純用粵語

其餘或有應增之門類隨時補入

一以上各門不能每册具備但每册最少必在八門以上

一定閱全年十二册者四元四角日本各地四元定閱半年六册者二元四角日本各地二元二角零售每册四角四分日本各地四角郵費照加

一代派者照例提二成爲酬勞

一定閱全年半年者必須先將報費清交乃爲作實否則一概不寄决弗徇情

一海內外各都會市鎭凡代派新民叢報之處皆有本報寄售欲閱者請各就近掛號

新小說第一號之内容

畫圖

俄國大小說家把爾斯泰像　法國著名女優阿底路像　日本西京通天楓樹之景

日本奈良春日神社之景

論說

論小說與羣治之關係

洪水禍

第一回　揭俚語隱括全文　驚惡夢逆知巨禍　第二回　時勢推移人亡政熄　名聲日鉅晋用楚材　第三回　國財支絀司農仰屋　意見難容名士辭官

東歐女豪傑

第一回　雪三尺夜讀自由書　電一通陰傳專制令

此回寫一中國女學生在瑞士留學與俄國女學生往來甚密因俄政府下一野蠻禁令

俄國學生勢當他徙冒風雪乘夜到中國女學生處辭行彼此言志陳義甚高

新中國未來記 序例

第一回楔子◉本書乃虛搆今日以後之事演出如錦如荼之中國但發端處最難蓋從今日講起景況易涉頹喪不足以提挈全書也此回乃作爲以六十年以後之人追講六十年間事起手便叙進化全國之中國雖寥寥不過千言而其氣象萬千已有凌駕歐美數倍之觀○第二回孔覺民演說近世史黄毅伯組織立憲會◉本書全部以史體出之而皆由一人所講演這塲大演說開宗明義講中國何以能維新自立之原因語語足爲今日志士針砭而推本于立憲期成同盟會創此會之人名曰黄種强即全上半部之主人翁也

海底旅行

第一回 怪妖肆虐苦行舟 勇士披奇泛滄海　第二回 船員熱心踪跡怪窟 妖物衝突創夷兵船　第三回 出入死生主僕 昭海别有天地

海底行舟　第四回 遇救星孤舟開窟室 作楚囚三士入樊籠

世界末日記

著者爲法國著名文豪兼以天文學名家者也叙地球毁滅之日最後人類之情狀以科學上最精確之學理與哲學上最高尚之思想組織而成讀之令人始而嗒然若喪終而超然

解脫譯者謂讀此一篇勝如聽釋迦牟尼四十九年說法殆非誣也以登第一號蓋有深意存焉讀者幸勿以游戲文章視之全篇不過六千餘言本號即已完結

（二勇少年） 第一回同敵士　第二回難破船

（離魂病）

（俠情記傳奇） 第一齣緯憂

（廣東戲本） 黃蕭養回頭

（東京新感情） 最得意二十一條　難過十七條　愁人九條　可笑八條　最可憐八條　差強人意七條

（燕京刼華記） 非國民　金城

（考試新笑話） 東西兩路德　泰西無印字機器　拿破侖與梅特涅同母

（雜歌謠） 愛國歌四章　出軍歌四章

新小說第二號之內容

東歐女豪傑

第二回　斐莪彌挺身歸露國　蘇菲亞垢面入天牢

蘇菲亞女傑爲本書主人翁至是始出現敘其以貴族千金之身提倡民黨微服往各村落演說內中言近日社會問題之學理而歸結于政治上關係語語皆含精理言言皆屬妙文

新中國未來記

第三回　求新學三大洲環游　論時局兩名士舌戰

黄毅伯爲本書前半部主人翁此回始出現前半回敘其游學歐洲數年以至歸國後半回則取現今志士最苦心研究之問題所謂革命論與非革命論者設爲兩人對壘駁論舌鋒針對觀不容開生人所出便知其妙兹將批語全列于下

拿著一個問題引著一條由線駁來駁去彼此往復到四十四次合成一萬六千餘言文章能事至是而極中國前此惟鹽鐵論一書稍有此種體段但彼書往往不服著本題動輒支橫到別處此篇卻是始終跟定一個主腦絕無枝蔓之詞彼書主客所據都不是眞正的學理全屬意氣用事以辯服人此篇卻無一句陳言一字強詞壁壘精嚴筆墨酣舞生平讀作者之文多矣此篇不獨空前之作只恐初寫蘭亭此後亦是可一不可再了

此篇辨論四十餘段每讀一段輒覺其議論已圓滿精確顛撲不破萬無可以再駁之理及看下一段忽又覺得别有天地看各段本又是顛撲不破萬難再駁了段段皆是如此便似游奇山水一般所謂山窮水盡疑無路柳暗花明又一村猶不足以喻其萬一也非才大如海安能有此筆力然僅恃文才亦斷不能得此蓋由字字根于學理據于時局胸中萬千海嶽磅礴鬱積奔赴筆下故也文至此觀止矣雖有他篇吾不敢請矣

此篇論題雖僅在革命論非革命論兩大端但所徵引皆屬政治上生計上歷史上最新最確之學理君潛心理會得透又豈徒有益于政論而已吾願愛國志士書萬本讀萬偏也

海底旅行

第五回 操奇器解人難索 攪飢腸勇士生嗔　第六回 上寶帶直可慰天涯 海國界竟初臨福地　第七回 游獵者作客駭壯觀 講電學畸人旋絕技

此次登錄三回海底鐵艦之來歷及艦主之爲何等人物此回漸已揭出趣味津津令人目駭魂蕩

此外短篇小說有俄皇宮中之人鬼一篇係法國著名小說家所作詳言俄皇外以尊榮內實窮蹙其苦有過於尋常人萬萬者至其結構之奇實非思議所及今未便先說出黃蕭養回頭亦做到臓肉有幾齣海青第二鍰又有許多趣致好笑十七字詩等傳奇有冥鬧一齣言女子纏足之苦痛以示勸戒雜歌謠有辛壬之間新樂府先錄兩章一爲二手子一爲洋大人言婉而多諷雖香山西涯不是過也自餘各篇滋味豈富比諸第一號更爲出色想不具告

新小說第三號之內容

東歐女豪傑

第三回　晏生訪美公義私情　葛女贈金冰心熱血

此回敘述女傑蘇菲亞入獄事而男員晏德烈扶病千里往救之德烈者即後此手刺大民賊亞歷山第三之人俄國民黨中第一流也少與菲亞同學兩情膠漆而相愛者實皆爲公義本回補敘德烈出身來歷內中在大學論政治原理駁斥頑固教習一段凡數千言洋洋灑灑將民權大義發揮殆無餘藴又徵引歷史上下千古讀此不啻讀一部民約論也晏德烈苦心營救菲亞而苦無資財又有一俠女葛好巧慨贈鉅金好巧者亦本書中一緊要人物也本回所出現之人物共有四人其出法各各不同大似水滸筆墨至其穿插之巧妙議論之精新不能盡述一讀全文方知其妙

新中國未來記

第四回　旅順鳴琴名士合幷　榆關題壁美人遠游

本回乃著者欲描寫瓜分以後爲奴爲隸之苦況因將旅順作一影子敘黃克强李去病二人游旅順查察情形見一廣東商人口述俄人種種苛虐之狀又揭出俄人侵畧東方種種陰謀內中所言事實乃合十數種之報數種之書而鎔鑄之者以數日之功

搜輯材料煞費苦心讀之如欲覺聞鐘發人深省又黃李兩人初到旅順遇著一人在隔壁唱英國文豪擺倫的愛國詩此處將英文原本用中國曲本體裁按譜譯出實詩界革命第一壯觀也著者文學之價值久有定論此數詩尤其經營慘憺之作也黃李兩人遂與唱歌之人相會一見如故後來同任大事又二人再到旅順口見有和韵題壁一詞題者爲一女傑往東歐游學者也此本回內容之大略也

其餘海底旅行離魂病二勇少年皆漸入佳境滋味益加盎然

短篇小說有「老學究」一篇描寫陳腐八股家之情狀意想惟妙惟肖謔而不虐不惡而嚴文筆之雅鍊峭勁論斷之精嚴透闢視聊齋等過之十倍

傳奇有歎老一齣借老朽之口以激厲少年其寄意之深遠詞藻之妍麗視刼灰夢新羅馬有過之無不及

「黃蕭養回頭」有歎獄數折用二簧名調音節凄惋沁人心脾又有粵謳數章名爲童謠問答者確爲百粵俗語文界開一新生面

雜歌謠有人境廬主人所著「幼稚園上學歌」數章亦向來詩界所未有也復有樂府數首皆以古韵譜近事有關時局之文

自餘雜錄一門「燕市刼華錄」續登數段有「新骨董錄」搜紀地球奇聞軼事「射覆叢錄」將前號酒底錄出別有新燈謎數條

新民叢報社徵事廣告

啓者本社今年之報特添設教育時評一門誠以此事爲今日中國第一急務而內地從事教育者多奉行故事毫無實際或不通理法舉措失宜阻國民進步莫大焉本社爲一國前途起見思有以規正之使咸自反省惟僻處海外於內地情形未能周知殊爲遺憾讀者諸君或親在學堂睹其缺點或採諸輿論悉其內情伏乞不吝金玉隨時賜告豈勝忻幸本社非好爲尋瘢索垢實以報館有監督國民公僕之天職不敢自放棄耳君子鑒諸

廣智書局特別告白

敝局自開辦以來印行各種新書及所代派之新民叢報承海內外諸君所賞識銷場愈推愈廣惟外埠來函購書報者多有住址開不清楚或用古地名或用別號或僅寫某省某學堂某學社字樣而無地名街名以致郵局民局無從確遞遺失頗多經敝局賠補亦不少有負購閱先覩之意爲憾嗣後外間來函凡寄務望於原信書明住址凡大清郵政已通未通之地均請詳細註明以便得函之下隨復回件免失雅望此啓

嚴查翻刻賞格告白

啓者近日查得廣州杭州等處間有私自翻刻本局書籍者在東西各文明國以此等事爲侵人權利治之與盜賊同罪本局除已查出一兩處稟官嚴究外恐尚有別家踪跡詭祕未能查確用特懸出賞格無論諸色人等若有知情某地某家翻刻本局之書投函報到者謝花紅銀二十大元能親自帶到該翻刻之所指証者即謝花紅銀二百大元決不食言特此通布

廣智書局謹啓

當代第一雄主德皇維廉第二（獵裝）

H. I. M. The Emperor of Germany.

維廉第二者當今第一英明雄武之君主也初即位即黜老相俾斯麥獨攬大權俾公見之常兢兢云現今德國所行帝國主義率皆由皇帝之英斷其任事決斷勇敢毫無顧忌雖腓力特列大王不能及也於德國內政無一事不改革而皆以實行己之理想爲主且於政治之外乃至教育科學音樂軍事繪畫游戲無一事不擅長論者謂其兼有德英兩國人之美質蓋其母后爲英前皇維多利亞之女兼父母之遺傳而成一特質云

當代第一政治家英國現任殖民大臣張伯倫

Right Hon. Joseph Chamberlain.

張伯倫者現今英國政界最大偉人也千八百七十六年始入議院爲議員八十年入格蘭斯頓第二次內閣爲商務大臣者五年九十二年復入格蘭斯頓第三次內閣因愛爾蘭自治案與格公意見不相容辭職在野者十年九十年入沙士勃雷內閣爲殖民大臣以至於今日近來英國所行之帝國主義實張氏主持之力居多南非洲之戰爭排羣議犯萬難以主張之三年來內之統一輿論外之操縱列强心力盖瘁焉彼以聯結殖民地增長其愛國心爲第一主義英皇加冕時開殖民會議於倫敦各殖民地之首相咸集張氏爲之議長講種種結合之策而實行之會議以後親游歷各殖民地撫慰其民現猶在南非洲也

美國紐約市自由神像

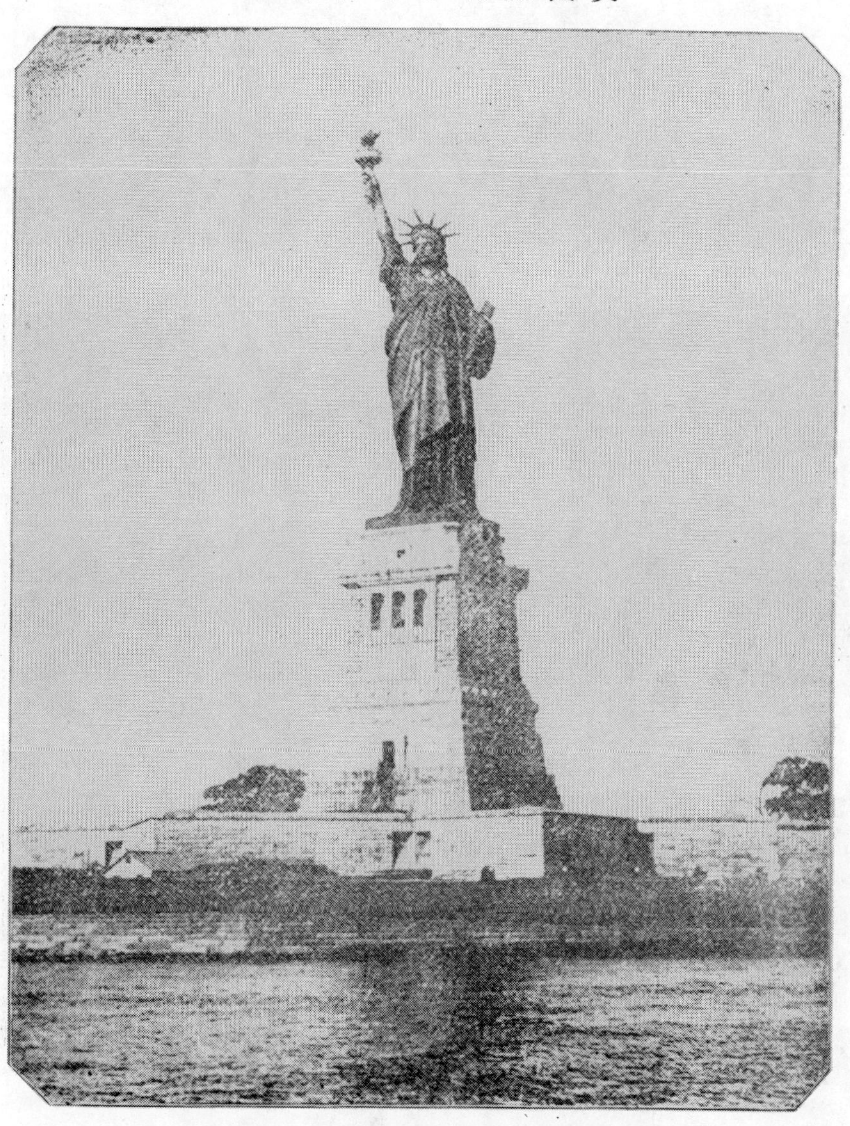

The Colossal Statue Liberty at New York Harbour.

美國華盛頓府國會議堂

The Capitol at Washington.

廣智書局出版書目

歷史類

世界近世史（近刊）

史也者叙述羣治之原因結果也因果不一而最繁頣莫如近世史近世史者十九世紀史之母也此編起十五世紀末迄十八世紀其中如學問之復興宗教之革命君權之變遷諸大業皆孕育百年來之文化者也欲知最近世之果不可不求其因於近世史此編爲專門學校講義煌煌巨帙東國史籍中第一善本也譯者夙有家學文詞斐然復經飲冰室主人校閱加案語百餘條將書中要點逐一剔出以卓特之學識雄奇之文筆論斷之而一以資鑑于我祖國學者苟讀一過則於史學之常識思過半矣

日本維新三十年史

全六册定價一元六角

一此書乃日本明治三十年日人舉行維新紀念大祝典（維新三十年祝典）於東京時則有博文館者東京第一大書林也乃廣聘通人將三十年來國運之進步叙述成書頒諸國民以當慶祝號爲明治三十年史今特譯述改爲今名

一近年我國譯行之日本史亦有數種然大率詳於政治而略於其他蓋猶舊史之體裁也此書分爲十二編一曰學術思想史二曰政治史三曰軍政史四曰

外交史五曰財政史六曰司法史七曰宗教史八曰教育史九曰文學史十曰交通史十一曰產業史十二曰風俗史蓋國勢民情無一不具備焉兼有資治通鑑文獻通考之長東史中佳本未有過此

一前者黃公度京卿遵憲所著日本國志其體例頗與此書相類然所紀者止於明治十四年日本近日進步之速一日千里故十年間變更之現象比諸前代百年千年尙或過之然則據黃書以求日本今日之國情無異據明史以語中國今日之時局也故欲知日本之所以爲日本非讀此書不能

一此書原本十二編由日本著名博士高山林次郎君姊崎正治君等十二人分纂人顓一門故其紀載之詳博議論之精新眞有山陰道上應接不暇之觀譯者羅君自丁酉年即東游留學于東京專門學校深通東文且嫻悉其政治學問風俗與尋常率爾操觚者有別讀者細審自能辨之

歐洲十九世紀史

全一册　定價五角五分

十九世紀者歷史上空前之名譽時代也欲識人類之價值不可不讀十九世紀史欲觀天演之作用不可不讀十九世紀史欲養國家之思想不可不讀十九世紀史雖然著十九世紀史者不多而善本尤少今所最著名者則菲佛氏苗拉氏馬懇西氏之三家馬氏之書坊間有譯本題爲泰西新史攬要者譯筆太劣讀者不慊焉札

遜博士之書最晚出兼諸家所長而有之故一殺青後重版十數各國繙譯之者亦踵相接其書敘事簡而不漏論斷卓而不偏趣味濃深如讀說部無怪爲學界所大歡迎也此編爲日本專門學校譯本重譯者麥君曼蓀久留學東京文學夙著譯本價值自無待言矣

日本維新慷慨史

全一冊　定價五角

世界中無論何國其能成維新之業者未有不自民間愛國之志士揮血淚以易之也日本與我比鄰其歷史上習慣亦多與我相類其與泰西各國交通後于我今已儼成一新國儕于歐美第一等文明國之列豈有他哉彼有民間慷慨家而我則無耳故欲造新中國者與其讀各國維新以後史不如讀其維新以前史若此書者亦廉頑立懦之一助乎吾願愛國之士日以之自隨也

支那史要

全四冊　定價八角

學者爲學歷史要矣而本國史尤要惟我國二千年來之史書汗牛充棟雖竭畢生精力猶不能盡學者苦之本局有慨于是特輯譯是書俾便學者其中提綱挈領抉要鉤元于制度沿革對外政策尤所著眼苟用以爲教科書尤稱適宜也

中國文明小史

全一冊　定價四角

外國人著中國史宜其必有所遜于中國人之自爲之矣而彼以其新學說新眼光

觀察吾中國數千年治亂興亡之由有逈非本邦舊學名家所能夢到者田口卯吉日本名士此編以一小冊子論斷數千年之史跡目光如炬讀之可闢一新境界中學校用爲教科書亦大佳也

埃及近世史

全一冊 定價二角五分

埃及爲文明開化最古之邦今幾不國矣觀其近世國權所以外流實有足令吾華人猛省者我國民當人置一冊以作前車之鑑

日本歷史問答

全二冊 定價三角五分

明治政黨小史

全一冊 定價一角

俄國蠶食亞洲史略

全一冊 定價一角五分

歷史哲學

近刊

歷史哲學者何也以哲學之理論觀察歷史也故尋常歷史譬猶形質歷史哲學譬猶精神其重要不待言矣是書凡分上下二篇上篇爲章五曰埃及文明論曰敘利亞文明論曰希臘文明論曰希臘盛衰論曰羅馬文明論下篇爲章六曰中世史論曰宗教改革論曰英國革命論曰法國革命論曰美國革命論曰近世史論苟欲治新史學者烏可不一讀

希臘獨立史

定價四角

土耳其史 附圖

定價四角

亞西里亞巴比倫史

定價一角

萬國興亡史

近刊

此書爲最新出版著者以三年之力乃成之現僅出上世中世其近世最近世尚未脫稿也其書全用史論體專言文明盛衰之原誠日本前此未有之作也書中於中世特詳日本人所著中世史前此無一善本本局既出西洋上古史世界近世史歐洲十九世紀史合以此編則數千年之史備矣四稿合共六十餘萬言煌煌巨帙學者合而讀之於古今大勢可以瞭然矣誠非坊間通行之萬國歷史寥寥小本者所能望其肩背也

西洋上古史

近刊

此書爲日本人所著歷史中第一善本東學界既有定評西洋上古之文明爲近世文明之母光怪陸離令人不可思議有志史學者不可不急一讀也

政法類

英國憲法論

洋裝全一冊定價五角

本局認憲法思想爲中國今日第一急務所聘通人著譯之書多注重於此點湘鄉周勳伯先生前著憲法精理及萬國憲法志已受一時學界之歡迎今復譯此編以餉學者其自序云英國憲法列國憲法之母也曰三權鼎立曰兩院之制曰司法之獨立曰議員之言論自由曰大臣責任之主義曰陪審制度皆列國今日憲法之大原則而究其原由皆取範于英國故欲知

立憲政治之眞相則先當明英國之制度云云亦可見此書爲政治學上第一重要之籍矣至著者爲日本斯學大家譯者之學識文章既爲江湖所同認無待本局詞費也

法學通論

全一册

定價三角

凡欲學法律者必先讀法學通論蓋非是則無所入也日本法律通論之名著不少然率皆繁博稍不便於初學此編乃東京專門學校講義也最簡而最明因亟譯之以供有志斯學者之研究

國家學綱領

全一册

定價一角二分

伯倫知理爲國家學第一鉅子其書一出而全世界之政治思想爲之一變譯者爲廣開民智起見特擷其綱領先爲一小册載之於小叢書中學者先卒業此編則於政治學之門徑思過半矣

近世歐洲四大家政治學說

洋裝精本定價二角

有學理然後有實事今日歐美之政治皆前此諸哲發明新學說之結果也本書纂譯英儒霍布士洛克法儒孟德斯鳩盧梭之學說之關於政治者雖不能盡近世之政治學理然可以代表其最精最要之一斑矣有政治思想者盍一研究之

萬國官制志

全一册

定價四角

官制爲行政之樞紐今日中國百度不舉皆坐官制紊亂之害爲多有志改革者宜亟亟留意矣本編釐爲三卷曰歐羅巴之部以英德法三國代表曰亞美利加之部以北美合衆國代表曰亞細亞之部以日本代表盖君主立憲國民主立憲國聯邦立憲國之官制皆備矣學者据此以研究行政學其如航海之有方針乎

英國憲法史

現已印成
即日出書

今日稍有識者論中國自强之道皆曰莫急於立憲英國爲憲法政治之祖國凡世界立憲國皆於此取法焉然則研究憲法莫要於英國雖然英國之憲法非以人力一時制作者也而自然發達逐漸成長者也故必尋其起源變遷發達乃能究英國憲法之眞相故憲法史爲最要矣此書爲日本專門學校講師松平君積數年之力蒐集輯著者不徒爲政治家之寶典凡治民族心理學歷史學羣學者所皆當研究也譯者麥君文名久播於海內外以半年之力覃精繙成譯筆之佳無待喋述現已付印不日成書海內有志經世者當必先覩爲快也

政治學

上卷 全一册定價一元
中卷 全一册定價三角五分
下卷 全一册定價四角

此書爲德國博士喇京所著南海馮自由翻譯餘杭章炳麟校定著者爲德國政法學專門大家久任日本東京帝國大學敎授此書即其在大學之講義也全書凡分三編上卷曰國家編中卷曰憲法編下卷曰行政編此書博大精深凡政治學原理及其歷史之變遷包括無遺有志是學者誠宜人手一編也

政治原論

洋裝全一册
定價七角五分

欲求治政術者不可不通政治學而欲通政治學者尤當提綱挈要先擇其通要者讀之本書在日本學界中號稱名著都分三卷上卷論政体中卷論憲法下卷論行

政廣搜衆說證論明通凡國家機關所由組織之故讀此自能了然誠有志經世者必讀之書也本局特爲選譯以餉我學界至于譯筆之條暢明達讀者自知不待贅言

國際公法志

全一冊　定價五角

立國之要不外內治外交外交本原公法尚矣中國前者譯出公法之書雖有數種然皆數十年前之舊籍不適於今日之用讀者憾焉此書編者久留學日本參取公法學專門名家之著述十數種纂成此書分爲平時國際法戰時國際法之兩部此編則其平時部也法理精嚴綱目燦備有志講求外交者亟宜熟讀

三版　憲法精理

全一冊　定價五角五分

是書爲湘鄉周君逵所著其自序有曰十九世紀之歷史皆君民相爭之事實即憲理成立記也歐人百年來政治改革之熱風靡全洲死之者以百萬計所爲者因此數十條憲法所得亦只此數十條憲法而已人徒見歐美諸國政治之美故國力之強而不知其所以美者實在乎憲法故作此書凡八章一憲法總義二主權論三國民之權利義務四元首五議院六上議院七行政大臣八司法院以中國人之眼觀歐人之政治復以中國人之筆寫之以告中國人其在外國或諸大家之議論有高且精者乎是誠不敢過誇其在中國則讀盡普天下政理家之書不如讀此編之一

字也是書由本局發行有政治思想者曷一讀之

再版 萬國憲法志

全一冊 定價五角

研究憲法爲中國今日第一急務但外國憲法之書多言本國現行憲法法理及其應用各國國体不同故其書又能盡適用于中國然則今日欲研究憲法不能徒恃譯本之書明矣周君伯勛留學于日本專門學校研究斯業特著玆編其萬國憲法志列各國憲法正文而加以解釋是爲我中國人所尤適用者也學者能熟讀之則于立國大原思過半矣

地方自治制論

現已印成 即日出書

世競言民權然非有地方自治之制則民權即無基礎條頓民族之民權所以獨盛者由其自治之有素也今世界列國中雖以俄羅斯之專制然亦已有地方議會盖此基一立則於政治之實力思過半矣中國數千年來爲治者不甚行干涉保護之政策故民間自治力亦頗發達惟無完備之條理無一定之法律故雖有此美質而其力不足以關係於一國識者慨焉今本局特譯此書詳言各國地方自治制度之精神及其權限職務與夫團結進步之方法此誠政治之第一級而最適於今日之用者也愛國之士其亟手一編

國憲汎論

近刊

憲法爲立國之本稍有文明思想者皆能知之矣此書爲日本名士小野梓先生所著其所以特優於羣書者以此書之著在日本未開國會以前當時東人猶未具知憲法之眞相著者乃繁徵博引條分縷晰搜列各國名儒學說而折衷其是非徧引各國憲法成例而剖斷其得失日本人能成爲立憲國國民受此書之賜居多焉而今日之中國人讀之尤爲適當矣因亟譯之以餉同胞原書博大浩瀚今先將上中卷出版以供先覩之快焉

萬國選舉志

近刊

孟德斯鳩萬法精理

近刊

哲理書

理學鈎元

全二冊

定價五角五分

此書實總匯哲學之綱領而比較評論其是非得失也著者中江兆民先生爲日本法國學派第一人在彼都有東方盧梭之目且深於漢學善能以泰西之新理針砭泰東之舊弊去年物故其遺稿出世一月間重版至二十一次焉則著者之聲價可想見矣此編乃其蚤平之作持論和平析理明達且當日本哲學未興時特著此以牖後學故其書尤適於中國人今日之用本局特繙譯之以餉我學界之研究哲理者

羣學（原名社會學）

洋裝全二冊

定價　六角

自喀謨德斯賓塞諸哲興於是羣學遂成爲一完全之科學且將合各種無形有形之學於一爐而冶之羣學誠現今及將來第一重要之學科矣且其上下千古旁羅萬象引證繁博趣味濃深抑尤有非他學所能及者其披靡一世不亦宜乎日本譯著之書題社會學者近頗夥多求其簡要精博引人入勝者以岸本氏之書爲最今由章枚叔先生精心繙譯譯者文名久播海內無待贅揚好學深思之士幸先覩爲快焉

中等教育倫理學

洋裝全一冊

定價　五角

倫理學者人格之模範而國家之基礎也凡各國學校無不以此列於第一科內地迂儒動以爲惟中國有倫理而西人無之實最妄見也泰西之言倫理有視吾中國尤精尤備者也此書著者爲日本哲學大家特爲中學校教授之用著此書凡分兩編前書言倫理之實用區爲自己倫理家族倫理國家倫理社會倫理等後編言倫理之學說所謂直覺說功利說快樂說進化說等釋精而語詳文簡而意備東邦學校以爲此學教授之最善本譯者愍吾國德育之不興特覃精以譯是編實中國前此未有之本也近者學校之議漸興凡敎師生徒皆宜各手一編採泰西新道德以與中國固有之道德相調和則既可以存國粹亦可以應時變矣

道德進化論

全一冊 定價一角

此書爲日本法學博士戶水寛人著以最簡短之筆發明文明道德進化之大原尋常言進化者只就物質上言近乃進而及於精神上此書誠最深邃高尚之哲理也

增補 族制進化論

全一冊 定價三角

進化主義今日磅礴於學界矣家族爲國家之基爲人羣之本故言進化者必推本於是焉本書著者有賀博士爲日本近今第一等碩儒所據者爲英國鴻哲斯賓塞原本而多引東方之例以證之有志哲理者不可不研究也

哲學要領前後編

定價四角

斯賓塞社會平權論

近刊

邊沁利學正宗

近刊

教育書

心理教育學

全一冊 定價五角

教育者非他不過因人類心靈之所固有者而濬鍊之啓發之而已故欲從事教育者不可不講明心理之作用而求所以牖導之之法故教育學之範圍以心理學占其一大部分爲今日中國競言教育而於此事之原理公例率皆茫然以此爲教則教育之前途必難成就矣此書採集東西

大家之學說講明人心之現象及教育家所以因勢利導之法條理詳盡解釋顯明誠中國今日不可缺之要籍故本局急譯之以資國民進化之一助云爾

實驗小學校管理法

全一册 定價二角五分

言教育者必以小學爲基礎今日中國初興教育而紛紛言大學識者皆知其謬也雖然辦小學校則管理之方法殆比諸教授之方法爲尤重蓋所以養成一國之人格者皆以此爲起點也近者舉國中從事教育之人亦漸知小學之急至所以開辦小學之法猶茫無頭緒以此而求進步亦難矣此書著者久從事於小學教育事事皆經實驗復採東西各國應用之方法羅列周備而論其長短得失苟讀一過則於辦學校確有把握不至見笑方家貽誤後生矣本局特譯出以供今日當務之急無論官私教育家皆不可不亟亟研究也

胎內教育

全一册 定價二角

中國古有胎教之義但不過空談近世學理日明此事乃可以實踐此書發明人身生生之理形魂相感之說以爲進種改良之第一着手爲人父母者不可不家置一編也欲爲一家求亢宗之子弟不可不讀此書欲爲一國養善良之國民不可不讀此書

精神之教育

全一册 定價五角五分

近世紛紛言教育然教育有形質有精神苟取形質而遺其精神則雖徧國開學堂

亦不過養成稍有智識之奴隸而已此書專以發揮精神教育為主凡有志養成國民者不可不熟讀

速成師範學校講義錄

全二冊　定價二元

日本高等師範學校校長嘉納治五郎因中國圖强首重教育教育創基宜興師範而中國欲建師範則又非一朝一夕之故國勢炎眉猝不及待乃創一新法于東京設速成師範科定六月為畢業期以三四年之功縮為半年中國各省大吏知其便南洋直隸湖南湖北廣東諸省先後選派學生入學現已將二百人而各省籌欵招人欲派而未派者又不知幾何人有志師範欲來而無門徑者更不知幾何人需材之急求學之切固如此也現湖南所派學生已畢業其中顏君朱君龍君等知國人欲學無師之苦乃將所受講義筆記而錄之成巨帙二冊按三四年之功縮為半年已稱便利今讀講義則不及半月可得同等之學力其便利更何如各省派人遊學歲費鉅萬今讀講義則僅費二元之資即得師範之要領其有益于國人更何如也書凡六種即▲第一種教育與國家▲第二種教育學原理▲第三種小學校規則▲第四種中學校要則▲第五種師範學校要則▲第六種地理學

教育史要

近刊

學生讀書法

全一冊　定價一角五分

政論書

十九世紀末世界之政治

全一冊　定價四角五分

凡言時務不可不知最近之形勢不然撫拾故紙影響之談未有不貽笑大方者此書專發明民族帝國主義之趨勢及其關係於中國之原因結果目光如炬在泰西號爲近今名作而我中國人讀之其受棒喝之益者尤多矣

東亞將來大勢論

全一冊　定價二角

東亞之風雲日漸危急生斯土者莫不汲汲焉欲知其將來之大勢何如此書即解釋此問題也憂國之士盍一讀之

再版 現今世界大勢論

洋裝　全一冊　二角五分

今日舉國志士紛紛談時務然或徒見歐美列國之强而不知其所以强徒痛中國外侮之急而不知其所以急此書發明近數十年來列强競爭之趨勢及其所以對中國之策字字劌心怵目足爲我國民當頭一棒語曰知己知彼百戰百勝今中國雖未敢語戰勝亦當選求自保一讀斯編則於彼已之情形可以概見矣

十九世紀大勢變遷通論

全一冊　定價四角

十九世紀大地各國爭雄競長劣敗優興其變遷之跡實爲曠古所未有本書以卓

識宏議而論列之讀之不特可知近世各國變遷之大勢而今日世界之大舞臺行將移于我國而其變遷或更有不可思議者得此庶亦可爲借鑒而求所以應變之道矣有志經世者盍急手一編

二十世紀之怪物 帝國主義

全一冊　定價四角

帝國主義者以兵力而墟人之國屋人之社以擴張其勢力開拓其版圖之謂也今日世界號稱强國者蓋無不守此主義而其膨漲之力已駸駸乎越大西洋太平洋印度洋而及于我國而未有艾我國人將歡迎之而利用之抑爲所推倒所摧滅也今本書字之曰怪物則其議論之新奇精警雖未開卷而可想見本局特採譯之以爲我國人之鑑觀而猛省焉

十九世紀大勢略論

全一冊　定價一角五分

十九世紀歐洲文明進化論

全一冊　定價三角五分

歐洲爲今日世界之重心而其所以能致然者實在于十九世紀本書舉其百年間之學藝政俗窮其變通而敘其得失詞旨蘊藉論斷公平眞一篇好十九世紀史論也原作文筆淋漓超超拔俗譯筆復能肖之欲識歐洲之眞相者允宜急手一編也

社會改良論

全一冊　定價二角五分

人類進化以社會改良爲尤亟世未有社

會腐敗而其國能興盛者此書詳論社會改良之理推源究流洵能增世界社會發達之力者也

傳記類

李鴻章

洋裝全一冊　定價六角

李鴻章死矣生平毀譽藉藉迄莫得其眞相今者蓋棺論定天下莫不欲知其爲何等人本館總撰述飲冰室主人特叙其一生行事加以論斷名曰『李鴻章』記載詳盡議論精確讀此不特可以知李鴻章亦可以知李鴻章時代之中國也

俾士麥傳

全一冊　定價一角

十九世紀播弄世界之政權者俾斯麥也其一言一動世皆注目視之雖謂近今大勢皆俾斯麥所造成不爲過讀其傳記于攷求時勢思過半矣

加里波的傳

全一冊　定價一角五分

意大利興國三傑卓卓在人耳目間其言論行事多可取法欲知加里波的之人物之價値此傳記不可不亟讀也

世界十二女傑

全一冊　三角五分

英雄豪傑不分男女中國數千年來廢女子不用而女子之傑出者益寥寥罕聞矣讀此書載世界女傑皆可歌可泣可敬可慕餉我中國吾知女子中必有聞而興起者矣女子猶如此男子更可以興矣

泰西政三學者列傳

全一册　定價一角

少年讀本世界人豪傳第一種 意大利建國三傑

近刊

此書向分載新民叢報各號頃已完結惟隨時屬稿隨時發刊內中事實尚有漏略之處今由著者自行改訂增補一次並附瑪志尼學說數十條及「少年意大利」綱領章程卷首印刷三傑及英瑪努埃王遺像卷末插入意大利地圖及建國年表以供參考由本局校印約二月初旬發行此等愛國名人傳記最足發揚精神著者才筆縱橫感人尤切欲教少年子弟以文學者最宜以此等書爲讀本勝於尋常敎科書萬萬也

理財類

中國商務志

全一册　定價四角

商務爲今日立國之大本尚矣泰西之謀我者莫不由此然則考求本國商務實當今一最要之學也然中國風氣未開人之知我恒優於我之自知此書乃日本專門學校出版部所輯著名曰支那貿易本局特急譯之以爲富國之鑑其考覈精確議論切要有志經世者不可不先覩爲快也

經濟教科書

定價三角

經濟一科即近人所譯生計學是也此科今在世界諸學中爲第一重要之學科但其學理深賾其問題繁雜非專門名家者不能領會日本自三年前始將此科列入中學普通科舉其初步簡要之理使尋常學生皆解其義誠智識普及之一方法也此書著者爲東邦斯學名家特撮述精要之理用至簡明之筆編爲教科書使適於中學之用至今彼都以爲最佳本焉我國新學萌芽譯事驟盛而經濟學之書至今尚無一本蓋皆憚於其學理之精深不敢率爾操觚也此書簡淺最適於中國學者之用故今本局特譯之以爲研究玆學之嚆矢云爾

歐洲財政一

全一册 定價三角

財政爲中國今日第一急務凡有志經世者所宜亟講矣西人以善理財聞但其術亦非一日所能精蓋以漸進步焉故考其歷史實研究斯學之第一著也小林學士財政名家此書乃其最新出者也在日本已有紙貴洛陽之觀因亟譯之以餉同好

中國財政紀略

全一册 二角五分

中國近日之財政苦無成書以備稽查是書綱舉目張燦若列眉講求財政者不可不手置一卷

萬國商務志

近刊

地理書

滿洲旅行記

一名白山黑水錄　全二册定價五角

俄之于滿洲其經營籌畫不遺餘力非一日矣狡矣哉其對東方之問題因國于東亞者莫不注意研究者也滿洲爲吾國土吾國能漠然置之乎是書爲著者兩次遊滿洲所記之事其間俄人施于滿洲之政策言之極詳是殆爲吾國危而爲之警鐘者乎熱心憂國之士不可不讀之書也

揚子江流域現勢論

全一册　定價二角五分

是書專紀中國南部商務盛衰大勢考察精詳瞭如指掌留心中國時事者開卷了然如置身沿江各埠耳聞目擊尤爲不可不讀之書

外國地理問答

全一册　定價二角五分

萬國地理志

全一册　定價五角

東亞各港志

全一册　定價三角

東亞口岸志

定價三角

中國疆域沿革說畧

定價一角五分

萬國商業地理志 定價三角

文編類

飲冰室文集 全十八册 定價六元五角

飲冰室主人爲我國文界革命軍之健將其文章之價值世間既有定評無待喋喋此編乃由其高足弟子何君所編凡著者數年來之文字搜集無遺編年分纂凡爲八集曰丙申集丁酉集戊戌集己亥集庚子集辛丑集壬寅集而以韻文集附於末焉其中文字爲各報所未載者亦復不少煌煌數百萬言無一字非有用之文雖謂中國集部空前之作殆無不可卷首復冠以著者所作三十自述一篇及照像三幅一爲時務報時代造像二爲清議報時代造像三爲新民叢報時代造像海内外君子有表同情於飲冰室主人者乎得此亦足代嚶鳴求友之樂也

飲冰室自由書 洋裝全一册 定價五角

此書前雜載清議報中偉論精思久爲時流所許玆由著者自加別擇訂正出版

中國魂 全一册 定價四角

本書採集近今名士所著論說專以發揚國民精神爲主精思偉論光燄萬丈一字一淚一棒一喝凡中國血性男子不可不一讀也

海上觀雲集初編

定價二角

雜書類

修學篇

全一册　定價二角五分

學者年己長大欲入學校以求新學難矣而閉戶自精又常苦於無門徑是書即專爲獨修者指示法門也篇中敍述各種讀書法及普通學之大概又引東西前哲無師修學之成例使人精神振奮有志新學者不可不一讀也

處女衞生論

洋裝全一册　定價四角

天下最名貴之人格莫過於處女處女者一切人類所同敬愛而尤宜矜持自愛者也自愛之道不一而衞生其一端婦女之衞生既與男子異處女之衞生又與尋常婦女異本書以最新穎之名理寫最切實之體段其滋味之濃富學理之精確實有非俗子所能夢見者吾願天下之處女皆讀之吾願天下之敬愛處女者皆讀之

泰西事物起原

全一册　定價五角

凡事必有起點而後逐漸發達逐漸完成故考各種事物之起原非徒趣味濃深亦實治學問必要之具也中國昔有「壹是紀始」等書言各種事物最初之來歷大便學者惟是泰西今日文明日進事物日

繁世人徒豔羨其新學新藝而罕知其由來此書爲日本第一書林博文館所編分類數十門上自政治學問下及一名一物莫不推原其所自始以最簡之筆述其梗概實足供考鑒之資備應對之用博物君子盍一讀之

男女生殖器病秘書 附圖

全一册　定價二角五分

自人種問題出世益致力於生理衛生諸事以爲傳種改良之具中國學士以生理學未明多闇於身體構造之理玆書言簡意賅讀之於男女衛生其受益爲不淺也

家政學第二編

定價三角

地球之過去及未來

全一册　定價三角

此書係言太陽之生滅各遊星與月球之狀態誠能發人之思想益人之智慧特譯之以供有志理學者書中各圖皆由東洋印回精美無倫誠宇宙間不可少之書也

愛國精神談

全一册　定價三角

新譯 英和辭典

洋裝全一册　定價二元

近來西學盛行英文一科實爲當今學界第一急務惟是向來華英字典率成於淺學稗販之手漏略訛誤學者憾之日本與我爲同文之國三十年來國中挂名士籍者

幾於無人不學英文因此英和字典之書著者不下數十家愈出愈精視我國所行華英字典過之數十倍矣字典之作以一字解一字與尋常著述文法深奧者不同故不必通東文亦可以用日本之字典然則今日生於中國欲求最佳適用之英文字典非求諸日本不可矣此編乃近來最新出之本合全國最有名之博士共編之其各種專門學術用語皆由專門人分任編譯一字有數義者皆一一標12345等符號分釋之眉目清醒解釋精確誠亞洲最佳之本也卷末復附錄各種文法語尾變化例、省筆字表、英文中所用他國語表、各國貨幣表、度量衡表、等皆可以備學者參考書用袖珍本便於携帶有志西學者允宜人手一編也

輿圖類

學校要品 暗射世界大地圖

全一幅 定價五元

學校要品 中國暗射地圖

全一幅 定價五元

凡學校教科莫要于暗射地圖暗射者圖中不明載地名惟畫其輪廓而加以許多符號標識懸諸講堂教師指其符號以教學生明日還以質問之故於助記性最有功焉凡各國小學校中學校無不用之而學生亦多自備一份以助暗記蓋教地理學地理最要之品也本局特仿外國最新之法製成世界地圖中國地圖各一幅其世界圖橫六尺直五尺中國圖橫直各五尺符號繁備眉目清晰一見令人悅目

其間用小字記注最要之地名取便教師也近來學校之議漸興不可不人手一帙矣

中國十八省地圖 定價一元二角

此圖爲最近測繪詳述各國經營鐵道及各國借割地并附中國屬部全圖北京廣東上海香港街市圖

中外方輿全圖 定價四元

此圖爲日本岸田吟香君所輯君在中國數十年親歷各地精心測繪竭力以成自十八省以至新疆西藏青海內外蒙古滿洲無不詳盡誠中國第一佳圖也

實測精密 **東亞新地圖** 定價一元

此圖爲亞細亞東部細圖詳繪中國本部及滿洲內外蒙古朝鮮日本別附北京附近特詳地圖最新實測繁簡得宜

戰地必携 **極東地圖** 定價一元六角

此圖專詳東亞兵略地理形勢瞭如指掌于海陸線路尤爲精密并附五洲小圖一幅以明東方位置

教科適用 **東亞三國地圖** 定價一元五角

此圖專詳中國日本朝鮮三國地理并附亞細亞小圖旅順口金州小圖及上海廣東韓城市街圖紙面極大測繪詳密

最新滿洲圖 附圖說一本定價一元

此圖乃日本黑龍會會員親往游歷測繪最新最確之本不獨於關塞阨塞中俄交界考證明確而且臚列地質物產如金銀鐵煤等礦所在之處一一皆爲之符號標識而於道路運輸交通尤詳水路則大川

小川陸路則鐵路電線大道小路纖悉詳載銅版精美設色鮮明又另附圖說一本詳述交通要害誠考東北地理者第一祕本現今强俄逐逐於朔方東三省發祥之地日以多事有志時務者不可不置一編為觸目警心之助矣現由本局代售寄到無多請快先覩

學校要品

徑尺地球儀

每枚定價 八元五角

地球儀為學校所必需之品稍留心教育者皆能知矣前者中國雖有之然猶嫌其小故記載不能詳盡本器乃由日本定造直徑一尺要地畢載字畫玲瓏顏色鮮明凡新立學校講堂上不可缺此品矣

五彩

坤輿全圖

附各國旗章並華洋地名對照表

定價 一元二角五分

此圖乃日本岸田吟香所製摹繪精緻字畫明晰朗若列眉而于高山大川都會城邑以及鐵道電線輪船航路昔人所未及者特加詳博精益求精瞭如指掌洵為輿圖之大觀圖上附各國旗章圖下附華洋地名對照表尤便于學者之撿閱誠有志經世者所當人置一冊也

世界兩半球圖

定價 三角

今日大地既通地輿之學尚矣本局有鑒于此故于中外各種圖皆精工製成價廉出售其有益于士林固不俟贅述本圖係據最新地理製成摹繪精緻字畫明晰而于各國及屬地皆別以顏色朗若列眉而又圖幅不大尤便于出入携帶之用有志斯學者盍速購取

萬國新地圖

一元

最近大清國疆域分圖

一圓

英國大哲學家洛克

John Locke.

洛克生千六百三十二年卒千七百四年十七世紀大哲也稱經驗派之鉅子所著書皆以進世界之道德獎人道之自由爲目的最著者爲千六百九十年出版之「人心論」Essay on Human Under standing 其餘敎育論基督敎論等皆傑作也其論政治主民約說矯霍布士之偏論開盧梭之先聲

英國大歷史家謙謨

David Hume.

謙謨生千七百十一年卒千七百七十六年英國近世大哲學家兼歷史家也所著書最著者爲「道德及政治論」Essay Moral and Political 凡五大卷又有「人類悟性論」Inguiryconcerning Human Understanding 及「政辨」Politi-cal Discourses 等書晚年著英國閱五年始成至今以爲英國史中之最良者云生計學鼻祖斯密亞丹嘗師事之謂所見人物智德兼備者未有若謙氏云

瑞士日內瓦府盧梭銅像

The Monument of Rousseau Switzerand.

匈牙利布達彼斯得府狄渥銅像

The Monument of Deak, Buda-Pesth.

清議報全編十大特色

一本編之論說皆以發明愛國眞理輸入文明思想爲主而又指陳時弊毫無假借讀者可因以見外國進化之所由及中國受病之所在爲他書所莫能及者一

一本編名雖爲報而其中實含佳書三十餘種之多實新學界之一大叢書也所含諸書或明哲理或晰學術或述近史皆獨闢途徑益人神智爲他書所莫能及者二

一本編附有政治小說兩大部以稗官之體寫愛國之思二書皆爲日本文界中獨步之作吾中國向所未有也令人一讀不忍釋手而希賢愛國之念自油然而生爲他書所莫能及者三

一本編附錄詩界潮音集一卷皆近世文學之菁英可以發揚神志涵養性靈爲他書所莫能及者四

一本編不徒一黨派之私言凡海內外名流寄稿崇論閎議絡繹不絕實可見中國輿論之一斑爲他書所莫能及者五

一本編網羅泰東泰西各國之時論他山之石可以攻玉良藥苦口使我瞑眩一棒一喝字字皆寶爲他書所莫能及者六

一本報所經歷時代爲中國存亡絕續之所關本編特將中國三大案編爲紀事本末以明其現象及原因結果學者疇昔雖讀他報然或過而輙忘且其事蹟散見網羅不易得此裒集實可稱爲一最良之現世史也爲他書所莫能及者七

一各報佳搆良多苦難一一備購備讀本編裒採各報三十餘種最錄其論說之精釆者是讀一報不啻兼讀數十種報也爲他書所莫能及者八

一綜此八長而又同時並出視前者每月三冊支支節節者有難得易得之別又編纂歸類視各卷散漫撿讀費時者有勞逸之殊爲他書所莫能及者九

一綜此九長而又志在開風氣取價極廉雖寒士亦可人置一帙但得一編而內外學術思想之光華國勢時事之變幻皆歷歷在目矣所謂不出戶而知天下也爲他書所莫能及者十

清議報全編目錄

卷一

第一集上之上　本館論説一

通論上

卷二

第一集上之下　本館論説二

通論下

第一集下之上　本館論說三

專論上

卷四

第一集下之下　本館論説四

專論下

滅國新法論八十五至八十九
瓜分危言十五至二十三
亡羊錄(一名丙申以來外交史)二十四至二十七
國聞短評
汗漫錄三十六至三十八
卷八
第二集丁　名家著述第十至第十四
學界雜纂六至十七
讀春秋界說
讀孟子界說
闔闢篇
未濟篇
理學篇
愛惡篇
性學篇

覺識篇
康南海傳一百
學校課卷二十七至三十二
瀛海縱談六十四至七十三
偉人佳話五十二、三
右第二集名家著述凡十四種都爲四卷
卷九
第三集甲　新書譯叢第一至第五
國家論十一至三十
各國憲法異同論十二、十三
帝國主義論九十七至一百
社會進化論四十七至七十
政治學案九十六至一百
卷十
第三集乙　新書譯叢第六至第七
埃及近世史四十九至七十四

明治政黨小史九十八至一百

卷十一

第三集丙　新書譯叢第八

支那現世論十四至一百

卷十二

第三集丁　新書譯叢第九至第十二

中國財政一斑七十一至七十九

揚子江八十至八十九

中國地理文明論（原名中國地理與其文明之關係）一百

支那上古宗教考

卷十三

第三集戊　新書譯叢第十三

政治小說佳人奇遇全部完結

卷十四

第三集己　新書譯叢第十四

政治小說經國美談全部完結

右第三集新書譯叢凡十四種都爲六卷

卷十五

第四集上　文苑上

來稿彙存

時事十大新聞彙記

傀儡說

大清廣東高雷兩府人民公啓

哭告華人

論內地雜居與商務關係

辨中國今日無所謂新舊黨

不平則鳴

東京高等大同學校公啓

聞俄人在金州等處苛刻事感而書此

弔六君子文

論布設版權制度于支那
論對清策宜慎
秦皇島之將來
讀韓氏原道
一洗儒毒
覬覦福建
論清國實情
詳論秦皇島形勢
論各國宜扶助清國
對清政策
論瓜分中國
論英俄協商與中國之關係
論支那之運命
論保全中國之策
歐洲列强對中國用柔緩侵略論
擬設考察支那會議
英人對清意見
清國與世界之安危
論保全中國
中國問題
中國人種侵畧世界
論旨濫發
修設亞細亞鐵道論
交鄰善道
論英日美當助中國維新
英國協商會議一斑
列國對中國之政策
中國之運命與革新之氣運
論德國在中國之勢力
俄人經營滿洲述

卷十九

第五集中 外論彙譯三

論外國

論日本今日之地位

卷二十

第五集下　外論彙譯四

通論

究論黃種將來之移植

擴張國勢及列强協商論

論外交前途

論地球國種之大勢

大政策與小術數

論圖書館爲開進文化一大機關

男女交際論

論戰法之變

告海內女子

奢侈論

人羣進化論

論文明之戰爭

十九世紀外交一覽

論女權漸盛

論種界之競爭

世界前途

論將來列國勢力消長

十九世紀思想變遷論

黃種之存亡

文明促進論

兩世紀之大觀

十九世紀海軍之進步

十九世紀陸軍之進步

論內閣制及政黨

心理新說序

右第五集外論彙譯凡三類都爲四卷

卷二十一

第六集上之上　紀事一

卷二十六

羣報擷華下　附錄二

專論

論房捐
論自由權與商戰之關係
政學論治性
頓整吏治論
算學報四則
中等倫理學序
興女學議
論維新必自變服色始
論商務金銀漲落
論白話爲維新之本
原强
開北京爲商埠論
學堂平議
學制宜歸統一論
勸工說
論製知方圖以敎童蒙事

以太說
平權說
强中國宜伸民權說
論各省宜設政學院
籌款危言
論黨
裁皂隸說
治始於鄉說
論行新政必自昭雪六君子之寃始
論語武王亂臣辨
論中國有私黨無政黨
論旅美華人被禁之害
追論張汶祥刺殺兩江總督馬新貽事
論髮辮原由
義和團有功於中國說
敬告我同業諸君

右附錄羣報擷華凡兩類都爲二卷

庚子北京事變照相全册

定價十八元

庚子事變本主人時適在北京一切情景及宮殿各景皆親自照出玆特用上好照相紙晒成合爲一巨冊閱者得此雖未至北京而亦儼如親歷其境矣晒成無多欲快先覩者請速購取　高林平太郎啓

玆將各照片分列如下

〇一午門　〇二保和殿　〇三中和殿
〇四太和殿　〇五乾清宮　〇六壽皇殿
〇七翀坤宮　〇八天一門　〇九疊翠樓
〇十皇太后之戲臺　〇十一宮內曲廊　〇十二宮巷
〇十三鴛鴦亭　〇十四宮內全景　〇十五宮內全景
〇十六北海之北儀鑾殿　〇十七北儀鑾殿之側面　〇十八北海全景
〇十九中海玉蝀橋　〇二十南海之瀛臺　〇二十一皇穹宇
〇二十二景山　〇二十三萬壽山之佛香閣

代售所橫濱新民叢報社上海

○二十四頤和園之昆明湖

○二十五頤和園之霏香橋

○二十六頤和園之石船

○二十七頤和園八鳳亭

○二十八萬壽山側面

○二十九頤和園之長橋

○三十頤和園側面

○三十一御榻

○三十二御便榻

○三十三皇建有極寶座

○三十四建極綏猷寶座

○三十五允執厥中寶座

○三十六正大光明寶座

○三十七皇帝廻鑾入大淸門

○三十八九慶李與各國公使議和畫押

○四十各國公使

○四十一各國公使及夫人

○四十二慶王

○四十三肅王

○四十四李鴻章全家

○四十五袁世凱之戎裝

○四十六宮內千手佛

○四十七醇賢親王

○四十八太后廻鑾時小影

○四十九皇上廻鑾時小影

○五十皇后

○五十一宮妃

○五十二醇王

○五十三濤公洵公

○五十四王文韶

○五十五袁世凱

○五十六端郡王

○五十七榮祿

○五十八董福祥

○五十九華德西

○六十義和團

○六十一紅燈女子

廣智書局北京琉璃廠有正書局

爲國流血鄧壯烈公世昌

爲民流血譚瀏陽先生嗣同

論著門

本社續定新章

一本號原定于元旦出報以印刷未成故改今日第二十六號即改于二十九日嗣後即以每月之十四廿九爲定期出報之期

一本社定章先收報費凡代派諸君于接到本號派發後務須向閱者收取報資郵費彙爲匯下本社乃續寄第二十六號望爲鑒之

一去年間有一二未清報欵者本社以屬在同志未便中途止截故仍將報章付足若今年欲仍任爲代派務乞先清舊數乃能照允至于舊數既清之後續定今年新報亦須照前一條辦理先付報資否則停止不寄本社例在必行决毋瞻狥幸爲諒之

一如有購取去年報章者欵到發報空函索購者不寄

一間有付欵購報只付報資而未付郵費者自後望購閱諸君照爲付足俾免區區之欵來往函問彼此均費信資

一各處惠函須貼足郵票若郵票不足致被郵局倍罰者原函璧回

敬告我國民

（癸卯元旦所感）

中國之新民

某不敏。謹因正月初吉。寓書於新民叢報讀者諸君。冀以間接力得普達於我所敬所愛所戀所崇拜所服從之四萬萬國民。

今日國民舉熙熙賀新年。顧同是新年也。而當此者之感情。率有兩種。大抵兒童。常歡忭。老人常慨歎。歡忭者。祝來日之方長也。慨歎者。覺已往之不可追也。我國民今日之位置。蓋未易斷定。或曰是幼稚時代也。或曰是老大帝國也。果其幼稚也。更歷一年。則多一年之進步。吾將賀年。果其老大也。更歷一年。則少一年之希望。吾將弔年弔年。非吉祥善事也。吾亦惡其非吉祥善事也。故有所欲陳於我國民。

今年癸卯也。由孔子而來至於今爲癸卯者。僅四十一耳。（參觀本號附錄癸卯大事表）遠焉者勿論。自今日而逆遡之二百四十年前所謂第三十七癸卯者爲康熙二年其前一年則明桂王被害於緬甸鄭成功卒於臺灣之歲也自彼癸卯以後中國民族始無復有尺寸土所謂第三十八癸卯者爲雍正元年始平西藏青海自彼癸卯以後帕米爾高原以東諸部落始盡合併于中國數千年來亞洲之形勢爲之一變所謂第三十九癸卯者爲乾隆四十八年至是準部回部緬甸安南皆服其前一年壬寅復定暹羅冊鄭華爲暹王自彼癸卯以後滿洲勢力幾掩覆東亞南亞之全部然極盛之後難爲繼矣所謂第四十癸卯者爲道光二十三年其前一年則英人攻陷定海乍浦鎭江逼金陵乃割香港開五口通商之歲也自彼癸卯以後滿洲民族與中國民族俱敝歐勢日益東漸遂至今日爲第四十一癸卯實光緒之二十九年去年義和團餘波始悉定要隘戍兵撤退表面上之自主權還與中國（汎義之中國）自今以往中國益不得不爲全世界之大劇場矣嘻歲月不居時節如流此後第四十二癸卯其變遷更不知若何然律以春秋之例所謂二百四十年間我祖所逮聞者其雲翻雨覆陵遷谷移之狀態既已若彼嗚呼宇宙能得幾癸卯吾不忍弔今癸卯吾亦未敢遽賀今癸卯

東西各國每年中必有一二日之大祝典爲國民榮譽之紀念若美國之七月四日法國之七月十四日皆舉國臚歡鼛鼓軒舞使人際其日參其會忽起歷史上無限之感情嚮往先民而益以增長其强固勇猛進步自立之氣若我中國則何有焉所號稱一年中普天同慶者惟此一元旦夫元旦則何奇不過地球繞日一周而復云爾國民聚族以居此土者旣四千年乃曾無人事上歷史上可紀念可慶祝之一日而惟取無意識之天象蹈常習故聊以自娛即此一端而其爲國民羞者固已多矣然使國運隆隆民生熙熙爲此春酒以相慰勞雖非盛軌猶有取焉今世何世今時何時決死生於河上釜共舟沈保喘息於會稽薪隨胆苦魚游沸鼎甯蓮葉之能戲燕處燎堂豈稻粱之可樂嗚呼我國民稍有腦筋稍有血性者茫茫對此其感何如

回鑾以來忽忽兩新年矣去年今日我國民猶喁喁然企踵拭目若不勝其望治之心者而今果何如矣嗚呼我國民依賴政府之惡夢其醒也未我國民放棄責任之孽報其知也未袁了凡曰從前種種譬如昨日死從後種種譬如今日生（此二語曾文正屢稱道引用）自今以往我國民眞不可不認定一目的求所以自立於劇烈天演界之道我國民今已如孤

兒無父母之可怙，己如寡婦無所天之可仰，如孤軍被陷於重圍，非人自爲戰，不足以保性命，如扁舟遇颶於滄海，非死中求生，不足以達彼岸。乃我國民今徒知想望政府，崇拜政府，責備政府，怨讟政府，是何異救兵不至而惟待援以自斃，狂颶不息而惟咒風以求活也。嗚呼，愚而可憐，孰有過此。

今執一人而聒之曰，汝其速救而國，人將曰，吾固願救，然吾日日願救，今遂可救乎。此實一最難駁解之問題也。顧吾以爲今日即未能爲救國之實事，然不可不爲救國之預備。天下固未有無預備而能成實事者也。今日我輩所以欲救國而無其道者，正坐前此預備工夫之太缺乏。今日所願爲之事宜，以前十年二十年而整備之者也。惟前此不爲，故不得不窘我於今日。今日而猶不爲焉，則他日欲有所爲，其窘我者猶今也。日復一日，而國遂以淪亡。今憂國者動輒曰政府壓制，故民間不能展其力也。斯固然也。然使政府壓力頓去，我國民遂能組織一完備之國家乎。吾有以知其不能也。勿徵他事，請觀兩年以來民間之言教育者。夫今之政府百端皆壓制矣，若夫教育事業，勿論其精神，而論其形式，彼固日日下諭旨，上諸奏牘，汲汲以此事獎厲民間者也。使吾民之能力果能及此則縣省省府府州州縣縣市市村村坊坊街街各遣一私立學校吾信政府必不之禁使吾民之能力果能及此則無論其所立學校干設何等之學科闡何等之哲理吾信政府必不之干涉然則吾民雖無他種之自由而立學之自由未嘗不如人也雖無他種之民權而教育之民權未嘗不如人也顧何以兩年來私立學校屈指可數其有一二亦淩亂萎靡而終於不能成立也玆事雖小亦可見我國民自治力之甚弱而非可徒以政府壓制爲解免明矣不寧惟是以今政府行政機關之不整備其壓制力所能及之範圍固自有限民間除租稅訟獄兩事外往往經十年二十年與政府無一交涉使我民之能力能及條頓民族之一二則地方自治之規模固可以大備而何以至今泯泯棼棼也此猶曰在內地爲然也若夫海外商民殆四五百萬若此者其爲政府壓力所不能及明矣苟其政治思想稍發達者安在不可以成一鞏固秩序之團體爲祖國模範乃其文明程度往往視祖國猶有遜色焉是安可以不自愧也以是例之且使今日政府幡然改焉頒憲法行民政舉立法行政司法諸大權而一旦還諸我國民我國民遂能受之而運用自如耶其有以愈於今日所享有之敎

育權者幾何也其有以愈於前此山谷之民海外之民所享有之自治權者幾何也故吾輩今勿徒艷羨民權而必當預備其可以享受民權之資格此格既備雖百千路易十四爲之君百千梅特涅爲之相未有能壓制焉者也此格不備雖無壓制又將奈何吾以爲自由權者必非他人所能奪也惟有棄之者斯有奪之者我既棄矣人亦何憚而不奪雖不奪矣我獨能自有乎故我國民勿徒怨政府詈政府而已今之政府實皆公等所自造公等不好造良政府而好造惡政府其又誰尤也又今憂國者率分兩派一曰持溫和主義者二曰持破壞主義者持溫和主義者以爲破壞之可懼也雖然有一問題焉我不破壞果能禁腐敗官吏無知小民之不破壞乎破壞之爲利爲害於中國今暫勿論且使自今以往而吾國中所謂無意識之破壞者參觀第十一號續論進步篇層見疊出試問我國民何以待之或曰今政府之力禦外患不足戡內亂有餘此區區者不足爲病也然廣西之亂今已垂兩年四川之亂亦九十閱月矣豈嘗見政府之能定之即歲年以後幸而定矣而定於此者復起於彼定於今者復起於後以數百年來所含擾亂之種子磅礴以發洩於今日其終非現時漂搖脆弱之政府所能靖其彼有識者所同信也

夫今日萬國比鄰之時代。必非許吾國長此沈沈於擾亂之歲月。有斷然矣。政府旣不能定難。則此後所以定之者。惟有二途。一曰國民。二曰外國。今我國民果能應此時勢。而有定之之能力否乎。是吾所不能無疑也。吾固懼破壞。不忍爲天下發難。然甯能謂舉國之大。舍吾以外。遂無一人能破壞者。彼不能爲大破壞。未必不能爲小破壞。不能爲有意識之破壞。未必不能爲無意識之破壞。苟此等之破壞起矣。甯得曰我非戎首。而僅以嘆息詬詈之數言。卸我責也。嗚呼、我國民其念諸。此後之中國。其所謂小破壞無意識之破壞者。不出五年。而必將徧於國內。其時若能以政府之力平定之。善也。政府不能。則定之者不可不賴國民。國民猶不能。則定之者不得不賴外國。彼外國豈其有所規避。有所揖讓。而以喧賓奪主自引嫌也。至於賴外國以定內亂。吾族尚可問耶。吾族尚可問耶。吾今不要求公等以鼓吹破壞。不要求公等以贊成破壞。即惟要求公等以撲滅破壞。公等所依賴之政府。若能應此要求。吾猶將馨香而祝之。而今旣若此。而公等又若彼。是公等所謂懼破壞者。不過作壁上觀。而任斯民魚肉於天數也。否則諱疾忌醫。姑爲無聊之言以自慰藉。而曰是殆未必如是。未必如是也。嘻、鄙人竊以爲誤矣。

他日破壞之慘。豈有他人焉能代我國民受之。他日外國代平破壞之慘。又豈我國民哀鳴號訴所能免之。而我國民及今猶不自為謀。而以委諸其睡鼾鼾之政府。以遺之其欲逐逐之外國。吾不知其何心也。若夫持破壞主義者。則亦有人矣。吾又勿論其主義之為福為毒於中國。惟請其自審焉。果有實行此主義之能力與否而已。今之中國。其能為無主義之破壞者。所至皆是矣。其能為有主義之破壞者。吾未見其人也。政府固腐敗。而民黨之腐敗。亦與相埒焉。政府固脆弱。而民黨之脆弱。或猶倍蓰焉。即彼不我局。而我何以能自騰。彼不我尼。而我何以能自進也。夫以前途之幸福言之。而民權之不克享受也如彼。以前途之患害言之。而破壞之不能挽救也如此。則我國民之生今日。舍預備何以哉。舍預備何以哉。

孟子曰。今之欲治者。猶七年之病。求三年之艾。苟為不蓄。終身不得。戰國策曰。見兎而顧犬。未為晚也。亡羊而補牢。未為遲也。我國民其有知愧知憂知懼之心乎。往不可諫。來猶可追。及今而預備焉。此後或猶有可以達其目的之一日。而不然者。堂堂歲月。一去如梭。彼地球之兀兀自轉本軸也。若過翼然。立夫今日以視往昔。自庚子國難以來。

彼自轉者八百餘度矣猶昨日也。自戊戌政變以來。彼自轉者千五百餘度矣猶昨日也。自甲午敗衂以來。彼自轉者三千餘度矣猶昨日也。更等而上之。自第四十癸卯割香港開五口通商以來。彼自轉者二萬一千餘度矣猶昨日也。此一年三百六十五度者。不過一彈指頃。我國民稍一蹉跎焉。轉瞬一新年。轉瞬復一新年。近人詞云『韶華在眼輕消遣。過後思量總可憐』他日必有追想今癸卯而不勝其欷歔今昔之感者。嗟夫。吾其如今癸卯何哉。吾其如今癸卯之國民何哉。率因新歲。布其區區。主臣主臣。某頓首。

近世第一大哲康德之學說

中國之新民

發端及其略傳

吾昔見日本哲學館有所謂四聖祀典者吾駭焉稽其名則一釋迦二孔子三梭格拉底四康德也其比擬之果倫與否吾不敢言即其不倫而康德在數千年學界中之位置亦可想見矣作康德學說

康德 Kant 先生名唵馬努兒 Immanuel 德國人生西歷千七百二十四年家世寒微父爲馬鞍匠母慈而嚴正直謹嚴言信行果故先生幼時即愛眞理意志常確然不可動盖受母之感化爲多云初受高等教育至十五歲入「奇尼福士布」大學治神學雖然彼所好者在哲學、數學、物理學故其所研究往往趨重於此點二十三歲漸以文學名千七百四十七年著一論文論生力者題曰 Thought concerning the true Estimate of Living Force 後以家計窘迫。設帳授徒。僅獲餬口。三十二歲始爲大學之下等講師。居此職十五年。初爲論理學、哲學、物理學、數學之教授。後更兼授倫理學、人理學、地理學。千七百七十年。四十六歲漸被擧爲論理哲學之高等教授。直至千七百九十七年。以頽齡辭職。凡擔任此講座者廿餘年。其少時從事於著作。所爲數學博物學之書甚多。即如天文學上之天王星。亦由先生以理例測之。謂五星以外。必當復有此座。而後此黑爾哲實因其說而測得之者也。自千七百八十一年。其畢生之大著所謂「純理性批判」者。(德文原名爲Kritik der Reinen Verunubt英文譯爲Critique of Pure Reason)始出世。實爲全歐洲學界開一新紀元。雖然。其前此各著述片鱗碎甲。發明此主義者。固已不少。若一七七〇年所出之「知覺界形式及原理」Concerning the Form and the Principles of Sensible and Intelligible World 其尤著也。此後復著「實理性批判」Critique of the Practical Reason 一七八七年「判定批判」Critique of the Fuculty of Judgement 及「純理範圍內之宗教」Religion within the Bonds of Pure Reason 等書。俱一七九三年自此益翕然爲一世大宗師。維也納、埃耶京、哈爾黎諸大學。爭聘之。悉不就。終身在奇尼福士布大學。故全歐英俊之士。欲聞先生緒論者。皆走集此學。至千八百四年。以八十高齡。無病而逝。先生美姿容。碧眼疏髯。接人藹然若時雨之化。體質頗弱。然常注意於衛生。故終身無大病。每日起居食息著述講演散步應客。皆有一定之時刻。數十年來。不爽杪忽。終生未嘗娶妻。蓋先生實最嚴格最富於自治力之人也。故能以身爲德育之標準。取當時腐敗之社會而一新之。非徒在思想口舌之功。抑亦實行之效也。所著書數十種。各國咸有繙譯。重版皆至數十云。

學界上康德之位置

自近世史之初。學界光明始放一線。其時屹然並起於歐洲者。厥有二派。一曰英國派。倍根倡之。專主實驗。以科學法談哲理。其繼之者爲霍布士。爲洛克。而謙謨集其大成。二曰大陸派。笛卡兒倡之。專主推理。以發心物二元論。其繼之者爲斯賓挪莎。爲黎菩尼士。而倭兒弗爲其後勁。此兩派者。中分歐洲之思想界。各自發達。而常不能調和。當十八世紀之初。實全歐學界最糾紛最劇競之時代也。於是乎康德出。集其大成。

康德者。德人也。德國之哲學。爲近世歐洲中之最有力者。此普天下所同認也。雖然。以年代論之。則德人之哲學。比諸英法。瞠乎在其後。德學之開祖者。惟黎菩尼士。生千六百四十六年。實後於法之笛卡兒五十年。（笛生於一五九六年）後於英之倍根八十五年。（倍生於一五六一年）其晚出也若此。且英法二國開祖以後。後哲踵起。大揚其波。而德學則自黎氏以後。闃然無聞。其難繼也又若此。而卒能使德國學者之位置。一躍而占十九世紀學術史之第一位者。曰惟康德之故。康德實德國學界獨一無二之代表人也。

康德之時代。實德意志國民政治能力最銷沈之時代也。民族散漫。無所統一。政權往往被壓於異族之手。而大哲乃出乎其間。淺見者或以爲哲學之理論。於政治上毫無關係。而不知其能進國民之道德。牖國民之智慧。使國民憬然自覺我族之能力精神。至偉且大。其以間接力影響於全國者。實不可思議。雖謂有康德然後有今之德意志焉可也。

十八世紀之末葉。所謂僞維新思想者。風靡一世。若直覺主義。若快樂主義。滔滔然徧被於天下。道念掃地。驕奢淫泆放縱悖戾之惡德。橫行汜濫。自眞摯謹嚴之康德出。以良知說本性。以義務說倫理。然後砥柱狂瀾。使萬衆知所趨嚮。康德者實百世之師而闇黑時代之救世主也。以康德比諸東方古哲則其言空理也似釋迦言實行也似孔子以空理貫諸實行也似王陽明以康德比諸希臘古哲則其立身似梭格拉底其說理似柏拉圖其博學似亞里士多德其在近世則遠承倍根笛卡兒兩統而去其蔽近擷謙謨黎菩尼士之精而異其撰下開黑格兒黑拔特二派而發其華（二派一主唯心論。一反對唯心論。而皆自謂祖述康德。）其政論則與盧梭出入而爲世界保障自由其文學則與基特調和而爲日耳曼大輝名譽康德者非德國人而世界之人也非十八世紀之人而百世之人也吾今請紹介其學說之大略以貢於我學界。（著者案康德學說條理繁賾意義幽邃各國碩學譯之猶以爲難況淺學如余者茲篇據日人中江篤介所譯法國阿勿雷脫之理學沿革史爲藍本復參考英人東人所著書十餘種彙譯而成雖用力頗劬而終覺不能信達加以此等極深研幾之學尋常學者頗難領會或以爲不切於實用讀之而徒覺沈悶者有焉矣雖然此實空前絕後一大哲之緒論有志新學者終不可不悉心研究之反覆熟玩焉亦自覺其有味也（）又案本篇所述不免太長似頗與本報體例不合但爲簡短之言恐讀者愈不解況康氏百數十萬言之著書括以十餘紙抑已簡極矣讀者諒之）

康德之「檢點」學派

康德少時。最得力黎布尼士倭兒弗之學。後讀謙謨著書。深有所感。以爲前此學者之言哲學或偏主論定派或偏主懷疑派要之皆非其至者也主論定派者每談及高遠幽邃之理。則如形與影門。引刀欲試。而彼影之刀。旋立於我前。懷疑派攻難之謂其武斷過信。誠哉然也。然彼懷疑派者。遇難決之問題。則以爲此殆終不可得決。則亦非也。苟不能指明其所以不可決之證據。則我輩終當亹亹焉求所以決之。此正學者之責也。

故主論定派者。妄擴張吾人智慧所及於過大之域。其失也夸而自欺。主懷疑派者。妄縮減吾人智慧所及於過小之域。其失也暴而自棄。康氏以爲欲調和此兩派之爭。必當先審求智慧之爲物。其體何若。其用何若。然後得憑藉以定其所能及之界。於是有所謂檢點派之哲學出焉。盖彼二派。皆就吾人智慧所觸所受者言之。康氏則直搜討諸智慧之本原。窮其性質及其作用也。質而言之。彼二派則從事於外。康德則從事於內者也。

案康氏哲學。大近佛學。此論即與佛教唯識之義相印證者也。佛氏窮一切理。必先以本識爲根柢。即是此意。

康德以爲智慧之作用有二。其一推理究義。用之以立言者。其一實際動作。用之以制行者此二者能力各殊其在議論時則就身外事物下考察之功者此智慧也其在實行時則自動自作而能造出一切業者亦此智慧也康氏乃分其檢點哲學爲二大部著二書以發明之其一曰 Kritik der Reinen Verunbt 所謂純性智慧之檢點也（東人譯爲純理性批判）其二曰 Kritik der Praktischen Verunbt 所謂實行智慧之檢點也（東人譯爲實理批判）前者世俗所謂哲學也後者世俗所謂道學也而在康氏則一以貫之者也

論純智（即純性智慧）

一　學術之本原

康德以爲欲明智慧之諸作用宜先將外物之相區爲二種其一曰現象其二曰本相現象者與吾六根相接而呈現於吾前者舉凡吾所觸所受之色聲香味皆是也本相者吾所觸所受之外彼物別有其固有之性質存故吾所知僅爲現象若云本相吾具知之無有是處

今專以色言吾人所見之色特就其呈於吾目者自我名之而已使吾有目疾覆視此物則不復能如平時譬之病黃疸者觸目所見皆成黃色又如戴著色眼鏡則一切之

物皆隨眼鏡之色以爲轉移。自餘聲香味等。其理亦復如是。是故當知我之接物。由我五官及我智慧兩相結搆而生知覺。非我隨物。乃物隨我也。

案此義乃佛典所恒言也。楞嚴經云。譬彼病目見空中華。空實無華。由目病故。是故云有。即其義也。其謂由我五官及我智慧兩相結搆而能知物。五官者。楞伽經所謂前五識也。智慧者。所謂第六識也。

康德既述此義以爲前提。因言治哲學者。當一變前此之舊法而別採一新法。如歌白尼之論天體然。歌白尼以前。天文家皆謂日繞地球。及歌氏興。乃反其說。於是衆星之位置雖依舊。而所以觀察之者乃大異。吾之哲學與前此諸家相異者。正在此點。

康德復論我之智慧以何因緣而能使物各呈現象。蓋我之於物。初與相接。諸種感覺。樊然殽亂。零碎散列而不聯續。何謂諸感。若色香味。乃至大小輕重堅脆。幢幢紛投入吾根塵。而皆可爲學問資料。雖然。假使諸感長此擾雜。而吾智慧不能整理而聯接之。則吾一生芒芒如夢。所謂思想。終不得立。惟其不然。玆智慧者。能結此等紛雜感覺。令各就緒。以是能力。思想乃起。有思想故斯有議論。有議論故斯有學問。

復次。此等衆多感覺。以何因緣。能使就緒。康德以爲彼諸感者。常有幾分聯續之性。譬如紅色以及熱氣。此二感者。一由眼受。一由身受。其實不過一點之火。爲二現象。而吾智慧能聯結之。成一思想。二象合并。字之曰火。然後彼複雜者。始得單一。彼零碎者。有聯續性。智慧之力。如是如是。是故感覺。惟對外物有能受性。而彼思念。復能進取。總萬爲一。思之云者。綜合而已。

案佛言受想行識。康氏所謂感覺。即受也。所謂思念。即想也。

康德以爲吾人智慧所以總彼衆感覺而使就秩序者。其作用有三。一曰視聽之作用。案此實兼眼耳鼻舌身所受者而言。舉一例餘耳。二曰考察之作用。三曰推理之作用。

智慧之第一作用（即視聽作用）

康德以爲視聽之作用。主總合宇宙間各事物者也。譬如仰空見日。我何以知其爲日。實由日體所發諸現象感覺於吾眼簾。而我之智慧。能綜合之。乃自向空中畫一圓綫。曰此日體也。苟非爾者。則諸種感覺。飛揚流離。不可捉搦。而所謂「日」之一觀念。不可得起。由此言之。吾人智慧之作用。必有賴於「空間」。「空間」者。如畫工之有縑紙。諸種之感覺則畫工之材料也。視聽之力則畫工之意匠也。此專就感覺之屬於外物者言也。此外復有所謂內心之感覺者。如苦也。樂也。思索也。決斷也。以何因緣能聯續此等感覺使有先後而不相離。於是乎吾人智慧之作用必有賴於「時間」「時間」者實使我智慧能把持諸感覺而入之於永刼之中者也

案空間時間者。佛典通用譯語也。空間以橫言。時間以豎言。佛經又常言橫盡虛空。豎盡永刼。即其義也。依中國古名則當曰宇曰宙。（爾雅上下四方曰宇往古來今曰宙）以單字不適於用。故循今名。

然則空間時間二者實吾感覺力中所固有之定理所賴以綜合一切序次一切者。皆此具也。苟其無之則吾終無術以整頓諸感覺而使之就緒。亦如畫工之舍紙縑而不能爲繪事也。雖然紙縑者畫工之所必需然其所畫之物未嘗待紙縑以爲用。（如吾欲畫一草一石。無紙縑則我固不能畫。然彼草石。非有賴於紙縑也。何也。無之則彼不出現而已。草石無意識之物也。非自欲出現。不過我取之以爲我用耳）一切物象與空間時間之關係其理亦復如是。其在各物固毫無待於此二者。惟我之智慧借此以爲感覺力之圍範而已。

康德又曰。空間時間二者。非自外來而呈現於我智慧之前。實我之智慧能自發此兩種形式。以被諸外物云爾。質而言之。則此二者皆非眞有。而實由我之所假定者也。是故當知前此學者。以五官之力為窮理之本原。以時間空間二者。爲可由實驗以知其情狀。是大謬也。以吾人性中具此定理。故始得從事於諸種實驗。而謂此物自可實驗。無有是處。

案希臘以來。諸學者常以空間時間二者爲哲學上之問題。以爲萬物皆緣附此二者而存立。因推言空間之何以起。時間之何以成。以此爲窮理之大本原焉。而皆不得其朕。實由迷用以爲體故也。以吾人所賴所假定以觀察事物者。而貿然曰事物之本相全在是焉。混現象於本質。一切矛盾謬見。皆起於是。故康氏首爲此論以破之。

智慧之第二作用（即考察作用）

康德以爲視聽之作用。雖能整列一切事物。使爲學術之材料。然未可謂之眞學術也。眞學術者。必自考察之作用始。考察作用者何。觀察庶物之現象。而求得其常循不易之公例是也如火之遇物則必焚燬故知火之現象與焚燬之現象常相隨而不離其間有一定之公例存考察作用者即所以求得此種公例者也故亦謂之判斷作用欲求此等公例當憑藉所謂三大原理者以考之一曰條理滿足之理謂甲之現象其原因必存於乙現象之中彼此因果互相連屬也二曰庶物調和之理謂凡百現象恆相諧相接未有突如其來與他現象無交涉者也三曰勢力不滅之理謂凡現象中所有之力常不增不減也康德以爲此三大原理者百物所共循萬古而不易學者苟由是以觀察一切則見夫樊然殽亂之庶物實皆相聯相倚成爲一體譬猶一大網罟其孔千萬實皆相屬一無或離世界大勢如是如是

案此三大原理者黎布尼士所倡而康德大發明之者也其義與華嚴宗之佛理絕相類所謂條理滿足者即主伴重重十方齊唱之義也所謂庶物調和者即事理無礙相即相是之義也所謂勢力不滅者即性海圓滿不增不減之義也華嚴以帝網喩法界康德所謂世界庶物如大網罟然正同此意考求物理者必至此乃爲具足焉康氏謂樊然殽亂之庶物實相倚而成一體此所以欲自度者必先度衆生衆生垢

而我不能獨淨衆生苦而我不能獨樂也。何也。一體故也。橫渠同胞同與之旨。猶近虛言。此則徵諸實驗哲學之所以有益於人事也。瀏陽仁學亦專發此義而已。

惟然故世界庶物皆相紐結相維繫而無一焉得自肆者。夫是謂庶物一定不可避之理。康德以爲惟有此不可避之理以旁羅庶物也。然後有形之學術乃得立。苟不爾者庶物而各自肆焉。則其衆現象相因之理欲求之而未由。更恃何道以搆成此學術耶。

此三大原理者爲庶物現象之所循固也。若其本相亦循此否乎。康德曰是未可知。何以故。以物之本相既不可得知。故使吾人若能有確見本相之時。則此三定理者不爲眞理亦未可知。且此三理者謂舉凡吾人考察所能及之物莫不循之云爾。雖然我之所實驗者未足以盡物之全數。或其所未及者猶多多焉亦未可知。

然則所謂不可避之三大理者果何物乎。康德以爲是亦不過吾人智慧中所具有之定理云爾。視聽作用必賴空間時間二者。考察作用必賴此三大理。其事正同。舍吾人心靈以外。則此三大原理者亦無所附麗。蓋視聽作用必恃彼兩者。然後見其遠近先後之別。否則庶物游離紛雜。而非吾之所得受。考察作用必恃此三者。然後相引而有條理。否則庶物突兀散列。而非吾之所得想。此皆吾人智慧作用之自然構造者也。

若夫事物之本相。其實如是與不如是。是終不可得知。

綜上所言。即康德哲學之初發軔。所謂就吾人智慧之二作用而細下檢點之功者也。

此理既明。則凡學術之關於有形實物者。其基礎可知耳。何也。學固以實驗爲本。而所謂實驗者。自有一定之界。苟不馳於此界之外。則其實驗乃可信憑。界者何物之現象是也。若貿然自以爲能講求庶物之本相者。則非復學術之界矣。

（未完）

政 治

羅 普

政黨論

第一章 緒論

客問主人曰居今日之中國而言政黨無乃太早計政黨者立憲政治之產物而與專制政治不能相容者也專制政體未撲滅而嘵嘵然舉此相去數級之文明事業以聒之是何異與貧子說金向跛者而語競走也主人曰不然政黨者人民政治思想之表記也人民惟久於專制政體之下故政治思想銷沈亦惟人民之政治思想銷沈然後專制政體得以久恣天下事固有互相爲因互相爲果者欲救今日之中國一宜使人民自知政治上之權利二宜使人民自負政治上之責任三宜使人民自求政治上之智識四宜使人民自養政治上之能力五宜使人民自爲政治上之團結六宜使人民自當政治上之競爭有此六者夫然後以之與專制政體相遇其如以千鈞之弩潰癰

也而不然者數千年之劇賊遇者死當者壞矣尚何去之之可云尚何去之之可云六者何政黨之謂也今日之中國未能有政黨之實力顧不可無政黨之思想政黨實力者立憲政治之果也而政黨思想者立憲政治之因也

吾讀近世小人儒之書見其每語及漢宋明亡國輙歸罪於朋黨吾裂眥切齒痛恨之恨其媚民賊以鋤民氣也雖然即不鋤焉而使若漢宋明之朋黨者復接踵出現於今日則其於中國政治前途遂有影響乎吾知其不能也何也惟政黨爲能影響於政治而彼等非政黨之資格也（其論證別詳下章）中國數千年無政黨思想使然也泰西之有完全政黨亦不過近一二百年雖然其思想之伏於人民腦識中者則已久矣雅典之有海濱黨平原黨山岳黨也羅馬之有貴族黨平民黨也語其組織語其方略與今日所謂完全政黨者相去固不啻霄壤至其所以爲黨者則不外吾向者所謂政治上之權利之責任之智識之能力之團結之競爭其目的蓋庶乎近矣若此者則政黨思想之謂也惟有此思想故能逐漸發達懸崖轉石一頓一躍歷千餘年不斃專制政體而不肯止故此思想者其母也而近世之立憲政治則其子也近世之完全政黨又其子之

子也吾所謂互相爲因互相爲果者如是而已。

今世志士亦知非合羣不足以救國紛紛然立會結社以求達其目的者旣有年矣。然其效尙薄弱者未能知政黨之眞相仿他人經驗之手段以行之也。夫政黨旣與專制政體不相容則吾輩雖復知其眞相亦烏能仿他人經驗之手段以行雖然苟眞知之則終必有委曲以行之之途敵縱阻我而我猶能禦也而不然者雖靡阻力而先已自不能團結則非敵之强而我之弱也故吾之言政黨非謂欲遽將歐美完全之政黨移植於吾土而不可不以歐美完全政黨之現象深印於吾國民之腦中也。

抑『人也者政治之動物』大哲亞里士多德嘗言之矣。即政治思想薄弱之極如我國民者夫亦豈能獨逺此政治動物之普通性謂政黨思想爲泰西民族所獨有而我民族所獨無此必非適於論理之言也。惟專制政體與彼不相容乃不得不詭其道而變其形詭道變形者何則祕密結社是已祕密結社爲專制國之產物猶政黨爲立憲國之產物此中關係如影於形未有能相離者也。不觀今日內地祕密結社之勢力隱然若敵國乎使吾國體而與政黨能相容也若此輩者以政黨思想鎔鑄之則皆愛國之石民爾矣夫祕密結社非國之福誰不知焉而敺吾民使不得不盡入於祕密結社者則誰之咎也今欲有以易之則舍政黨何以哉舍政黨何以哉作政黨論

第二章　定義

今日各國政治界其於國家之下猶有据合約之義而造大羣者曰惟政黨其於政府之外猶有挾輿論之力以爭主權者曰惟政黨政黨之名詞英語謂之波列的克兒巴提 Political party 德語謂之波里地舍巴遞 Politische partei 其巴提巴遞之義與吾之黨字意義相符原由拉丁語之巴士 Pars 變化而來譯意猶言部分然則政黨者代表國民一部之同意以求達其政治之目的與他種之黨派自殊異者也至於政黨之性質西方學者其下定義以解釋之者不少脫瑪士羅列曰政黨者欲以特別方法行立法行政之事而集同志之國民以爲一團者也博克曰政黨者欲表政見廣求同志而欲藉之以圖國家之公益者也伯倫知理曰政黨者非國法之所立乃從政治上自然而生其所注目不在國家機關之一部而欲以其所定之宗旨條理主持一切之政治者也李拔曰政黨者定一期限集合同志有宗旨有條理而其所用之手段又

不與法律相忤惟在國家憲法範圍之內專爲人羣公益而有所措畫者也之數子之解說可謂得其要領矣。然猶懼其簡而不明精而不詳今復爲推廣其義條說如下。

第一　以國家爲目的

人生必有欲有欲而必求所以充之此希望之心所由起而社會之所賴以發動力。而長生機者也夫使人類皆持放任主義相率以自滿自足則孰有窮其心思竭其材力縱其耳目手足之能事以入人間世而奮迅其事業者哉故必有希望而後有事業有事業而後有競爭競爭之結果所以榜示其至公至平之試驗之成績而勝敗之局定焉優劣之效著焉然而優劣之數以一人言之則弱者不及强者以一羣言之則少數不及多數大賢上智非常之人雖時或以匹夫之德慧術智推倒一時而範圍百世者有焉矣而就常人求其通例則一人之慮必不若二人之周也十人之力必不若百人之厚也惟其然也故對于外而欲有競爭者必其對於內而先主合羣。

吾見夫鬥者矣。怨毒之所乘雖至犧牲其生命不遑恤也。又見夫訟者矣羞怒之所激。雖至淚擲其財產所勿計也。夫生命財產豈非人類所最鄭重保愛者哉。而惟以競爭故。輒甘心棄之不少惜。甚矣勝敗之見之足以亂人之常情也。雖然。此猶不過個人之競爭而已。其熱度無所待於外界之激刺而沸漲之。而其結局猶及於此。況電氣以相摩而生。人氣以相厲而壯。驅懦夫赴戰塲。必與勇者同其用。勢使然也。然則以合羣爲競爭者。必因其相激發相鼓舞相摩盪之力。共沸其狂熱。使之達於極度。卒之一發不可收拾。必至犧牲一切。以殉其一時過激之氣而後已。古今黨派相爭之禍。其影響之所波及。往往遺其國家大計而不顧。與個人之因鬥訟而棄其性命身家者。正同一例。試觀自有人類以來。姑勿論其爲公爲私爲義爲利。自非其力之所不逮。莫不號召同志。結爲一團。以營其宗旨之所在而務實行之。故有以地理而合者。有以種族而合者。有以宗教而合者。有以職業而合者。有以階級而合者。類聚羣分。歷史上之以黨名者不爲少矣。而其黨員輒不以全國民中之一分子之資格自待。其所謂忠。忠於本黨而已。其所謂義。義於本黨而已。未暇再爲國家計也。是故甲黨勝也。乙黨敗也。不過爲甲乙兩黨之利害問題。其影響與國家絕不相蒙。甚且今國家受其相反之利害焉是則所謂朋黨斷不許錫以政黨之徽號者也至於恃權勢恣威力牢籠其所親暱所倚恃所統屬以謀其一已之私利者更不必論矣然則必與國家同利害者而後可謂之政黨必與國家共休戚者而後可謂之政黨故政黨之解釋一問題也必自信其所解釋之有益於國家而後提倡之而後力持之而後極爭之而後決行之至其結局雖或不能收所期之效果而反以誤其國家者容亦有焉而其始終之目的固未嘗爲本黨私計而故陷國家於不幸也故論政黨之資格當先以愛國心爲第一根據無愛國心者必非政黨也

第二　有一定之宗旨

物有兩端理有對待天地間森羅萬象莫不秉陰陽兩義而俱存之故有上必有下有大必有小有左必有右有長必有短自然之物尚猶若此而況於人事乎語曰仁者見仁謂之仁智者見智謂之智謂之仁者是也謂之智者亦是也此人我之間所以有意見異同而國家所以有能容政黨之餘地也

政黨者必有他黨與之相對峙而後能成立者也夫兩軍相對必有旗幟以爲之識

而後可以戰兩黨相持必有主義以爲之據而後可以立使無主義則政黨之形式雖備究與劇場賽會集烏合而無事取鬧者無以異也若是者不足謂之政黨且參知國事而論列其是非者自由國民所共有之權利非政黨所能獨専也若政黨無一定之識見一定之議論及其解釋國家問題又不能從其宗旨發表其一團體之所是非以爲國民倡則其所贊成者所反對者雖曾謀及國家之利害而後表決之而亦不過盡其國民之天職於政黨究無所取義也若是者猶不足謂之政黨」吾於是而知政黨之妙用全以互相激刺互相調劑以冀得政治之中道而進國家於上化猶量者輕重其權以求合於衡食者濃淡其味以求適於口而其方法必在於各持一義辨是非鬩得失審利弊公然大聲疾呼唱導天下鼓舞天下以求得國民多數之同情然後國民可得認其宗旨之所在而相率從之政黨之所以必要在此而已政黨之所以可貴在此而已

第三　以政治爲根據

人類感于牛存之必要其欲望不一而足故社會不可無複雜之組織以應付之況

世運漸開人生之所以求滿足於社會者愈繁然則今日社會上之事業不得不比之古先而更擴張其範圍者進化之大勢使然也由斯以談處於今日之社會以一人言之不可不分業也以一羣言之亦不可不分業也此今日之國民所以不能劃一其心思材力而使之獨出於政治之一途也今傳教者有教會講學者有學會乃至農者農工者工商者商軍人者軍人莫不各有所黨形成一團體以從事于其所目的焉此皆應於社會所以生存之要件而起彼此不能相奪也不必相僭也然則政黨者合國民之有政治思想者協力以任社會上政治之一門有其實方有其名者也苟不然其所志者非政治也其所業者非政治也則是他種之組織未可貿貿然目之曰政黨而自陷于指鹿爲馬之謬也

第四　以光明磊落爲手段

政黨者認定一主義求國民之協贊以期見諸實行其一言一動皆爲國家計非有所私於本黨之利害也故其黨主甲義則公然號于衆曰甲可也其黨主乙義則公然號于衆曰乙可也何也法理必待人之表示意思而後契約可以成立使政黨隱

秘其主義而不宣則國民安得認其主義以爲善而從之即或從之是爲盲從其與政黨所以設立之論據大相剌謬矣使政黨且或詭名詭實外甲義而內乙義則是愚弄國民犯社會上欺詐之公罪當更不能爲國家之所容矣故政黨必以其所見之理所持之論日日鼓吹發揮于天下正正之陣堂堂之旗其主義而果優也則勝不必驕其主義而果劣也則敗亦不諱其成敗利鈍坦然與天下公之此政黨所以特見重於今世而君子亦樂爲執鞭從事也至夫各國社會黨無政府黨虛無黨此未嘗與政治無間接之關係者也惟其專心肆力于最急激最危險之運動不可不以神秘爲用此其所以終不得與于政黨之列也。

第五　以平和爲競爭

天下一統則無國國民一致則無黨故黨無孤立必有與之對待者既有對待而競爭之事起焉故政黨以競爭爲生涯而亦以其競爭不絕故能使國家之政治藉之以進化者也然而事無兩可物莫兩利故置身於競爭場外者不必論耳苟不然則不至事之終局必有一勝敗之見橫於胸中擧拔山之力而不能去之此人類之公

性情也惟其如此故競爭者精神之所全注惟求勝歸于我敗則歸人是故見我有可以敗人之機則務必奪之見人有可以敗我之勢則務必挫之至於所以奪之挫之之方法其果得其正與否不暇計也故殺人重罪也而戰時則反以取首級多者功居最是蓋競爭之勢使然也古來兩黨相爭者其結局甚類於此或慮其黨之不能勝他黨也始而生嫉妬心次而生怨恨心次而生忿怒心及忿怒心生而本性亂本性亂則道義心之薄力不復可得而制之故競爭至於激烈往往有用陰險狡詐狠毒蠻惡之手段務中傷反對黨之勢力而顚倒優勝劣敗將然之局者嗚呼、兩黨相爭豈非爲其主義之不同乎彼此之主義不同而我据理論之是非實際之利害以與之戰以求其勝所可言也以人之主義不合我之主義而欲以野蠻禽獸之行爲强爲撲滅使之不得與我並立甚且并其提倡反對主義者之人身而亦不遺餘力以傾陷之則是欲反今日而復爲競力之世也他種團體有以此極惡劣手段相傾軋者尚爲知義者所恥而況於政黨者彼此意見雖有不同而求其心迹則莫非以國家爲重者乎其競爭之所起原爲公而非爲私也爲義而非爲利也而以一時之感情卒至爭奪相殺以相殘。是顯然破國家之秩序而遺之害也。豈立政黨之初意乎。當未開之世此等暴行或尚可恕。而今也文化大開。國際競爭猶當仰平和之調停裁判。而况於國民間之政治之競爭乎。故夫各執一義彼此不肯相下。或以筆墨戰。或以言論爭。藉報館演說之力以代陰謀暴力之用。而決勝敗於輿論之公。是代議政治之國民之文明舉動。未可與虎狼其心鬼蜮其行者同日並論也。不然、今日地球上除一二閉化國外。莫不有政黨相持于其下。則是內訌擾亂無已時。安復望保持國家之平和而謀其進步乎。

右文所列。是爲政黨之五定義。政黨之所以不失爲國家生活之一大機關者。正在于是、雖然吾黨持此定義以讀各國之政黨歷史。則未見有能兼此數義而備完全之資格者。嚮當國家未甚發達之時。其擁政黨之虛名而實行其結黨營私之陰謀者不必論矣。即歷數十年之改良進化以至今日。政黨之義非不光明而昌大矣。而考之事實。則各國政黨。其果能與此定義相符而無少欠缺者。尚寥寥若晨星。嗚呼、名義不正。則政黨之設立。不特無以利國家。且將爲國家害矣。吾祖國數千年受制於專制政體之下以天下有道庶人不議箝國民之口舌以不在其位不謀其政窒國民之心思其歷年數千而未嘗有一政黨出現也固宜今氣運所趨羣情一變吾知中國而不能自立則已苟能自立其必不能不改行立憲政體不待智者而後知也夫改行立憲政體則必採代議之制既採代議之制則政黨必相因而起是殆出於自然而然非人力之所能抑制者而論政黨之勢力實爲國家之下之第二國家其一舉一動優能舉國民之半數而指揮之是其天職之重大蓋可知已而或者不顧名思義竟欲以自私自利之心舉此大責任而奪之則將來國民之蒙其害者必不淺是有志經世者不可不細審此定義而後爲天下倡也

（未完）

論著門

傳記

新英國巨人克林威爾傳

中國之新民

敘論

游英國國會之下議院。見其堂之中央。有巍巍然一絕大之畫像。氣宇嚴整精神峭健。隆準而深赤。左目上點一黑子。髮鬖鬖垂背際者。誰乎。則克林威爾其人也。克林威爾何人。彼十七世紀革命之健兒。英國王室之大敵。親鞫暴君查理士第一而馘之者也。今英王臨議院時。日對此前代跋扈將軍之遺像。猶將出入。必式竭誠盡敬。以吾東方人之眼視之。以吾東方人之臆測之。其殆不可思議乎哉。其殆不可思議乎哉。顧克林威爾果有何魔力。而使全英人民馨香之歌舞之崇拜之若此。

吾儕每讀史。每讀政治學書。輒有一國焉。使吾敬慕之情。突浮現於腦際者。誰乎。必英吉利也。何以故。英吉利爲民政之祖國。其立憲政治爲世界之模範。故吾儕每繙地圖。讀地志。必有一國焉使吾羨妒之情勃鬱而不能自制者。誰乎。必英吉利也。何以故。英吉利之國旗橫絕大地。舉日所出入無不有此大帝國之痕跡。故吾以此兩種感情故。吾每一讀史。一讀政治學書。一讀地圖地誌。而輒有聯想而及之一巨人突兀於吾前。其人爲誰。則克林威爾也。無克林威爾。則英國無復今日之立憲政治。無克林威爾。則英國無復今日之帝國主義。克林威爾者。實英國羣雄之雄。而盎格魯撒遜民族獨一無二之代表也。

國民不可不崇拜英雄。此蘇國詩人卡黎爾之言也。卡黎爾曰。「英雄者上帝之天使。使率其民以下於人世者也。凡一切之人。不可不跪於其前。爲之解其靴紐。質而言之。宇宙者。崇拜英雄之祭壇耳。治亂興廢者。壇前燔祭之烟耳。」噫殆非過言。殆非過言。徵諸古今東西之歷史。凡一國家一時代一社會之汚隆盛衰。惟以其有英雄與否爲斷。惟以其國民之知崇拜英雄與否爲斷。吾於法國大革命而見無英雄之時代也。奈何其以驚天動地之大事業。卒以恐怖政治武人政治爲終局。龍其頭而蝎其尾也。吾於蘇格蘭之清教徒而見無英雄之時代也奈何其以同志而自相殘踏卒被敵人征服之於棼棼泯亂之間也然則吾將皇皇焉求英雄夢英雄吾以環游地球之目旅行於數千年歷史中吾遇摩西吾遇摩訶末預言之雄也其人高吾遇索士比亞吾遇但丁吾遇彌兒頓詩歌之雄也其人深遠吾遇波爾吾遇路德吾遇諾士宗教之雄也其人勁烈吾遇約翰遜吾遇盧梭吾遇本士文學之雄也其人奇若夫政治之雄戰陣之雄其姓名錯錯落落於歷史上大者小者正者奇者成者敗者殆不下百數十而眞使吾儕有崇拜之價值者幾何人哉幾何人哉自羅馬大帝康士但丁以後歷一千六百年大小二百八十餘戰人民爲治亂之犧牲土地爲政府之墳墓舉汗牛充棟之歷史殆可一括以「相斫書」三字雖然遂不獲見一義戰遂不獲見一英雄彼以帝王之名而戰者果何物彼以宗教之名而戰者果何物抑彼以人民之名而戰者果何物僞善之世黑闇之代萬事皆一戲劇耳所謂仁君所謂忠臣所謂俠士所謂熱信一旦洗落其塗畫之假臉剝去其優孟之衣冠則除獸性野心之外一無復存者吾旅行於昏昏長夜中者千餘年吾乃遇克林威爾吾安得不拜吾安得不拜

拜英雄者必拜其本色吾拜華盛頓吾拜林肯吾拜格蘭斯頓拜其爲成功之英雄也吾拜維廉額們吾拜噶蘇士吾拜瑪志尼拜其爲失敗之英雄也雖然吾不拜拿破侖不拜俾士麥不拜加富爾何也其表可拜而其裏之可拜與否非吾所敢言也若克林威爾之歷史則披腸瀝臟以捧現於吾前吾拜之吾拜之吾五體投地拜之

雖然此吾儕之感情耳若夫二百年來鄉愿之史家其所上克林威爾之徽號則曰亂臣曰賊子曰奸物曰兇漢曰迷信者曰發狂者曰猛獰之專制者曰陰險之僞善者葺葺焉集矢其如莽也顧吾謂克林威爾之所以爲英雄所以爲代表英人種之英雄所以爲卓絕萬古之英雄則正以其能使百千萬鄉愿之史家目彼爲亂臣爲賊子爲奸物爲兇漢爲迷信者爲發狂者爲專制者爲僞善者之故彼行其所信而不惜現亂臣賊子奸物兇漢迷信者發狂者專制者僞善者之身以自汚彼之現此身也則磊磊落落不復自掩飾以求使人諒其非亂臣非賊子非奸物非兇漢非迷信者發狂者專制者僞善者嗚呼東西古今之英雄其名而亂臣賊子奸物兇漢迷信發狂專制僞善其實者何限而彼等顧不肯尸此徽號而獨以讓諸克林威爾克林威爾之所以爲英雄者

在此克林威爾之所以爲聖賢者亦在此。

語曰蓋棺論定吾見天下有棺已朽而論猶未定者若克林威爾是其例也彼其人物之眞價值歷二百年直至今日始漸爲其本國人民之所認識近數十年來非笑之聲殆爲謳歌之聲所掩盡矣而彼後進國之評論家猶或拾百年以前之牙慧相隨以爲吠影吠聲之語若是者於克林威爾則何損焉克林威爾嘗使畫工爲圖其形畫工見其左目上黑子不適於美觀也爲闕去之彼締視乃呵畫工曰「畫我當畫似我者」Point me as I am 蓋其生平不欲一毫有所掩飾不欲以一毫虛假之相以與天下相見也夫克林威爾一生之言論行事豈不歷歷在人耳目耶彼鄉愿之史家與我輩皆得同讀之同見之若者爲大醇若者爲大疵章章明甚也公等之所以詬病克林威爾者不過徒見其左目上之黑子而已使克林威爾而欲徼譽於公等則亦何難聽畫師之去其黑子而自示美姿容也而彼顧不爾然則克林威爾豈求公等之諱之又豈求我之讚之吾願我身化爲恒河沙數一一身中出一一舌一一舌中發一一音以辯護克林威爾雖然於克林威爾何加焉吾又願公等之身化爲恒河沙數一一身中出一

一舌一一舌中發一一音以咒罵克林威爾雖然於克林威爾又何損焉天下事有所私利於己而爲之者雖善亦惡何也彼蓋以行善爲一手段也無所私利於己而爲之者雖惡亦善何也凡爲一事必有一目的目的非在私則必其在公也惡者亦善而善者更何論焉故夫克林威爾非可學者也苟其學之則拿破侖學其一體而爲野心彼得學其一體而爲殘酷羅拔士比學其一體而爲狂暴梅特涅學其一體而爲專制彼克林威爾一生之歷史苟移以植諸他人未有不爲天下僇者也而克林威爾渾金璞玉之人格舉凡百罪愆不足以爲汚點於萬一何以故彼心目中惟知有國不知有我故

抑克林威爾又惟知有我不知有人何以故彼自信此國非我不能救故

惟不知有我也故不知有利害惟不知有人也故不知有毀譽韓昌黎曰「今世之所謂士者一凡人譽之則自以爲有餘一凡人沮之則自以爲不足」志行薄弱而能任天下大事者吾未之聞若克林威爾則一家非之一國非之舉世非之萬世非之其視之猶蚊蝱也舍吾身而有利於國則吾身犧牲焉可也裂吾名而有利於國則吾名犧

牲焉可也天下古今豪傑之自信力未有若克林威爾之偉大焉者也

史家每以拿破侖比克林威爾顧拿破侖何敢望克林威爾彼其內戡大亂相若也外揚國威相若也政治之能力相若也戰爭之才略相若也雖然英國之專制政體由克林威爾發難以推倒之法國革命非拿破侖所自始也其不逮者一也拿破侖用政府兵力以起克林威爾無憑藉而興其不逮者二也拿破侖以將官始以帝王終克林威爾以平民始以平民終（雖爲大統領猶之平民也）其不逮者三也拿破侖耀武不戢卒爲俘囚克林威爾治定功成國威無損其不逮者四也拿破侖死後法國雖由帝政復爲民政而國既以敝克林威爾死後英國雖由民政復爲王政而國日以強其不逮者五也故吾以爲克林威爾決非拿破侖所能望也拿破侖功名之士而克林威爾有道之士也

吾生平最好言王學雖然吾讀傳習錄百偏讀明儒學案千偏不如讀克林威爾傳一偏吾生平最惡言宗教迷信雖然吾讀克林威爾傳吾欲禮拜吾欲祈禱吾欲歌讚詩有之高山仰止景行行止雖不能至心嚮往之聞者疑吾爲阿好乎請讀本傳

第一章　克林威爾之家世及其幼時

噫嘻。地理之影響於人物豈不鉅哉豈不鉅哉。熱天爍地之亞剌比亞實生摩訶末。玄冰凍雪之北日耳曼實生路德。凡開拓千古推倒一世之偉人其所產之地形勢往往有異於尋常者。而偉人之性行亦恒與之相應。若雄健堅忍陰鬱沈摯之克林威爾亦其例也。英倫之北。一都會沿大烏士河之岸。東連沼澤蘆荻掩地。西北川原雜遝。一望無際。蕭條寂寞。雖在盛夏。猶若凜烈。金風一扇。肅殺氣滿。白草黃日。四顧淒涼。天下之秋疑悉集此。雖號都會。而其民樸而僿質而無僞。田野之歌。聞於廛市。噫此即英人所常紀念之恒殑頓市。而絕世英雄克林威爾之故鄉也。

克林威爾 Cromwell 名阿利華。Oliver 生於千五百九十九年四月廿五日。實當彼光華紀縵之額里查白女皇中興政治之末運。專制君權已成強弩。人心厭倦。海內騷然之秋也。後此與彼為大敵之頑固柔脆紈袴公子查理士第一。亦生於其翌年十七世紀開幕之風雲。如是如是。

克林威爾。英國之名門也。其先世効忠王室。代有名臣。父名羅巴。叔父哈們。皆為王黨。占士第一常行幸其家。說者謂查理士與克林威爾少年時嘗共游戲云。父為國會議員。爲州內保安委員。有正直之譽。母名額里查白。富家子。年十八。與羅巴結婚。舉子女十人。阿利華其季也。父蚤世。教育之事。惟母是賴。史家謂克林威爾之性行。受諸母者爲多云。年十七。始入中學。是爲初離鄉關入社會之首歲。其年絕世文豪索士比亞沒。史家謂索氏結額里查白朝文學之終。克氏開十七世紀政治之始。一偉人去。一偉人來。實爲代表兩極端者云。十八歲卒業。入大學。深好拉丁文。且以數學名。後此敵黨之史家。深文巧詆。至謂其目不識丁。不學無術。吁。其善誣也。

克林威爾少年之歷史。實最簡單最沈靜之歷史也。欲知其人物之所以養成。宜觀其時代。

（未完）

論著門

國民心理學與教育之關係

梁啓勳

本篇據英人的爾西 Dilthey 譯法儒李般 Le bon 氏所著國民心理學 The Psychology of people 爲藍本。原書精深奧衍。實近今一名著也。但其大指以各國民特別之心理。爲一定不可變易。非特徵諸實驗。多所繆戾。抑亦使劣等國民。絕其進取向上之心。非所以爲勸也。故採其理論。引其義證。而別以鄙意判斷之。作爲玆篇。　著者識

發端

十九世紀學界有一特色焉。即凡百學術之研究。皆漸趨於歷史的 Historical 社會的 Social 是也。前此學者所研究之客體。惟限於一人。限於一時代。其於箇人與團體之關係。前代與今代之影響。少所論及。所謂孤立的學問也。於道德學有然。於政治學有然。於教育學亦有然。以故諸種科學。雖甚奧賾。然以應用諸人間世。尚覺不足。至十九世紀而一變。比較也。歸納也。應用也。是十九世紀學問之特長也。

國民心理學何自起。曰前此學者之論人羣。以爲是器械的結合。或化學的結合。（器械的結合者如鐘表等類化學的結合者如鹽石等類皆死物也）無有生命。無有意識。無有精神。不能發榮。不能滋長。不能進化。及喀謨德 Comte 伯倫知理 Blunstchili 諸賢。大倡「人羣國家皆爲有機體」之論。視一民族可以如一箇人。視一國可以如一箇人。乃至視人類全體可以如一箇人。（視人類全體如一箇人者。至今尚罕倡其說。他日必有達之之一日）於是疇昔之學問專屬於一箇人之身上心上而言者。莫不可以應用之於一民族一國家。於是乎有所謂國家生理學者起。（德人佛郎都嘗著國家生理學一書甚有名生理學者謂人物身體上生生之學也言國家生理即視國家如一人格也）於是乎有所謂國民心理學者起。

合無數箇人之生命。即爲一族一國之生命。合無數箇人之精神意識。即爲一國一族之精神意識。人羣國家之所以得有人格。皆此之由。然則謂舍箇人生理心理之外。無所謂國民之生理心理可也。蓋箇人智則人格之國民必智。箇人愚則人格之國民必愚。箇人强箇人弱則國民必隨而强弱。箇人善良箇人腐敗則國民必隨而善良腐敗也。此箇人爲因國民爲果之說也。雖然。以天演進化之公例論之。人類之所以生存者。一由遺傳。一由順應。遺傳者受歷史上之感化。凡前乎我者皆有影響焉。順應者受社會上之感化凡環繞於我四旁者皆有影響焉是故在愚羣之中則箇人必不能獨智在弱羣之中則國民必不能獨强在腐敗之羣之中則箇人必不能獨善良此國民爲因箇人爲果之說也其實二者遞相因遞相果執其一而棄其一焉概無當也

國民心理學之所以切要者何也心理學者教育學中之第一義也教育之能事在發揮人類之本能而矯正其缺點必明心理學乃能知其本能與缺點之所在夫然後所謂發揮矯正者得有所施自十九世紀以來國民教育之觀念大盛凡稍有文明思想之民族無不汲汲焉此之爲務故國民心理學之成一科學實國民教育主義所必生之結果也夫我中國前此談心說性之言則亦夥矣其論理之正當與否且勿論其觀念之確實與否且勿論要之於箇人教育大有所補若「因材而篤」「變化氣質」之兩大主義即所謂發揮本能矯正缺點而心理學家之能事亦殆盡於是矣然其於我民族之進步若毫無影響者何也知有箇人不知有國民也故私教育雖盛而公教育無所聞（所謂公私者。謂國民教育與箇人教育之謂。非謂公立私立之學校也）庸詎知不於公教育種善因而私教育之善果亦終不可得見也故今日言教育必以教育此大「人格」（即國民）爲主言心理學亦必以此研究此大「人格」之心理學爲歸。嗚呼。天演淘汰之力無情甚矣。處今日民族與民族相競之時代。稍一劣敗。必致澌滅。吾儕試一自省我民族之特性。以視彼橫來與我挑戰諸民族之特性。其優劣何如。欲進稗改良而與之相齊。又非歲月之功可就。及今黽勉。猶慮不給。今而蹉跎。後此更何堪設想耶。是安可以不懼。是安可以不勗。此則鄙人紹介茲學於我祖國之微意也。

第一節　種族精神之由來

心身兩者之間。有密接之關係。此盡人所能知也。謂各人心性之所以異。全由於身體搆造之各異。自非篤論。雖然。亦其所以異之一端也。（中國治相人之術者。時或以人之形貌骨格。判其人之性格。亦非無理。泰西今亦有此學。）然則集箇人爲一團體。命之曰種族。甲種族與乙種族之間。歷歲既久。而身心兩者之間。各生差別。其理亦同。

博物家類分種族。莫不觀察其遺傳之特性。以爲基本。特性有二。一屬生理。一屬心理。屬生理者。若皮膚之色澤。若頭蓋骨之形狀容量是也。故如白人與黑人。一望而其族之異立見。至如外形絕相類似之民族。而其感情其行爲其性質其文明其信仰其技術種種差別。若英吉利人與西班牙人與亞剌伯人。强命之爲同一人種不可也。若是者不能求之於生理上。惟當求之於心理上。心理學者盤踞各民族制度技術信仰政治之裏面而左右其進化者也。謂之道德的與智力的之特性。

此道德特性智力特性相結合而成民族之精神。實其民族一切過去之總合而共同祖先之遺產也。於同一種族之中專取一人而論之。雖其特性亦往往大異。若汎舉其大多數。廣察其全體。則其例殆亦與生理上相同。（即白種必白黑種必黑之類）確然有所謂公共之心理特性者存。取族中各人之心理特性而總合之。即所謂國民性也。即一民族之平均模型也。

種族同則心性必同。其故何也。蓋人也者。非徒受生於其直接之祖先而已。而又受之於間接之祖先。間接之祖先。即種族也。昔生計學鉅子錫遜氏嘗言『假令百年之間傳種三代。則夫開族一千年之人民。一人之血管中。最少亦含有二千萬人之血液』（按日本加藤弘之嘗言吾人追溯九百九十年前應有八百三十萬萬餘之祖先然彼就親族血統不相昏嫁者言耳錫氏則舉約數也）然則同居一地之民。必有其共同之祖先。鑄同一之型。印同一之象。以爲之鏈鎖乎其間。故吾人者。既爲我祖宗之子孫。

又爲我種族之子孫也吾之祖國即吾第二之母也故夫統屬各箇人而指揮其行爲者凡有三事一曰祖先之影響二曰直接兩親之影響三曰周圍境遇之影響以此三者而國民性乃成。

種族與箇人之關係恰如生物與細胞之關係聚無量數細胞而成一生物彼細胞者新陳代謝刹那刹那旋生旋滅者也然細胞之生命雖甚短而細胞所結成之生物其生命則甚長故此等細胞可謂之有兩種生命其一則各自之生命其他則共同集合之生命也惟人亦然各箇人皆有其甚短之各自生命復有其甚長之共同生命共同生命者何則種族是已種族者相續不斷而永存者也現在之箇人與已死之祖先和合而結搆之者也故言種族者不可不合過去未來以觀察之然祖先之數比諸現存之人之數什伯千萬故其力亦獨强質而言之則前人有左右今人之權力今人有左右後人之權力有此因乃有此果故造因不可不愼也

第二節　種族精神之切要

無種族精神則不足以立國吾欲言精神之優劣請先言精神之有無劣精神固不足

貴也。然猶勝於無。李般之言曰。「英國人之所以雄飛於世界者。以其種族精神融洽而堅固也。英國實合撒遜人那曼人丕列顛人而成。而有三種精神為之基礎。曰共同感情、共同利害、共同信仰。以此之故。凡百問題。皆有本能的協同性。以為之調和。而不至枉耗其精力於分裂爭鬥之域。彼古代羅馬之强。亦以此也。若我法人。則立國雖久。而精神尚欠統一。其助長而鏈結之者。實自大革命之一役。茲役以後。所謂碧加特人、佛黎綿人、巴幹的人、加士曼人、佛黎頓人、布羅賓士人等。始得統合。雖然。以諸異種相集。故各有其觀念。各有其感情。其統合至今未完。而統合之難。亦有非英人所能夢想者。」

由此觀之。種族精神之成立。如此其難能而可貴也。吾讀李氏言。吾不禁私自欣幸。蓋吾中國積四千年之舊。以一民族羣居於一地。雖春秋以前。猶有所謂河流民族、江流民族、塞外民族、嶺外民族等小小界限。歷時既久。早已合為一體。同一文字。同一言語。閩粵方言雖小異。其大體猶同。未若歐洲各國之相差別也。同一宗教。同一風俗。以視歐洲各國之內。常軋轢者。固若天壤。即彼英國。其結合亦遠不逮我之古。此實世界上獨一無二大國民之資格也。雖然徵諸實際。亦有大不然者。李般又言曰。『種族精神之團結。必以成一國家思想為終點。此精神之初起也。其範圍甚狹。徐徐發達。由家而村而都邑而州郡。然後進而達於一國家。苟其進步中止。則所謂國民之資格。遂終不可得成。而此精神亦終歸澌滅。昔古代之希臘人。精神非不強也。然其觀念僅達於都市。故組織國家之大業。不得不讓諸羅馬人。印度二千年間。其人民不能有村市以上之團體。故不得不常屈伏於異族主權之下。中世之佛羅靈俾尼士諸市府（案今意大利境內）亦與希臘同。今之意大利人。號稱統一。以吾觀之。則惟見有所謂撒的尼亞人。所謂維尼西亞人。所謂昔昔里人。所謂羅馬人。而不見有所謂意大利人也。此意所以雖驟興而終不振也』準是以談。則今日吾中國人者。果能謂之有種族精神耶。其種族精神。果能上達於一國以為終點耶。是吾所不能無疑也。吾國人之團結精神。實只達於一家。上焉者達於一鄉族而止矣。求其若古代希臘。中世南歐諸市府者。且無有也。故惟鄉閭稍有自治之體。城市則絕無焉。蓋此精神以血統為限。實猶未脫初羣野蠻之遺習也。徵諸閩粵。其兩鄉械鬥儼若敵國者。比比皆然。即其餬口於外洋者。亦復以邑為界。以鄉為界。以姓為界。（吾粵人在海外者。所至皆有三邑四邑之分。三邑者。南海、番禺、順德、也。四邑者。新會、新甯、開平、恩平、也。會甯二縣。與南番順同隸廣州。開恩二縣。則隸肇慶。而其分界若此。眞一奇異之現象也。分邑已可矣。分至此更不可思議矣。其一埠中而僅有一邑人者。則於邑之中分鄉焉。僅有一鄉人者。則於鄉之中分姓焉。乃至僅有一姓人者。則於一姓中分房焉。無處而不有爭鬩。眞千萬種不可思議。而十八省之人省省不相關切者更無論矣由是觀之則吾國人雖爲一絕大之種族而所謂種族全體之精神者實無一存也李般曰無種族精神者不可以立國吾爲此滋懼焉矣。

（未完）

批評門

壬寅年之新民叢報

新民叢報

壬寅春季

布皮金字精本分春夏秋冬四季裝訂合四大厚冊照原價發售不加分文外埠郵費照加裝訂無多請速購取

橫濱山下町百五十二番

新民叢報社

政界時評

（本國之部）

中國政界。黑闇無天日。摭一二事以糾彈之。無當也。雖然謂其不可與語而遂不屑語。非我輩所以待祖國之道。士生今日。雖外國政界之與我間接者。猶當汲汲求其真相。而況於吾家事耶。今以此部冠批評門。非爲腐敗政府上條陳。實欲爲沈睡國民施棒喝而已。

▲逆臣廢弑之陰謀

咄！咄!! 近者廢弑陰謀之消息。又囂然徧國中。異哉咄咄!!! 痛哉咄咄!!!

后黨滿黨之仇今上。自戊戌迄今日。殆將五年。而仇者未已。而見仇者未已。嗚呼。其故可思。嗚呼。其故可思。

今上之不死於戊戌。幸矣。不死於己亥。幸矣。戊戌之變。彼輩悚於英日之保護康梁。恐外國之問其罪也。己亥之變。彼輩悚於海外及內地之電報。慮國民之爲難也。今則彼明薄視國民之無氣力。以爲不足憚。又知外國之樂用彼。爲傀儡而不干預乃家事也。於是數年來之處心積慮者。又將見諸實事。嗚呼。外國不足責。而我四百餘兆之國民。以無實力之左證。示人坐令仇我者得囂囂然曰。彼何足懼。彼何足懼。我國民其羞死矣。

戊戌之變。錮也。己亥之變。廢也。今茲不有變則已。苟有變則不出於錮。不出於廢。而必出於弒。彼蓋以爲苟若是。則足以間執外國之口。而掩國民之耳目也。

嗚呼。外國不足道。而我四百餘兆之國民。不自有其

耳目而令彼欺我者芒芒然曰汝其安是汝其安是我國民其羞死矣

國民毋以此舉爲滿洲朝廷一人一家之私事也彼與我今既有密切之關係矣雖他洲之國情有變其影響且及於我而況本國現時之主權者我國數千年以「朕即國家」四字爲國體主權者之奇變即一國之奇變也國民念諸

今上者實中國前途之一線光明也實中國國民之一件希望也吾非欲我國民放棄其責任而一以望諸在上者雖然吾信吾國現時之主權者得如今上者一人以坐鎮之則吾國進步之速率當視今日倍蓰焉得此一人則吾國民爲其易喪此一人則吾國民不能不爲其難國民念諸

吾儕常言國事之敗壞不能全歸罪於一二人非爲彼一二人寬其責懼吾國民之不自認其天職日日責人日日望人而國事終不可救也乃若彼一二人之罪大惡極者則又安容赦焉安容赦焉夫國事既全敗壞於彼一二人者之手而吾國民竟赦之甚焉者畏之甚焉者媚之即不爾而曾無實力足以去之足以抗之是即吾國民不自認其天職之明證也是即敗壞國事之罪吾國民與彼一二人者共之也國民念諸

雖然彼一二人者之自爲計亦愚不可及矣今世民族主義之既行吾民反而求諸祖國相與瞠然於黃帝子孫主權之何在則驀地回憶二百四十年前之舊事若有不勝其凄怨者急激破壞之論徧國中矣其一二仁人君子思深慮遠不欲爲是言者以今上之可以繫一線之人心也故有今上一人可以解彼等一二人者之阨而保彼五百餘萬人之太平茶飯今並此而喪焉則舉國人之望恐絕而舊怨新恨叢

集於彼一二人者之身。彼一二人獨有利乎。豈天奪其魄而使之不悟也。世有飲酖以爲甘者。吾於彼一二人見之矣。

夫人既甘鴆。亦何責焉。顧吾見甘鴆者。不獨彼一二人。舉四百兆皆如此。嗚呼。中國其竟無幸哉。

▲易服色問題

日本報言西后將有改西裝之議。已令內監試辦。驗其可行與否云云。日本報言中國事。向來眞贗參半。此殆不足深信。

雖然。西后政府今以媚外爲唯一之手段者也。以摸擬爲唯一之法門者也。彼日以請戲請酒諂外人。而因以博其歡。而外人之涎此老大帝國利用此傀儡者。亦遂從而譽之曰。西后今已維新。北京政府今已維新。彼西后政府以爲吾技之果可售也。於是乎從而附益之。然則易服色之議果不謬。亦意中事。

易服色可乎。曰。吾中國之弊在無動。苟動焉必有所激厲。聊勝於無也。雖然。苟以是爲遂足以冒改革之名。雖愚者猶知其不可。苟無其精神。雖改官制與教育。猶之無益也。而矧於區區服色。不然。高麗亦以兩月前下改服之令矣。麗果[illegible]乎。

吾以爲辮髮必當去。而服色則不可改。苟驟改服色。非直不便民。且於生計界生大影響。而國不勝其敝矣。今政府而欲改服色。吾謂其亦取亡之一道也。

▲改律例問題

近日改律例之議。頗與政府派大員董其事。且聘一法國人爲顧問。更擬添聘一日本人云。得毋維新改革之一現象歟。

中國數千年來只有君主治臣民之法。更無君主與臣民共守之法。不甯惟是。所謂君主治臣民之法。亦不過刑法一端而已。他皆無有也。故語及法律。即與司空城旦書生聯想今政府之言改律例者吾不知其以何因緣而起此念要之舍刑法外無他改作此則不待問而知者也刑法何嘗非法律中一重要之部分。苟諸法皆改則刑法固不得獨遺也雖然諸法皆仍而獨改此果有效乎。即使盡採各國刑法之精理鎔而通之以成一最精美之律。猶之無當也何也。法也者相待而行者也。未有抽出一二端學之而能有效者也而況乎今之所謂改律例者固未嘗行以忠實之心而董其事之人又皆於法理未嘗一夢者也。嗚呼。我國民其猶望在上者之變法乎

(世界之部)

自輪船鐵路電線之既通。地球面積日以減縮。四海一家千里比鄰之語。今既見諸實事矣。士生今日苟非有世界的知識不足以成一人格我國人蟄居於蝸殼之中。雖本國之事其相隔稍遠者猶且視之如對岸火災而他國更何論焉。雖然今日天下大勢牽一髮則全身皆動無論何洲何國苟有一問題起則無不與全局相影響者其在泰西雖小學兒童。廛市販卒。莫不日手一新聞紙津津道天下事。而我士夫猶或昧焉烏足以立於物競之界也。故今於報中臚舉半月之大事。綴以短評。雖不能備。亦使吾人得世界常識之一斑云爾。

▲世界交通大孔道

西伯利亞鐵路既成天下大勢爲之一變此鐵路者實世界交通大孔道也頃俄國鐵路局之外國部長。聯合歐洲各鐵路公司之代表人開會議於巴黎商議歐亞交通之事定議自法國巴黎至中國北京。開一直行車。由各公司協同經理。其接應行李配搭車

費之方法者將議定云。此實二十世紀劈頭一大事業而其影響所及於我國者至劇且大更無待言。是會也法國西部鐵路公司長提議謂巴黎北京間可以發賣來回車票而與大西洋太平洋兩輪船公司開交涉凡買來回票者或由巴黎承鐵路至北京。再由上海乘太平洋輪船至美國由美國乘大西洋輪船返巴黎。或由巴黎先乘輪船至美國上海更由北京乘鐵路而返。均聽其便云。此議之實施殆將不遠。果爾則環游地球一週者其日期僅縮至四十日內外此實非常之進步而新世界一大壯觀也此交通機關既開全世界之風潮益自西而東其為中國前途一大險象無可疑也雖然我中國所以積弱由數千年蟄居一小天地而與全世界之風潮不相接故養成一種麻痺錮塞之現象然則今日外界之震撼而至者又安知不為中國之福耶苟能因勢而利用之則以我之物產往而生計界開一新紀元以彼之智識來而學問界開一新紀元其皆在今日矣特不知我國民果有此實力焉否也

▲太平洋海電成

去年西曆十月三十一日。加拿大澳洲間之海底電線成。於是十九世紀新發明之電信遂繞地球一周。自倫敦發一電僅以半點鐘內其覆信遂得返於本局。嗚呼捷矣。

倫敦泰晤士報頃有一論記太平洋海電之沿革。盖距今五十年前。海電之初設於英吉利海峽也。有議架線於亞拉士加峽及白令峽以聯結北美洲亞洲之交通者。後經北極探險家之報告。知其不能。於是始有沈設於太平洋之議。一八七四年。擬設於夏威夷島之漢挪路盧及日本之小笠原。首事者以說於英政府時皮璽士佛德（即的士黎里）為英首相。

素持帝國主義者也。大贊之。一八七九年。提出議案於國會。國會拒之。議遂止。而太平洋鐵路技師長佛羅明氏。始終熱心經營之。至一八九三年遂始業。一八九五年張伯倫爲殖民大臣。遂贊其議。置太平洋海電委員。請以政府之力幇開辦費一百五十萬磅至一百八十萬磅。公司未獲利以前。每年補助十四萬五千磅。而議院復裁減之。至千九百一年八月。然後此案始得通過於議會。再閱一年。遂見大成。澳洲聯邦既開。太平洋海電復就。英人帝國政畧遂益鞏固不拔。噫。大國民之氣度。使人羡殺。使人妬殺。

(國際之部)

國際者通萬國而言者也。我國與他國之交涉屬之。他國與他國之交涉亦屬之。今茲所評。專就我與他交涉之一部分。其他與他之交涉。則歸入世界之部云。亦春秋內其國之義也。

▲馬尼拉華工問題

自美國以禁華工著之憲法。凡美屬地。一切奉行。故夏威夷(即檀香山)隸美後。即嚴此禁。菲律賓隸美後。亦首行之。我華人幾無容身地矣。頃菲律賓總督。以島民不適於用。決議招華工八十萬人。已於日內次第實行云。此亦中國殖民之一好機會也。

白人於其力所不能闢之地。則任用華人爲之牛馬以闢之。既闢矣。則坐享其利。揮而使去。全美洲皆是也。豈惟馬尼拉。

今馬尼拉之華人已二十餘萬矣。再益以今度之八十萬。則殆百萬。泱泱然一國之衆矣。而其資格僅足以爲牛爲馬而止。悯哉。彼暹羅固有華人二百餘萬矣。其數過於土人殆十倍。豈嘗見其於政治上有絲豪之位置也。西人謂中國人無政治能力。信然。

西人今在中國內地者不滿萬人而隱若敵國中國人有二十萬在菲律賓而僅爲牛馬無政治能力之民族與有政治能力之民族相遇其現象之相反若是我國民其知愧耶其不知愧耶

白人待旅外之華人不出二法其一則任其自來自去不加限制惟在境內則以特別之法律待之不使與白人平等其二則既到之後法律上無差別一切與白人平等惟限制之不使至其第一法施諸白人稀少之地如南洋羣島是也其第二法施諸白人衆多之地如美洲澳洲是也今菲律賓殆又暫採第一法也

雖然今日經濟競爭之世界吾國民能多一人在外即利權爭得一分今玆之舉美國人固利用華工也使吾華有人焉則亦可以利用美國此其事固非可望諸政府若民間有人乎亦未始非增張國力之一好時機也

▲德人撤退滬兵後之政策

上海撤兵一事德國總領事照會江督內開數事

一德國駐紮上海之兵已允撤回將來他國如再派兵到上海德國亦必照辦

一揚子江一帶政治或兵政海政工程商務之權利或他項特利應由中國朝廷及長江等處總督應允不能專與一國宜利益均沾

案此等語氣不成其爲名詞矣中國主權盡失無論何等內政外國皆用干涉主義若所舉兵政海政工程商務苟與一國稍有交涉則各國皆得援利益均沾之約以相要謂之利益均霑我國之內政已盡折入於外交矣至於他項特利之說除此四者之外更何所謂特利抑其所謂特利者對乎尋常利益而言痛乎四者之概

用干涉猶以爲未足。而別求所謂特利也。抑既懷此特利之思想。則必於尋常干涉之外。日考求其所謂特利者。以橫用其干涉。各國復援利益均沾之語以爲要。則特利者復變爲通利。而特利之牽。又將益進而求之也。耗矣哀哉中國前途之特利也。

一上海上下游。以及長江一帶地方。不得讓與他國一國占據進兵之要隘。案所謂進兵要隘。則中國之要隘也。中國要隘。而外人可任意占之。其所以預爲此約者。非謂我不願占之也。恐我稍緩一步。而他國先占之。則我落第二着耳。其作此語。已不與中國以要隘自主之權。設將來此處要隘。爲他國所占。則彼將闖入他處之要隘以爲均權。危乎悲哉中國之要隘也。

治文明之屬國。但能用其文明之干涉。若大違乎公理。則反動力驟起。有未易收拾者。至於治土番。則一切所爲。我有不稍假以自主之權。及經理完備。彼土人者且歌舞感德弗衰。若外人待今日之中國。其文明屬國之辦法耶。其土番之辦法耶。儼然稱爲自主之國。地大物博。而外人視之爲外府。匪惟一國欲之。列强並欲之。既一人全噬之不可。乃倡爲均噬之法。一時盡噬之不可。乃定爲緩噬之謀。囊中之物。數人探之而有餘。視經營土番之政策。又當一變矣。思之思之。中國其擇何術以自處耶。

教育時評

數月以前。教育之聲。囂囂徧國中。今又暫衰息矣。雖然。綜各省官立私立之學堂。猶不下百數。亦一差強人意之現象乎。噫嘻唯唯否否。率行故事者。居十之六。借作終南捷徑者。居十之三。盲人瞎馬。吠影吠聲者。居十之一。於是教育界前途。不可問矣。今著時評一門。專以規盡舉國之言教育者。知我罪我。其無辭焉。

◎愛國學社與教育界之前途

上海愛國學社者。南洋公學退學生之所創立也。以學生之資格立學校。自茲始。學生而從事於教育事業。各國有其例乎。曰無也。學生者方在受教育之年者也。而惡能從事於教育。然則此舉不足稱乎。曰是何言。今日之我國。無規則之國也。無規則故不可以尋常文明國之規則爲比例。愛國學社者實教育界。前途一大希望也

學校所以養國民也。而今者舉國之學校。皆養奴隸。於是乎國民之不甘爲奴隸者。遂無可以受教育之地。苟欲受之。舍自教自育之外。無他途。夫學生而至於不得不自教自育。哀哉其遇也。學生而共發大心以自教自育。壯哉其志也

吾儕於愛國學社。無一毫之關係。於愛國學社諸君。無一人之識面。然聞其事。戚戚然不能去諸懷者數月。初憂其人之易散也。繼憂其規則之不肅也。繼憂其功課之缺點也。繼憂其教習之乏才也。繼憂其主持之非人也。繼憂其經費之無著也。今者散而歸者雖有少數。其重要之人。團體依然。第一事知免矣。讀

其章程與其課程表。其自治之嚴。分課之當。悉愜焉。第二、三事、知免矣。敎習得熱心之士自報効第四事、其亦知免矣。主持者得一二老成績學篤行之君子。若蔡君鶴卿吳君稚暉蔣君觀雲等以爲監督爲表率。第五事、知免矣。所缺者第六事而已。以前五事。吾深爲愛國學社賀以後一事。吾仍爲愛國學社憂。天下最困人者其惟第六事乎。其惟第六事乎。苟缺此一事。則前五者皆無所附。而將終不免於蹶敗。夫學生之資力。必非能任此尨然學校之常欵。不待問而知者也。然今者學生既處於不能不自敎自育之苦況。苟其終於此焉。則彼之爲奴隸敎育者。其將有所口實而益其驕橫之氣。若曰汝不就我。汝決無受敎育之期也。不甯惟是。此百餘人之以自敎自育爲目的者。雖不敢謂其人爲將來之一人物。而拔十得五。君子猶屬望之。忍聽其廢於半途也。不甯惟是。今日舉國中無一可以受文明敎育之學校。此社草創伊始。吾雖不敢謂其完備也。然以如此之監督如此之學生。吾敢信其有可以達於完備之資格。吾儕有子弟不欲其學爲奴隸也。夫既已徧國中無他地可以受敎育。其與諸退學生同一境遇。昭昭然也。此校既有可以達於完備之資格也。苟相率助焉而使之得達。則此後吾躬或吾子弟之不願學爲奴者。其亦將有所以自敎自育而不至失業。公耶私耶。皆將賴之。於戲。我國民其無同情耶。

吾儕之爲此言。非有所受於愛國學社諸君也。吾念我敎育界之前途。瞿然憮然而不能已於言。頗聞彼諸生者。持自營自活之主義。刻苦相厲。特結所謂共和營業者以顧公益。雖然彼等所循者彼等之義務也。吾儕所言者又吾儕之義務也。愛國學社。非彼一二監督及百數十學生所專有物也。而彼一二監督。

及百數十學生雖竭其力劬其形涸其慮而亦不能以獨力維持此學校又吾儕所不待問而可推得者也於是乎吾儕有吾儕之義務

讀叢報者數千人表同情於此論者幾人吾念中國前途吾滋望吾滋望記此以質愛國學社有關係者及讀報之君子

愛國學社何在則上海大馬路泥城橋福源里也

◎橫濱大同學校五年紀念祝典

今日稍知時務者皆言教育稍知教育者皆言普通教育國中普通教育之始萌芽而稍成一規模者惟橫濱大同學校直至今日而普通教育之稍有可觀者仍惟一橫濱大同學校

大同學校創自戊戌迄今五年以去年十二月十三日散學之日濱人胥謀舉五年紀念祝典市中華商有聲望者咸集凡二百餘人日本之地方官市紳來賀者數十人學生集者百餘人釋奠禮畢頒學生獎賞品於中華會館頒訖吾國志士游寓此間者次第演說焉乃設西式饗宴賓主融融至午後三點鐘乃散大同學校萬歲之聲震屋壁洵盛舉也是日結花樹懸國旗於校門宴次侑以軍樂使人愛國尙武之心油然生焉日人過其門者嘖嘖羨不置

吾國民僑寓他國者不下數百市人數統計不下數百萬而能自創學校以教育其子弟惟一橫濱而神戶踵其風而繼之嗚呼橫濱亦可以豪矣他市亦可以厲矣

雖然內地各省府州縣任舉一市一鎮一村一落其人數與橫濱華商相埒者何啻數百萬所其繁庶遠過於橫濱者何啻數萬所而至今普通教育之稍有可觀者仍僅推一大同學校嗚呼國民可無猛醒歟

批評門 四

◎蔡鈞與横濱之義和團

（大同學校滋擾事件）

大同學校祝典之再翌日正午。忽有流氓無賴百餘人闖入學校。洶洶然聲稱毆總理毆值理毆教習毆監督時已散學休業故諸人無一在校者。諸無賴不得逞。毆書記一人而去。而校之門梯窗櫺及藏書樓之書架皆被碎焉。此事何以起。起於彼一二小人以爲大同學校乃新黨某某等之根據地也。欲撲滅之以爲功。以爲陞官發財之終南徑而不知某某等與大同學校之關係固甚淺薄也。先是横濱之中華會館。有商董盧某鮑某等。本自附於新黨嘗爲大同學校有所盡力者也。己亥秋。劉學詢來濱。語鮑盧曰。若背新黨。吾能予汝以紅頂。予汝以鐵路總辦銀行總辦。二人歆焉。遂背新黨。然未滋鬧也。及蔡鈞至。始日嗾之。使與學校搆訟。初學校之立。本出於全市之同意。在中華會館公舉人董其事。因議以會館所置之一廣厦向爲義學用者。以之充校地焉。學校經費不足。每歲須集捐三千餘金爲資助。省此房租亦稍輕負擔之一道也。如是者凡數年。至是鮑盧以學校滯租不納控於裁判所。三控三被斥。既不得逞。又見學校舉五年祝典。其盛況劌心刺目也。老羞成怒。而出於此暴舉。盖先爲一茶會。招集下等社會之人物。許以若因此事下獄。每人每日給以二金云。以故諸無賴爭爲用。日本警察聞變馳赴者數十人。互相格鬥。警察一人負傷焉。卒縛七無賴以去。

噫。此舉一何似義和團之甚。至今警察署裁判所日日指索元兇。彼毓賢英年趙舒翹之徒。必不能免矣。而其最大之元兇。必仍可以晏然復據大位長樞府。其結局亦必與義和團等。吾所敢斷言也。

元兇爲誰。或曰蔡鈞。曰睨大同學校四字之匾額欲饗之綱載至北京以當獻俘者非一日矣是或可信」蔡鈞一何仇教育至於此甚或曰彼不識一字因以爲苟識一字者則非復人類故惡之云是或可信

大同學校于本月十五日已照常開校學生比之往年更加多云

◎廣東女學堂事件

自敎育議興稍審本末者莫不注意於小學注意於女學甚休甚休

廣東學界在各省中最黑闇最腐敗者也官不過問有力之紳士不過問頃民間一二志士乃始有倡辦女學堂之議雖成績未知如何要之亦一線光明也南海縣裴景福者虎而冠者也大學堂總敎習丁仁長者天閹而從八股圂圂中出身者也女學堂首事諸人以其爲地方官紳也姑一聯絡之裴丁乃大怒丁函秦道云『初聞有人倡女學此何等事未必眞公然舉行乃昨日竟敢送帖來請胆妄已極』裴答龔守云『倘不封閉則恐中丞不答應』噫此何言耶雖以北京政府之頑舊而西后猶有欲興女學之議使西后果倡矣則裴丁又將何辞耶

聞倡辦各人中頗有因此風波而萌退志自請除名者果爾則吾不責裴丁惟責彼等裴丁固狗彘不足責也而彼等貿然以維新自居苟非認定此目的何必倡辦既認定矣曾是區區狗彘而能阻我耶吾意倡辦諸公未必有此等人

批評門

大

學界時評

中國學界近一二年來似頗有蓬蓬勃勃之氣雖然徒撫皮毛不務實際拾一二文明進步之口頭禪語以自欺欺人甚者剽竊一二生澀之名詞以炫庸耳俗目若是者比比然其爲良現象耶其爲惡現象耶蓋未可知作學界時評

●繙譯世界

近聞上海有所謂繙譯世界者此間未得見未知其內容若何但見其所出廣告滿紙皆日本字面幾於不能索解已屬可笑其尤駭人者則告白首二語云「二十世紀之支那繙譯之時代也」夫當「繙譯世界」創刊之時不過二十世紀之第二年耳此後尚有九十八年有奇使此九十八年中而支那僅得爲翻譯之時代支那學界尚可問耶吾知彼不過偶失檢非必以此咒中國之前途也然君子一言以爲知一言以爲不知言固不可不愼也此無他坐撫拾新異名詞以自炫而已

●翻譯與道德心之關係

繙譯之事眞非易易吾不能文然每覺譯人之文難於自屬稿者倍蓰焉苟任以己意武斷刪改而損益之非徒學問之累抑亦道德之虧也

試讀六朝唐間所譯佛典何等精審何等銳達佛學之所以得盛行於中國良有以也至如近日若侯官嚴氏之譯天演論譯原富皆以數年之功始成此數卷兢兢焉若深恐有負於著者此誠譯界之宗師也即下之如前者上海製造局所譯格致諸書雖不能發揚國民之根本思想然定名屬詞之間猶煞費一番苦心比諸今日之譯界尚不啻嬙施之與鹽嫫也」

批評門

今日譯事之發達爲國民福耶爲國民病耶一歎

今日譯界之混雜由於學東文太易新學小生手「東文典」「和文漢讀法」等書未及三日或且並イロハ四十八假名未識亦囂囂然談譯書姑無論其不解東文也即眞解東文此事固遽爾易易耶凡譯一門之書非於此門學問研精有得者萬不能率爾從事苟爾者未有不自誤誤人者也吾有見乎今之少年以翻譯爲業者其冒險自信之力眞不可及也其貿貿然譯哲學書經濟書政法書者無論矣其最易者宜莫如歷史然歷史顧可冒昧耶凡著史者其徵引材料必不能首尾完具故苟非有史學之常識者譯之未有不前後矛盾者也又史中人名地名最多而其名多有見於中國舊譯本者故苟欲譯史非徒近世新著之名作不可不研究也即舊譯之陳言亦不可不瀏覽近日譯本往往有尋常習見之名亦屢異其音者吾見有以七字譯哥侖布以五字譯奈端者矣譯者之謭陋不足責獨不爲讀者惜腦力耶

二

大抵譯歷史者雖不通西文而拚音法終不可不粗解今皆据東文以譯而東人以其假名一一與羅馬字母對照故依原文譯之其地名人名未有不在四五字以上者吾嘗見某譯本中有一人名譯至十七字一地名譯至十三字者矣譯者設身處地令讀者何以爲情耶

夫其不知西音不知舊譯名猶曰吾學力實不及此無可如何也乃或同一名也而一書之中前後互異乃至一業之中前後互異若此者吾蓋數見不鮮矣此則不能以學力不及爲推諉者也蓋其以譯事爲兒戲爲牟利之具而不復一爲讀者計也謂之無道德心誰曰不宜

更有至通行之名詞而亦故爲詭異之譯語者如俄

羅斯德意志吾信雖極陋者猶能知其名也而譯者必依東文曰露曰獨（俄之譯露猶日本音實然倘可解免然吾恐譯者正未必爲此）夫何憚一舉筆之勞而必爲此異名以淆讀者之耳目也此等人眞不可解苟非自炫其能識一露字一獨字則必其全無心肝者也

故譯書而以草率之心從事者其於道德上有兩大罪惡一曰對於著者之罪惡蓋與說誑語者同科也二曰對於讀者之罪惡蓋損人精神糜人日力與侵人自由者同科也

吾中國先聖之敎曰忠曰恕此二義者無論言新道德言舊道德皆無以易放諸四海而準者也故不爲一事則已苟爲矣則必以實心行之忠之謂也吾譯一書則如受著者之託爲之傳語焉烏可以不兢兢也其樂聞吾所傳語者則必以吾言爲可信也使吾誑之則人誑我又將何如矣今乃徒以區區金錢之故遂不惜自欺以欺人茲事雖小而我國青年道德頹落之現象亦於此可徵矣

今之譯書者或爲苦學計借此以自給雖學力未充不得已而從事焉此固非可深咎者然亦當盡吾力所能及以忠實之心對於著者讀者其猶不贍則吾捫心固無疚也而今之少年往往欺上海書賈及內地人士之不知別擇隨意删去假名顚倒一二字苟以易百數十金而已若此者不得不謂爲學界之蟊賊也吾何樂於誑謾人吾不能已於言也

翻譯與愛國心之關係

近人好用日本新名詞以自炫者吾不解其何心矣据侯官嚴氏之論則謂學術上無論何語苟徧搜中國古義亦必能得其確譯如 Right 之譯爲民職民直之類是也若是者吾未敢遽謂然名也者不過一

批評門

記號。使人習之而能解云爾。苟實難得其確譯者。則無甯因之。如日本所通行之「社會」「經濟」等字。雖沿之亦未甚爲病也。再有難解者。乃至逕譯其音而加以注釋」亦未始不可。如佛典中之「阿賴耶」「阿耨多羅三藐三菩提」者其例亦夥矣。雖然此不過窮於名而始用之耳。乃今之談新學者。往往於中國久有定名人人共知之語。偏廢不用。而必隨人脚跟。拾人唾餘以爲快。吾眞不知其何心也。

中國人性質。不好言實事而好言門面。此亦其一端」

凡人之耳目。往往服從於所習。彼習於東籍。而舌端筆下流露於不覺者。固非可深責。然己當自檢點矣。乃或故爲此佶屈聱牙之言。若曰。不若是不足爲新學也。吾不知其何心也。

若此者。吾無以名之。名之曰無愛國心而已。凡愛國者未有不寶其祖國之文學者也。中國事事落他人後。惟文學殊不讓泰西。若嚴譯之天演論。視原本有過之無不及。此深通西文者之公言也。其餘若詩詞曲本。雖理想不如人。而文采或過之。實祖國國粹之一大端也。而諸君必欲蹂躪之。何也。吾見近人之論著。往往有一句長至二三十言。一句中「之」字「的」字三四見者。彼學術上之語。或不能不有所假借於人。豈尋常措詞亦須爾爾耶。雖極不能文者亦當不至是。無他。崇拜日本人之既極。並其一言一字而亦仿效之而已。是之謂無自立性。是之謂奴隸

華俗時評

○青年之墮落（一）

今日舊黨竭死力以壓窒新機。然吾以爲中國之新機。不患不動。患其動焉而所趨不善。他日一落千丈。而其斂更甚於曩昔。吾每念此。吾心忡忡。

他地勿論。以吾所聞上海之號稱維新號稱志士者。每日殆必有一兩段笑話。接於吾耳。其傷風俗敗道、德之事。殆不忍悉數也。此輩當其初聞一二新論時。志高氣盛。未嘗不以世界上有關係之人自命。乃不轉瞬而頓如兩人者。未必其性之惡。習使然也。後生小子。未嘗一見世事。未嘗知行樂之具。曩昔或束縛於父兄。不能自由。或窘制於金錢。無從揮霍。及一旦至上海。加以現時風潮驟盛。書局如鯽。彼後生小子者。讀日文未及三日。即率爾操觚。從事於譯事。日譯數千言。以易數金。欣欣自得。而所謂游學生之歸國者。復蕩棄一切閑檢。以煽其欲而揚其波。且爲之說辭曰。是豪傑之本色也。辦事不得不如是。聯絡同志不得不如是。浸假而忘其本來。相與俱汨溺矣。而揮霍者無底之壑谿也。所入雖驟多。終不敷所出。遂不得不爲一二虧損道德之事。初時猶恧然若甚有愧於其良心者。第二次而愧漸減矣。第三次而愧更減矣。不及數月。而前此之面目。遂皆變盡。豈必其所欲哉。有迫之不得不然者矣。誰迫之。我自迫也。我之肉慾迫我之良心也。是之謂我爲我奴隸。今後生小子開口。必曰自由。其罵人之語。必曰奴隸。試問天下。不自由之奴隸。孰有過於公等耶。他人迫我爲奴隸。猶可離也。公等自投網而自束縛之。胡可逭也。

以吾所聞去年歲杪而此輩惡少年以迫於花債酒債而逃遁者已五六輩矣。吾不識其何苦以前此有限之歡娛易今日無量之狼狽。豈惟今日之狼狽而已。聲名俱裂此後更無可以自立於社會之道。簡數月前掀山倒海之豪氣。今復何在。將不得不爲孺子爲流氓以終老。彼之自爲計者。毋乃亦太拙耶。雖然。自作自受何足憐惜。然使內地人士將以談維新爲忌諱。以志士二字爲一極不美之名詞。其爲罪於一國又可勝道也。

古來豪傑容有好酒好色者。然好酒色者未必皆豪傑。且學豪傑亦多術矣何必學其缺點。嗚呼以今日中國人自治力之薄弱如彼。而復以僞平等僞自由之主義自文。中國其眞陸沈矣。嗚呼是則蒙亦有罪也夫。是則蒙亦有罪也夫。

○青年之墮落（二）

頃見有惡少年某某二人著一書。題曰「吾妻鏡」者。吾今爲警告於此。吾若無殺人之權則已。苟有此權。不殺著此書之人。傳其首於十八省。非丈夫也。

書局徧上海。新出書目告白充牣報紙。而東西大哲之書有關學術道德者未見一部。惟見所謂男女交合新論男女婚姻指南等書。不下數十百種。其書中豈無一二關於衛生關於哲理者。然勸百諷一。其害人心固已不少。然猶曰其中有一二言衛生言哲理者存也。何物梟獍。乃作此等明目張胆誨淫誨盜之語。彼以是爲言女權。以是爲言平等。以是爲言文明。彼豈知女權平等文明三字作何寫法。以狗彘不食之敗類。乃敢搦筆弄舌。以播其毒於血氣未定諸少年之腦中。若此等人。不殺何待。不殺何待。

此等之人。此等之書。本何足以污新民叢報之片紙。然吾深恫乎近日有所謂新中國之新少年者。皆此

類也記曰國家將亡必有妖孽蓋有此等腐敗社會然後此等妖孽之人妖孽之書出焉見被髮於伊川知百年而爲戎吾安得不爲中國前途慟也

吾爲此評於彼何損焉彼之吾妻鏡必驟多銷萬數千部而彼花酒之費又可闊數月矣吾且恐艷羨彼二人而步其後塵者將日出而未有已也廉恥道喪一至此極國之亡也復何慰焉復何慰焉

○青年之墮落（三）

頃讀日本德富蘇峰之日曜講壇內一篇題曰『所樂如何』者今譯其畧

鑑定人物之法莫如察其所樂人莫不有所樂而人之一生殆不過集注全力以圖達此所樂之目的而已故觀其所樂而其人之眞相可見也

樂亦多類矣如支那之福建廣東人自少壯而餬口於海外勞動若牛馬生活之程度若牛馬如是

者數年或十數年薄有所積累以還故鄉始草草結婚婚後復出海外千辛萬苦中年以後其所貯蓄者漸自足則復還故鄉爲富家翁擁少妻三四吸鴉片安臥牀笫間其畢生之希望無逾於此苟得爾爾則以爲極樂之生涯

彼等之所樂野鄙則野鄙矣雖然請勿以爲嗤也彼以希望此樂故故能克己能忍耐能勤勉能儉約彼等之理想固不能出肉慾之外雖然彼等爲大肉慾而制小肉慾爲前途之肉慾而制現在之肉慾雖曰野鄙雖曰卑下然以比諸薄志弱行之書生優之猶萬萬也（中畧）

故士君子入世伊始不可不先審其所樂之何在徹始徹終而不改其樂者所謂有意識之生活自立之一要道也雖等而下之向彼至卑至鄙之樂而孜孜焉然有焉者猶優於無確定焉者猶優於

批評門

浮動何也。彼猶有達之之一日。此則永無達之之一日也。(下畧)

嗚呼。我青年之理想果何如。曩昔自命爲華盛頓。自命爲拿破侖。自命爲俾斯麥。自命爲大政黨首領。自命爲大軍人。自命爲大教育家。自命爲大博士。自命爲國民先覺。自命爲代國民流血。曾幾何時。爲區區婦人女子。所牽不惜犧牲其終身之希望。終身之名譽以易之。則何如彼之生而求爲紅頂。求爲富家翁者之猶爲光明磊落始終不渝也哉。

古哲有言。先天下之憂而憂。後天下之樂而樂。今之青年不然。其始也後天下之樂而憂其卒也先天下之憂而樂。青年如此。國復何望哉。

嗟夫彼敗檢裂名墮落以去者。不可追矣。吾想後此蹈其覆轍者。正不知復幾人。青年乎青年乎毋使我不幸而言中也。

●日人侮我太甚

（敬告東京留學生）

日本於今年三月在大阪開博覽會。蓋此邦空前之大會也。其中有所謂「人類學會」之出品。乃將地球上各野蠻人種。各雇一人。置會場中。以備觀覽云。此事各國博覽會所常有也。乃日人竟擬於其中置一中國人。摭拾我一二舊俗。模肖其腐敗之態。以代表我全國。嗚呼。其侮辱我實甚矣。日本與我同為黃種。雖彼三十年來政治學術之進化甚速。要其社會之文明程度。不過與我相頡頏。或視我猶不及焉。今乃為無禮之舉動。亦適成其為島民之器度而已。且汚衊我中國。而日本亦寧能獨榮焉。而以此傷害兩國國民之感情。何為者。可笑可歎。

日人以野蠻之名加我。不足責也。顧我遂甘受此野蠻之徽號乎。我袖視之。則是我默許也。我自認也。若此事者。苟政府稍有實力。稍知廉恥。則宜極力反抗者也。而今政府既不可望。則吾不得不有望於政府以外。

聞前者美國芝加哥之大博覽會。亦嘗以今日日本所以待我者待日本。雇一日本人。手挽東洋車。以代表日本風俗焉。日本留學生在彼者百餘人。極力運動反抗之。乃撤去。今我國學生在東京者幾千人矣。此等事而猶不動公憤。不爭國體。我輩更何面目以居此都矣。學生諸君。學生諸君。其聞之乎。其思之乎。

評論之評論

（歐美之部）

○國家社會主義實行於奥大利

威兒拉里

（倫敦每月評論）

國家社會主義。實十九世紀下半之新思潮也。其始爲學者所昌言。久之而其論遂動政府

去年九月份倫敦之每月評論有威兒拉里氏所著一論。言奥國漸次實行國家主義。據言奥政府設種種方法。以從事於此。第一利用農業銀行貸資本於小農。坐是民業益進。小地主之數驟增加一萬五千人。次用各方術以謀農事之改良進步。設所謂模範田園者。以增長普通農民之智識。此皆其辦有成效者也。其最新奇者爲公家旅館之制。彼欲吸引世界漫游之人。使多集於波士尼亞一地。以爲尋常民間之力不能爲適宜之旅館也。乃以政府之力設之。其旅館壯麗淸潔。動人游興。又設狹軌鐵路貫通國內。又於無旅館之地。使憲兵周旋游客。務令有賓至如歸之樂。又設公家浴場多處。其公立俱樂部等。日漸增設。若奥國者可謂社會主義之首唱。而所創諸事業。其結果皆頗良。是足以爲二十世紀之模範云云。

記者案社會主義者。與我國近儒所倡大同主義頗相類。雖未能遽行於今日。要之世運日進文明。此主義必爲最後之戰勝者無可疑也。交通機關既整備。人類之距離日以減縮。自今以往。其踵奥政府而起者必絡繹矣。

○美國學術不振之由

哲士挨

批評門

（八月一日北美評論）

法人哲士埃久游美國。深察各大學之內情。曾著一論。登於「北美評論」。大意以為美國學術界所以不進步。昔人多以為新進國智識幼稚之故。其實不然。以今日交通機關之利便。歐洲諸碩學。朝有創見。夕即傳徧於美國。其研究之難易。固無擇也。然美國所以終遜於歐洲者何也。蓋由民衆之勢力過大使然也。公民平等之思想既普及。浸假以為人類智識亦皆平等。事事以全國民為標準。而國民程度未臻極點。坐此之故。凡俗主義日以流行。徒知認定（最大多數最大幸福）一語為神聖不可侵犯。而不知此主義者。視用之之人何如。若使舉國人之品性。尚在卑劣。而奉行此主義。使卑劣者得意。實非所以圖進化也。美國人溺於崇拜黃金之理想。狃於塵世之成功。此實其思想界萎縮之總原因也。

二

哲氏又引斯賓塞之言曰。『科學之真精神者。綜合之精神也』因解釋之曰。綜合的精神。所以異於凡俗者。蓋同一事物。而能以特別之眼識觀察之。看破其類似之點。而獨有所會。美國學術之不進。由此等精神太缺乏也。美國人所著書。長於分析。若統計若編纂之類。居其出版界之一大部分。此等惟能養成劣下之智識而已。若近世實驗哲學之真義。殆非美國人所能解也。

記者案今日之美國。號稱文明極盛之國。然以歐洲人之眼視之。其缺點尚不免如是。我國之語新學者。可無悚歟。大抵精神上之文明不進。則物質上之文明。雖隆隆日上。猶不免為識者所笑也。我國今日精神並物質上。亦皆無毫末之進步。而惟見其道德之日以頹落。以如是之人而使多得智識。其猶藉寇兵齎盜糧耳。

(日本之部)

○晚近道德思想變遷之原因

中島力造

(東京教育時論)

中島力造者日本之文學博士以倫理學著名者也。近著此論饒有新見摘譯如下。

自古學者之論道德。或以爲一定不變。無古今東西而皆同者也。或以爲變動不居因於時因於地而各異者也。此二派所主張。皆持之有故言之成理。若以公平之眼普觀近五十年來思想之變遷。社會之變動。則道德中之一部分。不能不循進化之法則。此識者所同認也。今考其重要之原因。厥有三端。

(第一)自蒸汽力發見以後。而用此力以補人力所不及。於是大機械大工場起焉。曩昔之人各獨立而營業者。今則勵合數百千人同集一事。爲共同之生活。彼此之關係。日以親密。故協同一致之規則爲最要。而公共之道德日見重焉。此物理學機械學研究結果。其影響及於道德思想者也。

(第二)由生理學心理學等之進步。而身心之關係之理愈加確實。古之言道德者。徒偏重於心之一面。及身心之關係。明知心不能離身而獨養。昔所不重者。今不得不並重之。如昔人言不以溫飽攖其心。往往惡衣惡食以爲高。今則衛生上之理論。不可不爲相當之注意。亦道德變遷之一端也。

(第三)生物學研究之結果。而進化論出焉。因物競天擇優勝劣敗之理。惟適合於社會之狀態者。能占勝利於社會。且爲社會上有益之人物。坐是之故。言道德者不可不務養成適合於今日社會之人格。此進化論之影響於道德思想者也。

記者案中國常言天不變道亦不變。而近世學者所論。往往異是吾讀加藤弘之氏之所著道德法律進化之理。辨之詳矣。吾未敢全袒其說。要之不可不謂道學界有力之議論也。今日萬事皆趨於綜合。言此學者不可不印證於彼學。豈獨道德哉。

（本國之部）

○法蘭西革新機關（譯書彙編第十號）　赤門生

此論以法國大革命之原動力。歸功於約各伯俱樂部。蓋欲示中國志士以團結之模範也。其言然爲有關羣治之言。

其論約各伯俱樂部之由來。云法蘭西中古之世。猶爲封建時代。法國之人民。猶浸淫於君主神權之說。人類之尊卑。制度之階級。如金城石壁。牢不可破。忽有先知先覺之大儒盧梭氏。以人民主權之理想。普及天下。俾天下之昏昏沈沈於君主神權之理想中者。至是而始發其曚。電光石火。傳播至捷。一時所向風靡。不啻援之塗炭而登之袵席。故巴里士民。青年壯士。以及勞働役工、車夫、馬丁。皆棄其業。囂囂然增殖其人民主權之勢力。或集會於酒樓。或聚談於茶肆。評定憲法。論議國政。巴里之街道。儼然若立法院。酒食歌舞之場。隱成內閣。政論囂囂。凡有一年。又以政治空論之無益。前此之一斑論客。去而各就其業。而天下之政論。委託於少數之熱心人。此少數之人。知徒言之不足以有爲。於是有約各伯俱樂部之設立。

其論約各伯俱樂部之勢力云。結會之有節文禮讓者。天下太平之時也。約各伯俱樂部之發生。當法蘭西叔季之世。不足以語此明矣。況以人民意志爲神聖不可犯之主義者乎。故犯之而即驚。而又好爲豪俠不平之舉。如貴族之擁有不義財產者。則平均之。富豪之擁有不義田產者。則重徵之。朋儕中之頑固不化者。則屏之不齒。逐之國外。甚至閭閻之生命財產。非得俱樂部之證明劵。不得高枕無憂也。且議員之選舉。非得俱樂部之同情。則不得當選。政權之行動。非得俱樂部之樂許。則氣脉不通。議會提出之議案。非得俱樂部之同意。則不得議决。其他法律命令。莫不皆然。若政府之官吏。非爲俱樂部之部員。更不得備位。俱樂部者。實占政治上之大勢力。若一村落。一府縣。一市府之行政權。莫不盡落於俱樂部之掌握中者。問其何術以致之。曰悚之以羣情。曰爭之以衆力。要之天下之最堅强者。無如積多數人之力量。約各伯俱樂部以無數支部之同心協力。其團體之堅固。勢力之猛烈。鋒鋩之銳利。以遇衰敗之政府。自如疾風之摧枯草也。況其會員立志之堅卓。一則曰。吾人之希望禱祝者。法蘭西革新之事業。爾萬一不成。無寗法蘭西成一大墳墓之爲得焉。再則曰。如與天有盟。俾吾法蘭西竟成鞏固的共和政體。則雖殺戮吾法蘭西國民之過半。在所不辭。約各伯俱樂部會員。莫不大聲疾呼。以此爲誓。其氣焰之逼人如是。亦具見其抱負之非常矣。

其結論云。余嘗繙萬國史。每至法蘭西革新之時代。不禁於旅館沈寂之時。殘燈明滅之際。徘回往復。感激而不能置也。夫撲破三千年混沌之迷想。開發十九世紀未有之文明。孰不沐法蘭西一舉之餘澤者乎。然而論世者。往往不歸功於法蘭西全國之人民。而歸美於有秩序有組織有準備之約各伯俱樂部者。以其轉移之精妙。佈置之周到。言論既足以感發。而機關尤足以運行故也。是以言論不可少緩。而機關尤爲急務。世有講天下革新之業。論國家經營之策者。則試取法蘭西革新之歷史而三復之。則足以嘗吾人之學步者多矣。

批評門

紹介新書

（本國之部）

物理易解

教科書譯輯社刊　義烏陳槐輯著　定價大洋一元

著者爲東京清華學校義務講師。此書即其講義也。中國理化學教科書。向無善本。前此出版者。率皆經教士之手。一人口譯。一人筆述。述者既未究此學。故常有句語模糊設詞兩可之病。著者久在日本大學。研究夙有心得。又此書於講座自經實驗。務求適合於中國人現在程度。誠教科中之珍本也。凡爲總論一。爲卷八。第一卷論力學。第二第三卷論流體靜力學。第四卷論音學。第五卷論光學。第六卷論磁氣學。第七第八卷論電氣學。其字句之明晰。圖畫之精良。又餘事也。

達爾文天擇論　達爾文物競論　斯賓塞女權論

桂林馬君武譯

此三小篇由達爾文之物種由來斯賓塞之社會平權論原書中擇譯其一章也。達氏斯氏之進化學說。爲十九世紀學界生一革命。泰西五尺童子皆能道之。在中國則惟嚴氏天演論始述其緒言。近日報紙中二哲之名。雖膾炙人口。而原書久未出現於東大陸。實我學界之大缺點也。譯者奮然從事於此。雖未能盡全豹。亦足以破譯界之寥寂矣。此書以英文東文參酌譯出。其中術語名詞。多沿東譯舊本。與嚴氏之作稍異撰。然譯筆達雅。視坊間草率牟利者有霄壤之別。吾人深爲我學界歡迎此類書也。

金陵賣書記

公奴著

此書乃最有趣味之作。讀者殊可以見內地學界之情狀。以此眼識可以調查國情矣。其措詞謔而不虐。可以規盡新學界舊學界之人。其文筆優長富於文學風味。尤近日出版界不多見者也。

釋迦牟尼傳

雄飛太郎著

新中國圖書社刋　定價三角

此書譯日本高山林次郎所著原本而間自加案語。其實高山氏原著。不過節抄「佛本行集經」四五分之一耳。未嘗別自有所發明。鄙人以爲若以中國人而著此等之釋迦傳。正不必取材於東譯。何也。彼方譯我。我又譯彼。徒展轉而失其眞也。此書卷末譯者案語云。『吾悲中國學佛者之愚。所傳釋迦行狀又多誤謬不經。』是未知高山氏所據之藍本也。高山氏本非佛學名家。所言未能得佛教之眞相。且於大乘理想。毫無所及焉。蓋所據爲本行集經。本行集經乃小乘法。無怪其然也。雖然、以吾國人宗教思想之薄弱。世界大哲人之言論行事。曾無一焉入於學者之腦。今忽有此等書之出現。不得不謂爲進步之一證也。椎輪大輅。固深願與吾黨共歡迎之。

又著者自隱其名。署曰雄飛太郎。文家之隱名。固無所不可。但隱之而託於與日本人相影響之名。竊以爲無謂。我泱泱大國。豈屑崇拜島民。模擬島民耶。此誠小節。非足爲病。然近見內地學子爲此等名號者多多。鄙人見一次則憤憤一次。試質諸著者以爲何如。

（日本之部）

釋迦牟尼傳

文學博士井上哲次郎著

文朗堂印行　定價八十錢

井上博士者。現任東京文科大學長。日本第一流之哲學家也。專研究東洋哲學。近著印度哲學史。掘殫十年之功。以成一傑構。此編實彼史中之一部分也。爾來歐美諸國研究印度學者日盛一日。若麥士苗拉、若阿丁比、希若康甯基謙、若的活諸碩學。其尤著者也。井上氏此書。多以彼等所著書爲參考。而以自研究所得者佐之。全書凡分十二章。又附錄三章。其最有興味者。則其序論及第一章「於歷史上釋迦之位置」。附錄第二章「原始佛敎史料考」也。凡述敎祖之傳記。不可無本敎以外之學識。蓋本敎敎徒。崇拜其敎主之極。往往不免陷於迷信。故爲神奇荒誕之說故也。井上氏固好佛敎。然其所得力者。仍在哲理。而不在宗門。故議論特見公平。書中之特色。在引出耶穌敎出於佛敎之根據多條。又處處以較佛耶兩敎之優劣。其論鋒往往若與景敎徒挑戰者。然本年正月一日所出之獨立評論。著一文以大攻擊之。誠非無因也。學者兩讀之。於宗敎上之見識。必多所增長。其書之缺點。在專記行狀。加以評論。而於學理反付之闕如。吾以爲著宗敎家哲學家之傳。必當以學理爲主。行狀爲輔。不能與彼尋常事業家之傳記同科也。雖然、此書已浩瀚數萬言。實爲現在東方諸國釋迦傳之最善本。吾敢斷言矣。

獨立自營大國民

法國孟蘭著　慶應義塾譯

金港堂印行　定價八十五錢

此書乃法人所著。以自警醒其國民者也。全書以法人與英人相比較。而一棒一喝。以舍己從人爲宗旨。凡分三編。第一編爲「學校中之法人與學校中之英人」。第二編爲「法人與英人之私生涯」。第三編

叢錄門

爲「法人與英人之公生涯」大意言英人種所以能雄飛于今日。駸駸然爲全世界之主人翁者。以其人民有獨立自營之風氣。不依賴父母。不依賴政府也。而法國則全反是。又旁論及德國。以爲德人視政府爲全知全能。百事皆倚賴之。個人之獨立心。因以銷磨。國家之基礎。因以薄弱。全書所論皆徵諸實事。鑑諸成敗。誠救時之文也。故在本國出版。不過數年。已重至二十餘版。日本人以其所言足爲他山之石也。因取而譯之云。(此書上海廣智書局已譯成不日出版)

叢錄門

全一幅縱橫各四尺

定價 袖珍布皮摺本銀一元四角
上製掛軸銀一元八角

廣東地圖向無善本自高要梁韜會手自輯著其外無聞然距今二十餘年久已不適于用本圖係由某君費數年之心力親自游歷各地踏查測量復參以中外各輿圖精心結搆繪成玆特托日本著名製圖專家鑄成銅版印刷出售圖中自各府州縣廳司汛墟市鄉村埠頭山川河道以及將來擬築鐵路之處無不詳細備載界線分明至于字畫之玲瓏著色之鮮彩猶其餘事誠向來所無廣東人皆當人手一幅也本社及上海四馬路本社支店香港上環海旁和昌隆廣東省城雙門底開明書局天平街華洋書局皆有寄售

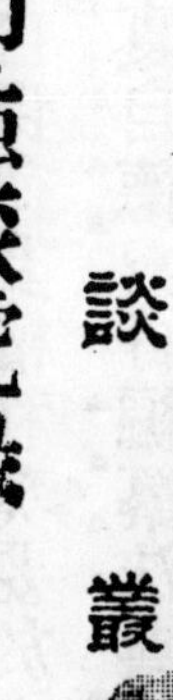

捫蝨談虎錄

憂患餘生

乾隆間文字之獄

乾隆乙夘。御史曹一士請寛比附妖言之獄。並挾仇誣告之文。以息囂習。疏云。「比年以來。小人不識兩朝所以誅殛大憝之故。往往挾睚眦之怨。借影響之詞。攻訐詩書。指摘字句。有司見事生風。多方窮鞫。或致波累師友。株連親故。破家亡命。甚可憫也。臣愚以爲井田封建。不過迂儒之常談。不可以爲生今反古。述懷詠史。不過詞人之習態。不可以爲援古刺今。即有序跋偶遺紀年。亦或草茅一時失檢。非必果懷悖逆。敢於明布篇章云云。」然則當時有言井田封建。或感懷詠史者。乃至著述序跋不錄時王年號者。皆科大逆不道罪矣。嗚呼。積百餘年之力。以震盪摧鋤天下之廉恥。今日舉國民奄奄無復生氣也。不亦宜乎。而彼之爲之倀以噬人者。又狗彘不食其餘耳。

虛僞之國民

中國舉動多僞未始不由儒教之毒如禮記載「公族有罪甸人告於王王曰宥之士師曰不可再曰宥之士師曰不可三曰宥之士師不聽走出王使人追之曰無及矣」夫有罪應殺則殺之耳若欲赦則赦之耳而爲此醜態何爲者漢制宰相有罪天子使使持節乘白牛車賜牛酒盤水旄纓策告災變使者將發丞相上病半途尙書以丞相病不起聞天子爲之發喪輟朝三日凡此皆僞之甚者也

士師執法敢抗天子之命頗有司法權獨立之觀孟子所謂夫舜惡得而禁之夫有所受之也是權限思想之最著明者也然如禮記所載以此爲常例則既無當於天子惻隱之愛亦不能明理官執法之直徒見其僞而已所謂兩失之道也

公布法律

凡國民欲自保衛其權利莫要於求得一公布之法律希臘雅典所以能爲世界民政之祖國者實自德來哥編纂法典來也（紀元前六百二十四年）當羅馬貴族平民兩黨之爭鬩達於極點也貴族以相沿不文之舊法爲其護符自視爲代表全國而置平民於奴隸之地

位至紀元前四百六十二年。平民之怨毒日深。運動日盛。務求頒定一成文法典。爭論亘八年之久。卒乃派委員三名。往希臘調查法律。至四百五十二年。制定而發布之。凡爲十條。後復增加二條。爲十二條。實爲此後羅馬法之起原。傳諸今世。使萬國之民。普食其利。即所謂羅馬十二銅標者是也。嗚呼。權利也者。求則得之。舍則失之。盡人所同具。盡人所可能。而徒讓阿利安人種。獨擅歷史上之光榮。不亦恫夫。

數多國王之集會所

埃比剌王皮剌士（即亞歷山大王之從兄也）之與羅馬交戰也。（紀元前二百八十一年）雖獲勝。而士卒死傷極多。知羅馬不可以力服。乃謀以甘言屈之。遣當代最著名之辯士名西尼士者往議和。時羅馬人爲所惑。將許之。最後一瞽目之老議政官名遏比亞者。演說於元老院。謂與未釋兵器之敵軍媾和。是辱羅馬也。衆議遂定。決拒絕之。西尼士歸。語其王曰。羅馬之元老院。乃數多國王之集會所也云云。和議遂破。其後羅馬卒破埃比剌。

談虎客曰。西尼士一言。可謂能道盡共和政體國之實力矣。

血海花傳奇

玉瑟齋主人

第一齣 嚼雪

（日常服淡裝上）

（戀芳春）匝地塵黃壓城雲黑傷心怕近黃昏望斷青山一髮那是中原一捻腰支瘦損料非關春懷秋怨情難遣只爲些哀樂無端銷損華年

（鷓鴣天）雪作精神玉作膚奇情磊落與人殊懶描螺黛眉痕蹙起拭龍泉膽氣粗　憂國久淚應枯江山猶雨太模糊女兒與有興亡責不信鬚眉始丈夫儂家瑪利儂姓菲立般法蘭西巴黎市人也系出清門幼嫻姆教雖非名族頗誦清芬自及學齡早受教育喜讀英雄之傳記心醉政治之共和雖無咏絮之清才卻抱孤芳而自賞二十五歲與羅蘭郎君結婚晨看並蒂之花夕綰同心之縷自喜英雄兒女人誇名士美人有志澄清聞鷄聲而對舞分燈夜讀比鴛翼以雙棲結此琴瑟古歡也算家庭一樂只恨我法國自路易十四以來政府專橫國事日壞專制的君權已膨脹到極點平民的自由直被剝到盡頭積威所刼百鍊都柔士氣不揚全軍

皆墨翟憂宗國同懷漆室之悲泣類楚囚空下新亭之淚你看二千五百餘萬國民個個皆婢膝奴顏馴伏那專制政體之下我瑪利儂雖是女兒亦有國民責任難道跟着他們醉生夢死偷息在這黑闇世界不成（長嘆介）唉爲爾寂寂英雄笑人對此茫茫百端交集今日天氣嚴寒漫天飛雪羅郎又赴衙中去了枯坐無聊且自擁爐賞雪消遣一回則個

（粉蝶兒）四海皆秋氣一室春難暖止塡胸熱血濺濺可憐他凍死骨橫中路虛負了長裘心願天色已暮羅郎敢待回來也足蛩然驚起空堦吠犬

（生上）共和主義新羅馬專制餘威死祖龍感盡古今不平事入門下馬氣如虹小生羅蘭籍隸里昂性好壯遊少能力學熱腸沃雪奇氣拏雲思量做成一個頂天立地的男兒抱定一個平等自由的主義更喜家有賢助道合志同止是抱器待時懷才未試權就綿亞士一個工業監督之職今日散值回家不覺又將日暮了

（旦起迎見介）羅郎回來了今日歸家恁晚（生）官中公務冗繁故此歸家稍晚夫人你在此何事（旦）倦餘閒偶爾爇香小坐郎君你看絮因風起梅夢天寒意欲同你賞雪閒談作個消寒雅會不知可有此清興否

（生）妙呀對雪圍爐雅人深致老子於此興復不淺（並坐介）（合）

（梁州新郎）瓊花六出瑤窗八面中有冰心一片室虛生白鏡中人並香扇（生）我兩人內熱飲冰清沁肌骨那些世間俗子止知道羔羊美酒恣情飲啖那識得此中清趣呢可笑他銷金帳裏淺

唱低斟淚說神仙。眷我和你盟守歲寒。情同氷潔。看素娥霜裏鬥嬋娟。生作鴛鴦不羨仙。侍兒把這窗扇推開。待我同夫人去覷眺一回。（作遠望介）（旦）瓊瑤千里。山川一色。好一個琉璃世界也。玉龍戲殘鱗。遍怕瓊樓玉宇寒。應顚問身世兩茫然。

（旦）外間時事。郎君頗有近聞否。（生）咳、再不要提起了。

（前腔）龍蛇起陸。玄黃血遍原野。佇看龍戰。傷心怕聽天津橋上啼鵑。那尼卡當國之時。雖把國中財政整頓。得略有條緒。止爲貴族嫌惡。使他不安其位。我同胞平民自古以來。僅有一部之土地。卻擔全部之國稅。已是第一不平之事。可恨嘉郎這國賊。更又新加租稅。妄起公債。百端欺壓。民不聊生。夫人呵。你看他剝膚痛切。剜肉謀疎。叢集神人怨。前日雖開那狄布列士議會。然築室道謀。毫無革新實意。不及五月。便又解散。還是貴族權奸。依舊專橫罷了。（旦）國事腐敗。岌岌不可終日。朝政如此。大都無可指望了。縱橫狐兎擅威權。空叫我殘緯淒涼痛指天。我看今日情形。我國民不流些頸血。斷不能把這汚濁世界洗得乾淨。履霜感堅冰漸。把感時淚向花間濺。嘆身世兩茫然。

（生）敗壞國事。在上者罪無可逭。但我國民袖手旁觀。坐聽當國者之敗壞。豈不是放棄責任。我想美國當日。受英壓制。比我法人還是苦惱哩。他國民攘臂奮起。抗英獨立。數年前竟自脫離母國。把這共和新國創建起來了。

叢錄門　四

（針線箱）十三州山河淒怨受羈軛英雄氣短止爲他髮沖冠叱咤風雲變便大地光明齊現（旦）天下事那件不人是力做成我拉丁種人何遽不若條頓民族難道這自由幸福美人享得我法人便享不得　他空拳扭得乾坤轉我却待銜石平將東海塡古人有言國之興亡匹夫有責我等亦是國民一分子自當肩起這條擔子各自努力雄心遠好準備健兒身手猛着先鞭

（生）夫人言之有理、這雪越發下得大了。我們塊壘滿胸正當澆之以酒。（合）

（尾聲）澆愁待把奇愁遣可奈飲冰難冷熱煎煎休笑我假日偷閒學少年（全下）

文苑

詩界潮音集

聶將軍歌

人境廬主人

聶將軍。名高天下聞。虬髯虎眉面色赭。河朔將帥無人不愛君。燕南忽報妖民起。白晝橫刀走都市。欲殺一龍二虎三百羊。是何鼠子乃敢爾。將軍令解大小團。公然張拳出相抵。空拳冐刃口喃喃。礮聲一到駢頭死。忽來總督文。戒汝貪功勳。復傳親王令。責汝何暴橫。明晨□□□不許無理鬧。夕得相公書。問訊事何如。皆言此團忠義民。志滅番鬼扶清人。復言神拳斫不死。自天下降天之神。國人爭道天魔舞。將軍墨墨淚如雨。呼天欲訴天不聞。此身未知死誰手。又復死何所。大沽昨報礮臺失。詔令前軍作前敵。不聞他軍來。但見聶字軍旗入復出。雷聲䡊䡊起起處。無處覓一礮。空中來敵人。對案不能食。一礮足底轟。敵人繞牀不得息。朝飛彈雨紅。暮捲槍雲黑。百馬橫衝刀雪色。周旋進退來夾擊。黃龍旗下有此軍。西人東人驚動色。敵軍方詫督戰誰。中旨翻疑戰不力。此時眾團民。方與將軍讐。阿師黃馬絓。車前鳴八騶。大兄翠雀翎。衣冠如沐猴。亦有紅燈照巾幗羸兜鍪。昨日拜賜金。滿車高甌寠。京中大官來。神前同叩頭。□□五六行。許我爲同仇。奬我與甲兵。勉我修戈矛。將軍顧輕我。將軍知此不。軍中流言各譁譟。作官不如作賊好。諸將竊語心膽寒。從賊容易從軍難。人人趨叩將軍轅。不願操兵願打拳。將軍氣湧徧傳檄。從此殺敵先殺賊。將軍日午罷戰歸。紅塵一騎乘風馳。跪稱將軍出戰時。闔門衆多僂儸。兒排牆擊案拖旌旗。嘈嘈雜雜紛指揮。將軍之毋將軍妻。芒籠繩縛兼鞭笞。驅迫泥行如犬雞。此時生死未可知。恐遭毒手不可遲。將軍將軍宜急追。將軍追賊正馳。電道逢一軍。路橫貫。齊聲大呼聶軍反。火光已射將軍面。將軍左足方中箭。將軍右臂。幾化彈。是兵是賊紛莫辨。黃塵滾滾酣野戰。將軍麾軍方寸亂。將軍部曲已雲散。將軍仰天泣數行。衆狂仇我謂我狂。十年訓練求自强。連珠之礮後門鎗。禿襟小袖氈毦裝蕃身。漢兒庸何傷。執此誣我讒口張。通天之罪死難償。我何面目對我皇。外有虎豹內豺狼。獒獒犬吠牙强梁。一身衆敵何可當。今日除死無可望。非戰之罪乃天亡。天蒼蒼野茫茫。八里台作戰場。赤日行空飛沙黃。今日被髮歸太荒。左右攙扶出裹瘡。一彈掠肩血滂滂一彈洞胸胸流腸將軍危坐死不僵白衣素冠黑裲襠幾人泣送將軍喪從此津城無人防將軍毋年八十白髮蕭騷何處泣將軍妻是封君其存其沒家莫聞麻衣草屨色憔悴路人道是將軍子欲將馬革裹父屍萬骨如山堆戰壘

壬寅十一月東游日本渡海舟中之作　觀雲

大陸烟餘一髮青遠山斜日入冥冥天風快引胷襟朗夜浪喧春夢枕醒去國方生懷舊念同舟初見合羣心故鄉第二吾何有蘭桂長懷漢士馨

長崎　觀雲

山色疑雲幻雲開竟是山怪松半天翠初日一峰殷浪說求仙去何愁出稼艱秦皇空不世祇射大魚還

富士山　觀雲

天際搖白影積雪何嵯峨云是富士山聞名驚大和一峰獨無侶羣山皆幺麽太古噴火迹岩石鎔紛拏焰熄堆礧磅方頂平不頗上切恒雪線寒溫度殊差碧波紅日間高擁銀髻鬟我欲事測量積高算幾何惜哉行李間不得置格架矚以瞭遠鏡眼簾閃銀

波記昔齊魯遊泰山曾經過巖巖半青霄胷襟與盪摩渡海復見此靈奇足怪嗟地球突皴時亘力施盤礴荒怪不足陳陋哉說女媧昨道從神戸急行發汽車奔騰宵達旦景物供刹那揭來山顏前半徑擲飛梭突影驚嶝嶝遠勢長皤皤東京望西方巖厂偽未遮山脈高中央旁麓龍與蛇島嶼落海際零星競角牙落機盤美洲高脊隔雲霞崑崙天之柱俯影瞰中華茲山東海中亞美兩平峨奇景一照眼腦印深難磨怪底繪其形衢壓懸家家地理洵天驕人文緣萌芽突兀誇現象鑄入民性多此邦矜國粹風物舉誰誇巍哉此山高麗哉櫻之花

朝朝吟 在日本東京作　　觀雲

朝朝國事非日日塵流擾蕉萃越關山顏色依然好丈[illegible]富意氣百[illegible]非艸艸山嶽指華年蹉跎補壽考秋波蟲頃鏡摩挲日對照非爲照容顏用以明懷抱桃李競春光蘭桂媚秋昊持此自愛心芬芳永爲寶

問答

(問)某君爲余言嘗伊游歷法國時晤法相某君曾詢以民權自由之説貴國是否盛行法相答曰不然吾國曾設禁令阻此邪説且盧騷民約論諸書吾國禁人閲看以其足壞人心術云云按此説未知係某君臆造者否抑或彼文明諸國敎化開於下而政府大吏猶執專制之野蠻主義請示知(陽湖劉樹屏葆良氏)

(答)天下有差豪釐謬千里以詧亂耳目之言此類是也民權自由之義放諸四海而準俟諸百世而不惑今日歐美各國除將爆將裂之俄羅斯奄奄就死之土耳其未有敢以此義爲非者也然今之言此者與十八世紀之言頗異蓋十八世紀時代人民運動之範圍各在本國今則運動之範圍普

及於天下今世之識者以爲欲保護一國中人人之自由不可不先保護一國之自由苟國家之自由失則國民之自由亦無所附當此帝國主義盛行之日非厚集其力於中央則國家終不可得安固故近世如伯倫知理之徒大唱國家主義以爲人民當各自犧牲其利益以爲國家皆此之由也今世之國家使全國如一軍隊然軍隊中之不自由亦甚矣而究其實則亦爲全隊之利益而已近日言平等言自由者誠不如十八世紀末十九世紀初之盛盧梭民約論等學説誠已爲西人所芻狗然其精神則固一貫也一貫者何曰皆以謀最大多數之最大幸福而已此就今日之泰西言之也至於中國則未可語於此蓋必先經民族主義時代乃能入民族帝國主義時代今泰西諸國競集權於中央者集之以與外競也然必集多數有

權之人然後國權乃始强若一國人民皆無權則雖集之庸有力乎數學最淺之理言〇加〇則仍爲〇雖加至四萬萬〇猶不能變而爲一集之何補故將今日之中國必先使人人知有權人人知有自由然後可民約論正今日中國獨一無二之良藥也寒暑異宜則裘絺殊用甯得曰澳洲文明之人今方衣葛我亦脫重裘以步趨之耶若夫帝國主義之一階級吾中國終必有達之之一日西人經百年而始達我國今承風潮之極點或十年或廿年而遽達焉蓋未可定要之欲躐此一級而升焉吾有以知必不能也何也無其本也至謂曾設禁令阻此邪說禁人閱看等言是囈語耳學者之所論駁當道之所采擇不於此而於彼則誠然也禁令之說吾不知其何所聞也吾惟見法國之巴黎瑞士之日內瓦有巍巍然盧騷之銅像耳吾惟見政治學諸書每首卷十葉以內必徵引盧氏之說耳未聞其禁也苟有此野蠻之禁令則朝下敎而夕革命矣聽者何憒憒乎（飲冰）

（問）再者鄙人現辦理南洋公學善後事宜頗費斟酌倘乞示我模範感且無旣矣（前人）

（答）鄙人於敎育學研究殊淺且未經實驗尊問實難具對雖然旣辱下問且言不避嫌疑屬以所答登諸報端夫亦何敢有所隱我國現存諸學校中其程度之稍高者猶推南洋公學而去年猶有此變誠不得不爲公學惜且爲中國敎育前途惜也要之中國今日民智漸開頑舊之壓力終無術以抵文明之思潮抵之者如以卵投石多見其不知量耳南北洋兩公學同爲一人所督辦而北洋成績較優者其董理之西人有優劣也南洋公學之初辦尸此位者已非人此後又每下愈況焉此實

爲腐敗之一根原。然恐非足下之力所能及也。其次爲中國總辦之人。中國今日舉國中未有一人能知教育者。此無足爲諱也。必不得已。惟有虛心訪問勿自尊大而常以愛學生爲目的則雖不能完備而可望有漸趨完備之一日。若欲仇民權自由之論。運手段以壓制之。吾敢信其雖總辦易十人而學生之不能安如故也。學生不知此義則己耳。苟其知之。則無復有能壓制者。今日辦學校者。果有何術能使此等公理不入於學生之腦。既不能彼而欲禁此。此百舉百敗之道也。吾中國今日所大患者二。一曰無活潑進取之力。二曰無自治紀律之力。辦學校者所以養成國民也。當針對此兩大缺點而藥治之。於精神上鼓舞其自由。於規則上養慣其秩序。今國中少年言自由者紛紛。其實非真能知自由也。不知真自由而競好僞自由。則自由之毒不可勝言。今學校之程度稍高者。如南洋公學者。正宜廣聘泰西名師。實闡高尚圓滿之哲理。使學生研究其真相。日有趣味。進而益上。而不然者。未有不激而橫決者也。於精神上既不得不伸。乃至並規則而破之。故呻吟於專制之下者。必起破壞思想。此物理之無可逃避者也。俄國學生所以競入於虛無黨。皆爲此也。破壞思想。既起。其極也必取不可破壞者而亦破壞之。燎原之勢。誰能撲耶。故精神上不有所變革。而欲求規則之能實行。必不可得也。苟精神既健全矣。則於其形式上之規則。又不可以不極嚴。不然。不足以養成有團結力之國民也。苟能爾爾。則吾敢信學生必無有騷動之事。學生之識力。隨教育軌道而進者也。惟教者不循軌道。斯受教者亦軼出軌道之外。吾所見英美諸國之學校。其形式上之專制。

殆與軍隊同科。豈惟總辦教習之待學生爲然耳。即高級之學生亦常帶監督初級學生之權利而初級學生常有服從高級學生之義務乃至年幼者爲年長者擦衣服擦鞋靴。不以爲怪無他以養成其忍耐習勞紀律之性而已若此者何害。至如國學一科。言教育者萬不可缺。而漢文教習之難其人。又無待言也要之勿用總辦之私人。博採輿論。求其有文明思想其行誼可以爲學生矜式者。雖學科不完備。猶能相安。若如前此教者之學力學識尙不逮受教者。其何一日之能安也教育之事。必使受教者敬服教者然後其所教乃得入若不愼選教習而使有見輕於學生之道未有能善其後者矣

以上所言。專就學科上言也。然向來學校紛擾事件往往有因飲食居處之間而起者。此問題亦不可不研究也。各國學校學生之飲饌。率皆極菲薄。而其能相安者。則其總辦提調教習常與學生共食息焉。苟爾者則使服役之人。有不法事皆能知之。下情不上壅一便也。彼此平等甘苦與共。雖粗惡亦無怨者。二便也。苟欲免此患非實行此方略不可。鄙人所見如是。草率奉答。未嘗一經胸臆。聊塞盛意而已以後若再有見及。當更以貢。（飲冰）

新智識之雜貨店

雜俎一

▲世界之年齡

地球自創造以來。曾幾歷星霜。久爲科學者之問題矣。今之生物學者據進化之理。定爲二十七億年。地質學者據地表之研究。定爲五億年。然英國之理學大家迦爾文則謂必經二千萬年以上至四千萬年云。

▲波濤之高與長

法國海軍太尉巴利嘗航海至好望角。測波濤之最高者有三十七尺半。又於微風之時。測波之長。凡二十八倍。於其高度。暴風時則十八倍云。

▲西比利亞鐵道之吏員

倫敦新聞據俄京訪事。謂現時西伯利亞鐵道之事務員。共有一萬一千一百十二人。其中履歷不明者約三分之一。曾爲囚徒者三千九百八十五人。曾受中等教育者僅四百七十三人。畧識文字者四千人。餘悉文盲矣。尤可駭者。其中曾爲俄國官吏而犯殺人強盜等罪放逐於西北利亞者千餘人。

▲世界之圖書館

世界圖書館之最大者。爲巴黎之國民圖書館。其所藏之書。共三百萬部。次爲英國博物館之書庫。所藏共二百萬部。聖彼得堡之帝國圖書館百五十萬部。伯林圖書館一百萬部。士特拉士布圖書館七十萬部。維也納圖書館六十萬部。苗涅布圖書館五十五萬部。牛津圖書館五十萬部。裂布的圖書館五十萬部。哥賓哈圖書館五十萬部。

▲巴黎之質店

巴黎之質店。每年所當入之時表約三十萬個指環約六萬個其城中質店所藏之最貴品為一兵服其人乃千八百七十年戰死者。

▲南非戰後之情形

南非洲之阿連治。於戰爭之後。其地價五倍於前日。乃至十二倍。未戰之前。政府所有之耕地。計值八千七百五十萬元。今則值三億七千五百萬元。其增加額為一億八千萬元。

▲祈禱新法

美國芝加哥地方。有一教士道味頗深。聲價噪於時。常以代病人祈禱為生活。屢著奇效。以是病者日多。爭相敦促來者盈門。該教士大有身似楊花盡日忙之勢聞近日忽思得一妙術。購一留聲機廣置蠟筒終日對之呢喃若有請者則索以一定之報酬而以一筒付之歸家上於機聲浪一發則經典之字音與高低節拍宛如該人病者亦愈故銷路極暢。於是前日莊嚴清淨之室今忽變為貿易繁忙之地矣。

▲謝罪新法

羅馬尼亞風俗。其婢僕有觸主人之怒者。則自脫其靴置於主人寢室之門。以為負荊之意。若主人之怒猶未息。則擲其靴於外。否則命自取回。

▲醫者必要預備送葬物

英國看護婦雜誌載昨年有一婦人赴南非為軍醫。瀕行之際。問隊長以當攜之物品。隊長答曰。白靴宜帶也。該婦不解重問何故。隊長厲聲曰。送葬時寧不要白靴乎。婦人悄然而退。

▲弭兵主義之實行者

天下軍隊之最少者莫過於摩拿哥王國。全國兵數僅有三十二名其今王亞衛振力主萬國平和之議聞近日下令決然廢此卅二名之軍隊以昭寔行云。

紀事

（本國之部）

壬寅大事記

◎正月初七日。兩宮回京。▲初十日。英國商約大臣在上海開議改訂商約。▲十三日。意國要索三門灣。未遽允。▲十六日。頒民教一體之諭。而教民跋扈之弊漸起，▲廿八日。八國公使謁見兩宮。待以優禮。

◎二月初一日。太后召見各國公使夫人。躬陪筵宴。世皆稱太后外交術之巧。▲初二日。上海錄行支出第一次賠欵。▲初三日。頒滿漢通婚及禁止纏足之懿旨。▲十一日。將軍宋慶歿于通州營次。▲二十三日。英德兩國教士謁見　皇上。異數也。

◎三月初一日。有廣西匪亂勢頗猖獗之報。▲十六日。熱河土匪暴發。詔提督馬玉崑討之。▲二十三日。俄法同盟事成。各官吏聞之。亦不甚驚駭。▲又是月河南泌陽教案起。南陽土匪亦破壞教堂。其原因以徵收過苛所致。▲駐日本公使蔡鈞有阻止留學生之密奏。

◎四月初五日。許日本以福建全省樟腦專賣之權▲初八日。滿洲條約畫押。▲初九日。下調和民教之諭。▲十四日。兩宮啓鑾。親謁東陵。

◎五月初五日。直隸鉅鹿縣拳匪暴發。虐殺教士。及徵收賠欵之官吏。▲十五日。法國買澳門「基達」岬之一部。

◎六月十四日。兵部尚書裕德視察蒙古歸京。奏聞俄國經營蒙古出人意外之事。▲十六日。日本條約改訂委員開議於上海。▲二十八日。四川拳匪起事。

焚敎堂。殺敎民。▲三十日。有因賠償金增課新稅不可過苛之諭。▲又是月各國公使會議支給賠欵用銀幣。未允。

◎七月初一日。俄皇批准滿洲條約。▲初四日。廣西匪亂益甚。因簡王之春補授桂撫。▲初八日。俄國大公喀爾入京結西藏不割讓他國之密約。▲二十七日。雲南全省採鑛利權。許與英法兩國商人。▲又是月中英兩國商約大臣至南京武昌與劉張二督會議裁撤厘金之事。

◎八月初一日。裁設厘金。▲初五日。罷四川總督奎俊。調岑春暄調授。▲初六日駐日本公使蔡鈞與留學生大起衝突。▲十五日。各國撤天津都統衙門。直隸總督袁世凱移駐天津。▲三十日。改訂稅率稅則之條約畫押。 上諭加稅免厘。▲又是月湖南辰州暴民蜂起。殺害英國敎士二人。

◎九月初五日。中英通商條約畫押。▲二十四日。慶賀英皇加冕專使振貝子由日本首途歸國。▲二十五日。俄國戶部大臣威迭由俄都來視察滿洲。▲二十七日。俄國交還關外鐵道。▲二十九日。英國交還關內鐵道。▲又是月詔汪大燮爲日本留學生監督。

◎十月初三日。太后宴各國公使夫人于頤和園。▲初六日。兩江總督劉坤一薨。▲初七日。俄國駐滿洲第一期撤退界內之兵退至第二期兵界內。▲初八日。命湖廣總督張之洞署理兩江總督。▲十一日。前兩廣總督陶模薨。▲十七日。正定太原間之鐵道。許中俄銀行開辦。爲蘆漢鐵路之支線。 日本政府代籌滿洲開放利益之策四條。咨照我政府。▲二十一日。英國軍艦麕集上海。中有四艘駛往漢口。蓋因辰州敎案藉以示威也。

◎十一月初二日。政府納英公使之要求。殺地方武官數員。並賠英金八萬磅。辰州敎案乃結。▲初七日。比法兩國購買漢口鐵路股份。其額頗巨。▲二十日。中英兩國因懸掛開平礦局旗號。起衅爭擾。▲二十一日。中俄條約成。許俄人得採掘吉林省金礦。▲二十二日。日本撤退上海駐兵。同時各國均欲撤退。因德國不許。未果。

◎十二月初一日。諭新進士著入京師大學肄業。畢業後始許出仕。▲初五日。命滇督魏光燾調補兩江總督。▲十二日。諭電報局改歸官辦。▲十五日。直督袁世凱歸京。面劾張之洞借入外債過鉅。及盛宣懷獨攬招商電報等大權。▲十六日。計畫敷設北京山西間之鐵道。派員踏查線路。▲廿日。榮祿女公子于歸醇王。太后所命也。重立太子之風說。自是又興。

近事紀要

◎奏參特科　自政務處催保特科。陸續荐者已有四百人。御史周樹模以保荐太濫。奏請先在吏部考一次。嚴爲淘汰。政府以既名特科。先在吏部考選。體制太褻。不允其奏。周又言所保中有上海某小報主筆。品行敗壞。聞已撤退此名。

◎辦預備科　京師大學堂先辦速成師範科。其豫備科尙未開辦。今擬于三四月後開辦。將來敎授外國學。皆用外國語言文學。故必以先通語言文字者始能入選。已咨各省督撫。調外省學堂之辦有成效者挑選。又咨駐日本留學生監督。請其傳知公私費學生。有願回華入大學堂者。請其咨遣。

◎又用謄錄　壬寅舉行庚子鄉試。卷不易書。於是考官辨認字蹟取中。又有專重小楷者。禮部議復用謄錄。以杜弊端。聞已定議。

◎奏增管學　某御史近上封奏。謂國朝官制。滿漢並用。立法最善。近來朝廷振興學校。特派管學大臣。

但以漢人爲之。似于定制未合。擬請增派滿洲管學大臣一員。學堂中一切辦事人員。一律改爲實缺。滿漢並用。以符定制而育人材云云。茲聞經已派出刑部尚書榮慶矣。

◎禦俄妙策　御史攀桂上奏言現在能爲中國患者莫如俄國。俄國欲圖中國。勢必侵畧東三省。防俄之法。惟有于東三省邊界掘地爲長坑。無事之日。坑面滿鋪木板。封以浮土。無令俄人聞知。一旦有事。與俄人開戰。我兵先爲僞遁。急將坑面木板撤去。待俄兵追至。墮入深坑。我兵發鎗轟之。其敗必矣。但發鎗時。當轟其人。毋傷其馬。俄國戰馬最健而善走。獲之大可備軍營之用。又云俄國軍營之所恃。純在槍礮。不可無抵禦之具。宜爲鑄抬槍。槍頭綴以大鐵板。二人肩之以行。彼軍鎗礮發時。則人隱之于鐵板之後。不至受傷。待彼鎗礮旣放後。乃急起發鎗轟之。必能取勝。又云。庚子以來。財政支絀。但國家雖甚貧困。而紳商士庶家財百萬者。尚屬不少。何不聽其捐銀至百萬兩者。賞給舉人。以示鼓厲。如此辦法。不難立集鉅款。又云。東三省宜特設經畧大臣籌辦軍事。以備不虞。意頗自荐。摺上。奉旨留中。京僚中聞其事而笑之者半。譽之者亦半。

◎太后用費　太后向來每月月費三十二萬兩。今年再上徽號。當加四萬兩。一年應得四百三十二萬兩。閏月加三十六萬兩。計共四百六十八萬兩。除每月宮中應用之外。若賞戲子。若賞兵丁。一切用項。均由此月費項下撥發。

◎電報分辦　北京電報局以及大東大北兩公司。已于去臘各自分設辦事房。凡由北京至沿海及內地各省電報。皆由中國電報局發行。其由北京以南至外國之電報。皆由大東公司發行。由北京以北至外國之電報皆由大北公司發行。由北京至恰克圖之二線。一歸中國電報局專管。由北京起至恰克圖止之中國官商電報。歸大北公司專管。此後北京至外國之電報。中國電報局不得與聞其事矣。

◎督辦電務　電局歸官籌還商股事宜。交袁世凱張之洞妥辦。現派出袁世凱爲督辦大臣。直藩吳重憙開缺。以侍郎候補。駐滬會辦。

◎奏請歸政　侍御蔣某近會聯名奏請歸政。摺中略謂必當于明年萬壽節前。佈告撤簾還政之事于天下。以全皇帝純孝。並表皇太后仁慈云云。又聞某軍機亦將此事密奏。惟未知慈意如何。

◎詰問桂撫　廣西巡撫王之春電奏西亂情形。言方籌辦某處軍務。突聞某處亂起。不得不先其所及。乃移軍于某處云云。政府謂桂撫陛辭時。　上諭以統籌全局辦理。今乃爲此剜肉醫瘡之舉。深負委任。嚴旨詰責。

◎致祭石坊　拳匪戕害德國公使克林德。和後爲建大石坊于總捕胡同口。以爲紀念。刻石坊之字。用欵三十萬兩。石工木工在外。十二月告竣。派醇王前往致祭。醇王曾赴德國謝罪。今又以命之。眞一線相承也。

◎國學改章　國子監南學肄業生。向額六十名。三年奏留。再三年學業大成者。奏請召試授職。但十餘年來。自阮引傳何聯恩二人外。他無聞焉。現經兼管監事協辦大學士徐請參酌大學堂辦法。更定章程四十九條。擬先取四十名。作爲備齋。三年卒業考驗及格。升入正齋。再三年卒業考驗及格。帶領引見。請旨錄用。如備齋學生願赴大學堂肄業者。由監咨送。內班肄業生每月仍給膏火銀一兩。津貼七兩。外班肄業生每月給膏火銀四錢。每月大小課季考大考。

皆優給獎賞。添設提調二員。輪流到學考查功課。長年經費。仍由恩賞之八千四百兩內開支。俟三年後。添設正齋。再酌量奏請恩施云。

◎復申前議　政府于賠欵改照金磅納交一事。數四會議。絕無妙策。前英國提議十年之內按照金磅交納。餘年許悉照銀幣交納。政府當時未經應允。刻復申請駐京各國公使。亟願照此辦理。第未悉各公使尚有異議否耳。

◎紀海關稅　政府于賠欵改用金幣。海關稅亦須改用金幣徵收之事。迭與駐京各國公使會議。均被拒駁不允。政府理屈辭窮。無可奈何。刻聞已應允各國海稅關仍照銀幣徵收。

◎請易晉撫　政府前嘗有上諭以湘撫俞廉三調補山西巡撫。以繼丁振鐸之任。英法意三國駐京公使。當即聯銜照會外務部。力請簡派他員。蓋以晉省傳教之事最盛。俞廉三頑固性成。調任晉省。恐教案之起。正未有艾也。又聞三公使議定。如必令俞廉三到晉。則須政府担保路礦及教會人民之賠欵。夫丁振鐸前者亦因某使反對。旋即得以陞授雲貴總督。今俞廉三想亦或能因此日進官階。未可知也。

◎力主聯俄　榮祿李蓮英與華俄銀行總辦璞科第往來殷密。素以聯俄爲一定之宗旨。政府諸人無不仰承意旨。近日某大軍機尤篤信此說。每與人言及時事。輒言俄人之種種可恃。

◎商調桂撫　廣西亂事未平。王之春又屢被御史糾參。日前太后派有簡員與王之春互調之意。鹿傳霖請于端方錫良二人中擇調一人。榮祿以爲不然。此議尚未能定。

◎博覽赴會　赴日本閱博覽會專使。派出振貝子。赴美國博覽會專使。派出倫貝子。聞大學堂派出上海譯書局總辦沈兆祉。政務處外務部均擬派人。旋以經費無着。又欲罷議。

◎侍御辭差　蔣侍御式惺以奏阻頤和園事。太后深惡之。蔣固現充大學堂提調者也。一日太后偶問近臣蔣某尚在大學堂當差耶。蔣于是向管學告退。聞尚未允之。

◎閩督被參　御史李灼華奏參閩浙總督許應騤貪劣多欵。并司道以下數人。武官鍾某有　旨交張之洞查辦。惟許督公子號稚篔者現在政務處。且爲榮祿募府。必不致搖動云。

◎試行印花　直隸奏辦印花稅。已准行。向日本訂造印花票一萬二千萬張。分兩期交納。定于二月先交一千六百張。爲第一期。四月內全交。由籌欵局爲總辦。各城鎮舖戶躉售云。

◎起廢無望　湖北吳兆泰于癸己年奏阻頤和園。忤旨革職。回籍掌敎書院有年。庚子年湖北學政王同愈奏保開復原銜。其時王所奏保梁鼎芬亦復原銜。後梁送部引見。得知府。而吳尚如故。張之洞乃與端方會銜奏請。送部引見。仍恐不穩。則引出胡林翼曾保之萬斛泉。現年九十二歲。久管掌敎者。請賞五品卿銜以陪之。期其必成。乃政府窺太后意。允賞萬而吳無庸議。

◎裁撤管務　京師于聯軍未撤退時。交涉動多棘手。故設善後營務公所辦事。及交還後。姜桂題軍入城分駐防衛。其與洋界交涉者。由工巡局收辦。現慶王奏請裁撤公所。經已依議。

◎正太鐵路　山西正太間鐵路。前經巡撫胡聘之與華俄銀行定立合同。奉旨允築。現盛宣懷重訂合同。刻日興工。趙護撫札知經過州縣。先期示諭。畧云。直隸入晉門戶。有四大天門之險。商旅艱難。今風氣開通。直隸則有津蘆津榆蘆漢鐵路。山東則有膠州鐵路。河南則有懷澤蘆漢鐵路。江蘇則有淞滬鐵路。廣東則有粵漢鐵路山海關一路。則直接西伯利亞。以達于歐西正太一路。爲西北大開門徑。即爲唐汾永潞利源自井陘入晉以後。經過山村。購買地基。與築鐵路。仰地方官迅爲曉諭云云。觀此則此路不日興辦。聞所用工程員多法比人云。

◎華德鐵路　山東華德鐵路公司。原議官商附股。該公司總辦錫樂巴函致江督。問股份若干。江督認十萬兩。查章程係德銀一千馬克爲一股。馬克價隨時昂低。現在市價每馬克約銀三錢七八。十萬兩可買二百六十二三股。江督已先行墊本。候官商領買。其資本公司自定招股一十五兆馬克。其路程訂由青島至濟南府。又一支路至博山縣。計長四百五十啓羅邁當。其經過大煤礦三所。係濰縣博山博與三大縣。與日後中國自造之天津經濟南往長江之路。可以相連云。

◎吉長鐵路　政府刻議于吉林省至長春凡二百四十里間築造鐵路。已飭黑龍江將軍條陳意見。惟俄國抗拒與否。殊難臆度。故當道深以爲憂。聞此議乃候補某知府所建。慶邸極贊成之。又政府之意。此路造成。尚擬另造支路。連接山海關及黑龍江某處。

◎俄要三欵　俄人現要索東三省將軍三欵。一練軍用俄教習。二鐵路所到之處各關卡均用俄人。一所有鑛產均歸俄人經理。

◎代謀財政　俄外部告駐俄華使勸中國改用金磅。以救財政之現狀。言俄國願以金磅借與中國。以興辦此事云。

◎吉林招墾　吉林寧古塔城東北蜂密山一帶廣六百餘里。袤八百餘里。以穆稜河與凱湖爲禁帶地

形平遠。光緒二十六年曾專員設局勘放開辦、因亂中止。現將軍派員設局于穆棱河招人開墾、

◎包辦闔礦　法員魏池包辦闔省礦務。經與閩督訂立合同。某日在洋務局彼此畫押。

◎浙屬礦務　紹興諸暨縣境之同安山地方。向有銀礦。近由該山主持與英商某考驗成色甚佳。訂華洋合股。稟官咨部納稅招工開採。概由英商集股承辦。

◎藩王好學　蒙古喀拉沁王。年班晉京應差。親到大學堂聽師範仕學兩舘講義。王現在蒙古設一蒙學堂。聘浙江陸某爲敎習。王年三十一。殊英邁。論者多許王必能開化云。

◎茶磁賽會公司　中國以茶業爲最大宗。而近日業此者多虧本。緣外國種茶日盛。中國種茶及製茶之法。未能改良故也。至于磁器。則外人首推中國。茶磁二業。苟悉心考究。推廣利益。則中國商業不患其不進步也。現安徽紳士康達黃思永創辦茶磁賽會公司、稟請振貝子代奏。茶磁分設製塲、茶以安徽祁門爲最。製茶廠設于祁門。磁以江西景德鎮爲最。製磁廠設于景鎮。刊布製茶說帖、製磁說帖各設董理。互相維繫、招商入股。具報通商大臣立案、將來親赴美國會塲會賽云。

◎起事不成　去臘某會黨在港潛謀到省舉事。爲港官所聞。派差往查。搜獲軍械旗幟及會黨冊籍等件。即電告省城大吏、總督德壽於二十九日即派統帶提字營楊植生、會同安勇及南海縣緝捕、當在城西同興街信義。花地信義棧、及芳村和記公司等處拿獲會黨十餘人。在芳村和記公司幷起出紅緞衣一件。黃布大旗一桿。黑布旗十桿。號衣二千一百件。褲二千一百條。洋氈一千二百張。草鞋一千五百對。

叢錄門

餅乾八百八十五箱。茶葉十八箱。鹹牛肉七十八箱。六响洋鎗四桿。紅洋布二十尺。鐵剪刀一百二十把。洋帽二千一百頂。帆布張棚九架。火水燈繩十八扎。鐵刀七十五張。帆布槍子袋一千七百五十條。鉄斧頭九把。响號角三十八個。食鹽約三百斤。白硝二缸約百斤。燈籠二個。據聞爲首者係惠州人洪金福云。

（外國之部）

一月大事記 西曆千九百〇三年

▲一日路透電。英政府擬派杜將威老安統帶前赴素瑪勒應戰。各杜軍及杜屬洋鎗隊馬軍計二百人。擬於一禮拜內由克柏湯前往矣。

同日電。美國所設太平洋海線。第一次所傳電信。係由抗鞳魯埠遞往澳洲。

同日電。德法意西班牙各官報。均稱目下摩洛哥大局甚危。惟望各國不至起而干預耳。

同日電。摩洛哥亂首聲言此次起事之意。原欲扶立摩王之兄爲王。至於圍城之實。蓋因軍糧不足。迫之使然也。

▲四日路透電。聞摩國王兄已于十二月二十七日帶軍前弗肅往攻匪。

同日電。現德人已佔取委內瑞拉之嘉柏洛海關。

同日電。紐約電稱委國總統刻下大有進退維谷之勢。蓋因國庫既已空虛。而土匪又將逼至響思之下。惟以告退爲妙云云。

▲同日路透電。摩洛哥國王已簡其兄爲弗肅總督。國民均無間言。

▲六日路透電。英國駐土耳其公使以土政府去年十月間允准俄國魚雷艦四艘。由達達尼爾經過。實背萬國條約。現已極力辨駁。使此後如有意外

之事。則英國兵船亦可由該處經過云。

▲七日路透電。德京柏林各處近傳言謂德國現已咨照俄國。以此次英國所毆俄國魚雷駛經達達尼爾一帶。與德國實無干涉。此舉英國頗有間言。各英報咸非德國。會云英德兩國于委國戰事。既已戮力同心。于今不應有此舉動云。

▲八日路透電。俄國魚雷艦經赴達達尼爾一事。玆聞奧意兩國亦欲出而干預。惟德法兩國不然。

同日電。一千九百〇二年英國進口各貨價值。較之前一年多至七千萬磅。其出口貨物價值。亦多三百五十萬磅。

同日電。英皇擬于今年三月偕同皇后乘坐皇家輪船前往地中海各處遊歷。

▲十日路透電。日前外間忽有意外之謠。謂英藩政大臣張伯倫及管理南非洲殖民英大臣效南均在叅尼崇拔地方患病甚重。因之杜人均甚張皇。嗣得實音。始知二君並無沾恙。所傳皆屬子虛。

▲十一日路透電。各杜官日前在杜京聚會時。杜將賓薩嘗將捐欵淸單宣讀。謂前赴歐洲募捐之欵。計欲得十萬磅。張伯倫旋于禮拜四日覆答。畧謂區區之欵。何必啓齒。南非戰事初定時。我英嘗捐助杜屬賑欵約計金一千五百萬磅云。

同日電。駐委國美公使博安。已于本日啓程遄返美京。

▲十二日路透電。前禮拜六晚西班牙王由西京禮拜堂回宮時。突有國人名弗爾滔者燃槍轟擊。幸中第二車。尙無傷害人命。此人當經拘獲。據供並非蓄意謀害國王。或因瘋癲之所致也。

同日電。各杜官既聞張伯倫覆答之後。遂諭國人宜聞張君之命。不可作無益之求。幷勸國人宜同心戮力。共輔英國。以保太平之局。

同日電。英國向土耳其詰問俄國魚雷船經赴達達尼爾一事。土政府尚未照覆。

▲十三日路透電。俄京聖彼得堡某報云。俄與兩國已擬向墨士督尼亞國要求。此後凡管理墨國稅則以及度支營務等員。均應任用比利時荷蘭瑞士人員。

▲十四日路透電。張伯倫與各杜官所議之事。現已成就。聞係杜國由國家担保借銀三千萬磅。以爲整頓一切事宜之用。至杜民所捐之欵。已與日前戰事之費相埒。張伯倫與杜國各礦務公司董事現已議定。向民間捐欵三千萬磅。藉補日前戰事之失。再請國家担保借銀三千萬磅。以便整頓杜國幷阿連治各屬事宜。

▲十五日路透電。俄屬蔭的曾地方。日前忽大震。傷亡民命七千人。喪失計値千五百萬羅布。

▲十六日路透電。德國太子前往俄京遊歷。刻已行抵俄京。覲見俄皇。

同日電。俄國某魚雷艇。復于禮拜四日經赴達達尼爾。

▲十七日路透電。英將赫登統帶杜軍六千人。由竹坂附輪前往素瑪勒。

同日電。張伯倫日昨偕其夫人前往杳尼斯扳遊覽。民間歡其接見者甚多。張君旋曾登壇演說。謂財政一門。非余素習云云。至日前謠傳被刺一節。柏林巴黎各處。均爲擔憂。張君亦深知此情。自謂能爲我憂者。惟此二處也。

▲十八日路透電。張伯倫在杳尼斯扳宴會時。嘗言英國之爲荷蘭保全利益。宜與保全各藩屬利益無異云云。聞張君擬力勸英政府籌銀三千五百

萬磅。以便清還杜屬民債。以及整頓杜屬及柚橘江各處善後事宜。此欵當由杜屬幷柚橘江兩屬擔保。此欵既借之後。如柚橘江各屬不肯籌捐。當再請英政府籌三千萬磅償還。惟須由杜國擔保。

同日電。美京華盛頓電稱上議院水師董事現已宣諭添造戰艦三艘。巡艦一艘。

▲十九日路透電。杜國丞斯尼扱各屬。現在極欲籌備軍費。並添造兵船。以充武備。

▲二十日路透電。據委國人言。德國品沙兵船。擬欲赴瑪克博湖中。拘拿委國表倫德戰船。恐議和之事。因此又中變。

同日電。俄國魚雷艇現復有第二艘經赴達達尼爾海峽。

▲二十一日路透電。德國外務大臣畢露公爵。在理測斯達論及俄國魚雷經赴達達尼爾一事。嘗謂德國在東方事以和平為宗旨。幷無與各國為仇之意。

▲二十二日路透電。德國兵艦格士利品沙及維尼他各號。昨日圍攻委國聖格洛士砲台。該台兵官時亦開砲還擊。因之聖格洛士村中竟遭砲彈轟毀。 聖格洛士開仗原因。刻尚未知究竟。目下倫敦及華盛頓兩處。于此事甚形詫異。惟據柏林各處傳言。則謂此事前經各國水師兵官議定。當與德國共相擔任云云。 駐委美公使辦理委國議和事務博安君。若能使委國應允各國所求。各國自必心滿意足。斷不封禁委國海口。

同日電。張伯倫擬於二月二十五日附輪返國。

▲二十三日路透電。張伯倫在斐赤斯通宣言。略謂英政府甚不欲前此仇敵之國。有墜國威。且望其不久即成為最自由之國。而享其自主之權。幷云

現在英荷兩國籌維補救。以保太平之局云云。

▲二十六日路透電。代議委國和局駐委美公使博安。嘗謂委國所請條欵各國諒可從寬允准。此予所深信也云云。

同日電。委國已將所屬理谿爾拉并嘉柏洛各海關爲議和之質。

▲二十七日路透電。各處傳言各國擬于本月二十八日開禁委國海口。盖委國所請担保之家。各國聯軍均已依允。

▲二十八日路透電。法還兩國所訂之約。本年三月三十日始可簽押。

同日電。張伯倫現已行抵麥弗頃地方。臨行時南非總督以及各杜官均在杜國邊屬餞送。并乘馬送至麥弗頃地方。

▲三十一日路透電。英國外務大臣克倫奔在赤田宣言曰。此次委國戰事英德兩國并無聯絡。所互相聯絡者日本而已。蓋英日相親。實爲籌畫遠東之基礎。亦後此一大問題也。目下倫敦各處均以法國及其他各國于委國議和之事。別有要求。聞于委國所允將徵收關稅每百分中以三十分償與英德兩國外。尚另索特別利益。

新年大附錄一

懸賞徵文披露

甲等　湯學智

乙等　方屠龍

丙等　馬　悔

●一本社此次徵文應徵者僅寥寥十餘卷其有可以登入本報之價值者殆希此本社所不勝遺憾也故僅錄甲、乙、丙、賞各一卷不能踐前議歉仄何極讀者諒之

●二甲等賞之卷搜輯甚勤不勝欽佩惟本社總撰述尙嫌其意義有所未盡偶奮筆爲之訂改滔滔不能自休遂至改原稿十之六七非敢有意點竄高文竊附賞奇析疑之義云爾作者諒之

●三應徵選錄之文本號不能全錄故陸續連載數號讀者諒之

管子傳

徵文甲等

廣東省城衛邊街尙同寄廬　湯學智

發端

今天下言治術者有最要之名詞數四曰國家思想也曰法治國也曰地方自治也曰經濟競爭也曰帝國主義也此數者皆近百餘年來之產物新萌芽而新發達者歐美人所以雄於天下者曰惟有此之故中國人所以弱於天下者曰惟無此之故中國人果無此乎曰惡是何言吾見吾中國人之發達是而萌芽是有更先於歐美者謂余不信請語管子

管子者中國之最大政治家而亦學術思想界一鉅子也顧吾國人數千年來崇拜管子者不少概見而訾謷之者反倍蓰焉此誤於孟子之言也孟子之論管子也與孔子

異。孔子雖於器小之譏。一有微詞。而一則稱之曰『如其仁如其仁』再則歎之曰『微管仲吾其被髮左衽』其推許至於如此。持平論人。固當如是也。孟子之論管仲。輕薄之意。溢於言外。常有彼哉彼哉羞與爲伍之心。嘻其過矣。吾以爲孟子之學力容有非管仲所能及者。管仲之事業。亦有斷非孟子所能學者。在孟子當時或亦有爲而發。爲此過激之言。而後之陋儒。並孟子所以自信者而亦無之。乃反吠影吠聲。摭至迂極腐之末論。以詆謷管子。彼於管子何損。而以此誤治術。誤學理。使先輩之良法美意。不獲宣於後。而吾國遂渙散積弱以極於今日。吾不得不爲陋儒罪也。

向來爲管子傳者。惟史記一篇。然史記別裁之書也。其所敍述。往往不依常格。又以幽憤不得志。常借古人一言一事。以寄託其孤怨。若管晏列傳亦其類也。故徒讀史記管子傳。必不足以見管子之眞面目。欲求眞面目。必於「管子」。

「管子」一書。後儒謂多戰國時人依託之言。非管子自作。雖然。若牧民山高乘馬輕重九府。則史公固稱焉。謂其著書世多有之。是固未嘗以爲僞也。且即非自作。而自彼卒後。齊國遵其政者數百年。（亦見史記本傳）然則雖當時稷下先生所討論所紀載。其亦必衍管子之緒論已耳。吾故今據『管子』以傳管子。以今日之人之眼觀察管子。以世界之人之眼觀察管子。愛國之士。或有鑒焉。

第一節 管子之時代及其位置

孟子曰。『不知其人可乎。是以論其世也』可謂至言。故欲品評一人物者。必當深察其所生之時。所處之地。相其舞臺。所憑藉。然後其劇技之優劣高下。可得而擬議也。故新史家之爲傳記者。必斷斷謹是。吾亦將以此法觀察管子。

（一）**管子之時中央集權之制度未鞏固也** 中國中央集權之進化。黃帝時爲第一級。夏禹時爲第二級。周公時爲第三級。前此皆酋長政治。天子與諸侯各君其國。各子其民。故曰元后。曰羣后。其去平等者幾希耳。周興。聲威漸廣。集權漸固。得以土地分封宗親功臣。雖然。帝者之權。猶不能出邦畿千里之外。故古書動言朝諸侯有天下。所謂有天下與否。即以諸侯之朝不朝爲斷耳。東遷以後。周既失天下。（古書皆言周亡於幽厲詩曰赫赫宗周褒姒滅之孟子曰三代之失天下也以不仁諸如此例不可枚舉綜觀先秦諸書未有認東遷以後之周天子爲主權者後人習於孔子特倡之大義不察情實耳）於是中央之權益無所屬。管子者。正起於此時代。而欲用其祖國（齊）使爲天下共主者也。故當知管子爲齊國之管子而非周天下之管子。

(二)管子之時君權未確立也　其時不徒國與國之間無最高之統屬而已。即一國之中。主權亦甚薄弱。所謂豪族爲政之時代。諸國皆然。不獨一齊也。觀管子執政以後。猶云分國爲三鄉。一曰公之鄕。二曰高子之鄕。三曰國子之鄕。可知高國等貴族。實與公中分齊國也。凡政治進化之例。必須由貴族柄政時代進入君主獨裁時代。然後國家機關乃漸完。管子實當其衝者也。

(三)管子之時中國種族之爭甚劇烈也　我中國民族。同爲黃帝子孫。雖然自四千年前遷徙移植。分宅於江河流域各地。其時交通未便。聲氣寥塞。久之遂忘其本來。故大族之中。分出若干小族。互相爭鬩。殆如希臘之德利安、渥奇安、埃阿尼安、伊阿里安等諸族。日夜相競也。自今視之。固爲可笑。然以當時生存競爭之大勢。固亦有不容已者。管子則當其競爭初劇之盤渦也。

(四)管子之時中國民業未大興也　世界之進化。由漁獵時代。進爲畜牧時代。再進爲農業時代。終進爲工商時代。國民文明之程度。即以是爲差。中國當春秋戰國間。而畜牧時代與農業時代始遞嬗焉。觀宣王中興。詩惟頌其獸畜蕃息。衞武再造。民惟歌其騋牝三千。是其例也。諸如此類。不可枚舉。蓋其時間人之富。則惟數畜以對。雖有耕稼。而其業猶未大盛。若工商則更無論矣。管子者。實處此兩時代之交點。而爲之轉捩者也。

知此四者。乃可與論管子。

第二節　管子之出現及其時齊國之形勢

管子名夷吾。字仲父。齊之穎上人也。史記及「管子」。皆不詳其家世。今無考焉。然觀齊僖公使傅公子糾。則其必出於貴族。殆無可疑。顧少時甚貧。太史公記其嘗與鮑叔賈。以貧困故。常欺鮑叔。又三仕三見逐於君。則亦非有力之貴族也。其少年時代與鮑叔交涉軼事。見史記本傳者。不復贅述。惟吾今有一言告讀者。則管子初投身於政治界之時。正齊國內亂泯棼不絕如縷之秋也。今節錄管子大匡篇以備省覽。

齊僖公生公子諸兒公子糾公子小白。使鮑叔傅小白。鮑叔辭稱疾不出。管仲與召忽往見之曰。何故不出。鮑叔曰。先人有言。知子莫若父。知臣莫若君。君今知臣不肖也。是以使賤臣傅小白也。賤臣知棄矣。（中畧）管仲曰。不可。持社稷宗廟者。不讓事。不廣閒。將有國者未可知也。子其出乎。召忽曰。不可。吾三人者之於齊國也。譬之猶鼎之有足也。去其一則必不立。吾觀小白必不爲後矣。管仲曰。不然。夫國人憎惡糾之母以及糾之身而憐小白之無母也。諸兒長而賤。事未可知也。夫所以定齊國者。非此二公子。將無已也。小白之爲人無小智惕而有大慮。非夷吾莫容小白。天不幸降禍加殃於齊。糾雖得立。事將不濟。非子定社稷。其將誰也。（中略）鮑叔曰。然則奈何。管子曰。子出奉令則可。鮑叔許諾。乃出奉令。

是爲管子初入政界之始。管鮑二豪。後此相提携以霸齊國。此際乃先分携而立於敵地。齊之必將有內亂。三子者皆知之。內亂必起於諸公子。三子者皆知之。至其以至銳之眼光。至敏之手段。能決此問題。則非絕世大政治家不能也。

僖公之母弟夷仲年生公孫無知。有寵於僖公。衣服禮秩如適。僖公卒。諸兒立。是爲襄公。襄公絀無知。無知怒。公令連稱管至父戍葵丘。曰。瓜時而往。及瓜而代。期戍。公問不至。請代不許。故二人因公孫無知以作亂。魯桓公夫人文姜。齊女也。桓公會齊侯於濼。文姜通于齊侯。桓公怒焉。文姜告齊侯。齊侯怒。饗公。使公子彭生乘魯侯。脅之。公薨于車。（中略）後乃爲殺彭生以謝于魯。五月。襄公田于貝丘。見豕。從者曰。公子彭生也。公怒曰。彭生敢見。射之。豕人立而啼。公懼。墜車傷足。喪屨。反。誅屨於徒人費。不得。鞭之見血。費走出。遇賊于門。脅而束之。袒而示之背。賊信之。使費先入。伏公。乃出鬥。死于門中。石之紛如死于階下。遂殺公而立公孫無知。鮑叔牙奉公子小白奔莒管夷吾召忽奉公子糾奔魯。翌年。公孫無知虐于雍廩。雍廩殺無知也。

嗚呼。時勢造英雄。豈不然哉。天之爲一世產大人物也。往往產之於最腐敗之時代最危亂之國土。盖非是則不足以磨練其人格而發表其光芒也。當是時也。齊國之不亡如線。雖然。非是安足以見管子。

第三節　管子之愛國心及其返國

世俗論者。往往以忠君愛國二事相提並論。可謂陋矣。夫君與國非一物也。君而爲愛國之君也。則吾亦推愛國之愛以愛之。而不然者。二者不可得兼。舍君而取國焉。此天地之大經。百世俟聖人而不惑者也。泰西之英雄。殆莫不知此義。若我中國之英雄。其見之極明而行之極斷者。惟一管子而已。吾於其初定謀時見之。吾於其將返國時見之。

當管鮑召三人之議奉傅問題也。（以下錄大匡篇）召忽曰。百歲之後。吾君卜世。犯吾君命而廢吾所立。奪吾糺也。雖得天下。吾不生也。管仲曰。夷吾之爲君臣也。將承君命奉社稷以持宗廟。豈死一糺哉。夷吾之所死者。社稷破宗廟滅祭祀絕。則夷吾死之。非此三者。則夷吾生。夷吾生則齊國利。夷吾死則齊國不利。

噫。讀此言。何其自信力之堅强若是耶。何其論理學之分明若是耶。管子非好爲不忠於糺也。彼其審之極熟。知以糺與齊國較。糺極小而國極大。糺極輕而國極重也。管子者。齊國之公人。非公子糺之私人也。

(大匡篇)魯伐齊。納子糺。桓公自莒先入。戰於乾時。管仲射桓公中鉤。魯師敗績。桓公踐位。於是刼魯使殺公子糺。桓公問於鮑叔曰。將何以定社稷。鮑叔曰。得管仲與召忽。則社稷定矣。公曰。夷吾與召忽吾賊也。鮑叔乃告公其故圖。公曰。然則可得乎。鮑叔曰。若亟召則可得也。不亟不可得也。夫魯施伯知夷吾爲人之有慧也。必將令魯致政於夷吾。夷吾受之。則彼知能弱齊矣。不受。彼知其將反于齊也。必將殺之。公曰。然則夷吾受乎。鮑叔對曰。不受。夫夷吾之不死糺也。爲欲定齊國之社稷也。今受魯之政。是弱齊也。夷吾之事君無二心。雖知死。必不受也。公曰。其於我也。曾若是乎。鮑叔對曰。非爲君也。爲社稷也。其於君不如其親糺也。糺之不死。而況君乎。君若欲定齊之社稷。則亟迎之。

觀此。則管子之人格可以見矣。中國人愛國心最薄。苟不得志於宗國。則往往北走胡南走越。爲異族倀。以毒同類。春秋戰國間愛國之義。比後世猶爲稍昌明矣。然以伍子胥商鞅之賢。猶不免於此。若後世之中行說張邦昌張弘範洪承疇諸斗筲更無論矣。管子雖知死。不受魯政。此千古國民之模範也。管子之心事。惟鮑叔能道之。『非爲君也。爲社稷也』。嗚呼、何其有味乎言之也。管子曰。生我者父母。知我者鮑子。豈其虛哉。

施伯勸魯君致政於管仲以弱齊。不受則殺之以說於齊。魯未及致政。而鮑叔至。請管仲召忽。魯將殺焉。鮑叔進曰。殺之齊。是僇齊也。殺之魯。是僇魯也。寡君願生得之以徇於國。爲羣臣僇。若不生得。是君與寡君賊比也。魯君遂束縛管仲召忽。管仲謂召忽曰。子懼乎。召忽曰。何懼。吾不蚤死。將胥有所定也。今既定矣。令子相齊之左。必令忽相齊之右。雖然。殺君而用吾身。是再辱我也。子爲生臣。忽爲死臣。忽也知得萬乘之政而死。公子糾可謂有死臣矣。子生而霸諸侯。公子糾可謂有生臣矣。死者成行。生者成名。子其勉之。乃行入齊境。自刎而死。

管仲遂入。

管鮑召者。齊國之三傑也。其愛國心一也。召忽必行入齊境。乃死焉。亦管仲不受魯政之意也。管仲之能定社稷霸諸侯。彼自信之。鮑叔信之。召忽亦信之。觀此而知偉人之素養及其信於朋友之有道矣。

第四節　管子之初政

凡大人物之任事也。必先定其目的。三日於菟。其氣食牛。江河發源。勢已吞海。苟不爾者。欲以小成小就而自安。未有不終於失敗者也。管子者以帝國主義爲政略者也。雖然當其初返國也。齊之危亂岌岌不可終日。既若彼。使魄力稍薄弱者。以爲當此危局。苟還定而安集之。固不易矣。而遑暇更有所冀。譬之今日之中國。雖好爲大言者。未有

敢遽侈然以帝國主義爲救時之不二法門也而管子乃異是

(大匡篇)管仲至公問曰社稷可定乎管仲對曰君霸王社稷定君不霸王社稷不定公曰吾不敢至於此其大也定社稷而已管仲又請君曰不能管仲辭於君曰君免臣於死臣之幸也然臣之不死糺爲欲定社稷也社稷不定臣祿齊國之政而不死糺也臣不敢乃走出至門公召管仲管仲反公汗出曰勿已其勉霸乎管仲再拜稽首而起曰今日君成霸臣貪承命趨立於相位

昔克林威爾當長期國會紛擾極點之後獨能征愛爾蘭實行重商主義輝英國國威於海外昔拿破侖當大革命後全國爲恐怖時代獨能提兵四出蹂躪全歐幾使法國爲世界共主蓋大豪傑之治國家未有不取積極政策而取消極政策者也若管子者誠足爲大國民之模範哉

雖然管子非鹵莽以圖功也其目的在極大極遠而其手段在極小極近桓公欲修兵革管子不可曰『與其厚於兵不如厚於人齊國之社稷未定公未始於人而始於兵外不親於諸侯內不親於其民』桓公領之而未能行也齊政彌亂死亡相殺者踵相接伐宋伐魯衂師而歸鮑叔憂之甚日夜督責管仲管仲曾不以爲意蓋深知桓公之爲

人以縱爲擒然後乃可得用也如是者六年管子曰驟令不行民心乃外（法法篇）此言可謂知治本矣盖國民根性久習於腐敗者欲突然革之非特功不易就而流弊亦且無窮變法之所以貴有次第也管子之遲遲其布政者諒不徒爲桓公也而亦爲齊國之民此六年中其或從事於國民教育耶或從事於造成輿論耶史家不詳非吾輩今日所能懸斷爾

第五節　管子之內治

(1)「法治國」之組織

管子之爲法家言天下所同認矣世稱管子之法多出周禮周禮之眞僞今且勿辨要之法之實行而既有效者則管子其殆猶瘉於周公也吾雖好譽我先民吾亦斷不敢謂管子所組織之法治國能與今世歐美之法治國相埒雖然其時代不同其地位不同而管子之在中國則已隻千古而無兩矣書中有首憲首事二篇錄其文如下

（首憲）正月之朔百吏在朝君乃出令布憲法於國五鄉之師五屬大夫皆受憲於太史大朝之日五鄉之師五屬大夫皆身習憲于君前太史既布憲入籍於太府憲籍分布于君前五鄉之師出朝遂于鄉官致於鄉屬

及于游宗會受憲。憲既布。乃反致令焉。然後敢就舍。（中略）憲既布。有不行憲者。謂之不從令。罪死不赦。考憲而有不合于太府之籍者。侈曰專制。不足曰虧令。罪死不赦。

（首事）凡將擧事。令必先出。（中略）賞罰之所加。有不合於令之所謂者。雖有功利。則謂之專制。

憲法二字。日本人所譯之名詞也。專制二字。亦今世學者以之爲民賊之代表也。而皆出於管子。此學者所不可不察也。雖管子所謂憲法所謂專制。與今之所謂憲法專制者。其義未必脗合。然必有法律思想權利思想。然後此等名詞乃出焉。管子之所以相見於其民者。可以察矣。（選陳篇又云。有一體之治。故能出號令明憲法矣。憲法二字。全書凡再見。）首憲者。屬於憲法之部也。首事者。屬於行政法之部也。此其界限較然。非我之附會也。吾不欲附會管子之憲法。謂爲適宜之憲法。蓋彼憲法者。由君主所頒定。非由人民所同認也。其目的在行君之意。而非以求民之利也。人民只有奉行憲法之義務。而無參議憲法之權利也。此管仲立法之事業。所以下於梭倫來喀瓦士一等也。雖然。此亦由我東方民族之性質使然。不足盡爲管子咎也。況乎管子之法。又非徒君命之於民。而君自立於法之外也。『賞罰不合於令。謂之專制』。然則君主之同受治於法也。明矣。此法

治之眞精神也

管子之法治將以整齊嚴肅其民而使惟君上所用也故其言曰凡牧民者欲民之可御也欲民之可御則法不可不審也（權修篇）又曰不明於法而欲治民一衆猶左書而右息之（七法篇）其大旨總不外明必死之路開必得之門（士經篇）殆與老子所謂『法令者非以明民將以愚之』同意是其法治殆有以民爲奴隸之心也是不能爲管子諱者也雖然彼其時非今之時也民族進化之定例必先脫離野蠻之自由然後可與入於文明之自由脫野蠻之自由非以專制行法不爲功焉使梭倫與管子易地亦若是則已耳

(2) 君主之權限

立法行政司法三權皆在君主此管子法之大較也雖然彼之所重者仍在法而不在君也故既曰法重於民又曰令尊於君（俱見法法篇）盖管子心目中只知有國只知有法而君與民皆視爲國法之附屬物也其言曰爲愛民之故不難毁法虧令則是失所謂愛民矣（法法篇）又曰不爲愛親危其社稷（四傷百匿篇）不爲君欲而變其令（法法篇）又曰地之生財有

時。民之川力有倦而人君之欲無窮。以有財與有倦養無窮之君。而度量不生於其間。則上下相疾。（權脩篇）由此言之。管子之制法。非徒以擁護君權。而亦以裁抑君權。而使之有限矣。後世不察。以之與申商之流同類而並笑之。悲夫。

管子曰。有道之君者。善明設法而不以私防者也。而無道之君。既已設法。則舍法而行私者也。爲人上者釋法而行私。則爲人臣者援私以爲公。（君臣上篇）觀於此。而知管子之以法坊君者至矣。

(3) 人民之權限

謂管子能開議院予民權。雖辯者亦不能爲此強辭也。雖然。管子非全不知此意者。桓公問篇云。

桓公問管子曰。吾欲有而勿失。爲之有道乎。對曰。勿創勿作。時至而隨。毋以私好惡害公正。察民所惡以自爲戒。黃帝立明臺之議者。上觀於賢也。堯有衢室之問者。下聽於人也。舜有告善之旌。而主不蔽也。禹立諫鼓於朝。而備訊唉。湯有總街之庭。以觀人誹也。武王有靈臺之復。而賢者進也。此古帝明王所以有而勿失者也。桓公曰。吾欲效而爲之。其名云何。對曰。名曰嘖室之議。

若此論者。亦幾於民選議院矣。不過無選舉法、無權限耳。桓公問有而勿失。殆所以求子孫萬世之業也。而管子乃對以此義。且敎以勿創勿作。豈非所謂君主無責任者耶。蓋明告以君主之幸福莫過於立憲矣。管子之初見桓公也。告以王霸兩途。桓公謙讓以去。要之而乃許以霸。或者管子猶別有王道。而後此所就之事業。猶非其至者也。

管子曰。令行於流水之原。令順民心也。（士經篇）又曰。夫民必得其欲。然後聽上。聽上然後政可善爲也。又曰。得人之道。莫如利之。利之之道。莫如敎之以政。（俱五輔篇）夫曰敎之以政。則管子之欲以政治思想普及於國民也明矣。以視孔子民可使由不可使知之論。何其遠也。

（君臣篇下）國之所以爲國者。民體以爲國。

（君臣篇上）先王善牧之於民者也。夫民別而聽之則愚。合而聽之則聖。雖有湯武之德。復合於市人之言。是以明君順人心。安情性。而發於衆心之所聚。是以令出而不稽。刑設而不用。先王善與民爲一體。與民爲一體。則是以國守國。以民守民也。然則民不便爲非矣。

於戲。此言至矣。管子尋常多言牧民。而此則言牧之於民。牧之於民者。以民牧民之謂也。曰民體以爲國。曰以國守國。以民守民。雖盧梭民約之精義。何以過此焉。何以過此焉。

民別而聽之則愚合而聽之則聖此政治學無上神聖之理論也近世所謂「最大多數之政治」亦由茲出焉爾

雖然管子之民政與今世文明國之民政其不同者何也一則以民爲目的一則以民爲手段也今世之言立政者以爲民是謂以民爲目的管子之重民則以爲非是而吾政不可得行云爾是謂以民爲手段四順篇云

政之所興在順民心政之所廢在逆民心民惡憂勞我佚樂之民惡貧賤我富貴之民惡危墜我存安之民惡滅絕我生育之能佚樂之則民爲之憂勞能富貴之則民爲之貧賤能安存之則民爲之危墜能生育之則民爲之滅絕

管子之言民政大率類是法法篇又云

上之所以愛民者爲用之愛之也（中略）夫至用民者殺之危之勞之苦之飢之渴之用民者將致之此極也而民毋可與慮害己者明王在上道法行於國民皆舍所好而行所惡

其手段若是幾於以百姓爲芻狗之言矣此管子之所以僅豪傑而不能聖賢也

以立法議政之權予民是管子所不欲也其言曰法制不議則民不相私法禁篇 又曰且

夫令出雖自上。而論可與不可者在下。是威下繫於民也。威下繫於民。而欲求上之毋危。不可得也。重令篇 此則絕似今世頑固官吏之口吻。與前此嘖室之議適爲反對之兩極端。或亦言各有當。義非一端耶。

(4) 中央之官制

其中央官制見於本書者。則「省官」篇有虞師、工師、司空、由田、鄉師、工師五官。而小匡篇則云。

桓公曰吾欲從事於諸侯其可乎。管仲對曰未可。治內者未具也。故使鮑叔牙爲大諫。王子城父爲將。弦子旗爲理。甯戚爲田。隰朋爲行。

省官篇乃言其制度。小匡篇則言其實事。以兩者參證之。則當時中央官制略如下表。

相

大諫	樞密顧問大臣
將	兵部大臣
理	司法大臣
田(虞師司空附)	農商部大臣
行	外務部大臣
鄉師	內務大臣

三本篇云有臨事不信於民而任大官者則材臣不用然則管子之中央官制殆亦有責任大臣之意乎

(5) 地方自治制度

管子政畧之特色不在中央政府也而在地方自治其所論治國之大道曰野與市爭民鄉與朝爭治又曰朝不合衆鄉分治也又曰有鄉不治奚待於國（俱權修篇）此實政治上甚深微妙之格言措諸四海而皆準者也今所貴乎民權者厥有二事一曰參政權二曰自治權而自治權之切要過於參政權此政治學者所同認也管子於彼則靳之而於此則獎之殆應於當時國民程度斟酌而盡善者也今請言其地方自治制度之梗概

（小匡篇）管子曰昔者聖王之治其民也參其國而伍其鄙定民之居成民之事以為民紀桓公曰參國奈何管子曰制國以為二十一鄉商工之鄉六士農之鄉十五公帥十一鄉高子帥五鄉國子帥五鄉參國故為三軍公立三官之臣市立三鄉工立三族澤立三虞山立三衡制五家為軌軌有長十軌為里里有司四里為連連有長十連為鄉鄉有良人三鄉一帥桓公曰五鄙奈何管子對曰制五家為軌軌有長六軌為邑邑有司十邑為率率有長十率為鄉鄉有良人三鄉為屬屬有帥五屬一大夫武政聽屬文政聽鄉各保而聽毋有淫佚者

（未完）

徵文乙等

論全國小學教育普及之策及其籌欵方略

嘉興秀水學堂 陽湖方屠龍

小學教育者。國民義務之教育。而地方有設立之責任者也。夫既欲使國民盡其義務。則不能不與以參政之權利。既欲使地方荷其責任。則不能不與以分權之利益。何者中國之民、困於專制之軛下者數千年。於茲矣、國家設科舉取士之法。而天下之人。趨之如鶩者。大抵爲功名富貴來也。彼其心祇知有身耳。於其身與國家之關係。概乎其未之知也。上之視其民也亦然。一言人權、便爲大逆。若曰吾之以功名富貴餌爾者。不過爲供吾使役計也。今雖建立學堂。其奴視斯民之心。初無異於設科舉也、若是者何義務之足云。方今政府專事搜括。所取民間之膏血。非以供民賊之中飽。即以給異族之賠償也。即有一二用之於行政者。無非爲防家賊而已。故地方之腐敗。日甚一日。生計蕭條。備科迫急。尚有餘力以副責任乎。故夫政策不變。宗旨不立。不悉棄其野蠻專制之手段。而為立憲之預備。則亡可翹足而待。有何教育之可言。況普及乎。吾所云云者。則就數者改革已定而言之也。今陳其小學普及之策如左。

或曰。教育之事。豈必崇尚民權。而後可行哉。俄羅斯非亦劃全國為十四學區。布强民就學之制乎。曰。為國者不崇尚民權。則視其民猶奴隸也。既視為奴隸。又何必加之教育哉。且教育與專制。實有不能並立者。何則。今日之教育。外與文明各國比較者也。政體既不如人。安能使之起愛國之精神。泯革命之思想乎。故夫專制者宜使民愚。而教育者開化之利器也。若使俄羅斯非經前皇之偽改革。而亦效法中國為科舉餌人之舉。則虛無黨無若黨之風。或不致若是之盛也。今則風潮一起。不可復遏。洪水之禍。行見於莫斯科聖彼得之原野矣。中國今日如欲變法自強。不當效法俄國明矣。且俄國就學兒童。比較全國人口。不過百分之二三。安在其能普及耶。

一當調查全國戶口多寡之確數。

中國號稱四萬萬人。其實丁口之確數。從未有人調查之也。當地丁未併徵時。隱匿流徙。無慮十之七八。迨地丁既併之後。則官吏於丁口之冊。益復視爲具文。會典之所載。戶部之所報告。皆據各直省之題本。任書吏塡寫者也。今欲實力調查。當俟地方自治之後。府縣與市町村之制度。大致定立。然後從事。則數年之後。民冊可成。且所當調查者。不第其人數之多寡已也。又必分別其年之長幼。此事委曲繁重。爲開辦學堂之第一義。亦即舉行一切新政之第一義。若以之委任於今日之州縣。則當事者付之於書吏。付之於差役。不僅敷衍塞責。且將爲騷擾需索之舉矣。

一 當調查全國生業盈絀之狀況。

中國本部生業之盈絀。大致可分爲三部。一黃河流域也。（白水流域附之）一揚子江流域也。（浙江流域附之）一西江流域也。（閩江流域附之）黃河流域之民。大率懶於耕作。溉灌之利。屬諸天行。故連年荒歉。今且罌粟遍地。民有菜色。毒種傳染。不可救藥矣。揚子江流域。非全國精華所萃乎。雖數十年來上之人事事苛斂。不加保護。其生業已有枯涸之狀。然其男子從事於耕作。女子從事於蠶織。大率勤敏。猶可獎勵其進步焉。西江流域之富庶。惟下流濱海各縣爲然。外此則山田磽瘠。非揚子江流域比也。然其民長於貿易。出洋謀利者無慮數百萬。歲以其餘資歸於本國。漏卮之溢出者。藉以挽回不貲焉。此就其大概情形而言之也。欲知其盈絀之狀況。當俟民冊編成之後。分別其從事於農工商實業者若干人。從事於仕宦分利者若干人。從事僧道游惰不事事者若干人。從事於乞丐盜竊棍騙爲民害者若干人。乃能知其能就學之人數。共有若干。其不能就學之人數。共有若干。其能擔任學費之市與町村。共有若干。其不能擔任學費之市與町村。共有若干。夫然後可設爲禁令。其分利者杜絕之。其生利者整齊之。依於貧富之程度。而頒强民就學之令也。

一當調查全國人格高下之程度。

此事尤非鹵莽敷衍之官吏所能行也。俟民冊編定之後。由地方行政長。與地方議會之代表者。從事調查。又必經教育會社會黨之協贊。乃能得其底蘊。分別其地之居民。每百人中。其不識一字者若干人。其畧識之無辨契約之要字者若干人。能記帳看粗小說者若干人。能寫信看新聞紙者若干人。其程度高乎此者。居其少數。置之不論。既得其分數之多寡。於其地方文野之程度。庶可知其大概矣。雖然。猶未也。

風俗習尙隨地不同。大率黃河流域之民。秦晉之間則愚塞而重犯法。燕齊之間則勁悍而易爲邪。揚子江流域之民。荆楚之間則剽悍而喜事。吳越之間則柔弱而偷安。西江流域之民受海洋之性質者居多。其言語異。其嗜尙異。且與各國交通最久。頗能合羣競爭。而其習慣之最有流弊者。則爲賭博與巫鬼。凡此之類。宜各就其社會情形。爲挽回補救之策。其可用者則因而利用之。夫然後其地方應受何等之教育。與夫教育當施之方針。乃可得而定也。

或曰。調查此三者。非倉猝所能竣事。如是則不與設學有阻力乎。曰教育者。非可收效旦夕者也。若非經此調查。則如一堆亂絲。頭緒棼如。從何著手。且欲爲精神上之教育。則尤不可支支節節而爲之也。故貿貿然而言興學者。若其所志。不過求勝於向日之村館義學而已。固無不可也。若其所志欲改良進步。以與文明各國比較者。則舍此而別無善策者也。

以上於設學前之綱領。已得其大概矣。茲乃舉其辦法之次第而條列之。

一劃定學區。　定一省爲一學區。凡人口二千萬以上者。爲大學區。一千萬以上者。爲中學區。一千萬以下者爲小學區。應設小學校之數。即以其學區之大小爲支配。約略計之。一大學區內。應設小學校二萬所以上。一中學區內。應設小學校一萬五千所以上。一小學區內。應設小學校一萬所以上。每校人數。多寡不能一致。匀分合算以一校百五十人爲中數。至全國生徒與人口核計。當爲六與一或五與一之比例。方能普及。

玆將近今統計所得各國小學校之數。及小學生與戶口通核比較之數。列表如左。

國名	小學校數	小學生數通核戶口以千分之幾計算
德意志	五八、〇〇〇	一六一
瑞士	八、一〇一	一六一
瑞典	一〇、五一六	一五九
英吉利	三一、六〇〇	一四六
法蘭西	七九、七五五	一四六
那威	六、七〇〇	一四五

荷蘭	四、〇九七	一三八
丹麥	二、九五〇	一二三
澳大利匈牙利	三二、九七八	一一一
西班牙	二九、八二八	一〇二
比利時	五、六一四	一〇〇
日本	二四、〇四六	八三
意大利	三五、七四八	七七
希臘	一、六〇〇	五〇
葡萄牙	五、三一六	四六
賽維阿	六六八	二七
羅馬尼阿	二、五〇五	二三
俄羅斯及芬蘭	三八、二三八	二二

一設立視學官。每學區由文部大臣奏派督學使者。每府縣由督學使者奏任視學

七

官。其人必自高等師範校出身。明教育之義理者。乃能勝任督學使者職掌之要者。在統計全屬設校之多寡。與比較人口之能及格與否。以定視學官之黜陟。視學官職掌之要者在核計所屬市與町村之多寡。以時督飭其立校。外此則考驗教員。檢核學規。釐定教科書等。皆其分內之所當爲。不必論矣。若是則其職掌實專則無可推諉。以視今之責諸百務叢集之牧令者何如耶。

一造就師範。 今之冬烘無慮數百萬。若任其收徒授業。或濫竽充作教員。則貽害於國民者不尠。宜概行杜禁。由督學考取教員。其及格者。撥入教習養成所。講求教育之理經驗教授之法。並兼習一二門科學。一二年卒業後。給與文憑。派爲各小學教員。其年過三十以上。人格爲鄉里所重者。派爲各小學管理人。又於每府縣設立尋常師範學堂。凡年十五以上。文理精通。有志教育者。選入肄業。給與膏火。四五年卒業後。須充地方小學教習七年。方能去此他適。凡教員宜優給學俸。俾安其身心。得始終從事於此。能盡教授之責任十四年以上者。年老或病癈不任事。給學俸三分之一。爲酬報俸。能盡教授之責任二十一年以上者。年老或病癈不任事。給學俸二分之一爲酬報俸。校之左近宜多建住宅。使教員室家得附近居住。庶不致因事曠課。如是則願爲教員者衆。願爲教員者衆。則師範無缺乏之患矣。

一廣開學會。欲教育之改良進步。不能徒恃諸僅能勝任之教員與止知實驗之管理人也。必有學識經驗。高於教員及管理人者。乃能有完全高尚之理論與活潑之手段。而輸其思想於教員及管理人也。若是者。非開學會末由。學會之所當注意者。斷不在乎區區形式上之教科書與管理術等已也。必有以考察社會之習慣。而鑄成其特性。必有以體驗兒童之知覺。而增進其感情。有以野蠻腐敗之遺毒傳染於教育界者。尤當視爲公敵。剗除淨盡。夫然後爲民賊很役之政治家教育家。不能於潛移默化之中。陷我國民於奴隸界也。

一編定科目及教科書。修身讀書作文習字算術體操爲尋常小學之正教科目。不能不課者也。外此則本國地理本國歷史物理圖畫唱歌手工裁縫爲隨意或補習教科目。課否可自由者也。然欲激動國民之愛國心。則本國地理本國歷史二者。不能不加。欲增長社會之實力。則宜於男學生之手工。女學生之裁縫。變通推廣。爲農工實業專修科。商業專修科、可於高等小學校設之、每星週所定時刻。宜視他科倍之。何則。今之下流社會。不使其子弟入學者。一則由於學費之無出。一則見讀書之利益渺乎不可期。反不若爲厮養力役之事。尙可博目前之微利也。今於初受教育之際。便注意於實業。使知入學之後。莫不有餬口資生之一藝。自然趨之若鶩矣。故欲救中國今日游手分利之害。舍此末由。惟所施之實業教育。當依於地方之狀況而定。如於市所設之校。宜注意於工業。於町村所設之校。宜注意於農業。使了於耳目之所接近。隨在可爲實驗。又必擇其爲生計之大宗者。或爲一二人所可從事以謀生者。如於宜桑之地。則敎以新法養蠶。於宜棉之地。則敎以新法織布。於宜葡萄甘蔗之地。則敎以新法釀酒製糖。凡類此者。皆可推行矣。乃可吸受無量貧苦無賴之兒童。使之無所顧慮也。方今歐美各國。於資本勞力競爭之問題。風起潮湧。不可救遏。其故由於貧富不均。一切事業。皆爲大資本家所吸收。其不能爲資本家者。則降而爲勞力者。二者相去懸殊。其不能相安無事者勢也。且一大製造廠。一大工作所。所用勞工。多或萬餘。少亦千百。一旦經理失宜。資本不繼。則因之束手待斃者。不知凡幾。其爲禍最爲酷烈。中國生計上尙少此種恐慌。惟風潮所值。不免受其影響。挽救之法。宜擴充中產以下可興之事業。與個人可作之生活。如一二匹馬力以上之煤油機器。及用人力之各種紡織機。使勤力積蓄之人。皆有以自立。而欲開此風氣。則莫如施此經濟政策於初級教科。其收效爲最易也。

小學校所用教科書。宜求簡易。不可使人生畏。如修身科。宜不用讀本。專用掛畫及隨事指點講説。歷史科。宜用小説體爲之演解。地理科。除用圖畫指示外。凡通商巨埠。名勝古迹。險要國防。皆用影片幻燈。凡此者。皆所以鼓動耳目。濬發性靈。使兒童好學之心。油然而生也。嗟乎。今舉二十以上之少年。叩其向日讀書之狀況。有不太息痛恨其師長之野蠻壓制者乎。蓋彼等學舍所用之器械。教授所施之手段。惟有夏楚拘囚强記背誦而已。餘非所知也。其戕賊靈性。防害腦筋。使「逃學」爲兒童之習慣者。非此之由耶。

一改良文學及統一語言。 中國識字者之數。比較各國。不逮遠甚。其原因何自始乎。蓋由於言文之分也。言文之分。由於造字者之不專用諧聲也。今欲教育之普及。宜仿日本五十音圖。造通俗文字。一切普通書籍。皆注通俗音於古文之傍。如是則苟通此數十字母者。皆可讀書矣。然欲改良文字。又必先統一語言。統一語言之法。宜以國語爲小學教科。而國語則用官音。凡他處之音爲官音所缺者。宜補入之。總之語言當求其完全。求其簡便。求其輕清。乃能供文明之需用。語言既一之後。通俗文字方通行於國內而無沮。何患文化輸播之不速哉。且其利益不止此而已。所以厚合羣之力量。起同種之觀念者。其樞紐不在是耶。

一統論編制之法。　凡市與町村所必當設立者。爲尋常小學校一種。然中國年長廢學者多。欲普及其教育。則補習學校。不可不設者也。而補習之教科。尤宜注重實業。人當學齡已過之後。漸有衣食室家之事。累其身心。若使窮年累月。專從事於普通知識。必有因力乏而中輟者。故教科之時刻。尤宜簡少。或爲半日課。或爲夜課。使工作餘暇。亦可兼肄及此。方今女學風氣未開。而女教員尤爲難得。宜先設女子補習學校。以施其教育於學齡已過者。卒業後可派爲幼稚園之保姆。又如癈疾不能任事者。宜設盲啞學校。使習一二種手藝。凡此等類。皆所以補助義務教育之不逮者也。又各國所頒教育敕令。大率以兒童滿六年至滿十四歲。八年間爲學齡。學齡兒童有不卒尋常小學校之教科者。則可以法律干涉之。其修業年限多或四年。少或三年。非不欲加增其程度也。無如民力之有不逮也。故編制之法。亦宜仿照各國。不能再有增減。今管學所頒章程。定蒙學之課程曰四年。定尋常小學之課程曰三年。此七年間皆爲干涉教育。爲人民所不能免者。則是文明各國開學百年尚未能達之境。今中國甫言興學。便思遠軼之矣。行見其下之視爲具文不能奉行也。

一設特別奬勵之法。特別之法若何。一寛減其當兵之義務也。當此帝國主義盛行之際。欲圖自强。不能不用徵兵之令。然中國人口最多。欲爲適當之軍備。較諸各國。固可減輕國民之擔負矣。故莫如定一令曰。凡有小學校卒業文憑者。入營一年。否則入營三年。顯示區別以誘致之。夫入學與當兵。何去何從。人所不待辨而決者也。一優許以投票之利益也。各國議院選擧議員。必資産納税及額者。乃有投票之權。今若定一令曰。凡有小學校卒業文憑者。即資産納税不及額。亦一律與以投票之利益。夫當民政既行之後。不論其人格如何。無不爭爲公民者情也。他若人民有訴其子之不能養親者。則當問其曾受教育與否。然後爲之懲治。人民有遺産須傳之孫子者。亦當問其曾受教育與否。然後准其承受。若此則前有所趨。後有所避。有不流汗相屬。惟恐後時者乎。

一推廣民立學堂之法。國立學堂。無論經費如何充足。其勢必不能遍及。故凡民立學堂。宜令報明視學官考驗。學位文憑等。與國立者得同等之利益。就中國地方狀況論之。可推廣民立學校者。約有數端。泰西之教士。日本之僧徒。在各國未經改革以前。大抵掌教育之權。任文學之責。今中國僧徒。不任租稅。爲國大蠹。宜仿日本僧徒之制。令與平民一律擔任義務。且擇其中之賢者。就其寺產爲寺立學堂。教科一切。令遵照學制。不得有宗教典禮。此可推廣者一也。中國南部諸省。大率聚族而居。族之大者。丁口以萬計。其祠堂之田產。往往累鉅萬。每歲以供試館賓興之費者。不知凡幾。宜擇其族之紳衿。爲衆所信服者。就其祠產爲族立學堂。一切教科令遵照學制。其族之中有不受義務之教育者。令其調查處置。其校專供同族子弟之用。族之小者。合數族而建一校。若是則械鬬健訟。一切野蠻之習慣。不禁自除。此可推廣者二也。中國商會。往往有業聯之舉。其團結頗爲堅固。規條嚴密。無敢犯者。宜擇其中之老成者。令爲倡首。聯合同業者。捐置公產。爲商立學堂。生徒之額。以多數供同業者子弟之需用。衆必樂從。教科一切。令遵照學制。此外則地方有大礦產公司有大製造廠。亦可令其附設一二小學。以供勞力者之子弟就近入校。此可推廣者三也

籌欵方略

宜分開辦經費與常年經費二種。以下專條論之。

開辦經費之可籌者。

一國家補助金。 小學爲國民教育。則當認其爲安全國家之具。而國家有補助其費用之義務。西方學者有言。國家之防衛有二。重値之防衛兵士是也。廉價之防衛學校是也。今中國於惰窳無用之兵。歲耗國帑者數千萬。而反致今日割地。明日賠欵。無絲毫之獲益。若以養兵之費以開學堂。則國光之顯赫何如。人材之蔚起何如。雖武備不能不講。然如京之八旗。外之綠營駐防。則其之於國防無絲毫關繫者也。核計二者。歲費已在千萬以上。宜將此欵悉數撥歸各學區。爲開辦補助經費。惟通國學堂。全體舉行之時。需欵浩繁。緩不濟急。則宜由國家擔保。籌借公債。而以此欵逐

年償還。以三十年爲限。三十年之後。則小學教育。大致可普及矣。 十六

一紳富倡捐金。 西國紳富以鉅金輸納學堂者。每歲不知凡幾。中國風氣未開。惟知以金錢供僧徒之募化應醮會之籤捐。其稍上者。不過賑荒濟貧而已。其故由於民智太卑。祗能以吉凶禍福動其心。而於事之有益與否。彼固未能知也。若上之人能設法鼓動。於捐資興學者。與以特別之名譽。永遠之紀念。則樂善好名之人。自然隨風而靡。不入於野蠻迷信之一途矣。

一地方公產。 設校所最難者。校舍之建造也。宜將地方之神廟公廨可用者。（神廟與僧寺異。神廟如城隍關帝文昌等。大抵由官主持者也。僧寺則無不與民間募化建造者。愚謂中國變法之後。神祀宜一律廢棄。若佛寺則屬於民間信教自由之問題。不能以國力勉强抑勒者也。）一律拆建改修。以供正需。如係公產。而民立學堂須借用者。亦准其報明指撥。不得加以阻力。

一地方公債。 若其地方無欵可籌者。宜由視學官與府縣行政官。設法募集公債。惟公債之多寡。宜調查其地方之貧富。果能擔任償還之責與否。又必預算各種費用之適合與否。如有過量者。宜以法限制之。庶用欵時不致虛縻。而償欵時不致支

絀也。

常年經費之可籌者。

一國家歲額補助金。　考歐洲各國每歲補助學校之費用英國二千五百八十一萬圓。德國一千二百五十七萬圓。法國九百九十七萬圓。即國小如比利時。亦歲額六百萬圓。中國人口比較此數國者約及十倍。補助金之額。即不能比例而增。豈能並此而不如乎。然則於何而籌之。曰、宜依於地方之狀況與特別之捐輸。惟可漸而不可驟。蓋俟新政通行之後。民智日開。生計漸裕。雖加增其負擔不妨也。今各省以賠欵新設之苛斂。不下數十名目矣。試問其有一爲學堂而設者乎。若使爲學堂而設。安見吾民之不能好義急公而曰學費無從籌措乎。

一地方公產之租入。　美利堅之創一新都市也。必先以田產若干。爲建設學堂之公產。其法美矣。我中國雖非新造之邦可比。然各省公產之爲民所隱匿。爲吏所中飽者。不知凡幾也。清理之法。一於屯衛神廟及因事籍沒之公田。悉數收復。由市長與町村長。經管租入。一於絕戶無人管業及荒棄不治之民地。悉數開墾。由市長與町村。長招人納租承耕。其在揚子江以北之原野。則耕種失時者十居五六。誠使講求農學之人。建立公司。試用新法。則所增利源。何啻倍蓰。此等經營。若歸之於今日之官吏。則徒事騷擾。而無實效。若地方自治制度發達之後。則何施而不可者。故有以民政國所用之良法。而上之於今日之當道者。大都皆民賊之假役也。

一地方稅。　今各省地方之開治河道也。建造衙署也。往往於地丁徵納時。按畝增收若干。以爲經費。此其制與各國所行地方稅相似。惟經理失宜。不免病民。且專取給於農。抑何偏枯不均乎。考各國地方稅之增加。往往與國家之進化爲比例。蓋一切興利衛生之事業。皆由地方徵稅支辦者也。地方政治之團體。爲府縣與市町村所結合。其徵稅之類別。或爲特別稅。或爲附加稅。雖行政事繁。不能專爲建學之費而設。而建學費之一部分。固無不可取給於是也。

一授業料。　既爲國民義務敎育。則不應收納授業料。雖然由人民一部論之。爲啓發智識增進幸福之故。而始納此區區者。固亦義所應當也。故依於地方之狀況而徵納授業料。以補助不足者。亦所不禁。惟定額須極輕。且有貧困不能輸納者。宜一律寬免之。

（完）

新年大附錄二

癸卯大事表（以孔子紀年）

讀史者之感情率皆有所因緣而起由所緣而推之往往得意外之趣味焉癸卯元旦與社員聚談謂前此癸卯即歐權初東漸之歲也而今已若此因共繙史表焉追溯二千年來之癸卯考其大事作此表

	孔紀			西紀	
第一癸卯	五四	周敬王二三	魯墮三都中央集權制習興	前四九八	羅馬共和國始置大總督
第二癸卯	一一四	周考王〇三		前四三八	斯巴達人取波士波拉
第三癸卯	一七四	周安王二四	姜齊亡田齊立、狄破魏	前三七八	雅典齊武合兵伐斯巴達
第四癸卯	二三四	周愼靚〇三	楚趙韓魏燕約從伐秦敗績	前三一八	格山打征服雅典
第五癸卯	二九四	周赧王五七、	秦圍趙邯鄲魏信陵君奪軍救趙	前二五八	
第六癸卯	三五四	漢高祖〇九	與匈奴和親徙郡國富豪於長安	前一九八	西里亞助猶太攻埃及
第七癸卯	四一四	漢建元〇五		前一三八	埃及人多祿某始言天文

一

第八癸卯 四七四 漢元鳳〇三

第九癸卯 五三四 漢鴻嘉〇三 百濟建國

第十癸卯 五九四 漢建武一九 平交趾

十一癸卯 六五四 漢承元一五 班超卒

十二癸卯 七一四 漢延熹〇六 鮮卑寇遼東

十三癸卯 七七四 漢黃初〇四 蜀昭烈帝崩

十四癸卯 八三四 晉太康〇四 故吳王孫皓卒於晉

十五癸卯 八九四 東晉建元一 庾翼爲軍事都督圖中原

十六癸卯 九五四 東晉元興二 桓玄徙帝江陵 後涼亡

十七癸卯 一〇一四 宋大明〇七 習水軍

十八癸卯 一〇七四 梁普通〇四 鑄鐵錢

十九癸卯 一一三四 隋至德〇一 隋遷都長安改郡爲州

二十癸卯 一一九四 唐貞觀一七 魏徵卒、圖功臣於凌煙閣、廢太子

廿一癸卯 一二五四 唐長安〇三 貶魏元宗 流張說

廿二癸卯 一三一四 唐廣德〇一 吐蕃入寇長安

三六七八

二

前 七八 羅馬定地中海

前 一八

四三 羅馬人始伐英國

一〇三 晝羅馬帝所造之金殿焚

一六三

二二三 羅馬納賄於蕞特以乞和

二八三 羅馬帝伐波斯爲雷火擊死

三四三 羅馬與佛蘭機戰

四〇三 西羅馬敗百里頓王

四六三

五二三

五八三 波斯乞和於東羅馬帝

六四三

七〇三

七六三

廿三癸卯	一三七四	唐長慶〇三	韓愈爲吏部侍郎宦官極專權	八二三	
廿四癸卯	一四三四	唐中和〇三	李克用破黃巢收復長安	八八三	
廿五癸卯	一四九四	後晉天福八	執遼使	九四三	英人擾丹麥
廿六癸卯	一五五四	宋咸平〇六	契丹大擧入寇	一〇〇三	阿德溫自立爲意王
廿七癸卯	一六一四	宋嘉祐〇八	仁宗崩	一〇六三	波斯征亞剌伯
廿八癸卯	一六七四	宗宣和〇五	金太宗吳乞買立　金人入寇	一一二三	第一次拉的蘭會議
廿九癸卯	一七三四	南宋淳熙十	朱熹上續通鑑　陳賈請禁道學	一一八三	東羅馬帝阿多羅古篡立
三十癸卯	一七九四	南宋淳祐三	蒙古人入寇渡淮陷楊州通州	一二四三	英法立約罷兵五年
卅一癸卯	一八五四	元大德〇七	諸蠻平　金履祥卒	一三〇三	意人始製磁針盤以航海
卅二癸卯	一九一四	元至正二三	陳友諒死	一三六三	瑞典挪威合爲一國
卅三癸卯	一九七四	明永樂二一	帝親北征、孟賢伏誅、楊士奇下獄	一四二三	英法戰爭
卅四癸卯	二〇三四	明成化一九	陳白沙爲翰林院檢討、胡居仁卒	一四八三	英幼主義德瓦立大臣力查篡位
卅五癸卯	二〇九四	明嘉靖二二	安南復立爲大越國	一五四三	英法又戰荷蘭始造木砲
卅六癸卯	二一五四	明萬曆三一	妖書事起	一六〇三	和蘭設立東印度會社
卅七癸卯	二二一四	清康熙〇二	去年明桂王被害鄭成功卒至是平蜀亂天下大定	一六六三	英賣丁格之地於法

三

四

卅八癸卯	二三七四	清雍正〇一	年羹堯伐青海平之	一七二三	法首相亞連士卒
卅九癸卯	二三三四	清乾隆四八	冊封鄭華爲暹羅王	一七八三	英認美國獨立
四十癸卯	二三九四	清道光二三	開長江七口　割香港	一八四三	美法通商於中國
四一癸卯	二四五四	清光緒二九		一九〇三	

新年大附錄三

羅迦陵女士傳

迦陵女士，父羅詩氏，法蘭西人，曾職上海法捕頭領。娶七閩沈氏，生女士。七歲喪父，依母兄居城內。十歲母歿，所遺奩資，悉爲母舅耗盡，并棄其七旬之母，亦不顧。女士兼習女紅，孝養外祖母，忍飢耐凍，操作如婢僕，復遭妗氏虐待，苦不欲生者再。因念外祖母暮年，女死媳悍，所相依爲命者，惟女士，由是吞聲延息。父得膈疾，日益尫瘵，饔飧常斷，遑問醫藥。時幸得諸父友念故人之誼，慨然相撫恤，挈祖母遷居城外，距舅妗尙以爲未足，欲謀拘回，屢經挫折，有不忍言者。嗣遇哈同氏，提撕力護，得免於難。於是益感哈氏之德，遂秉祖母意，委身以事之。迄茲念年，敬順如一日。女士性嚴毅，治事有法度，嘗自涕泣念廿載伶俜，備經險難，悟世界如牢，浮生若夢，遂矢志普門，遊心法界，歸事宗仰上人，參究深徵妙法，居常蔬食，喜捨，禪誦有定課，并時慨國家衰弱，皆由母教不善。自慚幼失怙恃，困憂患，未曾讀書，無學識，不能張女權平等之界，以救今世，發願與一女學教育後來閨閣英彥。掃除數千百年之積習。俾復天賦之權。此女士素志居常未一日忘者也。昨秋上海教育會志士擬創愛國女校。苦經費無著。女士遂慨任開辦。己擇地爲他日建築學舍之用。又助每月經費以期速成。南洋公學事件起。退學諸生共爲愛國學社。草創伊始。經費支絀。心力俱瘁。女士乃首捐鉅款以爲之倡。事遂就。嗚呼白傅十丈之裘。杜陵萬間之厦。如女士者可以當之矣。有此願力。何世間之不可度。何佛之不可成。女士少雖失學。而壯年以後。惟日孜孜。今於國學既斐然成章。博覽羣籍。復研精英法文學。冀廣集世界智識。爲後學倡云。抑吾聞泰西心理學家往往援迂曲之例證。謂女子腦智下男子一等。而一二大哲若約翰彌勒若斯賓塞皆力駁之。主男女平權義。嘻同受於天而命之曰人。則其德智力一而已。誰能劃之。凡人被壓制久者。則失其本能力。嚮昔野蠻世界。惟競膂力。女子之絀。固其所也。絀之既久。弱者愈弱。强者愈强。業識遺傳。遂成爲第二之天性。故今世界之女子。在在遜男子。固也。而豈謂其生是使然也。佛小乘法。不度比丘尼。至如大乘諸經。若華嚴寶積法華維摩。其間現女相說法者。莫不具圓滿種智。莊嚴世間。成就普門一切悲願。此正我佛之甚深微妙義哉。

佛說已先自度回向度他。是爲佛行。未能自度而先度人。是爲菩薩發心。如女士者。可謂兼之矣。其有聞女士之風而起者乎。則中國文明增進之速率。與彼美洲澳洲諸省男女悉有參政權者相頡頏。又豈其遠哉。

本傳據上海女報原文略參評論讀者亮之　本社附識

游學譯編

每月一回
望日發行

第四冊目錄

正月望日
四冊發兌

◎學說
○政治學說
◎教育
○英法德美現在教育觀
○小學教育之方針
◎軍事
○武備教育
◎時事
○去年支那之外交界
○俄之滿洲

◎歷史
○十八世紀末法國之亂
◎傳記
○日本第一人迹
◎地理
○今後之支那地理
◎外論
○東亞冷觀
○支那滅亡之風潮
◎餘錄
○壬寅大事紀略

○中國最近統計表
▲人口
▲軍艦
▲歲計
▲海關稅額
▲內地各埠商船數
▲內地各埠外國商人及商店額數
▲北清現今列國駐屯軍額數

洋裝每冊百葉　**定價**　▲全年壹元陸角　▲半年八角九分　▲每冊一角五分　郵稅照加

總發行所　**游學譯編社**　日本東京小石川區久堅町七十一番地

總代派所　**廣智書局**　上海南京路同樂里

游學譯編緊要告白

一本編以上海廣智書局爲總代派處以後各省如有熱心此事願承認代派者可逕函商該局以便照寄其報費亦交該局代存

一本編設分社於湖南長沙城內同省各府廳州縣有熱心此事願承認代派者可逕函商分社以便照寄其報費即交分社收領

一各代派處如派至百分或五十分以上者仍須函告東京本社（湖南各處即函告長沙分社）經本社（或分社）認定後其報即按期由本社寄送（在湖南者由長沙分社寄送）並有收條交各代派處經理

一由本社（或分社）認定之各代派處必先交報費二成始得領取前報以後每月或每季將收條存根寄還本社（或分社）並按期照存根補清報費（零購者其費幷繳）方能陸續寄送

一各代派處照定價提二成作爲酬勞

一本編郵費其由本社分派者凡通日郵之處每冊一分不通日郵須交本國郵局轉寄者每冊四分其費各代派處均應補給本社（由長沙分社及上海總代派處分派者其郵費即由該處酌加代收）

以上所載皆本社現已實行規則惟湖南長沙分社相距甚遠一切情形未能周悉其應如何辦理方能妥善即由分社同人斟酌行之爲要

本社在日本東京小石川區久堅町七十一番地

分社在湖南長沙省城金線街礦務總局內

總代派處上海南京路同樂里廣智書局

浙江潮第一期要目豫告

其餘紀事雜錄談叢白話數門共八萬餘言皆由同人撰述編纂限正月二十日出版總發行所在上海中外日報館及杭州萬安橋白話報館

馬君武譯

少年中國新叢書第四種

彌勒約翰自由原理

邏輯自由新名詞既出現于中國然其原理不明故流弊滋多彌勒此書爲十九世紀中最有名之大著作文明諸國傳譯幾遍日本明治初年中村正直曾譯以和文其時日本譯事初興故訛誤甚多玆由英文原本譯出又參以槐特氏之法文本精善無訛譯文淵雅義理精要無非切中吾國之時弊者誠中國政治道德改革之明鏡愛自由者持是而行不惟永無流弊而於吾國前途之文明發達實大有影響也現在日本印刷已成裝訂精美前有著者像片定價大洋六角總發行所上海四馬路開明書店文明書局廣智書局

又第一種　達爾文物競篇斯賓塞女權篇　價二角

第二種　俄羅斯大風潮　價一角五分

第三種　達爾文天擇篇　價二角五分

第五種　斯賓塞社會學原理　馬君武譯　已付印

發行所皆同上

石印大字資治通鑑補正出書廣告

書爲嚴先生衍所撰先生補輯此書凡廿餘年始克告成苦心孤詣誠爲溫公功臣所有書中改正移置存疑備攷補註各條皆從正史考証而來一字一句搜刮剔取不繁不雜俾志學之士人人得覩全史大概留心乙部者允宜家置一編惟惜世鮮刊本本主人不惜重貲精抄大字揀用潔白連史付之石印公諸同好是書分訂四十八本裝貯木箱每部定價十二元批發從廉書印無多請速購取並有新印大字御覽通鑑類纂每部十二本定價二元總經售處上海新閘新馬路福海里益智書局各書坊均有代售此佈

如皋太史第沙謹啓

新刊廣告

文學博士坪内雄藏先生校閲

青年諸名家執筆

少年世界文學

○全部五十編（一冊紙數約百頁）每編讀切○

○正價一冊一角二分○郵稅每冊金四分○

少年世界文學者為現時少年輩所最宜讀之書其中編選世界各國極有趣味之古譚有滑稽者有寓意者奇情壯采躍然紙上既讀一篇即思讀第二篇也少年世界文學者每編皆由文學博士坪内雄藏先生監督而成而文學與教育上尤所注意至于繪畫之美世間無比猶其餘事

少年世界文學者若用以為家庭之讀本學校之賞格贈荅之普物尤為高尚優美之品而且有益也

一編（ふしぎの魚）

二編（狼太郎）

三編（神代の話）

四編（はちかつぎ姫）

五編（イソップの話）

六編（六勇士）

七編（蛤の草紙）

以上發賣

以下續次發行

發兑　東京神田裏神保町　合資會社　富山房　賣捌　全國各地書林

三六九三

本支店所在地

東京（本店）　大坂　京都　橫濱　神戸

名古屋　廣島　下關　函館　大津

和歌山　四日市　長崎　小樽　足利

橫須賀　三池　門司　深川（東京）

資本金五百萬圓

橫濱市本町二丁目二十一番地

合名會社　三井銀行橫濱支店

電話　五五番、八九〇番、九八六番

公積金五百參拾五萬圓

存金利息

一定期存金六月以上週息五分五厘　一隨時存金每百圓每日九厘

一特別隨時存金每百圓每日壹錢二厘　一通知存金利息隨時面議

明治三十六年一月十六日　支店長　矢田績

吳縣吳家煦吳傳紱譯補

世界史要

洋裝全一冊◎帋數二百餘頁◎定價大洋六角

是書係日本文學士雨谷羔太郎坂田厚胤所著書分四編上溯太古下迄現世詳述民族之變遷文明之遞嬗社會之狀態政治之得失提綱挈領纖悉靡遺譯者復網羅邇來有影響于世界之大事以補原書所未及且于人地諸名詳加審擇一從舊譯本中之最通行者並以其歧異者附註于下庶使閱者不致有茫無頭緒徒費腦力之病試史學界中之良本前此所未有者也現已出書

總經售處 上海開明書店 四馬路老巡捕房東辰字十五號

上海 女報館廣告

敝報自去歲開辦以來頗蒙海內外同志嘉許惟自慚學淺力薄有負期望茲特整籌經費另設女學報館改名女學報二月初一出第二年第一期改用洋裝並添畫圖每冊售洋一角五分每年十一期定閱全年一元五角代售處提二成酬勞外埠郵費自理如有賜函本館請寄新馬路華安里女學報館陳擷芬手收海內外同志如撰有論說傳記新聞欲登本報者徑請郵寄如郵局不通之處由信局寄來自付信資不登者稿不寄還○中外同志以及熱心扶助女學之人倘助以經費除按期贈報製給收條外並姓氏登列本報

新民叢報第一年總目錄

●圖畫

中國地圖○拿破侖第一○俾士麥○華盛頓○格蘭斯頓○域多利亞○維廉第一○倍根○笛卡兒　康德○盧梭○約翰彌勒○達爾文○斯賓塞○赫胥黎○東京上野公園○西京嵐山櫻花圖○西鄉隆盛○福澤諭吉○雪梨市會廳○雪梨郵政局○雪梨大街市○雪梨佐治大街○古魯家○阿圭拿度○檀香山焚燒華人市場慘狀圖二○瑪志尼○加里波的○加富爾○横濱大同學校○東京清華學校○孟德斯鳩○福祿特爾○夏威夷風景圖二○曾文正公○左文襄公○北京煤山○北京頤和園○梭格拉底○柏拉圖○亞里士多德○愛華德第七○亞力山德○西京落合納凉之景○相州函根溫泉場○伊藤博文○板垣退助○大隈重信○萬里長城○明永樂之陵○斯賓挪莎○黑智兒○獨立廳○伊符塔○大彼得○亞力山大第一○澳洲初次會議聯邦圖○加拿大下議院議事圖○哥侖布士○瑪丁路德○凱旋門○克林威爾○格蘭德○神戶同文學校○林肯○麥堅尼○金字塔○鐵線橋○吉田松陰○藤田東湖○希臘雅典今城全景○倫敦栁晤士河岸之景○梅特涅○坡靈那士德夫○柏靈大博物院○英美戰役戰功紀念碑○羅斯福○巴科○戈登○毛奇

●論說

[illegible]學說

●時局

●政治

● 教育

● 歷史

● 地理

●傳記

●學術

◉宗教

◉軍事

◉法律

◉生計

◉談叢

●時評

◎紹介新著

◎問答

◉文苑

◉餘錄

輿論一斑中國近事海外彙報三門以目繁不備載讀者諒之

●本報各代派處

如有欲閱本報者請向下開各處所定購或遞寄函本社購取亦得但必須將報費郵資先行付下自然按寄無悞

◎東京神田駿河臺鈴木町譯書彙編社
又芝區三田四國町小松原書店
又神田表神保町東京堂書店
◎長崎新地宏昌號
◎朝鮮仁川怡泰號
◎上海總發行所四馬路本社支店
又老巡捕房隔壁同文滬報館
又惠福里選報館
又采風報館
又廣學會內邱禮淸先生
又棋盤街學海書局
又五馬路寶善街普通學報館
又大東門內育材書塾王培孫先生
又樊王渡約翰書院晋尙先生
◎天津日日新聞社

又法租界大公報館
又鄉祠南售報處李茂林先生
◎直隸省城官書局
◎北京琉璃廠有正書局
又日日新聞分社
又燈市口廣學會
◎山東烟台順泰號
◎山西太原府蕺蒼蒼室
◎安慶拐角頭皖省藏書樓
◎南京花牌樓中西書局
又小黨家巷口啓新書局
又鐵湯池益智書局
又夫子廟前明達書莊
又三牌樓西明達別墅
◎蘇州知新書局

又蕭家巷姚公館方康安先生
又同里鎭任閣學第陳佩忍先生
◎常州城內靑雲里楊第
又打索巷許芝年先生
又北門內道長巷梁溪務實學堂
◎揚州政法學會
又新勝街東文學社
◎吳中圖書會社
◎杭州東文學社
又浙西書林
又白話報館內韓靜涵先生
又梅花牌方言學社
又同同堂史學齋
又三踰橋總派報處董靑心先生
◎嘉興北門內張家衖協新書室

◎紹興東湖通藝學堂孫翼中先生
◎溫州正和信局
◎南昌百花洲廣智書莊
又馬王廟背陶君節先生
又賦梅山房
◎湖北經心書院孔文軒先生
◎漢口黄陂街江左漢記
又漢口日報館
◎長沙柑子園集益書莊
◎常德考棚東街啓智書局
◎成都學道街算學書局
又東門内南紗帽街少年學社
又桂王橋北成都齋書局
◎瀘州開智書局夏紹杉先生
◎福州鹽道前福林書局
又南臺閩報館
◎汕頭今學書局

又育善街嶺東日報館
又振邦街上海莊號
◎廣州省城雙門底開明書局
又聚竅書樓
又開新書局
又大馬站口林裕和堂
又倉邊街蔡觀察第寓内
又西關時敏書局
又清平毓秀坊陳振威第
又天平街華洋書局
◎香港上環海旁和昌隆
又上環永利源李炳星先生
又中環泰安棧譚頌眉先生
又中環水車館後街錦福書坊
又荷李活道聚文閣
◎海防同昇昌陳堯羹先生

◎石叻大葛街謙和號
◎巴城大港唇聯興號
◎庇能横城新報館
◎吉隆王澤民先生
◎雪梨方澤生先生
◎美利畔黄世彦先生
◎紐西侖呂傑先生
◎檀香山新中國報館
◎域多利廣萬豐號
◎域多利二埠英泰號
◎温哥華永生號
◎砵侖李美近先生
◎舊金山文興日報館
又中西日報館

●本社發售及代售各書目

訂正第十版 戊戌政變記 洋裝全二冊 減價三角半

清議報全編 洋裝十六冊 定價八元

清議報全編 洋裝布衣金字精本八大厚冊 定價九元六角

小學新讀本 全六冊 定價一元

幼稚新讀本 全六冊 定價一元

再版 新廣東 全一冊 定價二角半

驗方新編 全一冊 定價三角五分

驗方續編 全四冊 定價六角

廣東地圖 袖珍布皮摺本 定價一元四角

廣東地圖 上製掛軸 定價一元八角

上海百美圖 全一冊 定價二元

英法德日中 五國語言合璧 洋裝精本 定價二元

北京庚子事變全圖 全一冊 定價十八元

物理易解 洋裝全一冊 定價一元

速成師範講義錄 洋裝全二冊 定價二元

（以上各書外埠均酌加寄費其餘上海廣智各書均有寄售）

◎廣智書局特別告白

本局自去年創辦迄今已及一載出版各書皆務以輸進文明爲宗旨不敢草率從事至于譯筆精暢訂價從廉非徒爲圖利可同日而語當蒙海內通人所賞識固已贊歎不置一年而來銷場極盛今更爲推廣及利便購書者起見所有零售書籍概託四馬路東首老巡捕房對門日本新民叢報支店爲發行所如欲購本局及各書坊出版新書該支店皆可代爲配備原班回件決不延誤致原日各處交易書坊暨躉購大宗書籍者則仍歸本總局批發取價格外克已如蒙賜顧請到本帳房面議

上海南京路同樂里廣智書局謹啓

第三種郵便物認可　新民叢報第二十五號　明治三十六年二月十一日發行　（本號零售四角正）

光緒二十九年正月廿九日　明治三十六年二月十六日發行

每月二回發行　第貳拾陸號　十四二十九日

新民叢報第貳拾陸號目錄

目錄

●售報價目表

全年廿四册	半年十二册	每册
六元	三元三角	三角

日本各地全年五元半年二元六角每册二角五分日本及日郵已通之地每册加郵費一分全年二角四分其餘各外埠每册加郵費六分全年一元四角四分

●廣告價目表

洋裝一頁	洋裝半頁
十元	六元

惠登廣告至少以半頁起算刋資先惠論前加倍欲登長年半年者價當面議從減

編輯兼發行者　馮紫珊
印刷者　陳侶笙
發行所　橫濱山下町百五十二番　新民叢報社
上海發行所　四馬路老巡捕房對面　新民叢報支店
印刷所　橫濱山下町百五十二番　新民叢報活版部

新民叢報社徵事廣告

啓者本社本年之報特添設教育時評一門誠以此事爲今日中國第一急務而内地從事教育者多奉行故事毫無實際或不通理法舉措失宜阻國民進步莫大焉本社爲一國前途起見思有以規正使咸自反省惟僻處海外於内地情形未能周知殊爲遺憾讀者諸君或親在學堂睹其缺點或採諸輿論悉其内情伏乞不吝金玉隨時賜告豈勝忻幸本社非好爲尋瘢索垢實以報館有監督國民公僕之天職不敢自放棄耳君子鑒諸

◎新小說社告白

本報自昨年十月開辦以來已出至第三册今因本報記者飲冰室

主人遠游美洲羽衣女士又適患病不能執筆擬暫停刊數月本報

體例月出一册準於本年內續出九册并去年三册合成十二册以

符一年之數事出於不得已以致愆期無任歉仄此後當增聘撰述

益加改良以副購讀諸君之雅望

橫濱山下町百五十二番　新小說社謹啓

訂正第十版

戊戌政變記

洋裝全二冊 減價三角半

戊戌八月之變爲中國存亡絕大關係本書于其事之本末曲折記載詳盡議論精明將中國將來之局言之瞭如指掌誠有心人不可不讀者也計自出版以至于今除本社自行重板數次而各處之翻印者復不可勝數則其銷流之廣價值之高可想而知惟各處翻印之本每多錯悞貽害讀者不少本社今以各處購求者甚衆乃據原稿重行精心校印發售書成無多請速購取

目次

卷一 改革實情 卷二 廢立始末紀
卷三 政變前記 卷四 政變正紀
卷五 政變後論 卷六 殉難烈士傳
卷七 變法起原記 卷八 湖南廣東情形
卷九 光緒聖德記

發行所 橫濱 新民叢報社

三版

小學新讀本

全六冊 定價一元

三版

幼稚新讀本

全六冊 定價一元

●郵費每冊六仙●十部以上者九折

此兩書爲橫濱大同學校新輯之教科書係既經驗而有成效者前既印刷多本立即消盡後各處復紛紛索購愧無以應故同人今玆乃謀補印俾便于訓蒙者之一助復經通人精心商榷删其繁蕪增其要領務適合于幼童之腦力誠近來幼學教科書中之鴻寶也

日本民友社著

十九世紀歐洲文明進化論

（附二十年來生計界劇變論）

●全一冊 ●定價三角五分

歐洲爲今日世界之重心而其所以能致然者實在于十九世紀本書舉其百年間之**學藝政俗**窮其**變通**而敘其**得失**詞旨縕藉論斷公平眞一篇**好十九世紀史論**也原作文筆淋漓超超拔俗譯筆復能肖之欲識**歐洲之眞相**者允宜急手一編也

日本大學教授法學博士和田垣謙三著

經濟教科書

定價三角

經濟一科即近人所譯生計學是也此科今在世界諸學中爲第一重要之學科但其學理深賾其問題繁雜非專門名家者不能領會日本自三年前始將此科列入中學普通科舉其初步簡要之理使尋常學生皆解其義誠智識普及之一方法也此書著者爲東邦斯學名家特撮述精要之理用平簡明之筆編爲教科書使適於中學之用至今彼都以爲最佳本焉我國新學萌芽譯事驟盛而經濟學之書至今尚無一本蓋皆憚於其學理之精深不敢率爾操觚也此書簡淺最適於中國學者之用故本局特譯之以爲研究茲學之嚆矢云爾

發行所　上海廣智書局

地方自治制論

定價 三角五分

世競言民權然非有地方自治之制則民權即無基礎條頓民族之民權所以獨盛者由其自治之有素也今世界列國中雖以俄羅斯之專制然亦已有地方議會蓋此基一立則于政治之實力思過半矣中國數千年來爲治者不甚行干涉保護之政策故民間自治力亦頗發達惟無完備之條理無一定之法律故雖有此美質而其力不足以關係于一國識者慨焉今本局特譯此書詳言各國地方自治制度之精神及其權限職務焉夫團結進步之方法此誠政治之第一級而最適于今日之用者也

心理教育學

定價五角

教育者非他不過因人類心靈之所固有者而濬鍊啓發之而已故欲從事教育者不可不講明心理之作用而求所以牖導之之法故教育學之範圍以心理學占其大部分焉今日中國競言教育而于此事之原理公例率皆茫然以此爲教則教育之前途必難成就矣此書採集東西大家之學說講明人心之現象及教育家所以因勢利導之法條理詳盡解釋顯明誠中國今日不可缺之要籍故本局急譯之以資國民進化之一助云爾

發行所 上海 廣智書局

泰西事物起原

定價五角

凡事必有起點而後逐漸發達逐漸完成故考各種事物之起原非徒趣味濃深亦實治學問必要之具也中國昔有「壹是紀始」等書言各種事物最初之來歷大便學者惟是泰西今日文明日進事物日繁世人徒艷羨其新學新藝而罕知其由來此書爲日本第一書林博文館所編分類數十門上自政治學問下及一名一物莫不推原其所自始以最簡之筆述其梗概實足供考鑒之資備應對之用博物君子盍一讀之

政治學下卷

定價四角

政治學一書分國家憲法行政之篇共爲三卷其上卷國家篇中卷上下憲法篇早已出書政治學誌極爲詳備諒爲識者所共知無待贅言玆下卷行政篇亦已告成日將全書勘誤列表卷末以便檢查想饜心是書者當必先覩爲快也

處女衛生論

洋裝定價四角

保種之事必先加意于女子而女子尤以衛生爲要種類强弱胥關乎此世間女子不可不奉此爲寶筏乎

發行所　上海廣智書局

中國之新民

新民說十八

第十六節　論義務思想

義務與權利對待者也。人人生而有應得之權利。即人人生而有應盡之義務。二者其量適相均。其在野蠻之世。彼有權利無義務有義務無權利之人。蓋有焉矣。然此其不正者也。不正者固不可以久。苟世界漸趨於文明。則斷無無權利之義務。亦斷無無義務之權利。惟無權利之義務也。故盡瘁焉者不必有所懼。惟無義務之權利也。故自逸焉者不必有所歆。

夫不正之權利義務而不可以久者何也。物競天擇之公理。不許爾爾也。權利何自起。起於勝而被擇。勝何自起。起於競而獲優。優者何。亦其所盡義務之分量。有以軼於常人耳。難者曰。天演力之行。匪獨今也。彼前此所謂有權利無義務有義務無權利者。亦不可謂非優劣之結果也。彼其未嘗爲人羣盡絲毫義務。而覥然擁其優勝之資格。以睥睨一切者。方充塞於歷史。而子乃以義務爲優勝之因。不亦迂乎。應之曰。不然。凡天下無論正不正之權利。當其初得之之始。必其曾盡特別之義務。而乃以相償者也。即如世襲之君權。至不正者也。然其始烏乎得之。民初爲羣。散漫柔弱。於是時也。有能富於膂力。爲衆人捍禽獸之患。挫外敵之暴者。乃從而君之。又或紀綱混亂。無所統一。於是時也。有能運其心思才力。爲衆人制法立度。調和其爭者。乃從而君之。又或前朝不綱。海宇鼎沸。於是時也。有能以隻手削平大難。使民安其業者。乃從而君之。若是。夫彼所盡於一羣之義務。固有以異於常人也。故推原其朔。不得謂之不正。不正者。在後此之襲而受之者云爾。（篡弑得國者。雖易姓。而其威權實憑藉于前代。故可視之與世襲者同例。至外族奪國之事。下文論之。）彼憑藉此既得之權利而濫用之。因以反抗天演大例。使競爭力不能遵常軌。然後一切權利義務。乃不相應。故專制政體之國。必束縛其民之心思才力。於無可爭之地。若中國之以科舉取士。以資格任官。皆是也。非此則其不正之權利。無由保也。雖然。天演固非可久抗者。譬諸水然。爲隄以障之。固未嘗不可使之改其常度。移時則或溢而出焉。或決而潰焉。而水之性。

終必復舊故夫權利義務兩端平等而相應者其本性也故近今歐美諸國所謂不正之權利義務殆既絕跡而此後之中國亦豈能久抗焉豈能久障焉新民子曰自今以往苟盡義務者其勿患無權利焉爾苟不盡義務者其勿妄希冀權利焉爾

（附記）或難吾權利初起皆得自義務之說謂即以君權論若彼外族之奪我國土而久享此無義務之權利者其謂之何應之曰此有兩說（其一）仍由於承襲者蓋承數千年不正之君權積威約之漸苟篡得此位即承襲其餘蔭也（其二）則國民義務思想太淺薄故人得乘虛而入也夫朝綱紊亂從而正之者國民之義務也國中有亂從而戡之者國民之義務也而皆不能焉是舉國中皆放棄其義務矣既放棄其義務自不能復有其權利正天演之公例也而彼外族者反入而代我還定安集之彼雖非為我盡義務然與我比較其所盡抑猶優於我矣彼外族入主中夏而能卜世稍久者皆此之由也彼雖不正然我祇當自怨甯能怨人

恫哉吾國民義務思想之薄弱也吾昔著論權利思想之切要吾知聞者必將喜焉則囂囂然起曰我其爭權利我其爭權利雖然吾所謂權利思想者蓋深恨吾國數千年來有人焉長擁此無義務之權利而謀所以抗之也而誤聽吾言者乃或欲自求彼無義務之權利且率一國人而胥求無義務之權利是何異磨甎以求鏡炊沙以求飯也

吾請申言權利與義務相待之義。父母之於子也、蚤年有養子之義務。故晚年有受養於子之權利。夫之於妻也有保護之之義務。故有使妻從我之權利。傭之於主也有盡瘁執事之義務。故有要求薪俸之權利。此其最淺者也。爲子者必能自盡其爲人之義務。而無藉父母之代勞。然後得要求父母許以自由之權利。亦其義也。然此不過就一私人與一私人之交涉言耳。若夫相聚而成一羣。所以樂有羣者。爲羣既立而我可藉羣之力以得種種之權利也。然羣非漫然而能立者也。必循生計學上分勞任功之大例。一羣之人咸各亹亹焉羣之匱乏我既補之羣之急難我既赴之則羣之安富尊榮我固得自享之是謂無無權利之義務使羣中之人有一焉游手而無業者則其羣之實力少一分使羣中之人而皆爾焉則是羣之自殺也故羣中之有業者雖取彼無業者飲食之權利而並奪之亦不得謂之非理何也是債主對於負債者所得行之手段也蹊羣之毛食羣之土乃逋羣負而不償則羣中之權利豈復彼所得過問也是謂無無義務之權利

吾言中國人無義務思想。吾請舉其例。政治學者言國民義務有兩要件。曰納租稅也。

曰服兵役也夫國也非能自有恆產也民不納租稅則政費何所出劃而命之曰一國是必有他國與之對待也民不服兵役則國防何由立而吾國民最畏此二事若以得免之爲大幸者此最志行薄弱之徵也昔之頌君德者皆以免征減賦爲第一仁政若宋之改徵兵爲傭兵本朝康熙間下永不加賦之諭皆民間所最謳歌而最感戴者也而豈知兵由於傭者則愛國心必不可得發現而永不加賦者苟欲爲民事新有所興作實無所出而善舉亦不得不廢也泰西諸國則異是凡成年者皆須服二三年之兵役而民莫或避租稅名目如鯽其歲納之額四五倍於我國而民莫或怨彼甯不自寶其血肉自惜其脂膏也顧若此者彼自認此義務而知有與義務相對待之權利以爲之償也匈加利之被壓制於奧政府也卒以與法交戰奧人不得不藉匈兵力而遂以恢復自治憲法（千八百六十年事）西人有一恒言曰『不出代議士不納租稅』英之「大憲章」權利法典皆挾租稅以爲要求者也法之大革命亦以反此公例而釀成者也故歐西人民對國家之義務不辭其重而必要索相當之權利以爲之償中國人民對國家之權利不患其輕而惟欲逃應盡之義務以求自逸（參觀本號近世歐人之三大思想篇）是何異頑劣之童不

服庭訓乃曰吾不求父母之養我而但求父母之勿勞我也夫無父母之養則不能自存而既養則不能勿勞此不可避之數也惟養且勞然後吾與父母之關係日益切密而相愛之心乃起故權利義務兩思想實愛國心所由生也人雖至愚未有不願受父母之養者頑童之所以甯棄此權利者不過其畏勞之一念使然耳今之論者每以中國人無權利思想爲病顧吾以爲無權利思想者乃其惡果而無義務思想者實其惡因也我國民與國家之關係日淺薄馴至國之興廢存亡若與己漠不相屬者皆此之由今若不急養義務思想則雖日言權利思想亦爲不完全之權利思想而已是猶頑童欲勿勞而又貪父母之養也是猶惰傭不力作而欲受給於主人也吾見今之言權利者頗有類於是焉矣日歆羨他人之自由民權而不考其所以得此之由他人求之而獲之而我則望其自來他人以血以淚購之而我欲以口以舌爲易他人一國中無大無小無貴無賤無富無貧而皆各自認其相當之義務返之吾國若者爲官吏之義務若者爲士君子之義務若者爲農工商之義務若者爲軍人之義務若者爲保守黨之義務若者爲維新黨之義務若者爲溫和派之義務若者爲急激派之義務若者爲青

年之義務若者爲少年之義務若者爲婦女之義務間有一人焉審諸自己之地位按諸自己之才力而敢自信爲已盡之而無所欠缺者乎無有也雖有七子之母而無一人顧其養焉雖謂之無子焉可也雖有四萬萬人之國而無一人以國家之義務爲義務雖謂之無民焉可也無民之國何以能國

抑吾中國先哲之教西人所指爲義務教育者也孝也弟也忠也節也豈有一焉非以義務相責備者然則以比較的言之中國人義務思想之發達宜若視權利思想爲遠優焉雖然此又不完全之義務思想也無權利之義務猶無報償之勞作也其不完全一也有私人對私人之義務無箇人對團體之義務其不完全二也吾今將論公義務

（未完）

論著門 二

至於用力之久。而一旦豁然貫通焉。則衆物之表裏精粗無不到。而吾心之全體大用無不明。與康德此論頗相類。惟朱子教人窮理而未示以窮理之界說。與窮理之法門。不如康氏之博深切明耳。

康德以爲彼二作用所能及者。所謂物理學也。此作用所能及者。所謂庶物原理學。即哲學也。哲學所言之理。不能如物理學之確乎不易。何以故。考義察理。以推測爲能事。非可徵諸實驗故。

所謂本原之旨義者何。曰是有三。一曰魂。吾心中諸種現象皆自之出者也。二曰世界。凡有形庶物之全體也。三曰神。魂與世界皆出於神。故神亦名本原之本原。魂也。世界也。神也。皆無限無倚。不可思議。非復視聽考察之兩作用所得實驗。惟恃推理力以窺測之而已。所謂哲學者。即以研究此本原旨義爲目的者也。

按康德所謂魂者。謂人之精神獨立於軀殼外者也。所謂世界者。如佛說之大千中千小千世界。非專指此地球也。所謂神者。景敎之言造化主也。下文自詳。

論道學爲哲學之本

前此學者皆以哲學與道學（謂道德之學）劃然分爲二途。不返諸吾人良知之自由。而惟藉推理之力以欲求所謂庶物原理者。及康德出。乃以爲此空衍之法。不足以建立眞學術。舍良知自由之外。而欲求魂之有無。神之有無。世界之是否足乎已而無待於外。是皆不可得斷定。故必以道學爲之本。然後哲學有所附麗。此實康氏卓絕千古之識。而其有功於人道者。亦莫此爲鉅也。

康德乃取古來學者研究此三大問題之學說而料揀之。第一大問題。則魂是也。吾人諸種感覺思念。果有其所自出之一本原乎。果有一單純靈慧之本質號稱靈魂者在乎。康德以爲此問題非實驗之所能決也。任如何反觀內照。窮搜極索。欲求見所謂靈魂者。終不可得。何也。吾人所得見者。不過此意識。若夫意識之所從出。終無可以見之之道也。

前此學者以爲意識者現象也。意識之所從出。本質也。現象爲用。本質爲體。因用推體。覩此現象而斷其必有所自出之本質存。如吾之意識。能自見此意識之單純無雜。以是之故。則吾意識所不能及之本質。亦必單純無雜。吾能知之。康德以爲此不合論理之言也夫意識之力自想像以爲單純無雜是仍意識界之事也現象中之現象也藉此一現象而直以武斷意識以外之本質次序淩亂無有是處然則使吾身中實有所謂靈魂者存其狀云何終非思念之力所可及何也思念者既現之作用靈魂者未現之本體二者較然非同物也

第二大問題則世界之全體是也康德臚舉諸家之說其不相容者有八種而皆持之有故言之成理八種之中據數學之理以樹義者四據物力學以樹義者四

其據數學之理者第一問題曰世界之在空間時間果有限乎將無限乎甲曰世界者橫無涯而豎不滅者也乙說反是其第二問題曰世界者可得分析之而爲若干之單純原質乎將分析之至於無窮而終不可析乎甲說主前者乙說主後者康德以爲欲決此兩問題宜取四說而並捐棄之何以故空間時間二者皆吾智慧中所假定非物本有故此四說者認爲本質無有是處

其據物力學之理者第一問題曰彼世界者別有無形之自由乎抑僅循形質上不可避之理乎甲主前者乙主後者其第二問題曰世界之庶物自無始以來而自有之乎

抑由於後起造出乎。亦甲主前者。乙主後者。康德以爲欲決此兩問題。宜取四說而調和之。何以故。其所見雖若各異。實皆論別事。而於理皆有所合。故

康德以爲此不相容之諸說所由起。皆由自以一己智慧之所見。直指爲事物之本相。此所謂妄念也。而此妄念者其力極盛。吾人雖或自知其妄。猶不免爲其所束縛。如彼帶着色眼鏡者之視各物。雖明知所見非眞色。猶自生分別而曰某色某色。古來學者之謬誤皆坐是。

康德以爲以上所舉諸說。其據物力學之理者爲最緊要。何也。其說以辨論自由之有無爲旨趣。正道德之所繫也。康氏既言物之本相與其現象之區別。乃據此義以論自由之有無。蓋以爲此區別既明。則所謂自由之理與不可避之理可以並行而不相悖。於是乎兩反對之說得以調和。

康德曰。物之現象其變者也。物之本質其不變者也。其變焉者囿託生於虛空與永劫之間。有生而不能無滅。至其不變者則與時間空間了無交涉。凡物皆然。而吾儕儕類亦其一也。人之生命蓋有二種。其一則五官肉體之生命。被畫於一方域一時代。而與

空間時間相倚者也其有所動作亦不過一現象與凡百庶物之現象同皆有不可避之理而不能自肆（案疲而不得不息飢而不得不食者皆所謂不可避之理也此舉其最粗者凡百皆如是）雖然吾人於此下等生命之外復有其高等生命者存高等生命者即本質也即眞我也此眞我者常超然立於時間空間之外爲自由活潑之一物而非他之所能牽縛故曰自由之理與不可避之理常並存而不悖者此也

案此論精矣盡矣幾於佛矣其未達一間者則佛說此眞我者實爲大我一切衆生皆同此體無分別相而康氏所論未及是通觀全書似仍以爲人人各自有一眞我而與他人之眞我不相屬也又佛說同一眞我何以忽然分爲衆體而各自我蓋由衆生業識妄生分別業種相熏果報互異苟明此義則並能知現象之所從出者康氏猶未見及此也雖然其劃然分出本相現象之二者按諸百事百物而皆一以貫之可謂抉經心而握聖權者矣康氏以自由爲一切學術人道之本以此言自由而知其與所謂不自由者並行不悖實華嚴圓教之上乘也嗚呼聖矣

康德又曰吾儕肉體之生命既與他現象同被束縛於彼所謂不可避之理則吾之凡

有所爲也必其受一公例所驅遣而不能自肆者也（凡物之現象皆不能自肆見前論）苟有人焉爲精密之調查學吾人之持論吾人之情念一切比較實驗之尋出其所循之公例則於吾人將來之欲發何言欲爲何事必可以豫知之不爽豪髮如天文家之豫測彗星豫測日月食者然。

案吾昔讀佛典。佛言一切衆生有起一念者。我悉知之。吾昔以爲誕言。及讀康氏此論而知其無奇也。何也。衆生之起既皆俗諦爲物理定例所束縛則其所循一定之軌道固無不可以測知者。夫常人不能測日食而天文家能之。然則常人不能測衆生之舉動而佛能之。有何奇乎。不過佛之治物理學較深於吾輩耳。

然則吾人之性果無有所謂自由者存乎。康德曰不然。現象與本質初非同物也。見現象之性而以爲本質之性亦復如是無有是處。何以故。肉體生命不過現象以其爲現象故故受束縛於不可避之理。然吾人生命不獨肉體復有本質生命爲我所未及見。今以肉體之不能自由而云本質亦不自由無有是處。

康德曰。吾人畢生之行爲。皆我道德上之性質所表見也。故欲知吾性之是否自由。非可徒以軀殼之現象論。而當以本性之道德論夫道德上之性質。則誰能謂其有絲毫不自由者哉道德之性質不生不滅而非被限被縛於空刧之間者也無過去無未來而常現在者也人各皆憑藉此超越空刧之自由權以自造其道德之性質（案康氏之意謂道德之本原與軀殼之現象劃然爲二物而超越空刧之眞我即道德之本原所由出一切道心由眞我自造也）故我之眞我。雖非我之肉眼所能自見然以道德之理推之則見其有儼然迥出於現象之上而立乎其外者果爾則此眞我必常活潑自由而非若肉體之常範圍於不可避之理明矣所謂活潑自由者何也吾欲爲善人欲爲惡人皆由我所自擇（案此其所以自由）既已擇定則肉體乃從其命令以鑄成善人惡人之資格。（按此其所以不自由）由是觀之則吾人之身所謂自由性與不自由性兩者同時並存其理較然易明也。

案佛說有所謂「眞如」眞如者即康德所謂眞我有自由性者也有所謂「無明」無明者即康德所謂現象之我爲不可避之理所束縛無自由性者也佛說以爲吾人自無始以來即有眞如無明之兩種子含於性海識藏之中而互相熏。凡夫以無明熏眞如。故迷智爲識。學道者復以眞如熏無明。故轉識成智。宋儒欲用此義例以組織中國哲學。故朱子分出義理之性與氣質之性。其注大學云。明德者人之所得乎天而虛靈不昧以受衆理而應萬事者也。案即佛所謂眞如也康德所謂眞我也 但爲氣稟所拘人欲所蔽則有時而昏。案即佛所謂無明也康德所謂現象之我也 然佛說此眞如者一切衆生所公有之體非一人各有一眞如也而康德謂人皆自有一眞我此其所以爲異也故佛說有一衆生不成佛則我不能成佛爲其體之爲一也此其於普度之義較博深切明康德謂我苟欲爲善斯爲善人爲其體之自由也此其於修養之義亦較切實而易入若朱子之說明德既未能指其爲一體之相是所以不逮佛也又說此明德者爲氣稟所拘人欲所蔽其於自由之眞我與不自由之現象我界限未能分明是所以不逮康德也康德之意謂眞我者決非他物所能拘能蔽也能拘蔽則是不自由也

又案康德之說甚深微妙。學者或苦索解。法儒阿勿雷脫嘗爲一譬以釋之云。譬有一光線於此。本單純無雜者也。一旦以一凸凹無數之透光物置於其前。此光線透過此物而接於吾眼簾也。則發種種彩色。爲圓錐形。而無量數之部位乃生。空間時閒之有許多部位。即同此理。故苟精算者。則能取其圓錐形之相及其衆多之部位。

一一算之。不爽銖黍。何也。以其落於現象。旣循不可避之理也。至其所以發此彩色者。由光線之本體使然。光線本體。固極自由。謂其必循不可避之理則非也。

中國興亡一問題論

時局　觀雲

第一章　懸論

第一節　問題之緣起

二十世紀之大問題則中國之興亡是也。方歐洲內治已定。列强務均勢以保平和。於是各移野心於局外。為飛而食肉之舉。當非洲美洲南洋各島已經略定之餘。而尚有天氣溫和物產豐富土地饒沃人民柔弱之支那一片土。遂視為鼎中之臠。俎上之肉。各思啖而食之。以饜其慾望。雖然。支那大國也。其人民雖愚而弱。然非非洲美洲南洋各島之土人比也。其一亡而不復興歟。其猶有復興之一日歟。今日尚未能斷言之。使其亡而不復興也。則一色人種統一全地球之問題將出。使其能復興也。則黃禍之說。且將再起。其結果也。如歐亞人勝負之關係。為黃白種强弱之關係。亦巨矣哉。故夫今日之以兵戰。以商戰。以工藝戰。以政治戰。以教育學術戰。以鐵路航路礦山工廠戰以條約租借外交手段勢力範圍戰以殖民主義帝國主義民族主義戰賢君哲相絞腦漿耗心血懷才抱氣憂時感事之士遑探索恣鑽研縱橫於文字上下其口辯無他咸欲覩此問題之一歸宿而已觀察此問題異而政策亦異處置此問題變而局勢亦變蓋非一國之問題而全地球公共之問題也雖然以一國之問題而使全地球之人得干涉之且待全地球之人而決定之是則一國之無自主權而事之至可恥者也然益不容不研究此問題以一斷其前途之禍福也

第二節　解釋問題

此問題之解釋者果用何法乎蓋亦不外二式而已一就各國而解釋之一就中國而自解釋之就各國而解釋之者謂天下事智者能制愚强者能制弱局勢之已成能制其未成者若彼印度者土非不廣也人非不多也物產非不美備也人民智識之程度與中國亦不相上下也然爲英人管轄後其重要之官皆英人任之要害之處英人派兵鎮守之而印度人室中至不得掛刀其故王雖存歲時領英人之銀一顆糖一角以爲榮論者謂印度而欲謀自立恐數百年內無是望也此固非印度人之不求自强也局之已成勢之已定愚服于智弱服于强而無如何也今者中國

之海面瓜分已早定矣因海面而旁及內地各行省變換顏色之圖亦已紛傳各國默認爲誰何之界誰何之土以各國政策之很毒而詐詭各國兵力之勇敢而猛鷙各國民族之趨勢之四隘而膨脹各國經營之鏟髓剉骨日積月累而未有已豈容於二十世紀之時代東海之上喜馬拉亞山之北尙有一嶄新之國土出現於其間我沈沈酣睡之中國歟不於交通之初數十年之前早知覺悟至今者兵衂地失巨創大痛乃翻然而欲變法欲維新已矣晚矣其已亡矣無可爲矣此就各國而解釋此問題者也就中國而解釋之者謂夫國之興也人民自興之其人民而有可興之品性也者雖他人不得而亡之國之亡也人民自亡之其人民而有可亡之質點也者雖他人不得而興之彼非洲美洲南洋各島之土人無論矣即印度者以岌岌雪山滔滔恒河而淪陷於異族人之手亦其人民之本不足存立於交通競爭之之時代耳不然强敵環伺適足增長吾人民之精神發達吾人民之知識震撼危疑者能力之所自出而憂患驚恐者智計之所自生也不然而不能經風雨淩霜雪之人民不有人事之撲滅亦必有天行之芟除矣昔者當蒙古種之强幾統一東半球而東不能滅日本西不能盡取日耳曼則

亦其人民固有異於人者在也夫强武之國民其不肯受統轄於異種人之下也若曰吾寧死吾之祖國吾之同胞敵人而欲割裂吾一寸奴隸我一人吾必畢吾之生命以爭之不然寧血染此山河不留一人一種而後爲敵人之所踐也乃甘心焉嗚呼國人而果有此氣概有此魄力乎敵人雖强豈眞能以銃林炮雨盡屠戮勦洗其人民者是故天下無不可亡之國土而有不可亡之人民傳曰梁亡乃自亡也猶魚爛而亡然則亡與不亡一國人自爲之事而已此就中國以解釋此問題者也甲也近惟物而乙也近惟心甲也爲客觀而乙也爲主觀解問題者殆不外此二式矣而要使我國人於此有懼心焉有恥心焉有爭心焉有奮心焉此則尤爲立問題者區區用意之所在也

第三節辨別問題　且夫亡國者亦亡其人民在此土之生息與在此土之主權而已盖嘗據古今歷史而爲亡國者類別言之其一則有此土之人爲彼土之人所勝收其土地欲絕其人民而殺之辱之捕之虜之遷徙之掠奪之使此土之上不得有此種人之蹤迹者此亡國之一種也其二則有此土之人爲彼土之人所勝而收其土地或不能盡收其土地戮其人民或不能盡戮其人民改變其政治制度敎化風俗或不能盡改

變其政治制度敎化風俗此土之上羼入彼族而此土之人亦仍得生長食息於其間惟其主權則他種人操之若歸化之土司若藩屬若保護國若奉戴異種人以爲君者要之皆所謂奴隸者是也此又亡國之一種也前之亡國若古者巴比倫之於猶太而近者俄人之於波蘭於滿洲略近之後之亡國則今之滅國新法多用之而更加巧密焉以我國人之智識素未知主權之爲何物國家之爲何義民族競爭之結果其影響若何其偉大而但見河山如故風景依然安吾耕鑿長吾子孫則雖謂他人帝謂他人皇於我何有而且有依坿末光甘爲傭役倚託他人之威勢稱頌他人之功德者嗚呼我神明之胄願男爲人僕女爲人妾以迎新送舊人盡可君爲國體則二十世紀之中國爲白種人所占領而以我國人代其工作之事任其勞働之役必且軼歐超美出現一博碩美麗之國土於天地間其將認新中國者爲我中國人之新中國乎如是則何亡國之懼之有且夫今日之上海之天津固各國人操其主權而待華人若奴隸犬馬然（上海西人之花園榜其門曰狗與華人不准入內蓋置華人於狗之下）而中國人彳亍匍匐於其間若視此繁華之區域爲我中國人所自造且若視爲中國自治之土地者浸假而內地雜居若租界然是則眞亡

人之國而匕箸不驚鷄犬不擾者矣且也各國知中國之愛虛名而昧實事或且仍留國號以遂其保全體面之心而又必扶助其政府藉政府以壓制其人民以便其束縛宰割之計而我國人固不覺也故不得不爲吾國人正告曰所謂一國興亡云者興則一國之事一國之人自爲之得操其主權與萬國競勝負而足以自存亡則他人爲主而已爲從他人爲上而已爲下他人爲剛而已爲柔他人爲發命而已爲受命之人他人爲治人而已則爲治於人者之人而於土地上之興衰治亂固無涉也且使一息奄奄長此終古如今日者亦謂之亡而不得謂之不亡何則我中國之主權固不出自我民族之手也然而猶曰興亡云者興則未來將然而想像屬望之詞亡則過去已然而覈實定名之稱也夫以已亡之國作萬一或然之想而謀復之且謀復之於白種人之手吾知其難然以我黃帝堯舜之子孫謂累刼不復永無立國之期此又腸一日而九迴心百感其若痗斷精衛之魂枯杜鵑之血而此心未已者也

第四節不以國粹解釋問題

凡一國之成立必有其精華焉所謂國粹是焉彼日本變法則亦有恃乎國粹矣日本之變法也始於醫彼其始之爲醫者皆家有巨貲以醫

爲救人之事而悉心研求之與夫中國之百學不成降而爲醫以欺世者其道異是故於西法之來也而醫先受其影響何則彼醫者固有學故能吸取之而收其用而醫乃有進步矣日本之自誇者曰日本魂日本魂日本魂者武士道也彼以尙武致死爲其國人之特性故變法之初用是以覆幕府洎乎國是旣定乃移而用之於海陸軍而兵乃有進步矣醫與兵至今言日本變法者必以是二者爲稱首則皆恃乎其有國粹以爲之因地也雖然事必有次第焉有階級焉試言之變法之初蓋莫不有四時期者一曰進取一曰掃除一曰決擇一曰保存方新說之初入也國之人見所未見聞所未聞始而疑之繼而攷求之終而信服之此固非見異思遷嗜奇好癖之性然也蓋實見新學新法高出乎已之舊理而決非恃前日之知能所可幾及乃不惜降心相從而發其磅礴奮取之心夫見他人之長而發其磅礴奮取之心者是也進取之時代宜然也當其時也還觀夫舊俗垢穢之點腐敗之點隨在有致衰弱之原而造滅亡之因夫人亦囿於一隅無比較之心也則已比較之餘而見夫他人如彼吾國如此乃不勝其羞惡之心憎憤之念而欲摧陷廓清一蕩滌之以爲快夫知已之病而欲摧陷廓清以蕩滌

之者是也埽除之時代宜然也當是時也又欲取新學而施之于實行矣而甲一說焉乙一說焉丙丁戊又各一說焉雲屬波委而來吾前吾乃不得不審吾之國勢吾之民情而定一說以爲方針則於彼有所取焉於此必有所棄焉所謂有用法國學派者英國學派者德國學派者此貴乎斟酌損益而有權衡審愼之心矣則決擇之時代宜然也當是時也新舊交孕其舊俗之腐敗者必不能與新文化合不歸於天然之淘汰必歸於人爲之淘汰漸次澌滅其力日微其中質之美善者乃磨之而愈瑩砥之而愈堅或且爲他種人之所無而此種人之所有則其國之特性物也凡立國者莫不恃有此特性物也以爲基本是所謂國粹也於是有倡言保存者以言保存誠哉其宜保存也此保存之時代宜然也若夫非其時而語之逆其序而用之當人民汶汶昧昧吸取新文明淺隘幼稚之時代而先宣言曰吾有國粹吾有國粹是適足與輸進文明者相衡突增國人守舊之心助頑固之口實而窒國民以進步也故未敢以國粹云者雜投之于我國人宜尙歐化主義之時代也

（未完）

政 治

政黨論（續第二十五號）

羅 曾

第三章 起原

如天空之星辰塞外之沙礫然各各分立以自營生活老死不相往來草昧時代之羣態決不可以持久也於是乎夫婦之關係親子之關係同胞之關係次第漸起而家族之組織始成家族者人類協和之最初級哉其後家族相雜以成部落部落相聚以成都市卒至擴充張大締造國家而猶或以兼攻或以聯合經若干年之淘汰訖今日而尙能颺國旗於地球上者不過區區六十餘國若以最初之個人爲單位而算其內容則猶河海之匯細流泰山之收土壤也不寧惟是今日於此六十餘國之間更有合衆聯邦之制且以最近之出現於政界者又有民族帝國主義與萬國平和會議分爲兩途以爭立他日大一統之基由是觀之人類合羣之界逐漸推廣察其趨勢必至破一

切範圍進至於大同而後已此豈非質諸靑史氏而信然者哉夫世運進化固將幷國界而破之而同在一國之內者乃反各立門戶支離於其間無乃與歷史上之大勢不相容乎雖然人爲喧嘩動物其不肯雷同苟合于人以失自由獨立之權乃天性之所使然也故自表面而觀之人類由小團結而進于大團結其趨勢似以統一爲歸而自裏面而觀之則自脫初民之狀態無論其或爲家族或爲部落或爲都市凡人類集合之處莫不有黨派之精神焉(不問形式)況衆無數之國民以成國家其結體之範圍愈廣則其利害異同之見益大故自古逮今凡有國家者之解釋政治問題雖非無全國一致之日而要不過爲偶然現象可暫而不可久有名而無實者居多故有政治必有黨派兩者之關係如影隨形如響應聲蓋事實也準過去以推未來吾知世界大同之後競爭之事幾可以免而無競爭者無進化則吾敢斷黨派之爲物超然于家族部落都市之外不以自然之界限爲界限而惟以義相合其必能與人類相終始無可疑也由斯以談黨派之於羣界其所根據既能順人類之性情而又爲事勢之所不能免殆有不待擇時與地而皆有不得不出現之勢者矣然吾嘗於黨派之中求其可

苟政黨之稱而不愧者。今日或有之。而求諸往日則未之見也。此國或有之。而求諸他國。則未必遇焉。此又何故哉。苟欲解此問題。非先明政黨所以成立之故不可得也。今分爲內界外界。以推求其起原如左。

何言乎內界。政黨所恃以成立之實力是也。其事有五。

一 政治上之智識

聾鄉必無音樂之作。盲俗必無文采之施。非惡音樂而賤文采。以其耳目有所蔽。而無由知天地間之有此境界也。語有之。未能知。說甚行。蓋人之應事接物。能知而不能行者有焉矣。未有不能知而能行者。故人生志業之所起。必以智識爲鄉導也。

(A)必有智識而後能倡事　電力不足。不可以發光。蒸氣不充。不可以主動。人無智識。如入闇室。如行霧中。雖有大利橫於前。不見其爲利也。雖有大害隨於後。不見其爲害也。若此者。自善其一身。猶莫知所爲計。而以國事詢之。必懵懵然無以應也。安望觸類旁通。見事未然。而能挾其所見。以作一國之輿論乎。

(B)必有智識而後能斷事　持權衡者不迷於重輕之數。執繩墨者不眩于曲直之形。事之有利有害。有得有失。有宜興。有宜廢。有宜緩。有宜急。猶物之有輕重曲直也。使無智識以為權衡繩墨。則不能判其孰利孰害。孰得孰失。孰宜興。孰宜廢。孰宜緩。孰宜急而無所惑也。即或妄為臆斷。亦必謬誤而已矣。

(C)必有智識而後能任事　蠶與蠋同形而弱女玩之無懼色。鱔與蛇相類而赤子啖之無怯容。是故利害必明於先。而後取捨能勇於後。不然畏首畏尾。事莫克舉。蓋未有無識而有膽。未智而能勇者也。

夫政黨之所以為國家重者。豈非以其能自提出問題。為國民倡。而又能審定之力行之以圖國家之公利公益乎。使於此數者而一無所能。則是瞽盲者辨五色。聚聾者論八音。徒足亂人之聽聞。無補于事實也。況無政治上之智識者。必不知政黨之功用。又安望其有創立之事乎。

二　政治上之競爭心

有國民而後有國家。有國家而後有政府。有政府而後有政治。政治原以國民為主動。自作之而自受之。其影響之關係最為親切。故其政治而善也。則國民受其福。其政治而惡也則國民蒙其禍禍福無非自己可以求之者故吾知國民之望其政治之有善而無惡必有同情矣雖然政治之果孰爲善果孰爲惡未有一定之標準以指定之故人人自善其所善而惡其所惡其結局非恃競爭之數以取決焉不可得也。

李拔曰無論在物質界智識界道德界凡欲成大事者必要競爭然則國民而不知參與政治爲自己之權利而又爲自己之義務甘心自處於局外則已而不然者則必激動其天性競爭之熱而以政治界爲燒點無可疑也雖然猶有他種事情足以牽繫國民之心而使之不遑凝注於政治者。

其一由於戰亂未已　人類愛動而不愛靜其活潑好勝之情常躍躍然不可禁制非求得一尾閭以排洩之其勢必奔騰於各方面而求歸宿焉猶治水者不導之使歸於海則必以國中爲汎濫之區域也故人類自與禽獸戰而勝之即常合此羣以與彼羣相鬭此所以洩其不平之氣於外而莫使在本羣演鬩牆之慘劇也霸者能知此民性而利用之故常務遠畧攘外事使其民之腦筋麻蒙于好大喜功之

狂熱而不暇與我爲政敵法國路易第十四之時政極專制民苦重歛革命之機已迫旦夕而猶得勉强維持不致驟然破裂者豈不以東征西伐耀武揚威發國民激昂之氣敵愾之心而使忘國內之苦痛邪日本維新當時不平之聲四起而有識者極力主張宣揚國威以洩民氣此台灣之役征韓之論所由起也今俄國侈言武功舉其國之全力以向于外者其原因雖有種種而亦防其民之有暇日以議論其政治之是非徙夫國民爲功名之所驅役强者執干弱者饋糧朝夕疲於奔命猶恐不逮而望其從容講求政治豈可得乎至於內訌紛起變故無常蚩蚩者傷慘于喪亂流離正不自知其死於何地命在何時則其置國事於不問又何足怪焉又何足怪焉。

其二由於生計不立　人類不單爲衣食住而生而衣食住實爲人類生存之第一要件必於此三者無朝不謀夕之虞然後身心暇豫可出其心思才力以爲國家謀公利圖公益自非首陽義士漆室佳人吾不必持高論而敢斷人之恆情必出于是惟其然也故入人國而欲驗其國民政治思想之發達與否必當據其國民生活之程

度以爲差盖國民無直接間接必與農工商三者有所關係者也使其國或因天時或因人事或因文化未開或因禍亂相尋或因政府之阻力或因人民之惰性而致其舉國所賴以生活之農業工業商業俱萎靡不振則雖日聚國民而聒之曰爾其留心政治爾其留心政治吾知其必舉吾儕小人救死不贍奚暇及此以相謝也觀各國之選舉法其選舉權與被選權大率以多額納稅者而後得之斯亦足以反証焉矣

其他如行政腐敗教育不興皆足放其國民於政治界之外而殺其競爭之心而其影響之最易見者究以此二者爲彰明較著苟有一於此則其國民於國家之政治問題必任其自興自廢自起自滅自保守自進取自急激自和平一若與己沒交涉而莫或過問焉嗚呼人人而如是自外也政黨之思想何自而起哉政黨之事實更何從而見哉間有一二人出而倡焉陽春白雪之歌其聞聲而和者蓋千里而不得一人矣

三　政治上之公共心

或問曰論天賦之權利。人人可以自立。然則人類何取於合羣也，吾將應之曰。合羣者取其以智力相積形成一結晶體而厚其勢也。故人之能羣者可以共死生同利害均禍福而其所以能致此者非恃形式以相維繫必有一種互相愛助之精神以統攝之然後有其效焉是則所謂公共心也是故物無愛質者不可以相合人無公共心者不可以合大羣。

有公共心者如何其所見爲公利務必得之其所見爲公害務必去之以一己之私利私害屬於第二層之計較不敢倒置其先後也有時公私之間一利一害或者不能相容則棄私而從公無所吝焉故必有此心而後可以合性質不同學業不同地位不同種種色色之人以成一大團結而無有水火冰炭互相尅互相殺之流弊而不然者人人持一絕對之個人主義以各謀其自私自利則當劃福禍利害生死之鴻溝雖以父子至親猶將與秦越人之相視無以異也而望其能合大衆以相助是豈非南轅而北其轍哉。即或有合羣之形式而其目的在於互相利用非愛其一羣所奉之主義而協力維持之保護之。是何異鳥翔於林。獸走於野。其迹雖合其神則離矣。以此兩人相處。尚不能常保其關係。而況於多數乎。則可知公共心爲構造政黨之一大基礎也。

四 自治之能力

夫政治界經帝政王政貴族政之數時代。猶是舉全國之勢力集之於中央。而未有能立地方團體以負荷國民事業之一部者。何哉。吾思其故。吾以爲其制度之性質。與專制政體不能相容者。猶爲第二原因。而國民無自治器識。又無自治資力。實其第一原因也。夫地方團體。以一區域之利害爲基礎。其成效易覩。而又與自己最有密接之關係者也。而國民之自治思想自治氣力未嘗發達者。尚不能自進而當其衝。則誰謂其能組織政黨。爲一虛懸主義而竭其心思材力以奔赴之邪。蓋不知自治若不能自治者。其視國家之政治。一若與己無所關係。以爲吾等既以統治之權。授之政府。是政府可代吾等任政治上之全責。而無庸勞其心力以參與之干涉之。以局外人預局中事也。嗚呼。此文化未開之時代。無國家思想者之謇言也。惟其如此。故無論國事如何。不知所以協力維持之。其當外敵來襲。不可獨力抗禦之時。或迫於同舟共濟之不得已而偶然聯合者間或有之而及事過情遷則復返故態當國運小康而望其能羣國民之有國家思想者立一政黨以求改良政治以盡其對于國家之天職是必不可得之數也即或能立政黨而其黨員之於政治實際無所知也無所能也則亦唯舉其一切問題盡服從於其黨魁之所解釋其黨魁所可者可之其黨魁所否者否之是其所可所否俱立於被動之地位而與多數取決之原則不相合也政黨之所以爲政黨而果可若此則與古代之武斷政治何所擇而世人又何取夫政黨乎故吾以爲民有自治之能力而後可以造政黨焉

五　守法之義務

一人獨處以性法自治可也兩人相合而交涉之事以起則不得無人法以拘束之人法者以相約而成禽獸之所以不能羣者以無此思想無此事實也人類之所以能羣以有此思想有此事實也既相約成法而公認之則不可不授以强制之力而彼此俱從其所命而不然者任意從違自由出入是何異聚烏合之衆以成軍毫無紀律吾知其內必自潰外必見敗而已豈能久乎是國民之無法律思想者必無望

其能立政黨也。

以上所舉皆政黨所以成立必不可缺之要質也。然或具此要質而無時勢以爲之緣。則政黨仍不能出現也。今復向外界而推論政黨所恃以成立之原因。則近日之文明進步實與有大力焉。

一 交通便利

天時氣候之殊。風俗習慣之異。皆足影響於政治也。均是一事業也。均是一制度也。或宜於此而不宜於彼。或利于甲而不利于乙。此豈非以地方之情形爲之主因哉。故欲行公平之政治者。非合全國之利害得失而統籌之不可。雖然若交通四塞。風氣隔絕。則雖同在一國之內。猶與異地球而居者。同一比較彼此之風土人情各不相知也。各不相聞也。又何從審各地方民意之向。皆民情之好惡。民力之厚薄而以最大多數最大幸福之公例。折衷之以爲一國政治之所根據乎。夫政黨之所以異於地方團體者。以其能求全國民之眞意而代表之。不因地理上之界限而挾私見也。苟不能如是。則與市府郡縣之議會無所殊異。何必別而命之曰政黨。而特認爲政治上之一机關乎。故交通便利實造出政黨之一大要件也。

二　學問普及

有政治上之目的而欲達之。有政治上之手段而欲施之。此政黨之所由立也。故其國民有政治思想者有政黨。無政治思想者無政黨。吾之所敢斷言也。雖然人之政治思想根於學問而生。其未經學問者。不知國民之權利何在。義務何在。宜其對于國家之利害。一若無所關于痛癢而莫肯爲之計較也。而有學問者則不然。其於人類生存之理。各國盛衰之迹。既有所覩而覺其身與國家有密接之關係。則欲禁其政治思想之不油然而生。不可得也。夫以一人言之。其政治思想之發達與否。既可據其學問之有無以爲斷。然則一國之中。而使無學問者占多數焉。則其影響又必波及于政治界無可疑也。故在教化未洽之國。其人民蠢蠢於醉生夢死之鄉。曾不知國家爲何物。於斯時也。雖有一二人有政治上之目的。有政治上之手段。欲設一政黨以爲机關而達之。施之亦必以無人附和而中止焉而已。

三　四民平等

甚矣階級制度之足以阻國家之發達也。何以故。以階級制度逐其國民之多數。使之不得仰首於政治界。故夫使阿里士多德人爲政治動物之言而果信也。是人類不肯與政治界相離。乃出於天性而非勉强於後起者。然吾讀前代史計各國民中之能留意於政治者不過十分之二三。此又何故哉。蓋以階級制度之未廢。其列上級而有預政治之特權者。或以貴族爲限。或以教士爲限。或以武人爲限。其不有此資格者。雖有經天緯地之才。濟世安民之志。不得一入政府而揚眉吐氣焉。是使全國民之過半數與政治界斷絕關係之原因也。夫政黨以求合國民之多數。發揚國家眞意之所在。爲天職者也。使國民之中或有參與政事之權利。或無有焉。則政黨所聚亦將爲流品所限。不得徧及于國民之全體。是其所謂政黨不過一種若貴族若教士若武人之私物。而與吾之所謂政黨異其實也。蓋吾之所謂政黨當合全國民中之同意者而成。故非去階級制度而實行平等主義之時不可得見也。

四　三大自由

吾之所謂三大自由者何。言論自由。出版自由。與集會自由也。之三者與政黨成立之關係親切而易見。不待辨而自明者也。然在野蠻之國。其政府必視此三者爲讐不並立之强敵。而務束縛之。故政黨之出現。必於文明國家。其爲此乎

五 代議政體

專制政體何以與今日文明之進步必不能相容哉。西諺有之。專制國之愛國者只有一人。可謂善於形容。能以一言道盡專制政體之流弊者矣。夫家人非相親相愛。則父子兄弟之間。猶且有以路人相視而破其關係者。國民之對於其國。猶家人之對於其家也。若使國家之主權。爲最少數者之所獨占。而復恃强制之力。務使其國民在政治界。一言不可得發也。一事不可得辨也。是國家(實則政府)顯與國民絕而復望其盡心竭力爲我經營。是猶立曲木而求其影之直。種惡因而望其果之良也。豈可得乎。此等國民。必全舉其政治上之責任。一切屬諸政府。而唯全注精神。以自謀其家人生產而已。誰暇與政府共憂樂乎。此專制政體之下。所以必無政黨也。及代議政體興。鑒于專制政體之害。務反其道而行之。必欲使其國民皆有直接間接參與政事之權。而惟恐一國之政治。爲自私自利者之所把持。故特設一機關以廣

求輿論則所謂議院者是也既有議院則國民之有政法思想者如勇夫臨戰場自喜有用武之餘地則安得不各整旗鼓以思競其技也西人所謂代議政體之下必有政黨豈虛語哉

由是觀之政黨必合自力與他力而後能成立此政黨之所以難能而可貴也使有造政黨之實力而無造政黨之時勢政黨不能立也使有造政黨之時勢而無造政黨之實力政黨尤不能立也然就兩者而論之則前者又爲後者之因後者乃爲前者之果明其因果而知所先後則吾願國民之凡欲造政黨者其勿以後者要求於外界而惟以前者自鞭策焉斯爲得矣

（未完）

傳記

新英國巨人克林威爾傳（續第二十五號）

中國之新民

第二章　克林威爾之時代

英人常自誇於天下曰。『我之民權自然發生之民權也。』噫、此言信耶。以云非自然。也則民族進化之定例何一非由野蠻之自由以進入於野蠻之專制由野蠻之專制以進入於文明之自由雖謂凡今世有民權之國其發達皆由自然可也以云自然也則所謂民權者何國非經百數十年之呻之囈之哭以達之擲百千萬人之汗之淚之血以易之而英國其亦安能免也吾請語克林威爾以前之英國史。

當千五百八十八年西班牙艦隊之蔽海入寇氣吞三島也以額理查白女皇之威靈。一舉而殲滅之赫赫國旗輝映於凱歌聲裏。英國國民恨不得自頂至踵捧而呈之於

「焦陀」Tendors 王朝之脚下其時制度文物悉大發達黃金時代之頌聲徧於國中國會虛設若贅疣焉英之有額里查白其猶法之有路易十四中國之有乾隆也其時君權達於極點而國民政治能力殆消滅以盡雖然平陂往復人事之常專制之氣燄既極盛人民厭倦呻吟愁懟之聲徧伏於草莽而所謂達官貴族者益復酣嬉墮落道德思想掃地及其末年而反動力遂漸起此爲克林威爾事業之遠因

使額理查白而能長在王位也彼以其女性之才略陰柔之手段猶可以操縱國會籠絡輿情以講挽救之策乃未幾而女王即世「士跳活」Stuart 家最初之二王闇愚無識不能消禍未萌乃反從而煽之於是不平之聲始瀰漫全國千六百三年占士第一即位其時新舊兩教之衝突日劇日烈彼忠勇純潔之清教徒揭櫫人權自由正義回復之旗幟以奔走呼號者所在皆是民間之所謂「非政府黨」者已釐然組織成一鞏實之團體權力日以益張國會亦常爲激烈之抗議正如爆藥滿地待線乃迸使占士而賢也能取前王所欲許未許之民權一舉而畀之則國民多年之期可以慰藉而革命可以消弭占士不悟怙其積威反以君權天授神聖不可侵犯之謬論宣諸議謂國

民無論貴賤苟有抗此主義者即坐以大不敬之罪於是民情憤怨洶洶相告語曰。「國王謀叛」「國王大逆不道」破壞之機徧國中矣此爲克林威爾事業之中因。

其時國會下議院之代議士分兩派。曰政府黨。曰非政府黨。非政府黨復分爲二。一爲各地自由民所選舉之有力紳商。一爲高材碩學之士由各地方團體選出者。國會與政府之衝。自前王時已開其端。所謂「國會特權」問題。經幾度議會猶未能決。王之辱詈鞭撻國會也不遺餘力。國會之彈劾近侍攻擊權貴也亦不遺餘力。競爭之極卒乃逮捕淸敎徒之領袖數人下獄瘐死。遂至有所謂火藥隱謀之事件起。

自千六百六年至七年。凡開國會者六月。因英蘇聯合問題與王反對。千六百九年二月復極論王之專制。全院一致提出議案。直鳴王抑壓言論自由陰謀不軌之罪。千六百十一年國會又被解散。

千六百十年之國會。所謂無爲國會也。占士王以民間橫議之故。捕議員四名下獄。輿論益激昂。自此次國會解散以後。不復召集者七年。及三十年戰爭起。以財政困難之故。復召集國會。時正千六百二十年。克林威爾甫弱冠。旦夕牧羊於故鄉大澤中。養翮

厲鍔以觀天下之變

此次國會之成立初以平和穩重爲主義及老名士遏活曲振臂一呼倡議舉委員以調查弊政委員奉命盡瘁察得王占士罪惡多端於是下議院明目張胆以糾摘王之失政取二百年來久廢不用之彈劾法而復用之案英國議院有彈劾法專以糾王之近臣也自千四百四十九年以來久不用舉國會悉爲非政府黨所占領凡政府提出之法案不論是非利害無不否決者政府與國會既儼然爲宣戰之勢全國人民戰慄危懼朝不保夕自由埽地蠻勇橫行嗚呼至此而不生英雄則英國其陸沈矣此爲克林威爾事業之近因

由此觀之英國人之自由權豈天故厚之而使雍容和平得以自致者耶彼當其二百餘年前憔悴呻吟於虐政者與法國革命前何以異與十九世紀上半大陸各國何以異與中國數千年歷史之怪影又何以異顧彼獨得翹然享自由祖國之名譽而莫與京者彼其人人知天賦權利爲神聖不可犯苟有犯者雖雷霆霹靂盤旋頂上而必悍然毅然抗之而不疑也豈惟一克林威爾而克林威爾不過全英人種中最高之代表人云爾

第三章　克林威爾之修養

學伊尹者當學其耕莘時代。學諸葛者當學其臥廬時代。何也。英雄必有所養。惟能守如處子。乃能出如脫兎也。故讀克林威爾傳者。於其十餘年之沈默生涯。不可以不察也。

恆殑頓之地。與彼有名之門治斯達市相望。在今日既爲一繁盛之都會。雖然。當克林威爾時。蕭蕭一村落耳。寒雲沈鬱。平野如暝。濁河混流。天低欲壓。克林威爾之遺宅。臨河爲屋。環以牧畜塲數畝。日夕與羣兒牧羊爲業。每當黃日將夕。萬象慘淡。輙欷歔感喟。印鑄一陰沈之社會現象於其腦中。雖然。彼最純潔之清敎徒也。其胸襟磊磊。其風骨稜稜。嫉惡若仇。慕義如渴。堅苦刻厲。克己力行。彼以宗敎嚴肅之觀念。自鑄其人格。而因以鑄一國。鑄天下。彼實近代之摩西。而西方之墨子也。彼養其大雄大無畏之力。自行其所信。苟有反所信者。必竭全力以與之相搏。其治己也如是。其待人也如是。故其言曰。

非以血洗血。則不能改造社會而發揚世界之大精神。而欲改造社會。必先自改造我躬始。

克林威爾抱此主義。故先以自造。而因以造成三千鐵騎之子弟。而因以造成全英之國民。而因以造成十八世紀以後之世界大勢。推其原動力所自發。實由彼三十年來之沈默。始克林威爾之所以爲克林威爾者如是。

二十三歲之八月。與巨商某之女額理查白結婚。家庭之間。藹然如春云。每來復日。集市民於教會堂。爲說今世社會之腐敗危險。而告之以安心立命之法。敎以犧牲身命爲上帝爲國民盡力。每當克林威爾之演說或祈禱。座衆罔不感動。若有電力刺激其腦中。往往有感泣者云。其他日相率披堅執銳。縱橫無敵於天下者。皆此最樸僿最謹嚴之市民。而於此時受克林威爾所鑄者也。如是者六年。

（未完）

地理

論太平洋海權及中國前途

梁啓勳

本論所徵引之資料多出日本獨立評論第二號「太平洋海權問題」篇中惟議論斷案參以鄙見 著者識

一 世界大勢趨集太平洋之原因

地理與文明之關係。以山爲隔。以水爲通。故水之發達。即世界之發達也。水之發達可分三期。一曰河流文明時代。若黃河、揚子江之於中國。尼羅河 Nile 之於埃及。印度 Indus 殑伽 Ganges 兩河之於印度。歐弗列的 Euphrates 泰格里 Tigris 兩河之於小亞細亞諸國是也。之四區者。號稱文明發源地。而皆藉河流天然之利。是其例也。二曰內海文明時代。若地中海、波羅的海之於歐羅巴。亞剌伯海、印度洋之於西亞細亞。黃海、渤海之於東亞細亞是也。自十五世紀以前。亞歐非三洲之文明。各沿內海而發達。

而西方之地中海。尤爲其中心點。沿岸名都鉅府。若巴比倫。若尼彌比。若海樓。若亞歷山德利亞。若雅典。若羅馬。若君士但丁奴不。星羅碁布。所謂世界歷史者。幾舍地中海無屬也。三曰大洋文明時代。自羅馬盖世英雄該撒起。征服阿爾布山外之高盧人。擴羅馬版圖於西北。遂挈世界之文明。趨而西。地運始漸由地中海而移諸大西洋中。世以還。以十字軍之影響。彼阿剌伯蒙古兩種爲歐亞兩文明之媒介。西人受羅盤。火藥。製紙。印書。諸文明技術於我中國。融化而運用之。哥侖布士遂以發見新大陸。（即美洲）華士戈 Vusco da Gama 遂以迴航非洲。（一四五四至一五二〇年）自是以往。地中海始漸失其歷史上之價値。意大利寖衰。世界大勢。趨於西歐。西班牙。葡萄牙。先起。荷蘭繼之。英法又繼之。文明乃渡大西洋而傳至亞美利加。於是大西洋爲歷史之中心。恰如地中海之於上古中古也。環其兩岸者。若巴黎。若倫敦。若紐約。若波士頓。若費爾特費諸都府。其力皆足以左右世界者。是爲大洋文明時代之第一期。亦名大西洋時代。雖然。自麥折侖 Magellan 繞地一周以來。已漸開太平洋之運。至十八世紀之後半。伋頓廓航海探險。開闢澳洲。及夏威夷。此後航業益興。愈趨愈劇。歐亞之關係。日益密切。世界歷史已非復西洋人所能專有馴至今二十世紀遂爲大洋文明之第三期即所謂太平洋時代者是也。嗚呼地運之進化有極乎無極乎吾不得而知之若以水之發達言則由小而大由近而遠由分而合至於太平洋而地力幾盡矣此後之進步惟發榮滋長之而已於是乎太平洋海權問題遂爲世界上最大之問題。

二　太平洋之大勢

自十九世紀之下半太平洋始爲輕重於世界其發達尚在幼稚時代已有三日於菟其氣食牛之概。若南太平洋之方面若北太平洋之方面。若其波濤所淘之諸沿岸若其烟雲所覆之各島嶼。莫不駸駸焉爲可驚之進步。昔也南方之大陸。蠻族之所居罪囚之所配者。今也有一萬五千萬英里之鐵路。有十六億餘萬圓之商務。昔也絕海孤島風吹雨打無人過問者。今也爲列國商船之所麕集。列國海軍之所屯駐。此眞百年以前之人夢想不及之壯觀也。

（甲）南太平洋

請言南太平洋之方面。其最震駭一世者。則英帝國重鎭之澳洲聯邦也。七十年以前。

歐洲人殖民於此者。不過八萬。而囚徒居四之一焉。語其事業。不過在沿岸之一角。從事畜牧。即烏修威之一小市府是也。（中國人所譯雪梨埠者即烏修威省之首府也）迨一八五一年始於巴沙士附近查得金礦。自茲以往。澳洲殖民歲增月進。卒以一九〇一年（即前年）合烏修威域多利坤士蘭南澳西澳達士米尼亞六省組織一聯邦（未為聯邦以前六省分治各有憲法各有內閣各有議院雖關稅亦不相通焉英帝國派六總督臨之以代表君主然總督無權也今為聯邦合置一內閣一議會而其內閣議會非受英之節制者並國旗亦自置焉英帝國派一總督臨之以代表君主然總督亦無權也英人殖民地與母國之關係如此英帝國所以能統轄各屬地而無怨叛者亦以此因論澳洲聯邦附記之）試稽其商務。五十年以前。澳洲輸出入總額。不過二千萬圓。至一八九九年。輸入額約七億二千萬圓。輸出額約八億九千萬圓。合計約十六億千萬圓。其數之驟增也如此。且二十年前。澳洲之貿易。祇行於母國及其殖民地之間而已。其後與歐美各國商業上之關係日密。其輸入額中。自英國以外而來者。（連英殖民之各地言）約居七之一。其輸出額中。向英國以外而去者。約居十之五。於是澳洲之利害。非復徒澳洲所專有。非復徒英帝國所專有。而其影響遂徧及於世界。

澳洲聯邦以外。其為南太平洋之重鎮者。則紐西蘭也。東距澳洲千二百海里。今一歲之貿易額。已達二億五百萬圓。澳洲之北。有紐基尼亞島。英德荷蘭三國分領之。島內山岳雖多。而地味豐沃。殖林礦業皆有可圖。今輸出入額合計百萬圓强。雖然。此島之價值。不在商業上而在軍事上也。而南太平洋英屬各地中。其次於澳洲紐西蘭而占重要之位置者。實非志羣島也。小島叢列。數逾二百。其面積僅四千二百五十英方里。自一八七四年以來。始歸英屬。至一九〇〇年。輸出入額已達九百六十九萬七千二百圓。（此島之商務其三分之二皆由中國人經手華商有一輪船公司從雪梨埠航菲志者其與競爭者惟一德國公司耳）其他若所羅門島紐希列的士島。及薩摩亞島之一部。其主權皆在英國。英國者實南太平洋之主人翁也。

雖然。近日有與英角逐者一國。則美利堅是也。數年以來。美國於南太平洋方面。忽爲龍跳虎擲之現象。以聳世界之視聽。一八九八年八月。先併夏威夷。爲東方勢力之過渡。其年十二月。掠菲律賓羣島入其版圖。一九〇〇年。與英德二國協商。遂占領焦焦拉島及薩摩亞群島之一部。爲由美至澳之中站。兩島遂成軍事上之重要地。於是美國雄飛東方之基礎愈固。

次於英美者。厥惟德意志。德人之染指於南太平洋。實自一八八〇年。而其膨脹政策。日益實行。一八八四年。先占紐基尼亞之一部。即今名卡西爾維廉蘭者是也。同年。

更得紐不列顛紐愛爾蘭之兩島合名俾士麥羣島。一八八五年、併馬志爾島。一八八六年。與英協商得所羅門羣島中之三島。更以一八九九年。與西班牙結條約。以八百三十七萬圓。購有卡羅靈馬利安尼祕魯之各羣島。一九〇〇年。薩摩亞羣島中之烏波兒薩威兩島。亦歸其版圖。雖其屬地非甚廣大。其殖民未甚發達。而以此新興之國。實行其最悍鷙最雄健之帝國政略。其飛躍於太平洋之志。又識者所同認也。

(乙) 北太平洋

更言北太平洋之方面。其變遷之急激。其發達之迅速。益使人有應接不暇之勢。區區三島之日本。採開國政略者。未及四十年。而甲午一役。博非常之名譽。庚子一役。遂一躍而與列強齒。其在俄國。以極緻密之準備。行極遠大之政策。虎睇鷹擊。駸駸南下。積年經營之西伯利亞鐵路及東方鐵路。將次竣工。遂使太平洋沿岸與歐洲之交通。僅不過二十日內外。攫旅順大連於我。以鞏固其根據地。其在英國。於南方經營香港。為歐亞之孔道。於中部定揚子江流域。為勢力範圍。於北方租借威海衞。經營秦皇島。以與俄對峙。其在德國。以迅雷不及掩耳之勢。襲取膠州灣。覷山東全省為囊中物。於是

乎此極東之老大帝國數千年閉關不與聞世事者至今遂一變爲國際政治與世界貿易之中心點矣故夫北太平洋之問題實中國之問題也

三　太平洋海權之競爭

今日之世界生計競爭之世界也所謂帝國主義者語其實則商國主義也而商業勢力之消長實與海上權力之興敗爲緣故欲伸國力於世界必以爭海權爲第一義此自昔所已然而今日其尤亟者也故太平洋海權問題實爲二十世紀第一大問題今後百年間驚天動地之劇戰。今始開幕始交綏其優勝劣敗之結局未知若何觀其起點亦發人深省之一要端也。

(甲)　商業航路之競爭

今各國太平洋航路之競爭日益劇烈。其發東亞橫斷太平洋以達美國之航路爲輪船公司者凡九

(一)　加拿大太平洋鐵道會社　英政府給以巨額之補助費置六千噸以上之商船。來往香港溫哥華之間。即中國皇后日本皇后英國皇后之三船是也。

（二）北太平洋汽船會社　英國人所創立。置三千噸以上之船六艘。起點于美國之達哥馬及砵命。經日本以達香港。

（三）太平洋郵船會社　美國人所管理。有船數艘。來往舊金山香港之間。

（四）卡利福尼亞東洋公司　美國人所設立。有三千噸內外之船數艘。來往卡利福尼亞省之桑查哥港與香港之間。

（五）支那海船會社　英人所立。有船數艘。起點于上海。經日本以達美洲之域多利及達哥馬。

（六）砵侖亞細亞瀛船會社　來往砵侖香港間。

（七）東西洋瀛船會社　有船三艘。來往舊金山香港。

（八）日本郵船會社　有三千噸以上六千噸以下之船六艘。來往於橫濱與域多利之間。

（九）東洋汽船會社　日本人所設立。有船三艘。來往舊金山香港。

以上第三第七第九三會社今合爲一同其營業以避競爭。

其經蘇彝士運河。來往於歐洲與東亞間之航路。爲輪船公司者凡七。

（一）皮安阿會社　英國人所立。中國人稱爲鐵行公司者也。有四千五百噸乃至七千四百噸以上之船九艘。來往倫敦上海間。

（二）德國郵船會社　今所稱世界最有力之船公司也。有五千噸至一萬噸以上之船九艘。發航于德之漢堡。經地中海沿岸印度沿岸諸要港以抵上海。復由上海航美國。

（三）法國郵船會社　有四千至六千噸之船九艘。發法國之馬爾賽。經香港上海達橫濱。

（四）俄國義勇艦隊　俄政府給以巨額之補助。有三千至七千噸之船十數艘。由阿的沙航行於海參崴旅順口。

（五）大洋汽船會社　英國人所設。起點於英之倫敦及利物浦。經印度香港以達橫濱。有船三十餘艘。

（六）支那相互汽船會社。來往倫敦上海間。

（七）日本郵船會社　有六千噸以上之船十二艘。來往橫濱倫敦間。

其餘意大利汽船會社與大利路易特會社。尚有數家。不及備載。

由此觀之。太平洋海運事業其盛大也若此。彼歐洲線勿論。若夫來往於香港與美洲之間者。其所轉運殆中國之輸出入口物品。居其什九也。而我國人曾無不能爲一公司以與之競。有一招商局而帆影不能越本國海岸一步。嗚呼。我國民之恥何如矣。去

年秋冬間香港華商與美日商合資立一公司航行香港與墨西哥間今殆將就緒云吾視此後有繼踵而起者也

（乙）通信機關之整備

運輸機關與通信機關相輔而歐美人之銳意經營太平洋通信事業亦有可驚者最初之太平洋海底電線爲英人所創立自英屬加拿大之溫哥華經費安甯島菲志羣島挪爾福克島以達澳洲之坤士蘭凡七千餘海里既已竣成去年十二月十八日始爲第一次通信（前此歐澳通信者經由南洋羣島及印度也）而美國數年以來亦銳意此事擬設海電起點舊金山經夏威夷以達菲律賓其由舊金山至夏威夷一截已於今年正月初一日竣工其夏威夷至菲律賓一截亦將以本年六月三十日告成萬里比鄰見諸實事矣

（丙）海軍力之競爭

海軍者所以保護旅外之國民保護殖民地保護商業保護商船也今列國兢集全力以經營太平洋海軍請據最近之調查以明各國東洋艦隊之勢力

英國　十三萬二千噸　位第一

俄國　十一萬七千噸　位第二

法國　四萬二千噸　位第三

美國　四萬噸　位第四

德國　二萬四千噸　位第五

海軍者。以保持商業上利益爲目的者也。而其勢力遂及於政治上。中日交戰以前。我國海軍實力雖不足道。猶有其表焉。而今亡矣。耗矣。哀哉。

（未完）

批評門

壬寅年之新民叢報

新民叢報

壬寅春季

布皮金字精本分春夏秋冬四季裝訂合四大厚册照原價發售不加分文外埠郵費照加裝訂無多請速購取

橫濱山下町百五十二番

新民叢報社

（本國之部）

▲太后又舉行萬壽慶典

『晉陽已陷休回顧更請君王獵一圍』此李義山詠北齊詩也。噫古今人情殆不相遠。慈禧端佑康頤昭豫莊誠壽恭欽獻崇熙皇太后於今七十。復將舉行萬壽慶典。此君之舉大慶典者凡四次。其一爲甲戌、則穆宗登遐。其二爲甲申、則安南失守。其三爲甲午、則日本搆釁。其四爲今度、又將如何。

議教育則曰無款。議軍備則曰無款。議勸業則曰無款。獨萬壽慶典、則內帑之款。政府之款。官吏之款。民間之款。不知何以源源其充牣也。噫、

▲樊增祥密書疏證

陝臬樊增祥致都中某權要書曰。爲宋伯魯事各報紙橫議。足見逆黨猶盛。此一時毀譽。不足計較。欲正千載之名。仍賴於大處落脈。惟竊上座自歸京以來。志得意滿。宗旨漸變。狃於目前。忘其毒矣。祥所慮豈爲一身。前輩猶記雙桂西軒之談。謂外人必不干預我事。已不出祥所料。庚子之變。其咎不在吾謀。今上座獲眷更隆。內外帖服。不於此時力爭上流。萬一事機轉變。吾輩身名俱敗。猶是小事。上座將何以對崇文忠乎。祥夏間兩稟上座。備陳危機。寓書賜答。皆未及此。乞前輩便中痛陳之。云云。

廢立之事。最亟於己亥。有所懾而中止。庚子之變。端剛實緣廢立不成。遂欲借義和團以自助。西遷以後。事勢既迫。而大阿哥竟廢。皇上遵時養晦。狀若土偶。

批評門

太后廢立之思想亦漸就滅矣。樊增祥以榮祿幕府。由知縣而躐台司。其效忠於榮祿而預其密謀者。不問而知。回鑾以後。榮祿廢立之思想。是否銷滅。無從得悉。而樊增祥急於求富貴之念。不得不以危詞聳榮祿之聽。冀用己謀以爲首功。則秩必驟遷而寵亦日益固。聞四宋伯魯事。政府頗不謂然。樊欲爲固寵計。則當觸撥此廢立之機括。乃能與執政有密切之關繫。其言曰。欲正千載之名。當於大處落脈。正名者。爲穆宗立嗣也。曰歸京以來。宗旨漸變。蓋未歸京以前。樊與榮近。日以一大事聒於其前。自歸京以後恐榮祿漸忘之也。曰狃於目前而忘其毒。謂皇上春秋正富。帝黨徧滿天下。一旦反正。則榮不可保已身。更爲齏粉矣。曰雙桂西軒之談。謂外人斷不干預我事。蓋當時太后不敢反都。恐外人助皇上復辟。俟入都實行之。樊稍知外事者。謂各國旣盡握中國財政，之權。固足矣。無待列强互相猜忌。言論不一。安肯合力以助皇上復權。此可無慮。樊於此固有特識也。曰上座獲眷更隆。內外帖服，謂榮仍握大權。外人交誼。日密。張之洞又極力擁護之。事機正不可失。故欲。其急爲廢立之元勳。所謂力爭上流也。曰上座何以對崇文忠。蓋崇綺於榮祿有郎舅之戚。召崇綺護大阿哥。明其爲穆宗立嗣。則可以慰穆后在天之靈。廢立不成。於是崇綺再出爲無謂。徒以義和團送其一命。主謀者仍復安富尊榮。果何以對崇綺於地下也。去年秋冬間。廢立之根芽又動。或者樊所謂兩稟上座。備陳危機。榮祿之心亦爲之一動乎。樊以樞眷最重聞天下。今爲陝臬三四載矣而官不一遷。得無怨榮祿之負心。迫而有此實望耶

二

庚子西安政府有電商張之洞。張覆電有地可割。欵可賠。皇上必不可復辟等語。此語一傳。凡有血氣。無

不恨張之洞。然猶曰此密語之稍洩耳。天下人固未盡信也。今英國藍皮書出。有駐漢口英總領事致英相沙侯信。詳載與張議和約事。張謂各西報言各國擬請皇上親政。此何以處我太后。英領事云。各國輿論如此。張曰皇上爲太后嗣子。中國以孝治天下。各國如有不敬太后之舉。皇上已自陷於不孝。何能臨治臣民。英領事致電沙侯。謂華人思想如此。張制軍爲士林領袖。若從其議。較易措手云云。此電固已譯成漢文。見諸各報矣。

張之深仇皇上。明目張膽以排親政。固海內所共悉矣。英領事謂華人思想如此。寃哉此言。張之洞果足爲華人之代表乎。其言曰。皇上爲太后嗣子。此言也。無異以廬陵王爲武氏之嗣子。得賜姓武也。以中國舊學家言。則皇上者。太祖太宗之嗣孫。入繼大統。大統者。豈那拉氏之大統也。禮學家言。爲人後者爲之子。擠僖公且曰非禮。入繼者繼大統。非繼崩者之一身也。那拉氏乃足以當此耶。張之洞曾讀舊書者。今以擁護權位之故。乃甘心蔑古而不辭矣。昔有盜攫金於市。被獲。訊焉。盜曰。吾之於市。見有金。不見有人若張之洞。非有仇於皇上也。知有總督之權位而竭誠以保之。蓋未嘗見有皇上也。樊增祥亦非有仇於皇上也。爲預謀廢立而得美官。欲秩之驟進。不得不重煽廢立。亦止見有美官。不見有皇上也。皇上特爲若輩弋官之的耳。痛乎風雨飄搖之寶位。而日日言食毛踐土者。懸之以爲的也。

▲禁籌邊理財之侍御

有某御史於歲杪上封奏。請釐定科場題目。不得涉及籌邊理財。蓋恐言籌邊則啓草澤之生心。言理財則導計臣之嗜利。皆非所以絕流弊。尊國體云云。聞此章奏。抗題極緊。大有嘉道制藝典型。八股規復。

之日侍御將以此道易天下文體不患不黨正侍御。勉之

政務處議覆振貝子請立商部事奏請如外務部例。設立專部朝廷意儻立一商部大臣欲以命瞿鴻禨。瞿力辭。

▲商部大臣

設商部大臣有利益乎則視其辦事不辦事不在乎尚書侍郎與大臣之別也特專開一部即使敷衍猶有事辦若號曰大臣則爲兼差兼差可決其不辦事。矣如以瞿爲之幾見軍機處外務部之忙人能抽間以辦兼差之實濟乎即使非瞿而此差必權要當之。能責現在之權要以辦事之實濟乎。

或曰商部既立必不駐京師亦必如呂海寰盛宣懷張翼之駐上海天津也夫呂盛張所挽回權利者幾何事吾既聞命矣商部大臣之果優於呂盛張否不獨吾以爲難其人則政府亦以爲難其人也若駐京師。則每遇一事、往反電商。此忙人者於商業之現狀。瞢乎未有聞。平日既崇拜外國欽使一言重於天語。方針一錯。萬牛莫轉。吾將爲商業之前途危也。

南北洋大臣有通商之責任。歷有年矣。南北洋雖總命於外務。然使非有十分之壓力。外務部亦常徇南北洋之請。蓋彼南北洋者歷練有年、見事尚較明於外務部也。即使設商部大臣。何嘗非寄耳目於南北洋。使以頑鋼黨魁晉然負此重任。亦益足增南北洋之阻力耳。

外國有商部而得實力之保護中國即設商部而止受虛名之壓制蓋外國有商會之組織其會長可以直達於商部其因革之要章商會議之商部深察其可行乃實施其保護中國漫無組織而徒仰大官之鼻息以冀待保護之實益即使商部大臣深通商務。

實益曾有幾何。

所貴乎立商務者。以能擴張商權爲第一義。保護商業爲第二義。洋貨進口之率日增。土貨銷場之路日細。則中國致貧之一大原因。宜如何急籌抵制之法在乎實力之考求而以勸工實行其政策。則工業爲商業之來源。製造土貨之所需物產又半藉乎農學之發達。則農業又爲工業之來源。必待土貨之銷場廣而後足以言抵制。內力既足。乃能出而馳逐於五洲。立於商戰之舞臺。夫然後謂之擴張商權。今但亟求抵制之法。是固在商業諸公之自盡心力。實爲組織。乃可以借商部之權力而行其意。徒延頸舉踵以盼設商部。何爲者也。

保護商業之刻不容緩。固海內外所同切盼者也。金銀之溢出幾增其率。而國命待斃。所稍藉以挹注者經商外洋之歲有所獲。或輸餽於祖國。然而國家視出洋商民。如化外。任其生滅。不復一厝意。此其挹注者。亦將涸其源矣。南洋諸島。華民商務極占勢力。乃觀華商瀝陳商約大臣公稟。實屬耳不忍聞。目不忍覩。華民之人格。下於土番。比諸各國商人。實受特別凌虐之看待。貨物之稅。橫征。產業之稅。加倍。訟事必罹枉法。遺業妄爲扣留。公積任意妄提。工價遭其抑勒。種種特別之苦狀。所萬不敢施諸他國者。悉於我華商施之。他人有國家之保護。我商爲域外之流民。痛乎無國家保護之慘。不忍言也。彼華商繫懷祖國。遇事急公。常爲內地商民之冠。閩粵之民。致富恆過千萬。國家於此絕不保護。獨忍置之于化外。是直并其已獲之貲財。而絕其內輸之路也。商部大臣。而不欲自棄其責任也。則盍於此少留意矣。

吾尤切望商業諸君。勿論內地外洋。先求商會之組織。以贊成此直接商部之資格。然後以保護之責任。

歸諸商部商部得藉商會之團體以得行其保護之政策血脈既已貫通推行乃能無滯否則商部大臣擁虛名於上責之以擴張商權保護商業之盛熾而彼得以文告敷衍酬應於其間嗚呼亦適成其爲中國之商部大臣而已

▲袁劾張續評

本報前載袁世凱劾張之洞茲得京友函言未有其事惟袁至南京與張商議一切袁行之日張餞之酒及半張遽睡熟久未醒袁不及待而行張醒後急命排隊請袁回袁欲不返幕僚勸之行比至重張宴謝罪歡飲而別袁面奏練兵事爲最詳欲東南悉改兵制未嘗面劾張特張之所爲袁亦不以爲然袁非附和張者也至自借洋欵一節政府議不肯公認則有之

夫張之待袁爲敬乎爲慢乎以南洋大臣欵北洋大臣之重客而居然睡熟則其慢之意可知也張何爲而慢袁張任粵督時袁僅一同知袁以後輩突居上游張自負老輩或隱然示之以老督撫之派子旋繼之以優禮其玩弄袁之狀袁其能終忍之乎袁負不可一世之概灼見張之洞之貌託維新庸陋險狠其決不附和可必矣袁受事之日淺其政治之現狀或未能如張之洞名目之繁多然袁欲辦實事者其成否雖未能預決張則建立名目之後便囂然自以爲功故吾敢決袁之必不奉長也

▲張劾梁續評

張之洞劾梁鼎芬露才揚己之語京師傳徧以爲異聞惟聞此語非專登白簡似係別事中拖逗之詞至於奏辦學堂固一切委梁監督曾有學術純正誠懇精勤士林悅服之褒此摺固在傳聞劾語之後也某士考過江晤張張語之曰向以文士待星海及試

之以吏事實能人所不能。吾亦謂梁鼎芬果能人所不能也。梁以武昌府知府獨攬大權爲張之洞之代表湖北官場爲之切齒。梁恐爲威福以一知府干預全省之政治刻深自喜以迎合張之洞貌爲振作之心其揣摩迎合之術已操之十餘年固不患其寵之驟衰如諺所謂有爾一日有我一日矣特不解露才揚己之語何以忽然傳徧或張亦以爲梁寵眷太盛恐他人劾之牽連及己故先於他事輕輕帶及以爲預備之術而已之寵梁仍無所損也張之用心亦良苦哉。

▲榮祿有無形之苦況

今日無論中外誰不知榮祿爲中國第一有權之人。宜其樂不可極矣乃据滿洲人所稱榮祿有無形之苦況。榮祿雖未衰老亦已非少壯至今無子其正妻亡後。止有一妾。其妾無日不侍奉內廷即奉旨賞一品夫人者也。其受恩之故固由得太后歡心亦因其女指婚親王故崇其體制榮祿政務十分殷繁不能須臾休息。及歸家無一牀第之人伺候太后亦甚憫之面諭以宮女二人賞之爲妾。榮以畏一品夫人之故力辭焉。近復多病既抱無子之慼又無姬妾之娛以視前代權臣雖威勢過之而家庭絕無可樂時時鬱悶殊爲可憐傳聞屢有告退之志雖或非眞話然亦極無聊之際所應有之義也嗟哉權勢熏天之榮祿乃不及一樂爾妻孥之田舍翁人亦何所羨而願爲榮祿也

（世界之部）

▲張伯倫帝國政略

英國兩大政黨曰自由黨曰保守黨自由黨向主改革內政保守黨向主擴張國威近日英人之帝國主

議。其發之者實自前宰相的士黎里。(與格蘭斯頓齊名者)而大成之者爲今殖民大臣張伯倫。張氏本屬自由黨。嘗兩度入格蘭斯頓內閣。復以愛爾蘭問題。與格公意見不合。脫黨而入於保守、賛沙爾士勃雷內閣者十餘年。近歲南非洲戰爭。其始之終之者。張氏力爲多云。去年西歷六月。因英皇加冕之盛會。各殖民地之首相咸集於倫敦。張氏乃開殖民地聯合會議。而自爲其議長。此會議自六月亘八月。所訂聯合方案凡十四條。大意使在同一憲法之下者。同負担一國之國防。結成一大帝國。會議既終。張氏乃親游歷南非洲及其餘各殖民地。以十一月廿七日首途。經埃及以圖南。

當首途之前。十一月六日。張氏臨議會塲而演說曰。鄙人此行。以公平之心。巡視新拓之殖民地。務結集同種之人民於我國旗之下。使成一阿非利加之英帝國云云。翌日遂提出救恤南非難民一案於議院。政府擬由國庫支辦八百萬磅。爲救助杜蘭斯哇阿連治兩國臣民之費。使兵燹之後。咸得復業。此議案竟得通過。英國民之雅量。可見一斑。而張氏極爲國民所信任。亦可想見矣。

張氏瀕行時。國民餞之於市會堂。席間演說曰。鄙人此行。非爲汗漫游。爲國務也。非爲一黨派。爲國民也。其雄圖遠志。可以見矣。今張氏既抵南非。日集市民。商議善後之策。嗚呼十年以來。俾士麥、格蘭斯頓、麥堅尼、既死。沙士勃雷、羅士勃雷、既隱。當代第一政治家。端推此人。端推此人。

案吾國人不通外事。見英國殖民地布滿環球。或視之與中國前此之屬國等。又或視之與俄人之西伯利、日人之臺灣等。其實皆非也。英國之殖民地。其自治之制甚完備。自有政府。自有議會。毫不受母國之束縛殆純然爲一獨立國之形所異者無外交與軍備之兩機關耳內地人之好談外事而不知大勢者以爲英國將來或遇有各屬地奮起獨立如美國故事者則英帝國將不免分裂此囈語也蓋英人百年來之待屬地已非復前日之政策屬地安之久矣雖然結合之力尚有患其薄弱者故張伯倫此次之大方略實爲英國前途開一新紀元也

▲近東問題（達達尼爾事件）

俄國蔑視柏林條約使尼哥拉大公率艦隊渡土耳其之達達尼爾海峽英國聞之直集地中海艦隊於撒羅尼卡及士彌拿一帶又在志布拉達地方嚴整軍備以示威一面向俄土兩政府移牒問罪土政府依例託詞支吾不予確答俄政府亦曲解條約以自

護解此去年西歷十月間事也此後英政府復提出抗議者數度而俄人更無忌憚三月以來再以兵艦渡此海峽者復三次矣（最後一次乃中歷除夕前一日也）其第一次猶假兵裝懸商旗若偷期密約者然以後三次則公然無復忌憚矣此最近所謂近東問題也

此問題之由來起於距今百三十年前即千七百七十四年有所謂「格焦開拿志」條約者蓋俄人久欲逞志於東歐遂與土耳其挑戰戰勝乃結賤條約許俄人築堡壘浮兵艦於黑海其意欲以黑海爲根據地掎土耳其之背更伸猿臂以覬覦地中海之權利也此後勢力日漸擴張至千八百三十三年機會漸熟乃與土耳其結攻守同盟約以俄國若與他國交戰則閉鎖達達尼爾海峽不使他國軍艦越雷池一步此其事與數年前中俄密約中旅順口事件絕相

批評門

類殆不啻以東歐鎖鑰全託諸俄人之手也。於是英法兩國竭全力以阻之。俄人不得已始斂手焉。是為俄國經營達達尼爾之第一着。其後土耳其借英奥聯軍之力。恢復埃及之宗主權。列國乃開國際會議於倫敦。約嚴局波士科拉及達達尼爾兩海峽。無論何國軍艦。不許飛渡。列國歃血共盟。誓守此約。迨千八百五十六年。格里米亞戰爭之後。列國更會議於巴黎。申明兩海峽閉鎖之約束。而迫令俄土兩政府破棄格焦開拿志條約。認黑海為中立地。各國艦隊。無或許入。且於其沿岸毋得設海軍軍營。自是俄志不得逞。至復一七七四年以前之舊觀。彼挫敗之餘。不能拒焉。竟畫諾。雖然俄國民族。以忍耐堅苦聞者也。非甘以一失敗。而灰其初心也。彼窺列國相互之關係。日有變遷也。每乘機欲再逞。往往設為口實。以曲解條約。或築軍港於里翁河口。成泛義勇艦隊於和的沙。屐屐乎又將蹂躪於黑海。既而普法戰爭起。法國新敗。不遑他顧。而俾斯麥懼法之復仇。欲結俄歡心以相抵抗。乃向俄相戩查哥福有所慫恿。俄人乃乘此勢通牒各國。將一八五六年巴黎條約中關於黑海之條件删去。英人雖極力抗爭。開會議於倫敦。而彼時法國之威既失墜。奥大利亦非復舊時。普魯士暗為左袒於俄。故僅得訂明非遇特別要件。仍須守巴黎條約而已。及千八百七十八年俄土戰爭。土國為城下盟。與俄結桑士的華挪條約。東歐權利。又將全歸俄手。列國干涉之。乃卒重訂所謂柏林條約者。約中申言云。一八五六年之巴黎條約。及一八七一年之倫敦條約。其中未經廢棄修正之各條件。皆須切實奉行云云。於是東歐之問題。一結束以至今日。由此觀之。達達尼爾海峽之閉鎖。由國際條約所公認昭昭明甚也。今俄國竟敢蹂躪此約。一而再而三而四。視各國若無物焉。則何也。法與俄本同盟。其袖手旁觀。猶意中事也。若德國者。亦全爲局外中立之態。噤若寒蟬。不一容喙。則又何也。尋常論者以爲此近東之事。於我遠東諸國無與也。顧吾度之。其影響於遠東問題者。必至大且劇。何也。英國之輿論。其視近東問題。比於遠東問題更切要焉。俄國其或有察於此。爲圍魏救趙之計。借近東以定遠東。他日交涉之結果。俄人於近東問題讓英一步。而亦要求英國使於遠東問題讓俄一步以相償。若是則達達尼爾事件了結之時。或者瓜分中國之日遂不遠矣。我國民可無猛省歟。

（國際之部）

▲日本經營福建鐵路之方針

政界時評

日本經營福建鐵路。其言曰。日本之於福建。徒擁勢力範圍之虛名。未嘗有一事之施設。今日經營。必當以鐵道爲急。我於福建中央橫建鐵道。直入江西。與長江流域相聯。以達於漢口。連接粵漢蘆漢兩線。此爲中國胸腹之一大血管。不可不取而置之我日本勢力之下云云。偉矣哉日人之思想也。彼既云俄國之於東清鐵道。英國之於北清鐵道。德國之於山東鐵道。美國之於粵漢鐵道。法國之於雲南鐵道。莫不於中國疆域之中。張其勢力。我日本苟有福建鐵道。何獨甘讓他人。若江西若湖南。無在不可推廣我之勢力。則以我一國制中國南部之全局。亦非難事。夫推究其政軌之所至。彼既言之酣暢淋漓矣。不知醉生夢死之大僚。曾一自念堂堂大國。乃分置諸他人勢力範圍之下。而俟時劃割之會。一動心否也。日日昌言同洲同種之國。而所謀如此。是亦可以悟矣。然

彼自謀其利益豈不當如是而日日以利益畀人者亦須念及有必窮之一日也又豈特福建鐵路已乎

▲俄人虐待華人近述

有游奉天歸者由營口至瀋陽一帶俄兵虐待華人不可殫述其人與道勝行主同行車手不允騰挪反將行主推下責其不該保護華人也到瀋陽見俄武官敘談該武官言戰敗之國應得受特別之苦楚我若戰敗亦甘受之到盛京見俄兵奸淫搶掠任意爲之聞俄自英日聯盟後日日增兵將軍增祺進退不能自由惟有痛哭日本小松宮彰仁親王過境亦禁其不得相見云

東三省寄俄人肘腋之下其虐待華人久已在意中矣語其礦政路政兵政財政無一不在俄人掌握之中至於人民則官吏且不能自保何況人民故命之爲無國之民無國之民人人得而毆之辱之驅役之斮僇而屠割之壯實者得從事於力役興作之中爲其特別之奴隸婦孺幼弱者得備其下等人之淫掠縱恣而皆得謂之爲天職國家膠擁此領地之虛名甘以此大部分之人民聽他人之刲割淫縱而佯若未之有聞蚩蚩之民其腦筋粗思想拙無絲毫自治之質點甘備奴隸牛馬羊豕之一羣微生物以供候强敵隨時之驅役烹割夫豈中無一二人稍具血性者爲之大聲疾呼淚盡繼血力倡自立以拒外强寧能待此奄奄一息之國家以庇我乎然俄人之防範周矣假有舉動則必借汝腐敗之國家以自鋤其種或朝倡義聲而暮喋碧血此則專恃團體之固而又當有沈毅勇驚者運動於其間乃足以成大事或未足以望諸腦筋粗思想拙之東三省碩大之人民然國家既不能自庇其民則與其喋血喋血不猶愈於遭異族之烹割國家瞠視而無可如何孰若一自振拔爭歷史上之光榮於國家不且猶有光乎

教育時評

◎祝震旦學院之前途

教育議興既已兩年。而至今無一稍完備之私立學校。不得不謂國民之恥也。譯書局如林。譯才如鯽。及考其所謂譯事者。不過稗販至粗極淺之東籍。未曾通一國之語言文字。乃至或並日本之イロハ亦未認識。而貿貿然日從事於繙譯。徒以麻沙燕石。耗讀者之日力。損讀者之腦筋。雖科以欺騙殺人之罪。不為過也。吾聞上海有震旦學院之設。吾喜欲狂。吾今乃始見我祖國得一完備有條理之私立學校。吾喜欲狂。該學院總教習為誰。則馬相伯先生。最精希臘拉丁英法意文字者也。所在地則徐家匯也。今將其

章程擇錄以諗求學者。

宗旨

一本院以廣延通儒培成譯才為宗旨。

功課

一拉丁為任讀何國文（指英法德意）之階梯。議定急就辦法。限二年畢業。首年讀拉丁文。次年讀任一國文。以能譯拉丁及任一國之種種文學書為度。

一先依法國哲學大家笛卡兒 René Descartes 之教授法。以國語都講。隨授隨譯。譯成即可為他大學校課本。

一本學院既廣延通儒治泰西士大夫之學。其肄業之書。非名家著作 Classical au- thors 不授。

一課程遵泰西國學功令。分文學 Literature 質學（即科學）Science 兩科。

批評門

二

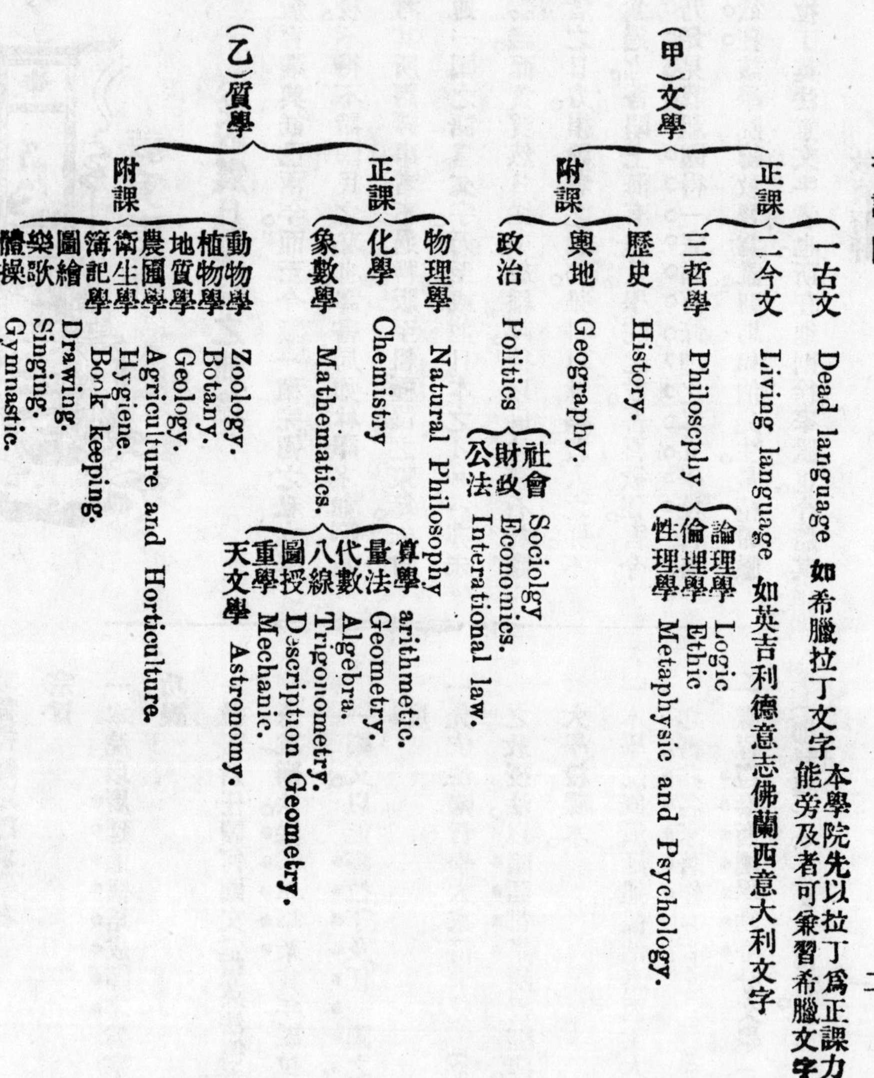

(甲)文學
正課
一古文 Dead language 如希臘拉丁文字本學院先以拉丁為正課力能旁及者可兼習希臘文字
二今文 Living language 如英吉利德意志佛蘭西意大利文字
三哲學 Philosoply
論理學 Logic
倫理學 Ethic
性理學 Metaphysic and Psychology.
附課
歷史 History.
輿地 Geography.
政治 Politics
社會 Sociology.
財政 Economics.
公法 Interational law.
(乙)質學
正課
物理學 Natural Philosophy
化學 Chemistry
象數學 Mathematics.
算學 arithmetic.
量法 Geometry.
代數 Algebra.
八線 Trigonometry.
圖授 Description Geometry.
重學 Mechanic.
天文學 Astronomy.
附課
動物學 Zoology.
植物學 Botany.
地質學 Geology.
農圃學 Agriculture and Horticulture.
衛生學 Hygiene.
簿記學 Book keeping.
圖繪 Drawing.
樂歌 Singing.
體操 Gymnastic.

一按日上午二小時下午二小時爲授課時刻。三小時授正課。一小時授附課。通計二年除星期外共六百日。共二千四百小時。首一千二百小時。爲授拉丁文時刻。次一千二百小時。爲授任一國文時刻。除授課時刻外。每日四小時爲獨修時刻。二年共四千八百小時。爲肄業時刻。功課預算表如下

功課預算表一（拉丁）第一年

學序	一日小時 上半日 師授 正課	上半日 自修	下半日 師授 正課	下半日 師授 附課	下半日 自修	一週小時 師授	一週小時 自修	一年小時 師授	一年小時 自修
識字word getting 造句Senteace Maring 首六月	二	二	一	一	二	二四	二四	六〇〇	六〇〇
行文Grammar 修辭Rhetoric 次四月	二	二	一	一	二	二四	二四	四〇〇	四〇〇
論理學Logic文次二月	二	二	一	一	二	二四	二四	二〇〇	二〇〇
體操						二		八〇	

門	每日小時	一週小時	一年小時
批評門		四	三八〇〇
詩歌音樂		二	八〇
演說問難析疑		二	八〇
閱書	二	一二	六〇〇
閒散	二	一二	六〇〇
安息	八	五六	二八〇〇

功課預算表二（英法德意任擇一國）第二年

學序	一日／小時：上半日 師授 正課	一日／小時：上半日 自修	一日／小時：下半日 師授 正課	一日／小時：下半日 師授 附課	一日／小時：下半日 自修	一週／小時：師授	一週／小時：自修	一年／小時：師授	一年／小時：自修
識字造句首四月	二	二	一	一	二	二四	二四	四〇〇	四〇〇

行文修辭學	次四月	二	二	一	一	二	二四	二四	四〇〇	四〇〇
學譯哲學書	二月	二	二	一	一	二	二四	二四	二〇〇	二〇〇
學譯政治書	二月	二	二	一	一	二	二四	二四	二〇〇	二〇〇

餘課如前表

一本學院所授功課。限二年卒業者。單就文學論也。至於質學非二年內所能畢事。有志精進者得於二年外延長肄業時刻。本學院可特別敎授卒業期限亦以二年。

士生今日。不通歐洲任一國語言文字者。幾不可以人類齒。而歐洲各國語學皆導源拉丁。雖已通其一。固亦不可不補習拉丁。而先習拉丁然後及其他。則事半功倍。而學益有根柢焉。此馬相伯眉叔兄弟所素持之論也。眉叔云沒。士林痛惜。此學院即相伯獨力所創也。其願力洵宏偉。其裨益於我學界前途者。豈可限量。

文學一科。各國大學所必有之分科也。雖然以日本之進步。至今猶未有一學校專以研究文學爲目的者。而吾中國今已見此院。吾爲中國前途賀。

院中肄業之例。以本國文學優長者爲及格。蓋如此然後進步易也。我國學界今漸漸然有蔑視國文之惡風。得此庶可規正之。

我青年諸君。今後固不能不廣求新知識於世界。非游學歐洲。殆不足以占優勝也。苟在此院兩年。以其所學得者爲基礎。然後外游焉以附益之。則學有本而成自易矣。吾祝震旦學院萬歲。

學界時評

◉游學生與國學

（東京國學圖書館之設置）

（所望於留學生及留學生會館監督）

國學與愛國心相倚者也。何以故。凡人之用愛。必用之於其有切密之關係者。父母妻子兄弟之愛。過於尋常。以其習而稔之者數十年也。同一朋友也。相處日久者則愛愈深。數年遠隔。愛情不稍淡者希矣。遠客者見故鄉人。聞故鄉事。雖復一草一樹之位置。一釣一游之景況。亦油然覺有大感動於其心者。何也。以吾心目中所固有也。惟國亦然。眞愛國者。必使吾國之歷史之現狀之特質。日出入於吾心目中。然後其愛乃發於自然。不然。則客氣之愛耳。客氣之愛者以他人皆各愛其國。我亦不可不愛之云爾。是理論上之愛。非實際上之愛也。

我青年欲求世界之智識。乃相率游學於海外。此誠國民發達之一現象也。雖然。去祖國日遠。其所與相習者日疏。騖於他國語言文字學術風俗。而以比較諸內地腐敗之社會。於是厭賤之鄙棄之之心生焉。夫焉知民族各有特性。欲善其族者。宜取其特性之良者而淬厲之。必非可以厭世觀了事也。又必非能妄取他族之特性而欲以移植於我族也。故苟厭賤鄙棄之心一生。而愛國心必與之相消。

又游學也者。欲學成而有所盡瘁於祖國也。或輸入其理想焉。或釐剔其實事焉。而要皆非深通國學不能爲力。今之留學者類皆少年志氣踔踔之士。然在內地時率未嘗受相當之教育。此無可爲諱者也。故世界之普通學勿論。即本國之普通學。其有完全之學力者蓋希矣。甚則國文之未通。草三四百言之短篇。亦拮据爲病也。苟若此。則雖博極外學。而欲輸之以福祖國。其道無由。不見前此之學西文者乎。其數如鯽。然能有所貢獻於我學界者。惟侯官嚴氏一人而已。則有國學與無國學之異也。至於辦實事。則其關係之重要更無論矣。

竊意以留學生諸君之熱心。未必不見及此。其所以志焉未逮者。殆有兩因。一則學課忙迫。今方汲汲於採集外界之新智識。無暇兼及也。一則圖書不備。雖欲研究而無由也。吾以爲學課雖極忙。然每週間終不可不以數時從事於此。試觀萬國之學校。其學科時間之分配。豈有遺本國而不道者也。此第一問題。就理論上言之也。人人既認此理論。則當入於第二問題。第二問題。實際之問題也。以留學生之在苦學界。每月籌所謂學校費居住飲食衣服費者。率皆已竭蹶不易矣。豈復能有力以備故國之存籍以自隨。況我國學者至今未有完備之組織。其所研究之資料。浩瀚散漫。又必非徒備一二種所能有功也。於是乎留學生研究國學之途遂窮。

若在他地。則吾亦無冀焉。若在東京。則學生之數將及千人。有會館。有監督。儼然爲一自治之團體。若此區區之事而不能舉。則更無望其他矣。吾故以爲宜以公衆之力。設置一國學圖書館。其事至易舉。而其效至深鉅。

今鈴木町之會館。不過一俱樂部之別名耳。至今未能舉一實際有益之事。而每歲亦費千金。然則籌一圖書館之經費。亦決非難。況有總監督者爲學生與政府之樞紐。可以間接力多所資助。且學生之研究國學。雖內地極頑固之官吏。亦未必反對。固可望其相助。即不助。而此區區萬數千金。亦必非難集。會館與監督果何所憚而不爲此。

若置圖書館。則所備之書僅分數部足矣。

一　道德哲理之部　十三經周秦諸子宋明理學之書屬焉。佛典亦附屬購置。以備東洋哲學之研究也。

二　歷史之部　正史之外。多搜別史雜史譜傳以資參考。九通等皆屬此部。

三　地誌之部　一統志之外。廣搜各省通志各府州縣志。乃至紀行等類之書。不論精粗美惡。以備爲主。

四　叢書之部　百數十種大叢書宜盡購。

五　文學之部　詩古文辭曲類有文學趣味者擇購之。

創辦之法。一募捐款。一募捐書。捐款最少者得萬金亦可開辦矣。以五千金建館。以五千金購書。書不足陸續附益之。至其成立以後之月費。固自有限。易爲力耳。

圖書館若成。則凡有志於是者。可以開一國學研究會。以世界之新知識。合并於祖國之舊知識。十年之後。我國學之光燄。必有輝於大地者。

國學研究會若成。與各省之調查會相輔。則能使我輩與祖國之關係日益切密。此培養愛國心之不二法門也。

◉叢報之進步

數月來差強人意之一現象。則叢報之發達是也。自去年本報創刊以來。至今以同一之體例同一之格式發行之叢報。殆近十家。上海新世界學報最早。大陸報次之。東京湖南學生所出之游學譯編次之。而譯書彙編亦以第二年第九期以後改譯爲撰。而今年正月東京湖北學生有「湖北學生界」之設。浙江

批評門 四

學生有「浙江潮」之設。聞江蘇學生亦將自出一報。計畫已熟。今正在編印中云。半年之間。彬彬蹶起。姑勿論其良楛如何。而學界之活動氣。可徵一斑。諸報中除江蘇一報尚未出版外。自餘數種。語其程度。則譯書彙編爲最。浙江潮次之。兩湖之報次之。新世界學報大陸報又次之。譯書彙編本庚子下半年所創辦。其時東京之學風最良。初出數期。所譯書皆名哲鴻著。於精神上獨具特色。爾後稍腐敗者數閱月。自去年第九期以後。全體改良。其宣告之言。謂自繙譯時代進入獨立研究時代。觀續出三期。頗能不愧其言。蓋此編爲留學生全體名譽所關。故同人樂效其力以維持之。而任纂撰者。率皆留學稍久之人。於學頗有根柢。故能嶄然顯頭角也。浙江潮第一期大端精善。文章亦佳。若循此以往而皆如是。其有益於新學界當不少也。游學譯編專譯東書東報無自撰者。然其所譯。頗有特色。蓋往往合數文融會貫通而譯之。其別擇之識。纂輯之勤。有足多者。我國人今日學問程度尚在低點。與其勉爲空衍之言。誠不如取材異域之爲得也。湖北學生界門類極多。文藻亦有佳者。然比之譯書彙編。則覺其空論多而心得少矣。新世界學報頗有能文之人。然大段亦涉空衍。且多外行語。爲方家所笑者。大陸報無甚外行語。優於新世界學報。而其文更不逮之。敷衍篇幅者居全冊之半。無甚精彩。其目錄徧登各日報廣告中。然往往一目錄之下。其正文不及兩三行者。雖鋪張揚厲。其價值自爲識者所共見也。江蘇之報今雖未出。然此邦好學能文之士甚多。當必有可觀。吾祝其更有進於以上諸種也。

如上所比較。則內地所出之報。無論如何矜心作意。其程度總不逮東京諸報。此亦見學問之不可以假借也。內地同學亟宜猛省。

東京學生因各有同鄉會之設立。因各自爲其本省之報。同鄉會原出於愛鄉心。愛鄉心即愛國心所自出也。吾深贊之。顧以是而各爲一報。似於義無甚取。以中國之大。苟一切物質文明旣發達。非惟省省當自有報。即府府縣縣猶當自有報也。而今尙非其時也。旣名曰某省之報。則其報中內容宜以本省之特別歷史特別現象特別精神爲主要。其餘他省之事。若世界之事。凡屬於普通者皆爲附從。如是則名實稱焉矣。而以今日之中國。雖有高才。不能辦出此等報明矣。然則其報亦不過普通一叢報。而特冠以某省之名。非論理的科學的也。故吾以爲於義無取也。雖然、必有椎輪。乃有大輅。今者各省旣皆有調查會之設。有此等報。或可以速其發達。吾固甚贊之。吾以爲今之學生不辦報則已。旣辦報則宜以學科分。不宜以省分。蓋以省分則此報與彼報其內容大略相同。議論非甚精要。不足以動人。數見不鮮。將成陳言。於學界不能大有所補。若以學科分。則各出其所受者以貢獻於祖國。必較切實而無泛衍也。今譯書彙編將改爲政法學報。誠可爲進步之徵。今日吾國所急需而未得者。若軍事報若教育報等其尤也。東京學生其學軍學師範者居一大部分。甯不能有所表見以歸餉於所親愛乎。吾私祝之。

◉調查會之關係

頃東京學生紛紛立調查會。浙江首倡。湖北次之。各省亦漸繼起。此誠今日最切要之事。學生而皆注意於此。是其學識增進之明證也。浙江調查會章程已見譯書彙編第十期。湖北調查會章程。亦見湖北學生界第一期。兩章程皆善。而浙江尤善。

調查爲當務之急。而欲舉全國而調查之。斷非今日力所可逮也。省省而自務焉。以本省人之力量各分任吾國之一部分有機體發達之公例固應如是。此會若實行有效即他日地方自治之基礎也。

雖然調查固非易易必有其專學焉。有其常識焉。然後可以達此目的。今日我學界青年果有堪任調查之資格與否吾不能無疑也。吾以爲今日不注意於是則已。苟既注意不可不爲預備工夫宜爲一調查學會。著譯統計學之書言其理法而因以授諸從事於調查者。此一事也。更有力量則爲調查學校或調查講習會。聚深通此學之人而授之速成者數月可卒業。然後分入內地此又一事也。調查會諸君能圖之否。

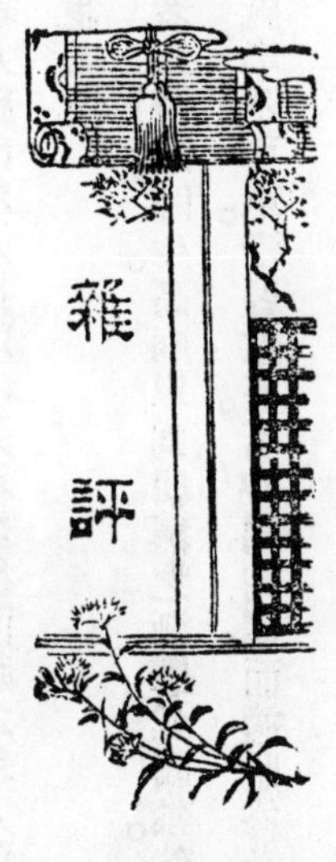

●英人之文學劣敗於波亞

英波之役。亘兩世紀。英人竭獅子搏兎之力。僅能保優勝之名譽。雖然、固有未盡然者。倫敦某叢報有論南非戰爭之著述一篇。據稱此役英人從軍者三四十萬人。至今無一人能著一書記述戰地之情形者。實咄咄怪事也。波亞人則不然、戰役以前。及戰酣之際。波人雖噤若寒蟬。無一表見。一旦釋鎗執筆。其文學之滔滔。有令人驚絕者。如前大統領古魯家將軍、的由活將軍、竇薩將軍、底拉列之夫人、其著述皆已公於世。又士達因氏之義戰紀事。菲爾純將軍之從軍日記。皆不日出版。此等著書。非戰術上皆具非常之特識。有絕倫之天才。即其文學亦汪洋恣肆。驚心動魄云。嗚呼英人於武事上雖戰勝波亞。若夫文學。遂不得不劣敗彼區區新造之民族。而所蘊抱之能力若此。依天擇物競之公理。吾祝波人之不長為人下也。

●師生革命

山東學政尹銘綬。協辦大學士徐郙之門生也。師生之誼。向來投契。乃近來忽有揭參徐郙一事。於是徐郙交部議處。而尹銘綬則以迹近報復。一併交部議處。頃見上諭徐郙革職留任。尹銘綬亦降三級留任。是則最新鮮之問題也。其原因複雜。不可以不志。尹在山東學政任。常與徐郙通函往來。固師生之常例也。辛丑六月。有高唐州優廩生郝祖脩。持徐頌老手書造尹。書中稱美郝生才思不羣。特介其相見。言君一見後。當信老眼之無花也。蓋并無請託之切據。

批評門

惟於優廩生之優字加三箇圈於其旁。一若示以此人之當與優貢也者。尹喻其意。亦竟不與郝以優貢。（改試策論後。禮部頒行之條例。無錄科之專條。尹移文禮部詰問。禮部以爲大辱。實則錄科條例已括於一名詞之內。尹未深察而遽詰禮部。禮部掌印深銜之。旋尹以所取之某生有異才未經歲考。遽破舊例而取優貢。爲之奏請。交禮部議奏。禮部痛駁之。某生之優貢撤去。而尹得罰俸九箇月處分。尹乃大恨頤老先既請託於我。我不取郝生優貢。而彼乃以我取之優貢爲報復。是不可以不舉發。乃以頤老密書黏鈔焉。徐尹俱被議。而郝某不得優貢。後報捐二萬金賞舉人。旋由舉人捐郎中。尹舉發後。而郝之舉人郎中並撤銷。

記者曰。拜、認師生。高廟以爲朋黨之漸。懸爲厲禁。然此風卒不可革。沿習愈甚。有拜門稍遲。而適貽終身之累者。操用人之柄者。其榮若利。則必于門生古多數。于是老師之尊。如神聖不可侵犯。自京卿梁僧寶磨勘舉發。而至慶潘祖蔭四總裁降革。梁亦不敢安其位。而終廢于家。今尹之舉劾其師。爲梁後僅見。假尤而傚者接踵。則大老皆不敢有門生。得不曰師生之大革命乎。然梁之舉發爲公。尹之舉發爲私。其反對於師則同。而形式絕不相似。梁以不得安而去。而尹此以降官。是亦政府大老擁護師生之權利。而借尹以爲儆創者也。尹以不能取一優貢故。至以美官爲之殉。若不愧古人愛士之風。然尹以貪陋顯著于時。其所拔未必有佳士。徒演出一朋黨相軋之活劇而已。雖然、亦足以震撼京朝大老之腦筋。而爲一大紀念云。

叢錄門

全一幅縱橫各四尺

定價 袖珍布皮摺本銀一元四角
上製掛軸銀一元八角

廣東地圖向無善本自高要梁韜曾手自輯著其外無聞然距今二十餘年久已不適于用本圖係由某君費數年之心力親自游歷各地踏查測量復參以中外各輿圖精心結搆繪成兹特托日本著名製圖專家鑄成銅版印刷出售圖中自各府州縣廳司汛墟市鄉村埠頭山川河道以及將來擬築鐵路之處無不詳細備載界線分明至于字畫之玲瓏著色之鮮彩猶其餘事誠向來所無廣東人皆當人手一幅也本社及上海四馬路本社支店香港上環海旁和昌隆廣東省城雙門底開明書局天平街華洋書局皆有寄售

談叢

飲冰室讀書記

讀讀通鑑論

王莽之後。合天下士民頌公德勸成篡奪者再見於武氏傅游藝一授顯秩。而上表請改唐爲周者六萬人。功若漢唐德若湯武。未聞有此也。孟子曰。得乎邱民爲天子。其三代之餘。風教尙存。人心猶樸而直道不枉之世乎。若後世教衰行薄。私利乘權。無不可爵餌之士。無不可利囮之民。邱民亦惡足恃哉。盜賊可君君之矣。婦人可君君之矣。夷狄可君君之矣。孔子曰。天下有道。則庶人不議。後世庶人之議。大亂之歸也。旦與之食而旦謳歌之。夕奪之衣而夕咀咒之。恩不必深。怨不在大。激之則以興。蠱迷其故。利在目睫。而禍在信宿。則見利而忘禍。陽制其欲。而陰圖其安。則弃欲而棄安。贅壻得妻而謂他人爲父母。猾民受賄。而訟廉吏之貪汚。上無與懲之。益進而聽之。不肖者利其易惑而蠱之邱民之違天常拂天性也無所不至而可云得之爲天子哉以賢治不肖以貴治賤上天下澤而民志定澤者下流之委也天固無待於其推崇也斯則萬世不易之大經也卷二十一

案法儒孟德斯鳩言共和政體之國以道德心爲立國之元氣豈不然哉今日中國民權固不伸也使其伸矣而今日之人心風俗果能有以異于船山之所云乎吾見其滋甚而已昔聞澳大利亞洲之黑蠻有白人取其一小女自乳哺時而即養之於家撫養之若己出衣服飲食華贍麗都者十餘年及將及笄忽有數黑蠻過其門此女與交數語輒從而遁去甘復入于深山以衣木葉食生鼠棄其前此之尊榮安富如敝屣然蓋天性不可移也人甘粱豢而蝍蛆甘糞以粱豢飼蛆而蛆且逃不則死矣然則歐美人嗜自由而支那人嗜爲奴强奴而使之自由其無異强蛆以饜鼎烹也然則其數千年跼蹐於至暗黑至猥賤之境地彼實樂之而復何尤雖然蛆生于糞而嗜糞其性然也人生于自由而嗜爲奴未必其性然也性不爾爾而竟爾爾者則有習焉而成第二之性者也夫所謂習者何也則數千年之民賊桎之梏之箝之

灼之而衣冠禽獸之賤儒。復緣飾所謂人倫所謂道德所謂經義所謂史裁者。爲之文其奸而濟其惡。夫安得不胥斯人而失其本性也。婦人之纏足也。纏之數十年。雖解之而不能行矣。寗得謂足之天性本如是也。然則欲民之有恥也。欲民之去奴隸而爲完人也。欲民之去禽獸而成人格也。其必自復其自主之權。返其獨立之性。使民知其所以立于天地者。固當如是如是。庶幾乎有瘳焉矣。船山未審于此。徒憤民之無狀也。而欲嚴上天下澤之義。是所謂揚湯止沸。而不知去薪而沸自銷也。

罷兵必有所歸。兵罷而無所歸。則爲盜爲亂。張說平麟州叛胡。奏罷邊兵二十萬人。而天下帖然。蓋其所罷者府兵也。府兵故農人也。歸而田其田。廬其廬。父子夫婦相保于穹窒栗薪之間。故帖然也。于是而知府兵之徒以毒天下。而無救于國之危亂。審矣。說之言曰。臣久在彊埸。具知其情。將帥苟以自衞。及役使營私而已。夫民之任爲兵者。必佻宕不戢。輕于死而憚于勞之徒。然後貪釃酒椎牛之利。而可任之以効死。夫府兵之初。利租庸之免。而自樂爲兵。或亦其材勇之可堪也。迨其後著籍而不可委卸。則視爲不獲已之役。而柔弱愿樸者。皆垂涕就道以赴行伍。若此者。其鈍懦之材。既任爲役。而不任爲兵。畏死而不憚勞。則樂爲役以避鋒鏑。役之而無不受命。驕貪之將領。何所恤而不役以營私邪。團隊之長役之矣。偏裨役之矣。大將役之矣。行邊之大臣役之矣。乃至紈袴之子弟。元戎之僕妾役之矣。幕府之墨客。過從之游士。彈箏擊筑。六博投瓊。調鷹飼犬之徒。皆得而役之。爲兵者亦欣然願爲奴隸以偷一日之生。嗚呼、府兵者惡得有兵哉。舉百萬井疆耕耨之丁壯爲奴隸而已矣。卷二十二

案此論唐府兵之制。與今日之幕兵者。其外形稍異。要其論兵與役之不相容。任國防之事者不可待之以奴隸。有奴隸之性者不可托之以國防。則其識遠矣。夫今日中國之兵。則何一而非奴隸也。吾見夫長江一帶之兵船。舍迓迎督撫眷屬之外。無他事矣。吾見夫各營之兵丁勇弁。舍伺候主帥執唾壺虎子裝烟倒茶之外。無他能矣。此猶其舊焉者。若今所謂洋操者。其游學外國陸軍學校卒業之學生。猶且非仰候補道府總辦委員之鼻息。不能得一差遣。而兵丁更何論也。夫兵也者。一國之公衛也。爲一國人保其生命財產。故一國人皆宜致敬焉。而又非徒虛文之敬禮而可以高其資格也。必使一國之權利。爲一國人所公有。而一國之義務。爲一國人所公

任。然後任是者知所以自重而他人亦從而重之其戰也自爲其性命財產而戰也。非有所奴隸于他人也如是然後有兵之精神不然則雖千萬變其兵制而奴隸之資格如故也而兵之徒毒天下而無救于國之危亂如故也船山先生慨乎其言之矣。

自唐以上財賦所自出皆取之豫兗冀雝而已足未嘗求足于江淮也恃江淮以爲資自第五琦始當其時賊據幽冀陷兩都山東雖未盡失而隔絕不通蜀賦既寡又限以劍門棧道之險所可資以贍軍者唯江淮故琦請督租庸自漢水達洋州以輸于扶風。一時不獲已之計也乃自是以後人視江淮爲腴土劉晏因之輦東南以供西北東南之民力殫焉垂及千年而未得稍紓嗚呼朝廷既以爲外府垂腴朶頤之官吏亦視以爲壟塲耕夫紅女有脊匪旦以應猾胥之誅求乃至衣被之靡麗口實之珍奇苛細煩勞以聽貪人之侈濫匪舌是出不敢告勞亦將孰與念之哉自漢以上吳越楚閩皆荒服也自晉東遷而江淮之力始盡然唐以前姚秦拓拔宇文唐以後自朱溫以迄宋初江南割據而河雒關中未嘗不足以立國九州之廣豈必江濱海澨之可漁獵乎祖第五琦劉晏之術者因其人惜廉隅畏鞭笞易于弋取而見爲無盡之藏竭三吳以奉西北。而西北坐食之。三吳之人。不給饘粥之食。抑待哺于上游。而上游無三年之積。一罹水旱。死徙相望。乃西北蒙坐食之休。而民抑不爲之加富者、豈徒天道之虧盈哉。坐食而驕。驕而佚。月倍三釜之餐。工無再易之力。陂堰不修。桑蠶不事。舉先王盡力溝洫之良田。聽命于旱蝗而不思捍救。洊飢相迫。則夫創妻骸。弟烹兄肉。其獷者彎弓馳馬以殺奪行旅。而猶睥睨東南。妬勞人之采梠剝蟹也。誰使之然。非偏困東南以驕西北者縱之而誰咎耶。驕之使橫。佚之使惰。貪欲可遂。則笑傲以忘所自來。供億不遑、則忮忿而狂興。以逞其野人惡舌喑啞以脅羸懦之馴民。其士大夫氣涌膽張。恫喝以凌衣冠之雅士。于是國家無事。則依中涓附戚里而不惜廉隅。天下有虞。則降賊戴虜而不知君父。何一而非坐食東南者之教猱豢虎。以使農非農。士非士。日漸月靡、俾波逝而無迴瀾哉。冀土者唐堯勤儉之餘澤也。三河者商家六百載奠安之樂土也。長安者周漢之所久安而長治者也。生于此。遂教于此歟。一移其儲偫之權于江介。而中原幾爲無實之土。第五琦不得已而偶用之。害遂移于千載。秉國之均。不平謂何。非均平方正之君子。以大公宰六合。未易以齊五方而綏四海。邵康節猶抑南以伸北。亦不審民情

天化之變矣。卷二十三

案吾向者亦襲千年來之謬論。狃于外著之現象。以爲西北地力果竭。不能不有待於東南者。地運然也。及讀船山此論。而歎其識之過人遠矣。進化學之公例。凡物之廢置不用者。則其能力將漸銷失。有耳也。久不用之則必聾。有口也。久不用之則必瘖。於人體有然。於地力亦如是矣。不然。以地理學通例言之。凡氣候稍寒。地味稍瘠之土。其文明之發達。常視沃土之民爲尤進焉。條頓民族與拉丁民族之比較。是其例也。況關中河內幽燕之地。猶在溫帶。而非北歐瘠壤之所能幾耶。漢京之盛。見於兩都賦者。所謂鄭白之沃。衣食之原。竹林果園。芳草甘木。夫非同是土耶。何以千數百年而彫落若此。乃知驕之使横。佚之使惰。以人事而災及地利。天下事未有有果而無因者。船山此論。實可以抉西北彫敝之原因。而無餘蘊矣。專制民賊之毒天下其禍乃至于此極。東南則敝于供億。西北則敝于怠荒。水旱蝗蝻。飢饉疾疫。每歲死者以數百萬計。餓莩纍纍。相屬于道。何一非大民賊小民賊之搤其吭而致其命也以五洲第一天府上腴之國。而數千年常被一二民賊扼之。遂使吾民欲求一飽而不可得嗚呼吾甚怪夫吾民之何以受之若固也船山云其人畏鞭箠易弋取夫既畏鞭箠則人鞭箠之矣既易弋取則人弋取之矣然則又豈特民賊之罪也吾嘗聞己亥年剛毅之下江南下嶺南矣嶺南僻壤之民幾於易子食而析骸爨而剛毅之行囊固纍纍然千餘萬捆載牛腰也近者建一學堂而云無費派一學生而云無費而回鑾費數千萬取于東南焉賠款數萬萬取於東南焉方且又修頤和園以娛暮年矣亞美利加因祖國關稅之不平遂起而獨立而彼之戢戢然於羶種之脚底竭吾膏血以伺其嚬笑而恬不爲怪者吾又安從而與之言也

文苑

飲冰室詩話

中國人無尙武精神。其原因甚多。而音樂靡曼亦其一端。此近世識者所同道也。昔斯巴達人被圍。乞援於雅典。雅典人以一眇目跛足之學校教師應之。斯巴達人惑焉。及臨陣。此教師爲作軍歌。斯巴達人誦之。勇氣百倍。遂以獲勝。甚矣聲音之道感人深矣。吾中國向無軍歌。其有一二。若杜工部前後出塞。蓋不多見。然於發揚蹈厲之氣尤缺。此非徒祖國文學之欠點。抑亦國運升沈所關也。往見黃公度出軍歌四章。讀之狂喜。大有含笑看吳鉤之樂。嘗以錄入小說報第一號。頃復見其全文。乃知共二十四首。凡出軍軍中還軍各八章。其章末一字。義取相屬。以鼓勇同行敢戰必勝死戰向前縱橫莫抗旋師定約張我國權二十四字殿焉。其精神之雄壯活潑沈渾深遠不必論。即文藻亦二千年所未有也。詩界革命之能事至斯而極矣。吾爲一言以蔽之曰。讀此詩而不起舞者必非男子。錄全文如下。

出軍歌

四千餘歲古國古是我完全土二十世紀誰爲主是我神明冑君看黃龍萬旗舞鼓
鼓。鼓。

一輪紅日東方涌約我黃人捧。感生帝降天神種今有億萬衆地球蹴踏六種動勇
勇。勇。

南蠻北狄復西戎泱泱大國風蜿蜒海水環其東拱護中央中稱天可汗萬國雄同
同。同。

綿綿翼翼萬里城中有五嶽撐黃河浩浩流水聲能令海若驚東西禹步橫庚庚行
行。行。

怒搖海翻臺山撼。萬鬼同一膽。弱肉磨牙爭欲噉。四鄰虎眈眈。今日死生求出險敢
敢。敢。

剖我心肝挖我眼。勒我供貢獻。計口緡錢四萬萬。民實何仇怨。國勢衰嘻人種賤。戰

戰戰。

國軌海王權盡失。無地畫禹迹。病夫睡漢不成國。卻要供奴役。雪恥報仇在今日必

必必。

一戰再戰曳兵遁。三戰無餘燼。八國旗颭笳鼓競。張拳空冒刃。打破天荒決人勝勝

勝勝。

軍中歌

堂堂堂堂好男子。最好沙場死。艾炙眉頭瓜噴鼻。誰實能逃死。死只一回毋浪死死

死死。

阿娘牽裾密縫綫。語我毋戀戀。我妻擁髻代盤辮。瀕行手指面。敗歸何顏再相見戰

戰戰。

戟門乍開雷鼓響。殺賊神。先王前敵鳴笳呼。斬將擒王手更癢。千人萬人吾直往向

向向。

探穴直探虎穴先。何物是蝦蟆。攻城直攻金城堅。誰能禦俄延。馬蹄馬耳尖磨肩前

前前

彈丸激雨刀旋風血濺征衣紅殷軍陣車千羆熊今日空營空萬旗一色錦[illegible]龍縱

縱縱

屢壘高築受降城。諸將咸膝行。降奴脫劍鞠躬迎。單于頸繫纓。四圍鼓吹鐃歌聲。橫

橫橫。

禿髮蓬頭纏黑索多少戎奴縛緋紅十字張皇旋風夷傷戮軍令如山殘虐莫

莫莫

不喜封侯虎頭相。鑄作功臣像。不喜燕然碑百丈。表示某家將。所喜軍威莫敢抗、抗

抗抗。

旋軍歌

金甌既缺完復完全收拏管權臙脂失色還復還一掃勢力圈海又東環天右旋旋

旋旋

輦金如山銅作池。債臺高巍巍。青蚨子母今來歸。償我民膏脂。民膏民脂天鑒茲師

師師
盟書謝罪載書更城下盟重訂今日之羊我為政一切權平等白馬拜天天作證定
定定
鷙翼橫騫鷹眼惡變作旄頭落盖海艨艟瞰聲作和我凱旋樂更誰敢背和親約約
約約
秦肥越瘠同一鄉併作長城長島夷索虜同一堂併作强軍强全球看我黃種黃張
張張
五洲大同一統大於今時未可黑鬼紅番遭白墮白也憂黃禍黃禍者誰亞洲我我
我我
黑山綠林赤眉赤亂民不算賊鐵券破胡復滅狄雖勇亦小敵當敵要當諸大國國
國國
諸王諸帝會塗山我執牛耳先何洲何地爭觸蠻看余馬首旋萬邦和戰奉我權權
權權

叢錄門

亡友曹著偉詩。哲人之詩也。情人之詩也。余恨不能記憶。前詩話載其一律。殘缺殆半。滋耿耿焉。桂林馬君武見而憐之。以所憶得一律見餉。蓋著偉侍南海先生游桂林時題壁之作也。爰錄如下……大地權輿我到遲。也曾歌泣也懷思。深山大澤堪容劍。天老地荒獨有詩。龍蛇昔曾歸覺想。涅槃今欲證心期。我行幸有微風舵。元氣舟中任所之。

君武亦好哲學而多情者也。最愛讀「新小說」中羽衣女士所著東歐女豪傑。原書有詩二章云。磊磊奇情一萬絲。爲誰吞恨到蛾眉。天心豈愛玄黃血。人事難平黑白棋。秋老寒雲盤健鶻。春深叢莽殪神魑。可憐博浪過來客。不到沙丘不自知。其二云。天女天花悟後身。苦來說果復談因。多情錦瑟應憐我。無量金針試度人。但有馬蹄懲往轍。應無龍血灑前塵。勞勞歌哭誰能見。空對西風淚滿巾。君武戲爲和之。亦與原作工力悉敵。和章云。憔悴花枝與柳絲。爲誰顰斷遠山眉。競爭未淨六洲血。勝負猶懸一紀棋。東海雲雷驚睡蟄。北陵蘼蕪走山魑。遠聞錦瑟魂應斷。沈醉西風不自知。其二云。辛苦風塵飄泊身。人天歷歷悟前因。飛揚古國非無日。巾幗中原大有人。明媚河山愁落日。倉皇戎馬泣飛塵。聞君憂國多垂淚。爲製鮫綃百幅巾。

(問)日本武步西法。重用民權。言論自由。思想自由。出版自由。久已相習成風。茲閱申報所登文字之獄。有因教科書而逮捕多人。此事未見他報。而申報言之。歷歷如數家珍。該報素稱守舊。是否揑造空言。抑係實有其事。此等要聞。于學界大有關係。敬求貴館將此事原委。及何等教科書如何犯禁。日本法廷如何判斷。民間輿論及各報館有無不平之處。一一賜答。此事舊黨大爲吐氣。謂日本亦禁平等自由之說。務請將始末詳載。以釋羣疑。

(荊州駐防正黃旗黄中興)

(答)內地影響隔膜情形。乃至如此。實我輩所不及料也。此事之起已數月。本報因其與我國無甚關係。故不論次之。今烏得不略述一二。此事日本報紙。無日不登。所謂教科書收賄問題者是也。日本各學校所用教科書。本須由文部省認定。去年因有某處女學教科書內中一二條。跡涉誨淫者。爲某報所訐。於是議論蠭起。咸咎文部省之失檢。漸查出有收賄証據。各報攻之愈力。大抵各書肆之以販賣教科書爲業者。率有所請託於文部省之檢定官。此蓋人所久知者也。又不徒請託於文部省而已。彼出一書。欲其銷行也。則賄賂各處之視學官。各校之校長教師。使用其本。而因以獲大利。蓋教科書汗牛充棟。率皆大同小異。用此用彼。一惟視學官校長教師之所欲。故書賈以此爭攏足焉。此亦日本社會腐敗之一端也。初時政府猶欲隱忍。後因各報攻擊。不遺餘力。迫於輿論。不得已而徹底究辦。至今此案未結。逮問者已千數百人。

者書賈與及視學官校長教師之類也。而高等地方官亦有多人。此事大快人心。各報何不平之有。近且專以此爲攻擊政府之口實。謂文部大臣不能辭其咎。將來或因此案而現政府爲之動搖。引罪退職以謝輿論。亦未可定。此等事正可爲日本民權發達之明證。而申報及內地人所揣擬。何其相反也。（飲冰）

（問）貴報第十九號生計學學說沿革小史第九章。學環球九萬里爲白種人一大「瑪傑」。瑪傑二字作何解說。（前人）

（答）瑪傑者。英文之Market。今譯其音也。西人都會中。皆公建一市場。百貨叢萃於其中。謂之瑪傑。廣東俗語謂之街市。香港有之。

（問）貴報第十九號亞丹斯密學說第一頁引證及美國哲華遜所撰獨立檄文之說。鄙人不識獨立檄文出於何種書中。抑另有專書行世。嘗見政治小說累卵東洋一書中。載有老衲示智度以美國獨立檄文一篇。祇有五條。不審即是此種否耶。乞貴社大總撰述登報答我爲盼。（毘陵汪文炳）

（答）此文爲世界上第一大文。凡美國史皆有載。前年東京所出之國民報。曾有譯本。惜其譯文不甚佳。未足以稱其原作耳。累卵東洋所載非完本。

（問）英吉利格蘭斯頓文字。歐洲頗有聲名洋溢之概。斯人固已於前年沒世。其著述究竟有若干種。究竟以何種文字爲有特出之色。光餘萬丈。足令人喜笑怒罵隨之者也。乞敎。（前人）

（答）格蘭斯頓乃英國大政治家。嘗四度爲宰相。十九世紀第一等偉人也。卒於一千八百九十三年。即光緒十九年癸巳也。生平不以文學名。雖其所著書有十八種之多。大半皆政論耳。晚年嘗手譯羅馬和里士之詩然。其文才終爲政才所掩也。當時與彼齊名之的士黎里。(亦曾數度爲宰相者)則兼以文學名。所著小說數種。多嬉笑怒罵語。格公乃粹然醇儒。不若是也。

(問)貴報第二十一號談叢門加藤博士天則百話中。每篇分原話一原話十三等。大約此即百話之次第。爲擇譯幾篇。故不能順一二三四而下。鄙人臆度之。未知是否。至第十頁譯者所案其他種著述動累萬言。究竟指何種文字而言。且加藤博士共有若干種文字行於世界。學界鄙人不獲瞭明。請教。(藝庵)

(答)次序之例如尊問。加藤氏所著書有「道德法律進化之理一編」最爲近作。彼之主義大率盡於是。其餘見於各叢報之散篇甚多。不能具舉。二十年前加藤嘗自出一叢報。名曰「天則」。今已佚久矣。其早年之作。有「人權新論」「二百年後之吾人」等書。皆小篇也。

(問)貴報第八號傳記張班傳第一頁引哥侖布士仮頓曲立溫斯敦闢剏地事。以代表之三人之時代事實。鄙意中絕無所諳。雖在他處見過影響語。尚茫茫難考。祈將當年時日暨地理之狀況人民之關鍵。略述一二示復。(前人)

(答)哥侖布士爲尋得亞美利加洲之人。本報已登其遺像。稍讀西史者。心中應無不有斯人。不必多述。仮頓曲其官則仮頓。(武員之末職也又西人通稱船主亦以此名)其名則曲也。覔得澳洲及檀香山後。爲檀香山土蠻所殺。立溫斯敦首游歷亞非利加洲內地。其游記中國亦有節譯本。乃十餘年前上海書坊所印。名爲黑蠻風土記者是也。其地理詳況。非片紙所能具答。他日有暇別著其傳。

叢錄門

（問）貴社報中計各種多寡之數。若方里人口等類。動輙作表。至位次大約必自下而上推作看而每逢三位必加用一點。究竟如何算法。鄙人實不能通。足見才力綿薄學問孤陋欲邀高懷滑答。不知羞愧也。（前人）

（答）凡千數之位及百萬數之位。皆加一點以醒目。便於數耳。此是記數通例。非本報所剏也。若單位之下。尚有零數者。則其單位處亦必加一點。不必論其零數之爲三位與否也。

寄書

論紀年書後

見新民叢報第二十號新史學三

倘同子

紀年一事。史家紛紛聚訟。歷數千年而未已。若於政治上有莫大之關係焉。新民子謂紀年爲代數之記號。識見高卓。直破千古積惑。所云去繁就簡。尤爲精確不易之論。夫代數記號。不過借其號以代此數。於義本無所取也。新民子既以代數比紀年。則亦視之爲不足重輕之物。惟求其最簡最劃一者斯已矣。乃又謂當用孔子紀年。其所見與歷代史家何異。史家以帝王紀年。私其朝廷也。新民子以孔子紀年。私其敎主也。方今宗敎自由。爲環球所公認。而保敎非尊孔之說。又新民子所自言。乃皇皇然欲奪帝王之紀年以予敎主。吾不知其何所據也。人臣私其朝廷。敎徒私其敎主。其情等耳。新民子自以爲孔子之徒。宜以孔子紀年固矣。彼基督之徒。業用耶蘇紀年者。新民子必不能强奪之而使其從我也。此外如佛如道如回。若各以其敎紀年。又當爲新民子之所許也。此後若更有創立新敎者。以此藉口。別設紀年之號。又當爲新民子之所不能禁也。新民子以帝王紀年。百年屢易爲不便。而欲歸之宗敎。然則同時數種紀年之不便。新民子豈自言而自忘之耶。新民子之意。不過使人尊崇敎主而已。豈不知歷代史家之以帝王紀年者。亦不過使人尊崇朝廷乎。且敎主之尊崇與否。正不在是。耶蘇紀年已千餘歲。其敎日衰。蓋民智之開否。與宗敎之盛衰。成反比例。區區紀年虛文。又烏足以塞天下之耳目。余十年前曾著一說。論中國變法。當自用西曆服西服始。蓋將以是化夷夏之畛域。新全國之人心。而後種種變法。方無阻礙。即就事實言之。亦屬至約至便者也。新民子既以齊萬爲一、去繁就簡。爲紀年之公例。則何不竟用西曆之爲尤簡且一乎。西曆紀年。託始耶蘇。私也。行之既久。但稱幾千幾百幾十幾年。固已共忘爲耶蘇矣。今環球列國。無論何教何種。無不相沿用。其未從西曆者。獨吾亞洲一二國而已。以數十百國千餘年所慣用之紀年。必非一二國一二學者之力之足以奪之。則不得不捨已從人者。勢耳。頃者文明東漸。學術政治。不能不取法於歐美。譯書者日益多。考究外國事迹者日益蕃。西曆年號。後此必疊見於吾學界中。爲讀書人所常道。獨於紀吾國事。必思所以别異之。徒增繁耳。嘗論大同之說。爲學者理想之空言。未必果有其實。惟符號之類。則不可不尙同。以其無關得失。但求便用。此固不獨紀年爲然也。(如權衡度量錢幣及服飾之類皆是)新民子知紀年之爲代數。識力誠卓絕千古。吾獨怪其於代數天地甲乙之記號。而斤斤爭說。則猶未脫舊史家之見也。

附錄改歷私議

中國本用陰曆。一年十二月。大盡三十日。小盡二十九日。間三年而一閏。於月日之推算。寒暑之季節。均覺不便。宋沈約氏謂當改爲大盡三十一日。小盡三十日。實與西人陽曆之制。隱相符合。其見誠偉。然西歷每月多者三十一日。少者二十八日。亦覺繁難不便。按地球繞日凡三百六十五日又四分日之一。而一周分爲十二月。月得三十日。所餘五日有奇。若分爲十三月。月得二十八日。所餘僅一日有奇而已。余謂每年宜爲十三月。每月各二十八日。其最終之月則爲二十九日。間四年而一閏。最終之月則爲三十日。如是按月日數。均各相等。每年所差者僅一日。

每四年所差者僅二日。最爲均平之法。其便一也。七日休息本基督敎之舊規沿習至今。已成萬國通例。(七日休息不止行于東西各國及吾中國通商各埠即官立學堂崇奉孔子者亦沿用是例固與基督無涉也)若一月二十八日。每月休息均有定期」一年一易。亦易記憶。其便二也。有此二便雖各國所未行。勢亦不能不爲更張。願持此議以正於中外之講求歷學者。

飲氷案所論卓有特識。不徇俗見。誠可欽佩。改歷私議一篇。尤發地球前哲所未發。他日或竟行之。未可知也。至中國史而以西歷紀年。則鄙人有未敢附和者。鄙人嘗於淸議報第九十一號縱論及此。錄出以供參考。

(前略)惟廢之故。當採用何者以代之。是今日著中國一緊要之問題也。甲說曰。當採世界通行之符號。仍以耶穌降生紀元。此最廓然大公。且從于多數而與泰西交通利便之法也。雖然。耶穌紀元雖占地球面積之多數。然通行之民族。亦尚不及全世界人數三分之一。吾冒然用之。未免近于徇衆趨勢。其不便一。耶穌雖爲敎主。吾人所當崇敬。而謂其敎旨遂能涵盖全世界。恐不能得天下後世人之畫諾。貿然用之于公義亦無所取。其不便二。泰東史與耶穌敎關係甚淺。用之種種不便。且以中國民族固守國粹之性質。强欲使改用耶穌紀年。終屬空言耳。其不便三。有此三者。此論似可抛棄。(後略)

鄙人之論。以孔子紀年。非謂藉此之尊敎主也。此種思想抛棄久矣。惟我祖國以地球三分一之民數。有四千年之歷史。何可安自菲薄。惟人是從。鄙人嘗謂中國若强盛之後。他日地球或有會議通

叢錄門

用一言語之事。或一於中國語。亦未可定。何也。現在各國語通用之人數。未有一焉能如中國語之多者也。耶穌之紀元。雖不能以是爲例。然皆從多數。則中國民族固有一位置耳。然此等各私其國。誠非大同之道。鄙人亦非故爲爭此等門面。實則敘中國事而用西曆種種不便也。作者試自草一史。當知其窒礙。至於數百千年以後。爲不能不從同。彼時如何決定此問題。實非今日所能預測也。鄙人所著飲冰室自由書內有一條曾論及此。復補錄之如下。

抑地球之中萬國既已交通矣。而猶各自爲紀年。以繁簡之例治之。亦宜歸於一者也。各尊其國。各尊其教。然則當一於誰氏乎。則非吾所能言也。吾度他日必有地球萬國立一大會議紀年之事。其會議也。苟相持而不能下。則莫如以大會議之年爲元年。四

此數年前舊說。亦非可行者。今姑錄以質尚同子。

紀事

（本國之部）

◎學堂易員　北京大學堂以吳汝綸氏逝世。電請前安徽青陽湯壽潛氏爲總教習。其新派之副總辦五品京堂曾廣銓辭差。以專辦繙譯科事。副總教張鶴齡迭次辭退。未承允可。所電請辦理進士學堂之伍光建。不願入都。

◎擬行鈔票　戶部鹿傳霖奏請行用鈔票。議在天津設立官銀行。兼造銅圓。以一兩重爲一圓。即以此項銀圓爲票底。商請直督由官報局代購上等紙張仿照匯豐銀行票式。用龍文刷印造成鈔紙。交戶部鑒定。

◎脩路不成　京師街道。污穢狼藉。爲五洲萬國及中國內地之所無。前派肅親王估脩。戶部擬撥款二十萬。已屬可笑。聞至今尚未撥定。刻以經費難籌。所延之工程局總辦陸氏。已改爲熱河錫良之聘。肅都某君曾謁肅邸。詢及此事。肅邸言道路與警察實同一件事。道路既不能脩。警察何從辦起。今徒畀我以脩路警察之名。妙手空空。何從着手。因太息於中國辦事類皆如此。渠屢建言而不能用。朝廷反以爲多事。至可痛悼云，

◎頤和鐵路　自西華門至頤和園鐵路。經慶親王奏准，將于二月動工。擬于十月萬壽前工竣云。

◎謀得理藩　開缺四川總督奎俊係大學士榮祿之叔，到京後將川中所得珍寶託某總管進御，並饋送娃中堂多珍。要求內用。適值理藩尚書阿克丹逝世。乃即以此缺畀之。自來開缺候補，絕無奎俊此次之快捷者。

◎條陳特科　某御史頃擬條陳論經濟特科事。因現在在京各大臣所保人員多係部曹京官、而舉貢生監以及布衣寥寥無幾。摺中畧謂特科之設、原爲求取眞才。實爲拔取遺才也。如有平時潛心古今政事。留心中外時務或久困塲屋或家道寒苦欲展經濟而未得路者。朝廷特取之以爲應事計。非爲專考京官也。况既已服官。無論何署均自有可見經濟之處。豈必俟一考哉。擬請將所有列保之京官。照翰詹大考例。其優等者予以不次超擢其不取者不僅處分原保大臣。即將該員嚴議。其舉貢等不在此例。爲是嚴定章程庶可有裨實用云。

◎不准停科　山西巡撫趙爾巽氏。奏言晋省人才銷乏。去年雙科並舉。所取已多濫額、今年再舉科。必至無士可取。濫竽充數。近日興辦學堂。培養人才。數年以後、人才漸出。始可舉行、會發策問以試觀晋省人士之趨嚮。大半主停、擬請暫停一科。言甚切至。政務處禮部以本年舉行恩科普天同慶不應晋省獨缺恩齎、着照舊舉行。

◎晋撫改放　山西巡撫俞廉三受命後。外人嘖有煩言。要外務部以重大之三欵。始許到任。已誌前報。政府不得已乃以桂藩張曾敭代之。張持躬廉潔。整頓吏治、惟人極頑錮。恐不免外交上之衝突。張係鄂督張之洞之服姪。平日言論。亦極阻皇上之復辟。

◎撥帑獎勵　肅親王日前面奏太后。謂商工人等之出品於外國博覽會者。實爲商工二業振興之機。關國家不可不有以獎勵之。太后深嘉其言。刻擬支撥國帑二十萬兩。分獎出品外國博覽會之商工人等云。

◎奏派游學　我國駐劄各國公使聯銜上摺奏請增派學生前赴東西兩洋留學。俾培植國家文明之甚礎。泰西各國教育絕無無父無君之弊。至監督學生之務。當委使臣。無須特派大員專任監督云。此摺駐日公使蔡鈞未與其列。

◎咨商女學　政務處電致日本留學生監督汪大燮。考察中國留學女學生。据覆電云。考察下田歌子學校中女學生十數。於專門學科俱見成效。志趣高尙者頗不乏人。可否拔其優者咨送回華充女教習之選。

◎奏請募兵　桂撫王之春奏西亂情狀。其初嘯聚歸順百色間。或分掠奉議恩隆等處。繼出沒東蘭那馬紅水河一帶。竄至思恩府之武緣。擾突南甯之宣化。蔓延於慶遠柳州至鬱林各屬。以及梧州之容縣。通省而論。所未擾及者。惟桂林平樂各屬而已。匪有三類。曰游匪。曰會匪。曰土匪。其勢較之咸豐時更爲浩大。非廣募大兵。無從痛勦。請諭鄰省各督撫募兵會勦云云。

◎派員游歷　川督岑春煊奏請派遣川省實缺候補人員赴歐美日本游歷。以資熟察政治學術回華實用。奉旨允准。

◎蘆漢鐵路工程　蘆漢鐵路工程。去年趕修至正定。今已年餘。已至內邱。內邱去順德府六十里。明年二月可修至順德府。据此則此路抵河南開封時。尙須四年工夫也。並鐵軌於某處過黃河。刻尙未定。順德以南。磁州境內之漳河橋工更浩大。蓋北方地勢平衍。有水之處。皆屬沙河。往往沙深數丈。面濶數十里。由保定至衛輝。有新樂滹沱漳等河。皆最著名。由漢口築者僅至信陽州。兩下相距尙遠。刻尙未思得良法。

◎京張鐵路不成　由京至張家口鐵路。美人欲承攬。俄人嫉之。俄人欲承攬。美人又嫉之。故此路無人提及。

◎運礦鐵路　福公司運礦鐵路。本經中國允許。由澤州達于襄陽。名澤襄鐵路。後因礦師格那士勘估。以襄陽不能通行輪船。且與蘆漢鐵路並行。不免互有妨礙。因由英國公使屢請改爲澤浦鐵路。並由盛宣懷商訂章程。尚未定議。刻下赴浦口看地者實繁有徒。

◎比索租界　比國已向政府要索租界一區。須與歐洲各大國所佔者相等。近聞已在天津海右岸索得居留地。

◎法索郵政　我國郵政。因附屬於稅關。故一切郵政事宜。皆歸總稅務司赫德督理。乃駐京法使月前覓執千八百九十六年中法條約。向外務部要求聘用法人爲郵政顧問。刻聞已據外務部照覆。謂郵政局倘係獨立事業。則聘用法人爲顧問。亦未始不可。今既附屬於稅關。故萬難特另聘用法人云云。

◎驅逐華官　俄人已將大連灣收稅各華官一律驅逐出境。另易俄員收稅。祇准華監督一人在北門外收取北邊進口稅。西伯利亞鐵路一帶入口稅。概不准擅自征收。此係實行一千八百九十六年中俄之所訂密約。故中國萬難阻止。即他國亦不能干預也。

◎俄調兵艦　俄國派至黑龍江烏蘇里之艦隊。共計二十五艘。蓋爲防中國海盜。及沿江南岸不測之兵亂。俄人經營滿洲。不遺餘力。其在東三省之威力。固日漲一日云。

◎撤兵空談　俄人在東三省遵約撤兵。不過將城內之兵遷至俄兵營內。以及附近之鐵路。爲保護滿洲馬賊如毛、官兵無從勦捕。故自拳亂以後。附近鐵路各市鎮居民。均歸俄國管轄。各國欲在東三省開礦。非經俄人允准不可。俄政府專於東三省設立文武員，弁盛京將軍每事須與之商議。儼如俄官之屬員云。

◎俄售寶星　俄人在東三省以其本國紅十字會寶星賣與華人。每個賣俄羅卜十元。俗所謂捐俄監生者是也。營口各商。紛紛購買。以爲護身符。俄人之狡譎與東省人之蠢劣可爲歎息。

（外國之部）

半月大事記　西歷二月上半月

▲一日路透電。英國照會比利時。言製糖一事。英政府現已簽押。

▲二日路透電。十二月廿九日黎明時。摩洛哥兵部大臣帶兵前往攻打亂匪營壘。得獲全勝。匪黨被擒被殺甚多。軍需爲官軍所獲者不可勝數。

同日電。委國議和大臣博安所議條欵。各國均不允從。美國各報亦皆訾議之。

▲三日路透電。駐美英公使赫柏代聯軍與博安商議。謂委國所允將理谿拉幷嘉柏洛各處關稅。每百分撥出三十分以償各國。其中應以三分之二給與聯軍。其餘則與戰各國分攤。

同日電各國所索委國條欵。博安不肯允從。幷擬將此事請萬國公會調處。

同日倫敦電。俄國與波斯新立商約。已將波斯出口貨大半免稅。（指由波斯出口至俄國之貨）波斯已允設立稅關。並在稅關之側設立官棧。又允將向來所抽過路稅悉行蠲免。但其中有大路數條。現與俄訂立專章。不在此例。已訂期本月十四實施矣。

叢錄門

▲四日路透電。英國殖民大臣張伯倫歸國。已行抵畢洛復汀地方。居民均踴躍迎迓。

同日倫敦電。委國議和大臣博安向各國云。委國願將所欠各國債項。先付若干。然後將議和之事。交與萬國公會公斷。

同日柏林電。德相波洛爭今日在議院宣言。德政府已經決斷。將禁止解蘇伊教黨人之條例刪去。

▲六日路透電。駐美英使赫柏與委國議和大臣博安晤商議和辦法。彼此辨駁甚力。然已將許多阻難之事。一律開通。可以有和局之望矣。

同日倫敦電。委國議和大臣博安所擬議和章程。未與各國商允。即已刊諸報端。美人多責其不應如此辦理云。

▲七日路透電。杜將底威特同其黨羽四十名。與英國殖民大臣張伯倫會晤有兩點鐘之久。彼此對談。甚為激烈。底威特詈英政府不守威林尼根所定和約辦理。張伯倫不允受底威特等所呈之書。並斥其所呈書詞為侮慢不恭。因其書中所載之言。責殖民大臣及英政府失信之故也。

同日倫敦電。法國海軍大臣在議院論海軍預算表之時。謂法國在地中海及大西洋各處。本有海軍之最善根據地。而法國並不設法置守要害。設別國一旦窺法無備。與法開戰。則法全無海軍之根據地矣。法國于推廣殖民之事。向不踴躍辦理。但今昔情形。各有不同。設不亟行設法保護。則法國之權力体面。均有危險之機也。

同日柏林電。美國大統領羅斯福不肯出壙公斷各國與委國齟齬之事。是以其事必須交萬國公會調停。方能了局。

同日電。法國首相在議院宣言。天下各處。無論何地必須太平始能保全德人之利權。

同日電俄皇諭令撥欵六萬羅布建造禮拜堂兩所以追念天津及奉天兩處陣亡俄兵。

▲七日路透電土耳其兵部大臣現已籌畫派軍前往墨斯敦防守之策庶遇有匪亂不致棘手云。

▲九日路透電墨斯敦土匪勢甚可虞現已備辦軍儲藉爲大亂之計。

同日倫敦電各國與委國已開議和局但据各處所得論此事之消息有互相矛盾之情形所以其成局如何無從懸揣惟其中有一事則人人毫無擬議即凡與此事有關係之國無不速望其了結也而此事進步延緩之故則因委國議和大臣博安議和之法迥異恒情故致遲緩云。

同日柏林電土耳其預備練兵調往墨斯敦之事係屬謠傳惟觀英法兩國各報所著論說皆有意助墨斯敦之亂事于太平洋之局實大有關礙也。俄法與三國政府則甚思設法將此事和平了結。

同日電各國與委國議和之草約不日簽押至簽押後其封禁海口之事即將停止矣。

▲十日路透電斯丹達報言在英屬新架波派有專員商酌應否改用金磅之事將來究竟如何定法。尙難預知惟聞新架坡欲定一圜法與印度之圜法相同。

▲十一日路透電意大利農務大臣白靈現在議院宣言意大利欲將非洲烏比亞地方之土酋驅逐出境方能令英軍在索瑪勒戰事得手由此觀之意大利今尙守與英同心之約也又足証意大利與英交情之親切矣。

同日電前日謀刺比利時王之兇手現已定終身監禁之罪。

叢錄門

▲十二日路透電。美京當道咸以非律賓各屬財政以及善後事宜。均宜力加整頓。否則前日之禍亂。恐將復見于今日云。

同日電。此次委國戰事。英國索償金圓五千五百磅。已經委國議和大臣博安允從。其餘各條。則請萬國公會公斷。惟德意所索條欵。尚屬爲難云。

同日電。英德意聯軍刻下極願與委國議訂和約同時簽押。不致彼此推辭。蓋此次交涉在萬國公會。視三國如一國也。

同日電。德國現向委國所索償欵。計六萬八千磅。議定分五個月收取。每月一次。

同日電。英政府所派查察新架坡可否改用金元之專員。現已將此事查察。該專員與政府之稟告。業已寄往新架坡候其酌量。

同日電。英美兩國因阿拉斯格疆界齟齬之事。會立一約。互允各派法律家三名調停其事。此約現已由美國元老院批准。

▲十三日路透電。張伯倫現已行抵羅泥德地方。該處與荷蘭附近。南非洲最要之地也。

同日柏林電。傳聞德國與委國爲賠欵一事。德欲委國待以較別國爲優之禮。現已議妥矣。

▲十四日路透電。委國和議條約。已于昨日在美京華盛頓簽押。英首相巴科宣言。謂各國前與委國爲難者。今可和好如初云云。各國聯軍統領已奉各本國政府之諭。將委國海口即行開封。此擧英德兩國各得委國償銀五千五百萬磅。

同日倫敦電。英首相巴科在利物浦宣言。美國們羅之遺訓。在美國並無人與之反對。如美國較從前加意設法。使南美洲各國恪守公法。以免歐洲各國與之再有齟齬。則爲大有益于文明也。

（管子傳接前）

此地方政治組織之大略也。

（首憲篇）分國以爲五鄉。鄉爲之師。分鄉以爲五州。州爲之長。分州以爲十里。里爲之尉。分里以爲十游。游爲之宗。十家爲什。五家爲伍。什伍皆有長焉。築障塞匿。一道路。博出入。審閭閈。愼筦鍵。筦藏于里尉。置閭有司。以時開閉。閭有司觀出入者。以復于里尉。凡出入不時。衣服不中。圈屬羣徒不順于常者。閭有司見之。復無時。若在長家子弟臣妾屬役賓客。則里尉以譙于游宗。游宗以譙于什伍。什伍以譙于長家。譙敬而勿復。一再則宥。三則不赦。凡孝悌忠信賢良儁材。若在長家子弟臣妾屬役賓客。則什伍以復于游宗。游宗以復于里尉。里尉以復于州長。州長以計于鄉師。鄉師以著於士師。三月一復。六月一計。十二月一著。

此地方政治辦理之條件也。首憲篇所言組織。與小匡篇所記略有出入。殆彼爲管子所實施。而此則汎論其理法歟。請更擧其實施之次弟。

（小匡篇）正月之朝。鄉長復事。公親問焉曰。於子之鄉。有居處爲義。好學聰明。質仁慈孝於父母。長弟聞於鄉里者。有則以告。有而不以告。謂之蔽賢。其罪五。有司已於事而竣。公又問焉曰。於子之鄉。有拳勇股肱之力。筋骨秀出於衆者。有則以告。有而不以告。謂之蔽才。其罪五。有司已于事而竣。公又問焉曰。於子之鄉。有不慈孝於父母。不長弟於鄉里。驕躁淫暴。不用上令者。有則以告。有而不以告。謂之下比。其罪五。有司已于事而竣。于是鄉長退而修德進賢。桓公親見之。遂使役之官。（中略）公宣問其鄉里而有考驗。乃召而與之坐。省相其質。以參其成功而時設問國家之患而不肉。退而察問其鄉里以觀其所能。而無大過。登以爲上卿之佐。名之曰三選。故子國子退而修鄉。鄉退而修連。連退而修里。里退而修軌。軌退而修家。是故匹夫有善可得而舉也。匹夫有不善可得而誅也。

（又）正月之朝。五屬大夫復事於公。擇其寡功者而譙之曰。列地分民者若一。何故獨寡功。何以不及人。教訓不善。政事不治。一再則宥。三則不赦。公又問焉曰。於子之屬云云（中略）（此下問三段與前節問鄉師者同故省之不錄）有司已事而竣。於是乎五屬大夫退而修屬。屬退而修連。連退而修鄉。鄉退而修卒。卒退而修邑。邑退而修家。是故匹夫有善可得而舉。有不善可得而誅。

泰西之社會以人爲單位。泰東之社會以家爲單位。蓋家族政治實東方之特色也。管子所畫之自治案上下相屬與來喀瓦士之治斯巴達者畧同。然來氏以國中有九千人故分爲九千區。管子則起點於家而分爲二十一鄉五屬。此亦羣治根本之異點也。管子之治寓兵於民。故地方自治制度亦分軍政民政之兩途。所謂武政聽屬文政聽鄉是也。今以家爲單位。以國爲最高位。圖其統系如左。

民政之部

家——軌（五家）——里（十軌）——連（四里）——鄉（十連）——國

軍政之部

　　　　　　　　——邑（六軌）——卒（十邑）——鄉（十卒）——屬（三鄉）——國

此管子實施之制也。更參以首憲篇所言理法。則自里以上。大略相同。自里以下。愈加繁密。蓋地方自治最初級者最切要也。試圖中央官制與地方官制之關係如下。

君主——士師——鄉長——連長——里司

　　　代君主總管諸卿　一名鄉師　或稱州長　或稱里尉

游宗——什長——軌長——家長

　　　　　　或稱伍長

其政治之屬於地方自治範圍內者要目如下。

A 國防之政（見下）

B 教育之政（見下）

C 選舉之政（小匡篇所言三選之法是也）

D　警察之政（首憲篇言里尉閭有司所督查是也）

E　公業之政（首憲篇所言築障塞修道路等是也）

F　殖產之政（見下）

G　租稅之政（見下）

就今日視之。其中央政權。與地方政權之界限。似不甚分明。然當時之國家。其幅員非若今之廣大。雖雅典斯巴達亦中央與地方混同矣。此不足爲管子病也。

且吾更有一言。即管子之地方制度。其鄉師以下各官。皆由民舉之。而後君任之也。所謂三選之法是已。其選舉雖未立有法規。不能如斯巴達雅典之精密。然一憑諸輿論以爲取舍之衡。此所以權不專集而事克舉也。所謂鄉與朝爭治。此之謂也。

（6）教育事業

（甲）軍國主義之教育

周之列國。其至戰國時。猶稱雄爲東西二帝。相對峙者。曰齊曰秦。皆受軍國主義之賜也。齊有管子。秦有商君。並以尚武精神。敎其國民。而其結果遂若此。此眞古今得失之林哉。管子之初見桓公也。曰君霸王則國定。不霸王則國不定。蓋深見夫列國並立競爭之天下。非進取則無以爲保守也。故務欲舉其國而爲軍國民。於是有所謂作內政寓軍令之政策。後儒之論此事也。以爲管子懼鄰國之知其謀。而因有所備。乃故爲此詭祕也。而豈知不然。彼管子立法之精神。與來喀瓦士同出一轍者也。管子曰。善爲政者。其士民貴武勇而賤得利。其庶人好耕農而惡飲食。（五輔篇）又曰。夫至用民者。殺之危之勞之苦之飢之渴之。而民毋可與慮害己者。（法法篇）蓋管子所欲養成之國民資格如是。如是故其軍事教育與地方自治相輔而行。試舉其略。

（小匡篇）管子曰。請作內政而寓軍令焉。爲高子之里。爲國子之里。爲公里。三分齊國以爲三軍。擇其賢民。使爲里居。鄉有行伍卒長。則其制令且以田獵。因以賞罰。則百姓通於軍事矣。桓公曰善。於是乎管子乃制五家以爲軌。軌爲之長。十軌爲里。里有司。四里爲連。連爲之長。十連爲鄉。鄉有良人。以爲軍令。是故五家爲軌。五人爲伍。軌長率之。十軌爲里。故五十人爲小戎。里有司率之。十連爲鄉。故二千人爲旅。鄉良人率之。五鄉一師。故萬人一軍。五鄉之師率之。三軍故有中軍之鼓。有高子之鼓。有國子之鼓。春以田曰蒐振旅。秋以田曰獮治兵。是故卒伍政定於里。軍旅政定于郊。內敎既成。令不得遷徙。故卒伍之人。人與人相保。家與家相愛。少相居長相游祭祀相福。死喪相恤。禍福相憂。居處相樂。行作相和。哭泣相哀。是故夜戰其聲相聞。足以無亂。晝戰其目相見。足以相識。驩欣足以相死。是故以守則固。以戰則勝。君有此三萬人。以橫行天下。天下大國之君。莫之能圉也。

此實管子帝國主義之基礎所由立也。軍事之精神多端。而其最要者曰秩序。曰親愛。來喀瓦士之致斯巴達人。使之共桌而食。戰時則相約共生死。所以發其親愛之心也。管子所謂驩欣足以相死。誠得其要矣。「管子」中「地圖」「參患」「制分」「爲兵之數」「選陳」等篇。皆言軍事教育之理法。文繁今不具錄。要其大指。可括以數言。侈靡篇云。『爲國者反民性。然後可以與民戚。民欲佚而教以勞。民欲生而教以死。勞教定而國富。死教定而威行。』管子教育之精神。殆不外是。即來喀瓦士教育之精神。亦殆不外是。

抑管子之所以養成軍國民者。猶不在形式之教育也。而在愛國心之教育。九變篇云。『凡民之所以守戰至死而不德其上者。有數以至焉。曰大者親戚墳墓之所在也。田宅富厚足居也。不然則州縣鄉黨足懷樂也。不然則上之教訓習俗慈愛于民也。不然則有深怨於敵人也此民之所以守戰至死而不德其上也」此言乎愛國心爲軍人資格之本原也彼自爲戰自爲其國戰而何德其上之有然所以養其民使能如是者則教育之妙用存焉矣

(乙)普通教育

管子畢生之事業最注意於教育大率以進民德養民力爲主要而智育則甚闕如今請舉其關於教育之名論而解釋之

「管子」發端「國頌」一篇實全書之主腦也其言曰倉廩實則知禮節衣食足則知榮辱四維不張國乃滅亡太史公最稱道之焉管子深知夫道德爲立國之本原也又知夫政治生計在在與道德有關係也故其所行種種干涉政略凡所以爲德育之具也其言曰野蕪曠則民乃菅上無量則民乃妄文巧不禁則民乃淫不璋兩原則刑乃繁不明鬼神則陋民不悟（國頌篇）觀此乃知其一切法治政策經濟政策凡所以爲教育國民計舉管子一書皆作爲教育觀可也

管子之教育不在箇人而在國民之全體故以化民成俗爲第一義故其言曰一人服

之萬人從之訓之所期也未之令而爲未之使而往上不加勉而民自盡竭俗之所期也。（七觀篇）又曰是故智者知之愚者不知不可以教民巧者能之拙者不能不可以教民。（士農工商篇）又權修篇云。

凡牧民者欲民之正也欲民之正則微邪不可不禁也微邪者大邪之所生也凡牧民者欲民之有禮也欲民之有禮則小禮不可不謹也凡牧民者欲民之有義也欲民之有義則小義不可不行欲民之有廉則小廉不可不修欲民之有恥則小恥不可不飾

此管子教育主義之綱領也。

管子教育之方法有一特色即因民之職業而區分之使各受教不相雜是也故其制國爲二十一鄉則商工之鄉六士農之鄉十五其所以爲此等區分者所以爲受教育之地也小匡篇云。

士農工商四民者國之石民也不可使雜處雜處則其言哤其事亂是故聖王處士必於閒燕處農必於田墅處工必就官府處商必就市井今夫士羣萃而州處閒燕則父與父言義子與子言孝長者言愛幼者言弟旦昔以從事于此以教其子弟少而習焉其心安焉不見異物而遷焉是故其父兄之教不肅而成其子弟之學不勞而能（下略）（下文言農工商不可雜處之理由文繁故闕之）

（未完）

第一靈驗 驗方續編

定價日洋六毫

此書成于海內五大名醫之手乃費十餘年之心力搜集各種經驗奇方以補驗方新編之缺凡驗方新編所未載之病症所未列之方藥此續編均已齊備海內十八省家家有此書而海外缺如用是特印此編以備海外諸君之購用此書與驗方新編相附而行有新編者萬不可不買此續編也

寄售處 新民叢報社

英法德日中五國語言合璧

布面洋裝精本 定價二元

今日新學大興語言一科尤爲要用但向來我國于此等書多無美備之本如字典之類則嫌其涉于煩重如會話之類又嫌其過于漏略種種不適于用不無遺憾本書乃精通五國語言之人合力撰成其中分門別類譯解清晰而于日用應酬一切皆極詳備凡出外者尤爲稱便若購讀此書則不數月而可通數國之話其便利誠莫過于是矣

現已出書

總批發處 北京琉璃廠有正書局 上海大馬路廣智書局

上海百美圖照相

全一冊定價二元

中國之美麗人都聚於上海一埠所惜者曇花一現即爲金屋深藏是以情人思客有侯門似海之悲鄙人感焉在滬上百計搜求費十餘年之心力將二十年來之名妹秀媛小影共得百數十人一時名貴無不備具有時俗客不來明窓展玩如溫舊夢如對新花茲特精工印成合爲一冊公諸普天下情人其亦添見影相思之感乎現已印成即日出版

十冊以上九折　五十冊以上八折

北京總批發所西門內琉璃廠　有正書局

上海總批發所南京路同樂里　廣智書局

橫濱總批發所山下町百五十二番　新民叢報社

啓者。本店開設日本東京經已三十有餘年。專製造機器字粒及各種花邊電版一切印刷物件。其精緻秀美。久已四海馳名。迥非別家之可比。至字粒之式樣。大小高低。全仿歐美所製。而且字體玲瓏堅固。雖日久用之。永無殘破模糊之弊。凡印刷書籍地圖繪畫等。皆極鮮明精巧。版面用墨不多。額外着色。本店不惜工本。專心製造。近更日加改良。精益求精。一切印刷物件。實較歐美有過之無不及。倘蒙 諸尊光顧。請移 玉步。貨眞價實。童叟無欺。

又本店之機器字粒及各種花邊電版一切印刷物件。皆印有圖形。如遠地 諸君欲購何種。而欲先行取閱式樣者。可列明函告本店。當按照寄上。

登錄商標 (II)

日本東京市京橋區築地二丁目十七番地

株式會社 東京築地活版製造所

游學譯編特別告白

本社譯編之銷流於內地者向以廣智書局爲總代派處經理發售分寄諸務今因湖南編譯社開辦伊始設事務所於上海三馬路中蘇報館內書籍出版概由此發行茲議將譯編並改歸該事務所以期劃一嗣後發行譯編及一切帳項均由該事務所經理其有願承認代派及已代派須再增寄者即逕函商該事務所可也

日本東京　游學譯編社謹啓

侯官陳平琪著　順德馬麟書校錄

中西算學題鏡

白紙大板四厚册◎定價洋一元六角

以精銳之思想闡發新理創立捷術涵貫中西鞭答今古首卷專論三次式次卷專論無定式三卷專論垛積四卷專論開方五六兩卷雜題七卷專論曲線微積八卷新譯續幾何都八卷共百題理蘊闢新法皆邁古無一題非異想奇術無一字非金鍼指南盡搜算學之疑難而剖析之提謬揭而釐革之批吭擣虛中隙導窾當今算學家之電光鏡也欲深通此術者不可不人手一編焉初印無多幸速購取

代售處　廣東聖教書樓

六

重訂坤輿兩半球圖告成

大地之體如球故名曰地球此圖分作東西二球以便檢閱地球之面水居十之七陸居十之三水分作五曰大東洋曰大西洋曰印度洋又名南洋曰北冰洋曰南冰洋陸亦分作九中央曰亞細亞洲北西曰歐羅巴洲西南曰阿非利加洲此三洲土壤相接又東南有澳大利洲俱在地球之東面而在西面者曰南北亞美利加洲合之爲五大洲中分大小各國無慮阡陌此外有無數島嶼星羅棊布於五大洋中亦一一縮寫細大無遺而各洲交界分以五彩高山大川都會城邑以及鐵路電綫船艦航程等務加博採摹繪精緻眉目分明譯作華字詳注地名印用潔白洋紙掛之壁上一目瞭然誠爲輿學之捷徑也

●每張價洋二角伍分批發另議●上海四馬路樂善堂化學儀器館文明書局寄售

日本東京銀座大街　**樂善堂敬白**

三八五八

◉飲氷室文集出書

本局所印之飲氷室文集前已屢登各報想爲天下同志所共見茲以問訊頻頻不便久延故特日夜加工趕速出書以副諸君先睹爲快之意今幸全集付印已成敬告已購股票諸君早日携票到取印刷無多除股票外存書有限如欲購者務請從速遲則恐不及矣本書共釘成十八本分爲二函裝潢精美最便携帶定價每部六元五角外埠郵費另加三角

上海南京路同樂里　**廣智書局啓**

◎廣智書局特别告白

本局自去年創辦迄今已及一載出版各書皆務以輸進文明爲宗旨不敢草率從事至于譯筆精暢訂價從廉非徒爲圖利可同日而語當蒙海內通人所賞識不置一年而來銷塲極盛今更爲推廣及利便購書者起見所有零售書籍槪託四馬路東首老巡捕房對門日本新民叢報支店爲發行所如欲購本局及各書坊出版新書該支店皆可代爲配備原班回件决不延誤致原日各處交易書坊暨躉購大宗書籍者則仍歸本總局批發取價格外克已如蒙賜顧請到本帳房面議

上海南京路同樂里廣智書局謹啓

第三種郵便物認可
新民叢報第二十六號　明治三十六年二月廿六日發行

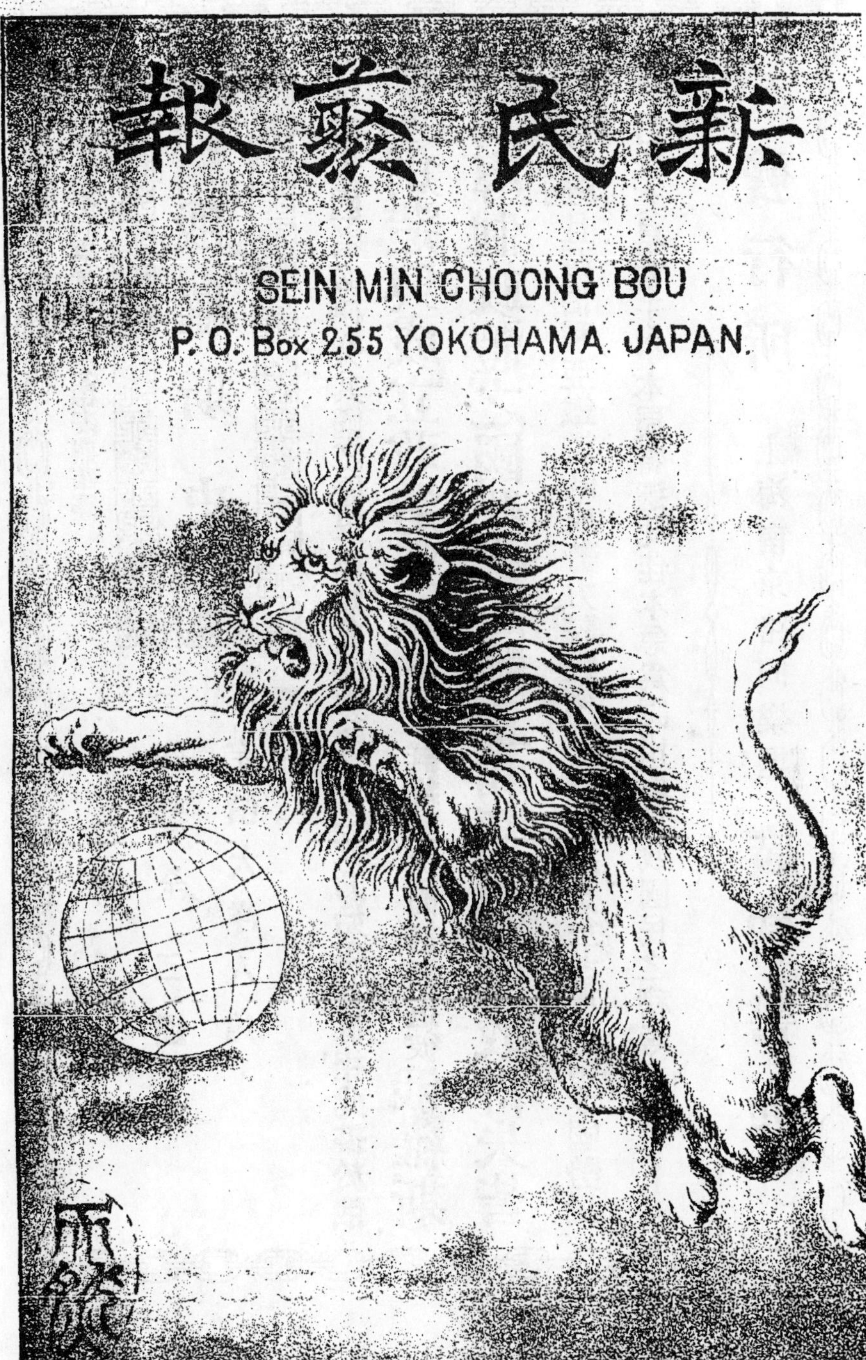
新民叢報
SEIN MIN CHOONG BOU
P. O. Box 255 YOKOHAMA JAPAN.

第貳拾柒號

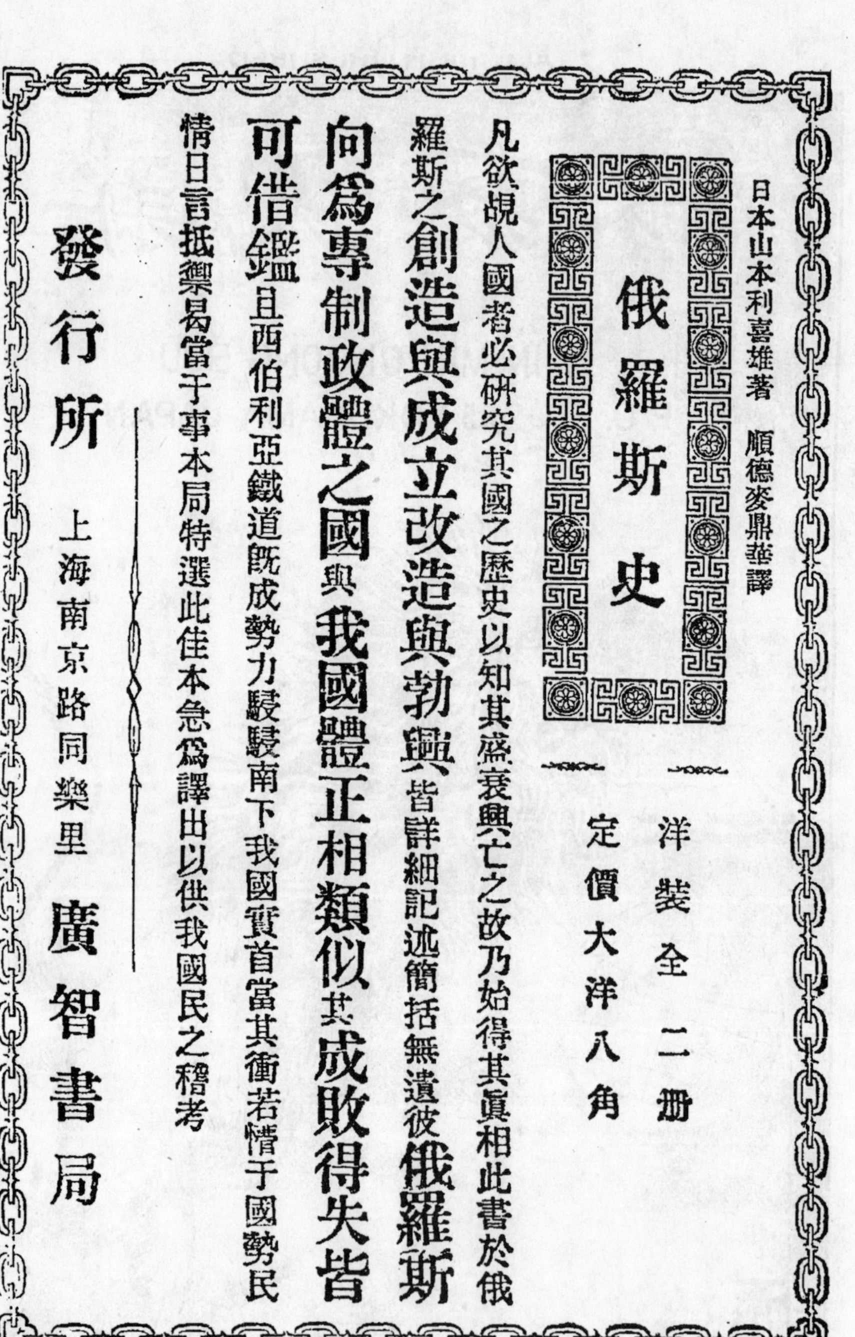
日本山本利喜雄著　順德麥鼎華譯
俄羅斯史
洋裝全二冊
定價大洋八角
凡欲覘人國者必研究其國之歷史以知其盛衰興亡之故乃始得其眞相此書於俄羅斯之創造與成立改造與勃興皆詳細記述簡括無遺彼俄羅斯向爲專制政體之國與我國體正相類似其成敗得失皆可借鑑且西伯利亞鐵道既成勢力駸駸南下我國實首當其衝若惰于國勢民情日言抵禦曷當于事本局特選此佳本急爲譯出以供我國民之稽考
發行所　上海南京路同樂里　廣智書局

三八六二

新民叢報第貳拾柒號目錄

▲叢錄門

◉售報價目表

全年廿四册	半年十二册	每册
六元	三元三角	三角

日本各地全年五元半年二元六角每册二角五分日本及日郵已通之地每册加郵費一分全年二角四分其餘各外埠每册加郵費六分全年一元四角四分

◉廣告價目表

洋裝一頁	洋裝半頁
十元	六元

惠登廣告至少以半頁起算刋資先惠論前加倍欲登長年半年者價當面議從減

編輯兼發行者 馮紫珊
印刷者 陳侶笙
發行所 橫濱山下町百五十二番 新民叢報社
上海發行所 四馬路老巡捕房對面 新民叢報支店
印刷所 橫濱山下町百五十二番 新民叢報活版部

英國前相侯爵沙士勃雷

Satisbury Ex- prime Minister of England.

德國宰相伯爵彪路

Count Von Buelow, Chancellor of the German Empire

英國倫敦塔之橋

THE TOWER BRIDGE, LODON.

英國倫敦水晶宮

THE CRYSTAL PALACE, LONDON

德國伯林布蘭敦卜架凱旋門

THE BRANDENBURGAR ARCH

荷蘭海牙府森林之宮殿（萬國平和會議之所）

"THE PALACE OEE TH WOOD," HAGUE'

論著門

南荃君鑒　辱承　惠書敬悉一切如有函件
望隨時從郵寄下無任感激　尊寓幷望
示知俾便通訊及將報章寄呈特此奉復
瘦石詞人鑒　賜書領悉　尊箸望即寄惠俾
得拜讀幸幸此復

本社謹啓

論說

論中國國民之品格

中國之新民

品格者人之所以爲人藉以自立於一羣之內者也。人必保持其高尚之品格。以受他人之尊敬。然後足以自存。否則人格不具。將爲世所不齒。個人之人格然。國家之人格亦何莫不然。

國有三等。一曰受人尊敬之國。其敎化政治卓然冠絕於環球。其聲明文物爛然震眩於耳目。一切舉動悉循公理。不必誇耀威力而隣國莫不愛之重之。次曰受人畏懾之國。敎化政治非必其卓絕也。聲明文物非必其震眩也。然挾莫强之兵力。雖行以無道。猶足以鞭笞羣雄。而橫絕地球。若是者隣國雖疾視不平。亦且側目重足。動色而羣相震懾。至其下者則薾然不足以自立。坐聽他人之蹴踏操縱。有他動而無自動。其在世界若存若亡矣。若是者曰受人輕侮之國。

第一種國以文明表著如美者也第二種國以武力雄視如俄者也第三種國文明武力皆無足道如埃及印度越南朝鮮者也國於天地者殆以百數然第其國勢不出三者我中國固國於大地之一國也三者其何以自處

中國者文明之鼻祖也其開化遠在希臘羅馬之先二千年來制度文物燦然燿於大地徵特東洋諸國之浴我文化而已歐洲近世物質進化所謂羅盤針火藥印刷之三大發明亦莫非傳自支那丏東來之餘瀝中國文明之早固世界所公認矣至於武功之震鑠則隋唐之征高麗元之伐日本明之討越南兵力皆遠伸於國外昔者二千年前漢武帝鑿通西域略新疆青海諸地絕大漠踰天山越帕米爾高原度小亞細亞而威力直達於地中海之東岸讀支那人種之侵略史東西人所不能不色然以驚者也數百年來文明日見退化五口通商而後武力且不足以攘外老大帝國之醜聲囂然不絕於吾耳昔之浴我文化者今乃詆為野蠻半化矣昔之懾我強盛者今乃詆為東方病夫矣乃者翦藩屬割要港議瓜分奪主權鬩之侮以空言者今且侮以實事肆意淩辱咄咄逼人彼白人之視我曾埃及印度諸國之不若祖國昔日之名譽光榮一

旦掃地以盡逐自第一第二之位置隤然墮落於三等誰實爲之而至於此

且夫四百餘州之地未嘗狹於曩時也人口之蕃殖其數幾倍於百年以前然東西諸國乃以三等之國遇我者何也曰人之見禮於人也不視其人之衣服文采而視其人之品格國之見重於人也亦不視其國土之大小人口之衆寡而視其國民之品格我國民之品格一埃及印度人之品格也其缺點多矣不敢枚舉舉其大者

一愛國心之薄弱支那人無愛國心此東西人詆我之恒言也吾聞而憤之恥之然反觀自省誠不能不謂然也我國國民習爲奴隸於專制政體之下視國家爲帝王之私產非吾儕所與有故於國家之盛衰興敗如秦人視越人之肥瘠膜然不少動於心無智愚賢不肖皆皇然爲一家一身之計吾非敢謂身家之不當愛也然國者身家之託屬苟非得國家之藩籬以爲之防其害患謀其治安則徒挈此無所託屬之身家纍纍若喪家之狗皮之不存毛將焉附勢必如猶太人之流離瑣尾不能一日立於天壤之間然非先犧牲其身家之私計竭力以張其國勢則必不能爲身家之藩楯爲我防害患而謀治安故夫愛國云者質言之直自愛而已人而不知自愛固禽獸之不若矣

人而禽獸不若尙何品格之足言耶尙何品格之足言耶

一獨立性之柔脆獨立有二義一曰有自力而不倚賴他力一曰有主權而不服從他權然倚賴爲因服從爲果孩稚仰保姆之哺抱故受其指揮奴隸待主人之豢養故服其命令孩稚奴隸二者皆未具人格者也若夫完具人格之人則不倚賴他人而可以自立自不肯服從他人而可以自由苟或侵辱其主權則必奮起抗爭雖至糜首粉身必不肯損辱絲毫之權利以屈服於他人主權之下此人道之所以尊貴而國權所由一張盛也荷蘭蕞爾之國耳見圍於路易十四窮蹙無以自存其國民强立不撓乃盡撤隄防決北海之洪流以灌沒其國寧舉全國之土地財產家室墳墓盡擲之巨浸之中寧漂流無歸保獨立於艦隊之上必不肯屈志辱身隸人藩屬受他族之轄治以汚玷人民之名譽損辱國家之主權嗚呼讀荷法之戰史其國民雄偉之品格猶令人肅然起敬悚然動容我國民不自樹立柔媚無骨惟奉一庇人宇下之主義暴君汚吏之壓制也服從之他族異種之羈軛也亦服從之但得一人之母我則不惜爲之子但得一人之主我則不憚爲之奴昨日抗爲仇敵而今日君父矣今日鄙爲夷狄而明

日神聖矣讀二十四朝易姓之史覩庚子以來京津之事不自知其赧愧汗下也品格之汚下賤辱至此極矣

一公共心之缺乏人者動物之能羣者也置身物競之場獨力必不足以自立則必互相提攜互相防衛互相救恤互相聯合分勞協力聯爲團體以保治安然團體之公益與個人之私利時相枘鑿而不可得兼也則不可不犧牲個人之私利以保持團體之公益然無法律以制裁之無刑罰以驅迫之惟恃此公德之心以維此羣治故公德盛者其羣必盛公德衰者其羣必衰公德者誠人類生存之基本哉我國人同此人類非能逃於羣外也然素缺於公德之敎育風俗日習於澆漓故上者守一自了主義斷斷然束身寡過任衆事之廢墮蕪穢羣治之弛縱敗壞惟是塞耳瞑目不與聞公事以爲高下者則標爲我爲宗旨先私利而後公益嗜利無恥乘便營私又其甚者防公益以牟私利傾軋同類獨謀壟斷乃至假外人之威力以朘剝同胞爲他族之倀鬼以搏噬同種謀絲毫之小利圖一日之功名不惜殲其羣以爲之殉嗚呼道德之頹盪至此是亦不仁之甚可謂爲人道之蟊賊者矣

一自治力之欠闕英人恒自誇於世曰五洲之內無論何地苟有一二英人之足跡則其地即形成第二之英國斯固非誇誕之大言也盎格魯撒遜人種最富於自治之力故其移殖他地即布其自治之制度而規律井然雖寥落數人其勢已隱若敵國是以英國殖民之地遍於日所出入之區中國人之出洋者亦衆矣然毫無自治之能力漫然絕無紀律故雖以數百萬人但供他人之牛馬備他人之奴隸甚者以賭博械鬬吸食鴉片汚穢不潔爲他人所唾罵不齒藉口而肆言驅逐且非獨在外而已在內亦莫不然故中國者一凌亂無法之國也中人者一放盪無紀之國民也夫合人人以成羣即有以善此羣者之團治以一羣之人分治此一羣之事而復有法律以劃其度量分界故事易舉而人不相侵中國人缺於自治之力事事待治於人治之者而善也則大綱粗舉終不能百廢具興也治之者而不善則任其弛墮毀敗束手而無可如何然中國治人者能力之程度去待治者不能以寸也故一羣之內錯亂而絕無規則凡橋梁河道墟市道路以至一切羣內之事皆極其紛雜蕪亂如散沙如亂絲如失律敗軍如泥中鬬獸從無一人奮起而整理之一府如是一縣如是一鄉一族亦罔不如是

至於私人一身則最近而至易爲力者矣然紛雜蕪亂亦復如是其器物不置定位其作事不勒定課其約束不循定期其起居飲食不立定時故其精神則桎梏束縛曾無活潑之生氣獨其行爲舉動則邋然一任自由嗚呼文明野蠻之程度視其有法律無法律以爲差耳不能自事其事而徒縱其無法律之自由彼其去生番野蠻也曾幾何矣。

此數者皆人道必不可缺之德國家之元氣而國民品格之所以成具者也四者不備時日非人國而無人時日非國非人非國外人之輕侮又烏足怪也然我中國人種固世界最膨脹有力之人種也英法諸人非驚爲不能壓抑之族民即詫爲馳突世界之人種甚者且謂他日東力西漸侵略歐洲俄不能拒法不能守惟聯合盎格魯撒遜同盟庶可抵其雄力邇來黃禍之聲不絕於白人之口故使我爲紅番黑人斯亦已耳我而爲膨脹人種不蓄擴其勢力發揮其精神養成一偉大國民出與列强相角逐顧乃萎靡腐敗自汚自點以受他人之辱侮宰割無亦我國民之不知自重也伽特曰人各立於己所欲立之地孔子曰我欲仁斯仁至吾人其有偉大國民之欲望乎則亦培養

公德摩厲政才煎劣下之根性涵遠大之思想自克自修以斬合於人格國民者個人之集合體也人人有高尚之德操合之即國民完粹之品格有四萬萬之偉大民族又烏見今日之輕侮我者不反而尊敬我畏懾我耶西哲有言外侮之時最易陶成健強之品格我國民倘亦利用此外侮以不負其玉成耶不然讀羅馬末路之史念其衰亡之原因不能不爲我國民慄然懼也

唯心派鉅子黑智兒學說

君武

第一　黑智兒之生活

黑智兒名威廉弗列得立克。George Wilhelm Friedrick Hegel 千七百七十年。生於日耳曼之司士特加特。Stuttgart 年十八。入士賓根 Tübingen 大學修神學。黑氏幼時性頗鈍碌。碌無所奇。時與瑞林格 Schelling 同學。瑞故奇慧。雖爲後進。諸同學者莫能及之。黑氏深爲瑞之所親愛。訂莫逆交。既而黑氏爲貧所迫。之瑞士爲私家敎師。至千八百一年。黑氏之父死。遺有薄產。遂棄敎師之任。移居約拿 Jena 博稽深思。黑氏早年惟傳瑞林格之學而已。千八百一年。始著「費息特及瑞林格之哲學異同論」Difference between Fichte and Schelling 是爲黑智兒脫瑞林格哲學範圍之始。千八百一三年之間。偕瑞氏共著「哲學批評雜誌」。其中黑氏所著錄者頗多要義。千八百五年。遂爲約拿之大學總教師。著「心意觀象論」phenomenology of mind 此實黑氏眞抒己見之大著。而在約拿所著。諸書之冠冕也。黑氏著此書時。適約拿有戰事。法軍蜂至。砲聲隆隆。黑氏若寂無所聞也者。手不停書。其思深矣。黑氏在約拿。與日耳曼大文豪荷特 Goethe 許累兒 Schiller 納交。故黑氏一生。甚稱荷特之文學。千八百七年之邦卑爾。Bamberg 發行政學雜誌。凡二年。千八百八年之冬。去之魯音堡 Nurnberg 爲高等學校之校長。費四年之力。著「論理學」。娶妻土瑞兒。Feraulein von Tucher 愛好相歡。一生無間。生二子焉。千八百十六年。受海達爾堡 Heidelberg 之聘。爲哲學講師。千八百十七年。刊行「哲學百科全書」。匯集全學。成一偉著。黑智兒之名。大噪於一時矣。千八百十八年。受聘之伯林。千八百二十一年。著「權利哲學」Philosophy of right 以爲人民代表、出版自由、裁判公開、陪審、地方自治、五者爲政治上不可缺之要質。黑氏在伯林凡十三年。一切哲學。無所不講。指陳得失。自標新義。黑氏死後。其友人弟子輩乃錄其講義刊行之。黑氏疏於禮法。不事修飾。外觀不揚。而精神內含。其思索哲學也。極深研幾。常自標新義。不受前人之範圍。接納後進。循循如也。不自炫傲。千八百二十九年。爲伯林大學之校長。千八百三十一年。霍亂症盛行於日耳曼。黑氏死焉年六十一。其著作及講義共訂爲十八巨册。卷一小文。卷二現象論。卷三至卷五名學。卷六七百科全書。卷八權利哲學。卷九歷史哲學。卷十審美學。卷十一二宗教哲學。卷十三至十五哲學史。卷十六至十八雜錄。

第二　黑智兒之學風

當黑智兒講學之時。瑞林格之學風盛行於日耳曼。然瑞林格之哲學。似自然近理。然無確實之證據。多不合於規制。其失在無科學。無科學。故易流爲狡猾武斷。蓋瑞氏之學務與康德、費息特相反對。而其說多不合於論理。思想所及。無確然之證據以實之。雖其徒候京 Oken 司徒紛司 Steffens 出力張其師說。務可見之於實行。而其失在無眞實之思想。故瑞氏之學。終不能滿於人心。

至黑智兒出而哲學之面目一變。掃除舊說之誤。而以規制證明之。以論理法救正瑞林格之失。脫瑞林格之範圍而自標新義。以宇宙之實象證眞理。嗚呼。黑智兒之大名。雷轟於哲學界。放大異彩。固自有其眞價値在焉。非偶然也。

哲學界之能倡新思想者。如笛卡兒、馬累白能奇 Malebranche 斯賓挪莎、陸克、白克雷、

Berkeley 朽姆 Hume 康德、費息特、之徒皆是也。近世哲學之最盛者即唯心論與懷疑論。二杜屹立不歸於唯心論者。必歸於懷疑論。然徒托虛言而有實證。故世人之領會之者終少。而與常人之性情。常格格不相入。而世人亦多謂此等學說。於世界無關涉無效驗矣。

黑智兒出而世人之心目爲之一新。黑氏以爲主觀 Subject 與客觀 Object 無差別。故心思與事物亦無差別。究而論之。心之與物。一而已。內界外界皆眞實。皆非眞實。而自相等。此誠笛卡兒、斯賓挪莎之所不敢言。瑞林格雖言之。而其道亦不同也。

乍聞黑氏之說。莫不驚其說之自相矛盾者。蓋虛想之物。與實有之物。二者固異。不可同也。康德曰。夫人之意想中所懸擬之百金。與手中實已得之百金。其不同也。不待問可知也。黑智兒則以爲哲學不可以若是說之。哲學者必要 necessary 而且永存 eternal 之學也。不可以百金爲言也。

百金不可以解哲學。而哲學之所以爲必要且永存者。則何如。

曰。如我思「無物」Non-existence「無物」則固無物也。然「無物」一語。在我思中。則已

明明成爲一物矣「無物」本無物而既在人之思想中則明明一物然此固明明一思也故思之與物無所差別

故黑智兒有名言曰「物即非物二者爲一」黑智兒之爲是言非無根之空論也彼又有一根論曰「相反者常相同」

夫相反者何以能相同乎「有」之與「無」既迥然相反則迥然不能相同也黑智兒曰相反者乃物質上之事而相同即在相反之中蓋物不能自有借人之思想而後有夫思想中之有與無何異故有即無也

即以光 Light 論苟世間徒有光而無色 colour 或影 Shadow 則人亦不能見物故絕對之光與絕對之暗無以異光之與暗不能獨存二者常相雜合焉

「相反者相同」一語惹起世人不少之驚疑黑氏爲此說一洗舊有之陳論昌言物即非物主觀同時即客觀客觀同時即主觀光即是暗暗即是光其言曰世界萬物決不單行互相雜和是謂神律有詩句曰

nothing in this world is Single

All things by a law divine
In one anothers being mingle

人其勿驚黑智兒之說爲新創也。希臘諸哲既有倡此論於前者矣。黑拉克力太司 Heraclitus 曰「是即非是一物既成此其是也物必有其非物之時此其非是也」英培斗克爾司 Empede cles 曰「萬物錯雜而初無名其有名者乃其錯雜中之分別也」黑氏之說。即以論理法證黑拉克力太司之說而實之。（按中國白馬非白雞三足卵有毛之論。皆是此類惜無發明光大之者）黑智兒之哲學大原理即謂主觀與客觀相同而無所別異是也

夫主觀之與客觀迥相別異。何以能同。黑智兒曰凡物莫不相異而相同之故即在於是此誠哲學至美之論法蘭西人至讚之爲神語焉。勒魯覓爾 Renouvier 作哲學史謂黑氏此論爲永不可駁者。

第三 黑智兒之絕對唯心論

欲知黑智兒之學說爲眞實歟。爲謬妄歟。讀此書者可自得之。

瑞林格謂主觀與客觀相同而以磁石兩極之相同比之未爲得也磁石之兩極雖相同而決不能相合此人人之所知也黑智兒則謂一切物質本自相連合者不必更以二名表其連合之象也

一切物質本相連合而無所差異是爲黑智兒之絕對唯心論 Absolute Idealism 試以一樹而言之尋常之心靈學者曰人之見樹也有三因焉一爲樹二爲樹之影三爲會此影之人費息特曰惟有我在樹及樹影本爲一物而動我心者此爲主觀唯心論 Subjective Idealism 瑞林格曰樹之與我兩相同等無所別異（按其說甚含糊無據所以不滿於人心也）是爲客觀唯心論 Objective Ieadlism 黑智兒謂二子之說皆非是是三因者本爲一事一切物質本自連合我之與樹乃此連合中之二名詞耳是爲絕對唯心論三人之論各相反異然莫善於黑氏之說黑氏之持此說也有論理以實之故不可駁也

從絕對唯心論之說則此世界者惟一連合物而已斯賓挪莎之原質論不免太粗原質者只此連合世界之一箇名詞耳世界者意想中之連合物也主觀客觀皆後起之

事自連合上言之二者雖相反而實相同也。

黑智兒之絕對唯心論即朽姆 hume 之懷疑論也。朽氏曰無所謂心無所謂物惟理想 Idea 而已。黑智兒曰無所謂主觀無所謂客觀惟連合而已。康德謂物象可見其實在之天然性不可見。黑智兒駁之惟物惟有象而已。物之有象因人之有思既思物矣即是物也。

黑智兒之絕對唯心論所以有大功於人世者何。曰既知絕對唯心論之理則知此世界者本自無物惟有連合而人之思想可自由發達抉破一切之網羅而無所於限制故黑智兒之絕對唯心論實新世界之大光明也。黑智兒曰思想者世界之靈魂當極至其自由而破除一切之障礙確然自信為有絕對之靈性。既自信為有絕對之靈性矣更有何恐怖更有何罣礙浩然沛然獨來獨往是之謂極思想之自由。黑智兒之言如是其天才之卓絕實可驚嘆哉。

第四　黑智兒之論理學

黑智兒之論理學與尋常論理學之意義迥不相同。彼特借論理學以證「心之與物

本非二事」謂「心迹之與物體無差別即心即物一變舊時論理學之面目焉

黑智兒之論理學共三巨册標清潔之思想脫尋常之迹象其旨謂物之德性本有制限既無制限則亦無物

其第一命題曰「物與非物爲一」此誠非常之奇論而初聞之若大可笑者或難曰物旣與非物爲一則居室也產業也天氣也城市也日體也法律也心意也虛空也皆無差別乎黑智兒曰是諸物者皆有一公同之歸旨曰利用或又難曰誠如子言則世界之物有有用者有無用者何故黑智兒曰哲學者發表理想而使人脫盡一切有限定的歸旨之學也乃使人覺夫有物無物皆無殊別之學也

黑智兒又曰相反者相同其相同之故以凡物皆互相連合故是之謂正面實體 Positive reality 而自物與無物相同言之則亦無實體其有實體者以化成也 Becoming 化成之原質有二一曰無物(乃兼包者)一曰物(乃被兼包者)是二原質者本相反異而常相吸引因連合故故二者皆成實體

知化成之理則知物與無物僅想像上之事而已經想象之化成乃成實體既積兩非

乃成一是

物莫不有其制限而固定既固定矣即爲非物物之化成也其初必爲非物物質非物也物質既明明有一實體何謂非物曰既已爲物之一境則爲非物黑色之所以爲黑色者以其非紅色青色紫色也草地之所以爲草地者以其非葡萄場花園禾田也

物有反面乃成爲物既如上證然物之反面常可遷移而不固定以彼 That 此 This 言之如人立一樹下遠見一屋則必謂樹爲此謂屋爲彼苟即遷移去之屋中而遠見樹則又必謂屋爲此謂樹爲彼世間一切萬物莫不互有反面或者爲此或者爲彼其位不定皆如屋樹準此以推可知世間萬物莫不相同惟有連合而無反異

且人皆有常言曰現在現在一語至無定也時方亭午而曰現在則現在爲亭午經十二點鐘而至夜半於此之時而曰現在則現在爲夜半謂亭午是現在乎則夜半非也謂夜半是現在乎則亭午非也二者必居一於此矣然則現在 now 者乃普通獨立語也

黑智兒之論理學。效力甚鉅。而其爲說也。甚曖昧而難解。其意味甚恍惚而難知。苟深思之士。潛思其理。未有不驚黑氏思想之奇。而嘆其言之與眞理固相合也。(法人Dr ott常詳解其書)

第五　黑智兒之歷史哲學

黑智兒之歷史哲學。僅有講義。後其徒荀司Gaus乃記錄之。成爲一書。實黑氏全集中最有味之書也。令後之讀者。同讚美之不止。

黑智兒謂歷史者人羣理想發達之記錄也。欲研究歷史學者。不可不知其三面。一正面。二反面。三反面之反面。經此三面。人羣之眞事乃可見。

國家也。國民也。箇人也。皆特別時代之代表也。故其構造與儀式。此時與彼時常不相。同。而器物者。實時代變遷之迹也。英雄者。實時代表記之魂也。

由國民而成國家。非驟成也。初由一家族爲一部落。由一部落爲一種族。由一種族爲一國家。是理想之事實也。

理想之發表也。必有一劇場焉。地球是也。地球者。產生理想之方所也。登此劇場之人物。常隨時代而變異。地球者。歷史之基址也。地球大約可分爲三類。一山地。二平原。三

河岸海口。人羣之初發達也必在平原曠寞之野及稍進則必在河岸縈迴之區地勢開通人羣之靈性乃日濬商務遠及人羣之發達至不可限量焉

古今之歷史大約可分爲四大期。

一爲東方古國發達之期其發達之異點在物質其時人之理想不知有自由不知有人權惟知尊君主而已是爲理想發達之嬰兒時代

二爲希臘發達之期其發達之異點在箇人其時人之理想知有自由然不知人人皆有自由之理以爲惟其國人之數分可有自由而已心與物混是爲理想發達之少年時代

三爲羅馬發達之期羅馬勃興之時主觀與客觀之分別甚明晰政治之機關與箇人之自由并發達而不相合是爲理想發達之成人時代

四爲條頓人種發達之期不僅如希臘羅馬之思想以爲國人之數分可得自由而已以爲一切人皆有自由是爲理想發達之老年時代

夫身體之老爲衰頽而理想之老爲成熟黑智兒以哲學裝飾歷史能直扶歷史發達之實例誠巨觀也黑氏又引甚多之事實以證之玆不具詳

中國興亡一問題論（續廿六號）

觀雲

第二章　民族

第五節民族總論　我民族之入居於中國。攷其古蹟。大抵從西北而來。先展布於黃河兩岸之地。故曰地皇興於熊耳龍門之山。而三皇五帝之所都居亦均在黃河流域之區。故我國文化之趨勢由西北而及東南。而我種民族之趨勢亦先由西北而至東南。其時與我民族雜居者爲島夷獫狁葷粥氐羌等。然皆居四裔。惟苗族獨據中國腹地。古史稱苗族在江淮荆州之間。又云三苗之國左彭蠡而右洞庭。又云三苗爲九黎之後。九黎之亂時見於黃帝少昊顓頊之時。而蚩尤爲最著。我種人古時戰爭之事亦以黃帝征蚩尤爲稱首。蚩尤既殺。未盡絕滅。至少昊時九黎復亂。顓頊時誅九黎。分其子孫爲三國。三苗之名始此。堯興復誅苗民。舜時遷三苗於三危。禹攝位三苗在洞庭逆命。禹又誅之。而舜命禹征苗。其誓師之言。載於尚書。曰濟濟有衆。咸聽朕命。蠢茲有苗。昏迷不恭。侮慢自賢。反道敗德。君子在野。小人在位。民棄不保。天降之咎。肆予以爾衆士。奉辭罰罪。爾尚一乃心力。其克有勳。至今讀之。猶凜凜有生氣者。至周作呂刑。亦數苗民之惡。上及九黎。而舉蚩尤爲首。蓋上古中國一大民族。以江淮流域爲根據地。而我種人則以黃河爲根據地。時相戰伐。而卒爲我種人之所芟除者也。且夫我當日之民族足迹之游歷者蓋遠。而文化之興起者亦速。山海經一書。大抵爲古人游記之作。其體例。記鬼神。記道里。記動物。記植物。記丱蓬。記鬼神。原人時代。風俗則然。記丱產。則可補後人地誌所不及者。史又稱東至蟠木。蟠木大抵爲榑桑若木之稱。又安南人著史。泝其祖之所自出。曰神農三世孫曰帝明。帝明生帝宜。帝宜南巡至五嶺。接婺僊氏女生祿續。帝宜治北方。祿續封涇陽王治南方。涇陽王生貉龍。貉龍娶帝宜之子帝來之女。生百男。是爲百粵之祖。（據此安南人爲中國之同種）古史云。南至交趾。蓋指此。而流沙崑崙。時見古書。則述原代所居遷流所經之處也。以當日社會交通之未便。瀛車瀛船之均未發明。而足迹所及。窵遠若此。設我祖若宗無遠畧之志。無冒險之心。則東亞大陸時和物備山媚川嫿之一片佳麗地必不爲我種人之所有以生殖其子孫或且圉於西北荒瘠之區不得展舒其勢力發布其文明至今尙在游牧之時代與中亞洲之蠻族等也且史稱有巢以還燧人以後其時去原人時代衣草木食殆猶未遠而一入神農黃帝之世若曆律之發明醫葯之發明稼穡之發明陶器之發明一切政治制作技藝敎化咸有日進昌明之勢以彼舊民之蠻陋而與我新民族較其震驚於我族之文明者殆與今日震驚歐俗之進步者無以異我種人以彼種之劣也字之曰夷曰蠻曰戎狄而加以羊種犬種蛇種之稱又慮其腥羶我土地也放而逐之殺而戮之凡我種人之偉人物必以能攘戎狄驅蠻夷爲首功蓋同異種之戰鬬而民族主義之發生本於天性而出於自然蓋自古代而已然矣由是而茫茫大陸其日月待我而光明其山川待我而秩序其草木待我而馨香其鳥獸百物待我而亭毒而東海之上惟我民族有耿光者則以我民族之較於舊民族固我優而彼劣我勝而彼敗者天演之理然也雖然我民族則亦染有舊民族之毒害者若巫覡之風若昏虐之刑（楚語九黎亂德家爲巫史民神同位又書載苗民爲劓刵椓黥之刑刵截人耳劓截人鼻劅椓人陰黥割人面）皆苗民之所有以染及於我族者度亦當日婚姻之不嚴所致夫

變改習俗莫速於婚姻之力而優種人與劣種人結婚往往能失優種人之性質若昔者阿利安人種侵入印度時與其土人雜婚遂失其一種進取活潑之氣象而當其初分爲四種姓曰婆羅門曰刹帝力曰吠舍曰戍陀其間階級甚嚴蓋亦慮種族之混淆而設此防範也當我種入居中國之始與舊族雜居必有與之相匹合者若娶戎女納狄后猶時見於春秋之世則古時可知矣且夫我民族莫盛於三代之時至秦漢後而次衰自晉以還北方人種又混入匈奴巴氏羯羌鮮卑東胡之種類文明種族日益南遷中原文物遠非昔比吾痛吾之種族當生長發達之後忽爲北方蠻族所闖入而近者又有一種傑特强悍之民族窺東南海疆而至夫北方之蠻族其文化實不逮我不足懼也測海而來之歐洲人種較吾種之文化有進而遂鄙我爲野蠻爲半開爲病夫爲老大國而吾人種昔能戰勝舊民族者今乃不能勝新入之民族且爲新入之民族所勝而日有退居窮蹙之勢且我人種之尙可圖存者惟在今日耳失今不圖而待歐種勢力之既充後雖欲圖之而無其時則我黃帝堯舜之子孫有威光有榮譽有戰勝他人之資格者不可不起而自勵也盍亦嘗游滇黔楚蜀間而觀其山谷中一種之苗

族乎此皆戰敗殘贖之遺種不得復見天日者殷鑒不遠是我種人之鑒也

第六節民族之性質　彼英人之離母國而得一新地也必先言政治而平治道路設議會立公共之法律而法人不然當其得一新地也必先務爲游觀之處是以英人之於殖民地也數年之後日益發達而法人之於殖民地也常有寥落之虞英人之於殖民地也能自立爲一國不必依賴其母國而法人之於殖民地也常以母國扶持之英人之於殖民地也不必以母國之財爲子國之用法人之於殖民地也常至耗母國之財英人之於殖民地也常能合多數之異種而管理之而法人之於殖民地也其管理之才絀焉故曰論民族者觀其離母國後能自立國與否而優劣可知彼英人者常以此自詡其民族謂能占特色於全地球者以此而英人與法人以此較而見高下者亦以此無他則其民族性質之所自爲也夫事業者性質之現象而性質者事業之本也勢力者性質之效果而性質者勢力之因也。我民族而果占優等之性質乎則今全地球之勢力宜莫如我民族若東及東三省而南走安南暹羅緬甸南洋島嶼。棋布星羅。迤邐過東太平洋至於美洲。莫不有我華人之蹤跡焉。以多數管少數之例言之。我民族所至之處其數遠過白人擊東南洋而管領之以與全地球之民族爭雄長豈有能敵我者然而今日者白人以其少數之人提扼綱領而我華人皆俯首帖耳受羈軛於其下而不敢爭者論者謂我華人若散沙然若溪邊之積石然個人自爲個人而無一聯貫之機括是以全國之人號稱四百兆實則四百兆之個人而已夫以有經緯有組織之團體而至於四百兆此今日民族至多之數也分而爲個人則又民族至少之數也中國之四百兆者散體之少數而非合體之多數故易與也此言也則稍過其實矣夫個體與個體而不能聯合者禽獸是也是以爲人之所圈轄束縛豢養宰割而莫之能逃若我華種族則固有父子之親夫婦之愛兄弟之友朋友之交君臣之義以視夫衆多之個體與個體者其進化也亦遠矣然則我華人之所短者何哉曰無政治之思想而造成國家之才力短也家族主義的民族非國家主義的民族家族主義的民族以封殖其室家發達其子孫爲主而合衆之事共同立法共同議事立共同一致之目關爲共同一致之運動而依共同之主權造共同之幸福者其事闕焉互相關注互相團結不過同鄉同府同邑之誼所爲之事不過大致如會館而已所謀之目的大致懸

親而已扶助而已便於交好往來而已能如歐洲人種聚衆數人聚衆數十數衆數百即議共治之法律定共治之制度而成政治之機關造國家之基礎者乎無有也何則家族的民族非國家的民族故有天親之聯合無人治之聯合有倫紀之秩序無法律之秩序有家世之感情無邦國之感情而其弊也有營私心無合羣心有徇俗心無獨立心有貪鄙心無名譽心有節嗇心無慷慨心有卑下心無高尙心有巽懦心無勇敢心有晏安心無攻取心有退守心無冒險心有諂臣媚子干利徼祿之心無英雄豪傑赴功建業之心是以私鬬則勇（如南方一村一族之械鬬有甚劇烈者）公鬬則怯私利則明公利則暗私義則報之而公義忘焉私德尙有之而公德闕焉而出洋傭作者惟思還鄉游學畢業者但營膴仕其爲異種人所管領宜也何則彼固不能自造國家而待他人之造國家而已得安居其下也家族的民族非國家的民族固如是也夫當民族潮流膨脹四隘之時彼以國家之民族來我以家族之民族往其嚋勝而嚋負亦可知矣嗟乎我民族非自改良其性質進家族之主義而爲國家之主義吾未見能立於民族交通競爭衝突之時代也。

第七節民族之體力　智力俱全者人種之上者也有智而無力者次之有力而無智者又次之試游於途見其人也其氣象淸明其軀幹偉岸其狀貌都實而胸部正脊梁直肺量寛其氣血充沛而有餘官骸四肢無不發達之部如是則必爲世界雄武之民矣反是而見其人也其氣象茶靡其軀幹尫弱其狀貌劬苦而胷部壓脊梁曲肺量窄其氣血虧損而若不足官骸四肢有不發達之部如是則必爲世界縈下之民矣以我種人與歐種較其縱量大概弱歐種人一頭有餘其橫量大概以歐洲之五人當吾種之六人而氣宇閒我則垢穢彼則整潔我則委靡彼則挺直我則局縮彼則活潑我則柔脆彼則壯實且夫我種人之體力非特不及歐洲人種即印度西北邊人如今日租界所用之巡捕者其身段力量亦遠過我彼所患者身格上下之不勻稱耳非夫體力之遜人也又非特不及印度人也上海行路凡屬華人必避歐人此至辱之事也昔者吾友嘗言曰吾欲强中國吾無他求求其行路時不必避人而已嗟呼此雖區區之事然亦必先恢復國力而後能爭之豈易易耶而側聞在美洲者歐人行路反避黑人蓋黑人蠢而多力故歐人反有時而避之然則我種人之體力不在世界劣等之黑人下

耶。夫社會者以個人而成國家者以個人而積者也個人之體力弱合而爲國家社會其力亦弱此理之相因者昔者吾讀史稱古之防風氏者其骨專車而春秋時與我種戰爭者尚有長狄之一種又秦始皇時有翁仲者實爲安南之慈廉人身長二丈三尺在安南時爲長官所笞乃入秦以身量異人秦皇使爲將匈奴長之鑄銅爲像置咸陽司馬門此雖同於大禽大獸爲歷史上人種之博物品非可用爲一般人民體格之標準然而帝堯長帝舜短文王長周公短仲尼長子弓短而堯瞿舜墨禹跳湯偏（偏半體枯）伊尹銳下而豐上湯豐下而銳上傳說如植鰭周公如斷菑（菑死木）葉公子高微小短瘠行不勝衣晏嬰長不滿六尺張良體弱多病戰時載後車中常如婦子女子此古人體格之未齊也然而不足爲我種病者以古時社會無一般之養生無一般之體育乃各因其賦稟之異或精神强而體魄弱（如張良是也）或勤勞民事憂傷蕉萃夭其發育體格不豐（如禹湯等是也）至全社會進化而體量齊等矣然自秦漢以後我種人體格之高下雖未可得載籍而稽而大致有退無進而一種醜態怪狀出現於後世或近日而爲古人之所無有者其大較有三事也一鴉片烟鬼使我種人氣色灰敗志氣隳喪者也一八股先生使我種人跼蹐傴僂俯仰不揚者也一纏足婦人使我種人氣血夭傷肢體殘缺以害傳體者也是數輩人者其爲先天賦畀之偏歟抑憂時感事勞瘁其心神而夭閼其氣體歟前者如聾跛盲啞然方當哀矜而憐憫之後者則賢人君子之所時有況當此震恐顚沛之時代也而所謂鴉片纏足八股之病均不若是或發於一人之嗜好或中於政治之弊害或染於社會之惡習其傷害夫一身者不過廢棄社會之個人不足惜也而子以傳子孫以傳孫浸假而閱數十代數百年之後舉全國之人無一非病夫無一非鬼狀而萬國將置我於博覽會中以供其玩笑。（今年日本開博覽會擬以中國土人陳列會場爲在留日本學生反抗而止又學校中人類學陳列品有鴉片烟燈烟鎗及女子弓鞋叉弓矢等皆可恥也）是則亡種之禍其將驗矣且夫事業者志氣爲之志氣者精神爲之而精神者氣體爲之也人當偶感小極或榮衛失調或寒暑失宜已覺志慮之不及運用而營業且因而阻輟而況集合病夫而成國又何以謀成立也耶吾聞之人言曰東方之國好服長服以拱手無事爲上此其所以弱也夫長衣拱手且致弱國而況事有百倍於長衣拱手者乎洪範之言六極也一曰弱弱有二義焉一曰志氣弱一曰筋力弱我國人欲避弱之爲害乎則非以軍人之氣魄軍事之精神立國焉不可也

（未完）

政治

政黨論（續第二十六號）

羅普

第四章 組織

政黨之定義及其起原上文旣述之甚詳讀者於政黨與非政黨之分庶幾可以判然不惑矣然此皆就理論解釋政黨而未嘗從實際觀察政黨也今特設此章畧說政黨之組織焉

政黨之性質大概可分之爲二其一爲永存其一爲暫設永存者與其國之歷史長保關係以欲達其一種之政治思想如英國之脫里黨及呵堿黨是也暫設者因欲行其一時之政見務藉輿論取其現內閣之主權而代執之古今政黨屬於此類者居多焉然無問其爲永存與暫設苟旣有若干黨員相聚而成一團體必不能不爲之立規模定職掌明權限而未可任其如散沙之偶然相聚也故政黨必有組織其法如下

第一 黨魁

英雄在人羣中其勢力之大小伸縮全視其當時國民之智力以爲比例如其國民智力不充人人無足自主則求所謂特立獨行神聖其自由之意思而能拔其服從之根性者必少於斯時也苟有人焉負經天緯地之雄才懷博古通今之達識出而高視雄飛則獅子吼而百獸慴明月出而衆星隱可以推倒一時挈一國而左右之惟其所命而居其下者莫敢與抗矣然而政黨必出現於民智發達之時凡爲黨員者殆莫不挾一政見而且自信甚力斷不易爲他人之所轉移故政黨猶一小共和國然其黨魁在於黨中仍當爲主義所屈而不能濫用其權力以專制一黨盖黨魁乃政黨之黨魁而政黨非黨魁之政黨也雖然主義者虛也人物者實也以虛動人不如以實凡事莫不皆然故懸一主義以爲的以號召大衆者非無人應之也而其數必寡矣而其情必緩矣反之有一豪傑之士出而有所唱導于天下遠近之聞其風而仰其名者必不崇朝而走集麾下盖能自判其事之是非曲直而決向背定從違者雖足多而因主動者之爲誰而遽視此以表其贊成與否而不暇再有所計較

者又中平人情而不違於事實者也試觀英國王權黨及民權黨之迭爲盛衰亦全以「披德」「康年」「俾爾」「巴美斯頓」「智斯列黎」「格蘭斯頓」諸黨魁爲之主動然則黨魁與政黨之關係最爲切要可知矣故論政黨之組織不得不首及黨魁也

第二　會議

政黨原以人人欲行其意所自由集合故其所奉之主義即黨員各各所奉之主義不許以一人若數人之力把持而左右之論理固然也然或有非常之人出而主持一切則各黨員自問才智不逮往往棄其獨立之言論而屈從者有焉是其流弊所極將至形成一專制政治而失創立政黨之本意矣惟有會議之制不時集會黨員以討論其黨之宗旨條理是猶設公司者之有股東會議既收集思之益又可免武斷之弊政黨所以生存發達之機關其在斯乎其在斯乎

第三　委員

黨員之在政黨其所享之權利既同等則其所負之義務亦當同等彼不得有所攙奪此亦無從諉卸然則一黨之事以全黨員辦之一黨之責以全黨員任之固其宜

也。然或爲才智所限。或爲道路所局。或爲情事所牽。勢不能使全黨員盡出而執行黨務。不寧惟是。以多數之人共任一事。而無一人專其責成。則必至互相推諉。弊端百出。此殆曾入人間世者所共認也。故政黨之綱領。及其對于各種問題之主見。雖可由會議公決之。而至欲舉實行之效。不得不設委員而分任焉。或主調查。或主奉行。其在職雖有常任與特設之分。而務使事有專屬。某也任某事。某也任某事。則黨中庶務。當賴此而無不舉之弊矣。

此三者。實政黨之組織之最重要者也。例之於國家。黨魁以喻元首。會議以喻國會。委員以喻行政機關。使於此組織有所未備。不足以稱文明之政黨也。至於籌黨費以維持黨務。設黨報以擴張黨勢。此又猶國家之有租稅與軍備也。由是觀之。政黨之組織。誠與國家之組織無大殊異。吾嘗謂政黨爲國家之下之第二國家。豈不然哉。

（未完）

歷 史

歐美各國立憲史論

佩弦生

第一章 英國憲法發生時代 （續第廿四號）

第三節 移住後制度之變化發達

條頓人以保守之性質。挾其母國之制度移而殖之新國。一切組織。皆舊制也。然征服運動之結果。其制度有不能不被其影響者。

(一)國王 條頓軍隊之遠征各戰。一酋長爲統領。既而轉戰漸遠。略地浸廣。非聯合以謀其統一。則未易竟征服之功。於是數隊結合。尊一統帥以爲王。及軍事告終。仍欲長此統一。以保其守成之業。戰時之主將。遂成永久之國王。王國踵起。紛紛角立。於是大陸條頓昔日之州。一變體而盡爲王國。王之死也。其部下欲永此立王之制。則推戴其子而使繼王位雖處位之時國民會議可干預其承襲之事然大陸條頓昔日之選立主義一變體而近於世襲若夫王之權利雖長國民而握統御之權然一切權利皆與民會共之不得民會之贊許不得專擅政事故所保之治安國民之治安而非王之治安也所行之法制村團之法制墾地列之法制而非王之法制也限制王權之事固無異於曩者遂直行之於今日而未嘗大有變更者也。

第七世紀之初。衆小王國互相吞併合而爲七王國。二百餘年。七王國復被併於威士些。歛合而爲一統王國。於是鄕者之諸小王國降一等而爲沙亞。The Shires 向者之沙亞亦降一等而爲墾地列。王之領地日擴王之威權亦日增。雖受制法律不能濫擅威權於法外然握莫大之勢力擁無上之特權爲人民所尊戴以爲國家之元首於是王者之權位日進而憲法一切之制度亦與之俱進。

(二)貴族　科美提他司 Comitatus 之武族。隨其新爲國王之主將。同甘苦而立戰功者也。故王之權勢既增。其部將之權力亦長。王則賜以土地。優以俸祿。進其階位列之貴族以酬其戰功。於是舊日血胤舊貴族之外。別增勛勞之新貴族。貴族階級既可增移

凡平民之廣有土地富於商業者皆得進而列於新貴族之班貴族之途稍寬矣

按階級之制其別有三一曰喀司德 Castes 一曰耶士梯特 Estates 一曰格拉士 Class 喀司德者謂天神所創造一成而不變者也耶士梯特者以歷史之變遷隨時而有轉易者也格拉士者以職業爲區別分工而任職者也喀司德之制行於古代之埃及波斯印度等國最野蠻最不平等格拉士之制則盛於近世惟我中國則自古已然若耶士梯特之制則以歐洲中古爲最盛其制亦頗與喀司德相類貴族之權最大亦貴族之級最嚴英國古語謂貴族爲伊阿謂平民爲希阿希阿之不得爲伊阿固謂伊阿者先祖所傳雖何人不能變其先祖也然撒遜奠國而後新增貴族固已由血胤貴族之制進而爲功勞貴族財富貴族之制矣其階級任意移轉此耶士梯特之制之所以異於喀司德也

(三)地方制度　條頓人地方制度之完備在本國而已然其移而殖之新國者首爲他文璱布 Town-ship 他文璱布者自瑪爾格而發達設他文木德(即村會)以治之凡經畫共同之農業勒定自治之法規其權悉掌之村會斯固最狹之地方政治爲憲法

機關之原位而至今仍存者也位於他文瑟布之上地方組織之稍大者曰百家團Hundred百家團會曰墾地列末德 Hundred-Moot 團內諸村各選代議員四人與區內之自由地主及教士邑宰 The Keeve 集議會事凡民事刑事之裁判實爲百家團會之要務蓋百家團者雖爲行政區劃實不啻司法之區劃也位於百家團會之上其組織之更大者曰人民總會 Folkmoot 村選代議員四人團選代議員十二人與地主邑宰敎士爲之議員經理地方之公務保持獨立之政治凡政務之得失地方之利害皆可盡言無諱直達於王夫以當日之庶民會議視今日完善之國會其相去誠不可以道里計然當日之規模實植今日之基礎彼歷史家謂今日國會不過曩者庶民會議裝點修飾蛻化而變形者斯言殆不爲過也

按立憲之國必藉地方組織之制人民自治之力以爲基礎其憲法之優劣國勢之固否無不視此爲進退今日之法蘭西固所謂民主之國也然其國勢動搖論者且憂其共和政體之不能持久誠以其自治制度之未盡完備也撒遜人開國之初其地方制度已如是之精密日積月累以迄于今其植根之深遠如此宜其政體完善

國勢强盛之冠於諸國也。

按國會政治導源希臘然其時公民皆自親臨國會參議政事我國上古有集衆於庭詢及庶人之制論者援引比附謂即古之議會然其時民皆直接議事與希臘等議會之制未發達也此在古昔彈丸小國其制可行耳若今日之國土廣民衆非得代議之制則議院必不能成立而立憲政體不能盛行撒遜人當第八世紀之時已創立代議制度條頓人種之政治能力卓絕可畏論功政界不在禹下矣。

諸國兼幷衆王國幷而爲七王國矣領土愈廣規模浸大人民總會之制殆不適於實行諸小王國既降而爲州人民總會亦隨而降爲州會別設賢人議會 The Witenage-mot 以經理國家之職務雖國中之自由公民皆享有參會議事之權利實則厠列議員平章國事者不過州長大敎師 Bishops 及王室之達官 Chief oefficers and thegns about the Kings Person 而已議員之數定有限制昔日之平民會議幾不啻易爲貴族會議矣。

(四)司法制度　條頓人之地方議會固執行地方裁判者也人民總會既降爲州會向者之州會亦自降爲墾地列末德墾地列末德者受理民事刑事是爲初審裁判所。

其有訟不得直而上訴者。則州會受而理之。州會者。控訴之裁判所也。賢人議會是爲終審裁判所。彼會員之全體。實爲讞獄之判官。然以全會會員而行此法權。則議論多而留滯甚。乃自會員之中公選十二人乃至二十四人。委以司法之事。其决獄定讞。必須有人爲之左證。此證人者。遂爲後世陪審制度之淵源。至於村會邑會。則惟制定特別之法律。以維持村邑之治安而已。其制固與王國一統以前初無異也。

撒遜人移住而來。其制度之變遷。以王制與賢人議會爲最著。其權力之增漲。亦以國王與賢人議會爲最盛。賢人議會不得國王之允諾。則不能立法定制。國王不得賢人議會之贊助。亦不能布政施令。故以今日之政治思想。區分當日之制度。則行政者王。司法者賢人議會及地方議會。而握立法之大權者。則賢人議會與王也。

第四節　賢人議會

方七國之角立也。國皆有賢人議會。斯固條頓人種之特有政體。而撒遜人輸入於新國者也。七國幷而爲一。威士些歆之賢人議會。遂爲王國之國會。而昔日賢人議會之議員。皆得有參議會事之權利。千餘年來。書缺有間。其組織不可得而詳矣。然其承人民總會之遺制爲國民之代表以限制國王之權力是則信而有徵者也。其會期會地初無一定。應國王之召集。隨其所在之地而開之。若其勢力之重大。實爲國政之府。據伽謨布路所紀述。可臚爲十二特權。

A　立王之權　王國一統而後。王位已成世襲。然國王晏駕之時。議會可察視皇嗣之長幼賢不肖然後立以爲君。果其稚弱不慧。則可選天潢之賢者使之入繼大統。惟條頓民族之習慣。立王必選之王族之中。苟非王族不得外舉。由是觀之。王位雖曰世襲。直謂爲選立主義無不可耳。

B　廢王之權　王苟殘虐不道。將不利於國家。則議會可援法律以放逐之。惟王非極橫暴爲國民所不能忍者。則不得藉口廢逐置如奕棋。

C　立法之權　見行法律有所未備。別定新法。則議會議決。待王允許。以議會及王之權力宣布之。而定爲法律。

D　進言之權　凡王有所諮詢。則詳陳其得失。王有所舉措。則審議其是非。皆可盡言不諱。以獻替於王。

E　外交之權　與外國宣戰媾和。訂立條約。可由議會議決。執行其事。

F　賦稅之權　國費所需。可與王協議定租稅之規則。而課之於民。

G　徵兵之權　國防戒嚴。邊警告急。可與王協議。以募集海軍陸軍。

H　司法之權　一切民事刑事。此爲終審裁判所。受控訴而訊決之。

I　任官之權　除官授使。與夫任命教士之官職。皆與王共掌之。

J　司教之權　教堂教士之歲出歲入。與夫祝祭之舉行。教堂之職務。悉可議決而規定之。

K　領地之權　王以公有之地授賜人民。則議決其可否。民地編爲官地。官地編爲民地。咸職司之。

L　籍產之權　犯罪者之所有地。與死無遺囑之無主地。可藉沒之以充國庫。

由是觀之。微特立法之常務。隸其職司。乃至國王之特權。行政之要務。靡不歸其掌握。以視今日憲法制定下院之職權。夐乎迥出其上矣。且夫權者莫能兩大者也。王者之權力。常與議會之權力相爲對待而互相消長。夫以如是之政體。國王之與議會豈能無衝突之憂特英國者素爲自由主義之國昔日猛烈之民政風氣尚浸淫於國民心目之間且撒遜時代之王權其發達尚未臻於極盛故賢人議會得保此莫大之勢力以操縱國家之主權然安能以是之故遂謂其國王爲奉行議會命令之傀儡哉撒遜時代王權浸長既經國民之公認而戴爲首領舉國貴族咸擁戴而俯首聽命且議會之開待王召集議會之政待王允諾國王實握最上之權爲立法之府矣國王惟昏庸懦弱故勢力消失待議會之夾輔監督以使無失政使國王而果賢明英武也則挾此勢力已足飛躍於政界之中雖英國國王之大權素受法律之嚴限然操縱得宜則權力之範圍其廣大殆幾無限徵那耳曼王朝之歷史則曩者議會赫赫之勢力一轉瞬而已若存若亡矣

第五節　那耳曼之大會議及封建制度

專制政治天下最惡之名詞也然國家之進化實爲必經之軌道天下萬國未有越此階級而驟進者雖以自由祖國之英國未由逃此公例也威廉一世以英武之雄才行詭譎之政策襲赫華之王位而入主英國然以武功力征篡奪他人之王位固彼所諱

言者也於是要求議會務使承認其繼體之權利憲法之名分既定遂盡舉古來英王應享之權利收集而握之掌中彼既援推選之成憲以即王位自不能循英人之習慣以施政治然以少數之異族君於多數民族之上非用强武之威力則未易統治之也故議會制度雖尚仍而勿改然向者强項抵抗之貴人半皆褫其職官沒其土地屏之於議會之外其腴廣之土田權要之美職悉以授之扈從擁戴之功臣使補議員之缺其教士僧官非得國王之封土亦不許厠列議員那耳曼新造之貴族遂代英人而勃興以封建之性質陰革議會之組織於是昔日國民之賢人會議一變而爲直隸國王之貴族士人大會議 The Great Council of the Kings Tenants-in-chief 名固立法府也實則羣侯組織之國王樞府一切政令視王意爲左右初無獨立之權雖曰集議無異藂參國會政治幾乎或息夫國王與議會其權力互相消長吾曩者固言之矣賢人議會勢既衰萎王者無復藩楯悍然擁無限之威權跋扈飛揚而英國遂漸入於專制時代威廉之入主英國變易昔日之平民制度新植封建君主專制政治之基然封建者撒遜固有之習慣非盡那耳曼人所移植者也中世之始封建制度披靡於歐洲大陸之

中風潮所播影響波及於英國彼英國之羣治素分貴族平民奴隸之三階地主之制日盛主臣之分愈嚴封建亦既萌芽矣威廉方自封建產地而來利用此制以削奪英人之權力移母國之舊制導撒遜之習慣二者揉合封建之勢遂成然而羣侯分立各私其國各子其臣微特專擅肆虐而已尾大不掉國勢且有分裂之憂彼大陸之舊制凡家臣之委贄於地主者則但臣其藩主不復臣於國王枝強幹弱法蘭西所以瓦解也故封建之弊最阻國家之進步威廉生長封建之中亦既深恫其害矣故征奪英國之初首務削弱諸侯以罩中央集權之制盡藉地主之領土乃復親加封錫使之受地於國王俾舉國有地之人無不直戴國王爲領主復開索里士勃雷之會議召集國中之貴族地主使之誓盡忠義服從於王權之下而永爲王臣夫封建之紛擾雜亂諸國無不深被其害而英國之受禍獨較輕於他國者則以封建發生適丁王權張盛之日一受摧折不復足以自存也以威廉之大略雄才外壓新國之庶民內制部下之豪族權勢日張幾於無復顧慮矣然方其削弱富豪不能不假平民之援以敵貴族貴族日憂削弱亦不能不結平民之力以楯王權二者交鬨而垂死之平民制度復萌孽於王

權極盛之時。。。。。。

（未完）

生計

論賦稅

君武

美國人十彌時曰。支那人性質之最可異者。即其政府貿貿然徵賦稅於人民。以之肥私囊。而不以之辦公事。其人民亦貿貿然納賦稅於政府。任其肥私囊。而不責其辦公事是也。支那人民既納賦稅於政府之後。則以爲天職已盡。大事既畢。一任政府之如何開銷之。如對岸觀火。不關痛癢。天下最可驚可愕可嗟可怪之事。莫此若矣。（見所著支那人性質）

論　嗚呼。我國人不可不深思十彌時之言哉。我國人之無權利思想也亦甚矣。富於權利思想之國民。雖一介不妄以與人。推是心也。則必愛其國土如愛性命。愛其國權如愛妻子。雖有千萬耽耽逐逐之異族敵國。相逼而來。夫誰得而攘之竊之。哀哉中國之人民也。不知國家之爲何物。不知政府之爲何物。則其貿貿然納賦稅於政府而不問其歸結。而決無權利思想。亦何足怪。

今敢大聲疾呼以一言普告我同胞曰賦稅者乃各國民之所分配輸納以辦其羣中之公事之費用也。

L'impot est la quote-part payée par chaque citoyen pour la depense des services publics

泰西論學之例。任論何科學。必皆立一界說焉。今請舉泰西古今論賦稅之界說而一一辨其是非得失。

賦稅者貢金 un tribut 也。

賦稅者償欵 une redevance 也。

賦稅者賃金 un Loyer 也。

賦稅者報酬金 un honraire 也。

賦稅者餽供金 une offrande 也。

貢金之說。與中國同。最爲無理。君吏與人民本同等。君吏不納貢金於人民。人民亦不當納貢金於君吏。償欵賃金之說。亦窒滯不可通。人民自食其毛。自踐其土。國家者人民之公產業也。無當償之償欵。亦無當納之賃金。酬金之說。似尚近理。然其義不完。建華盛頓之像於國門。立拿破侖之墳於死後。人民之所以報酬賢者。固自有道。而必不可以公費酬私恩也。餽金之說。最多流弊。貪賄營私之君吏。皆可借此說以自文其惡。而人民之受害。將不可勝言。要之前五說皆陳舊不可用之古義也。賦稅界說之最善者。莫如紀拉登 M. Emile de Girardin 及布魯東 Proudhon 之說。

紀拉登曰。賦稅者人民之保險金也。

布魯東曰。賦稅者人民與國家貿易之代價也。

賦稅乃人民保險金之說

原夫人民輸納賦稅之初意。則必爲欲保護其性命財產。使不受一切之損害虧耗。此一定之理也。人民對己身之倫理。有一要件焉。曰自衛。因自衛之力單弱而不完固也。遂集公權而保公益。厚兵力以衛國疆。此人民所以需政府之故。而亦人民所以納賦稅之故也。

夫謂賦稅爲人民之保險金。固爲近理。然二者固有相異之點。在尋常保險之例。人既納如許之金額於保險公司。或保財產險焉。或保人命險焉。苟財產遇險。及人身既死。

則保險公司償之以一定之金額。人民之納賦稅於國家也則不然國家惟有保護人民之責任而無償還金額之責任。人民之屋宇苟被焚也國家無償金之理人民之身命苟遂死也國家無償金於其子息之理惟設警察養兵士以保衛人民之性命財產使不受破壞擾亂之禍害而已有賦稅而後有俸金以養君吏一國之君吏皆公僕也其俸金猶之工價也文文山曰樂人之樂者憂人之憂食人之食者死人之事善哉言乎惜文山不知所樂者乃國民之樂而非趙氏之樂所食者乃國民之食而非趙氏之食耳泰西之設官知此意也故一國之君吏莫非一國之民之奴僕有郵政部以遞民之信有工部以修理民之道路有鐵道電信以便民之交通皆所以利人民也而非所以徒利君吏也是惟知人民輸納賦稅之原理故。

雖然所謂界說者必其確定而無所少殊異之謂賦稅之與保險金止可謂爲近似而不可謂爲盡同因保險金須償還而賦稅無償還故也故紀拉登之界說爲不完全

賦稅乃人民與國家貿易之代價之說。

布魯東之說。以爲執國權者既爲人民服種之勞役則必當得同量之報償爲使力之與金兩兩相稱交易而還各得其所此賦稅之爲貿易代價一說所由來也

夫謂賦稅爲人民與國之貿易代價誠最近於理之說也。然以尋常貿易之性質論之。尋常之貿易乃自由之貿易也而賦稅則義務之貿易也如我或需購一紙簿。則我可於商店擇之而買其價金之最相宜者賦稅則不然。賦稅之額既由民選之議員所議定收稅之官吏則直徵之於人民非如尋常貿易之可細論其價金也。

且賦稅之與貿易異者。則因賦稅有比例差而貿易無之。即以履論苟其履之材料同。則無論買此履者之爲貧子爲富人其價無不同也。賦稅不然。人民納稅之多寡其數各不同。人民得國家之保護。其量亦各不同。

由是言之布魯東之說雖最近理而亦非賦稅之界說也。賦稅者經濟界上一種特別之現象也。不可以他事爲比例。而定其界說也。所謂界說者必須適合其事物之現象。而無一毫歧異不合之謂。

玆折衷於諸家之說。本至當之理。以立賦稅之二界說。如下。

一 賦稅者乃人民義務上所應納之股分金以爲羣中辦理公事之費用人民各隨其所處之境遇以納諸國家既納之矣則當享其所納金額之一定利益

一 賦稅既入於國家之手其開銷之也萬不可違背辦公事圖民益之目的苟不肖之君吏營私侵吞其罪與盜賊無異

富於權利思想之人民苟以一圓銀貨納之國家苟不得此一圓銀貨之利益焉則不甘也苟國家取人民之賦稅而不還與人民以相等之利益則非國家也乃盜府也專制之國之君吏常任意乾沒人民之賦稅共和國則不然共和國政府之成立也本三原理焉曰屬人民 Du peuple 由人民 par le Peuple. 從人民 pour le peuple 故共和國之民有恒言曰賦稅者製造幸福之原料也

我國民亦知奴隸與國民之別乎是可一言決也有土地產業權利者謂之國民無土地產業權利者謂之奴隸專制國之人民所以與奴隸無異者以其人民之不知自有其國而以其國讓諸君主以爲一家之私產也專制之國君主使人民死人民不敢不死生命尙然財產何有乎然則專制國之人民貿貿然不知納賦稅之爲何原因奚足

怪也。

文明之國。必有所謂 Budget（豫算表）者焉。由議院豫算一國辦公事所需之費用。以定人民納賦稅之年額。人民納一錢。必瞭然知此一錢之歸著。此歐美諸國之人民所以輸重稅於國家而無所怨悔也。專制國之政府置一國之公事於不問。而惟知徵重稅以逞私慾。民不堪命。則又變其名目。幻其種類。或借彩票以徵稅焉。或借賭局以徵稅焉。驅一國之人民盡爲盜賊。盡爲乞丐。盡爲餓殍。皆所不恤。吾不知其罪惡與掠財之海盜何以異也。吾不知其凶野與食人肉之蠻族何以異也。

十八世紀北美革命之大風潮。自英國重徵屬地之賦稅起也。千七百六十四年四月五日英國始立例重征北美之糖稅。同時以兵一萬駐防美洲。美人大憤。以是乃無表示。之賦稅也。乃相戒不買自英國來之衣服。英國之商務大衰於美洲。英國尤不知悔。於千七百六十五年又立例於美洲。行用印花以收重稅。時佛蘭克令在倫敦。告英人以美人必不服此例。及其例既行。佛蘭克令與某友人書曰。自由之日光已消。况我美人不可不燃工藝經濟之火光以代之。美洲人聞印花例之既立也。則莫不大憤怒。多立會以聚議其事者。其尤激烈者爲亨利。直詆英王佐治第三爲暴君。大呼曰。

Cæsar had his Brutus, Charles I his Cromwell and George III

該撒有其白魯士司。（殺該撒者）查爾司第一有其克林威爾。今佐治第三

美洲之新報。莫不激昂非難印花稅者。反對印花稅之民會。多至不可數。美洲之人。多用美洲自製之衣服。而不用夫自英國來者。爲恐美洲羊毛之不足也。乃至相戒不敢食羊。英之工人大困。美人相聚興暴動。焚燒稅官之屋宇。破壞其家具。英之君吏。至是乃悟重稅之非。于千七百六十六年開議院之際。議廢印花稅。美洲人聞之大慰。懸旗結綵以誌欣喜。燃燈鳴炮以慶更生。無何至千七百六十七年六月二十九日。佐治第三又立他例。以徵美人之重稅。凡紙玻璃顏料茶葉之屬。莫不有稅。謂英國因美洲之戰爭。虧耗至四萬萬元。不可不責美洲之償還也。美人激昂不從。千七百七十三年。東印度公司載來美洲之茶葉。無人過問者。且於夜間投其三百四十箱於海。至千七百七十四年。而費府之議會乃興。美洲之革命軍。遂於是始起矣。

嗚呼。美洲之革命。是非十八世紀驚天動地之第一大活劇哉。其革命之主名。則不過

曰不納無表示之賦稅 Taxation without representation. 而已美洲之革命既成功而法蘭西之革命接踵而起法國革命之大原因亦曰傾覆濫用人民賦稅之王室掃除不與平民同樣納賦稅之貴族及僧侶是法國之革命亦自賦稅問題起也十九世紀歐羅巴之革命盛矣然其革命要挾之詞則莫不曰人民納賦稅者當有選舉議員之權無選舉議員之權則人民不納賦稅歐美人民之視賦稅顧若是其重大哉出死力以與君吏爭之爭之不得則不惜舉大革命以要求夫必得納賦之益而不受納賦之害夫革命之事至慘也流億萬人之血破億萬人之產以其所失較諸區區賦稅之年額則多寡之量相去遠甚然而歐美文明之國民若恬然不知革命之爲慘劇此倡彼和無所畏懼者則以人無權利之無以異於牛馬奴隸日受納賦之害而毫不得納賦之益乃喪失權利之最大者夫喪失權利之國民則雖生而何如死之爲愈也

英國商工業發達史（續二十號）

無名氏

實業

第一章之續

五　法西兩國之戰爭

市場專權之論在當時實爲商業上最大之政策。歐洲諸國不務以平和增進其國之貿易而務欲推倒他國專商業之霸權亦非獨英國然也時法西兩國以親姻之關係。結皇室同盟西王菲立賓第五欲奪英國之南美貿易以與其皇姪法王路易第十五。于是英國在美洲之貿易甚爲所害且殘及船長英人乃亦以腕力抗之自千七百三十九年宣告開戰起至千七百四十八年前後八年雖屢有勝負而最終之勝利則在英國其結果遂使英人之海外貿易益歸隆盛。

無幾又有七年戰爭起（千七百五十六年至千七百六十三年）英國協同普魯士以當歐洲諸國而尤注力於法時美洲之英法殖民地印度之英法商業家亦互相衝突其始英國雖失利後乃

連勝。凡密士失必河東之法領。除加拿大佛羅藍勒等外。盡歸于英。印度之霸權。亦爲英人所獨得。于是英漸獨握海權。貿易寖盛矣。自此至十八世紀之末。雖稍有戰爭。而平和之時亦多。英人于其間振興工業。盡力於製造。漸樹富强之基。而印度與加拿大兩地經大小數軋轢之後。遂歸英人所領。

六　兩世紀間商業之進步

英人逞海賊之横行以發達其貿易自哀理查白之世始也。而其進步尤速者。則在惹迷斯第一之世。時公司之從事海外貿易者日增其數。商人社會之勢力亦日發達。從事之人漸多。而惹迷斯第一復令獻金於王室以補歲入者得授以男爵。故商業家在社會之地位與其勢力而並長矣。

千六百十三年。英國貿易之總額。綜計爲四百六十二萬八千五百六十八磅。較之前日已達極盛。而東洋貿易之發達。尤非人意計所及。觀惹迷斯第一禁銀之增加輸出。可知其盛也。而千六百五十一年。復發航海條例。排斥和蘭人。而保護自國商業之進步。航海條例者。凡亞細亞亞非利加亞美利之商品。非英國船舶不許輸入一物也。

自此之先和蘭人長于海運業專事輸送物品以制海上之利至航海條例出和蘭之商業遂絀蹉跎數次後益至衰亡英國遂代之稱雄海上矣時英國名家之著述能鼓盪國論振起貿易之思想者亦復不少如馬廝里斯密特塞丁其尤著者也

十七十八兩世紀間英國商業之最可注目者東洋貿易之發達也而與之伴生者則內國製造業之新興以其所製之物交換東洋之商品者也時綿布之製造進步尤速前之由西班牙所輸入者今則爲內國製造之綿布所壓倒其他諸業亦寖興盛英國因海外貿易之盛而內國之製造業爲之振起因內國製造業之盛而諸家之發明力爲之激動遂有工業革命故十九世紀之機械日出工業改善而國以富者實前兩世紀間之興盛有以致之也

千七百三年英國輸出貿易之總額爲六百五十五萬二千零十九磅較之千六百十三年所稱爲極盛者已增三分之一至千七百六十年乃增至千四百五十萬磅五十年間忽增二倍有餘固貿易日大而內國之製造業日興于是需材料需器械之聲高于全國而遂有工業之革命來十九世紀之大進步致今日之富强焉

按英國自哀理查以後。即獎勵商業。克林威爾之時。尤以商業爲國之命脈。不惜擲亘帑經百戰以保護之發達之。與西班牙戰。與和蘭戰。與法蘭西戰。凡其興師動衆。殆無不關係于商業者。夫商業者以平和而發達。一有破裂。則無論爲勝爲敗。皆將受其害也。而當時之政治家顧計不及此。必欲出百戰以經營之。是何也。蓋以諸國競爭。强者得利。不以腕力相壓。則國之商業。終不得而盛。夫和蘭其初專海運業之時。非不雄長列國。稱海上霸王也。而激爭以後。腕力不足以繼之。自航海條例一發。而彼遂束手就斃。然則國力之不强。無大海軍力以爲商業之後援者。終不足以競爭于貿易場也。今列國汲汲修軍備。絞商工業家之膏血。以開銷軍事費。非好武也。不得已耳。

七　兩世紀間工業之進步

佛耶達斯。歐洲製造之中心點也。自中世之始。及十六世紀之末。歐洲各國之製造品。殆無不仰給于佛耶達斯。自西班牙强盛。嘗蠶食佛耶達斯。舊日製造之中心。因之而衰。佛耶達斯之人。相率而遷英國。英國之製造業。不獨。免佛耶達斯人之競爭。又吸收。

其遷居者大新國之工業其富忽倍于舊時此其工業盛進之一原因也

英國之位置亦足爲其振興工業之一助即以其爲島國是也三十年之戰爭歐洲諸國之大半內亂外戰掠奪荒蕪之慘狀不可言傳而英國以僻於海島獨免其影響國內除議院軋轢之外殆皆在平和之世無有防礙其工業之發達者也而英國因宗教所得之商工業上之利益又不止此法王路易第十四行撲滅新教之策廢龍德敕令（即保護信教自由之法令）國中之新教徒萃工業之精華者至是盡逃于外國法國工業爲之衰頹而法國之損正英國之得也無數新教徒抱其所有之技術製造投于英國英國受之以振興工業時絹業玻璃業紙業皆一時大起盡出于新遷外國人之力記當時外人移住之總數共及五萬而所攜之資本共及三百萬磅云當時之英國實得其益不淺也（按路易之廢止龍德敕令在千六百八十五年）此亦其工業盛進之一大原因

自佛郎達斯人移住新教徒來歸而英國之工業爲之大振其尤得力者在織布之業時英國內地織布之業盛起十七世紀之末葉英人剪取之羊毛價值二百萬磅所剪之羊共千二百萬頭而以之製呢其值自六百萬磅至八百萬磅後五十年（時一千七百四十一年）

所有之羊。共千七百萬頭。剪取之毛。值三百萬磅。而製布所得之值。仍不過八百萬磅。蓋製造日甚。則製作品之值愈廉。所製雖多。其值不甚變也。則製造業之進步。從可知矣。聞自佛郞達斯人之移住英國。羊毛之輸出。爲之減少。而織布之輸出。遂大增加云。

八　煤與鐵之產出

致英國今日之富者。煤與鐵也。今於此敘十七八兩世紀間產出之狀況。至因蒸汽機關之發明。而此二者之效用愈大。及機械日闢。採煤製鐵之法。日就簡易。則皆工業革命以後之事。故于後章始詳敘之。

英國之始從事于採煤者。羅馬人也。後諾耳曼人入國。亦嘗于北部採之。至顯理三世時。始有特許市民採掘之事。貿易之基礎始立。至十四十五兩世紀。採煤之事大甚。十七世紀時。遂爲商品中之最重者。查理斯一世。至藉之爲歲入中最要之財源。然以採掘之器。旣未發明。法亦甚舊。故不極於全盛也。後千六百九十八年。托馬斯撒肥里。始利用蒸汽之凝縮力。作喞筒之一種。採掘之器稍善。千七百五年。始改用紐可米之喞筒。亦復改良。而千七百六十五年。復有瓦特之發明。始以科學上之器具。應用於採掘上矣。

鐵之產出額。於中世紀時亦甚少。其時鎔解之法。皆用柴木。製法亦粗。至十七世紀之末。每年製造之數。僅十八萬磅而已。千七百十九年。鐵之製造寖盛。居製造業中之第三位。從事之者及二十萬人。然以斯時不用煤爲鑄鍊。故終不發達。後打皮發明吹氣爐之法。以煤或木炭從事鍛鍊。故千七百五十六年。遂能於一禮拜內製二十噸或二十二噸之多。製鐵之業日盛矣。

按文中惹迷斯第一前文皆作賊晤斯第一以惹迷斯爲舊譯今改從之則前文之賊晤斯爲誤理合更正

批評門

壬寅年之新民叢報

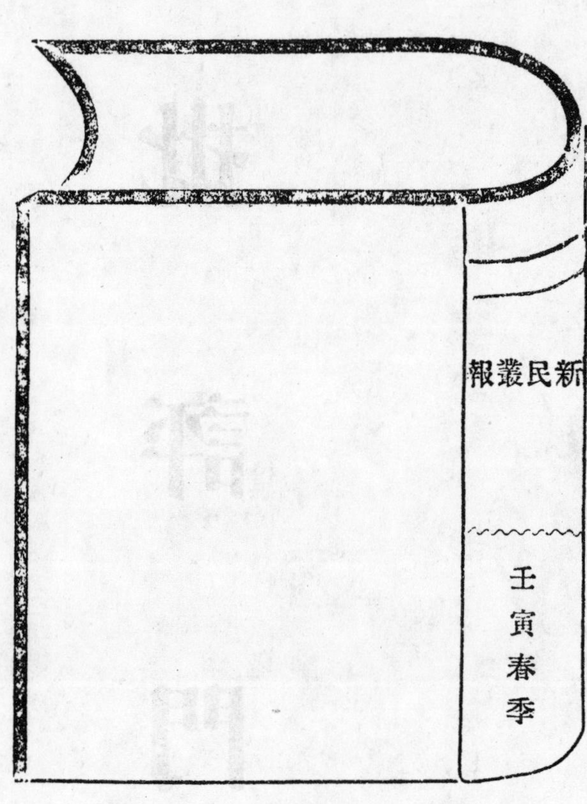

布皮金字精本分春夏秋冬四季裝訂合四大厚册照原價發售不加分文外埠郵費照加裝訂無多請速購取

横濱山下町百五十二番

新民叢報社

政界時評

（本國之部）

▲熱河開礦問題

熱河都統錫良上一密摺。大約謂北方礦利。爲俄人所耽耽注視。亟宜集內地之富豪。鳩內人之股本。速從事於開採。現方經營此事。請外務部勿與外人承辦。以防利權之外溢云云。嗚呼。中國之鐵路輪船礦山郵便與夫內國一切權利。無一不落於外國人之手。甲午以前。則爲人所欺給而攘取之。甲午以後。則爲人所迫脅而攫取之。庚子以後。則甘心承奉拱手而奉送之。中朝大官。久恬然視爲固然矣。錫良乃獨期期以爲不可耶。嗚呼錫良。解事錫良。可人。

熱河固中國內地。熱河礦山固中國固有物產也。以中國之人。採中國之礦。固非自攘竊而來也。今日採之可。明日採之無不可。今歲採之可。明歲採之亦無不可。從容鳩股。從容庀工。奚不可者。顧乃秘密奏請。一若幽期密約。不敢令人聞知者。顧乃倉皇從事。一若日不暇給。怵他人之我先者。外人占中國土地預定勢力範圍。立勿讓與他人之約。斯已奇矣。乃中人開中國礦山。亦預定勢力範圍。立勿讓與外人之約。無主權之國可憤可憐。

己亥庚子以來。請辦鐵路礦務者趾相錯。然外務部刻意挑剔。非駁其章程不善。即斥其辦理非人。故以鐵路礦山請者。百請而不得一諾。至於外人之承辦。則脅以國力者無論矣。雖至外國之一市駔賤豎。但使其深目高鼻碧眼紫髯。則一聞其請求。不啻嗣子聞嚴父之命令。不論其所請者爲何地。請之者爲何人無不敬謹奉命惟恐一言少拂其意少遲以失其歡。舉一國之鐵路礦山無不以爲應酬外人之異品巴結外人之禮物。錫良雖熱心挽回利權。獨奈何欲取其奉承貴客之禮物而與彼家奴邪。吾恐外務諸貴人必將唾之以鼻曰這孩子大不解事。

滿洲者俄領之印度也

英人以二十萬金公司不煩一兵未流一血而墟五印度。此稍有知覺者所能道也。印人涵濡於英之奴隸教育。馴伏於英之壓制法律。淪肌浹髓。感激如亘豁之戴山。負弩前驅。血誠若精衛之塡海。自今以往。撤大英領地之國旂。必俟諸火山齊爆。豎五印自主之徽志。當俟諸地球末日也。

泱泱乎豐鎬神京。孕育二百餘年。占領漢土三萬餘里。與圖之資格。太祖太宗所發祥。列祖列宗所棲神之祖國。委棄拋擲。倘無所顧惜。則援於他人附腋之下。熟視焉若無所覩。猶復號爲領地。感激圖報於率而復還之敵國。以衒飾天下之臣民。蓋有如今日之東三省者也。

東三省之旣奪於日本也。俄人糾德法干預。建仗義執言之大號。以收惠於中國。日本戢戢不敢與校。致立爲永遠之記念。俄索非常之酬禮。德法繼之。於是旅順大連灣威海衞膠州廣州灣相繼並割。東三省者。固臠割五要隘所易換以收回者也。庚子一變。俄人乘釁而唾手以取之。和議旣成。約期退兵。於是朝廷安然以爲復收此領土。不復一置意。而深觀俄人所爲。沈鷙刻入以猝力經營於此境者。蓋隱然自以爲英領之印度矣。

英之墟印度以商會。俄之墟滿洲以鐵路。團匪之亂。以五千兵保護鐵路。不旬日而据有東三省。今日之遵約退兵。退兵所徇之地。則鐵路之旁中國所讓與俄人之餘地也他國不能撥約與之爭於是得安然大施其管理滿洲之政策其形勢便利貫滿洲全境之脈絡。握其吭而縶其手足。俄人於此。亦可謂躊躇滿志矣。

俄人上溯黑龍江下訖黃海皆儼然視爲固有之產業、鐵道之旁設立村市城鎮。商旅、雲集、銳意以滿民開化爲已任。土人悉習俄語、樂爲通商。生計較昔易謀。他國至彼議開礦者。必須俄官允可。設立文武員弁。中國官遇事必商儼成屬吏。蠢野若增祺之流則大肆其凌虐。若所稱增祺日夜痛哭求解任。日本親王過境不許增祺相見者是也三省將軍所部兵隊。皆示以限制派監察官一員。督察軍事。華兵所用鎗均由俄國烙印。各製造局軍械火藥。悉屬俄有。中國。官員實即俄國之警察長。替俄人識察華民奸宄而。外。蓋絕無所事也。

俄人不特以陸軍控馭滿洲也。三省水道。皆與俄通。俄之輪船絡繹奔赴。又盡握三省水道之權。日前所報俄調軍艦二十四艘往來各地者是也。陸路水道。之權如是其鞏固。亦可謂不拔之基業矣。

英日之聯盟以防俄也。俄深知之。益善用其外交之手段以塞他國之口。陽受中俄輯睦之美名陰以實行其中俄密約之政策。他日必將大施教育之權。使三省之人民。含生受性於大俄教化之下不待十年。而所謂大清國之人民者。已非復愛新覺羅之管領。又可預決矣。

恢恢乎兼有法蘭西西班牙兩國之版圖。踞支那大陸之巔。享數十年蘊而未洩之地寶以建天府之雄。國。區區五印度又烏足道耶試以質諸中國之朝廷。既肆割此畇畇之漢土而於滿洲故地。亦慨然而捨諸。得勿平滿漢之界之出諸誠意者乎。

▲中國人口最近之統計

中國人者世界上第一膨脹有力之人種也吾讀近日最新之統計表色然而喜悚然而懼。中國素無精確之統計所據者戶部之總冊所云若干若干云者皆約略舉其大數而已。今據近年各省督撫將軍及外藩王公所報告於戶部者最錄如左。

直隸省	二〇、九三七、〇〇〇
山東省	三八、二四七、九〇〇
山西省	一二、二〇〇、四五六
河南省	二五、三一六、八二〇
江蘇省	二三、九八〇、二三五
安徽省	二三、六七二、三一四
江西省	二六、五三二、一二五
浙江省	一一、五八〇、六九二
福建省	二二、八七六、五四〇
湖北省	三五、二八〇、六八五
湖南省	二二、一六九、六七三
陝西省	八、四五〇、一八二
甘肅省	一〇、三八六、三七六
四川省	六八、七二四、八九〇
廣東省	三一、八六五、二五一
廣西省	五、一四二、三三〇
貴州省	七、六五〇、二八二
雲南省	一二、七二一、五七四
東三省	八、五〇〇、〇〇〇
蒙古	二、五八〇、〇〇〇
西藏	六、四三〇、〇〇〇
新疆	一、二〇〇、〇〇〇
總數	四二六、四四七、三二五

中國人者自養自育自生自滅未嘗受國家之培育。

撫養者也。寧獨不培育撫養而已。又從而朘削之、壓窘之、覩勒而戕賊之。經無量刼之苛政惡習、兵戈盜賊、水旱飢饉、癘疫、而四百二十萬英方里之中。猶有此四萬二千六百四十四萬七千三百二十五之人口。以較文明安樂物質進步衛生適協之全歐。其三百八十萬英方里之中。亦僅有三億五千七百萬之人口。有過之無不及焉。統合冱寒酷暑瘴癘不毛之地而均算之。一平方里之中。尚有二百九十七八人。其膨脹之力。可謂强盛者矣。然吾聞人口之增殖。苟無戰爭慘殺意外之大禍。則數十年間。其數必自倍增。今我道光季年。已有三億六千百五十萬之人口矣。數十年間。其增數乃僅如是。嗚呼。立物競天擇之場。劣者勢必失敗。我國內之番苗。美洲之紅人。日本之蝦夷。初亦何嘗不繁盛。今爲優種族所逼蹙。遂乃日見衰微。言念及此。吾又安能不悚然危慄也。

（外國之部）

▲無線電信與世界進步之關係

馬爾哥尼之無線電信。其發明及試驗之法。各報章及各種科學雜誌載之者。已不一見。初多窒礙。雖幸成而未遠。今則其法日精。已能超大西洋通歐美矣。馬氏之業。其不朽乎。案馬氏之前。倡此法者有伊沙然。但發諸空理。未見實驗。及馬氏出而同時研究此學者。有尼哥拉的士拉諸氏。今其成效卒歸於馬氏一人焉。千八百九十五年。馬爾哥尼始試其術。能通信於距離二哩間。於是廢百業而苦思之。當時科學學者多非之爲狂人。其後馬氏攜其器具藥料渡海而之英國。時稅關巡吏疑其所攜者爲爆藥。遂拘留而禁錮之。奪其器具。後返美洲。專心研究。通行漸遠。

能傳信於航行船舶中。千九百〇一年。乃集資本家組織公司以專辦之。其費極廉。時海底電線局恐其奪己之利而反對之。然馬氏以不折不撓之精神。卒行其志。客臘從加拿大之華士哥智亞通倫敦兩地距離二千餘英里。及今年西正月二十日。又由紐約通倫敦。兩地距離三千英里。靈通無所礙。今更謀飛渡太平洋云。初從加拿大通英國時。每字十仙。案海底電線初通大西洋之時每字十元。（至今仍每字二十五仙）其低昂不啻天壤矣。聞此時每一分間能發三十至四十字。然據作者之說。謂將來一分間可發二百字。每字之費可減至一仙云。此理既明。則全社會與海陸戰爭。當爲之一變矣。

▲巴拿馬運河條約

巴拿馬運河條約。去年美國與哥倫比亞交涉事未就緒。及今年西一月二十三日兩國會商於華盛頓。其議乃成。其條約之內容。雖未發布。然綜合前後諸電報。亦可略窺其要點也。請述之如下。

（一）美國與哥倫比亞共和國租地峽之地。以開運河。東自大西洋岸之哥倫市。西至太平洋岸之巴拿馬市。幅圓六英里。

（二）美國先納一千萬圓於哥倫比亞。此後每年二十五萬元。

（三）租借以一百年爲限期。期滿之後。美國欲訂約再租亦可。

（四）該地域歸兩國保護。其通航於運河之船舶。納稅於美國。且有派軍隊保護財產之權。

（五）哥倫比亞不得讓河岸之貯煤地與他國。

昨年交涉之爭點。在於第二第三兩條。第二條爲要求租稅增減事。第三條爲租借之年限。美國初欲無限期。欲其割讓。後因不合於哥倫比亞之憲法。故定約百年。而美國復要求繼續租借之權。今雖名爲有期。而實同永久割讓矣。當千八百五十二年時。英美兩國曾會議地峽運河之事。締結克利頓條約。據此約則美國盡失其利權。不過爲中立之保證而已。及近年帝國之主義勃興。既縣古巴。據檀島。復舒其敏捷之勁腕以攫非律賓。因欲通地峽以達兩洋。於昨年第五十六回議會提出開鑿運河之法案。遂出其外交手段與英公使榑姆折衝。盡改前約而新定希本士科條約。得自由開鑿之權。今復與哥倫比亞政府租借土地。數年之後地峽既通。則美國之權力跨太平大西兩洋。星條之旗壓於四海。世界海運將爲之一大變矣。

▲俄國移民

俄國政府決計於一千九百四年（即明年也）由東清鐵道運送六十萬之移住民於沿海諸洲。以五年爲期限。此事實由大藏大臣所提議者。俄忽爲此移民之大舉。其政策所在。雖未能深知其內情。然其蓄集精銳。以厚其駸駸南下之勢力。無可疑者。俄以高屋建瓴之勢。傾瀉其蠻悍之民族。以灌注於東方。一舉一動。皆有氣吞雲夢之勢。臥榻之側。豈容他人鼾睡。我之東三省。其爲俄之印度乎。

▲達爾尼與東清鐵道

俄人竭力經營達爾尼。且盡力維持東清鐵道。皇皇汲汲。維日不足。昔嘗宣言於列强。以該灣爲自由貿易商港。其果能完備自由港之資格與否。尚爲他日之問題。然其與經由東清鐵道之貨物以最大之便利。且於貨物之輸出。皆收取極廉之運費。觀其頃所布發之滊車滊船運費表。及達爾尼灣之埠頭稅則。大略可知。他日滿洲之門戶牛莊之商況。受其影響。固當不小。

批評門

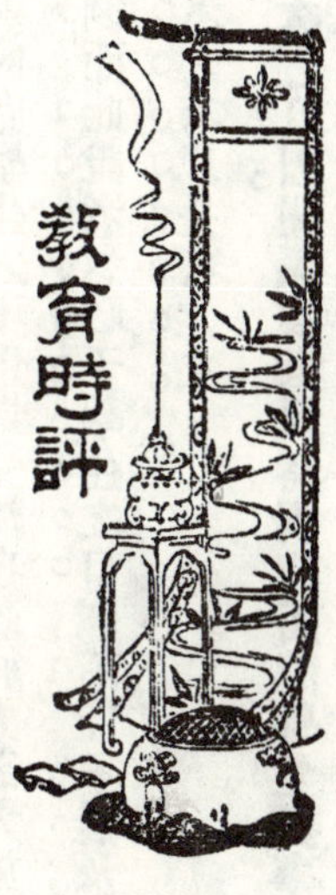

教育時評

◎痛哭中國學務之前途

正月初旬有刑部尚書榮慶着會同張百熙管理大學堂事宜務當和衷共濟眞認經理之諭旨有謂張管學處政府阻力甚大欲得滿人有力者助之遂奏請添派者有謂張管學心力已瘁仍無端緒奏請添派管學分其責任以備仰肩者之二說驟聞似可信深察之則原因非一此事關係於中國學務之前途至巨不可以不論

中國迭經挫敗建言者皇皇然以學堂爲急務西遷而後驚魂甫定即有規復大學堂之舉政府欲塞天下之人望於是遴選屢掌文衡聲譽飆起之長沙張氏爲管學是時張驟游臺省一歲三遷海內以爲得用方般張又徧交天下豪俊既管學務之全權將來成就或其庶幾於是海內冀觀新政之眼球乃紛集於張所辦之大學堂矣

西遷以還所立之政務處其意以爲此辦新政之徵章也乃觀其所派則即軍機諸大臣也劉坤一張之洞袁世凱也劉張袁彊吏止足爲體面之代數而內權仍集於樞臣樞臣以外餘子亦止視爲體面之差事圖他日之保舉而止所謂辦理新政者如是而亦足矣張氏而以管理大學堂事宜爲體面之差事也則何不可與政務處諸公一例安逸耶而顧爲此僕僕也則亦大悖朝廷之用心矣

張氏以爲自疏逖小臣驟歷通顯非認眞辦事無以塞天下之望自粵還朝即有劾罷京官數人之舉比受命管學復欲用此心力以實辦學堂而不知爲朝

批評門

列所忌。已伏於劾韙京官之時。當在西安。欲革除積弊。有所論列。忌者固已浸多。辦學之時。又不能仰體敷衍責塞之樞旨。遽欲實行己意。迫政府厭其所爲。多方挑剔。張氏仍欲委曲周旋於其間。以冀事之或可有成。受命年餘。僅得草草開學。如果以是以爲塞責。政府或姑容之。乃復議建造。圖擴充。將有大辦之舉。動政府又安得而不惡之耶。

學堂之收取青年。爲其年力甚富。成學可期也。今日之青年。其必心醉最新之理想。掉弄自由平等之口頭禪以爲愉快。又勢之所必有也。學堂方以教育權治此青年之學生。特患其教育不良。法律不善耳。苟能善。何慮學生之不職哉。受治也。政府方欲大施其壓制。而此說者忽騰于學生之口。則不能不疑及辦理者之有以長發之矣。

此次之原因。關係袁世凱奏對時面陳學堂辦事諸人。多輕躁少年。學生中極多不安分者。請有以善其後。太后頷之。客臘有浙江某御史封奏請添派滿大員管學。摺上留中。此次添派榮慶之旨。都中傳言軍機亦無消息。太后僅商之榮祿而突有是命。張氏之毫無聞見。又可想而知矣。

中國辦事之不信漢人。夫人所知也。乾隆時和珅在軍機。張玉書以大臣任錄備已屬非常之榮幸。三百年來以漢人當國者。獨沈桂芬耳。六部事務。書吏主之。滿尚書稍可着議。漢尚書畫諾而已。疆吏滿人居其七八。向來已然。中興而後。豐功奏於曾左。於是漢人任疆吏者浸多。戊戌以後。又一變矣。朝廷果以學務爲重要也。則必不任漢人。其獨任漢人者。以爲此無聊之差事。不妨畀之也。旣深忌任此事者之實行己意。又得以外臣之所言爲藉口。即無某御史之奏。其必添派滿人無疑也。然則榮氏之來。其爲魚朝恩。

之觀軍容以監制一切耶抑將馳入趙壁而奪此軍符耶抑將暫爲觀軍容以爲奪軍符之預備耶是亦將有實行之一日矣

榮氏以倉場侍郎躐九階而致大司寇其爲太后之寵人榮祿之密切決無疑義都人士曰榮慶者剛毅一流人物也其爲人精刻頗知潔已在倉場能釐革積弊此次管學其將以此精刻之專長大行其改革耶抑將以法家之手段大施其壓制耶

要而論之榮氏之爲人何若不必深論總之中國之所謂大學堂固永無實辦之一日驟然廢之則無以鈐天下之口亦何妨備此一格以爲朝貴兼差之地抑將徇海內之喁望設爲學部添設各官如外務部之仿六部制彼此推諉以授權於書吏堂官畫其畫諾亦何嘗非疏通人員迴轉之一法而今日之所謂大學堂學生亦得上此於成均得以囂囂然異于衆矣

自奉諭興學不出一年而行省皆有學堂紛紛奏告舉自以爲功亦泱泱乎大觀矣他日讀支那之歷史得勿佩其速成所惜此慰情勝無之張氏學堂從此歇業而天下之學堂自此多也

往歲海內恫國家之不興學乃紛紛求學於外洋雖出洋學生中自放其學業者不少而以此成學者亦數數覯自蔡鈞之壓制凌虐而出洋學生氣短官派游學者已日希矣朝廷欲以派西洋爲抵制東洋之策掩天下之目奉命者得藉口於西洋經費難籌而故緩其期以爲延宕他日所謂官派出洋學生者將俟諸地老天荒而後也藉令派矣而慫于東洋之舊突乃極力束縛其自由即使不恃官派自費求學其能脫此野蠻壓制之威力耶嗚乎余欲無言

三 ◎張之洞奏辦湖北學堂章程抉評

批評門 四

防流弊第三曰。不可講泰西哲學。泰西哲學流派頗多。大率皆推論天人消息之原。人情物理愛惡攻取之故。世俗所推爲精闢之理。中國經傳多有之。近來士氣浮囂。專取其便於已私者。昌言無忌。以爲煽惑人心之助。詞鋒所及。倫理國政。任意譏彈。則大患不可勝言矣云云。夫張之洞亦來評論哲學乎。是亦新異之問題矣。張欲錮蔽天下人士之心思。以養成奴隸之資格。乃昌言禁哲學。張蓋自視湖廣總督之權力。足以堵禦一世。謂近來士氣浮囂。士氣誠浮囂矣。張能以區區湖北一學堂易天下之風氣乎。能禁學堂中人不講哲學。果能禁學堂外之不輸入乎新理想之灌入歟薄如潮。恐張之洞區區之權力未能障百川而東之也。謂倫理國政任意譏彈。今日腐敗之國政。稍有知識者能譏彈之矣。果有無數高尚元渺。之哲學家出現於報界中而操其筆政耶。謂哲學可爲煽惑人心之助。吾以爲苟欲圖亂。則必聯合下等社會。其將以高尚元渺之哲學語下等社會耶。張又謂世所推精闢之理。中國經傳多有之。則中國經傳之義理。當可爲煽亂之助。當可爲任意譏彈倫理國政之助。張必斤斤令學徒誦讀者。蓋欲養成此輩讀經傳之亂民耶。吾欲起古人於九泉。與張之洞對質也。

臚列書目。恭呈御覽。固已奇矣。其課本有養正遺規、教女遺規等書。所列西籍多廣學會二十年前之本。原奏謂以此講授。不至誤入歧途。誠哉。坐黑暗室中一步不動。斷無歧途之可入也。

原奏謂東西各國文武官員。（此語已極解頤）又游歷文士。來鄂省觀書院學堂者不可勝數。讀之不禁噴飯。凡游歷者勿論地方內如何現象。皆詳爲考察。即入最野蠻之地。何莫不然。況湖北可以恣游觀者。

古跡大半零落。惟兩湖書院武備學堂之崇閎深邃。最著名譽於鄂中。過客游蹤。幾徧曾謂外人蒞止。足爲總督之光榮耶。即崇拜外人。何致以區區之足音。欣然入告也。

張曾派人到日本考察學校。譯書歸而呈之。此次章程大半摹倣日本學制而加以專制之威力與腐敗之道德。借學校以行其壓制人心之術。全誤爲不適則其形式上多模範日本。未嘗盡不通也。謂之爲適則總覺其頑鋼腐敗之處觸目而有。亦不能處處摘。出適成爲兩皮制府之辦法。孝達先生之文字而已。

中國督撫。有無限之權力。常有不遵朝旨者。朝旨亦優容之。如壬寅七月十二日之上諭。固以章程頒行各省。着各該督撫按照規條辦理矣。湖北之奏於十月初一日上之。其時已奉上諭。可以置之不理。而獨據已意。此等舉動。與庚子東南督撫不奉朝命。同張之洞殆習慣成自然耶。

◎練習敎習之新法

署江督張之洞。以中小學堂敎員。咸取材於師範學堂。是師範學堂爲敎育造端之地。三江需用敎員何可勝計。爰於江甯設立三江師範學堂。定額江蘇五百名。安徽二百名。江西二百名。延日本高等師範敎習十二人。專司講授敎育各等學。中學敎習五十人。分授各學。雖將來成就不可知。而設此學堂之意則甚善也。最奇者開辦練習敎員之法。令東敎習就華敎習學中國語言文字及中國經學。華敎習就東敎習學日本語言文字及理化學圖畫學。謂此法在日本爲互換知識。夫互換知識。誠善也。東敎習講授。可以參用中國語。不至隔閡。亦何嘗不然。而試問儼然日本之高等師範敎員。肯甘心俯首。以聽中國敎員。

之講授乎日人以支那教育權自任中國待命於日本之情形又如是其急即不習中國語言亦安慮中國之不聘請耶且所謂經學者果如何之經學也以一年習語言文字之日力而兼習經學復欲以如是之經學餉饋中國他日之中小學堂教員又何理也且華教習能以經學授東教習矣則與現在之師範生固可有直接之教育他日師範生又以此遞傳於生徒而中國經學之種子為不絕矣授之於東教習何為者也推張氏之意以為華教習既就彼習理化學圖畫學矣我更持何物以互換之環顧中國之舊物獨此經學為日本所尊為漢學者或正以誇耀於外人而足以抵理化學圖畫學之價值於是決計以此互換之特吾不知日本教員肯崇拜此學否肯出其理化學圖畫學以互換此經學否此亦頗難之問題也既慨本國教員之不足而求助於鄰邦彼昂然龐然來占此教育之位置乃欲以彼所不屑過問者而強其肄習其甘心服從此主義者其真日本高等師範之學員耶吾徐以察之矣

◎教育會之公函

教育會者中國教育前途之一線光明也其內情與現狀曩者詳言之矣(本報二十五號教育時評)夫以學生而從事於自教自育其勢已窮無復之而其力必不能持久此固不問而可以預知也以經費浩繁呼將伯於海外嗚呼教育者我國國民之公益則維持此教育者亦我國國民之公義海外同胞熱誠愛國當必有為之援手而相與有成者今將其會員公函備錄如左

中國教育會全體會員頓首寓書

海外同胞韓嬰有言磐石千里不為有地愚民百萬不為有民豈惟不自有而已權利競爭歸於強

桀。固將有乘巇抵要奪其所據而吮膏肉者。荒荒大陸。岦岦横目。欲保此以終古。殆理勢之必無者也。比年以來，前知之士。固嘗發教育改良之議矣，蓋我民誠智，彼雖欲役固有不能者。我民誠愚。彼雖欲事。亦有不待者。此固強弱之總因，抑亦盛衰之樞紐也，而政府亦嘗倣行一二，以塞衆望。顧斯事艱巨，生死存亡，繫於縣縣若存之一綫，乃微觀深察。則見其大謬不然。蓋往往以形骸譚育。當此巨任。是無異望近死者以復陽也。嗚呼。海外同胞。熱心忱力。日日望宗國興學校出人才者。而詎知宗趣若彼，孤我同胞之望者至如此極耶。莊生曰。天之穿之，日夜無降，而人故塞其竇。今日穿之之力。猶遜於塞。然則莽莽前途。其將長夜以漫漫乎。禹域山河，其眞際於末刼。而爲毘藍風中之腐草乎。抑將有倔興者。濯手整理。以新我日月。光我宇宙乎。凡此絕大之疑問。推往覘來。執因求果。皆可於今日教育之現狀而替決之也。請爲同胞重一言之。專制之毒，痛於學界。遞積遞演。則國民之萌蘖者愈受摧殘，一也。外人利我教育權者。將陰施其狡獪。益深我奴隸之資格。二也。循斯二者，已足以夷吾族姓矣。况曁爲之交乘而迭至者乎。同胞同胞。吾儕不自振拔。偷惰憚事。失今不圖。必無幸免之希望矣。乃者旅滬同志。慨憂不輟。爰有教育會之舉，發起於壬寅之春。至其秋冬之際，而組織乃粗備。請爲同胞道其概略，我國今日學界。最缺乏者爲教科書。教育會發興之始，即欲以此自任。繼因八股方廢。承學之士，於一切新名詞意義。旣未習聞。恐難講貫。乃議倣通信教授法。刊行叢報方欲出版。而駐日蔡使阻遏留學之風潮以起。於是乃謀自立學校。規制尚未底定。又有南洋公學學生。不勝教習之虐待者。相率出學。求濟於教育會。遂成今之愛國學社。此敝會歷史之大凡也。然敝會同志。無權無勢。一切建置、皆白地起造。無有憑藉。學生社會家乏者十之七八。即稍有資力。而束縛於父兄。不得遂志、愛國學社財用之困難。遂有逾於尋常者。國內僿陋、稍有一二同志。慷慨捐助。然一切費用、不足者猶極鉅。此所以不能不呼將伯於海外同胞也。海外同胞。目覩外族之强盛。身嬰虐待之慘酷。愛國之誠、浸昌浸熾。近年凡有舉動。極爲同志所欽服、比來各省官學。多有由同胞資助以成者。此足以表愛國之盛心矣。然官學之宗旨。不過造軟骨派之奴隸。愛國學社之前途。雖不敢決其如何。而學生固多志趣不羈。向學甚篤。儼如昔日英民移居北美者。具此善因。或有勝果。可以慰我同胞者也。伏希同胞各仗願力。襄此善舉。實爲厚幸。謹布腹心。惟祈垂鑒。其他規則細詳敝會及愛國學社章程。與敝會機關之蘇報。同胞取而覽之。必更詳知其情狀矣。

中國輪船公司

中國人伍梁二君。鳩集資本擬立一中國輪船公司。航行於香港與美洲墨西哥之間。此中國實業界中未有之創舉也吾爲中國輪船公司賀吾爲中國商務前途賀。

今日之世界一海上權力競爭之世界也中國通商以來我國人之商於外者足跡徧於五洲。其貨物之輸出輸入者日以繁盛。英美日本諸國其航行香港美洲之輪船公司凡九輪船幾卅艘其所轉運者中國之貨物殆十居七八以中國之大曾無一公司以與之競任外國人之壟斷其利而去是非獨利權之失抑亦我國民之恥也中國創辦招商局亦數十年於玆矣曾無片船隻輪越中國海岸一步以窺太平洋者乃至國中內河之航路亦爲他國人所專擅招商局至與立約某地爲外國公司所專航某地爲招商局所專航某地爲外國公司與招商局所合航內河權力且不能保遑言外洋權力哉彼既能來我不能往烏望海權之發達商業之繁盛也。

嗚呼一小民難與圖始自古然矣而中國今日之人爲尤甚莫爲之倡雖大利所在逡巡而莫之顧有一人創始則萬衆踴躍蜂擁蟻附而趨之此中人之恒態也以中國之大僅此區區一公司亦復何能爲力然既有倡者吾敢決踵起之日增月盛也。

該公司創立之始擬先在歐洲租賃輪船以備應用。待造船既成。然後易用己船。其行期則定於二月二

批評門

十九日首次啓行。其航道則起點香港。取道上海日本檀香山直達墨西哥之文沙尼埠。歸途順至舊金山，然後回航橫濱云。

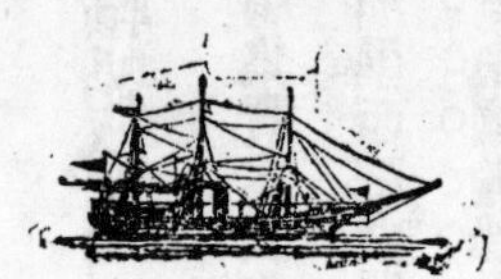

雜評

●以德報怨

日本報言中國政府以庚子之役賞外國將士以寶星。日本得此寶星之賞者百有餘人。中國諸報亦喧傳其事。嗚呼。中國政府之舉動。誠有不可思議者。義和團之無端發難。仇殺外人。誠可謂野蠻之舉動矣。然固前日政府獎勵而嗾使之。小民何知。盲從政府而釀成巨禍。乃首事之時。獎國人之仇殺外人者。事敗之後。又獎外人之仇殺國人者。旣入其笠。又從而招之。小民其何所措手足矣。

庚子之役。雖無失和宣戰之明文。然京津鏖戰。年逾兩月。則固兩軍對敵矣。兩軍對敵。雖以宋襄之仁。亦僅不重傷不禽二毛而止耳。若取敵人之傷我禽我者而賞之。抑何顛倒舛謬之至於此極也。

且聯軍之入京也。都城破陷。宮禁殘破。陵廟震驚。乘輿出狩。是誠我百世之國仇。彌天之國恥也。建德使紀念之碑。派謝罪各國之使。亦曰勢窮力屈。無可如何耳。今忽追念前勳。論功行賞。則是出於酬庸報德之至誠。而非外人所强迫也。則是不以都城破陷。宮禁殘破。　陵廟震驚。　乘輿出狩。爲國仇國恥。而直以爲國光國榮也。夫破都城。犯宮禁。震　陵廟。驚　乘輿。而反曰有功。外人則誠有功矣。我當國者之罪。則又居何等耶。

然推政府之意。彼固曰外人代我平亂。我故以是酬其勞也。當日戰事之是非。且置勿論。然此亂也。國內亂耳。以四百餘州之堂堂大國。不能平此區區之內亂。而反使外人代任其事。延外人干涉我之內政。任外人攫奪我之主權、主權盡失、國非其國、天下之大恥奇辱、孰有過於是者、夫行賞者、固克敵凱旋快意之事也、不引爲恥辱、而反以爲快意乎、我國內亂方興未艾、外人之欲代平亂者、久已環伺於門、不知我國政府、更擬何賞以待之、八國平亂、勞誠不小、然四萬萬之兵費、亦足爲相當之酬報矣、是亦不可以已乎。

嗚呼、聯軍之入京也、以待野蠻者待我、殺戮慘酷、殆無人理、彼外國之人、且日於報章揭其惡而聲其罪、誠不意本國人方以爲罪者、敵國人反以爲功也、李鴻章見俾斯麥、自陳其平髮捻之功、俾斯麥應之曰、自殺戮其同種以爲功、吾歐人所不屑、嗚呼、自殺戮同種以爲功、尚爲歐人之所恥、今他族殺戮我同種、而我國反以爲功、何度量相越若斯之甚也、嗚呼、數年以來、我國政府、以媚外爲惟一政策、苟可以得外人之歡心者、奴顏婢膝、無所不至、今乃至以此爲獻媚之具、嗚呼、彼衮衮諸公、寧復知世間有廉恥事、獨不知我國民聞之、其亦顏汗否耳、其亦寒心否耳。

●張之洞保護報館版權

張之洞禁報之事、數見不鮮、聞者亦司空見慣、付之不議不論矣、頃南京學宮旁、有鳩集股本翻印清議報者、張之洞聞之、札上元江甯兩縣、拿人搜書、嚴禁翻刻、此固張氏長技、無足怪異、然吾聞留學生出有「湖北學生界」、內地人鮮知之者、雖有知之、然所謂大人先生者、輕其爲學生報也、咸緩置之、昨張之洞電駐日本公使、令禁其出版、內地諸人聞之、乃大相驚異、該報遂驟增千數百份（上海報云）該報受張之洞之賜、誠不少矣、頃方爲湖北學生界紹介新著、今又復爲清議報保護版權、外人誰謂張之洞仇視報館、豈不太寃。

●博覽會人類學館事件

日本博覽會中設人類學會。將置一二中國人於其中。標我一二腐敗舊俗以代表我國民全體。以與野蠻人並列。此事喧傳久矣。頃神戸領事官蔡勛。起而反抗。親赴大阪。援据正理。以與日本力爭。聞日本官尙互相推諉。然大約可望撤去云。我國通商以來。派公使於外國者數十年矣。然所謂外交官者類不自知其實任之爲何。惟以其保舉甚優。遂視爲終南捷徑。故其一舉一動。無不損辱國體。即有一二稍知自愛者。亦皆恇怯無能。其視外人也如神明。如天帝。故有交涉事起。則畏外如虎。縮首如龜。不問其事之關係於國家之利害者如何。關係於國民之得失者如何。但聽外人之命令處分。唯唯諾諾。奉命惟謹。曾不敢發一言以與之反抗。求一識見深遠。手腕靈敏者則更難於登天。今日本此事。蔡氏獨能與之抗辨。反復申論。侃侃力爭。其後效雖未可知。然日人無禮。其曲在彼。爭之不已。度日人當不敢力持初議。夫蔡氏之爲人。吾未能詳知其如何。然其能愛顧國體。敢與外人反抗。置之我外交官中。固可謂鐵中錚錚。庸中佼佼者矣。

蔡氏交涉。未有成議。留學生深憤其事。聞有公函致振貝子。及中朝所派往觀會之諸貴人。謂日人以無禮辱我。止其勿來。日本政府聞之。懼大傷兩國之感情也。議令撤止此事。現方與大阪府在交涉中。六七年來。日本國中。閧然倡與中國提攜之論。其果有聯結之誠心。抑別有利用之政策。是非吾所敢言。然其曲意以媚我政府。則固衆所共見也。兩國交涉之事。我退則彼進。我進則彼退。我誠持以强硬。竊料日人必不敢以區區一事。失我國之歡心。嗚呼。彼日以特別優待之劵。徧致我國之逵官貴人。而顧於萬國畢

批評門

集萬目共睹之地。爲此無禮之舉動。以辱我國體。侮我國民。彼達官貴人。亦中國國民之一也。優待乎。優待乎。招之來而撻之市耳。特不知我國之達官貴人。亦有此公憤否也。

叢錄門

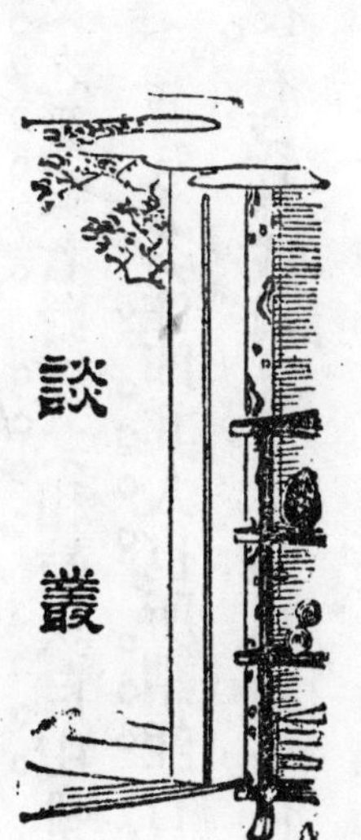

茶餘隨筆

君武

愛國之女兒

千八百七十年德法之戰事起。巴華路（日耳曼列邦之一）之一分隊至於梅 Metz（法地）入一小村。其村人皆逃。留一小女子守田舍。巴華路之兵官拘而問之曰。二點鐘以前法蘭西一聯隊過此。何所向而行耶。此小女子沈沈然思曰。苟余告彼以法軍之所向。則彼將追殺法軍。而我法國必受其害。我法國人也。作一事而有害於法國也者。則我不爲。遂不答。巴華路之兵官曰。不答將被殺。再三問。終不答。遂受銃刑。

嗚呼。法蘭西豈非產生女豪傑之膏壤耶。貞德、羅蘭之屬。皆以一弱女子之身。演驚天動地之大劇。雖然。是特有名之女豪傑耳。法蘭西無名之女豪傑。固無數也。區區梅村。

之一小女子尚知國家之義種族之界則法蘭西二千萬男子之義氣堂堂可知此德國之所以能破巴黎能擒拿破侖第三而終不能亡法國也

北美合衆國革命之際有一七歲之小女子名雅麗 Ary 者與其鄰童數輩共組織一民黨以反抗王黨朝夕聚議謀所以扶助華盛頓者一日雅麗自以小筐滿盛雞卵而見華盛頓曰將軍爲國民之事勞苦甚矣今有不腆之儀敬餉將軍遂擧一雞卵示華盛頓曰其中有物可碎其殼而食也華盛頓驚感不知所措時法國人拉非意特 Lafayette（助美國獨立功最多）亦在匶然改容待以殊禮

非律賓之愛國者

有能言之愛國者有能文之愛國者有能行之愛國者所謂能言之愛國者激勵民氣抵禦異種𠎝辱焦舌圖利國家若德摩士電 Demosthene 甘必大 Gambetta 之徒即其人也所謂能文之愛國者發揮共和鼓吹自由排除王政九死不悔若拉馬爾登 Lamartine 雨苛 V. Hugo 之徒即其人也所謂能行之愛國者溺愛自由夢想革命捐軀棄名以爲民役若克林威爾 Cromwell 羅拔士比 Robespierre 之徒即其人也有成功

之愛國者有失敗之愛國者成功之愛國者大事已定聲名洋溢國人謳歌之萬世崇拜之若華盛頓維霖惕爾（建瑞士共和國之人）之徒即其人也失敗之愛國者鞠勞一生心力俱瘁所志不遂終天飲恨若瑪志尼巴枯寧之徒即其人也吾常恨莽莽之東亞沈沈之大陸雖有忠君之奴僕而與愛國之豪傑吾是以忐忑而不寧太息而長嘆及讀非律賓革命史而竊幸吾亞洲尚有一愛國之豪傑焉曰黎沙兒 D. J. Rizal

黎沙兒實失敗之愛國者也一事未成已受西班牙惡暴政府之銃刑黎沙兒實能文之愛國者也其一生之事業止於撰著書報以鼓吹革命

黎沙兒實非律賓之大詩人也非律賓愛自由之學生有旅居日本者與予過從甚密酒酣耳熱則爲予放聲歌黎沙兒之名著「臨終之感想」臨終之感想者黎沙兒臨刑前數日所作之絕命詞也其詞曰

去矣　我所最愛之國　別離兮在須臾　國乎　汝爲亞洲最樂之埃田兮　太平洋之新眞珠　慘怛兮捨汝而遠逝我心傷悲　我命甚短兮　不能見汝光榮之前途一解

不遲疑。不傍徨。我國民奮勇兮赴生存競爭之戰場。人苟爲本國而流血兮。消柏桂之木影暴原野之嚴霜。固不辭也。二解

夜色暗澹。如悲我之將逝兮。風蕭蕭而不長。曉日何時而復出兮。將灑我一腔之鬱血以添其曙光也。三解

我年漸壯兮我心漸遠。我願未酬兮我命將斬。我最愛之國乎。太平洋之新眞珠乎。我雖死不瞑目兮。以觀汝揚光輝於六區也。四解

去矣。我最愛之國兮。我滿腔之熱情。與我身而永化。國乎。汝而終能得飛躍之自由兮。我戴汝之天以死。遂永托靈於此土。我何憂兮。五解

死矣。他日我墳墓之上。長一叢之荒草兮。開數枝可憐之花。國乎。汝之親愛熱情與我永不相遺。時往往於我墓上吹噓其花草兮。我之神靈何有乎嘆嗟也。六解

委我骨於我所最愛之國之原野。我心已足兮。況有安靜之月來相照映兮。溫柔之風來相披拂兮。嬌好之鳥來棲我之墓唱和平之曲兮。此皆我國之慰

我於死後者也解七

男兒誠愛國死則已矣亦何爲此囂囂　任我墓之荒廢兮　以我墓十字之石標兮　飽農夫之鋤犁　任我遺體之澌燼兮　混入本國之雜草兮　爲田野之肥料解八

我最愛之本國，我最愛之同胞　哀矣怨矣　其一聽我臨終之辭　留滿幅之愛情於此土　我其逝矣　逆主乎　劊夫乎　賊吏乎　奴隸乎　其將以此眞理之安宅爲窟穴矣解九

諸友乎　慈親乎　兄弟乎　愛兒乎　我何忍離汝　我何忍離此最可愛之國　我何忍離此最可哀憐之國　我生也勞　我死也樂　我人世之工已盡於此日兮　我同胞其勉盡未來之責任兮　我最愛之國方幼稺　我最愛之同胞方幼稺　前途之命運　尙未定兮解十

中國人無公共心

美國人十彌時 Arthur H. Smith 者居中國傳耶穌教二十二年最留心觀察中國國

民之性質。著一書曰中國人之性質。Chinese Characteristic 共二十七章。其書在美國、重印至千五百餘次。歐美人之欲觀察中國人性質者。多借其書爲證斷焉。其第十三章題曰中國人無公共心。摘譯於此。

中國之古詩有曰雨我公田。遂及我私。此咏中國人在周朝時之農家風俗也。由是觀之。中國之農民在周朝之時。猶有公共心焉。先祈雨其公共之田而後乃及其私。至於今日。而此風墜地盡矣。

中國之政府常帶野蠻時代族長政府之性質。自視如父母。視人民如兒子。而務使之順從無侮。雖然父子之間至親也。而中國人之與其政府。則渺乎常不相關。人民茫茫然不知政府之爲何物。歐洲人曰政府由人民而成。爲人民而立。所以代表人民之意見。保衛人民之權利。鞏固人民之安寧者也。中國人之腦中則絕無若是之思想。唯唯諾諾。盡納稅之奴隸職務而已。既納之後。政府如何開銷之。皆不復問。以爲人民對於政府之天職。固當如是。

欲知中國政府之如何怠廢公事。及中國人民之如何缺乏公共心。則觀其國中道、路之現狀可知也。歐洲各國莫不視道路爲國民之一大公產。政府當注意經營之。敷石焉。聯木焉。惟恐其阻塞而廢壞也。在中國則不然。一任其道路之廢壞阻塞。政府不理。人民亦不理。若道路之與政府人民兩無關係者。然滿洲之入主中國。既二百五十餘年矣。政治上之問題。未聞有撥巨欵修大路一事。中國人亦未聞有集巨欵以修大路一事。豈不可怪。

中國政府之視公事爲等閒也。固可詫怪矣。而其人民亦與政府無少異。最可怪者。中國人民常一任政府之如何處理其國之財政。如對岸觀火。若無一毫之痛癢相關者。雖然中國人民之視道路及等等公共物爲與己無關係。固不足責。因中國人自古不知國家爲何物。亦不知政府爲何物。彼常謂山河（即國土）爲皇帝一家之私產業。惟皇帝乃能有之。則彼之不知道路之爲公產。亦何足怪。中國鄉間之道路。大半附屬於農夫之田圃。故農夫可於道路上穿溝焉。築堤焉。掘土焉。行路之人。深患苦之而無可如何。嗚呼。歐美人之所謂路權者。right of way 中國人固茫茫然不識其爲何物也。

運物之車。常恬然積於道路之中央。以阻行人。農夫伐木。常積之於路旁。行路之人。不俟其伐畢。不能過也。

不特鄉閭之道路爲然也。雖都會之地。亦如是。北京街市之兩旁。有甚多之小舍及露店。櫛比鱗次。以賣諸食物及雜貨。當皇駕出行之際。則拆去之。出行既終。則建設營業也如故。因是之故。其街市變爲最狹。往來之人。進退局促。婦人女子之臥被。多以道路之旁。爲洗晒場焉。以阻礙往來之人

防止行路之事。不徒小店爲然。其有一定住宅之大店亦然。例如木工瓦工之店前。常集滿材木及磚瓦之類。染匠店前。高揭染物。麪商店前。多曝麪絲。是皆不知路權爲何物之惡果也。

中國人對公共之物產。既已毫無利害之關係。故常有盜取公產之惡行。誠可怪也。道路間及城壁間之石。常有失去者。北京皇城之禁苑。常有盜來盜去其中之藏物。蓋中國被盜害被烈之人。即其至尊之皇帝陛下是也。

中國人有愛國心耶。無愛國心耶。此重要之問題也。一言以決之。中國人固決無國

粹之感情 National feelimg 也彼雖常罵外國人爲洋鬼子是不過人種憎惡之外情耳若以是爲純乎由愛國心所發出則大誤因彼等今日之皇帝固韃靼種類夫韃靼種類非外國人而何中國人雖恨惡異種及異種人以大兵力殺戮荼毒之則中國人即帖然服從翻然用其古聖賢所傳下之忠孝美德以盡犬馬之鞠勞矣由此推之今日之中國人雖痛恨洋鬼子他日洋鬼子苟用兵力大創之中國人必靡然改其舊觀而靡然効忠焉此必至之勢也蓋中國人種者固世界上最易馴伏之人種也

茲更舉一事爲證當千八百六十年英法同盟軍之迫北京也英人以山東省人供負擔之用以代騾馬之勞天津及登州皆服降同盟軍一切需要無不供給由是觀之中國人固決無愛國心也決無公共心也嗚呼是與盎格魯撒遜之所謂愛國心公共心者何反戾之甚也

讀支那之歷史審支那之時事孰不謂其革命之一日不可緩雖然革命者何事也必其人民懷赤心富果斷挺身率先盡瘁殉國使後人觀之而感慨興起焉前者死

後者繼必畢達其利國家利人民之目的而後止嗚呼是非所望於無公共心無愛國心之中國人也。

外交家之狠狙

法國某著
中國某譯

咄！天地間一大戲臺也。戲臺上所演諸劇皆可觀。而最奇巧者莫外交界若。而最有趣者莫外交界若。

往年俾斯麥退隱之時。世人以耳爲目。妄爲擬議而評論之者。此亦一說。彼亦一說。皆自許爲得其眞相。而不計局中人之掩口而笑其杜撰也。諸子願聞其詳乎。余請述其所見。

俾斯麥平日之所苦心經營。大半在於法國事件。天下之所知也。一千八百七十年之役。德雖獲勝。而法國未至一敗塗地。加以民心激昂。猛圖恢復。俾公慮其捲土重來以復仇也。決意乘其元氣未全復。再興兵摧拉之。使不得再起而與我爲難。一千八百七十五年。俾公將實行此策。法殆危甚。終以俄皇亞歷山第二出而干預。法始獲免其事之顛末。泰晤士記者布域士已爲公布於天下。想讀者尚能記之。然則德法之積不相能。而將決裂。殆有岌岌乎不可終日之勢。

既而維廉第二即位。是爲今帝。德政府忽使人告於法政府曰。兩國比隣。理合和好、昔緣事故。致相嫉視者日久。敝國憾焉。今願捐棄嫌惡。與貴國一德一心。以當歐洲政局、俾公又親見法國之駐德公使。告以此意。且曰。此事全出自寡君聖裁。非老夫意耳。時法國外務大臣孚羅理輿。乃一熱心愛國好男兒。而誠篤有餘。機警不足。以爲俾斯麥氣勢既衰。故願與法國結和親。以逃後患。而不料其有他意。於是德政府更進一步、餂法政府曰。空言和親。彼此難以相信。今願擧一實事以爲証。若法國肯以奧斯鹿林。永遠讓於德國。則法國若有所求。德國亦將應之。以爲報。孚羅理輿以其爲誠也。乃與約曰。英國視埃及爲囊中物。敝國久欲奪而有之。望貴國有以相助。嗚呼、奇矣怪矣。向來德法交惡若猿犬。而今忽然有此密約。

英法邦交。向來不睦。自倭打盧之役以來。英人固不喜法蘭西。而法人亦惡英吉利。惟余與衆略異。余生平不甚惡英人。其時英國全權大使以無任所。故寓於巴黎。與余甚相得。每來復日余輒往英公使館從之飲。而不意以此因緣。遂使歐洲一場大戰得以幸免於危機一髮之間。

某來復日。英公使館照例邀余飲。余治裝往。見大使顏色有異。心怪之。食畢大使握余腕。請進一書齋。余嘗從外務大臣。微聞德法密約之事。當時見大使形迹可疑。意彼必微聞風聲。將詰余。而余立意雖拔余舌不肯告也。大使待余坐定。喟然曰。余與君今爲至交。情同骨肉。若使英法不幸而至於開戰。豈非痛心之事乎。余漫應之。而心則曰。速以埃及相讓則已。不然必危。當時大使見余不動容。又曰此事之利害。關於兩國者甚大。切望足下留意。僕今有所欲言。惟望足下勿告他人。余應之曰。唯。使曰。君等與德國結密約。將逐吾國人而占埃及。其事非由貴國先與柏林政府言耶。

余於是大驚。余於是不得不大驚。噫大使竟盡知吾輩之密事矣。雖然、不能換變面目。如俳優然。不能登外交之舞臺也。余乃僞爲驚怪狀曰。惡是何言也。密約！ 密約！！ 此事不知從何說起。君毋乃作夢語耶。大使冷笑曰。君以爲僞。則謂之僞可也。而余不可以不言。夫英國向來決意不與於三國同盟者。以不願助德以攻法也。而今爲事勢所逼。行將改計矣。何以故。俾斯麥今來報于我駐德公使曰。法國今願與吾立密約。其意欲逐埃及境內之英人。不言可知。若英國不於七日之內。加入三國同盟。相約有事之時。英國願以海軍封鎖法國沿岸。則余不肯將不能不從法國政府之請矣。俾斯麥所言如是。其眞其僞。則君之所知也。余聞大使言。俾斯麥以甘言誘我政府。使與議密約。而實欲陷法蘭西於不義。使英國不得已與于三國同盟。而因藉之以覆吾法國。何其計之毒也。余聞大使言。且驚且嘆。幾於憤極而泣。而仍不肯示大使以可疑也。乃從容言曰。是不入耳之談也。是必俾斯麥故爲此言。以欲反間吾兩國耳。大使又曰。余以此事告君。爲君計也。今更有一言。則此次來復六日。俾斯麥將以貴國外務大臣所議密約示我公使。君若不早爲之所。速將約文繳回。則必激怒英國。半月之內。必致有大戰禍矣。君盍早圖之。余以大使既盡知底蘊。辨亦無益。乃曰。謝君厚意。此事必爲俾斯麥所揑造無疑。吾姑見吾外務大臣而言之。於是再返客座。與大使夫人閑談二十分鐘之久。欲令大使見我從容。不我疑也。已而託言頭痛。與辭而歸。恐公使館員爲余招馬車。知余行止。大不便。乃自行至橫街。適有一街車過。乘之。竟至外務衙門。幸與外務大臣相値。乃爲覆述一遍。外務大臣聞而大驚。久之言曰。此英國大使所言邪。余以曾與大使約。詭詞對曰。某久不見英國大使。此乃有人自柏林來告者。今未便明指其人。然所言則事實也。外務大臣驚狂欲絕。搔首跌足曰。畜生騙我。畜生畜生。罵不絕口。余初亦不料事已至此。卒然問曰。密約草稿已交彼邪。外務大臣曰。然。德國公使屢言密約草案。請由法國先定。故余已於四日前交之。今必在俾斯麥之手矣。可恨哉此畜生。

余以善言慰解外務大臣。且爲定計曰。密約草稿。今雖在俾斯麥手。君能寫一書。令余帶至柏林公使館。余能爲君取還之。以復命。外務大臣曰。君肯任此。良足感激。請君遂去。煌煌大十字勳章。必爲君物矣。余且沒齒不敢忘大德。

余於是携封書赴柏林。既至。先訪大使。詢以事細。則知此次密議。似非由德皇聖裁。仍由俾老獨斷。余乃以翌早見德皇於宮中。

德皇爲皇太孫時。與余相善。嘗共持鎗遊獵。爲莫逆交。余既報名入。即傳召見。乃直進御座。德皇方在案上觀軍艦圖。欣然起迎曰。許久不見。今日何風。能吹到此。余今講求巡洋艦之用。正思得一新法。說未畢。擧首一看自鳴鐘。又曰。再過十五分鐘。余將往劇場看劇。今尚可暢談。在此談論邪。抑行庭院。一觀寡人所發明之煤油車邪。余於此知陛下躁急之性。猶未改也。再拜言曰。敬謝陛下。願假此座。容外臣一言。外臣此來非爲公然之事。乃暗奉本國政府使命而來者也。余言甫畢。德皇神情驟變。頻目視余。若有不解者。余乃飾言以譬之曰。敝國政府尊敬陛下甚至。蓋深信陛下必不與法蘭西有意爲難也。帝曰。然。法蘭西苟自安其分。不來相逼。豈有自我挑釁之理。余致謝曰。外臣親聆高義。感激莫名。若使敝國之人。共聞斯言。吾不知其欣喜何似也。敝國政府常自計曰。兩國有事。願不經當局者之手。而直與陛下交涉。今且知貴國之外交政略。非由于俾斯麥公之獨斷獨行。德皇不待詞旣。勃然變色曰。日耳曼帝國。在于寡人獨裁之下。即彼首相俾斯麥。亦不過奉命而行耳。余乘間言曰。敝國人之所擬議。亦以爲如此。若疑爲出自俾公之意。則如彼一議。亦豈敢從命邪。德皇愕然問何議。余乃正言曰。日者陛下發議。願德法聯合以伐英國。且約以埃及爲法國屬地。今豈忘之邪。德皇聞之。躍然起立曰。咄。是何言也。是何言也。謂寡人欲伐英國。以埃及爲貴國屬地。此語甚奇。不知何人郤如此。德皇言及此。忽然似有所觸。遂噤口不語。

余乃貌爲驚怪狀曰。俾公未嘗與陛下商。竟爲此事。邪外臣等正以爲此事必出自陛下聖裁者。

德皇於是乎嗒然若喪。吾忖其心。必憤俾斯麥之專橫。而又不欲以俾斯麥輕蔑帝室之事實。傳聞於世。故當時德皇之顏色。若有大不豫者。而余窺見其微。知議約一事。俾斯麥全未稟商於德皇也。余於是務得德皇之歡心。以離間俾斯麥。乃再激之曰。誠如是。俾公之手段。豈不可驚乎。雖然、法國亦未欲乘此機會。與德國相提携。而伐英國也。請陛下勿爲過憂。今外臣欲得一確據。以証吾言之不謬。且欲於世人未知前。早了此事。故敢來獻一計。於是將所布置。爲德皇述之。德皇聞吾言。欣然色喜。撫掌稱善焉。

叢錄門

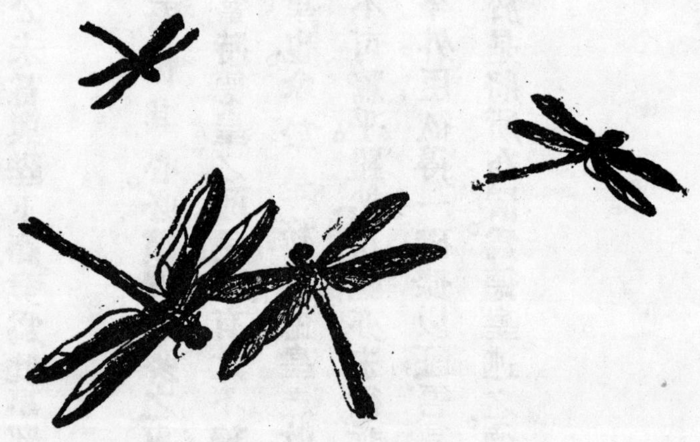

文苑

詩界潮音集

海行雜感 壬午

人境廬主人

正月十八日由橫濱展輪往美利堅二月十二日到舟中無事拉雜成此

東流西日奈愁何蕩以天風浩浩歌九點煙微三島小人間世要縱婆娑

裨瀛大海喜譚天丱女童男遠學仙倘遂乘桴更東去地球早闢二千年

疊牀恰受兩三人奩鏡盂巾位置勻寸地尺天雖局蹐儘容稊米一微身

青李黃甘爛熳堆蒲萄濃綠潑新醅怪他一白清如許水亦輪迴變化來（食果皆購自歐美二洲儲錫罐封固出之若新摘者水皆用蒸氣一經變化無復海鹹矣）

中年歲月苦風飄强半光陰客裏拋今日破愁編日記一年卻得兩花朝（船迎日東行見日遞速於半途中必增一日方能合歷此次重日爲二月初二故云）

叢錄門　二

打窗壓屋雨風聲起看滄波一掌平我自冒風衝雨過原來風雨不曾晴

一氣蒼茫混渺冥下惟水黑上天青妄言戲造驚人語龍母蛇神走百靈

星星世界徧諸天不計三千與大千倘亦乘槎中有客回頭望我地球圓

寥寥曠曠浩無邊一縷濛濛蕩黑煙驚喜舵樓齊拍手滿船同看兩來船

每每鴛鴦逐隊行春風相對坐調箏纔聞兒女呢呢語又作胡雛戀母聲同舟西人多携眷屬有俄羅斯公使夫婦每夕對坐彈琴和歌其聲動心

偶然合眼便家鄉夜二三更母在牀促織入門蛛掛壁一燈絮絮話家常

是耶非耶其夢耶風乘我我乘風耶藤牀鎖魂睡新覺此身飄飄天之涯

一日明明十二時中分大半睡迷離黃公卻喜携黃嬭遮眼文書一卷詩余居東時戲刊一印章曰東海黃公

家書瑣屑寫從頭身在茫茫一葉舟紙尾只塡某日發計程難說到何州

拍拍羣鷗逐我飛不曾相識各天涯欲憑鳥語時通訊又恐華言汝未知

蓋海旌旗闖道來巨輪擘浪礮鳴雷西人柄酌東人酒長記通盟第一回日本與泰西立約實自嘉永癸

丑美將披理以兵刧盟始所率軍艦七艘始由太平洋東來同舟日本人有讀披理紀行者將到時猶能指其出師處也

漫興　憶故國也

美權

倚樓悄無語目送斜陽去芳草遠離大家山在何處
朝爲黃鵠操暮作白頭吟恨我翻憐我離君長憶君
寂寞復寂寞蹉跎復蹉跎盈盈祗一水何處託微波
今日種種生昨日種種死祗此一寸心波瀾日夜起

有感示同人

亢虎

縮海十萬丈素心三兩人交游有新趣哀樂總前塵雲在白日速山高流水深撫髀同太息重與話生平
事理本如此塗窮道豈非引盃宜食肉舞劍不聞鷄風雨重樓悶烟雲滿眼飛美人頭未白猶在浣沙溪
之子邈山河秋深萬水波曙光從我照老魅喜人過桂景不堪折荃心將若何便須買漁棹怕唱打魚歌

叢錄門 四 三九九〇

同是傷心者論交苦不豪鶯花輪客子歌哭屬吾曹末世誰三窟秋風各一毛男兒爭一息前路海天高

東京除夕 觀雲

淒斷無家者今宵又一年江湖隨地濶鄉物動人憐夜雨家山夢東風海國先春光何限事已及艷陽天

東京元旦 觀雲

雄鷄一喔榑桑白晞髮朝窗日射紅到眼河山開氣象橫胸盃酒數英雄幾回雁罫題新字何處龍旗颭好風强學瀛洲賀年語衣塵驚落海雲東

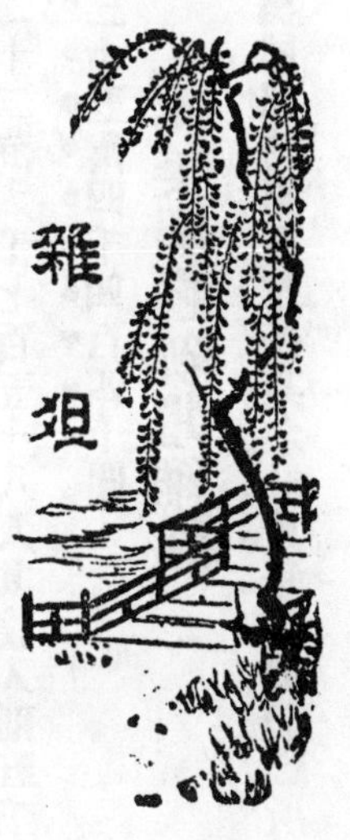

新智識之雜貨店

▲伐木作報之時間

近墺地利某試驗自伐木而至成報紙之時間。朝七時卅五分伐生木三本九時三十四分則蘯剝其皮而爲碎片遂相次而爲紙而印刷印刷之終則爲正十時是於百四十五分間即能變生木而爲新聞紙。

▲熱日休學

於盛暑時授業兒童頗以爲苦。近瑞士之文部省定一法律。命各小學校俱設一寒暖表。苟逾一定之度數。不問何時。即停止課讀。

▲五百六十萬圓之書費

美國政府所編纂之南北戰爭史。其費需五百六十萬圓。其中半數則爲釘裝費及印刷費。其餘則爲編纂筆金及紙費。其書凡一百十冊。計編纂之時日亦十年有奇。若欲閱讀一遍。非十餘年未易卒業。

▲英皇寶冠上之金剛石

英國皇帝行即位禮所用之寶冠。遍綴金剛石。大者凡二十枚。其中央二枚最爲寶貴。價值二萬圓。次値一萬五千圓。合冠上之金剛石而計。即最廉之價亦需百萬圓以上云。

▲治不眠病之簡法

當患不眠病。藥石無效時。於就寢前食少許流動體之溫暖食物。即可熟睡。

▲波斯王之庖廚

世界中最奢侈之庖廚。首推波斯宮中。其一切器具。雖至治膳之釜。皆以金飾其裏。若匕箸杯皿。則皆用純金而嵌以各種寶石。計其食器之費。殆値二百餘萬圓云。

▲除鼠簡法

凡若鼠害之家。以少許之樟腦。置鼠窟之口。即可驅逐其鼠。不敢爲害。

▲英國鐵道馬車之哩數

據英國政府最近之統計。通國街中鐵道馬車之哩數。凡一千三百四哩。其資本金則四億一千八百七十萬〇四十六圓。昨年乘客之總數。十一億九千八百二十二萬六千七百五十八人。其收入則五千七百三十五萬四千四百四十圓。

▲美國之新聞雜誌

據美國紐約圖書館長某之計算。每年於美國所刊行新聞雜誌之數。日刊新聞則二十八億六千五百四十六萬六千部。週刊（一禮拜）雜誌十二億〇八百十九萬部。日刊雜誌二億六千三百四十五萬二千部。合計四十三億三千七百十萬八千部云。

▲寢時衛生

凡人寢時。欲適於衛生。其體當偏於右方。伸其手足。勿使屈曲。但手切不可置之頭上。否則體內之血液。偏集於頭部。有不眠之患。又唾時不可不閉其口。

▲一腕之保險金二萬圓

澳地利一有名之彈琴家。現往美國各州。演其技藝。祇於右腕購保險二萬圓。蓋以傷其右腕。則不能彈奏也。

▲輕氣球之療病

巴黎之醫學博士某。曾乘氣球航行空中。二時間之後。忽見血輪驟增。後十餘日。再爲試驗。效亦如前。故報告其醫會。謂苟患貧血病之人。使其於數週間。爲二回之空中航行。比之轉地療養三月。其效尤著云。

▲新奇懸賞

美國銅山大王克拉氏。曩出懸賞。謂其子若女中。先産子者。與以二百萬圓。今其次子。果舉一男。遂得其賞。

▲實行社會主義

瑞典之阿西市。全無租稅。凡屬此市民。衆學校則不受學費。使用電話。及乘坐鐵道馬車。俱不取分文。蓋此等費用。皆出自市有森林之利云。

▲不娶課稅

法國之人口。逐年減少。故法國上院。特設委員。以調查斯事。其中一議員。謂欲增加人口。非設一不娶課税之法律。未易奏效云。

▲治聾啞法

以如豆大之硼砂。置之口中。使其溶解。則演說唱歌。雖亘數時間。自無聲啞之患。

▲喫煙盲目

據倫敦衛生雜誌之報。近因喫烟而罹眼病者極多。其初祗失辨別顏色之視力。及激發時。每至盲目云。

▲查里士一世之襯衣

故英王查里士一世。上斷頭臺上時。所着之青色絹襯衣。近於倫敦拍賣。拍賣時。其始祗二百十圓。不轉瞬間。即價增十倍。而爲二千一百圓。

▲貸傘公司

美國之繁盛都會。每有貸傘公司。不問何人。先交一年期之小額貸費。若途中遇雨。可即向該公司之支店而借傘云。

紀事

（本國之部）

◎興築學堂　京師大學堂暫在景山之下。舊學堂開辦。規模殊狹。該學堂無從推廣。從前奏請在城外興築。已購定豐台左右地基一千三百餘畝。立意興建。後有人奏言學生在城內易於管束。朝廷意遂不欲在城外。榮慶以爲端王府甚寥廓。擬在彼改建。及相度地基。僅敷辦現在之速成預備兩科。將來不能推廣。故榮氏亦決計城外。劉已與英國工程師某屬辦天津洋行等工程者訂立合同。擇日興造矣。

◎軍醫學堂　天津軍醫學堂開辦考試後。北洋大臣以海運局地甚狹小、北洋醫學堂又爲鐵路局辦公之地、一時未能讓出。已議定在三叉河口東闢地另建。

◎飭査營伍　兵部照例請派員査閱營伍、上諭以整頓軍制之時。當力求實濟。此擧已成具文。著各督撫認眞整頓。再行査閱。如能事事廢去具文實事求是。中國或有轉機乎。

◎申飭桂撫　王之春電奏江右肅淸奏到時。適川督岑春煊電詢政府。謂接鄂電柳州失守。桂林緊急。湘粤戒嚴。政府以太過懸殊。甚疑桂撫。因電切責之。王之春焦急求代。進退狼狽云。

◎擬減宮費　宮中大小宦者。朝廷例由戶部歲發八萬金。名曰宮門費。鹿傳霖欲從二十八年發起。謂庚辛兩年隨赴行在若輩已多所得。若再補發。是例外例也。商之某公。不能決斷。

◎陵差節省　往歲謁陵例用六十萬金。上次謁東

陵。節之又節。僅用二十五萬金。此次西陵大差。更欲節省。袁世凱請款十五萬金。如不敷。由直藩撥出。作正開銷云

◎擴興農學　直督袁世凱欲擴興農學。興農務局顧問員楠原氏議定。先借小站稻田若干畝爲農務試驗場。按照日本各種法試辦。俟有成效。然後各處仿行。

◎擬留辦學　卸署江督張之洞請陛見奉旨著來京。聞管學大臣張百熙擬俟之洞來。請旨留辦學堂。之洞自謂深通學務。朝廷亦倚任之。故非留彼辦不可也。

◎擬設裁判　肅邸以北京交涉事煩。擬於都中添設裁判所。辦理中西案件。案中國曾設裁判所於上海。北京亦可以添設也。

◎開平議會　京師大學堂。二月中開設平議會。由堂中辦事諸員。舉十人爲議員。十人會推一人爲議長。與辦改革議而後行。決定於議長。又總敎習新定法律。宣示生徒。敎習有範圍學生之法律。學生有規正敎習之法律。宣示時謂此舉非專制政體。乃立憲政體云。復命學生自開議會。評量敎育之良否。學科之興革。各據己見。彙呈總敎習。以備采擇。此事頗有文明舉動。

◎吉林鐵路　吉林俄人。擬由寬城子至船廠接修鐵路一段。計長二百四十里。年前俄人已丈量繪圖矣。聞將勘界圖式呈回本國驗明。中俄商定後即行興工。

◎山西滿營工藝廠　晉省滿營旂丁。不事生產。已成游手。雖已編設常備軍。而餘丁絕無所事。護晉撫旣設立滿營學堂。復立工藝廠。以收游手。

◎工程薦員　英國駐北京代理公使薦工程師某

於肅親王。為北京工巡局員。已錄用。

◎賽會定章　北洋洋務局詳政務處擬定賽會章程。如各賽品彙送上海招商局。由局派船運送。各海關監督遴幹員赴會之類。共十條。已分行各關遵照。

◎京東平匪　薊州玉田交界柳溝河村有富民于七者。家匿紅燈照餘黨。綽號禿丁頭。膂力過人。手使三十斤大刀。該村男婦共師事之。日夜練習邪術。頭紮黃巾。已擇日起事。幸為軍駐扎馬蘭峪先期勦辦。生擒首要。斃匪二百餘名。犁其巢穴。無一漏網。

◎擬設財政監督局　駐京各國公使前會議擬在中國設一財政監督局。一切事宜。均由各國特派專員辦理。且擬將赫德所管理之稅關事務。改由列國聯合辦理。俾中國財政得以改良。商務得以興旺。賠欵有所着落。刻正詳議辦法云。

◎米穀加稅述聞　北京政府前議將鎮江上海兩港出口米穀加徵稅率。駐京德使聞之。當照會外務部。反抗是議。謂有背條約。旋由外部電諭蘇松常鎮兩關道查明情形。詳行稟復。嗣據覆電。謂近來米穀出口日多。米價日貴。貧民生計維艱。似宜加稅。稍抑其出口之勢云云。聞政府業已議定。上海出口米穀每石加稅一錢。以為備荒之用。其由鎮江出口者每石加稅一錢四分四釐。麥則加徵一錢七分五釐。以充賑濟之需。決議既定。即照會駐京各國公使。畧謂此次所增稅率。乃加諸中國商人。與洋商毫無關涉。不得謂之違背條約。且中國商人並無不願加稅。請毋干預中國內政云云。各使得覆。即亦無異議云。

◎紀福公司　駐京某國公使前向政府索得跨陝西山西河南三省凡七萬一千平方英里開礦之權。此距今五年前之事也。此等特許契約。乃千八百九十八年五月二十一日及六月二十一日兩次由英意兩國公使會同總理衙門及各礦商所共訂。而第二次之約。且將河南全省開礦之權。附入其中。該公司初由英意兩國礦商組織。名曰北京信用組合。又名英意信用組合。即今所稱福公司是也。當訂定合同之時。曾由英意兩國駐京公使會同畫押。其後未諗緣何事故。意國礦商忽與該公司拆股。自是遂爲英國礦商之獨占事業。該公司既得如彼遼闊面積採礦之權。其獲利之豐。不問可知。規模之大。亦首屈一指。此歐美各國工業雜誌及各新聞已屢屢論及之。且聞該公司又兼經營澤浦鐵路及修武鐵路工事。該路之長。由修武至道口凡八十英里。由澤州至浦口凡五百七十英里。總計六百五十英里。又聞該公司將來尚擬從澤州府造一鐵路。達於西安。果爾。其獲利之豐。較之蘆漢津鎮鐵路。當無遜色矣。夫中國山西礦產之饒。推爲十八省中第一。礦脈瀰漫於省東半部。據西人利哈呵英氏所測算云。最優煤田之面積。無慮一萬三千五百平方英里。合其西半部二萬平方英里計之。殆四倍於不列顛全國英蘇愛三島之煤田面積。又據該公司勘定產煤之量。足充全世界二千年間之用。若益之黃河以北河南半省及陝西東部之煤田面積。則產煤之豐。世界中無與比肩者。抑該公司重要目的。固在開採礦山。而又兼築造鐵路。及推廣內河航運之業。其所包甚廣。我國以如此富饒之利權。而悉拱手讓諸外人。誠可爲之歎息者也。

（外國之部）

半月大事記 西歷二月下半月

▲十六日路透電。英國殖民大臣張伯倫此次前往

各處遊歷。裨益甚多。各處人民亦皆欽服其確有大臣之度量至其籌謀事業。在衆前演說。亦善于措辭。雖丹國人亦稱賛不置云。

同日電。盤斯敦大局現雖尚甚可危。而土京君士但丁人皆以奥俄兩國所籌整頓之策足資補救云。

同日電。据奥京維也納消息云。土耳其之亞畢尼省有百姓三千名聚會。以抗拒俄奥兩國所籌整頓之策。該民人等已將以撒克城占据。又欲前往密多羅威沙地方。將該處新派之俄領事逐去。

同日電。据土丹達報言。土耳其政府已行決策允從英國所要挾各節。命亞剌伯國亞丁附近所駐之土兵全行退出。

▲十七日路透電。非律賓一切財政。已經華盛頓議院訂有章程。聞此章程係議員璧澤宜手訂。璧氏並請美總統照商通用金銀圓各國。此後另鑄金銀圓。爲彼此通商之通用。

同日倫敦電。英國篤伯林隊有兵官五名。現奉命往阿剌伯南英屬亞丁。而彼等所統之全營。又奉命往亞丁西北相距七十哩英土屬地交界之大拉地方。

▲十八日路透電。本日議院復行開議。英皇皇后由柏慶恆宮臨幸會場。會議時天氣甚佳。英皇宣諭曰。邇來南非洲一切事宜。均大有進步。殖民大臣張伯倫赴非遊歷。亦克成厥功。朕心不勝欣慰云云。

同日電。張伯倫現已行抵托安士角。嘗在璧洛地方小駐行旌。將至荷蘭要隘時。官民之來謁見者絡繹不絕。

同日電。美國現願出資四十兆金。允將法國前在巴拿馬地方所作之工程購買。尙須俟與科皮亞國所訂之約有成議後。方能作准。

同日倫敦電。俄奧兩國所擬墨斯敦變法章程。先請英德法意四國政府經覽。然後送交土耳其政府。俄奧兩國以爲得此四國王允准。則此章程可以力迫土國不能不允辦也。

△十九日路透電。張伯倫行抵托安士角時。國民歡悅異常。張君嘗在靑市公所宣言。謂惟望各藩屬均能盡忠將事。英廷已往之事。可不必追究。惟望享後此之昇平。

同日電。英外部大臣子爵克倫朋在下議院宣言。日前中德兩國所訂撤退上海戍兵之約。當我英不認此約時。中政府曾聲言此後中國于長江一帶斷不稍傷英國利權。由此觀之。其結局已無不滿之處矣。克氏又言英日聯盟。正以固我英在華勢力。又云。英政府于此後管理中國海關之事。並不留意。

△二十日路透電。各國現均諭令駐扎土耳其公使籌畫整頓墨斯敦善後之策。

同日電。美京上議院已將正月十九日所擬整頓水師章程宣讀一過、擬增造戰艦三艘、巡艦一艘。

同日倫敦電。英國斯丹達報駐巴黎訪事探聞法外部大臣戴喀希甚欲與英國訂立一約。論將來摩洛哥之事如何辦理。彼擬將界于法屬但吉亞及修荅一帶之海岸地方、爲局外公地。該處不准建築砲台。惟該處百姓或可歸西班牙管轄、如此辦法。則法國在摩洛哥國其餘各處、可有自由辦事之權。雖現今法國尙無在北非洲推廣屬地之心。而本館訪事已探聞戴喀希將此事與英國外部大臣藍斯當商略矣。

▲二十二日路透電。駐土國俄奧兩公使已將整頓墨斯敦善後之策照會土政府。

同日電華盛頓陸軍學校開學之日。大總統羅斯福嘗蒞堂宣言曰。吾人如此厲精圖治。我美自必張勢力于環球。至圖東西兩方之發達。尤吾美之責任也。

同日電。傳聞非洲索瑪勒土酋現將其所有之兵聚扎多科爾地方。在英兵所駐之波呼德爾地方西南相距約六十哩。該土酋之兵。現患霍亂者甚多。此事或與英軍進攻之舉有礙。因恐沿途之井水、亦有霍亂之微生物在內也。

同日電、羅馬教皇勒珂第十三舉行二十五年登位之典禮。甚爲順手。當行禮時。自始至終。不見怠倦。

▲廿三日路透電。俄奧兩國所籌整頓墨斯敦善後之策、內有宜允各國公舉總督一員駐扎墨斯敦、該員須由土政府予以全權、又于該處設立軍營。所有章程。宜由歐洲武備人員酌定、並准耶穌教中人入營供職。其餘法律以及稅則。亦經整頓一新。土王已允從其請矣。

同日電。張伯倫遊歷南非洲。目下已將回國。各報均贊張君能使英杜兩國人民在南非敦睦如初。其功誠非他人所可及、荷蘭國人昨亦宣言曰。吾國與英現亦和好如故、又荷官福美亞氏嘗謂荷國各官現擬勸諭國民與英和好、並冀此後英荷邦交日有進步云云。張伯倫聞言答曰。聞諸君所言、予甚欣悅。後此之希望、且靡有窮極云云。

▲二十四日路透電。南非商部宴請張伯倫時。張于席間宣言。謂英國之藩屬日益加多。即英國之責

任日益加重。然恐鞭長莫及。故甚望自主各藩屬稍分肩任。並望各藩屬此後同心協力。以輔我英。幷請英杜各官試思現在杜國之舉動。有盡其心力與否云云。

▲二十五日路透電。英國議院辨論整頓陸軍事宜之時。保守黨議員賚亦列氏嘗痛詆兵部大臣博都力氏所籌之策。欲使我英爲尙武之國。使我國民于承平無事之時。納賫爲異日交戰之費。實爲可恥之圖。無異癲狂之舉云云。

同日倫敦電。英首相巴科氏宣言。英國人民均以爲英國水軍洵爲天下之冠。但陸軍亦須整頓。水師方能濟事。天下未有僅恃海軍或僅恃團練軍可以制勝者也。

▲二十六日路透電。美國代議院已將菲律賓羣島之圜法章程批准。此章程由代議院遞上元老院。而元老院亦以爲然。

同日柏林電。英政府不認與法國商議摩洛哥之事。

同日電。聯軍各國于委國之事。現已預備將已簽字之草約。交與荷蘭萬國公會判斷。

▲二十八日路透電。美國上議院議員某于本月廿二日將建造水師新章略行更改。定造戰船四艘。捕船二艘。

同日倫敦電傳說。去秋英與暹羅立有一約。許暹羅保護馬來半島之基理登及猝令吏奴兩地。暹羅允用英人爲此兩地土酋之顧問官。

同日柏林電。德政府欲于某某殖民之事。與法國同心辦理。但因法國各報館著論說。有意與德反對。故此事不能如前之易于措置矣。

浙江潮

第二期要目

第二期癸卯二月二十日出版　洋裝百八十頁（全年十二冊三元二角　每冊零售大洋三角　半年六冊一元七角）郵稅照加

●圖畫○浙江全省十一府新地圖（其一）杭州○浙江沿海港灣圖（其一）杭州灣○支那四大藏書處之一文瀾閣○西湖勝景（其一）（其二）杭州胡氏安定學堂

●社說○敬告我鄉人

●論說○民族主義論（承前）

●學術

●政法○清英清法清德條約所載商權及統轄權之評論及舟山條約之感慨

●哲理○續無鬼論（承前）

●教育○教育學

●傳記○中國愛國者鄭成功傳

●大勢

●世界一般大勢○二十世紀之太平洋

●各國內情○俄人之性質（承前）

●國際政局○條頓及斯拉夫人種之競爭

●極東經營○俄人之東亞新政策（承前）

●談叢○野獲一夕話

●時評

●內國之部○桃源何在○杭甯鐵路問題○外數件

●外國之部○俄國憲政將成○日本外人四數○外數件

●雜錄

●東報時論○大勢二篇○教育三篇○科學一篇

●奇奇怪怪○猿語研究談（承前）似虫之人○似人之鳥

●留學界記事

●小說○苦英雄逸史○海上逸史

●文苑

●日本聞見錄○東京雜事詩

●新浙江與舊浙江○浙聲（承前）○記杭州放足會○紹興山陰會稽兩縣教會表

●附錄○新名詞釋義

每月一回定期陰歷二十日發行

發行所 日本東京神田區駿河臺鈴木町十八番支那留學生會館 浙江同鄉會雜誌部

總代派所 杭州萬安橋白話報館 上海四馬路望平街 中外日報館

啓者。本店開設日本東京經已三十有餘年。專製造機器字粒及各種花邊電版一切印刷物件。其精緻秀美久已四海馳名。迥非別家之可比。至字粒之式樣。大小高低全仿歐美所製。而且字體玲瓏堅固。雖日久用之。永無殘破糢糊之弊。凡印刷書籍地圖繪畫等。皆極鮮明精巧。版面用墨不多。額外着色。本店不惜工本。專心製造。近更日加改良。精益求精。一切印刷物件實較歐美有過之無不及。倘蒙　諸尊光顧。請移　玉步。貨眞價實。童叟無欺。

又本店之機器字粒及各種花邊電版一切印刷物件。皆印有圖形。如遠地　諸君欲購何種。而欲先行取閱式樣者。可列明函告本店。當按照寄上。

登錄商標 (H)

日本東京市京橋區築地二丁目十七番地

株式會社 東京築地活版製造所

延請正音教習告白

啓者弟等現欲延請教習一位其人須熟諳京音旁通中外子史秉筆能作時下論策若能兼悉日東文字更佳又須不染官場習氣性情醇雅品格端方庶能合選倘有願就斯席者即請致札

星架坡合春號函商便妥

每月或每年修金若干緘中祈爲示明

From

TAN YEN & CO.,

Timber Merchant, No. 237, Beach Road

Singapore *1st april* 1903

星洲陳楚楠張永福聯啓

人羣進化論

日本有賀長雄著　順德麥鼎華譯

羣學與政治學極有關係不研究羣學而言政治是猶不知生理學而言醫也此書分人羣發生人羣發達國家盛衰三篇前兩篇是全本英國哲學大家斯賓塞氏之說後一篇乃著者之意見提要鉤元刪繁就簡故先讀此書後讀斯氏原書當無慮繁難前於清議報中已附印數章今由譯者復大加點定尤覺圓暢明達現已排印剋日成書

俄羅斯史

日本山本利喜雄著　順德麥鼎華譯

凡欲觀人國者必研究其國之歷史以知其盛衰興亡之故乃始得其眞相此書於俄羅斯之創造與成立改造與勃興皆詳細紀述簡括無遺彼俄羅斯向爲專制政體之國與我國體正相類似其成敗得失皆可借鑑且西伯利亞鐵道既成勢力駸駸南下我國實首當其衝若懵於其國勢民情日言抵禦曷當於事本局特選此佳本急爲譯出以供我國民之稽考現已付印來月中旬便可出書

發行所　上海廣智書局

學校要品 中國暗射地圖出版廣告

定價五元

凡學校教科莫要于暗射地圖暗射者圖中不明載地名惟畫其輪廓而加以許多符號標識懸諸講堂敎師指其符號以敎學生明日還以質問之故于助記性最有各國小學校中學校無不用之而學生亦多自備一份以助暗記盖

（明治三十一年十二月廿七日第三種郵便物認可）

第貳拾捌號

新民叢報第貳拾捌號目錄

▲論著門

▲批評門

◉售報價目表　二

全年廿四冊	半年十二冊	每冊
六元	三元	三角

日本各地全年五元半年二元六角每冊二角五分日本及日郵已通之地每冊加郵費一分全年二角四分其餘各外埠每冊加郵費六分全年一元四角四分

◉廣告價目表

洋裝一頁	洋裝半頁
十元	六元

惠登廣告至少以半頁起算刊登先惠論前加倍欲登長年半年者價當面議從減

編輯兼發行者　馮紫珊
印刷者　陳侶笙
發行所　橫濱山下町百五十二番　新民叢報社
上海發行所　四馬路老巡捕房對面　新民叢報支店
印刷所　橫濱山下町百五十二番　新民叢報活版部

南海先生最近政見書

洋裝全一冊　定價二角

是書爲南海先生最近之著一爲『答海外華商論今日中國可行立憲不能行革命書』一爲『與同學諸子論印度亡國由于各省自立書』兩種合刻而成其主義在于聯合各省以行平和立憲而不主張各省分立以行破壞革命夫立憲革命二者孰可行孰不可行行之而後來之結果如何正今日我國之最大問題而所當研究者也爰亟印行以備志士之參考

啓者去年廣智書局代派本報各外埠定閱由郵局轉交民局寄遞之處時有遺失本報賠累不少繼查如溫州之瑞安江西之廣信及太倉州等處均係被民局私行拆出售賣嗣後閱報諸君如有由郵局轉交民局之處務祈託的實妥局轉遞免至遺失查追非易蓋郵局章程有「各項郵件既入民局之手如有遺誤即爲民局是問與官局無涉」一節也

再如定閱本報及新小說者在郵局已通之地訂購一二份其報資可實就郵票掛號寄下以省信力而免民局多索此爲利便起見購者鑒之

上海新民叢報支店謹啓

英人馬爾加摩氏著之日耳曼史日本河上淸之獨逸歷史頃由同人翻譯既竣現已付印敬告海內同志勿複譯爲幸

本社特白

蘇彝士運河開鑿者法人李西蒲

Desseps

論著門

啓者本報從權停刊數月其故頃已登報聲明當爲購閲諸公所鑒
諒兹擬定期五月續出第四號至十二月共出九冊合之去年三冊
恰成十二冊一年之數誠恐閲報諸君盼望特此預告祈爲鑒之

橫濱新小說社謹啓

新民說十九

第十七節　論尚武

中國之新民

世人之恒言曰。野蠻人尚力。文明人尚智。嗚呼、此知二五而不知一十之言迂偏而不切於事勢者也羅馬文化燦爛大地車轍馬跡蹂躪全歐乃一遇日耳曼森林中之蠻族遂踣蹶而不能自立而帝國於以解綱夫當日羅馬之智識程度豈不高出於蠻族萬萬哉然柔弱之文明卒不能抵野蠻之武力然則尚武者國民之元氣國家所恃以成立而文明所賴以維持者也卑斯麥之言曰天下所可恃者非公法黑鐵而已赤血而已寧獨公法之無足恃立國者苟無尚武之國民鐵血之主義則雖有文明雖有智識雖有衆民雖有廣土必無以自立於競爭劇烈之舞臺

而獨不見斯巴達乎斯巴達之教育一干涉嚴酷之軍人教育也嬰兒之生必由官驗

其體格。不及格者。撲滅之。生及七歲。即使入幼年軍隊。教以體育。跣足裸體。惡衣菲食。以養成其任受勞苦凌犯寒暑忍耐飢渴之習慣。飲食教誨。皆國家專司其事。成年結婚。而後亦不許私處家中。日則會食於公堂。夜則共寢於營幕。乃至婦人女子。亦與男子同受嚴峻之訓練。雖老婦少女。亦皆有慓悍勇俠之風。其母之送子從軍也。命之曰。『祝汝負楯而歸。否則以楯負汝而歸』舉國之男女老少。莫不輕死好勝。習以成性。故其從征赴敵。如習體操。如赴宴會。冒死喋血。曾不知有畏怯退縮之一事。彼斯巴達一彈丸之國耳。舉國民族。寥寥不及萬人。顧乃能內制數十萬之異族。外挫十餘萬之波軍。雄霸希臘。與雅典狎主齊盟也。曰惟尚武故。而獨不見德意志乎。十九世紀之中葉。日耳曼民族。分國散立。萎靡不振。受拿破侖之蹂躪。既不勝其屈辱。乃改革兵制。首創舉國皆兵之法。國民歲及二十。悉隸兵籍。是以舉國之人。無不受軍人之教育。具軍人之資格。卑斯麥復以鐵血之政略。達民族之主義。日討國人而訓之。劉滌其渙漫萎靡之舊習。養成其英銳不屈之精神。今皇繼起。以雄武之英姿。力擴其民族帝國之主義。其視學之敕語曰。務當訓練一國之少年。使其資格可以輔朕雄飛於世界。故其國民勇健奮發。而德意志遂為世界唯一之武國。彼德新造之邦。至今乃僅三十年。顧乃能擢輿仆法偉然雄視於歐洲也曰惟尚武故而獨不見俄羅斯乎俄國國於絕北苦寒之地擁曠漠磽确之平原以農爲國習於勞苦故其民獷悍堅毅富於野蠻之力觸冒風暑忍耐艱苦堅樸雄鷙習爲風氣而又全體一致服從命令其性質最宜於軍隊且其先皇彼德遺訓以侵略爲宗旨其主義深入於國民心腦人人皆有蹴踏全球蹂躪歐亞之雄心彼其頑獷之蠻力鷙忍之天性雖有萬衆當前必不足遏其鋒而懾其氣夫俄羅斯半開之國耳文化程度不及歐美之半顧乃西馳東突能寒歐人之膽論者且謂斯拉夫民族勢力日盛將奪條頓人之統緒代爲世界之主人翁若是者何也曰惟尚武故且非獨歐洲諸國爲然也我東隣之日本其人數僅當我十分之一耳然其人剽疾輕死日取其所謂武士道大和魂者發揮而光大之故當其徵兵之始尚有哭泣逃亡曲求避免者今則入隊之旗祈其戰死從軍之什視勿生還好武雄風舉國一致且庚子之役其軍隊之勇鋭戰鬭之强力且冠絕聯軍使白人頫首傾倒近且汲汲於體育之事務使國民皆具軍人之本領皆蓄軍人之精神彼日本區區三島與立僅三十年耳顧乃能一戰勝我取威定覇屹然雄立於東洋之上也曰惟尚武故乃至脫蘭士哇爾獨立不成而可謂失敗者矣然方其隱謀獨立之初已陰厚蓄其武力兒童就學

授以獵鎗使弋途過森林之飛鳥至學則殿最其多少以爲賞罰預養挽强命中之才使皆可以執干戈而衛社稷是以戰事一起精銳莫當乃至少女婦人亦且改易裝服荷戟從戎彼脫蘭士哇爾彈丸黑子不能當英之一縣勝兵者數萬人耳顧乃能抗天下莫强之英英人糜千百萬之巨費調三十萬之精兵血戰數年僅乃克服若是者何也亦曰惟尙武故此數國者其文化之淺深不一轍其民族之多寡不一途其國土之廣狹不一致要其能馳騁中原屹立地球者無不恃此尙武之精神摶摶大地莽莽萬國盛衰之數胥視此矣

恫夫中國民族之不武也神明華胄開化最先然二千年來出而與他族相遇無不挫折敗北受其窘屈此實中國歷史之一大汚點而我國民百世彌天之大辱也自周以來即被戎禍一見迫於玁狁再見辱於犬戎秦漢而還匈奴凶悍以始皇之雄鷙僅乃拒之於長城之外以漢高之豪武卒至圍窘於白登之間漢武雄才大畧大張兵力於國外衛霍之倫絡繹出塞然收定南粵威震西域卒不能犂庭掃穴組繫單于匈奴之患遂與漢代相終始降及魏晉五胡煽亂犬羊奔突於上國豕蛇横噬於中原江山無界宇宙腥羶匈奴鮮卑羌氏胡羯迭興遞盛縱横於黃河以北者二百五十有餘年

李唐定亂兵氣方新李靖敗突厥於陰山遂俘頡利此實爲漢族破敗外族之創舉然屢征高麗師卒無功且突厥契丹吐蕃回紇迭爲西北之邊患以終唐世五季之間石晉割燕雲十六州以賂契丹衣冠之淪於異類者數十年且至稱臣稱男稱姪稱孫漢族之死命遂爲異族所軛制宋之興也始受遼患徽欽之世女眞跳梁當是時也謀臣如雲猛將如雨然極韓岳張吳諸武臣之力卒不能制幺麼小醜兀朮之橫行金勢既衰蒙古繼起遂屋宋社而墟之泱泱之神州穰穰之貴種頫首受軛於游牧異族威權之下垂及百年明興而後勢更弱矣一遇乜先而帝見虜再遇滿洲而國遂亡嗚呼、由秦迄今二千餘歲耳然黃帝之子孫屈伏於他族者三百餘年北方之同胞屈伏於他族者且七百餘年至於邊塞之患熢燧之警乃更無一寧歲而卒不能赫怒震擊以摧其凶燄發憤撻伐以戢其淫威嗚呼、我神明之華胄聰秀之人種開明之文化何一爲蠻族所敢望顧乃踐蹴於鐵騎之下不能一仰首伸眉以與之抗者豈不以武力脆弱民氣懦怯一動而輒爲力屈也藐茲小醜且不能抗況今日迫我之白人挾文明之利器受完備之訓練以帝國之主義爲民族之運動其雄武堅勁絕非匈奴突厥女眞蒙古之比曷怪其一敗再敗而卒無以自立也中國以文弱聞於天下柔懦之病深入膏肓乃至强悍性成馳突無前之蠻族及其同化於我亦且傳染此病筋弛力脆盡失其强悍之本性嗚呼强者非一日而强也弱者非一日而弱也履霜堅冰由來漸矣吾嘗察其受病之源約有四事

一由於國勢之一統人者多欲而好勝之動物也衣服飲食貨物土地皆生人所藉以自養而爲人人所欲望之事人人同此欲望即人人皆思多取故人與人相處必求伸張其權利侵他人之界而無所壓國與國角立亦必求伸張其權利侵他人之界而無所壓然彼之欲望權利之心固無以異於此也則必竭力抗爭奮腕力以自衛稍一恇怯稍一退讓即失敗而無以自存是故列國並立首重國防人騖於勇力士競於武功苟求保此權利雖流漂杵之血枯萬人之骨而不之悔而其時人士亦復習於武風皆睚失歡挺身而鬬杯酒失意白刃相仇借軀報讐恬不爲怪尙氣任俠靡國不然遠觀之戰國近驗之歐洲往事亦可觀矣若夫一統之世則養欲給求而無所與競閉關高枕而無所與爭向者之勇力武功無所復用其心漸弛其氣漸柔其骨漸脆其力漸弱戰國尊武一統右文固事勢所必至有不自知其然者矣我中國自秦以來久大一統雖間有南北分割不過二三百年則旋歸於統合土地遂廣物產豐饒雖有異種他族環

於其外然謂得其地不足郡縣得其人不足臣民遂鄙爲蠻夷而不屑與爭但使其羈縻勿絕拒杜勿來而已必不肯萃全力而與之競勝太平歌舞四海晏然則習爲禮樂揖讓而相尙以文雅好爲文詞詩賦訓詁考據以奇耗其材力即有材武桀勇者亦閒置而無所用武且以麤魯莽悍見屏於上流社會之外重文輕武之習既成於是武事廢墮民氣柔靡二千年之腐氣敗習深入於國民之腦遂使羣國之人奄奄如病夫冉冉如弱女溫溫如菩薩戢戢如馴羊烏乎人孰不惡爭亂而樂和平而烏知和平之弱我毒我乃如是之酷也

二由於儒教之流失宗教家之言論類皆偏於世界主義者也彼本至仁之熱心發高尙之哲理故所持論皆謀人類全體之幸福故西方之教曰太平天國曰視敵如己天竺之教曰冤親平等曰一切衆生無不破蠻觸之爭戰以黃金世界爲歸墟儒教者固切近於人事者也然孔子之作春秋則務使諸夏夷狄遠近若一以文致太平禮運之述聖言則力言不獨親親不獨子子以漸至大同亦莫不破除國界以至仁博愛爲宗旨斯固皆懸至善以爲的可爲理論而未能見之實行者也然奉耶教之民皆有堅悍

好戰之風奉佛教之民亦有輕視生死之性獨儒教之國奄然怯弱者何也中庸之言曰寬柔以教不報無道孝經之言曰身體髮膚不敢毀傷故儒教當戰國之時已有儒懦儒緩之誚然孔子固非專以懦緩爲教者也見義不爲謂之無勇戰陣無勇斥爲非孝曷嘗不以剛强剽勁聳發民氣哉後世賤儒便於藏身摭拾其悲憫塗炭矯枉過正之言以爲口實不法其剛而法其柔不法其陽而法其陰陰取老氏雌柔無動之旨奪孔學之正統而篡之以莠亂苗習非成是以强勇爲喜事以冒險爲輕躁以任俠爲大戒以柔弱爲善人惟以『忍』爲無上法門雖他人之凌逼欺脅異族之蹴踐斬刈攫其權利侮其國家乃至掠其財產辱其妻女亦能俯首順受忍奴隸所不能忍之恥辱忍牛馬所不能忍之痛苦曾不敢怒目攘臂而一與之爭、嗚呼犯而不校誠昔賢盛德之事然以此道處生存競爭弱肉强食之世以此道對鷙悍剽疾虎視鷹擊之人是猶强盜入室加刄其頸而猶與之高談道德豈惟不適於生存不亦更增其恥辱邪法昔賢盛德之事乃養成此柔脆無骨頹憊無氣刀刺不傷火爇不痛之民族是豈昔賢所及料也（未完）

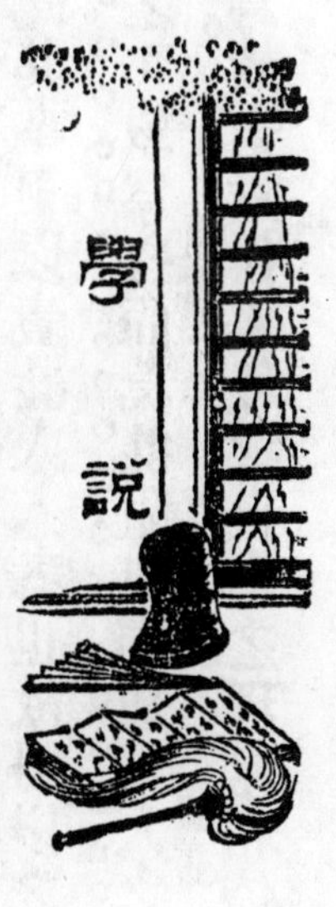

近世第一大哲康德之學說（續第廿六號）

中國之新民

申論道學可以證自由

問者曰現象之我其循不可避之理而不能自由既有明證矣至所謂眞我者其必循自由之理亦有明證乎康德曰此則非可以尋常格致家言論理家言而斷定之者也何以故凡治格致學者必據不可避之理乃能施實驗反是則實驗無從施也使自由之理而可以實驗則所謂自由者已與彼不可避者同科非眞自由矣故曰格致家言不能證自由凡治論理學者必常首揭一理次解釋之然後引出一旨義以爲結論此論理之次序也若自由之理亦因他一理而始獲發明則所謂自由者已有所繫屬於他物非眞自由矣故曰論理家言不能證自由然則吾心之有自由於何知之曰惟以道德學可以知之

康德乃言曰學者試返觀內照靜自省察必見夫吾人良智之中有所謂道德之責任者存此責任者實自然之法令常赫然臨命於吾心曰汝必當如是必當毋如是此責任者不屬於現在不屬於過去不屬於未來實獨立而不倚亘古而無變者也使吾人惟有肉體之生命惟有過去現在未來之現象而無復有所謂無限者所謂不滅者以位夫其上則夫道德之法令必不可得立今也不然人雖或不爲善而無不知善之必當爲雖或偶爲惡而無不知惡之必當去故爲善爲惡者肉體之我也現象之我也知善之當爲知惡之當去者靈魂之我也眞我也以眞我能以道德之責任臨命於吾心故故知眞我必常自由

曷言乎道德之責任臨命於吾心則知眞我必常自由凡所謂責任云者吾欲如是則必能如是之謂也挾泰山以超北海此其事不可以責諸人者也故不得以之爲責任爲長者折枝此其事可以責諸人人者也故得以之爲責任（案原文引喻不爾爾今譯其意取易解耳）吾人之良知固知吾人之可以爲善而莫能阻也固知吾人之可以不爲惡而莫能強也夫然後以是爲臨命焉故夫責任之理與自由之理常相倚而不可離者也以論理學明之則

其式當云。

不能自由者不足以爲責任也。

眞我者有道德之責任也。

故眞我者常自由也。

此康德以道學證自由說之大概也。

難者曰。人或有欺人者。其始非欲欺之。而爲一目的之所牽引。因不得不出於欺。若是者蓋數見不鮮矣。誠如是也。則其欺人亦循彼不可避之理。何自由之可言。康德釋之曰。若以肉體之生命言。則固如是矣。何也。彼既已被限被縛於時間空間兩者之中。有過去現在未來之別故也。若離此軀殼以溯諸眞我。則無論何人。皆不當欺人。無論何人皆可以不欺人。

語至此而康德之眞意可以見矣。彼以爲吾人之爲惡也。自其肉體之生命言之。誠循不可避之理。而或不能任其責。若溯而上之。以觀夫超越空間時間之眞我。則欲善欲惡。固由吾之所自擇。故人而爲惡也。則其眞我終不得不任其責。更申言之。則數吾人

之日用行習誠不能斷自由性之有無然苟涉及道德則吾之良心自儼然確見其自由之性而不能自禁何以故我之眞我實自由故

案康氏此論實兼佛教之眞如說王陽明之良知說而會通之者也。陽明曰未能知說甚行。蓋以爲非知則不能行也康德之言則以爲既知則必能行人人皆能知故人人皆能行也其下手工夫則陽明似更有把握其鞭辟近裏則康德似更爲直捷又佛氏言眞如以爲衆生本同一體。由妄生分別故有迷惑。有迷惑故有惡業。故佛氏所謂眞我者指衆生之靈魂之集合體言也。康氏所謂眞我則指衆生各自之靈魂而已。其理論自不能如佛氏之圓滿。然其言各自之靈魂各有責任以統治各自之軀殼與孔子所謂我欲仁斯仁至矣之理相一貫其言尤爲親切有味也康氏所以能挽功利主義之狂瀾卓然爲萬世師者以此而已。

（未完）

時局

中國興亡一問題論（續第廿七號）

觀雲

第三章 地理

第八節 總論地理 人之智愚强弱有關於其狀體者國家社會進化之次第亦大受影響於地理之間全地球文化之發生始於內江內海是故有中國黃河流域之文明有埃及尼羅河流域之文明有印度殑伽河流域之文明有腓尼基希臘地中海之文明而自哥倫布得新地蒸滊船之製發明以後內江內海之文明遂一躍而爲外海之文明當是時也濱海之國人智遠海之國人昧有海權之國强失海權之國弱得海上交通之利者國富失海上交通之利者國貧夫中國者負陸面海以茫茫大陸富源之無盡藏而運輸東南以收交際之利攬東海之商權兵權以與各國爭衡雖謂其地理

有淩駕萬國之資格可也。然則數十年以來。其失策之處。可照燭而數矣。一狃於用陸。憑弔古昔英雄戰爭殺伐形勢之地。險要之所。與夫名都大邑。人民之所輻輳。貨物之所填溢。皆在陸而不能海。而波濤泱漭島嶼杳溟之區。以爲此天地之險。非人力所能及。試觀歷史。中國人之能用海者。惟春秋時有吳伐齊之舟師。而古時青州之域。兼包遼東。秦漢時山東人民多渡海徙遼。今時猶然。故東三省之語言。多有與山東合者。東三省之人民。實多自山東遷移之一種也。而唐時始言海運。以供范陽之軍食。杜子美詩所謂雲帆轉遼海者指此。又浙江人民。亦間有至日本者。至唐宋以後。閩粵人民漸與海習。出洋謀生者寖多。至今東南洋各島。無不有吾華人之蹤迹者。然皆不能立國。祇個人之營業而已。而元時一用舟師而敗。鄭成功用臺灣之舟師以襲南京而亦敗。然能犯風濤駛溟渤。欲淩駕之而取以爲用者。止此而已。自海疆交通以來。一二時論乃謂守外海不如守內河。而當轟轟烈烈海權發達膨脹之時代。海上權力之論。不出於我國士大夫之口。至今收海岸之利者。惟在交通之利便。得輸入文明以異於西北荒遠之區。而權利讓人。無可挽救。則皆守數千年習慣之見。而昧於用陸者之過也。一狃於地大物博而人衆多。世之稱中國者曰地大物博而人衆也。然而亡中國者無他。亦地大物博人衆而已。試言其故。地大則朝割一區焉夕割一域焉。而內地人民仍見夫河山無恙版圖依然區區一島一嶼曾若九牛之一毛。且本我之所荒棄者而何損於毫末之有。人徒見中國之民麻木於國事若無痛癢之覺性者。然而不知他人之鑑吾腦而扼吾吭者尙在內地人民所耳目不及之處。夫常人之情必身受其慘苦而後知懼而後知奮。當日本變法之初。瀛笛一聲忽焉衝破國人之迷夢者彼固島國以兵船游弋其間舉國震盪以是爲動魄驚心之事宜也。若吾大陸谿異谷別抱子生孫老死不相往來之人。或生平有未見歐人之一面者。又何從而惕以瓜分之慘奴隸之卑。而刷勵其精神也。此地大之患也。物博則休息生養於天產物之豐富場而經濟之思想末由發生。偶値財政困難之時以爲若天災飢饉然不久平復其所轉輸不過移此省之財以救彼省而取明年所有以周今年而已。是故全國財政無可統計。實亦不必統計。以爲天下之財盡在是其貧富不過此贏彼絀之間。故一戰而賠款數百兆也。再戰而賠欵四百兆也。幷息而計之而將及千兆也。淸欵之期而遲至四五十年也。其爲吾種人之患者禍烈於洪水猛獸而傷劇於快槍利砲然而國人未嘗有計全國之歲入歲出陡添此巨欵國人之擔任法應若何增加稅則法應若何且籌增加者之能勝任與否擔任者之應監督財政與否而徒聽在上者之羅掘搜括取之而不知其何故用之而不知其何往蓋雖至今日之百孔千瘡而吾國人尚未以賠欵者爲至大之問題而置之腦印之中驚跳于寤寐之內也此狃於人民多而物博之患也是皆大陸國之根性然也雖然吾獨以爲吾中國者負陸面海實一海國而當重海以立於海權競爭之時代者也試言之。北京首都距海不過數百里。津沽山海關失而北京亦危。庚申庚子之役。京師皆失守者。其已事可見也。山東以威海膠州爲屏蔽。今也割棄兩處。而山東阽危若置人之掌握中者至南中國以金陵最占形勢。扼江海之衝。而其距海也甚近。若敵艦一入長江之口而南中國皆危餘若浙江。若福建。若廣東。皆以省會首都。置於海上勝負之數。一決之於海面而已。且以我海岸守護線之長自海參威以至瓊州防之不勝防備之不勝備我防於彼而敵出此我備於此而敵出彼我鈍而彼靈我勞而彼逸我以應兵而反爲客敵以戰兵而反爲主但陷害一二處已足震動我之全局不得不俯首喪氣而請和矣況乎水師不足戰則不得不守以陸兵而無沿海之鐵路以輸送之首尾之間殆不相顧又何以守故曰中國者實海國而當重海以立於海權競爭之時代者也且非當僅練外海之水師也尤當置長江水師以與海軍相接應夫自秦漢以後我中國戰爭之區域已移黃河而至長江其勝也者無不据長江之形勢習長江之兵而握長江之權力者也遠事不必徵以近事言之彼洪秀全氏之所以敗曾國藩氏之所以勝者其所爭之要着亦在於有長江之水師與否而已故夫居今日而爭中國之存亡者內江外海互相聯絡此天之予我中國以形勝者不然負此奇特之地勢而不能用而局縮於山谷間閉關內鎖自同於蒙古回部西藏中亞洲諸國之所爲如之何其不爲人之所亡也

第九節海港　甚矣中國之有土地而不能治也香港者中國之所謂荒瘠不毛之土焉自英人得之不數年間鑿山平土市廛隱賑遠接新加坡而近瞰廣東之門戶爲英國航路達於中國之始點焉豈獨香港舟山者中國以爲一外海無足重輕之島而已自英人得之鎮以兵力扼揚子江之下流而有以當東南洋之衝焉豈獨舟山秦皇島

者中國人視之一不着於地圖之島而已而他人以為不凍之港有以衛威海旅大津沽之窾要而握北京之管鑰焉豈獨秦皇島威海衛者中國固嘗經營之以為軍港矣自英人得之與俄之旅大相對峙而英在北方之位置固矣豈獨威海膠州者以山東殺兩教士為德國所藉口而占領之者也中國若以為無甚關係也者而德人於此築船塢營鐵路以一隅為根據地而吞噬山東齊魯之區遂為德人之勢力圈矣豈獨膠州瓊州者中國固以為海外珠厓可在罷棄之列而法人既得廣州灣從而瞰之欲聯絡越南以扼廣東之右方與英人之香港九龍相犄角矣豈獨瓊州三門灣者又中國未嘗掛諸齒頰者焉而意大利欲占據之豈獨三門灣澳門者中國以為已割棄之地而葡萄牙欲展拓之豈獨澳門旅順大連灣者以俄人之干涉返自日本轉而贈諸俄人俄人營之若推窗而望東海以為東方之第二聖彼得堡焉是數處者不善用之地老天荒盪汨於黨濤鯨波間貝甲之所叢集草木之所榮落禽獸之所閜迹不然而漁師罟容之所往來苫篷估船之所出沒而無關國家重要之位置民族占有之勢力焉善用之而輪船如雲鐙火如星衢道如砥百貨如山聯袂成雲輾輪殷雷為全地球之巨鎮

而太平洋海岸之繁華區焉且夫此數十處軍港商埠開東方一片之畫圖他人之所謂志得意滿高掌遠蹠立石鑄像（如上海立巴夏禮之銅像）銘功紀念之區皆我種人之所謂受羈被轄爲奴爲馬慘目傷心積恥如山沈仇若海之地使我民族而萬劫不復永無立國之期也則已設也有立國之一日而國於太平洋之上不能不有太平洋之權力欲有太平洋之權力不能不有太平洋之海軍欲有太平洋之海軍不能不有太平洋中國岸良港之根據地而此若干天造地設山環水帀祖宗留遺之地若所謂香港舟山秦皇島威海衞膠澳瓊州三門灣澳門旅順大連灣諸處者豈能返之自英自德自俄自法自意大利自葡萄牙諸國之手乎即偶有留遺之處可爲重立海軍之所而厠於英於俄於法於德於美於日諸强國之間又豈能分其勢力不爲其所壓抑而能自成立乎曰占領曰割棄曰租借曰毋讓與他國曰勢力範圍圈又豈有還我主人復見歸來之一日乎嗚呼噫嘻平日之棄一港讓一地以爲無關大局而烏知已幷我子孫立國之根本斷送於渾沌政府寫條約蓋御印之一日以數十處海港爲鋃鐺而中國眞無回復之一日矣當輪船所經瞻望雲山又烏能不悲從中來洒萬斛之淚以送此殘山賸

水。也。。

（未完）

政治

近世歐人之三大主義

雨塵子

自有史以來。人類事業之繁劇。社會之變革。未有若近百餘年者也。若法蘭西之革命。亞美利加之獨立。意大利之獨立統一。德意志之聯邦。比利時之分離。希臘羅馬尼亞之獨立。其餘若匈牙利之獨立而未成。愛爾蘭之自治而未就。皆無一非有大願力大主義存乎內。無一非國民同心協力。不顧萬死以達之者也。其時中國如醉如癡。酣然穩睡。固不知世界之有此事。而無論其出何主義。嗚呼。是中國之所以有今日也。夫國家由幼稚而至長成。由衰弱而至强盛。其間皆有必經之階級。而況此無數大主義。又國民必要之常識。而不可缺者歟。今取歐人近百年之主義。擇其最大最要者。以介紹于國民焉。

一　多數人之權利

歐洲古時皆階級之國也。國之主權。不存于少數之君主。則存于少數之貴族。平民雖多皆服賤役爲奴隸。無政治上之權力也。然政治之公理既皆認多數人之權力。則平民勢力之發達。自非君主貴族之所得而抑。于是自由民權之聲起焉。法之革命如是英之憲法之完備如是。其餘諸國之立憲法建議會。亦莫不如是。多數者旣主張其權利。則少數之君主貴族。不得不退而讓之。故近百年來實多數勢力發生之時代也。議會多數之意見。則成國之法律。選擧區多數之投票。則成議會之議員。凡國之多數之黨人。無不占國中無上之勢力。英國自由保守兩黨互爭內閣。其能得內閣者。即其下議院占多數者也。

在今日之歐洲。其多數勢力之發達。固亘日速。然猶有未盡者。經濟社會。非以多數勞働者供少數資本家之使役乎。國之土地權財產權。非盡在少數富者之手而不歸多數。且富者益富。貧者益貧。日趨于最少數乎。公民三級之制度盛行于日耳曼。其第一級之最少數。與第三級之最多數之權利相等。當多數權利盛行之時。宜如此乎。是故。

世界日趨于平則多數團體之勢力日神聖而不可犯少數者聽命而已然在今日之世界則不能如此也此已侵社會主義之範圍故不具論。按三級公民之制度者。分公民爲三級第一級納稅多者。第二級納稅稍少者。第三級納稅最少者。三級之人數不同。而其出議員之數則相等。

嗚呼世界之最可憫者固無如以多數之人服從少數之權力者也羣羊牧野以一童子驅之而有餘以其爲羊則然耳世非智不敵力不逮無能如羣羊詎肯以多數之團體聽命於少數者然此義唯歐人知之中國人不知也南洋澳洲布哇美洲各埠之華人非多於白人數十百倍乎然其勢力不在華人而在白人之手南洋澳洲各地之主權者非華人而英人其地非中國之屬地而英人之領土也非獨海外上海不過數百英人而能制揚子江一帶之勢力北京之外人亦不過數百而能制滿洲朝廷之死命中國人之多數中國人之地主權皆不知何在矣且不獨如此以多數之優等人種而受少數之劣等人種之統制至數百年之久以數萬萬國民而俯首就二三官吏之節制任其割地誤國毫不過問嗚呼多數團體不知主張其權利則多數人之勢力從何發生是中國人所以無民權也以無能之國民而望其立憲法開議會享自由之幸福。

多見其不知量也。

二　租稅所得之權利

「不出代議士不納租稅」之格言是歐洲人人所知也近百餘年之風潮殆無不因此。格言之精神所貫注美之獨立也爲租稅問題也美人既無議員于英國下議院則美人無納稅于英國政府之義務英國議院無議決美人納稅之權利于是十三州遂相率而抗英法之革命也亦爲租稅問題也國家空乏搜羅無術于是開數百年不舉之三族議會訴之于納稅者遂開革命之基其餘列國亦莫不然夫盜操刀入室迫其錢帛則人雖懦未有樂與之者以其無償也人以不出無償之金錢之精神以對國家則民權在是矣英國民權之保障人皆知爲下議院下議院權力之鞏固則出于租稅古時英國王屢事戰爭府庫空乏于是不得不訴之租稅下議院遂據租稅以要議院之權利其大憲章權利法典之頒布皆此故也故哈蘭曰「英國人之自由乃英人之祖先以金錢購之者」納金錢于國家固人民之義務亦何足惜唯納金錢而不得自由則其金錢無償矣是可恥也。

又有一事足證歐人租稅之不徒納者即議院之監財權是也今日自由之諸國凡歲計豫算出入多寡皆無不經議院之承諾議院之中又宜先提出于下議院蓋以爲議院者人民之代表也而下議院由納稅者直接所選舉其權尤不宜不重是故觀于此而知納稅者之權力竟橫行如此也英國每歲財政無巨細皆提出于議院其軍事案亦每年得議院之議決苟不議決則海陸軍費無從支出數十萬之兵卒不得不登時解散英國可立亡也納稅者之權利至英人而極矣英人嘗自言曰「吾英人若不關係于權利雖一厘一毫亦在所不破」夫人誰不納稅誰無國家之負擔觀人之有議員之租稅而此之徒納者可興起也

租稅之重吾國人亦當知之矣明之晚年租稅繁重而變亂叢生明因以亡凡世主之號稱愛民者皆無不以薄稅爲事則知稅重者民怨稅輕者得民心也然歐人之納稅皆出于權利思想中國則出于義務思想歐人不出代議士則不納租稅苟有代議士雖租稅過重亦不之怨中國則既無代議士之慾望亦不欲履行租稅之義務歷代儒者聞有薄稅斂之言不聞有藉租稅以要求權利之論有因重稅而起革命者無因

重稅而求民權者。故歐人之思想。皆以積極。中國人之思想。皆以消極。歐洲人不出代議士不納租稅。中國人則租稅固不欲納。代議士亦不欲出。中國之所以退步者。卽在是歟。

藉租稅以要求權利。固中國人所不爲。至于監督租稅之一事。尤非中國人意想之所及。殺一敎士。賠欵若干。焚一敎堂。賠欵若干。甲午之役。輸二萬餘萬于日本。庚子以後。年賦數千萬于外人。吾之民任政府之供奉。不過問也。戶部每歲所入共得若干。用之何途。費於何地。吾之民不但不得監督之。且不得知其數。昔法國革命之初。其議事院欲調查國計之多寡。有一議員突然發言曰「吾儕所求者代議之國會。非欲知歲計之多寡也」若中國則歲計之多寡。且不得而知。無論國會。此非政府之過。國民不自知其權利。自放棄之也。甲午戰後。日本以所得賠欵修海陸軍。而還以擊中國。請國民記之。彼之所以擊我者。卽以吾之金錢。可辨者也。庚子以後。房捐頭稅。無所不羅掘。吾民負擔日重。轉于貧困。然其羅掘所得。卽以歲輸于外族者也。吾民念之。能不痛心。然此不足恨。日本不足恨。外族政府自奉之也。亦不足責政府。吾民自放棄其權利。任政府之供奉也吾民之所放棄而不知監督任政府之濫擲者亦不知幾何矣淫后搆廣厦以行樂所費皆民之膏血異族仰漕米以餬口所食皆民之錢糧若以例美人所以獨立法人所以革命其蹧蹋吾民之權利不知若何而吾民無抗之者也嗚呼爲吾民者可不哀歟

三　民族之國家

近日世界之大事變推其中心無不發于民族主義之動力意之獨立統一是也德之聯邦是也希臘羅馬尼亞之獨立亦是也凡言語同歷史同風俗習慣同則其民自有結合之勢力不可强分反之而言語異歷史異風俗習慣異則雖時以他故相結合而終有獨立之一日如拿破崙其力不可謂不强也而其業終不就說者謂拿破崙之缺點即在强合無數言語不同歷史不同風俗習慣不同之民族結爲一國也故十九世紀實爲民族國家發生最盛之時代其民族不同者則獨立爲一國如意大利之獨立希臘羅馬尼亞之獨立是也民族同一者則結合爲一國如德意志之聯邦意大利之統一是也民族之勢力可不謂巨歟今日之帝國主義卽民族主義膨脹而來者也

今人動曰中國人不知愛國夫愛國云者必有國之一目的物而後可且必其目的物

有可愛之處而後可德人之夢想日耳曼祖國意大利人之夢想羅馬無足怪也日耳曼祖國與羅馬固有可愛之道在也凡人民之愛國者不愛其言語則愛其風俗習慣否則愛其歷史而三者之中尤以歷史爲最今世界列國誰無歷史上之觀念存人心目中如日耳曼祖國與羅馬者乎美國立國日淺歷史之觀念稍薄故美國常以教育代歷史其教育之主義皆與人異國家以低廉之教育普及人民人民皆有常識知以其愛身命財產者愛國故可結合而不渙雖然藉智識以固國本識者尙謂其危險也聯軍入國大日本順民大英順民之旗滿于道人皆恥之雖然我之所謂國其言語習慣與民異其歷史亦無可以入人則民之視之也與日本英國何擇其愛之也亦與日本英國何擇明之亡也屠夫翳卒亦至殉難庚子之亂死者無聞焉非民之品性日趨于卑賤也彼死同族而此則異族之興亡無關係也是故欲民之愛國則使其國爲可愛之國而已矣脫使無之則建立而已矣嗚呼今之執我主權施行法律以代表我國者非黃帝之子孫也奏章詔諭所稱爲列祖列宗謳歌而揚頌之者非吾民之祖先與歷史無關係也既非同族則何從而愛之既無歷史之觀念則何從而起感情是中國所以終亡也夫

歐美各國立憲史論

佩弦生

第一章 英國憲法發生時代（續第廿七號）

第六節 大會議之影響

大會議者英國制度之母在古代憲法中占重要之位置者也英國之憲法潛滋暗長於冥冥之間而其滋長也又經數百年而乃能成立故考其發生之朔雖未由確定其歲月然遠尋其源所自出則凡今日現行之國會內閣以至一切法廷殆無非直接間接自大會議孳生而來者也今略揭其大要於左

第一 內閣

英國之內閣在歐洲歷史中可謂特別怪異之制度者矣其成立不爲國法所公認

其大臣之名亦不以公式布告於公衆雖握行政之大權要不過國會中之委員驟觀其表面鮮不驚其怪異者然英國政治之大權無不集收於國會彼內閣之初起止爲會議中之一小議會權力積而日盛歷數百年而後形成此行政部長者也方那耳曼王朝之初大會議年開三會其議員亦年有變更如是固不足以執行政務也乃於會議之中撰拔議員之重要者別組常任顧問院 The Permanent Council 以應國王之諮問大會議閉會之際則代行會議之職權以其出納王命而贊襄樞務也且以其常設而未嘗或間斷也故與大會議有同等之權力浸且突過大會議而更有重權然以多數之議員而贊襄樞務則發言盈廷謀畫動多齟齬且機密之事輒有多魚之漏如是猶不足以執行政務也於是撰拔顧問院中親信之員別組一樞密院 The Privy-Council 顧問院之權力盡失樞密院代爲政治之機關浸而樞密院議員日多不足以贊襄機務其有軍國重事王則於議員之中更撰其信任者數人與之運籌帷幄其密商也不於樞密院之議室別闢一煖閣以爲聚謀之所遂爲內閣 The Cadinet 之起原當此之時不過絕無規則之一小會議尚未有內閣之稱

也。沿用既久內閣之名以立內閣之權日張直至威廉第三之世政黨內閣之組織始成內閣遂爲國家最高之行政機關至今乃爲英國憲法之樞軸而向者之樞密乃退而與顧問院等蓋內閣導源於那耳曼王朝至士條亞朝而成立蓋歷六百有餘年然後制度乃得今日之完備也。

第二 法院

常任顧問院之初設也其議員分掌財政及司法之職權繼而與顧問院漸相離異。成爲數部之獨立機關一曰喬士治夸法廷 The court of Exchequer 掌會計撿查之職。以其議員爲常任判事一曰普通法廷 Court of Common Pleas 掌民間一切民事訴訟一曰高等法院(即王室裁判所) Court of King's Bench 受君主之監督以監察地方裁判之事其不歸尋常裁判所管轄之訴訟有受而讞理之權若夫國王不在則顧問院可以司法之權讞理訟事爲此裁判長之大法官 Chencellor 可於衡平法院 The Court of Chancery 代行衡平法上之王權彼諸種之法廷自顧問院而側生旁挺當十二世紀之初固已啓其端緒至十五世紀之中葉其制度遂告完成

第三　國會

顧問院與諸法廷。皆脫大會議蛻化而去矣。大會議之本體。亦漸變遷而頓異曩時。

十二世紀以來。始以大憲章之發布。繼以憲法上之紛爭。於是代議主義實行於國會之內。平民則於國會與貴族同享參政之權。然國會之召集也。貴族則以特別徵詔召集之。其餘則召以普通徵詔。小貴族艱於特召之費用。每不受徵詔。委輸其參會之權。於是各州之代議士與都府代議士代之而占其坐席。一千二百九十五年。赫華第一之國會。始並列平民貴族之議員。遂為後世國會模範。然貴族平民駁雜殽列。則人厖言雜。議論將不勝其紛錯也。乃區而分為二院。（僧侶不復與聞俗務別組宗教會議以專掌教務）二院之制。成於十四世紀之中。循用不改。遂以至於今日。由是觀之。英國今日之制度。殆無不導源於七百年前那耳曼王朝大會議。幾成虛設矣。烏知其影響之及於後世者。固如是其重且大也。

第七節　中央政府與地方之聯合

英國之憲法。合撒遜與那耳曼之制度。採合融化而成者也。譬之身體。撒遜制度為其骨髓而那耳曼制度則其血肉也譬之築室撒遜制度爲之基礎而那耳曼制度則其牆宇也然而揉合融化固非一朝一夕之所能爲力故其過渡時代可區之爲二期方威廉侵入之初那耳曼人移其血胤言語習慣思想法律政治灌而輸之撒遜社會之中然人種之界限方嚴制度亦遂齟齬而不相入那耳曼人務植其中央集權之新制撒遜人力持其地方自治之舊風二者各保其所固有角立以保其平均軒利第一之時設巡回判事之職使各沙亞隸於喬士治夸而爲其支部中央之與地方固亦漸相接近矣然其制暫而不常中央地方之制度遂各保其分立之體制以終那耳曼之世洎乎佛蘭特直涅王朝少數之戰勝者漸同化於多數之征服者矣二者之血胤言語習慣思想法律政治浸鎔洽而成一國民人種之憎愛既習以相忘法律之區別亦渾然無復界限軒利第二乃竭力於中央及地方之制度汲汲以謀其結合喬里亞列治士（常置顧問會也）之制經內亂而漸歸頹廢者今乃改正其法律與復舊制以吸集司法權於中央喬里亞昔爲理財之府者今漸成爲司法之廷且以司法事務之日以繁賾也乃更增判官之數分巡回裁判之地爲六區既而不復巡回常置判官於喬里亞以執行

法務復始定陪審之制度以均平中央地方司法之權方是時也顧問會所制定之國王法律與地方法廷所遵奉之習慣法律二者相摩相盪遂成密切之關係然威廉第一以來王權日以强大以喬士治夸掌財務而財權集於中央以喬里亞列治士司法務而法權亦集於中央國王既爲法律之淵源國王裁判所亦遂爲司法之總匯地方之訴訟以國王之令詔直可移致於中央於是王室法廷侵蝕昔日地方之人民法廷而侵其權限國民全體咸憒然於那耳曼新制之中央集權與撤遜舊制之地方自治畸輕畸重不能復保其平衡也乃聯合教士貴族平民之三級躍起抗爭求確立千歲不易之權利於是限制王權之問題囂然喧唱於國中而君民激爭之事始矣

第二章 第一改革時期

第一節 大憲章成立之始末

嗚呼權利者競爭之產物也英國之憲法非世所謂發生於自然者邪然當其萌芽之初已極搏激攫奪之力累十餘年之紛爭然後僅乃獲濟天下之物安有安坐而幸獲者耶然吾聞之銅不極者不思變屈不極者不求伸故水之流也性至柔懦莫或激之

則順流而東下耳築堤以遏之壘石以激之則驚波橫湧怒濤狂吼終且崩崖抉石瀚然莫之能禦民猶水也不遏則不張不激則不奮故各國之革命皆起於暴君苛政壓抑最甚之時各國之憲法亦即起於暴君苛政壓抑最甚之時英人固非躁動喜爭之人也然那耳曼諸王抑之於始理查第一困之於中約翰繼世乃更熾其炭而揚其波一激再激咄咄逼人於是一呻百吟一呼百諾爵爵勃勃三族相合而君民搆爭之釁遂成

初威廉第二之斃於刺客也。次當繼位之仲弟遠在海外。大會議乃擁立其季弟軒利。軒利之立不以正故曲意以務悅民心即位之始即布發自由憲章廢教堂領土世襲不當之舊法弛有土地主封建之負擔且命地主輕減其領内之重稅除前朝之秕政復赫華之舊憲凡所以收拾民心者無所不至英自威廉以來君權之專擅既已。達於極端至是憲法既成君權始受限制故自由憲章者實大憲章之遠祖而他日英民所據以與約翰抗爭者也軒利殂逝繼體非人陽蒙立憲之假面陰行專制之淫威。十二世紀以前英國尚在專制時代。理查嗣世變而加厲其從征於十字軍也。絞人民之膏血以供軍費其被虜於奧大利也科人民之重稅以充償金於是貴族會議以拒徵求平民聚衆以謀暴舉其國民憤懣不平之氣如矢在弦如薪厝火如爆彈之已然導線如怒馬之奮脫銜勒怒目張拳有觸即發亂事不遠無待蓍龜矣理查遽殂約翰代當其衝於是累世怨毒之氣一線傒蘇之望心光視線咸盤鬱而萃於約翰之一身履霜堅氷由來漸矣是為發難第一原因

約翰之即位也宣布誓言約革先王之苛政天下喁喁想望新主咸謂今日復見天日矣約翰王位既定蠶食前言苛法重歛無道益甚貴族由是怨王一千二百一年佛王圖那耳曼提約翰下令徵兵於諸藩貴族抗不奉詔脅王履行前誓釐革積弊約翰大怒籍其采邑質其子女更重課賦稅嚴督兵役貴族之憤恨遂深積而不可復解是為發難第二原因

英國之成例凡教正有缺則管內教徒公選一人請之王及議會加以任命然後就職以世襲其領地至於大教正之選立則王既任命必待教皇之允許然後就職一千二百五年康達勃里之大教正死其年少教徒秘不發喪私立列治拿爾遣人請命於教

皇未至，事洩。其老年教徒上承王意，別選烏格里而立之。遣委員十二人於羅馬，以受教皇之命。教王燕那珊第三，固宗門之梟傑也。久思干涉他國之教事，乃利用此機，以大肆威權。先判列治拿爾之選舉違反教律，不許就職；復謂列氏之當選與否未可知，不當遽行他選；判烏氏爲不能中選；乃代英王行任命之權，令立蘭格頓爲大教正。約翰怒教皇之侵其特權也，拒不肯認，且逐其私選之教徒於境外，籍其領土而沒之官。教皇乃下禁止教儀之令，盡閉教會，使英人不得行祭葬之禮，固將以是脅王也。約翰震怒，凡服從教皇禁令之教正，盡奪其封邑，褫其特權，使悉隸普通法廷之管轄。（威廉第一以來，英國教徒自有宗教裁判所，不受普通法廷之管轄也。）一千二百九年，教皇更令下破門之令。約翰愈怒，所以窘辱教徒者無所不至。威廉第一以來，王室與教徒之聯結，至是而悉爲破壞。昔日之教徒抗貴族以扶王家者，今乃反與貴族聯結，一變而盡爲王室之敵。是爲發難第三原因。

英人之蓄怨於王也，無僧無俗，無貴無賤，無貧無富，莫不飲涕茹痛，不可須臾少忍。而約翰怙其權勢，晏然不以爲意也。一千二百十三年，復有從軍佛國之令。國人以其方在破門期中，拒不奉命。約翰大怒，破門令解，乃自將討之。英人以爲不乘時突起，則他日更無起立之一日也且歌且哭且喘且汗匍匐奔走盡集教正貴族及諸邑都市之代議員開大會議於珊德阿彭教會之中名則曰調查教會之損害實則聯合三族謀保其特權通權以决此限制王權之問題會議未定。遂日復集於珊德呵路之教會。議嚴罰苛歛之官吏恢復國民之自由據軒利之自由憲章以爲藩楯挾此以要脅國王議既决。令彼德陳奏請命。未幾而彼德卒。乃以蘭格頓代之帥貴族以任革新之事。

王知貴族之後援之在於佛王也。以爲不先破佛軍則貴族終不可屈乃進兵波亞以擊佛師屢戰不利。志不得逞十四年十月退軍歸國。復徵兵費於不從征之貴族貴族惶懼。乃私相集議曰「王之愎悍殆非口舌所能爭吾聞古人有兵諫者王不聽吾儕之請求乎則請絕服從之義務而脅之以兵」遂再會於格里士瑪士聚而不散王偵知其謀。乃雇募外兵。戒嚴自守使人說教徒曰若前與貴族絕乎吾將與若以自由選舉之權利教徒不可十五年一月遂與貴族會於田布爾委員陳請於王戎裝腰劍以待命王許他日返荅以緩敵師既而貴族以逾期而未得王命也師進次於布勒格列方是時王方駐蹕於阿格士科乃遣蘭格頓等於貴族問其所欲使者返命則要求固無。

異於曩時也王乃頓足大怒曰「何不求朕國王乎朕決矣朕寧碎吾王冠朕必不能自爲奴隸而與彼以自由」貴族聞之憤氣騰涌推案而起不及冠屨率軍而直抵倫敦倫敦市民啓門入之昔日之中立及王黨之貴族悉背王而投於敵軍王僅擁此寥寥之客兵孤立而更無他助也則倉皇大窘不得已乃從蘭格頓調停之策許貴族之請求欲諱飾其屈服之恥辱乃以議和之形式開會議於添士河中之小島兩軍對陣於河岸委員商議於軍前一千二百十五年六月十五日自由之大憲章 Magna Carta 始得確定。

（未完）

批評門

（內國之部）

▲掩耳盜鈴之政府

中國素受閹宦之禍，秦漢唐明殆無不以此亡國。滿洲入關。禁用宦豎。勒石宮廷。縣爲厲禁。同光以來。閹患漸萌。丁文誠誅小安於山東。其勢小阻。十年以來。李蓮英陰擅大權。勢燄薰灼。炙手可熱。頃有某國立一少年會於天津。遣人游李蓮英之門。歲以五萬金賂之。爲其永遠權利。彼某國之處心積慮。不問可知矣。頃政府微有所聞。令袁世凱設法阻止其事。

甚矣彼列國强謀人國之可畏也。列國角立。務相刺探其秘密國事。以晝應付敏捷之機。謀東西各國。皆組織秘密偵探之制。糜莫大之機密費。以期偵刺之精密。警報之靈捷。其最竭力於偵探秘密者。首推俄國。其密探之男女。分派於世界諸國者。殆不可以數計。於各國之外交政策軍國重事。務偵得其隱秘精微之點。日本近者。亦復儆精竭力。以從事於秘密偵探。其於歐美諸邦。雖未能與俄比。獨於吾國之內事則實周察靡遺。其國人之蓄辮髮習言語易冠服。潛布於吾國內地者。亦殆不可數計。且又習吾風俗。投吾嗜好。乘間抵隙。百端間諜。故吾國機密之隱謀。宮廷之秘事。雖廷臣未及周知者。彼已無不纖悉備聞。嗚呼。吾之覘人國也。如隔十重雲霧。雖其政策久已表發者。吾尚瞢然罔覺。而人之覘吾國也。則履吾闥闥而窺視牀笫。伏吾肘腋。而洞見肺腑。二者相遇。我國立於必敗之地矣。彼某國賂吾近侍權要之人。以行其窺伺覬覦之策。固猶是秘密偵探之故技。兩軍相敵首重間諜。是謀國所當然。殆無足怪。所可怪者。我騃愚兒戲之政府耳。李蓮英之蠹國攬權。且置勿論。夫外國之行賄。不賂他人而賂彼。且至以五萬金爲之歲賄。則李之權力足爲外人援手。斯可知矣。刑餘賤豎。寧有人性。則凡漏師鬻國。苟可以酬此重賂者。何所不爲。政府不知斯亦已耳。亦既知之。乃不謀所以去此附骨之大毒。而令袁世凱設法阻止外人。試問一直督之權力。果遂能令行禁止於他國乎。即阻止矣。外人之狙伺萬端。此僅其一事之不愼偶洩者耳。其他之間諜且日緣於肘腋。試問袁世凱之權力。能解散外人秘密偵探之制度乎。物必自腐而後蟲生。不防其內而阻其外。是不求防腐之劑。而拒蟲之勿生也。明知其不能而擠出此。是掩耳盜鈴之政策。互相推諉。敷衍塞責而已。或曰制內之難。甚於阻外。政府寧獨無制李之力。抑亦斷不敢爲。制李之言也。果爾則政府洵可憐人。

▲不以人廢言

報國彩票之事。政府下其議於督撫。頃者粵中督撫大集紳士會議於廣雅書局。諸紳咸唯唯不置可否。獨丁仁長抗言力辨。期期以爲不可。此一事也。科舉之毒。深累中國。雖廢科舉而試策論。然其腐敗正復相等。不廢科舉。則士氣終不振。人才終不出也。頃者張之洞與袁世凱聯銜陳奏。謂科舉與學堂二者不能相容。不除科舉之陋制。則人趨捷徑。不務實學。學堂必無成效。請廢科舉以振人心。樞臣亦多主之者。獨王文韶力持不可。現方紛紛爭論。主廢止。主遞裁。迄無定議。此又一事也。彩票科舉。二者皆誤國之弊政也。丁張二人亦何足道。而其所持議。乃獨當於事理。而袞袞諸公其識見。乃更出丁張下歟後鄭五作宰相天下事可知矣。噫

▲西亂眞肅清耶

桂撫王之春。於去年冬仲張皇入告。言西匪擾亂之情形。較咸同間更難收拾。西省獨桂林平樂之所屬。尙無盜踪。餘則到處徧布。請飭各省會剿。其情形是否的確。尙難深晰。玆聞春初奏報肅淸。其肅淸也。眞肅淸耶。又難深晰。以兩月前如是之紛擾。兩月後即可以肅淸。其果西匪之不濟耶。抑眞桂撫有絕人之才略耶。西匪果足與髮匪相提並論。而王之春當之。不過兩月。若大風之掃籜、纖芥不留。曾左胡駱之區區。又何足數也。頗聞政府以王之春漫無經緯。有意調動。歲杪時曾有電切責之。又屢經御史之參劾。其或迫而出此計耶。抑聞西亂實未嘗浩大。王之春張皇賊勢。以悚朝廷之聽。不數月而遽報肅淸。使朝廷驚歎其神速。以突邀不次之賞。既報肅淸。得借此絕大之題目。以惠顧知好之保舉。之二說、或得一當焉。

▲法人又請代我平亂矣

粵西之亂。日益猖獗。將分三路以撲桂林、扼各地至省城之要隘。以絕官軍之糧道。省城守兵與亂黨暗通消息。一旦有警。則將有獻城倒戈之慮。蘇元春王之春蠢庸腐敗。一籌莫展、惟濫殺平民。虛報勝仗。頃蘇元春忽奉來京陛見之諭。而王之春以誑報肅淸。奉褫職貽患之嚴旨。人心爲之小快、然不去二人。禍未有艾也。蘇王之不足平亂。政府亦知之矣。然卒不撤去者何也。蘇之與王。皆內有樞臣之奧援。外有法人之後楯。去年蘇移湖北。以法人之請而調回粵西。二人者媚結法人。藉外力以要脅政府。故蘇王者非政府所能擅動也。法人何所愛於蘇王。而必爲之援手。亦以二人者庸腐昏愚。留之粵中。則西亂必不能定。西亂不定。則有所藉口。必大擴其勢力範圍。邇年以來。法人日汲汲於粵西鐵路。蓄謀已久。俟時而動。頃者法國公使以土匪紛擾。其影響及於越南境上。西歷三月六日詣外務部詰問匪亂之實狀。外務以尙無警報。冷然荅之。法使忿然拂衣而去。今復聞以西亂日亟。中國兵力不足。請派法兵代平西亂。移文於中國政府矣。肉已餧於虎口。豈能免其干涉。嗚呼。謀一日之富貴。不惜糜爛其民。拱手而奉之外國。蘇王豎子。其肉豈足食邪。

▲中國鐵路之近情

蘆漢鐵路。據二月之報告。已築至去信陽州九十里之明港驛。袁世凱欲便應試之行路。勒限兩月。督令職員續至彪山縣。其自順德府至磁州三十里間之工事。亦已啓工。二月時袁氏又委員察視線路。山西陝西河南三省連結之線路。俟淸河道口間之鐵道成後。更延長其線路。經澤州路安諸地以達於太原西安二府。現已遣工程師査勘路地云。南京上海之滬寧鐵道。久已謀議。今一切工程均已準備。俟見明旨。即可動工。至連接九江萍鄉之潯萍鐵道。則旣得裁許。將從事於開築。

嗚呼。工事進步。交通利便。自今以往。日益繁盛矣。獨恨靑脊之長條。攀折於他人之手耳。

▲南北洋之海軍

中日之役。海軍去其大半。僅餘數艘。不復成軍。今南洋部下。僅餘寰東鏡淸南瑞南深及運送船三艘。水雷艇四艘。類皆老朽。不能駛巡外海。張之洞權兩江。即議售之。嗣以魏督接任。置不復議。今决撥隸北洋。併歸薩鎭氷所統領。合之北洋之海天、（量四千三百噸速二十四海里）海圻、（同上）海容、（量二千九百五十噸速二十海里）南瑞、（量二千二百噸速十五海里）開濟、（同上）及座艦海天之六艘。僅得十艦。中國之海軍力如是而已。至於長江之守備。則議每年以二十萬金之經費。十年爲期。定購淺水小艦數艘於外國。專爲江防之用。頃得政府允許。已有決議。嗟乎、故家中落之人。重過其舊日盛時園林之遺址。一竹一石。皆足令人愴神隕淚。我國同胞。當亦有此同情。

▲小朝廷大臣看者

前日政府以綽哈布調補荆州將軍。外人嘖有煩言。議不肯令其到任。綽哈布前任成都將軍。曾釀亂事。乃調授黑龍江將軍。俄人不喜其人。謂恐釀成他變。拒之不令入城。綽哈布遂住瀋陽數月。怏怏喪氣而返。今調荆州。又爲外人所訾議。其能受任與否。尚未可知。數年以來。中國主權盡爲外人所掌握。下自督撫將軍。以至於州縣。外人喜則受之。不喜則拒之。喜則留之。不喜則去之。喜則生之。不喜則殺之。一切陟黜賞罰生殺之權。無不仰外人之鼻息。夫用人行政。非國家最高無上之主權哉。今乃受人干涉。聽人命令。無分毫可以自主。中國中國。國之云乎。直東西數十國之公藩屬耳。嗚呼。將軍者。非固中國聲勢赫奕之一品大員哉。而彷徨歧路。窮無復之。纍纍若喪家之狗。小朝廷之大臣。其窘苦乃至斯之極也。寧不哀哉。

▲論愛國大彩票若成可以立亡

中國

政務處議覆廣東候補道陳明遠所請開愛國大彩票一摺。每張十兩。可得銀九百兆。以四百五十兆爲賠欵。以四百五十兆開彩。頭彩得銀一百萬兩。收票之期。以滿爲度。三年不足。期以五年。內地一切彩票。暨廣東闈姓等。一律奏罷之。外國人貪此鉅貲。亦出資購買。可以漸收外洋之利。奏入。袁世凱力言其不可。請體之議遂不行。政務處爲議新政而立者也。議新政絕無所表見。獨悉心以議此彩票。美其名曰愛國。姑勿論中國辦事大信不昭。昭信股票攫取民財。幡然變計。給虛銜以塞責。此次無人應之。即使盡禁中國之賭。以專力於一途。其能禁香港澳門上海膠州之不售外洋彩票乎。中國人甯信外國彩票。不樂售中國彩票。而欲以此餌外國人。欲其售賣。藉以收回外洋之利乎。人之趨利。愈捷愈喜。如廣東之闈姓。一月而兩次。番攤則即買即開。故趨之如衆水之赴壑。若期以三年五年之遙。乃肯出此十兩之資。以一博之乎。此議之最可笑。能決其必無所得矣。

假使此舉可成。則彩票舉行一次。中國可決其必亡。何以故。中國之財。非同出於五金之礦。源源不絕也。其所恃以流通者。則國內現有之財。運行不絕。周而復始。今日以甲之財轉乙。明日乙之財轉丙。丙轉丁。丁轉戊。不知凡幾轉。而仍轉歸於甲乙。此貨泉之本義。亦即貨泉之特質也。閉關之代。南北通轉。仍流於國中。通商以後。出口之貨。與入口之貨不相敵。歲漏巵恆數百萬。中國財政。已深患其窘矣。驟集九百兆之欵於中央。其勢一凝結。即此凝結之剎那頃。已血脈不通。呼吸閉絕矣。又以此九百兆分四百五十兆爲賠欵。驟取國中現有之欵。而溢之於外洋。則泉源涸竭。生機驟遏。而國脈絕矣。脈絕未有不死者也。此議臣徒見賠欵之困難。以此爲取之有道。衆必樂從。早一年賠欵。則少減一年之鉅息。以爲慮周藻密矣。其識見與武昌府知府梁鼎芬同。鼎芬嘗慨賠欵之艱難。以爲百姓具有天良。取四萬萬人而人抽一金。可驟盈四百兆賠欵之數。西人亦嘗有人口稅。而民不以爲病。我國僅行一次。所取甚微。亦甚公平。而即可以紓國家之急計極貧之數而使富者代納之按戶抽收命直省同時舉辦以爲最善之法莫逾於此矣不悟驟增此四百兆現在流通之欵於外洋而中國之命可以立絕耶斯密原富之理難驟責此輩以解悟然請與稽中國財政之現象果如其所願而前途之變象又將何若耶譬之銀行或市肆驟取其母財之大多數而一去不復返能不即時歇業耶思之思之願見理未明者勿輕言籌畫也

▲礦務學堂之希望

礦務大臣張翼創立礦務學堂以練習礦學延新會伍光建爲督辦聞伍氏於礦學最深又爲侯官嚴氏之弟子文明夙著張氏此舉可謂知本矣近年以來中國人多知礦務之宜舉於是呈請開礦者月恆數起特資本不足礦學不講藉洋股以希圖射利借外人以挾制外部者十恆八九其或不出於此名曰華洋合辦實則權握外人以資本附入洋股無尺寸之權限徒延頸以丐他日之餘潤近日礦產最饒之地半入西人勢力之範圍中國至今日而始悟耶其所失蓋已多矣山東全省之礦德人儼全有之東三省待命於俄又無足論俄商復請承辦熱河礦務近俄人勘得熱河礦地數十處要挾開辦吾恐外人藉中國欲興礦務之機乘間並發數年之間而藏富於地之一大帝國已無尺寸自主之權矣及今而亟亟興學也是亦所謂七年之病求三年之艾多造就一礦學之人才即他日可多收尺寸之權利其關繫於中國之前途者豈細故耶張氏其能無愧此言吾敢不祝之

▲天津警察敗壞於豪奴

天津之辦警察也總之者爲候補道曹家祥其時承聯軍交還之後循整齊畫一之政治規模秩然有進

不拾遺之風。以爲中國所謂新政。獨此差强人意也。傳聞今春間有榮祿之姪。爲直隸候補道者。其僕某與人鬥於道。警察彈壓之。僕不服。與警察兵鬥。爲所捕。其同黨多人。鬨警察署。欲奪回。與警察兵交鬨。卒爲警察所勝。曹道擬按章程辦理。而該道之太夫人勃然大怒。詣督署力責直督。嚴辦該兵。直督皇恐謝罪。卒命將警察兵數名枷號以儆其餘。置該僕不問。自此役後。直省之警察可以廢。即不廢可以決無一案之破獲。直督本錚錚者。爲榮祿故不能不爲其姪。候補道之太夫人屈。且不能不爲其姪候補道之僕。屈。乃知曹孟德以五色棒杖殺豪奴。其膽力爲不可及也。固一世之雄。而今安在。我念曹公。

▲湖北警察之特色

警察爲最美之政治。中國近日皆知之矣。於是紛紛舉辦。湖北之警察。張之洞所刻意經營者也。有自鄂來者。述警察形式。足以助茶餘之客話。警察兵所穿號褂。紅衣鑲綠。小袖禿襟。白布圓心。標識巡警。下衣紅紮頭。披紅纓帽。額刻字。桂花飾邊。酒樓之下。貨攤之旁。三五成羣。濶論今古。請君合眼細思。是何意態。其京劇之雜演耶。其黎峒之辦喜事耶。有龍眠道子之畫手。必能傳神。可以傳後。

（國際之部）

▲加拿大與澳洲之重議制限華人

加拿大總理大臣拉烏里提議於議會。謂中國人之入加拿大境者。其人頭稅當自百元增至五百元。且謂中人之納此人頭稅。當令其乘來之船之船長負其責任。其限制華人之法。直如鼠入牛角。步緊一步矣。去年十二月中。澳洲格燕士蘭州之內務省發一訓令於州內之各地方警察裁判官。謂入境之人。除經已歸化爲英國國人之外。凡人種血統不同之外國人。一切禁與以經商之憑票。彼所謂外國人者固專指亞細亞及阿非利加人。且不啻專指我中國人耳。宇宙雖寬。我中國人種將不能求一立錐之地矣。國內之地利不開。生計日蹙。昔日所恃爲衣食之外洋。今乃將窮無復之。外人雖不煩一兵已可蹙我於死地。然吾聞英國之殖民也。有一英人之足跡。其地即形成第二之英國。今我以千數百萬人遍布外洋。而乃僅及牛馬之資格。乃至爲人厭惡。至欲求爲牛馬而不可得。是我同胞不知自愛以召侮也。自我召侮。則又於人何尤。

▲俄國第一期之撤兵果已盡撤乎

四月八日。是爲俄國滿洲撤兵之第二期。爲期已迫。俄人固謂可以如期撤兵。然俄人第一期之撤兵。果已能盡撤如約乎。牛莊之地。尚未附還於我國。其軍事郵便電局。今尚汲汲從事於擴張。且彼先於停車場之附近。已建築永久之兵舍。然則所謂撤兵者。不過撤之於口中紙上耳。第一期撤兵之事未畢。今又議第二期之撤兵。嗚呼。弱者與强者約。其約直兒戲耳。

▲福建果爲日本之囊中物乎

福建物品運至大坂博覽會。會日本人置之臺灣館中。所謂中國公使中國領事者。瞢然未之知也。留學生聞之。乃與浙江監督高鳳謙走告公使。公使漫應之曰。江鄂湘蜀皆有公牘。獨福建出品未咨使署。其果爲吾國出品。抑東人購辦。未之知也。留學生林長民林棨劉崇傑乃與江南委員李宜龔徑赴大阪。

往見代運閩物之日人前島眞詰以外國出品。當置參考館閩物何故置此。前島曰。閩臬楊文鼎與日領事商定。託臺灣總督爲之。領事曾言物來遲。參考館恐無餘地。當於臺灣館覔地陳列。閩官許之。故置此。吾無與也。林棨曰。此事傷我國體。必無餘地。寗撤回不陳列。前島謂移出固可。獨苦無地。游詞支飾。林劉諸人知參考館中四川陳列場尚有餘地也。乃往見四川委託人島田定知。語以故。與商挪地事。島田曰。此事誠不可。但吾司蜀事耳。未便攙與閩事。苟得公使及閩員一信據。且閩省任改製箱架之費。則四川館當可騰出餘地。李宣龔曰。此兩事可無過慮。島田曰。明日當至四川館相度之。次日林劉往見前島。告以四川館已可騰地。前島忽曰。雖有餘地。然遷動閩物。非得臺督之命不可。林曰。中國人遷移中國物品。何爲請命臺督。前島曰。臺督受閩官之託。臺館辦事人受臺督之命。豈能擅移。時李宣龔與島田已在四川館立候。林劉乃與前島往。李見前島。詰之曰。君受中國之託。何不與江楚諸員商。而擅置閩物於臺館。前島曰。閩官許之。我無與也。李曰。今且勿論。現四川館已有餘地。請同往事務局聲明移出事。前島曰。我與事務局間接。不能徑往。李曰。君爲閩省委託人。亦有閩官委託信據否。曰有。李曰。既有信據。何謂間接。前島語塞。然仍飾詞推宕也。李林乃與島田往見事務局長織田一。織田問島田曰。君爲四川委託人。可以干預閩事乎。李備述顚末。且曰。此事中人託島田。非島田攙辦也。織田謂參考館工事且畢。移動恐稽時日。島田曰。三日可了。織田乃曰。姑先鳩工爲之。次日。閩省委員馮祥光至。又次日。台督亦至神戶。馮乃往神戶見台督。台督知中人以此事故咸動公憤。乃即函告事務局。謂閩物可聽中人遷移。二月二十四日。偕李林劉諸君。遂同至台館。盡取出福建物品、移而置之四川陳列所。

嗚呼。自中國與日本立福建勿讓他人之約。福建久爲日人勢力範圍。凡福建之土地人民物產一切權利。日人久視爲俎上之肉。囊中之物。福建雖名隸我國。日本固夷若藩屬視之。殆與台灣等。今日此擧。殆平日之處心積慮擧動習慣。流露於不自覺者耶。抑以此嘗我國之人心。視我中人之尙認福建爲己地否耶。夫以鄰國賽會之物品。而乃置之屬地之列。其目中心中。寧復知有此一國在。藐人主權。損人國體。横肆無理。莫此爲甚。而日本乃敢悍然出此。豈不以我國之外交官吏。聵聵昏昏。熟視無睹。雖凌踐侮辱。彼未必知。即知之亦必噤聲屏氣。必不敢發一言以與我抗。持一理以我爭哉。脫令我以此事施之日本。則彼公使不知如何咆哮。我外部不知如何賠罪。甚者。恐或堂堂之軍艦。隆隆之砲聲。震嚇於津沽間矣。乃我國被此大辱。公使默然忍受。疆吏默然忍受。政府亦默然忍受。曾不聞有單言片紙之詰責。僅得此海外學生竭力以爭此國體。嗚呼。何其悯也。彼日本爲此無理之擧。我與辨爭。彼尙岸然阻抗。觀前島無台督命不能擅動之言。尙復成何名詞。成何語氣。彼國中人。尙復以國視我耶。嗚呼。彼曰言同種同文。聯我人士。媚我政府之日本。尙復如是。則他國之侮辱蔑視。又待問耶。莞仲告桓公曰。願君無忘在莒。吾亦竊願我同胞永以此事爲紀念。而長無相忘也。

▲開濟公司售船事件

湖南瀛船公司爲日人所創立。以從事於洞庭水運者也。計畫經年。其船尙在大坂工廠製造中。開濟公司湖南人所設立。亦從事於洞庭水運者也。頃忽盡以其船售之日本公司。夫我內國之航路。不能自有。

其利乃至爲外人所攘奪斯已奇矣。外人既來乃不能與之競爭。且盡舉其船而售之外人。中人之商力柔脆。志行薄弱。何其憊也。昔張之洞爲兩湖總督。屢以紗廠鐵廠求售於日本。頃權江督。又欲以南洋軍艦售之洋商。今湖南又有售船之事。我中國之工廠商局固非工廠商局。直一發售所耳。破家敗產之子弟。雖家中之一器一物一椽一瓦。無不思拆毀盜賣。必至家無長物而後快。堂堂總督。亦日作此敗家子弟之舉動。則開濟公司之商人。吾又何尤。

（外國之部）

▲英美二國海軍之擴張

今日之世界。海上權力之世界也。俄法與德皆竭力以擴張海軍。海王之英國。遂不能不增加兵艦。以保持海上之霸權。故今年海軍軍費之豫算總額三千五百八十三萬六千八百四十一磅。較之去年增三百二十萬二千磅。凡增造新艦修繕舊艦一切諸費皆在其中。其軍艦之新造者。戰艦三艘。一等巡洋艦四艘。鐵甲巡洋艦三艘。警備艦四艘。驅逐水雷艦十五艘。潛水艇十艘。其士官及兵員之總數共十二萬七千一百人。較之去年增四千六百人。復於蘇格蘭之聖德瑪牙列灣。新設海軍根據地。三月七日於下院議決。豫算費用二百五十萬磅。以爲建築工廠砲臺武庫之費。舉國之輿論。無不謂保武裝之和平。雖糜巨帑。誠爲必不能已之事。全國一致欣喜而贊成之。而同時之美國。亦以擴張海軍之問題。提之議院。二月二十一日。下院議決增造戰艦三艘。巡洋艦一艘。上院議更增之。三月一日。下院修改議案。更議決增造戰艦四艘。巡洋艦一艘。五日兩院協議。支出八千一百八十七萬五千元之海軍經費。時勢之所迫風潮之所鍾雖以獨立他洲之美國亦趨於帝國主義而不能不以擴張軍備爲當今之要務雖糜費巨欵擔荷重負而擧國一心皆認爲急務而無所挽阻今日大勢之趨向固亦大可覩矣

▲俄國之自由主義

俄國先帝亞歷山大第三曾決行解放奴隷之制實爲俄國近世史中一大異彩西歷三月時適際解放奴隷之紀念日今皇尼哥拉士第二世對於各宗派宜發上諭許其宗敎信仰之自由且謀擴張自治制度乃對於農民宣布旨意謂當救助其壓制之勞動夫俄以專制之國獨立於歐洲風氣之外然風潮所迫卒不能不與臣民以自由觀於俄皇之讓步則專制其烏可久恃矣

然專制嚴酷之國自由主義既已發生矣而所謂自由產地之美國則於二月下旬經下院之議決新定法律凡殺害大統領副統領及大使公使者處以死刑謀害未遂者亦定處死或十年以上之禁錮主謀者與下手者同罪主謀殺文明政府之官吏者科以二十年以上之禁錮無政府黨人嚴禁其行入美境噫嘻以專制國而扶植自由主義以共和而採用禁壓政策可謂咄咄怪事

▲世界最有勢力之主權者

世界中之君主雄才霸氣當以德皇威廉第二世首屈一指千八百八十八年即位以來日慨德國海軍之劣弱皇皇以謀其擴張一千九百一年決定議案此後十六年間定增戰艦二十八艘大巡洋艦十四艘小巡洋艦卅八艘且於此時間更增張百萬人之陸軍至其殖民政策尤所熱中千八百八十四年時其海外殖民地殆寥寥無足比數今殖民地驟增七十一萬四百四十一萬里殖民地之民數驟增八百

批評門

三十三萬六百六人殖民地之擴張。商業亦隨之而繁盛。今日德人之海運事業。其噸數遂位世界之第二。若夫日耳曼民族統一之事業。已倡起於北歐之一角。而德國之日耳曼統一協會。亦挾非常之勢力。其宗旨所在。欲并荷蘭瑞士奧大利匈牙利而統治之於日耳曼之下。威廉第二。霸才雄略。以統一日耳曼之大業自任。近且銳意經營。以爲世界主義之主動者。其他日之成績。將橫奪英人之商業。作歐洲大同盟而執其牛耳。可無疑也。世人之評之曰。『其語和平也。如媚婦。其語戰爭也。似蠻人。』處女脫兔不可捉摸。嗚呼此威廉之所以雄飛世界歟。

▲列強東洋艦隊之最近消息

數年以來。歐美之視線。咸注集於中國問題。歐美之政策。亦莫不以擴張東洋海軍爲第一方略。故邇來軍艦之游弋於東方海岸者。其數日增。鷹瞵虎視。其政略可具見矣。國於東方者。能無戒心。今備列五國東洋艦隊之數。并詳其駐泊我國之地。以供我同胞之警鑑。

	英國	俄國	法國
香港	戰艦四 砲艦七 巡洋艦五 驅逐艦七 通報艦四	戰艦一	砲船二
上海	通報艦一	巡洋艦一	
牛莊	砲艦一	砲艦一	
漢口	砲艦一		通報艦一
宜昌	砲艦一		
重慶	砲艦三		砲艦一
敍州			砲艦一
湖南	砲艦一		
廣東	砲艦二		通報艦三

廣州灣　砲艦一
北海　通報艦一
大沽　砲艦一
旅順　戰艦四　砲艦四　巡洋艦二　驅逐艦二〇
美國　德國
上海　戰艦一　海防艦一　巡洋艦一
塘沽　砲艦一
香港　砲艦二　炮艦一
廣東　炮艦一
澳口　炮艦一
宜昌　炮艦一
膠州灣　驅逐艦二

今復比較諸國軍艦之排水量得表如左

英國	一三五、七七一噸
俄國	一二七、一〇八
法國	四二、五一二
美國	四二、一一二
德國	三四、二〇七

五國之軍艦。其屯於吾國者都凡九十三艘。他如意墺荷日諸國。其軍艦之在我國者尚數十艘。五國軍艦之屯於東洋諸港者亦尚數十艘。臥榻之側。猛虎逐逐。人方怒目耽注而我尙熟視無覩也。嗚呼噫嘻。

▲俄國東洋艦隊之擴張

俄國大張勢力於亞東。日擴東洋隊艦。汲汲不遺餘力。去歲之末。少將希達伽爾披格率十一軍艦駛向極東。其數艘既氐旅順矣。其餘諸艦亦即銜尾而來。俄國東方之軍艦。已有四十一艘。十四萬八千噸矣。今復訂購戰艦於法國。（一萬二千六百七十四噸）又新成進水之戰艦（一萬三千五百十六噸）皆將派遣於東方。俄國海軍之力。已達於十七萬噸而上矣。彼皇皇然注集重大艦隊於極東。胡爲者邪。靜言思之。不寒而慄。

▲朝鮮徵兵

朝鮮向用募兵之制。今以國事多艱。募兵不足復用。乃參倣歐美之法。行舉國皆兵之制。已於前月下徵兵之令。然朝鮮之政令。朝令暮改。反汗無常。凡所改革。則擔負虛名。絕無實效。盖朝鮮者。縮本之中國。中國者。拓本之朝鮮。然朝鮮立憲徵兵。翦髮易服。徒以表面觀之。則朝鮮之文明程度。固已駕出我國之上矣。

學界時評

◎讀金陵賣書記

金陵賣書記不知何人作也。（本社深願聞其名能見告否）其人固有學者能文者愛國者雖小篇亦見精神也內數條大足爲新學界藥擇錄之稍加評跋焉。

就史而論。爲行銷內地計。大約有三要。

一人地名勿歧出。最好須藍本于萬國史記或瀛寰志畧蓋諸書行世已久。知之者多。彼書誠不佳。吾非佳其書而仍之。實仍人所習知耳。如音或不準。不得已而改。亦宜附以舊譯名。即或自定新譯名。要斷不容前後歧出。爲內地人計。固應如是。即律以譯者之義務。亦應如是也。新出書中精本如萬國歷史。此弊猶屢見不亟改正。貽誤無窮矣。

二和文名詞勿多用譯。所以爲不知外國文者計也。吾能譯書。吾自能知其意。然胡可以我例人。彼能知之。彼讀原書可矣。何必讀吾譯本。如其未也。吾曷爲不明示之。而固存其所不知也。揆諸譯者之義務。實是無當。其實難更易。即如此義務二字者。亦必詳加註解。務爲易知。而後可。彼自撰之書而亦滿紙皆是者。更不足道矣。

三附圖須精善。外國地名本不易記。今古雜糅。則難之又難。故附圖必不可無。而尤不可不精善。若西洋史要西洋史綱之圖。猶之未有也。萬國歷史之暢銷。實在乎是。

地理一類。佳本盖鮮。作新社世界地理。于銷數則可矣。然其地名之誤者。盖不知其幾許。體例雖是。

批評門

要未爲佳本也。

此論甚切要。今之譯者大率於中國舊本全未寓目。雖極通行之名詞亦不識所據。皆東譯本。東人以其假名强配西國字母。原音已多舛誤。又往往將其語尾不讀之音亦全錄出。故一地名一人名動長至五六字。且有十餘字。吾嘗見有譯鳥修威（澳洲一省名）三字爲尼夭沙烏士烏埃兒士九字者矣。蓋英文爲 New South Wales。實不過三響音。Vowel 日人以假名譯之爲ニューサウスウェールス。苟知和文例而善讀之。亦不過五音耳。而譯者兩無所曉。遂至如此。眞可笑可憐也。至其全無心肝。一葉之中同譯一名而前後互異者。更不足責矣。苟率此不改。數年以後。國中譯本無一可讀。耗人日力。亂人腦筋。其罪不在縣下矣。

著金陵讀書記之人。屢讚作新社之萬國歷史世界

二

地理。其萬國歷史吾未細讀。不能言其得失。若萬國地理。則可笑已極。彼之編此書。謂爲敎科用也。各國敎科。必將本國地理別爲一書。置之於世界地理範圍之外。蓋內其國之意。且非是不能詳備也。故世界地理率闕本國一門。即不然。亦當特詳於他國。不然無以副世界之名也。作新社本題名則世界。而中國部分居全書四之三。餘五洲不過得四之一。天下豈有此體例乎。若著萬國歷史者。以中國史居大半。而他國史變爲附庸可乎。即此一端。吾已不必復寓目矣。吾非好爲攻擊。實恐讀者徒震其釘裝之華麗而買櫝還珠。空費日力也

其第二條和文名詞勿多用。尤爲金言。但今之譯者徒爲金錢計耳。豈嘗一計及讀者。公之言亦牛琴之類也。

小說書亦不銷者。於小說體裁多不合也。不失諸

直。即失諸略。不失諸高。即失諸粗。筆墨不足副其宗旨。讀者不能得小說之樂趣也。即有極力爲典雅之文者。要於詞章之學。相去尚遠。塗澤滿紙。只覺可厭。不足動人也。今新小說界中若黑奴籲天錄。若新民報之十五小豪傑。吾可以百口保其必銷。經國美談次之。然龍溪固小說家之雄。如所撰浮城物語者。得詞章家以譯之。必有偉觀。

以小說開民智。巧術也。奇功也。要其筆墨決不同尋常。常法以莊。小說以諧。常法以正。小說以奇。常法以直。小說以曲。常法則正襟危坐。直指是非。小說則變幻百出。令人得言外之意。常法如嚴父明師之訓。小說如密友賢妻之勸。得此旨始可以言小說。今之爲小說者。俗語所謂開口便見喉嚨。又安能動人。

吾于小說不能不爲賢者責矣。小說之妙處。須合詞章之精神。所謂詞章者非排偶四六之謂。中外之妙文。皆妙於形容之法。形容之法。莫備於詞章。而需用此法最多者。莫如小說。巴黎文詞之淵藪也。其大文豪皆以戲曲著。坪內雄藏爲日本維新後之詞宗。而以「春也」著。比來海外諸同志力矯積弊。皆以排浮華崇實學爲宗旨。故尋常通問函件。或且不甚了了。而詞章一學。行且輟響。然果無此學。究不能顯難顯之情。飲冰室主人之文筆。夙爲海內所歎服矣。然吾得而斷之曰。實惟得力於詞章。故諸同志而不欲爲小說則已。如欲爲之。勿薄詞章也。

三

專門學書非專門家不能譯。吾又從而附益之曰。專門學書。非專門家之習知吾國是業者不能譯。即以商業言之。若爲替料若小切手之類。譯者每仍原文。其實自有匯費劃條等相當之名。曰在於

批評門

小說何獨不然。恆言曰外國小說之佳者。非中文所能形容。嗚呼何重誣吾國文也。

西史言文明者必舉文學。盖文學屬於美的觀念。實一國之精神。可以驗其國文之品格者也。今言新學者動輒吐棄國文。以是自文其拙。為計良得。然豈進化一國之本心哉。

其號為彼中之敏者。略一諦視。則皆曰此皆洋書耳。予聞此言。辨之最力。輒正告之曰。書皆華文。非洋書也。然則皆時務書矣。有時務通考否。又辭以無有。乃徘徊四顧。畢竟莫名其妙者。日又以十數。

李鴻章康南海二書。最足起其疑問。見者輒大詫曰。何謂李鴻章。告之曰其傳也。則何以無傳字。搖首咋舌不自已。信其為洋書益堅。

新書日多。見解極少。目錄之學。在在為難。一日有以亞東地球全圖問者。有客在座。為之閧堂。其人始則赧然。既而曰吾確見報上有此書名。諒爾店無此物耳。頷之乃去。

四

所述形狀。實可笑亦可憐。非親接者不能懸揣得其情狀也。昔匈加利人嘗有購地球者。叩賣者曰。匈加利在何處。賣者指球中一小點示之。其人曰。吾買匈加利之地球圖。安用此為。西人傳為美談。以其雖樸愚。然亦愛國心之表證也。若此輩則不過愛科名心之表證而已。一歎。

雜評

○日本敎習之金錢問題

上海文匯西報言北京大學堂所聘之日本敎習。訂明月送脩金六百元今該敎習以中國銀價下落要索中國須照日本金幣伸算當月送脩金一千一百元。此言吾未敢確信然該西報固鑿鑿言之矣。夫北京大學之敎習。固諸大夫國人所敬禮而仰望者也。今乃爲此鄙瑣齷促之舉動該敎習無亦太不自愛耶。

以月脩六百元而延一敎習以待歐人。則吾不敢知。以待日人。則已豐腆不菲矣。大學堂爲中國之學堂。敎習爲中國所聘用。脩金由中國所致送。試問不用中銀。更將何用。該敎習果以爲非。可勿就其聘也。即就其聘。亦可於訂立合同之始。聲明致送脩金須伸日銀也。乃就聘之時。含糊其詞。至今日而忽爲此無理之要索。豈謂合同訂定四年。今雖婪索中國亦不能遽行辭我邪。此鄙賤之舉動。出之工師商人。猶以爲恥。顧以品行純潔學問優長高擁皐比抗顏爲師之敎習。而靦然出此。豈眞如攫金於市者。見有金不見有人邪。島人根性。可笑可憐。

庚子之賠欵。和約中未切確指明當用何幣。至今日而用金用銀。各國紛爭不已。中國將於虧損之外。更受額外之虧損。然此戰勝者之迫脅。外交官之狡獪。猶之可也。今以我所雇用之敎習。亦以外交官之手段。非理相干。肆意要索。主權已失之國。用一敎習。亦大不易。事言之痛心。

嗚呼敎習。師也。今無理求金。非師道而市道矣。彼爲市道。吾且與言市道。貿易於倫敦者必用英金。貿易於柏林者必用德幣。事所必然者也。今我學堂致送脩金。乃曰當伸用日幣。然則吾商人貿易於橫濱神戶。可以折用中幣乎。且即以日幣言之。日本雖用金本位之制。然其貨幣市價之漲落。與中幣比較。固猶十與十二之比例。雖極漲時亦止十與十三之比例耳。以六百元伸算。亦極八百元而止耳。今乃曰一千一百元也。不必問其人之學問教育。有値此重脩之價格與否。即此一言。得無近於欺詐乎。吾見日本士夫常言維新以來。智識學問雖有進步。而風俗道德墮落殊甚。言之痛慨。幾爲中國之戒。吾頗疑其言之稍過。以爲有激而言。今以此事證之。斯言不謬。

中國崇拜外人。久成惡習。庚子而後。此惡劣根性入人尤深。但使其人碧眼紫髯。則不問其爲市駔賤豎。尊崇信任。無所不至。往者湖北聘一西人皮匠以爲電學師。久成笑柄。近年以來。則頗移其信任西人而信任東人。去年盛宣懷派十人往美留學。託之傅蘭雅。請其照料。學生抵美之後。傅某乃種種剋扣。種種阻難。學生至大與齟齬。寓書返國。備陳其艱苦憤恨。傅某固彼教教士。所謂熱心爲中國者也。其腐敗鄙詐乃如此。今日本教習又有此舉動矣。孟的斯鳩之言曰。「託事於與我不同利害之人。最爲危險。」此雖小事。亦可見非我族類。其心必異矣。崇拜外人信任外人者。當亦少有所懲。

○情深一哭

杜甫詩。爺孃妻子走相送。塵埃不見咸陽橋。牽衣頓足攔道哭。哭聲直上干雲霄。蓋支那人之性質。不樂從軍。此詩其代表也。八旂衛隊。挑往保定。分班選練。此非從軍也。而瀕行之日。戚黨哭送。相望霧裝。若恐此去將爲無定河邊骨也者。少陵之詩。何曲肖耶。此輩掛名軍籍。百年以來。祖父弟兄。未聞出都門一步。嬉娛大道。飲食衎衎。訓練且以爲大戚。況復里門輕出。滊車並載。妻子友朋得不以爲永訣耶。若告以日本送人從軍。有祈戰死之祝語者。必將詈爲非人矣。

〇鹿傳霖之特質

鹿傳霖以勤王爲美名。借此行以償其大欲。帥贏卒北行。遂駕出走。止于山西。其時進重關百二。天險可据。力請入陝者鹿傳霖也。鹿爲剛毅之代表。剛死去鹿代爲頑鋼黨之首領。入軍機後。力持壓制主義。以鋤遏新機爲獨一無二之宗旨。善媚榮祿而驕同僚。鹿所言。榮無不樂從。榮祿欲掩天下之耳目。或間取一二無聊之新政而試行之。鹿傳霖阻之。遂并此無聊者亦不辦矣。鹿以子若孫頻煩淪喪。不無鬱悶。知榮祿之必堅留已。乃陽言辭出軍機。軍機何地。向非逐出。從未見自已辭退者。而謂鹿傳霖肯出此耶。或曰。回鑾後之新政。何以明鹿傳霖之不與也。曰殿試卷不加橫格。朝考卷加橫直格。此孫壽州之特識也。策論許引本朝掌故。例得抬頭。榮祿之特識也。而鹿傳霖獨無表見。此所以不能從二公之後。以與于新政黨之列歟。

〇奴界之小革命

盛京將軍增祺。奏言盛京旂下壯丁。係罪人子孫。及因案株連者。向例止充兵役。不得應試入官。晉諸朝令。倡優皂卒。三代即爲平民。況此項壯丁。宣力二百餘年。罪非由已。情原可恕。刻當興辦學堂。擬請以此類壯丁。得行附學。得旨依議。案罪人不孥。中國儒家。亟稱之。中國號稱崇儒。惟此類絕不肯假借。壯丁以罪人子孫。二百餘年。儕於歐西古代穢人之列。爲最野蠻之制。歷任大吏。無人能念及此。爲請脫籍。增祺此舉。差足附於肯革除奴界之末光。然向非興辦學。

堂則未必遽議及此學堂之成效不可知然已先爲此類壯丁儕於平等之域可謂差强人意。

○閱報之干涉主義

湖北近出一湖北學報。聞有卒業學生某君爲之主筆。而武昌府知府梁鼎芬總辦其事。其報吾未之見。內容如何。不可得而知。然以梁鼎芬主持其事。則其報必能釐正文體。淸眞雅正。掃自由之謬論。作官樣之文章。可想而知也。報出銷路不暢。費用無着。乃遍飭屬中之州縣及諸局。令其認銷。勸令善後局銷二百分。牙釐局銷百五十分。其餘諸局無不勒其各銷若干。且遣人勸諭候補諸員。謂有能多銷此報者。行將委以優差。然如此干涉主義。武昌府赫赫之勢力。止能行之湖北。外此非其所及。則報仍未必暢銷也。吾聞西人有刊賣告白者。其告白頗長。謂閱此頗費日力。當少有報酬。以償其損失。乃每一告白綴以五仙。梁鼎芬果欲此報暢行。則何不倣此妙法。

評論之評論

（日本之部）

○銀價下落關係于中日貿易

（大阪朝日新聞）

年來銀價下落。用金之國如日本者其商務利害。與我國最有密切之關係、近大阪朝日新聞著一論論此事、擇譯如下。

日本初改幣制之時。金銀比價。金值一而銀值三十二強。迄于今日。則金值一而銀值四十二強矣。銀價下落之趨勢、如此其激、或以爲日本素來用金。正可自喜。然近以銀價暴落。不能不與各用金國同一張皇者。則以與用銀之中國。最有貿易之關係也。故日本望銀價恢復。切于他國。然銀價下落。非一國之力可以防止。故苟欲竭人事以防止之。必不可不合各國之力。此萬國貨幣之說所由起也。

萬國貨幣會議。果能有影響於銀價與否。今未能遽斷也。試證以實例、十一年前、曾由美國提倡、集二十國之代表者議貨幣事、自是開會議者數四。而卒無決議。萬國複本位論。亦不見採。蓋當時各國之預會者。多主張各國仍舊用金。惟欲推廣用銀之途。以期增高其價而已。當時羅士查路案所主張。欲各國相合而組織一「鮮智迦」。若銀價未增至四十三辨士。當以五年爲期。每年購入銀塊五百萬元云。然此議不可行。故萬國貨幣會議。卒以不成一事而散。自是以來。英德美之議院。雖亦頻頻於貨幣會議之件。有所決議。然貨幣會議之結果。不過如是而已。

貨幣會議既無補於事。然則各國之對銀價策。惟有各自爲計而已、日本國民欲防此患。不可不講對于銀價下落中日貿易政策之問題也。單就貨幣問題而言日本亦願中國改用金矣。而以此事非可遽望。則不得不立一第二之希望。而鋭意經營之其事維何。則望中國能在通商口岸用金一事是也。然望中國將幣制改良或改革之。其事甚難。且有待於各國合力甚不易言。故日本今惟舍貨幣問題。而注意於中日貿易可已。

貿易策之第一要着。當將工業基礎。樹之中國。所謂工業移住是也。就紡績業言之。能在中國與日本爭利權者。往日只有印度花紗。而將來中國內地。必要自製花紗。故日本當移斯業于中國。既省製造之費。成本從廉。又可免匯水高低或蒙不利之患。其利一。

貿易策之第二要着。當使運進中國之商品。自能伸縮如意也。蓋某貨暢銷。當增造之。某貨滯銷。當減造之。其自動力非操之自己。則不能在商場中制勝矣。然此為工業會社之大規模。非有統一機關者。必不能辦。故若小公司各各分立。則基礎薄弱。不獨製造費不能省。而且於製造多少。不能因市上之銷暢與否而操縱之。是所以市上一有風波。必不可以持久。即在平日。亦不能大活動也。

貿易策之第三要着。則求工業之改良進步。夫欲擴張勢力於外者。不可不先自立於不敗之地。況當競爭激烈之時。而又值匯水時有高低乎。故日本工業當從貨真價實之格言。以勿失主顧而已。

以上不過舉其大綱。而實為最易實行者。若能斷然行之。則無論銀價何如。貿易上之障害。可以少減矣。

記者案。我國為世界上之唯一大市場。而日本為我近鄰。其垂涎我國之商務也固宜。自數年來。日人全國之視線。全集於此點。其所以百端求好于我者。大半由此。東亞同文會日以保全中國扶植。

中國爲口頭禪者也。而叩其宗旨。只有利用我國資本若增占我國商務兩大心願。此外無有善意。然吾無怪日本之存心如此。而望吾國人早自奮發。毋蠹舉全國之利權而授之外人也。去年銀價大跌。日本貨之輸入於中國者驟減。商工業皆大困。談生計者皆引爲大憂。讀此論足窺一斑矣。

○歐美之大戰爭（日本週報）

頃「日本週報」著一論。討究歐美戰爭問題。臚引歐洲各報之說。及證以各國內情。其言曰。

今世人多以各國勢均力敵。互相牽制。盛稱「武裝之平和」以爲各大强國之間。大戰爭之禍。必以可免矣。然近日歐美各報細審大勢。而不禁深憂有以爲美國與德國。恐有決裂之虞者。有以美國與歐洲列國。終不免於一戰者。皆慮萬一果有其事。則其結果不知如何悲慘。故莫不汲汲專講防患未然之策。各報所最憂者。恐歐洲列國。將爲大戰爭。而蒙破產之禍也。然又有信此事之必無。而冷笑他人過爲杞憂者。大佐亨賓嘉嘗曰。觀各國之財政界。斷不許釀成大戰。譬如德國雖有野心。而察其財政。實不堪舉此。即令歐美列國結爲同盟。亦必不能與此大戰也。

雖然。歐美之政治家及各報館。預測其結果之爲禍烈也。皆以爲若釀成此禍。則歐洲從製造討生活之國民。將不免於飢寒矣。昔倫敦商業會議所嘗揭大戰爭有害於本國之議。喚起輿論。以警國民曰。若果有此大戰爭之時。必至百物沸騰。無異飢饉。勢必至使其政府欲動不能動而後已。其所舉之理由。

一現今生計界之情形一變。而吾國都會到處有無數之貧民。

二現今英國有七百萬貧民。彼等以現在之市價。尙幾不足餬口。豈能堪無異凶年之市價乎。

批評門　四

三大戰爭之結果。必致商業敗壞。商業敗壞。則勞作者盡失其職。無業游民之加多。必有出人意表者。既無業則無收入。彼等又何從而生活邪。此倫敦商業會議所之決議。十九世紀評論雜誌嘗推爲的論。蓋大戰爭起時。其國內必有血雨腥風之大亂。其國民愁困之極。政府必不能默視。則無暇再計他事。而必亟亟於恢復平和無可疑也。德國內情。與英國無大異。不獨德然。歐洲列國。朝不謀夕之貧民甚多。居今日無事之時。已苦衣食不給。況大亂一起。其慘狀必爲商業會議所之所臆中矣。以此之故。自非喪心之人。莫有好倡此大亂者。即德皇亦慮及此。故聞此戰爭之風說。不勝憂慮云。然而兵凶戰危。人所素知。而有時猶不免破裂焉。蓋好勝之心。人皆有之。當國民熱中戰事之時。雖以有識者之名論。將不見容于世。故今日亦不能以歐洲各國實情如此。而斷言歐美必無戰爭。蓋國民戰爭一時狂熱。雖知其禍而尚爲之者。今古不乏其例也。

記者案自民族帝國主義之雄飛于政治界也。美國亦一改其門羅主義。而略古巴。縣夏威夷。遠吞非律賓矣。歐洲各國見其舉動如此。亦相與疑妬非毀。其所謂新世界不許歐人干涉之言。今且莫以爲意矣。新舊兩世界。既混而爲一大競爭之場。其利害衝突。固所難免。然今日各國之所最苦心經營者。全在我國。故中國問題。苟未有着落。則各國惟恃外交之術。朋比爲奸。並力臨此一塊肉。而後謀及其他。德法不共戴天之仇也。而以此故。且勉强誓約聯袂以赴東方矣。近日頻傳英俄不睦。俄日交戰。此非盡出於無根。而卒莫敢發難。不得不以平和了局者。蓋恐兩敗俱傷。而又失在中國所得之利權也。然則所謂德美之戰。歐美之戰。吾敢斷中國問題未有着落之前。必無此事也。

叢錄門

日本專門學校敎授松平康國著

新會梁啓勳譯述
飲冰室主人案語

出書廣告

全二冊
定價九角

史也者敍述羣治之原因結果也因果不一而最繁賾者莫如近世史**近世史者十九世紀史之母也**此編起十五世紀末迄十八世紀其中如學問之復興宗敎之革命君權之變遷諸大業皆孕育百年來之文化者也故**欲知最近世史之果不可不求其因於近世史**此篇爲專門學校講義**煌煌巨帙**東國史籍中**第一善本**也譯者夙有家學文辭斐然復經飲冰室主人校閱**加案語百餘條**將書中要點逐一剔出以**卓特之學識雄奇之文筆**論斷之而一**以資鑑於我祖國**學者苟讀一過則於史學之常識思過半矣

發行所　廣智書局　發賣所　新民叢報支店

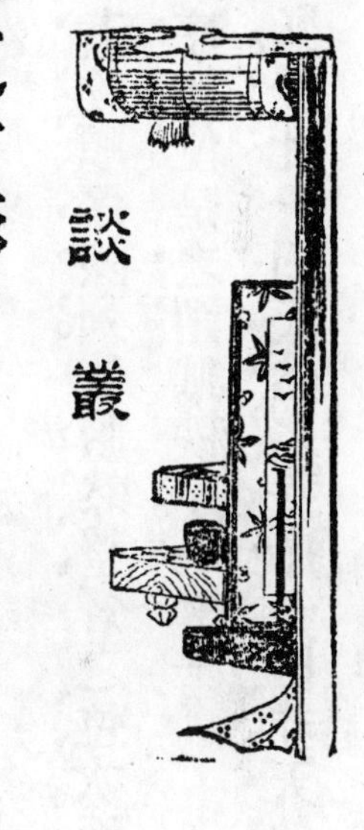

歐學之片影

馬君武

拿破侖之去國辭　千八百十四年四月二十日

吾去矣。敬與同僚諸故人別。吾之與諸故人戮力同心。共出入於光榮功烈之路。于今既二十年矣。諸君之忠勇匪懈。不惟吾知之。天下人莫不知之。諸君舍身殉國。使法蘭西之國光赫然耀于宇內。諸君既莫不身經百戰矣。雖然戰無盡期。諸君之擔任無盡期。吾之期望于諸君者。亦無盡期。

法蘭西之前途。究竟如何。此未定之問題也。我遙思法蘭西之未來。我遙思法蘭西之既往。昔者法蘭西既苦于君政之專制也。復亂于民黨之內訌也。其勢岌岌不可終日。時則吾盡犧牲一身之利益。以殉國家。吾今去矣。不能終事國事。苟諸君益能忠勇不懈服事國家使吾雖在流離轉徙之中猶聞諸君不忘國不忘吾常使法蘭西之光榮不墜厥崇則吾雖去國猶未去也吾今去矣去矣諸君吾雖舍諸君而去乎諸君之名常銘於吾心與吾生而俱永雖然我記念諸君亦望諸君之記念我苟我之名能常存於諸君之心則我之願足矣去矣諸君伏維爲國努力自愛

天然之秩序與人爲之秩序

法國人那蓋 Naquet 著共和原理以鼓吹共和主義中多明白痛快之論截譯其論秩序者一節於此。

法文之「秩序」Order 一字蓋原於拉丁字之「屋斗」Ordo 「屋斗」者整然有條理而不紊亂之謂也。

以物件言之苟其物順序陳列依釐然整齊之位次而不紊亂是之謂有秩序而不然者雜然混亂失序無位是之謂無秩序 Desorder

雖然秩序有兩類於此一曰天然之秩序一曰非天然之秩序（亦曰人爲之秩序）

所謂天然之秩序者。各順其天然之地位。以成秩序者是也。所謂非天然之秩序者。強以勢力範圍事物。而不合於自然之理由者是也。其實非天然之秩序云者。終亦必不能成秩序。

以例明之

今有一圖書館於此。藏書極富。苟其書之位次井然。由卷一以至卷二卷三。順序不亂。且其書各以類聚。化學之書爲一類。法律學之書爲一類。文學之書爲一類。若是者。謂之爲天然之秩序。天然秩序之效。即任一人之不知其書之在何所者。苟按其目錄而稽之。則其位次即可得也。

反而論之。苟一圖書館內之書。種類淩獵。位次紊亂。文學及法學之書。互相雜而無所分別。雖其書亦有卷一卷二之順序。苟欲求之。終日而不可得也。是之謂非天然之秩序。非天然之秩序。與無秩序。固無異也。

試以印度之事言之。印度有喀私德之制。世世繼續。各守一定之職業而不紊亂。王之子必爲王。靴工之子必爲靴工。無自由。無平等。無自然。堅守婆羅門之敎律。而不敢出

於古昔規矩之外故印度之秩序乃完全人爲之秩序也

瑞士及合衆國則不然其國人雖分職而仍平權（按分職與平權不相防不然男女固無可平權之理但分職之事須由國人自由擇取而不可限制之耳）各從所好以擇所職通國之人不分階級各從自然而保自由以相親愛（按凡無親愛爲元質之國民侈言自由必多流弊）此瑞士及合衆國之秩序實天然之秩序也

專制政體之國固無天然秩序之可言也天然秩序與階級二者不能并存夫專制之國之不能無階級此人之所易知也有階級則國民無平等自由天然秩序者平等自由之好現象也

天下最危險之國莫若專制國者天下最安寧之國莫若共和國者共和國既有天然之秩序其國民各以己意擇職業國中之行政者皆代行民意者也故共和國之根基最完固不可破壞不可動搖而專制之國常借兵力以維其人爲之秩序一旦力絀則人民得起而覆之異族可入而服之故世界上最危險之政府莫專制國之政府若世界上最危險之人民莫專制國之人民若

吾敢決一言於此。曰天然之秩序者惟國民有主權之共和國乃有之而斷非專制君主國之所能有也共和國之政府由民意立共和國之法律由民意出其兵力以保衛人民而非以防制人民也專制之國反是然原夫專制政體之所由生則因其國民之至愚故國民一日不愚則專制之政一日不能存。

共和國之國民必須受普通之公教育瑪志尼曰吾儕以重造意大利國爲天職。爲建立共和國爲目的以革命爲手段以破壞爲宗旨雖然吾儕不可不謹記一言曰教育與破壞幷行無教育之破壞乃野蠻之破壞而非文明之破壞也若是則吾儕建立共和國之目的將永世而不可達。

共和國既有天然之秩序。其徵於人民之賦稅皆以之與公工而不以之飽私慾使出賦稅者必各得其出賦稅之利益焉專制之國無天然之秩序以民間所輸之賦稅飽君吏之私慾而不以之與公工。

十九世紀二大文豪

十九世紀之大文豪亦多矣。其能使人戀愛。使人崇拜者。非苟特。Goethe 非許累爾。Sch

Illes 非田尼遜 Tennyson 非卡黎爾 Carlyle。何以故。因彼數子之位格之價值。止於爲文豪故。至於雨苟 victor Hugo 及擺倫 Byron 則不然。

雨苟者。一作嚣俄法蘭西之大文豪也。而實愛自由之名士也。國事犯也。共和黨也。擺倫者。英倫之大文豪也。而實大軍人也。大俠士也。哲學家也。慷慨家也。若二子者。使人戀愛。使人崇拜。使人追慕。使人太息。

雨苟所著最有名之詩篇。爲 Odes at Ballades 爲 Orientales。爲 Chatiments。爲 Contemplations。爲 Legende des Siecles 爲 Annee Terrible。其所著最有名之小說。爲 Notre-Dame de Paris。爲 Les miserable。其所著最有名之戲曲。爲 Hern-ani。爲 Ruy Blas。爲 Le roi Samuse。爲 Marion Delorme。

雨苟幼時喜謳歌拿破侖第一之功德。投身王黨。及後入議院爲議紳。則翻然與拿破侖第三之帝政相反對。以是被放。及拿破侖第三敗。雨苟復歸。大爲國人之所崇敬。及千八百八十五年雨苟之死也。舉國哀悼。以國禮葬之。誠文人曠世之榮典也。

雨苟幼時與其鄰女阿對兒 Adele 相戀愛。往來之戀書。蔚然成帙。即世所傳之雨苟戀書是也。經無數之阻難。卒成婚姻。及後雨苟老矣。阿對兒已死。重展舊時之戀書。則感慨涕泣不自禁作一詩曰。

此是青年有德書而今重展淚盈裾斜風斜雨人增老青史青山事總虛百字題碑記恩愛十年去國共艱虞茫茫天國知何處人世倉皇一夢如

雨苟一生享婚姻之樂擺倫則適與相反擺倫者絕世翩翩之美公子也而偏遇極不樂之婚姻眞咄咄大怪事

英國社會之風俗最重謹嚴而擺倫則抗髒不羈醉心福祿特爾盧騷之學說喜謳歌拿破侖娶妻不久即離異其致離異之第一原因則因擺倫常於其妻之室中燃放手鎗其妻驚懼勸止不聽故也因與妻離異一事而攻擊擺倫之誹言四面風起擺倫又迫於家計之貧困遂飄然去英倫

擺倫曰大丈夫當立赫赫之功名於世間故居常當練習戎器操揉筋骨使吾身能當風塵波濤之各種險惡而不爲所困後居意大利聞希臘獨立軍起慨然仗劍從之謀所以助希臘者無所不至竭力爲希臘募巨債以充軍實大功未就罹病遽死英倫失其第一文豪希臘失其第一良友希臘通國之人莫不震悼爲服喪二十五日下旗鳴

炮三十七響以誌哀。因擺倫得年三十七也。

擺倫病危時與人書曰。人之行事固不必計夫功效之多少。落落然行其心之所安。少有所作爲者比之絕無所作爲者終稍快人意也。其言雄矣。

擺倫最有名之大著曰 Childe Harold 及 Don Juan。

譯叢

論西藏之英俄關係

東京國民新聞

自一九〇〇年李鴻章與俄國商定密約。其宗旨所在。爲防中國與各國有衝突。而中俄協力以相助也。自是以保全滿洲政府及中國本部爲口實。而於滿洲蒙古土耳其斯坦及西藏。使中國與以措置自由之權利。此密約至翌年始爲各國所探知。大生阻力。然俄國早已憑此密約之力。多占政治上之勢力矣。夫俄國對中國。其最後之宗旨不在政治上。而在生計上。然俄國在中國。未易收生計上之利益也。苟各國恃其海上勢力之優長。任意在中國全部擴張其生計上之勢力。則俄國斷不能相與競爭。惟俄國不能以商業在中國內地同占勢力。故借道於政治。以欲抵制他國。惟其立心如此。故生兩策。其一則欲使滿洲政府之威權。大張於國內。彼得挾天子而令諸侯。其一則欲擴張俄國領土。務使與各國在中國所占之勢力範圍直接偪近是也。今於俄國經營滿洲蒙古姑勿具論。而其於所施於西藏之政略。則大有研究之一値焉。一九〇〇年十一月。西藏外務長官奉大喇嘛朝廷特命以赴俄國。上俄帝以「信仰保護者」徽號。又其所送禮物亦有表識。略示其認俄帝爲佛敎保護者之意。自是大喇嘛遂認俄帝能行其政權于全世界之佛敎中矣。此政權自一七二〇年滿洲與西藏立約以來。原爲中國皇帝所握。今大喇嘛竟自中國皇帝之手中奪之以與俄帝。而俄帝遂爲握佛敎界最大政權之主矣。然俄國與西藏立約。照例須經中國皇帝批准。然大喇嘛今與俄立約。實不利於清廷。宜清廷之不從其請。然俄卒得伸其志者。以清廷中有人爲之奥援也。昨一九〇二年十月。關於西藏事件之中俄條約經已議定。此新條約亦已通牒於各喇嘛敎長。十一月之德國某新聞。已登載其全文。今錄之如左。

第一條　西藏本位於中央支那及西伯利亞之間。俄國與中國互有維持此國平和之義務。苟西藏一旦有事。中國爲保持此地。俄國爲防禦國境。可互相通告。派軍隊於西藏。

第二條　若他國於西藏直接或間接謀亂時。中國及俄國有協同而防遏之之義務。

第三條　俄國正教。本與喇嘛教同。於西藏可自由宣教。其他宗教。可嚴禁其傳入。因此之故。大喇嘛及俄國正教北京司教。當同心協力。以保障西教之自由宣布。且盡力之所及。以避宗教上一切之紛爭。

第四條　當使西藏逐漸改良其內政。而爲獨立之國。中俄兩國。當合力以扶助之。改造西藏軍隊爲歐式之任。則俄國當之。中國則於西藏生計上之進步。及對外政策。當時爲留意。

就此條約雖議論紛紜。未知其眞相。要而言之。此約既立。則於亞細亞英俄之關係大受影響。固無疑義也。

彼中俄條約是俄國勢力及於西藏全部。故英國與俄國不得不互相接壤。彼英國之於亞細亞所固守之外交主義。日求不與俄法互相接近。其保阿富汗之獨立。則爲不與俄接壤之故。保存暹羅則爲不與法接壤之故。然自有中俄之西藏條約。則英國於亞細亞外交之大主義。一旦破壞。遂使兩大帝國以二千哩以上之境域。忽爲比鄰。

於亞細亞來此奇變。英國國民。亦頗有謂無足深憂者。其論有二。一謂英俄兩國之境雖接。然有喜馬拉之大山脉。可爲軍事與商業之障壁。彼俄國雖於西藏擴張勢力。決無足恐。二謂西藏之宮廷。咸主親英。若英國政府出而干涉。則大喇嘛必力求中國破此條約。則此條約必歸無効云云。雖然、此等議論。謬誤實甚。彼大喇嘛雖有親英之志。欲賴英國而廢此中俄條約。然考之實際。必不可得。何則、夫中國所與於俄國之權利本爲中國所自有。今中國移其所有以歸俄國。西藏斷無抗議之勢力。況大喇嘛之近與俄親。其不肯容喙。可斷言也。當時中俄之訂密約。大喇嘛特遣使於俄國與俄帝以佛敎界之政權。蓋大喇嘛欲以佛敎界之勢力與俄帝之政治勢力相合。而大有所爲。也。則以大喇嘛之有排俄親英之主義者。非謬而何。

大喇嘛近覩中國之實力日就衰弱。知不能藉中國之政權。以盛佛敎之勢力。時欲絕中國而倚俄國。彼大喇嘛雖有親英之形迹。然究非眞意。乃外交政策耳。蓋彼雖疎中國。然未有與俄接近之機會。故暫親英國。利用其勢力。以徐圖接近俄國之政畧。若俄果可依。則必棄英。是西藏與俄國相爲提携。時即西藏與英國相絕之時也。則以西藏

一時之親英主義而謂可妨俄藏之提携者亦謬論也

雖然西藏既親俄之後固不敢覦英國且力謀不傷英國之感情蓋若傷英國之感情則大喇嘛之勢力必多窒碍最近八九年間大喇嘛之勢力異常膨脹於中國本部固無待言即於蒙古滿洲緬甸等處之佛教徒亦認大喇嘛爲佛教界有最上之權力且大喇嘛之外交亦頗巧妙不論何國之感情不妄傷害專欲吸收其佛教徒於彼勢力之下則彼欲吸收英領印度之佛教徒其不忍傷英國之感情固其宜也

彼大喇嘛之親俄主義亦大有故彼英國之領土佛教徒固少且彼等教徒多不認大喇嘛之權力至俄國勢力所及之地則大相反是大喇嘛之所以親英不如親俄者職此故也今大喇嘛則得一膨脹有力之俄國以爲之援俄國則得一統一佛教主義之大喇嘛以爲之助是今日亞細亞之政局彼大喇嘛之佛教統一主義與俄國之膨脹政略實須臾不可相離昔中世之歐洲法皇與皇帝互相提携遂使法皇之勢力與皇帝之勢力兩相長進此事正與相類

夫亞細亞教權之大勢力與政權之大勢力互相結合必並行不悖終達其目的蓋一

則注全力於政治。一則用全力於宗教。彼此權力。必無侵害。則他日俄帝爲佛教之皇帝。大喇嘛爲亞細亞之法王。亦未可知也。

又英國之論者。謂印度之北境。有喜馬拉之峻險。以爲障壁。俄國於西藏之勢力。决不足恐。及細爲考察。亦闇於時勢者之迂論也。就軍事上而論。彼喜馬拉之山脉。雖足防俄軍之侵入。即俄國如何經營西藏。於印度初無影響。不知今日之軍事。全視生計上之實力如何而决勝負。則一考俄藏同盟之影響。其及於英俄兩國生計界之如何。當可瞭然矣。

夫英國之領有印度。正所謂生計的之領有也。英國於印度之生計勢力。比之政治勢力。固甚强盛。即俄國於政治上或軍事上。征服印度。英國之生計勢力。必足以傾覆俄國之政權及武權。即於中國亦然。英國之勢力。則在生計上。俄國之勢力。則在政治上。是英國之勢力。比之俄國。固根深蒂固。不易搖動。俄國深知其短。故於政治勢力所及之處。執鎖閉門戶之主義。以保護其幼穉之產業。以造將來之基礎。蓋近時世界政略之原則有三。其一、於生計上占優勢者。則斷不爲敵國之政治勢力所傾覆。其二於政治上占優勢者則有爲敵國生計勢力所傾覆之虞其三、若於生計勢力與政治勢力俱不存在之地生計侵略與政治侵略相爲競爭則前者勝而後者敗若執此原則以求西藏問題則英國對俄國之政治的膨脹其政略可不言而喻矣

彼俄國締結西藏條約之故實欲舉中國之背境悉歸其勢力範圍以防西洋各國之生計侵略而休養本國之產業鞏固本國之基礎故俄國之閉鎖門戶主義若果能扶植其生計勢力則俄國之於亞細亞其勢力正未可量今俄國力征經營大有一日千里之勢是英國欲防將來之禍患則不可不向俄國之政治勢力範圍而謀生計侵略若果欲侵略則必於印度與俄領之間設一有力之交通機關以英國發達已久之生計力傾壓俄國之幼穉產業則俄國之政治領地悉爲英國生計之領地俄國徒負政治與軍事之責任而英國獨收經濟上之實益至果欲行生計侵略之策則不可不築鐵道二條一則築幹路以走喜馬拉山脉之西多設支路以走其東一則築幹路於土耳其斯坦以衡俄國生計幼弱之地更設支路以連絡印度揚子江之英國商業勢力範圍且伸英國之生計力於中國西部以防遏俄國之東下。

今日印度之商人費一年或十月之日力。經阿富汗而於土耳其斯坦印度之間經營商業。千辛萬苦。猶能以印度之製造品支配中央亞細亞之商業。若英國於中央亞細亞與印度之間。果設完全之鐵道。則以豐饒之印度產物。臨俄領之幼弱生計界。征服而支配之。固甚易易。是俄國可恐之事。孰有過於此耶。

印度中國間之鐵道。雖屢有計畫。然至今尚未始業者。固因工事之困難。費用之鉅大。及現時之支收不足相償。然英國於亞細亞有二大帝國。一爲印度之政治帝國。一爲中央支那之商業帝國。此二大帝國本各分離。以鐵道而聯結之。實爲英國最急之務。然中俄之西藏條約。與法國之經營雲南四川。實於此二帝國之連絡。防碍寔甚。若此連絡鐵道果告成功。則西藏條約。實際終歸無効。且其生計勢力。必足以左右揚子江一帶。是俄國欲自西藏以臨中國之政畧亦終失敗。則俄國於西藏之政治勢力。亦爲英國於西藏東西之生計勢力所傾壓。雖然。印度中國間之鐵道。實亘八百哩以上。建築費約須二千萬磅。工事之困難。世界殆無倫比。若求竣工。固未易言。然俄國於西藏休養生息。日求養其實力。不出數年。即大有可觀矣。是謂俄國於西藏之勢力殊不足畏者。非亦迂闊之論耶。

飲冰室詩話

飲冰子

宗仰上人可謂我國佛教界中第一流人物也。常慕東僧月照之風、欲爲祖國有所盡力。海內志士皆以獲聞說法爲欣幸。吾友湯覺頓禮之歸、呈三詩以表景仰、讀之可以想見上人之道行矣。詩云、不離佛法不離魔、出世還憑入世多。好是普雲演眞諦、八千里下瀉黃河。縱浪朱華道自存、心內淵淵有活源。六月霜飛冬自暖、一生從不異寒暄。不言施報亦施報、不落言詮亦言詮。山僧自有山僧相、那得人間再與言。覺頓之詩、亦淵淵有道心矣。上人兩好爲詩。詩皆其爲人。屢見詩界潮音集中自署烏目山僧者是也。

近日時局可驚可怛可哭可笑之事。層見疊出。若得西涯樂府之筆寫之。眞一絕好詩史也。頃從各報中見數章。諧而不虐、婉而多諷。佳構也。錄之。

黃花謠四章

金風荐爽江之涯。江南士子踏黃花。大江從古號材藪。況值新政初萌芽。經義王半山策論賈長沙。嶄新花樣憑翻取。會看落筆走龍蛇。愁殺專門八股家。

八股復志士哭。八股廢志士慰。吾謂志士且毋爾。廢而不廢猶復耳。志士聞之咈且吁。煌煌天語不聞乎。不知此理人易曉。君不見今年兩主考。

三聲大礮轟天衢。多士入塲若貫魚。上江下江多通儒。考籃式如牛腰麤。中有代表。腹中書頭場挾何書。經世文編校邠廬。二場挾何書。盛世危言五洲圖。三場挾何書。箋疏鄭孔註程朱。不剔大題文府化整爲散亦可供鈔胥。就中價值知幾許。便宜金陵蔡谿所一事。臨文須記取。莫作平權自由語。

臨文夫如何。最好是騎牆。調停新舊融華洋。不然極口罵康梁。便作空言也不妨。若納吾言准擷桂花香。不納吾言空逐槐花忙。此是元魁眞秘訣。不辭瀆口爲君說。謂予不信看闈墨。

辰州教案新樂府四章

都司斬

亂民攘臂起。蟻聚而蠶屯。教士跣足逃。豕突而狼奔。都司高閉麒麟門。白刃紅濺桃花痕。飆輪火琯歸其魂。公使一紙書大官。三尺劍送君直上森羅殿。嗚呼都司爾莫哀。手提髑髏浴血來。一笑相逢似相識。衢州新鬼周之德。

總兵囚

建牙樹纛亦何用。前塵都付春婆夢。赭衣夜過洞庭湖。白叟黃童走相送。總兵總兵何憒憒。已是瓦全非玉碎。不然且作煩冤鬼。從此一身苦拘束。東風年年草痕綠。白頭自守犴狴獄。

太守流

辰州辰州好風土。獠獠狉狉一如古。虬髯碧眼忽停車。議論蠭然拜天父。萬人劊梃逐犬羊。花驄星夜來黃堂。洶洶奈此南方強。教士斃。知府流。吳頭楚尾空悠悠。北風吹起鄉關愁。差勝鍾會悲纍囚。

縣官戍

叢錄門 四

李陵臺高不可上玉關立馬匆匆望蠻烟野雨三十丈回憶懸銅綰墨時前驅鹵簿紛然馳鐵索琅璫今載道白雲回首心如擣漢庭望斷金雞詔朱顏綠鬢亟垂老

專件

海外殖民調查報告書（一） 飲冰

余去國以來。航海游白人殖民地者凡三次。第一次游夏威夷島。第二次游澳大利亞洲。第三次游亞美利加洲。即今度也。以正月廿三日發程橫濱。先至英屬之加拿大。此行目的。一以調查我黃族在海外者之情狀。二以實察新大陸之政俗。今將第一項所考得者隨時報告。 飲冰識

（一）

英屬加拿大凡分七省。其沿太平洋海岸者爲布列地士哥倫比亞省。Boritish Colombia計加拿大全屬華人約二萬。而哥倫比亞省居十之六七焉。哥倫比亞省之首府曰域多利。Victoria 其附近大都會曰溫哥華。Vancourver（華人俗稱咸水埠）曰紐威士綿士打。New Wasmenst（華人俗稱二埠）一切華商華工皆麕集於此。計全加拿大華人人數大略如下。

域多利	五千餘
溫哥華	四千餘
紐威士綿士打	一千
天寅米	一千
奶麽	五百
卡拉布	一千
嗚黎	一千
滿地羅	二千餘
阿圖和	二百餘
其餘散在各市者	約三千餘

十餘年前C. P. R.公司築大鐵路之時。華人來者最衆。計全盛時代殆不下七八萬人。鐵路成後。需工漸少。今僅有此數。

（二）

華人之在加拿大者。生計殊窘蹙。遠不逮在美國。其富至十萬以上者不過一二人。富至四五萬者不過十餘人。

工人之不得職業者十而五六。困苦不可言狀、商人恃工人爲生。工業衰故商業亦衰。蓋商於此間者皆非有大資本營大事業、不過專辦本國日用飲食之物。售諸工人以取利耳。故工人來者少。則商店自少。工人困苦。則商利益微、吾所至夏威夷澳洲各地、皆同一現象、而加拿大爲尤甚。

哥命比亞省之工人。以做沙文魚爲最多。計每年魚來時。業此者每月可得美金三十元至六七十元不等。然每年惟四月至七月爲魚來時節耳。自餘數月。凡業魚者皆無所得。業束手坐食。故歲入恒不足以自贍也。

日本人在此者亦以魚爲業。然日人則採漁也。華人則製魚也。採魚每日每人工價優於製魚者數倍。然此地西人限華人非已入英籍者不得採魚。故雖以此區區之利權。亦不得與他族競、

製魚業之外。惟有厨工洗衣工爲大宗。厨工最上者每月可得美金七八十元、最下者十餘元耳。洗衣工工價甚微。大約每月美金十餘元、滿地羅洗衣工最多。以其地爲加拿大之最大都會也、其餘尚有採礦工伐木工等。然不多。

（三）

合觀哥命比亞省之商業。（專指華商）域多利埠凡商店百四十餘家、溫哥華五十餘家。紐威士綿士打

二三十家。其數不可謂不盛。然與西人貿易者。不過一二家耳。其餘皆恃華工以爲養者也。中國雜貨店居十之七八。而域多利埠則以製販鴉片爲一大宗。蓋鴉片入口稅輕。易於牟利也。但所牟者亦皆華人之利而已。大半銷入美國。近則美國查稅極嚴。故所銷歲減。其餘則洋服裁縫店有十餘家。稍爭西人利益於一二而已。

商於此者以賭博爲一專門業。幾於無家不賭。以區區之溫哥華埠。而番攤館有廿餘家。白鴿票廠有十六七家。他埠亦稱是。吾嘗詧其每月銷費之數。每一番攤館受工者約五六人。每人每禮拜薪工美金六元內外。每館地一間租錢每月約美金四十元。通計溫哥華攤館每月之支費約在美金六千元內外。爲中國通用銀者萬二千元矣。每年當銷費十五萬元矣。白鴿及其他雜賭之銷費亦稱是。每年溫哥華一埠之資本蝕於賭者將三十萬。合計哥侖比亞全省歲蝕至百萬矣。所生之利。不足以償所分。華人生計之日蹙也固宜。

日本人亦最嗜賭。聞其每年輸與華人者約在美金十六萬元云(溫哥華一埠)此亦爭外利之一道歟。噫。

日本人之不能商務。尤甚於中國。計日人在此者殆四千人。而無一稍完之商店。吾昔曾至木曜島。(在澳洲之東北隅)見其地有日本人二千而極貧。有中國人不滿一百而頗富。詰其由。則此數十中國人即恃彼二千餘日本人之貿易以致富者也。而二千日本人中竟不能立一商店。因疑華人商務之天才過於日人遠甚。今觀此地益信。

雖然、華人商務之天才。只能牟本國人之利。只能牟東方人之利。然與歐美人相遇輒挫敗。則有此天才而不知擴充故也。

(四)哥侖比亞省亦有限制華工之例。每一人登岸須納税金一百元(美金)近議增至五百元。而合中國通用銀千元矣。此案自五年以前已提出於本省議院。久未通過。今年則提出於加拿大之總議院。觀其形勢大約必通過云。果爾則吾華工來此地之路幾絕矣。一歎。

白人之殖民地。除南亞美利加及南洋海峽羣島以外。幾無一人不限制華工者。其限制之例種種。以余所知者。則

美國著諸憲法。永爲厲禁。凡勞働者皆不許至。

澳洲之烏修威省徵税金一百磅。(華銀千元)

澳洲之域多利省坤錫蘭省。限每船容積五百噸者則每次許搭華工一名。每五百噸遞進一名。不許逾額多載。

澳洲之西澳南澳兩省。限能解英語五十句以上者乃可登陸。

此一千九百年以前之例也。其時澳洲諸省各自分治。華人在甲省上陸者不許闌入乙省。自千九百年一月澳洲聯邦成。六省合而爲一。其已登陸者各省許通來往。然此後限制之例益峻。今則雖納税金亦不許至。雖噸位亦不許容。其苛禁殆更甚於美國矣。

紐西蘭島徵税金三十磅。(華銀三百元)

加拿大徵税金一百元。(華銀二百元)

夏威夷、古巴、菲律賓、昔皆許華工自由逮隸美後。一從美例。古巴近已獨立。若當其政府新易時解此禁自非難。惜我國政府恬不以爲意也。菲律賓近有再招華工之議。想必開禁。

白人之待華人。惟有兩法。(其一)則既居其地者。一切應守之法律。與彼民平等。惟限制我不許來。(其二)則來去任我自由。惟居其地者設特別法律以相待。其第一法用之於白種人多他種人少之地。如美洲澳洲是也。其第二法用之於白種人少他種人多之地。如南洋羣島安南暹羅諸地是也。要之不許與彼平等而已。

吾昔在澳洲。聞吾華工每一人至其地者。率須費七八百金。其船位之價不過百金耳。何以餘費之鉅至於如是。蓋因坤士蘭域多利兩省限噸位每船率僅能載四五人。而欲往者之數。殆十倍之而未已。故必須輾名候補。候補或至五六年不得。故競以多金賂船行之司事。甲以三四百得一位。乙以五六百奪之。丙又以七八百奪之。故遂至以七八百爲定價也。其事殆與官場之捐儘先班者同矣。尋常西人以三百金得頭等船位。而我華人乃以七八百金得三等船位。可歎。

華人之往澳洲者。其目的地率在鳥修威。(雪梨市者鳥修威之首府也)以千金之稅不易納也。故由噸位以過域多利或坤士蘭。然後復由彼兩省間道以潛入鳥修威境。(兩省皆鳥修威之鄰境)謂之偷過界。偷過界被拿獲者。除照徵稅金百磅外。仍加罰五十磅。無貲可罰則下獄一年。獄滿仍逐出境。

加拿大屬覓工甚難。而華人來此絡繹不絕者何也。蓋由此偷過界以入美境也。去年一歲上陸於域多利溫哥華兩埠者五千餘人。其入美境者殆十而六七。他歲稱是。

此間華商有專以導人偷過界爲業者。每人索賄美金二百餘元。其賄則美境之稅關及駐溫哥華之美領事皆有分潤云。故今日華工之改入美境者。亦須華銀七八百元乃得逹。蓋來加拿大之稅金二百元。入境之賄四五百元。其餘船費車費不過百餘元耳。以祖國數萬里膏腴之地而使我民無所得食。乃至投如許重金以餬口於外。以受地族之牛馬奴隸。誰之過歟。

（五）

華人旅居此地逾三年者。許入英籍。但雖入籍而不得享有公民權。不過營業之權利稍優異耳。然視美國之不許入籍則猶稍寛也。

華人之始至此地者。爲咸豐八年。前此未嘗有也。然三十年前其地之土人。（土人爲印度人種）在內地山僻各處。往往覔得中國人所用器物古錢古鏡之類。聞嘗掘地得一銅鏡徑七寸餘背題沙鏡二字。又古錢刻漢字者往往出現。此間華人至者大率在沿海二三口岸。其內地至今猶罕至之。而所得物率在距海一二千里之山谷。殊可詫異。或前此數百年竟有航海而至者歟。余未得見沙鏡。惟見一錢徑可寸許。其陽刻八卦。其陰刻道家符籙文。古色斕斑。不似咸豐八年以後之物。亦一異也。

溫哥華市距今十五年前一林莽耳。自太平洋鐵路公司（西名爲 Canadia Pacific Railway Co. 省名爲 C, P. R 公司）開大鐵路橫截大陸以通紐約。鑿歐洲交通東方之孔道。又開中國皇后日本皇后印度皇后三船來往於日本支那。其鐵路之車站。輪船之碼頭。皆以溫哥華爲終點。故溫哥華驟盛。科侖比亞省本以域多利爲首府。今則勢力全趨於溫哥華矣。地價驟漲至百數十倍。吾華人十五年前來此者。既實繁有徒。無一人肯買地以牟大利者。雖或西友勸之。亦莫或應。此亦學識不足不能與西人競爭之明證也。

華人有眷屬者不過百餘家。童男童女約二三百人。其入西人學校者。域多利約六十人。溫哥華約四十人。皆年穉未有成學者。本省學校亦只至中學而止。欲入大學須往滿地羅或阿圖和皆大西洋沿岸也。

（六）

華人愛國心頗重。海外中國維新會（西名爲 Chinese Empie Reform Association）實起點於是。自己亥年此會設立以來。至今蒸蒸日上。溫哥華入會者十而六七。域多利則殆過半。紐威士綿士打幾無一人不入會者。會中章程整齊。每來復必演說。每歲三埠合同大敘集一次。近集數萬金建總會所於溫哥華。儼然一小政府之雛形也。

今歲會事益有進步。效立憲國選舉法。公舉總會之副總理一人。監督一人。（其大總理既有定員）域、溫、紐、三埠各出候補者二名。先期一月佈告其名。屆日以匿名投票之法選舉之。三埠同時開票。旋以電報報某名得票之多寡。當選舉期以前。競爭殊劇烈。各候補者到處游說運動演說。其所懷抱之政策。儼然與文明國之政黨無異。此誠中國數千年所未有也。他日有著中國政黨史者。其必託始於是矣。余到後四日。爲總選舉之期。定章凡會員皆有選舉權。有權者六千餘人。投票之數不過千餘。蓋風氣初開。未知公權之可貴。各國皆如是也。得票最多者爲六百七十一票。被選爲副總理。明年屆選舉期。則棄權者之數必少於今年矣。

西人頗重視維新會。二月十七日溫、紐兩埠人百餘隨余赴域多利開大會。C. P. R. 公司之船僅收船費之半。其船桅高挂我國國旗。此間人謂我國旗之出現於此海峽者以今度爲始云。

叢錄門

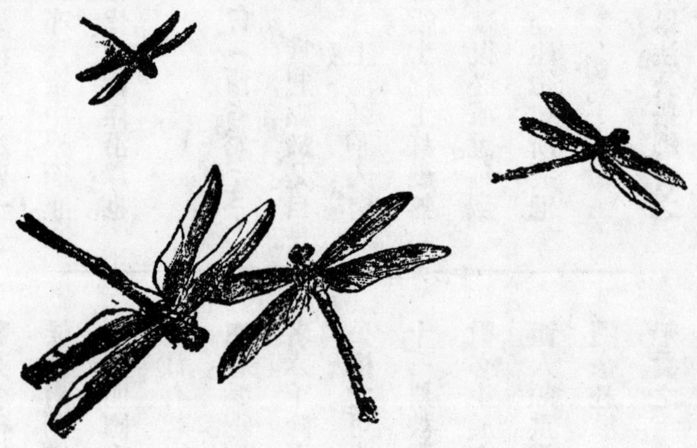

(問)世界非常之人物多出于溫帶。而澳大利亞及南亞美利加大陸之南半在南溫帶中。至今闃無人物。其故何歟。(曉瞰)

(答)地理與文明之關係。其原因結果甚複雜。氣候之寒溫熱、不過原因之一端云爾。若港灣之多寡。交通之便不便。山脉之連隔。乃至雨量之多寡。動植物之盛衰。皆與有關係焉。必人羣已立。始有文明。必文明已開。始有人物。歐亞兩洲所以文明早開之故。本報有「地理與文明之關係」一篇。曾略言其理。可覆視也。澳洲所以不產人物者。以其與人種發源之地相隔太遠。數千年來無交通。而其地無高山大川。無海灣。大陸之內地頗磽瘠故也。今所開者惟沿海數要區耳。其餘內地非礦山則牧塲也。然近來已漸有人物矣。前年始爲聯邦。其宰相巴頓亦當今一傑出之政治家也。南美所以不產人物者。其地河流太多。雨量太盛。天行之力。壓倒人治。故惟動植物大蕃衍。而頗不適於人類之所居。故巴西一地。幅員等中國。而人數不過三百分之一。至今猶未能大開焉。研究此等問題。最爲有趣。深喜君之問難也。

(問)古今東西敎門派別共有若干。現存者尙有若干。希臘敎與現行新舊敎有何區別。(曉瞰)

(答)此問題太大。非倉猝所能具答。兹以所知者列爲一表。其中漏略猶多。不能備也。

叢錄門

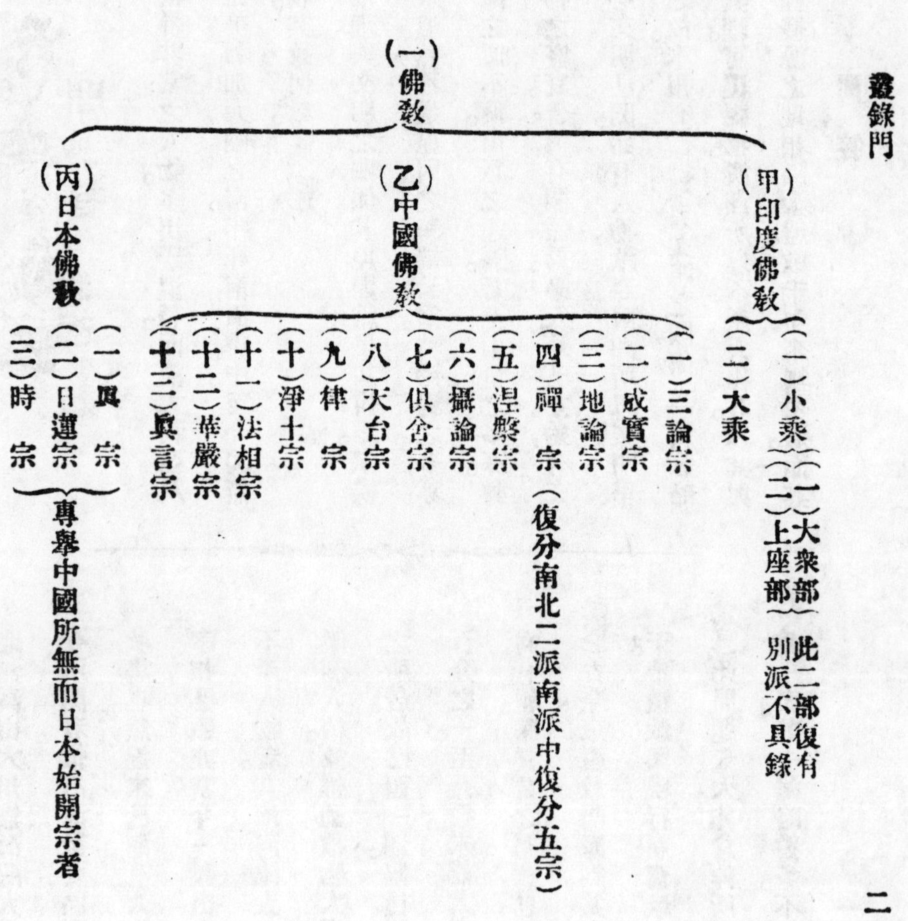
(一)佛教
(甲)印度佛教
(一)小乘
(一)大衆部
(二)上座部
此二部復有別派不具錄
(二)大乘
(乙)中國佛教
(一)三論宗
(二)成實宗
(三)地論宗
(四)禪宗(復分南北二派南派中復分五宗)
(五)涅槃宗
(六)攝論宗
(七)俱舍宗
(八)天台宗
(九)律宗
(十)淨土宗
(十一)法相宗
(十二)華嚴宗
(十三)眞言宗
(丙)日本佛教
(一)眞宗
(二)日蓮宗
(三)時宗
專舉中國所無而日本始開宗者

（二）基督教
- （一）羅馬宗 Roman Catholie
- （二）希臘宗 Greek
- （三）亞米尼亞宗 Armeuian
- （四）路德宗 Protes tant
- （五）卡爾維尼宗 Calvinism
- （六）菩列士拜的倫宗 Presbyterian（即長老會）
- （七）獨立宗 Independent
- （八）巴的士宗 Baptist
- （自四至八皆所謂新教與羅馬宗反對者派別尚多不能具表）
- （九）摩爾門宗 Mornan（以一夫多妻爲教規）

（三）回回教 Is lam

（四）印度教
- （一）婆羅門教
- （二）韋陀教
- （三）印度教

（五）猶太教

（六）波斯教

叢錄門

此其大較也。凡宗教皆屬於迷信者。故吾孔子之教。不可與諸宗教並列。

希臘教與新舊兩教比較其近於新教者猶多。而往往與舊教相反、如羅馬舊教不許人讀經典。希臘教則許。羅馬教許偶像於教堂。許赦罪。希臘教不許。之類是也。其餘異點尚多。然皆形式上耳。希臘宗所以首與羅馬宗分離者。實由人種習俗的感情也。

（問）凡創宗教之主。皆以仁慈救人為主。回教主馬罕默德以殺戮為事。然史稱其年四十。山居求道。豁然有得。所得果為何道。禁食犬豕何意。雖其教勢力日衰。其人則堅忍驚悍。至死不改變。或其教實有不可磨滅者在歟。（曉瞰）

（答）宗教專以迷信範圍人。其一勝一敗之故。有時不在宗旨之優劣。蓋宗教非順天演自然之運。以導人者也。馬罕默德乃英雄。非聖賢也。與孔佛耶

四

異。蓋假迷信以成其事業者爾。雖然、吾嘗讀日本文學博士論耶穌一文。謂新教之專制酷猛。亦嘗等回教。然則不可專以罪馬罕默德矣。禁食犬豕。不知何意。

紀事

（內國之部）

◎獎勵管學　聞太后召見管學大臣張百熙。諭以學問淵博。辦事認眞、嗣後當實力辦去。榮慶不過兼差。爾兩人無得互相推諉、斯言也、其眞欲興學以造就人材耶。抑將以籠絡張氏者止天下之謗耶、

◎電商學務　日前張之洞致管學大臣一電。約千餘字。大概係謂欽定京師大學堂章程。不甚完善。是以逐條辯論。業經管學大臣議覆一電。亦係長篇。其大要謂伏讀電示、承匡不逮、事事不敢方命。惟不按星期給假。恐於洋教習多有未便。其中小學堂無洋教習之處。均遵來諭。許每旬給假一日。又諭以學堂各教習須歸總辦節制等語、從前延定總教習吳摯甫。原爲聲光足以鎭一切、今伊已逝世。本堂總教習一席、奏派張道鶴齡代理、刻下衆甚帖服、似不宜經總辦牽制云云。

◎奏設銀行　日前有某大員條陳通年庫儲奇絀。上下交困。而國家所償外債。以銀易金。虧折甚距、市面出入利息、又爲外國銀行壟斷。請派大員招集商欵。佐以官帑。開設銀行。庶可挽回利權、而資周轉云云。此摺已交部議。聞與鹿傳霖意見相同。業經議准請旨辦理云。

◎昭信展限　掌山西道監察御史陳應禧條陳昭信股票展限一摺、畧謂各省紛紛請展、直省亦應照辦。否則吃虧者太多。旣名以昭信、尤當顧名思義。請旨飭下各省一律展至本年六月二十九日截止、如再有未經報到者、亦非失信於民。實其自愧等語。聞

己交部議覆矣。

叢錄門

◎會議學規　二月初八日大學堂管學大臣及總辦提調敎習齊集考核處會議條規多時。因所訂各種條規多有未洽。而敎習學生紛紛投函請爲變通。以便遵行此次重訂章程。必能格外周到。以順同堂之心。議時屏退閑人。甚爲密切云。

◎興造練將學堂學營　直督袁世凱前者會同前署南洋大臣張之洞具奏。訓練各省將目。業奉硃批允准。分別咨行在案。茲袁世凱以此項學堂學營。既經奏准。自應赶緊建造。以便各省遣員學習。故特於日前札飭保定府工程局及總理營務處等。擇地興造學堂一區。可容學生一百人。另建學營一所。可容五百人。並於營內建立講堂。爲學兵聽講之地。限三個月以內一律竣工。並委臬司楊廉訪、兵備道劉觀察督同經理。迅將勘定地址繪圖呈核。開應需建造欵項。係先由練餉局墊支云。

◎紀各關餉　上年戶部指撥各省關應協北洋各餉。共庫平三百萬六千兩。曾奉嚴旨飭令籌解足數。不惟再有延欠。茲聞各項除由賑捐借撥及二十八年以前所解續收各欵外。實僅解銀一百九十四萬餘兩。短解至一百餘萬之多。內以浙江所短尤鉅。江西亦解不及半。江漢關僅以鄂廠槍價劃抵。惟津海關稅務尙旺。又有續收賑捐礮存餘欵。藉資挹注。二十九年分。北洋各餉。已由北洋大臣袁世凱奏請飭部原撥湖北江西浙江三省鹽稅。改指他項有著的欵。並將其餘協撥各項。令按照原數。一律解足云。

◎紙烟專利　北京某部曹何君稟請政務處。在北京設立紙烟公司。許以專權。所有北京以內。不准他人行銷。以收回所失之利。仍歸政務處節制。所有年總結算資本、欵銀。交政務處存儲。作爲商辦官爲總理。聞已槩議准。不日即行開辦矣。

◎償金之議　十九日各國公使會議中國應償各國之欵。仍照議索償金磅。又中國海關稅項改收金磅。俄法兩國堅執不允各國公使亦無仗義之言。

◎俄國設員　俄國刻擬在青泥窪奉天寬城子哈爾賓等處各設商務大臣一員。以經營東清鐵路沿路之貿易。又於國境火車站芭斜雷亞驛及柏革辣基亞驛各設主稅事務官一員。管理滿洲地方關稅及其餘一切稅務云。

◎俄設學校　俄國政府將命在漢口俄國領事官創一大學校使在留俄人學習中國文字言語。並有命令領事館急亟籌造云。

◎中俄西藏礦山條約　駐藏幫辦大臣前在西藏薩拉府與俄國欽差大臣科洛吾氏議訂開採西藏礦山條約。已於二月朔日畫押。刻俄政府已派姆辣哈斯克等五員由伊犂而入甘肅。勾留蘭州數日。即於二月初一日首途。前往薩拉府勘測地段考察情形。以便照新訂條約開採該處各礦。茲由外部探悉新訂條約要領如左。

第一欵　本條約爲中俄兩國特別之約。不得因他國之干涉而加更改。

第二欵　採掘礦山及查探礦脈所需一切費用。均由俄清銀行開支

第三欵　各礦所產金銀銅鐵煤等礦。悉照價值每百兩提銀十兩報効中國政府。

第四欵　無論中俄兩國坑主每歲開採之額。不得逾二十萬兩。

第五欵　凡有新發見礦脈者當即勘明地域段落。畫定界限。以杜爭端之弊。

第六欵　開礦所須一切器具。凡由俄國領土輸

叢錄門

入者。概免徵稅，

第七欵 嚴禁中俄兩國人民偷開礦產。違者科以重刑。

第八欵 俄人所開之礦。當報由駐京俄國公使照會中國外部。彼此既無異議。即由外部移咨駐藏幫辦大臣遵照辦理。

（外國之部）

半月大事記 西歷三月上半月

▲一日路透電。昨二十七日英國遭過颶風。將電綫打壞。因此傳來東方之海綫電報。不免延閣。財產爲風所壞者所失不貲。人命遭害者亦多。禮拜堂房屋烟通被吹倒者無算。人民被壓傷斃者甚多。沿海地方漂浮敗舟不少。大潮驟湧，以致法國海岸某處亦復被災。當大風時。佛尼斯火車路上有一火車當過橋時被其吹倒，搭客傷者三十二名。失去而不知下落者四名。

▲二日路透電。飛密璧赤氏近已奉簡爲整頓墨斯敦大臣之職，

同日倫敦電。土耳其與英國現已商妥定于本月九日之後，將駐扎阿剌伯英屬亞丁旁之土耳其兵退至喀那巴地方。

同日電。英軍在阿剌伯英屬亞丁之旁向與英人反對各地而耀其兵。甚有成効，

▲三日路透電，英國上議院議員辯論委國戰事之時。外部大臣藍斯當唐謂委國戰事初起之時，美國已知吾英用意。至此番戰事自始至終。美國之對待我英，可謂完全邦交矣，

同日電。美國大統領羅斯福現已傳諭定于本月五日特開議院會議巴拿馬河道兼商酌與古巴

立約之事。

同日柏林電。德太子及德親王弗勒得力。已啓行往地中海游歷。所有各緊要城鎮。均往游覽。此行于政治之事。毫無關連。聞太子于四月中。尙須至丹都哥本哈根城游歷。

▲四日路透電。昨日爲羅馬教皇壽辰。是日教皇乘輿入聖彼得禮拜堂受賀、時赴會者人山人海。誠敬之忱、極爲眞切。教皇嘗起立致謝。并代祝福。統計赴會者約有五萬人之多云。

同日電、英國已將日前封禁委國海口時所拘委國兵船交還。

同日電、據亞丁電稱。頃由此開駛各處之俄國兵船。本擬駛赴中國。或先赴波斯海灣遊歷。

同日電。古巴現在西班牙京設一使館。所派之公使宣言云、古巴甚欲與西班牙立一通商條約。

▲五日路透電、英國現出宣令、謂自此以後、軍用長矛。除有行禮封爵等事之外。皆不用之。

同日電、英國兵部大臣謂英國現已派定專員以查民兵情形。

同日電、英首相巴科在議院創議、謂英國國家應永立一班防衛董事。彼等所籌之策。雖樞密院首相有更替等事。亦須永在其位。如是則可永遠保持向所未有之政策矣、

同日電、英國陸軍豫算表、計金二十四兆二十四萬五千磅。陸軍共有二十三萬五千七百六十一名。此欵內含有四兆磅。專爲南非洲之用。

同日倫敦電。倫敦商會設筵宴客法國公使亦與其列。在席間宣言云。英法兩國政府彼此輔車之勢。甚爲堅固。兩國來往之貿易。計每年有八十兆磅之價值。所以無論何事。不能令兩國失和也。

叢錄門

▲六日路透電。英伯爵林克頓在上議院宣言。須將陸軍策再行商議。據云英國國家將南非洲改爲一陸軍根据地。因彼曾在南非洲經歷。深悉其情形。當如此辦理也。以此論爲然十五人。不然之者二十五人。

同日電。英國首相巴科在下議院宣言。英國國家擬在蘇格蘭福斯河之北馬草烈地方。設立一海軍根据地。

同日電。克林頓伯陸軍策之議。畢勿公爵以爲然。外部大臣藍斯唐謂如果以南非洲爲陸軍根据地。則該處之兵每人每年所需之費用約增爲五十磅。此策必不能行。

同日電。俄國某水師官潛往亞丁英營扼要之處偵探。旋即被擒。由英水師官二員押赴俄某兵船請其核辦。

▲七日路透電。据斯丹達報得士京君士但丁電言土國政務某大臣言俄墺兩國所擬整頓墨斯敦善後事宜。于墨屬必有裨益。現兩國已于該處選派新官。所有街道亦已興工修理。至警察規條則由某德員代爲籌辦。其始該屬僅有俄國領事署。今奧國亦在該處設立領事衙門矣。

同日電。南非洲皇模列連之土酋派一委員往地斯白替爾地方運軍火回境。道經阿剌伯南英屬亞丁地方。爲英人所拘獲。

▲八日路透電。英國擬在蘇格蘭之昆士百利地方設立新水師根据地。初次所需籌備之經費約二百五十萬磅。此欵用爲建製造局築碼頭購軍裝之用。英國此舉德國聞之。頗爲不悅。德人以爲英人如此營謀。係見德國整頓海軍。以此爲抵禦之策也。

同日電。英屬加拿大之政府。現勸人包造商船以為在大西洋行駛之用。此船航行之速率由十八海里至二十一海里為度、此船須為英人之產不許在他國口岸停泊。

▲九日路透電。英京近接參將式安由博福德地方來電、略謂已于本月三日遣派壯軍二營素瑪勒馬軍百名。駝軍五十名。以及瑪昆日營兵等。前往德美督地方駐防、各軍業于次日行抵該處。時該處適有土酋一小隊正圖起事、皆經馬軍追擊殺斃三人。並拘獲驢駝等物。是役統軍出戰係參將谷福。此次開仗素瑪勒諸軍甚為奮勇、惜乎土酋漏網甚多、不無遺憾耳。

同日電。英國水師經費已在下議院預算。計英金二千五百八十三萬六千八百四十磅。較之前此計多三百二十萬二千磅。所溢之數。蓋為添造兵艦之用。計擬添造戰艦三艘。一等巡艦四艘。防守巡艦三艘。魚雷艦十五艘、小兵艦十艘。水師弁兵共額設十二萬七千人之多。較之前此已增多四千六百人。

同日倫敦電、何牙利京城昨有自由黨聚衆阻撓奧大利何牙利之陸軍新章、由騎馬之巡捕將該黨攻散。拘去六十名。

同日柏林電。德皇定期下月往丹麥京都游歷、

▲十日路透電。迺來英國水師軍費驟增多數、環球各國均多議論。謂英國似此舉動、似非保全和局之真意云。

同日電、英國郵政大臣陳伯闓報稱監禁印度之杜國囚犯八百名。現仍不肯設誓服英、杜將賓薩會函勸若輩、略謂設誓一事。勢不能免。甚望遵照辦理云。

叢錄門

同日倫敦電，英國外務次官宣言英政府之意。欲將英俄兩國在波斯及別處地方彼此權利之事。商一和平辦理之法。兩國政府近日已經開議。但未有公文宣布耳。

▲十一日路透電，有英國大牧師四名。委員六十二名。上議院議員十五名。由納夫公爵帶領前往羅馬。攜其頌詞呈諸羅馬教皇。以表明彼等尊服之情。

同日電，英國下議院已將英國新定陸軍人數章程批准。總計所定陸軍人數共有二十三萬五千七百六十一名。

▲十二日路透電，法國外務大臣底克士在議院宣言。英法意三國幷未定約以攻摩洛哥。

同日巴黎電，法國議院因辨論法國外交政策，議員米利努云。均富黨之意。以爲國家無須經武。此言甚屬不合。以保太平最善之策。即在留意于經武及法俄連盟兩事也。

▲十三日路透電。前倡議革除俄國奴僕之某氏。誕辰之日。俄皇嘗下諭旨准國民自由入教。並云此後各屬地方自治之制，亦宜擴而行之。庶各村貧民不致迫于勞苦。此諭一下。人皆謂此爲俄國日進自由之始基云。

同日電。此次德國擬籌金元六十萬磅，爲水師經費，以及添造巡弋中國內港各砲船之用一節，已經德屬力測斯達財政代表人議駁。

▲十四日路透電，据杜京電稱。該城警察于今日午後巖查該城之各客棧有無未曾領到政府准照而來前之人。嘗有未領准照而被拘者共一百人。其有二十七名係外國人。限彼等二十四點鐘內離去杜京。

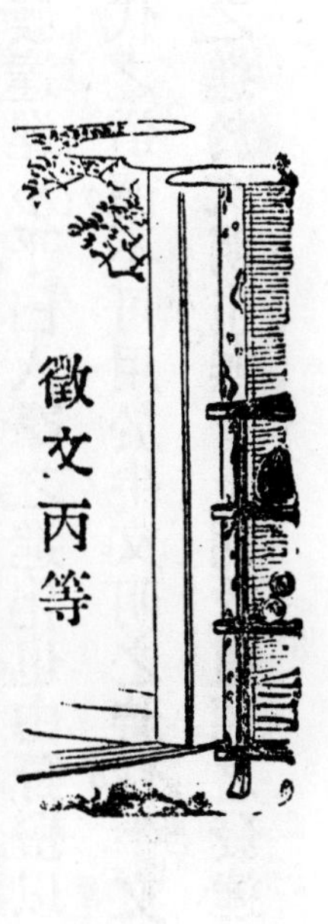

論中國國民道德頹落之原因及其救治之法

徵文丙等

東京留學生 桂林馬 悔

欲改革中國。則必自改革中國之道德始矣。中國之言改革也。四十年以來矣。於甲省立一船政局。於乙省立一鎗砲廠。今日籌數百萬金以買鐵甲船。明日籌數百萬金以建堅固砲臺。是軍械上之改革也。卒之遇敵輒敗。一敗之後。亡失無所餘。以是言改革。則猶之執規以畫方。南轅而北其轍也。甲午之後。士大夫乃稍變其議論。知欲存中國必至革政始。雖然。使無數喔咿嚅唲突梯滑稽之人革政。則猶之使黑人管輪。使紅人司機也。觀於今日中國各學堂之總辦教習。其效已可知矣。是無他。不先改革道德而欲改革政治。則猶之執規以畫方。南轅而北其轍也。國民之有道德也。猶之身體之有腦筋也。腦筋有病。而欲於區區肢趾間施藥石以治療之。其何能愈。

稍讀泰西道德學之書者。必知中國道德之不完全。即以倫理學言之。泰西分倫理爲四大綱。曰對一己之倫理。對社會之倫理。對家廷之倫理。對國家之倫理。（多有分爲五綱。而有對上帝之倫理者。南歐諸國尤甚。瑪志尼作人職論。Thedu ties of men 以上帝爲主腦。而貫其餘之四者。此南歐諸國倫理書之代表也）雖其內容之學說。各國不同。各人互異。而其條理完善。日本今日各學堂之倫理教科書。莫不從之。不能以其爲泰西之倫理學而拒之也。

董仲舒有饗言曰。天不變。道亦不變。是言也。近時之言革政者。每樂道之。動輒引爲口實焉。此誠野蠻人之言也。稍知天文學者。必知天不變之說之謬。稍知道德學者。必知道不變之說之謬。泰西道德學家有恒言曰。道德進步。moral progress 曰道德發達。moral dev elorment 蓋無論此世界。他世界。一切事事物物。莫不進步者。莫不發達者。乃宜於物競。乃宜於天擇。雖道德亦在此範圍之中。而莫之能外也。

道德何以有發達進步乎。曰人羣之進化也。由野蠻以進於半文明。由半文明以進於文明。野蠻時代之道德。不可用於半文明之時代。半文明時代之道德。不可用於文明之時代。時代之進於文明也。無有止期。故道德之發達進步也。亦無有止期。

試更以實事證之。歐洲二三百年以前之道德。則猶是野蠻時代之道德也。若主人對奴隸之道德。若殖民者對黑人之道德。若君主對人民之道德。若貴族對平民之道德。若男子對婦人之道德。是可謂之爲文明道德乎。而自盧騷出後。君主貴族對人民之道德何如矣。自林肯出後。主人對奴隸之道德何如矣。自彌勒約翰（著有女人軛制論 Subjecion of women）拉布雷 Edouard La boulaye（法人著有亞美利加史 Histoire de l' Amerique 主張男女同權與彌勒齊名）出後。男子對婦人之道德何如矣。是數子者。毅然排除野蠻時代之道德。獻其渺渺之一身。爲滔滔衆謗之歸流。或至罹凶殺而不悔。卒能奏道德改革之凱歌焉。是豈非世界之大偉人乎。持今日之歐洲。與百年以前較。則舊天地與新天地之風景。劃然分明。是不惟政治藝學爲然。而道德尤甚。彼持道德不變者。誠無據也。

持今日之中國。與二三千年以前之中國較。點滴相肖。無所別異。器械則猶是粗窳也。政治則猶是專制也。道德則猶是箝束也。豈惟不進化而已。或反不及前人而退化焉。誠咄咄怪事哉。

三

今論道德。道德進步之原因曰辯難。甲立一說而乙攻之。丙立一說而丁攻之。攻難不已。而眞理漸出焉。彌勒約翰曰。「天下之所謂眞理者。其點常不能固定。一人所立之說。不可不容他人之辯論。衆辯大興。眞僞乃判。立說以開辯論之門。不能謂反對之說爲異端。而不樂聞也。」

綜而論之。中國道德頹落之原因。唯坐二獘。一曰、以宗教爲道德。二曰、以風俗爲道德。

夫宗教 Religion 之與道德。Morality 其性質各不相同。不可不辨也。宗教者。道德之一小分子也。道德可以包宗教。宗教不可以包道德。宗教爲道德之附從。而不可以道德附從宗教也。中國之際戰國時代也。羣哲并興。各立一說。以相詰難。道德政治藝學皆於是萌芽焉。孔子誠中國之偉人也。其說博大深奧。使遂無黜異端之慘禍。後人繼起。以其學爲底。正其謬。實其虛。攻詰辯難無已時。則中國之進步發達。孰能量之。乃專制君主利用其尊君之說。黜老墨之非尊君者。而定孔說以爲一尊。嗚呼。漢武帝尊孔學之日。即中國由進化轉而爲退化之日也。後人不察。反摭拾之以爲美談。不亦謬乎。

孔子者。大哲學家也。大教育家也。大政治家也。乃因專制君主利用其尊君之說之故。

强尊之爲教主。强尊其書爲聖經。彼專制君主何所愛於孔子乎。榮孔子以虛名。而已則陰受其實利。雖誤盡蒼生。非所恤也。嗚呼漢武帝雄才大畧。誠爲專制君主第一魁桀。雖秦始皇帝遠不及也。

佛教豈不美哉。勘破生死。普度衆生。其思想高絕一世矣。然使人迷信之。舍佛教外無所謂道德。而印度遂亡矣。回教豈不美哉。造成其族人勇烈之風。趨死若鶩。中世紀幾席捲全歐焉。（摩訶末有言曰。樂園在劍影之下。Paradises under the shadow of Swords 歐洲英雄每樂道之。）然使人迷信之。舍回教外無所謂道德。而土耳其遂病矣。此誠宗教與道德相合之惡果。豈不然哉。豈不然哉。歐洲所以有今日之文明。皆路德之賜也。（按路德以前因攻教而死者不乏人。其著者曰亞斐得 Armold 夫拉斗西斐 Fra doleils 沙屋拿斐拉 Stuonarsla 阿爾比黨 Albigesis 浮得黨 Uaudois 斐拉特 Lollards 哈斯 Huss 而哈斯尤烈。）自路德出而新教興。（天主教常謂印刷術爲魔術。謂天文學爲魔道。其爲新理新學之防如此。）新教興而道德漸與宗教分離焉。此歐洲道德發達一大關鍵。亦歐洲社會發達一大關鍵也。（歐人謂歐洲思想之發達有三級。路德改教爲第一級。十八世紀盧孟之徒出。政治哲學等等別異之思想蜂起。爲第二級至十九世紀日耳曼人荀爾特 Goethe 費忽特 Fichte 之說出。思想自由達極點。爲第三級經此三級而宗教專制之俗脫棄盡矣。)

彌勒約翰自由之理有一段論耶教與歐洲之道德無關。其言曰。所謂耶教之道德者。其指新約乎。新約固不能賅人道之全也。耶教所傳到之國。多先已自有其道德焉。耶教不能皆取而代之。且耶教之道德。多本於舊約。舊約之道德。固野蠻人之道德也。且耶穌之道理。猶太之禮儀。至保羅而改革已多。當耶教傳至希臘羅馬之日。二國已先自有其道德矣。且今日所謂耶教之神理及道德者。非耶穌及使徒之所倡。而多爲加特力教徒之所附益。至路德出而又改良焉。蓋皆爲中世紀之所加。各教派之所補、各國人性質之所變。苟謂歐人之道德。全出於耶穌及其使徒。此予之所不敢認也。予敢斷言曰。耶教之道德。不完全而偏於一方之道德也。歐洲今世之道德。多由歐洲人種之性質事業所建立。耶教何與焉。

欲救治今日中國國民道德之衰頹。第一說曰。凡我國民。皆當瞭然知宗教與道德爲分明不同之二事。宗教者。一成不變。有其特別之性質者是也。道德則變動不居。與時代之進化有正比例。凡是社會中之一個人。皆有建立發明道德之權。指摘舊有道德之弊惡。破除之而易以新者。陳列已意著爲新說。以待世人之自由取決焉。又必使人人知孔子之眞價值。知孔子爲二千五百年前之教育家政治家哲學家。孔子之哲學。有眞價值在。後人可取而發明之推明之。駁正之。無所謂離經畔道也。孔子之教育政治之學說。則已多不可用於今日。宜存而不論。夫歐洲政治教育之學說。萬派紛歧。新舊代謝。數千年之學說。其何能皆適用於今日。而仍舊不改也。雖梭格拉底、柏拉圖、亞里斯多德之學說。最爲歐人所珍愛。然亦不過等之於考古之遺物而已。孔子之價值。不能遠過於梭格拉底。故待之亦當如是。

甚矣風俗之爲害也。中國之開化。可謂早矣。中國人之智慧。可謂高矣。乃爲風俗之威權所縛束。誤認之以爲道德。故吾中國無所謂正義。風俗即正義也。無所謂公理。風俗即公理也。（聞革命之論而驚駭。受滿洲之愚而迷惑。皆認風俗爲公理之過也。）歐人常評論中國曰。進化固人羣之公例。而或有物焉以防之。則亦停滯而無復進步。如中國人之溺於風俗是也。是如盤旋於牛角之中。愈入愈狹而不能出。苟中國人能沛然決出風俗之障蔽。人人有獨立自由之精神。則其進步必有不可量者。此昔年黃禍之說所由興也。

中國士大夫有恒言曰、「遵先法古」。中國鄉人有諺語曰、「不聽老人言災害在眼前」。此實斷送中國生命之絕命詞也。古有古之時代。今有今之時代。古人有古人之心才。今人有今人之心才。而何可遵之有。而何可法之有。惟法古也。惟遵先也。士守缺殘之義理、農守笨滯之耒耜、商守狹小之局面。工守粗野之規矩。莽莽乎二十行省之土地。爲強鄰角逐之場。芸芸乎四萬萬之人民。爲異種箝制之奴。夫復何言。

歐人有恒言曰「人生百年。如素紙百頁。每一頁以一己之言行書於其上」。若從法古遵先之說。則人復一人。世復一世。惟鈔寫一同樣之藍本。進化之人類。不當如是。

且人不可不法古。於此有三說焉。

一古人之所經歷境界甚狹。或解說多誤。

二雖古人之歷驗解說不誤。然時代既異。則迥不相宜。常有古人之風俗。止與古人之境地性質相宜。至時勢遷移。後世之境地性情。已全與古異。則斷不可復執古俗以繩之。

三雖前世之俗。與今人猶甚相宜。然是特風俗而已。人固各與其天才焉。修育之。發達之各如其所能。人人有天賦靈貴之心才。風俗無權以埋沒之也。

所謂天賦之心才者。如思想才決斷才辨別才皆是也。人世一切道德。皆以吾之心才自由決擇之。前無古人。後無來者。是爲自由獨立之民。國之有是民者。是爲自由獨立之國。自由獨立者。人羣進化之眞精神也。（人類之三大自由。曰思想自由而議論自由。著書自由。附焉曰結會自由。曰擇業自由。是三大自由者。橫絕天地。無所限制也。至於行爲之自由。則不能無界。然不能執界之一字。遂箝制人羣之行爲自由也。）日耳曼大儒漢保德 W, Von Humboldt 曰「人當自強不息。各自發達其心才。而不爲同類尋常之耳目所欺。是之謂箇人之權勢。是之謂箇人之發達」近日新黨之議論。頗有以少年之誤認狂妄爲自由。鰓鰓然慮之者。然是乃自由原理未明之故。非自由之不適用於中國也。自由之原理曰。少年人乃受教育之時代。無自由。野蠻人無教育。亦無自由。憂時之士。不務考究泰西所謂自由者之原理。執一二細事。遂謂自由之理不可倡。倡則流弊滋多。嗚呼。天下豈有無自由之國乎。

中江篤介者。不惟日本之偉人。亦亞洲之絕大偉人也。有一子在中學校。中江語之曰「汝其好遊。汝其試驗。勿及弟。汝能好遊。吾賞汝。汝能試驗勿及弟。吾賞汝」此在中國人之卑陋眼孔視之。鮮不以爲怪者。而中江固欲自幼養成其子有自由高尙之風。不欲其安於小就也。

予固非謂改革道德。則掃盡中國舊有之道德。而盡從泰西之道德也、旣知中國舊有道德之不完全。而宗敎及風俗最足爲道德進步之大防也。則當輸進歐美各種之道德學說。抉其精以治吾之粗。取其長以補吾之短。而其要尤在鼓勵人人有自由獨立之精神。養成人人有別擇道德之智識焉。夫道德猶法律也。人人有立法律之智識。而後有守法律之習慣。此條頓人種之所以能自治也。此理易明。人多知之。道德亦如是。歐洲之道德。雖不外上所言之五綱。而其爲說則各不相同。英國最重康德、陸克之學說。而攻康德、陸克者不少也。蓋野蠻時代之碩學。必爲其羣中之聖賢。文明時代之碩學。常爲其羣中之奴僕。獻其思想著之於書。以供其同羣之採擇玩好焉。於其羣中多開數面攻詰辯難之門而已。必人人有別擇道德之知識。而後人人有服行道德之習慣。如是羣中之道德。遂永世無復頹落之日。予敢斷言曰。今日之中國。苟欲其國民眞能自治也。必自人人有立法律之智識始。苟欲其國民之道德永不頹落也。必自人人知道德與宗敎風俗之別。曉然於道德之眞爲何物。而各有別擇道德之智識始。

（完）

上海新民叢報

速成師範講義叢錄	二元
十九世紀外交史	二元二角
五國語言合璧	二元
博物學教科書	五角
天文問答	一元
拿坡崙	四角
中學萬國地誌	一元
政藝叢書	四元
中等地理教科書	五角
妖怪教科書	二角
妖怪百談	四角
中國歷代疆域沿革考	四角
世界大事表	一元二角

萬國史綱目前後編	二元四角
格致讀本	三角
日本文法上	六角七分
地理問答	一元四角
釋迦牟尼傳	三角半
修身科講義	三角五分
康南海	三角
章程大備	六角
法史攬要	八角
原富全書	二元八角
日本語言合璧	一元六角
衛生學問答	四角
特蘭斯法爾	四角

支店發兌各書

蘇格拉底　二角五分
廢物利用篇　一元
馮鏡如華英字典　七元
湘報文編　八角
萬國歷史問答　三角
亞美利加洲通史　七角半
和文漢讀法　二角
意大利精神　五分
地名韻語　二角

皇朝輿地沿革考　一角
權利競爭論　二角五分
周禮政要　四角
瑞士建國誌　二角
務實學堂四書義　三角
漢文典　五角
黃種四大偉人　三角
男女婚姻衛生學　六角
南阿新建國史　五角半

代派湖北學生界

發兌廣智各種書籍其餘南洋公學作新社文明書局新民譯印局各書均有出售

定價劃一小洋貼水外埠函購原局回件信力自給

啓者。本店開設日本東京經已三十有餘年。專製造機器字粒及各種花邊電版一切印刷物件。其精緻秀美。久已四海馳名。逈非別家之可比。至字粒之式樣大小高低。全仿歐美所製。而且字體玲瓏堅固。雖日久用之。永無殘破糢糊之弊。凡印刷書籍地圖繪畫等。皆極鮮明精巧。版面用墨不多。額外着色。本店不惜工本。專心製造。近更日加改良。精益求精。一切印刷物件。實較歐美有過之無不及。倘蒙 諸尊光顧。請移 玉步貨眞價實。童叟無欺。

又本店之機器字粒及各種花邊電版一切印刷物件。皆印有圖形。如遠地 諸君欲購何種。而欲先行取閱式樣者。可列明函告本店。當按照寄上。

登錄商標 Ⓗ

日本東京市京橋區築地二丁目十七番地

株式會社 東京築地活版製造所

重訂坤輿兩半球圖告成

大地之體如球故名曰地球此圖分作東西二球以便檢閱地球之面水居十之七陸居十之三水分作五曰大東洋曰大西洋曰印度洋又名南洋曰北冰洋曰南冰洋陸亦分作五中央曰亞細亞洲北西曰歐羅巴洲西南曰阿非利加洲此三洲土壤相接又東南有澳大利洲俱在地球之東面而在西面者曰南北亞美利加洲合之爲五大洲中分大小各國無慮阡陌此外有無數島嶼星羅棊布於五大洋中亦一一縮寫細大無遺而各洲交界分以五彩高山大川都會城邑以及鐵路電綫船艦航程等務加博採摹繪精緻眉目分明譯以華字詳注地名印用潔白洋紙掛之壁上一目瞭然誠爲興學之捷徑也

●每張價洋二角伍分批發另議●上海四馬路樂善堂化學儀器館文明書局寄售

日本東京銀座大街　樂善堂敬白

訂正第十版

戊戌政變記

洋裝全二冊 減價三角半

戊戌八月之變爲中國存亡絕大關係本書于其事之本末曲折記載詳盡議論精明將中國將來之局言之瞭如指掌誠有心人不可不讀者也計自出版以至于今除本社自行重板數次而各處之翻印者復不可勝數則其銷流之廣價値之高可想而知惟各處翻印之本每多錯悞貽害讀者不少本社今以各處訂求者甚衆乃據原稿重行精心校印發售書成無多請速購取

目次

發行所 橫濱 新民叢報社

教育的玩具廣告

小兒以玩具爲最緊要世界中無論何處不可一日或闕者也善教育其小兒者當先選擇此玩具以啓牖其心思娛樂其情性使漬浸沾染不知不覺而日躋于善焉鄙人有見于是特製此活動談話畫帖其中所畫如司馬溫公之碎瓶孟母之織機等石版印刷彩色美麗最爲小兒之所歡迎價甚相宜有教育之責者幸祈賜顧

◉每箱十二個定價日銀五角正

大日本東京市京橋區三十間堀三丁目

販賣所 大須賀龍譚

●飲冰室文集出書

本局所印之飲冰室文集前已屢登各報想爲天下同志所共見茲以問訊頻頻不便久延故特日夜加工趕速出書以副諸君先睹爲快之意今幸全集付印已成敬告已購股票諸君早日携票到取印刷無多除股票外存書有限如欲購者務請從速遲則恐不及矣本書共釘成十八本分爲二函裝潢精美最便携帶定價每部六元五角外埠郵費另加三角

上海南京路同樂里　**廣智書局啓**

啓者本報爲利便内地購閱起見特于今春在上海英界老巡捕房對面設立「新民叢報支店」經理本報及㟁售廣智書局各種圖籍以外並無分設別家近見上海各日報告白登有上海棋盤街中市「新民譯印書局」字樣係與本報並無干涉誠恐内地未及週知來往信函或有誤投之處故特登報聲明以後各處函購本社及廣智書局書報者務請照上所開住址列明庶免郵遞錯悞是爲至要

橫濱新民叢報社謹白

第三種郵便物認可
新民叢報第二十八號　明治三十六年三月廿七日發行

(明治三十一年十二月廿七日第三種郵便物認可)

新民叢報

SEIN MIN CHOONG BOU

P. O. Box 255 YOKOHAMA JAPAN.

四一五七

每月二回發行　　第貳拾玖號　　十四二十九回

◉飲氷室文集出書

本局所印之飲氷室文集前已屢登各報想爲天下同志所共見玆以問訊頻頻不便久延故特日夜加工趕速出書以副諸君先睹爲快之忱今幸全集付印已成敬告已購股票諸君早日携票到取印刷無多除股票外存書有限如欲購者務請從速遲則恐不及矣本書共釘成十八本分爲二函裝潢精美最便携帶定價每部六元五角外埠郵費另加三角

上海南京路同樂里　**廣智書局啓**

新民叢報第貳拾玖號目錄

◎售報價目表

全年廿四冊	半年十二冊	每冊
六元	三元三角	三角

日本各地全年五元半年二元六角每冊二角五分日本及日郵已通之地每冊加郵費一分全年二角四分其餘各外埠每冊加郵費六分全年一元四角四分

◎廣告價目表

洋裝一頁	洋裝半頁	惠登廣告至少以半頁起算刊資先惠論前加倍欲登長年半年者價當面議從減
十元	六元	

編輯兼發行者 馮紫珊
印刷者 陳侶笙
發行所 橫濱山下町百五十二番 新民叢報社
上海發行所 四馬路老巡捕房對面 新民叢報支店
印刷所 橫濱山下町百五十二番 新民叢報活版部

看!!!
看!!!
看!!!

清議報全編出書

洋裝布皮精本價九元六角
洋裝通行本　價八元
外埠加郵費　壹元五角

此報刱始于戊戌年迄于辛丑共出百冊當時經已風行海內外久爲士林所推賞後以各處紛紛索購乃復將全部分類排印共成十六厚冊字數三百餘萬言今已全帙告成定購者可向各代售處取書報經兩湖總督兩江總督中國政府迭次嚴禁昔噶蘇士所出報紙亦屢爲政府禁其刊行而國人益爭相購讀其報驟增數十萬冊今此報屢爲當道嚴禁其聲價正與噶蘇士之報同則其議論之嚴正思想之新奇當爲海內外所公認而不可不讀者也刷印無多愛讀諸君請速購取中國各書坊均有寄售

南海先生最近政見書

洋裝全一冊　定價二角

是書爲南海先生最近之著一爲『答海外華商論今日中國可行立憲不能行革命書』一爲『與同學諸子論印度亡國由于各省自立書』兩種合刻而成其主義在于聯合各省以行平和立憲而不主張各省分立以行破壞革命夫立憲革命二者孰可行孰不可行行之而後來之結果如何正今日我國之最大問題而所當研究者也爰亟印行以備志士之參考

四

新書出版廣告

日本醫學士三島通良著

學校衛生學

全一册　定價二角

學校所以養人才而身體者所以代表此才而施行之者也故衛生爲學校之要素惟必通醫學光學化學建置等科始可言衛生此書著者爲日本有名醫士深通德國學校制度且曾任調查日本學校衛生之事者其規則全從德國大教育家所出故所言皆詳密精當可師可法誠今日中國言教育者所當人手一編矣

日本久保田貞則編纂

德育及體育

洋裝全一册　定價二角五分

物競酷烈若公德缺乏終爲天演界所蝕生當二十世紀以後之人類固不可不愼也即生理衛生亦爲助此生存之要素否則育智感情意志三者欲發達而有所未逮此篇論議之基礎專屬此點意深微而顯露非尋常汎義可比言長養自然者亟宜寶之

發行所　上海　廣智書局　　發賣所　上海　新民叢報支店

六

新書出版廣告

教育學問答

全一册　定價二角五分

今日中國固莫急于教育矣教育之道種種不一惟當從淺近入手以植其基礎焉本書將教育之學設爲問答最便學者言教育者不可不人手一編也

傳記小叢書第三種　加里波的傳

全一册　定價一角五分

意大利建國三傑昔飲冰室主人曾著其傳刊諸新民叢報中其言論行事固卓卓在人耳目間矣此爲加里波的將軍之專傳其記載爲特詳欲識加將軍之眞相者請速購取

世界諸國名義考

全一册　定價二角五分

社會主義

全一册　定價二角

史學小叢書第八種　埃及史

全一册　定價一角五分

再版　政治學中編上

全一册　定價三角五分

再版　日本維新三十年史

全六册　定價一元六角

本書爲羅君孝高所譯去年初版未及數月即已售罄可知此書之爲海內學界所歡迎矣茲本局特細加校正重出再版自問精審足饜雅望且字板玲瓏紙張潔白較之初版實有過之無不及也

發行所　上海　廣智書局

發賣所　上海　新民叢報支店

新書出版廣告

社會黨

全一册　定價二角

均產之說出現於十九世紀之歐洲雖未易達其目的而擲汗血爲最大多數謀最大幸福者已非尠淺我國勞働者一蜷伏于資本家之肘腋曾未一伸其氣亦可謂放棄自由權利之甚者也此篇臚敍歐洲勞働社會之舉動其發因結果盛水不漏而譯筆足以副之留心經濟問題者不可不以爲覺夜也

腓尼西亞史

全一册　定價七分

英儒斯賓塞謂人羣不外兩種一曰尙武之羣一曰殖產之羣可知凡立國于大地者尙武之精神殖產之實業爲人羣之要素也以蕞爾之腓尼西亞而居然爭富强于小亞細亞者何以故曰惟尙武故曰惟殖產故我中國富强之資料不知幾倍蓰于腓尼西亞然而如此豈不可哀讀茲史者可以興矣有國家思想欲振我精神籌我實業者不可不急手一編也

發行所　上海大馬路同樂里　廣智書局
發賣所　上海四馬路　新民叢報支店

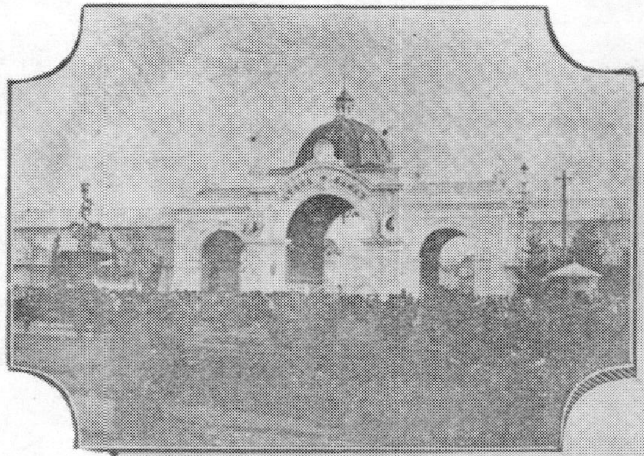
正門

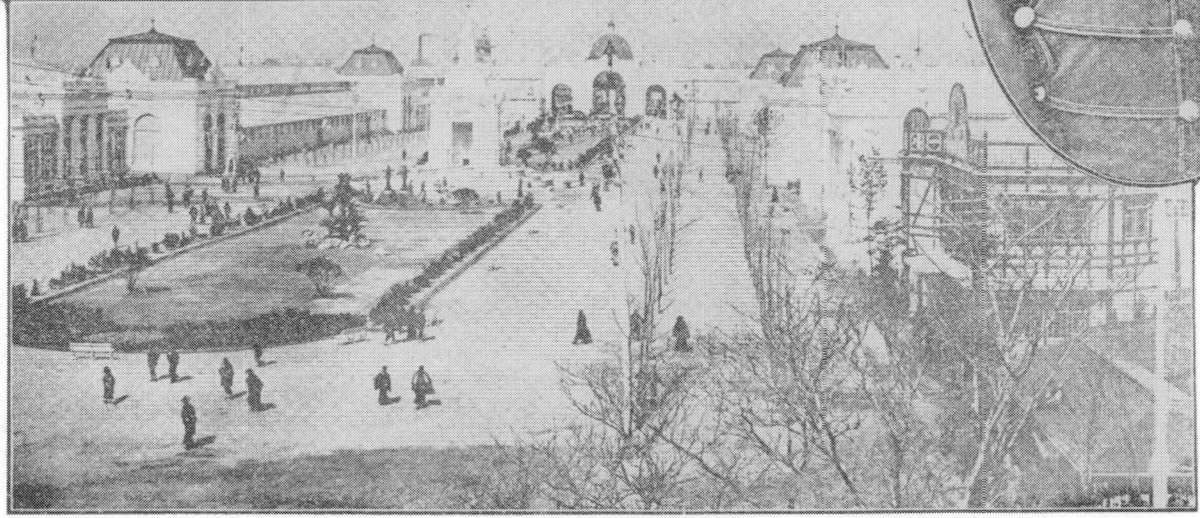

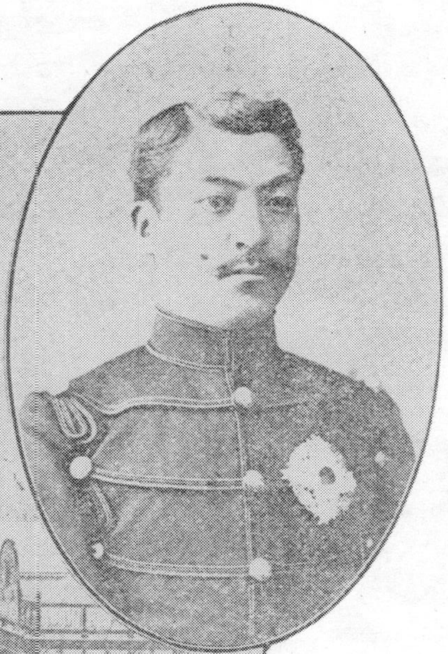
總裁載仁親王

大阪博覽會全圖（其一）

論著門

啓者本報從權停刊數月其故頃已登報聲明當爲購閱諸公所鑒

諒兹擬定期五月續出第四號至十二月共出九册合之去年三册

恰成十二册一年之數誠恐閱報諸君盼望特此預告祈爲鑒之

横濱新小説社謹啓

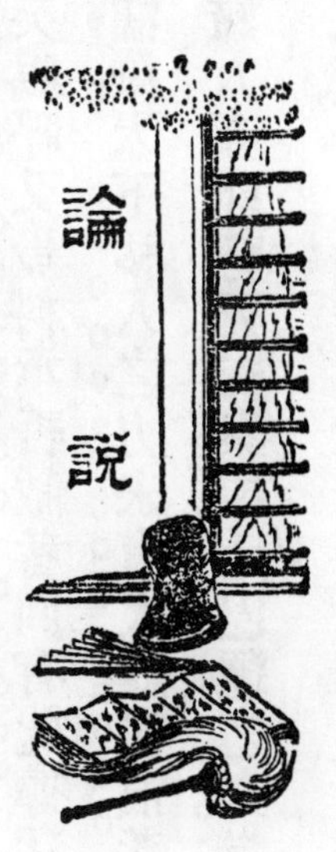

新民說二十（續第廿八號）

中國之新民

第十七節之續　論尚武

三由霸者之摧盪霸者之有天下也定鼎之初即莫不以偃武修文爲第一要義夫振興文學寧非有國之急務乃必先取其所謂武者而偃之彼豈果謂馬上得之者必不能馬上治之哉又豈必欲銷兵甲興禮樂文致太平以爲美觀也哉霸者之取天下類皆崛起草澤間關汗馬奮強悍之腕力屈服羣雄而攫奪之彼知天下之可以力征經營我可以武力奪之他人者他人亦將可以武力奪之我也則日講縢緘扃鐍之策務使有力者不能負之而趨故輦轂之下有驍雄之士強武有力之人以睥睨其臥榻之側則霸者有所不利草澤之下有游俠任氣之風萃材桀不馴之徒相與上指天下畫地囂然以材武相競則霸者尤有不利既所不利則不能不去之以自安去之之術有二

其先曰『鋤』一人剛而萬夫皆柔一人强而天下皆弱此覇有天下者之恒情也其敢不柔弱者殺無赦雖昔日所視爲功狗倚爲長城者不惜翦薙芟夷以絕子孫之患其敢有暗嗚叱咤慷慨悲歌於田間隴畔者則尤觸忌諱必當嚴刑重誅無俾易種秦皇之銷鑄鋒鏑漢景之獮艾游俠漢高明太之葅醢功臣殆皆用鋤之一術矣然前者僵仆後者憤踊鋤之力亦將有所窮也乃變計而用『柔』之一術柔之以律令制策柔之以詩賦詞章柔之以帖括楷法柔之以簿書期會柔其材力柔其筋骨柔其言論乃至柔其思想柔其精神盡天下之人士雖間有桀驁梟雄者皆使之敝精疲神纏綿歌泣於諷誦揣摩患得患失之中無復精神材力以相競于材武不必僇以斧鉞威以刀鋸而天下英雄盡入彀中無復向者暗嗚叱咤慷慨悲歌之豪氣一覇者起用此術以擢盪之他覇者起亦用此術以擢盪之經二十四朝之擢陷廓淸士氣索矣人心死矣覇者之術售矣嗚呼又豈料承吾敝者別有此獰猛梟鷙之異族也

四由習俗之濡染天下移人之力未有大於習慣者也西秦首功而女子亦知敵愾斯巴達重武而婦人亦能輕死夫秦與斯巴達之人豈必生而人人有此美性哉風氣之

所薰見聞之所染日積月累久之遂形爲第二之天性我中國輕武之習自古然矣鄙諺有之曰「好鐵不打釘好人不當兵」故其所謂軍人者直不啻惡少無賴之代名詞其號稱武士者直視爲不足齒之傖父夫東西諸國之待軍人也尊之重之敬之禮之馨香尸祝之一入軍籍則父母以爲榮鄰里以爲幸宗族交遊以爲光寵皆視此爲人生第一名譽之事唯東西人之重視之也如此故舉國人之精神莫不萃於此點一切文學詩歌劇戲小說音樂無不激揚蹈厲務激發國民之勇氣以養爲國魂惟我中國之輕視之也如彼故舉國皆不屑措意學人之議論詞客所謳吟且皆以好武喜功爲諷刺拓邊開釁爲大戒其所謂名篇佳什類皆描荷戟從軍之苦況詠戰爭流血之慘態讀之令人垂首喪志氣奪神沮至其小說戲劇則惟描寫才子佳人旖旎冶褋之柔情其管絃音樂則惟譜演柔蕩靡曼亡國哀思之鄭聲一羣之中凡所接觸於耳目者無一不頹損人之雄心銷磨人之豪氣惡風潮之所漂盪無人不中此惡毒如疫症之傳染如肺病之遺種雖有雄姿英發之青年日摩而月刓之不數年間遂頹然如老翁靡然如弱女嗚呼羣俗者冶鑄國民之爐火安見頹廢腐敗之羣俗而能鑄成雄鷙沉

殺之國民也

凡此數者之惡因皆種之千年以前至今日結此一大惡果者也且夫人之所以爲生國之所以能立莫不視其自主之權然其自主權之所以保全則莫不恃自衛權爲之後楯人以惡聲加我我能以惡聲返之人以强力凌我我能以强力抗之此所以能排禦外侮屹然自立於羣虎耽耽萬鬼睒睒之場也然返人惡聲抗人强力必非援據公法樽俎折衝之所能爲功必內有堅强之武力然後能行用自衛之實權我以病夫聞於世界手足癱瘓已盡失防護之機能東西諸國莫不磨刀霍霍內向而魚肉我矣我不速拔文弱之惡根一雪不武之積恥二十世紀競爭之場寧復有支那人種立足之地哉然吾聞吾國之講求武事數十年矣購艦練兵置廠製械整軍經武至勤且久然卒一熸而盡者何也曰彼所謂武形式也吾所謂武精神也無精神而徒有形式是蒙羊質以虎皮驅而與猛獸相搏擊適足供其攫啖而已誠欲養尙武之精神則不可不備具三力

一曰心力西儒有言曰『女子弱也而爲母則强』夫弱女何以忽爲强母蓋其精神愛

懸戚萃於子之一身子而有急則挺身赴之雖極人生艱險畏怖之境壯夫健男之所郤顧者彼獨揮手直前盡變其嬌怯㜸娜弱不勝衣之故態彼其目中心中止見有子而已不見有身更安見所謂艱險更安見所謂畏怖蓋心力散渙勇者亦怯心力專凝弱者亦强是故報大仇雪大恥革大難定大計任大事智士所不能謀鬼神所不能通者莫不成於至人之心力張子房以文弱書生而椎秦申包胥以漂泊逋臣而存楚心力之驅迫而成之也越之沼吳楚之亡秦希臘破波斯王之大軍荷蘭卻西班牙之艦隊亦莫非心力之驅迫而成之也嗚呼境不迫者心不奮情不急者力不摯曾文正之論兵也曰『官軍擊賊條條皆是生路惟向前一條是死路賊禦官軍條條皆是死路惟向前一條是生路官軍之不能敵賊者以此』今外人逼我其圈日狹其勢日促直不啻以百萬鐵騎蹙我孤軍於重圍之中矣舍突圍向前之一策更無所謂生路虎逐於後則懦夫可騫絕澗火發於室則弱女可越重簷吾望我同胞激其熱誠鼓其勇氣無奄奄歛手以待斃也

一曰膽力天下無往非難境惟有膽力者無難境天下無往非畏途惟有膽力者無畏

途天豈必除此難境畏途以獨私之哉人間世一切之境界無非人心所自造我自以爲難以爲畏則其心先餒其氣先懾斯外境得乘其虛怯而窘之若悍然不顧其氣足以相勝則置之死地而能生置之亡地而能存項羽沈舟破釜以擊秦韓侯背水結陣以敗楚彼其衆寡懸殊豈無兵力不敵之危境哉然奮其膽力卒以成功訥爾遜曰『吾不識畏爲何物』彼其平生閱歷豈無危疑震撼之險象哉然奮其膽力卒以成功自古英雄豪傑立不世之奇功成建國之偉業何一非冒大險夷大難由此膽力而來者哉然膽力者由自信力而發生者也孟子曰『自反而不縮雖褐寬博吾不惴焉自反而縮雖千萬人吾往矣』國之興亡亦然不信之人而信之己國民自信其興則國興國民自信其亡則國亡昔英將威士勒之言曰『中國人有可以蹂躪全球之資格』我負此資格而不能自信不能奮其勇力完此資格以與列強相見於競爭之戰場惟是日懼外人之分割日畏外人之干涉不思自奮徒爲恇怯彼獰猛梟鷙之異族寧以我之恇怯而輟其分割干涉邪嗚呼怯者召侮之媒畏戰者必受戰禍懼死者卒蹈死機恇怯豈有幸也孟子曰未聞以千里畏人吾望我同胞奮其雄心鼓其勇氣無畏首

畏尾以自餒也

一曰體力體魄者與精神有切密之關係者也有健康强固之體魄然後有堅忍不屈之精神是以古之偉人其能負荷艱鉅開拓世界者類皆負絕人之異質耐非常之艱苦陶侃之習勞運甓不間朝夕史可法之督師七日目不交睫拿破侖之治軍日睡僅四小時格蘭斯頓之垂老步行能逾百里俾斯麥之體格重至二百八十餘磅其筋骸堅固故能凌風雨冒寒暑攖患難勞苦而貫澈初終彼韃靼之種人斯拉夫之民族亦皆恃此野蠻體力而遂能鉗制他族者也德皇威廉第二之視學於柏林小學校其勅訓曰『凡我德國臣民皆當留意體育苟體育不講則男子不能擔負兵役女子不能孕產魁梧雄偉之嬰兒人種不强國將何賴』故歐洲諸國靡不汲汲從事於體育體操而外凡擊劍馳馬蹴踘角觝習射擊鎗游泳競渡諸戲無不加意獎勵務使舉國之人皆具軍國民之資格昔僅一斯巴達者今且舉歐洲而爲斯巴達矣中人不講衛生婚期太早以是傳種種已孱弱及其就傳之後終日伏案閉置一室絕無運動耗目力而昏眊未黄耇而駘背且復習爲嬌惰絕無自營自活之風衣食舉動一切需人以文

弱爲美稱以羸怯爲嬌貴翩翩年少弱不禁風名曰丈夫弱於少女弱冠而後則又纏綿牀笫以耗其精力吸食鴉片以戕其身體鬼躁鬼幽躄步欹跌血不華色面有死容病體奄奄氣息才屬合四萬萬人而不能得一完備之體格嗚呼其人皆爲病夫其國安得不爲病國也以此而出與獰猛梟鷙之異族遇是猶驅侏儒以鬥巨無霸彼雖不持一械一揮手而我已傾跌矣嗚呼生存競爭優勝劣敗吾望我同胞練其筋骨習於勇力無奄然頹憊以坐廢也

嗚呼今日之世界固所謂『武裝和平』之世界也列强會議日言弭兵然左訂媾和修好之條約右修擴張軍備之議案蓋强權之世惟能戰者乃能和故美國獨立他洲素不與聞外事者也然近年以來日增軍備且盡易其門羅主義一變而爲帝國主義蓋歐洲霸氣橫決四溢苟渡大西洋而西注則美國難保其和平故不能不先事預防厚內力以禦之境外夫歐洲諸國勢均力敵歐洲以內既無用武之地矣然內力膨脹鬱勃磅礴而必求一洩挾其民族帝國主義日求灌而洩之他洲我以膏腴沃壤適當其衝於是萬馬齊足萬流匯力一洩其尾閭於亞東大陸今日羣盜入室白刄環門我不

一易其文弱之舊習奮其勇力以固其國防則立羸羊於羣虎之間更何術以免其吞噬也嗚呼甲午以來一敗再敗形見勢絀外人咸以無戰鬭力輕我矣然語不云乎一人致死萬夫莫當彼十九世紀之初期法蘭西何嘗不以一國而受全歐之敵然拿破侖率其剽悍之國民東征西擊卒能取威定霸奮揚國威彼四十餘萬之法人乃能蹴踏全歐我以十倍法人之民族顧不能攘外而立國何衰憊若斯之甚也詩曰天之方蹶無爲夸毗柔脆無骨之人豈能一日立於天演之界我國民縱闕於文明之智識奈何并野蠻之武力而亦同此消乏也嗚呼噫嘻

論著門

學說

彌勒約翰之學說

君武

一　自由說

日耳曼人種曰自由者日耳曼森林中之出產物也歐美之人之言倫理學者其對社會之倫理一章第一曰重生命第二曰重自由又從而爲之說曰自由之與生命二者不可須臾相離故自由與生命之關係比之財產與生命之關係爲尤重要歐美之人之視自由也若是其切要而寶貴也顧吾中國之文明開化既歷五千年而中國人至今猶茫然不知自由是何意味其輕薄者則如羅蘭夫人所云借自由之名以爲罪惡其謹厚者乃鰓鰓然防自由之有流弊相戒不敢復道甚有詆自由之說爲異端詖唱道自由之人爲妖人而世之所謂達人名士者其論自由也亦僅以自由當有界而不

可以無限一語爲說夫是則何是以盡自由之意味也

彌勒約翰曰有有界限之自由有無界限之自由無界限之自由爲世人之所必需實有而不可壓制不可放棄者厥有三項

第一項曰思想自由　任在一地任處一事人人皆有思想自由之權或於學問或於道德或於宗教以各各不同之自由思想擇別去取之人之會心不同而各有其一己之絕對自由主意焉不可强同也言論及著作之自由則與思想自由稍異因思想自由與人無關涉而言論及著述之自由與他人有關涉也然言論及著述者皆所以發布其思想於外界也故亦當得同等之自由

第二項曰擇業自由　各人隨其性情之所近以擇職業如己所志而擇一業他人不能相阻苟我之所爲果無害於世人雖世人謂我愚頑謂我刁詭謂我錯誤固無傷也

第三項曰結會自由　今世文明之國莫不有無數之公會私會焉會也者國民團結之精神也事業擴張之起點也凡是人類必須有結會之完全自由權苟結一會

而於公理不背於世人無害則他人固不得用勢力以禁止之任一社會任一人民皆須有此三自由權且此三自由權當絕對而無所制限自由者依己之閒圖己之益我不侵犯他人他人亦不得侵犯我也人既各有身體各有心理各有志氣必各有法則焉以圖其身體心理志氣之發達安寧固不任受他人之干涉壓制也

以上三項皆無界限之自由也自由權之必不可無界限者曰行爲自由苟人人有完全之完全自由而無所防制則強暴之人亦不立德制及形制以限之則其爲害於此世也必甚夫行爲自由之不能如思想擇業結會之自由之無界限置天下之公言也其界限惟何曰不犯害他人

思想之自由固不可壓制也人之思想當尙未發布之先夫孰得而知之故徒有思想自由而無議論及著述之自由則其思想自由爲無效專制政府之所壓制文明人民之所競爭皆議論及著述之自由而已

文明之國家必獎勵人民之議論著作而不加以一毫之壓制人民之議論及著述既

勃興則其國家之興也勃焉專制之政府必壓制人民之議論及著作養成其人民盡有卑屈奴隸之資格噤口結舌不敢議論垂首喪氣不敢著作是不待敵國異種之來侵襲而其國爲已亡其國人爲已死矣

彌勒約翰曰一人之論固若渺乎小哉然無謂其小也天下最大之勢力莫如輿論然輿論固可以一人之力喚起之人各有志持論各不同阻抑一人之論其害似僅在一人然其害實廣及於衆人不可不察也蓋人間之事業全由議論而來苟其國之政府禁制一人之論其效常至人皆莫敢發言如是則其國之事業不興政俗守舊日趨敗壞是致弱之道也任何一人之言論皆不可禁制使其人之言而果是耶是阻遏天下之公理不欲世人之矯時正俗也使其人之言而果非耶則非者亦未嘗不與世有益蓋世間之眞理每因有僞謬者反映而後益明謬誤者產出眞理之母也

彌勒約翰立二說以證壓制輿論之謬

一　人不能決定一種議論確爲謬誤而壓制之

二　人雖決定一種議論確爲謬誤而壓制之舉即是大惡

彌勒約翰曰文明發達之國中無所謂異端者攻異端者最愚之事也夫與已不同之道輒誣之爲異端是誠思想學術家之大汚也是黑暗世界之暗影也眞理自眞理豈因人之誣以異端遂有所加損耶信理既篤之士雖加以縲絏桎梏而彼之信理自若彼以爲殺身者固理學家所應納之價値獨立晏然無所於懼其思想其利欲皆迥然出乎尋常之外勇猛精進泰然自足其心力强大游行自如懷抱極高固非尋常人世之刑罰所能禁止也是之謂眞愛自由者嗚呼民賊獨夫不知此故用嚴刑峻罰以禁新學殺新士者亦可以不必矣

禁止異端之事於國人心才之發達大有所防礙是能使人畏怖而失其理性蓋異端之禁既嚴則國人無强壯獨立之思想而其性情易流爲柔懦其智識遂難於發達苟有新異之思想議論出現於世不誣之爲背宗教即誣之爲戾道德生於其時之人雖最富思想力者亦僅發而爲曲藝小技而止不能蔚然成一大思想家且亦不知思想家固爲世界智識進步之導師而思想自由者固人類之天然權也

彌勒約翰又曰人羣之所以能進步者必因道術大興派別紛歧競爭不已斷非尊一

聖崇一說之所可致也欲知一人羣之福祉何如視其現存道術派數之多寡可知也派數多則福祉增派數少則福祉亡此一定之例不可駁也

近世之大著述家莫不主張宗教之信仰自由者蓋思想自由者人類決不可無之權也各有思想即各有信仰信仰一事斷不可以强人苟同然歷史纍纍宗教之戰爭常見而不絕者何歟蓋在信教者之意以爲信仰自由之權苟爲人人所共有則宗教之勢力必大減故不可不嚴其約束焉天主教及一神一體教束縛世人之思想尤甚惟許人信上帝及天國而已文化旣進之世人性常不樂於服從而受一致之縛束其激起而欲脫宗教之軛何足怪也

宗教之利固多其弊亦不少是能縛束人民之道德心而必使之出於一軌以一孔之理束萬夫之行其害之及於社會者不可勝言反而論之一宗教之所以能活潑興盛者必賴有反對者之駁論及服從者之辯護兩者合而教理乃明是非乃見而不然者信教之徒若師若弟因無仇敵之來攻也乃莫不高枕安寢而教理遂微矣

彌勒約翰曰人之行爲自由固須有界然必不可誤會此意而立一定之規矩以束縛

世人之行爲使出於一轍也一人當有一人之特別品行人世之大惡莫甚於不務發達箇人特別之思想以造出箇人特別之品行箇人之値價甚高勿沈滯於今世界之程度限於習俗而不思更有所進也世俗之論動曰法古此最不可通之論也若是是敎世人空無所爲徒抄襲古人之藍本而已世俗之論動曰勿自作聰明勿輕下論斷此最不可通之論也若是是敎人失其生活之方法棄其適宜之行爲廢其特別之性質也人當有特權依自己之境地及性質獨斷獨行不可有一毫依賴古人之心以古人之遺言遺行爲鑒而不以爲法人不可以如機器而當如樹機器者死物也依一成之式而不能自變人則不然人也者斷斷不可依一成之式以作一定之工者也人之精神當似一樹春日旣陽生長發達自由無礙如其內力之所向其生機活潑而不滯也

人之旣無自由思想者則亦必無自由之議論及著述日懷畏懼之心其關係於他人之事無論矣即關係於彼自己者亦茫然不問其事之合於己身之氣質與否又不思何者可以致己於發達興盛之域以得最高最良之地位勵致自己茫無目的而惟鳳

俗習慣之是從夫人而至於茫無目的徒貿貿然一從夫風俗及習慣則其心性之受軛已甚矣極其弊必至於一切日用當行之事亦不辨何者爲樂何者爲辱問之則曰吾從衆而已是其罪莫大焉因是必喪其天然之才能才能既萎死乃至無嗜慾無歡樂甚至其家室財產之爲何如彼亦無意問之遑言國家遑言社會嗚呼其何使我人類之喪失其天性至於此極也

所謂箇人之發達者謂人人皆知自尊貴而各有與他人爭美之心是也一羣之人莫不有爭美之心則其羣之發達也必極速人羣發達之原在其箇人各有目的而各求達之不爲他人之力之所阻礙彼此爭爲發達而不相防一社會之能發達者必其社會中之各分子大畧各有相等之發達其箇人彼此相對待以正義而不以私曲箇人之感情及能力既優其對待他人未有不善者反此言之苟一社會中之箇人彼此皆牽制拘束不知自重則其現象必愁慘而發達必終無可望蓋箇人之性質既不活潑而盡已喪失其天性猶欲其社會之發達何可得也誠欲一社會之發達也則當許各異之人顯其各異之品行圖其各異之生涯不觀夫歷代已往之陳迹乎專制政體者

乃敗壞箇人品行性質之大毒品也屈萬人之心以從一人之欲故專制政體下之人民斷無能自發達之理而信教最篤之人民亦決不能發達因彼既篤信上帝之教條其人羣之本性必已失壞其被禍葢與服從於專制君主之下者同也

不觀於東亞諸國乎東亞諸國不知思想自由爲何物而每以風俗規矩爲最後之斷案其所謂正義所謂公理者皆風俗也風俗之勢力極大無一人敢抗之惟其國中之暴君有製造風俗之權夫東亞諸國非世界文明起源之域乎其美術文藝高宮宏寺巍巍乎垂世間而不朽而既爲西方諸國文明之先導矣惟因溺於風俗之故遂與自由進步相分離其文明戛然中止吾歐洲所以有今日之文明者因吾歐之國民受風俗規矩之害不若東亞諸國之甚故能變也吾歐洲自羅馬傾覆以後諸國繼興勢力相競有於一歲之中再三變遷而棄其前人之式俗者變遷不已以求進於美善歐人知惟變遷乃能進化故能創造機器發明新理若政治教育道德之屬莫不務爲改良彼國既改則此國亦相隨而改故其影響最大而速吾歐人誠世界上最能進步之人種非虛語也變異者天則也此分既變而良彼分效之而皆良焉此進化之公例也

彌勒約翰曰。社會之組織。雖不實本於契約。然存在此社會中之人。莫不各有其義務。爲人莫不受社會之保護。則莫不當有以報其恩。報恩之道奈何。即箇人在社會中之生活行爲。皆守其界線。而不侵害同居此社會之人是也。反而言之。社會之執主權者。有保護箇人之義務。苟不盡其義務。則與侵害他人之罪同。

社會固有保護箇人之義務。至社會之權。則不可過大。苟社會之權過大。而干涉人民之一切私行。則必至人民之一舉一動。皆無勢力。其強烈獨立之性質。必漸失去。蓋人民合理之行。已所以爲是者。而社會托於免害他人之名以干涉之。是他人未受害。而我已先受其害矣。是之謂越權行覇。是之謂專制。因是之故。人民因自求免禍也。可以與革命以脫其軛。而不爲背理。

彌勒約翰立二格言。以明社會對於箇人之權限。

第一　苟箇人之行爲。只關係彼一身之利益。而不涉及他人。則社會不必理之。若社會因箇人之行爲不合。而勸戒教誨之。其心本於爲箇人圖利益。則無不可。

第二　苟箇人之行爲侵犯他人之利益則社會不能置諸不理必使之受社會法律之罰焉因社會者有保護箇人之天權者也

侵害他人利益之行爲社會有權以干涉之固也然亦有辨焉常有箇人按正理而行而亦不免遺害於他人者如商賈爭利捷足者先得其不得者苦矣學生考試能者高級其不能者苦矣雖社會之制度甚善亦萬不能免其有此等事蓋凡二人爭得一物有得之者即有失之者凡此之類社會皆不能援侵害他人利益之例以干涉之也以法律言以道德言皆無可干涉之理所當干涉者即其侵害他人之利益而不以其正如欺詐橫逆强惡之類皆是也

彌勒約翰曰人則充世皆是而英雄不世出英雄固常居人類之少數乎誠欲英雄之產於其國也則不可不豫備生產英雄之地英雄者惟呼吸自由之空氣者也故常產於有自由空氣之國英雄常顯其箇人之天才以自適而不爲社會固有之模範所限每一社會皆有一模範以限制其社會中之箇人而鑄成其性質天才稍弱之人無不入其社會固有之模範中其天才遂日趨於低下英雄不然英雄之性情最强常能破

除桎梏毅然以己身爲此社會之大表記此大表記者固前此社會之所未有故當此大表記初出世之日一世皆驚常有毀之爲荒野謬誤者嗚呼是猶尼加拉 Niagara 大河經荷蘭之曲岸以赴大西洋澎湃震盪欲其安流無聲固不可得也

彌勒約翰曰自由之理止可爲成人言不足爲童子道蓋童子之年既幼稚方須他人之注意保護防其己身之行爲如防外害焉以同理論之凡一國之方在幼稚之年者必不能無所發起扶助而能自然進化也故自由之理亦非爲野蠻而設必俟人類進化有普通明達之智識而後乃有自由可言也

（未完）

中國興亡一問題論

觀雲

第三章　地理（續廿八號）

第十節鐵路鑛產　今世界至偉大之力水則滊船而陸則鐵路焉有滊船而海受治於人而海王有鐵路而山受治於人而山王矣中亞洲一帶之山國他日繁盛或有如今日之海岸線隸國者其必假自鐵路之力以彼之萬軸奔馳追風逐電而道路所經山川則聽其揮斥焉人民則受其彈壓焉物產則由其輸送焉廛市則歸其部居焉其鐵路所到之處即其財權所有之處其財權所有之處即其兵力所及之處其兵力所及之處即其管領土地所至之處哀哉各國之封割我束縛我者不以後膛之槍綠氣之砲而以此雷激電犇之一大怪物也試言之曰東清鐵道長春吉林間鐵道關內外鐵道北京張家口間鐵道蒙古鐵道蘆漢鐵道正太鐵道津保鐵道山東鐵道山西鐵

道。粵漢鐵道。南京上海杭州甯波間鐵道。南京漢口間鐵道。津鎭鐵道。重慶漢口間鐵道。雲南鐵道。清緬鐵道。京江及福建鐵道。澤州間鐵道。（屬福公司）而英也。俄也。德也。法也。美也。日本也。比利時也。凡他日之欲爲中國主人翁者。莫不閧眼光注心力投金錢計工程於我大陸間。而路之未成者。豫規畫之。從而經營之。又從而要約之。路之已成也者。謀展拓之。從而接連之。又從而管領之。且也以我明嫿之山川。博麗之土地。金銀之氣。溢於蒼巘赤岬之間。煤鐵之苗。露於近郭遠郊之地。而又蘊蓄數千年。惟五帝三代時。有取其地面之浮出。及藏於地層之淺者而取用之。而秦漢以下。廾人歇絕未聞王者謀國。有取五金以足用者。間有遺洞古窟。不爲王者政令之所封禁。即爲民間風水之所拘忌。此寶王之國。而其國之人。日對此金銀之樓閣。百寶之宮殿。夢夢然而不知焉。或知之而又苦於無機器焉。無貲本焉。無提煉之法焉。無運送之道焉。不然。不得見許於其官長焉。不然而又不得見請於其政府焉。不然而又不得見允於其鄉閭焉。而於是一絕大無盡藏之產業。不得不轉而贈諸外人。且夫鑛產之與鐵路。固互相表裏者也。以鐵路運鑛產。而鑛產之運輸便。以鑛產養鐵路。而鐵路之生計盛。吾行見二十世紀吾三幹之麓兩戒之間罫山絡野接軌連軫噴赭煙而掣流星者各國之鐵道。焉鎚幽鑿險夥頤萬指堆鐵炭之崢嶸而耀金寶之璀燦者各國之鑛所焉起而視吾華人則爲其工築人焉傭役人焉伺候人焉嚮導人焉運送人焉小販賣人焉舊產主而分微利人焉而各國揶揄而鄙薄之曰此亡國之民此賤種之產蓋當我國人熙熙太平沈沈鼾睡之日而敵已縛之殺之有以制吾後日之死命也

游學譯編譯日本讀賣新聞言中國鐵路之事甚詳。有大足喚醒我國人之迷夢者。不嫌複述。附錄左方。

方今之時。立國之方針。除舉國一致實行帝國主義插足支那大陸以分割一臠之外無何等之政策試觀支那大陸列强之鐵道計畫。彼歐美諸國在彼冥頑劣弱之人種之地皮上反客爲主。爲如何之活躍。蓋歐美列强於支那大陸。所以注目於鐵道之敷設。以全力相競爭者。非僅望收鐵道上資本金所生之利益而已。其勢力權之所擴張由此而無有止境。夫利用此無主之地。以實行其殖民政策。則不可不著手於鐵道線之延長。鐵道線之延長。即不外爲擴張勢力範圍之切實根據一旦破東洋之平和而挾其快鎗巨砲以臨大陸之上。則據此而得爲極敏活之運動。固不待辨而明者也。顧即平和之局。猶可以勢力相持而暫爲保存。彼支那人。種之絕大利權絕大實業既全操於白人之手則亦拱手舉亞洲大陸而奉白人種以爲長子孫聚國族之鄉里。彼蚩蚩支那民族者。將淪爲餓莩以乞食於路衢不待百年而靡有孑遺固可計日以俟者也。夫優勝而劣敗者。天演之公例也。吾人見列國對淸經營而袖手以視之者。將尙有獨立自主之期望於支那人乎。彼民族

者。何足道哉、彼其於實業於政治於軍事關係絕大之鐵道政策。瞠目而無睹者。固有感情有楚痛的下等動物之不若。試列舉已設未設及籌畫計度中之各線路。自北方及南方按圖而索之。

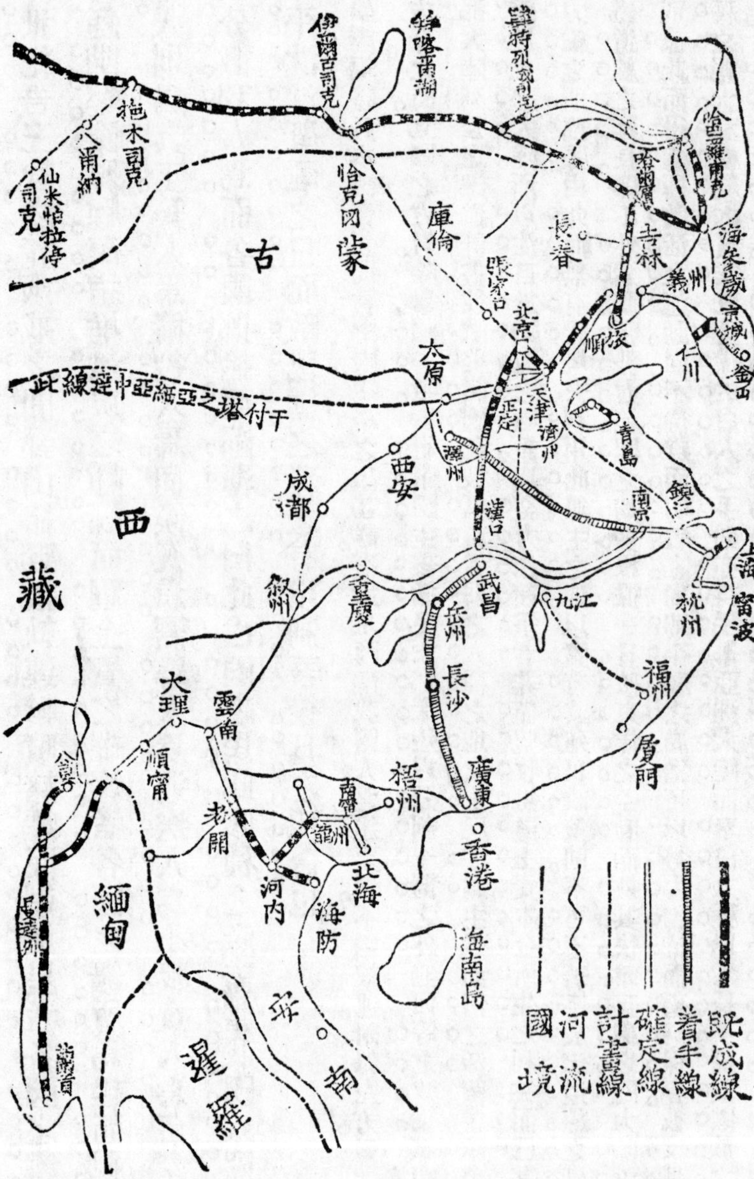

一東清鐵道

今俄皇尼哥拉士之東遊也。在明治二十四年。距今十三年前。實始於海參崴。舉行西伯利亞鐵道之起工式。當是時。誰料及東清鐵道之敷設權。又委於俄國之手。舉廣大無限天產豐富之滿洲全土。而置諸彼族之勢力下耶。然而甲午一役。日清戰爭之結果。日本之外交。全被屈辱。方政府與政治家臥薪嘗胆廻環思度之時。而有名之喀希尼條約。已締結於秘密之間。東清鐵道。遂至據此條約之結果而起工。明治三十年八月十六日。舉行盛大之起工式於波爾打夫司卡亞。雖然當時俄人之計畫。只爲橫斷滿洲。謀崴港與西伯利亞幹線之聯絡而已。至其後明治三十一年五月。次之以租借旅順大連灣之事。遂得橫斷滿洲鐵道之支線與將該線路延長至旅順大連之特權。俄國南下之雄圖。漸得達其一端。如是俄人工事益急。西自撒巴異卡爾。東自烏蘇里。南自旅順大連灣。一時幷起。雖中間被拳匪之騷亂。稍稍破壞。亂定之後。日夜催促。至去年春季。全線路工事既竣。自本年一月。搭客載貨一般運輸之事業。遂已開始。且計畫自大連至墨斯科每禮拜中發一回之急行列車。目下正在經營中。在十餘年前。爲貫通歐亞大陸之一空想者。今也以東清鐵道與西伯利亞鐵道相聯絡。固已成爲事實。彼支那劣種者。非獨臥榻之側。任人鼾睡而已。實已被縶於雙鷲國旗之車轂間而絡首穿鼻。牽以入廚待命於刀砧之側矣。此鐵道南方之發起點。爲旅順大連灣。北行九百二十三俄里。至哈爾賓。與橫斷滿洲之鐵道相合。東至崴港。爲七百二十六俄里。西達曼濟尼利亞驛。爲九百七俄里。自曼濟尼利亞驛。走三百四十俄里。而達於西伯利亞幹線之加以達羅烏。於此處遂與西伯利亞本線相連結。總計延長及二千七百九十六俄里。而與東清鐵道之完成。同爲不可彌忘者。又有一事。即此東清鐵道公司以旅順爲起點而開行滊船運輸業是也其航路之第一線爲旅順口長崎威港之間第二線爲上海旅順長崎釜山元山歲港之間第三線爲旅順口達爾尼芝罘間此外安樂縣之大東溝亦有臨時廻航之事其後又將俄荷瓦以特茨克東塞加航路一併開始此固愈足以知俄國以遼東爲永久之根据地而欲獨占太平洋海權之野心也而在滿洲礦山採掘權則又以昨年十一月奉天將軍長順所締結之金鑛條約享有優許之特權而依此鐵路與海上運輸業使俄人於滿洲一帶有縱横獨步之勢彼如滿洲撤兵之事不過有名無實彼安肯棄去其歷年經營之政策而戢其大鵬展翼之雄心耶

二長春吉林間鐵道

長春吉林二百華里間敷設鐵道之事曾見於吉林將軍之奏議淸國現在諮問黑龍江將軍之意見果承諾讓與俄人與否尚爲一疑問聞淸政府之意見他日欲將此線路延長一方至山海關一方與黑龍江之某地點相連絡然据近日風聞之說則此鐵路之敷設權既爲俄人所攫得爲東淸鐵路枝線之一起工之事亦已决定蓋爲近真云

三關內外鐵道

當義和團之亂俄法英軍隊將關內外鐵道悉取而占領據守之至昨年九月以數回之交涉漸次將全線還付淸國鐵道總局此世人之所新記臆也此線路之始設也以採掘開平岸抗目的英人基爾克氏始自開平敷設至白塘河至今日則自北京至天津自天津至山海關自山海關至錦州及營口皆被開通敷設爲世人

所熟知之事。然自表面觀之。此鐵路。雖爲淸國所有。於其實際。實歸於英人權力之下。

四北京張家口間鐵道

張家口者。爲東蒙古之要路。他日俄國敷設橫斷蒙古鐵道時爲不可缺之要地。故俄國欲於此間得敷設鐵道之權。非一日也。吾人雖未聞此敷設權歸於俄國之手。然於將來發表事實之日。當不甚遠。無難豫決也。若果歸於俄國之手。則俄人當直使接續蒙古鐵道。俄人欲脅迫北京朝廷無便利於此路者。何則。一朝有事之時。自聖彼得堡出一號令。則百萬之精兵不出旬日可自西伯利亞鐵道之伊爾古茨克分枝線直橫斷蒙古而達於北京。其於淸俄間利害之關係。頗爲重大可知也。據最近之通信云。淸政府有將該線路實地踏勘之舉。或者淸廷悟此路於國家之存立上有重大之關繫。欲乘俄人之未及要請而先自經營之乎。

五蒙古鐵道

此線路。爲自西伯利亞之伊爾古茨克分岐。過恰克圖庫倫而出張家口之計畫。明治三十四年四月以來。俄國政府。從事於實地測量庫倫恰克圖間九百華里。測量既畢。張家口庫倫間八百五十華里。亦豫定當至本年三月頃竣事。俄國欲在滿洲蒙古之野。擴張勢力。其如何之熱中。可想見也。

六蘆漢鐵道

此線路爲自北京蘆溝橋通湖北省漢口之大鐵道。係比利時公司之所經營。與美人經始之粤漢鐵路。兩線相輔。爲縱斷淸國南北部最重要之交通機關。初盛宣懷之爲鐵路總辦也。決議借入外資以爲敷設費。商議於美國公司而不成。(光緒二十三年)其後比利時公司見機而作。商訂貸金契約。因種種交涉之結果。得經營之權利。保護之者爲法比兩政府。然熟視其底蘊。則俄人之勢力依然潛伏於其背後。畢竟比利時公司者不過俄國之傀儡而巳。

其工事。北京一面自明治二十九年始着手。漢口一面自明治三十年後半期始着手。今日在北方。則自北京至正定府已竣成。自正定府至順德府之磁州。至此時當竣工。有在華歷一月開始運輸事業之說。南方則自漢口至河南省之信陽州百三十二哩之間。線路敷設完竣。去年八月十五日已開始運轉。而信陽以北迄長臺關約五十華里。築隧工事既終。軌條敷設亦漸完成。雖至竣訖全線之工事。尚須多數之期日。而工事既畢以後。於清國內地通商若礦業以及交通上軍事上。必有甚大之變動。俄法兩國勢力。益得逞於內地。爲必然之勢也。

七正太鐵道

此線路爲距今五年前華俄銀行所得之敷設權。據當時華俄銀行與山西省務局之合同約款。則此鐵道開通後三十年間。在本線路左右一百華里間。不許敷設他鐵道。其敷設之計畫。自正定府附近之柳堡林。至灘水左岸平定州迤北之石炭礦。爲第一區。自此處至山西省太原府。爲第二區。延長凡一百三十哩。費額爲六百八十萬兩云。此線路爲達於陝西省西安府之幹路。則在陝西有礦山採掘權之英國。其利害之相牽涉爲最大。據最近之通信。則巳決定自華曆二月中旬起工。他日俄國延長中央亞細亞線而通於清國。其最爲主要者。此正太鐵道也。

八津保鐵道

此線路爲自天津至保定府之鐵道計畫。其敷設權。爲英國事業公司之北京公司所獲得。尚未起工。

九山東鐵道

山東鐵道。人皆知爲德意志所經營者。以膠州之青島爲起點。而爲二線之計畫。一線自青島北而西經濰縣、昌樂縣、而達於濟南府。一線自泰山地方之南部而達於濟南府。而其北線迄濰縣既開通。自濰縣至昌樂縣之工事、近頃竣成。已開始運轉。自昌樂縣至濟南府之工事。亦大半工作完善。惟中間在淄河小舟河築橋工事。尚需時日。至本年九月。當見全線之開通。山東省內沂州新泰博山濰縣等有名之煤礦。五金礦。頗多。德人。將來之所經略可知也。

十山西鐵道

述山西鐵道之事。所首當記臆者。北京公司與清國政府所締結之契約也。据該契約。則北京公司第一回。以千八百九十八年五月二十一日之契約。得有山西省及陝西省之礦山採掘權。第二回以同年六月二十一日之契約。得有河南省礦山採掘權。中日戰後。清國之讓與列强者雖多。未有如次之大割捨者。据利喜妥火、亨氏所調査。則右三省之炭田面積。總計七萬一千方哩云。又据該公司礦山科擔任者威里唔棄趣塞茲克略氏。及土木器械科擔任者査躍士德觚姆遜氏所踏査報告。則其炭量足充二千年間世界之需要額。更於最近該公司格拿士氏所踏查報告謂「自北京公司之炭山所採掘之石炭從鐵道而輸送於南京對岸揚子江支流之停車場其費用僅一噸十二志(約六圓)自此處容易臺載於向他口岸之滊船炭質極為良好有無煙炭發煙炭之兩種當賣出之時即以一噸二十志之相當值而賣猶有八志(約四圓)之利潤以予所估計若自炭山到海岸之鐵道敷設既成則每年賣出約二百五十萬噸確信為容易之事即石炭一噸得純利六志(約三圓)全額二百五十萬噸一年得利子七百五十萬圓極為易易據予所確信則清國全體之地不見有如陝西及河內石炭產出量之巨大且良好者實獲得此讓與之利益者為清國第一非常有力之人故吾人當依熟鍊與注意與經濟以全力發達此公司之業務則商業上之成効可刻期而待至此鐵道敷設完全之日則尤為英國商業工開一大市場也」云云

山西鐵道則以開掘此無限之炭坑為第一之目的而敷設者也據最近之通信則北京公司既著手於線路之實地踏查以山西省之澤州府為起點而經河南之衞輝開封歸德等府出安徽之鳳陽府達南京對岸之浦口其計畫已定尚當敷設太原西安間鐵道而於該鐵道中間之平陽府使聯絡澤州線云其工程之偉大可想也

十一粵漢鐵道

此為美國所有敷設權在漢口廣東間與盧漢鐵路相輔為縱斷清國南北絕大交通機關之一雖當拳匪變亂之際妨其着手之工事而至昨年亞美利肯合以拉德畀羅布梅脫可姆巴尼愈着手於其工事現以帝國

大學校教授廣井博士之周旋。以邦人某某等工學士十人者從事於該工事云。據美國新聞所記。該線路起廣東。沿姐林舊街道而北進。除姐林隘路。則該通路之大部分爲可航之河水。而鐵道當通過此水徑之低地。終聯絡於蘆漢鐵道。所示沿路之重要都府。則自廣東經過韶州衡州湘潭長沙岳州武昌等處。其起工始自廣東。竣工期限。豫定爲二年。當與蘆漢鐵路共開始縱斷南北之交通運輸云。而此華美公司。於獲得此鐵道敷設權外。更獲得湖廣間礦山採掘權。實爲宏大之利益。彼悻悻然自詡爲閉關謝客之湖南人。即今已爲亞美利加一工程師所穿鼻。礦山鐵道無一爲所自有。一二年後。過洞庭衡山間。當必另有一種伺候白人顏色之風景矣。

十二南京上海杭州甯波間鐵道

此鐵道爲英國所獲有之敷設權。駐在上海之英國總領事巴以倫布累蘭氏。曾爲此事業之代表者。盡力以謀敷設之事。南京上海已經爲工事開始之準備。不日將興工。此線道聯絡揚子江附近繁富之都市。將來之繁榮。可計日而待。英國勢力之增加。固不待言。然英人尚抱將此線路延長沿南方海岸以達於廣東之計畫。爲現今隱密調查之證。或云。英人既放棄此計畫者。吾人所不能遽信也。而上海吳淞間鐵道。爲一千八百七十六年英國商人所布設者。現今正爲運輸之業。至近頃則架橋於吳淞運河。越過此橋而延長線路於日本郵船會社所有地之附近。其工事亦已着手。

十三南京漢口間鐵道

跋扈長江上下游之英國。獲得此路敷設權。雖尚未起工。然爲將來英國最重要的線路之一。蓋在支那之外國貿易以上海爲中心。雖輸出入品之過半。悉利用揚子江之水運以輸送之。然至南京漢口鐵道竣工後。以是往復於長江沿岸。與水運相輔而交通貿易益爲便利。此鐵道他日當與津鎮鐵道（英德共同）連絡於鎮江。經江蘇省而通於北清。以與在俄國勢力下之蘆漢鐵路相對抗。至英國伸張勢力之緬甸雲南鐵道延長於漢口時。則英國於平時可得於本國鐵道之上。爲北方支那與緬甸之運輸交通。一旦有事。則聲勢聯絡緩急足以相應。故此鐵路之成與不成。關係於英國殖民政策之勝敗甚重要可知也。

十四津鎮鐵道

此鐵道爲自天津沿大運河出揚子江而達鎮江之線路。其敷設權雖曾爲支那人之所得。而爲其後援者。實爲英國之資本家。然因此線路之利害。其影響所及頗關係於德國之山東鐵道。德意志政府抗議相阻。於是企業者欲離山東省之境界而敷設線路於西方。然因接近法比兩國所經營之蘆漢鐵道。法國公使爲强硬之反對。不得起工。企業者。遂有爲英德共同經營之協約云。要之此鐵道次於蘆漢鐵道。爲縱斷淸國之重要線路。固盡人所公認也。

十五重慶漢口間鐵道

此鐵道爲自漢口至四川省重慶之計畫。其敷設權雖未聞落於何人之手。然以今所揣測。殆必爲英國所獲得。去年盛宣懷以此鐵道敷設之事奏請於朝。外務總辦慶親王以英政府之反對爲口實而却下之。然英國以外。競爭者爲法俄二國。二國之資本家。現有就該線路爲種種之調查者。或云昨年盛宣懷之奏請。亦依賴法俄二國之出資者云。何則四川省者爲富裕之地域。饒於礦物。兼產出絹蠟煙草等佳良之物品。此外產出穀物亦夥。所產之茶質。雖不佳。其量頗多。棉花亦爲一良產物。近來諸工業亦頗發達。人口凡四千萬。其首府成都。爲有人口近百萬之殷富之都會。於政治上又占重要之地位。然則爲列强之夙所注目而欲占有其富源之開發權者。非復一國。自然不免列雄之競爭。而從來於此省內。得有採鑛權者。爲清法組合之福安公司云。

十六雲南鐵道(英法之角逐)

玆所稱雲南鐵道。係指諸國所經營者。自法領之海防。經河內老開。而達於支那之雲南府。爲一線。自河內而通過諒山。至龍州南寗百色等之支那領地。爲一線。自廣東省之北海。至廣西省之南寗。爲一線。皆包括於其中。抑英法兩國。欲將支那南部大市場之生產。掌握於本國勢域之內者。歷年角逐之活勢。宛如兩虎之爭肉。而揚子江流域。爲中部支那之商業的大通路者。西江流域。又爲南部支那富源之大脈管。二者殆不相上下。是以英國欲利用此流域。而將南部支那之富。吸注於香港者。法國亦企望將西江流域。置於其圈限之內。已非一日。一千八百九十八年四月。清法條約。法國所租賃之沿雷州半島東海岸的廣州灣。雖爲法人所欣慰。而此港每年之中半。見蔽於濃霧。加之有四十啓羅横亘之砂礁。通航危險。將來爲貿易港。其不完全之點頗多。且不僅如此而已。距貿易航路懸遠。而形勢迂廻。故法國希望在西江江口得一地點之慾𦡞。甚爲炎熾。一時買收澳門之議。起於葡法之間。然雖有如何之貪欲。而去西江江口不遠之地。爲英人所根据之香港。又九龍附近一帶之地。爲英國租貸之區域。盡力扶植己國之勢力。擴張己國之權利之範圍。而排除他國。故法人之侵入西江。遂不能達其目的。至不能不以保留西江上游地域。爲相抵制之勢。於是法國專爲用其東京殖民地以實行自陸路侵略支那南部之計畫。遂爲此雲南鐵路之創始。夫西江者。吞吐無限之物產。天賦之形勝也。法國爲對抗英人之故。而以鐵路劃英法二國之疆域。誠出於勢之所不得已也。使法國而緩一日。則必貽百年之憂。以此可見法國之如何傾注精力於此鐵路也。

此鐵路起於東京灣之海防。至首府河內。(此間九十七哩)爲第一區。自河內至老開。(此間四十哩)爲第二區。自老開至雲南府。(此間三百八十五哩)爲第三區。第一區第二區。爲法政府之所敷設。既已竣工。列車運轉。亦已開行。第三區爲私立公司之所敷設。現尚在工作中云。以上之線路。爲自雲南府達海岸最近之線路。屬於法國經營南清最重要之事業。又河內諒山龍州南寧府間鐵路。爲甫伊烏里爾公司之計畫線。河內龍州間之一部已竣工。現更謀將此線路自南寧府延長至梧州府。與鬱江之水運相輔。以吸收西江沿岸之貨物云。而北海南寧間線路。爲因列國鐵道事業之競爭。而歸於最後之法國者。非法國眞實有敷設之意。然此線路爲河內南寧間線路之勁敵。一旦敷設權落於他人之手。取爲河內南寧線之競爭線。則法人經營南清之事業。有割奪利益過半之恐。故此線爲法國欲避此勁敵而攫取其敷設權者。此外據法政府之所豫定。則有延長此雲南線。使達於四川省之叙州成都等之計畫。然如此則侵入英國之勢力圈。必致生兩國間之葛藤。又此地方去海面頗高。不無鐵道工事不可施設之處所。故法國今尚付之暗默也。

最後則有自雲南線之老開而聯絡於雲南省之一市及思茅。導普洱茶之大市場於東京灣之計畫。聞尙未獲得其敷設權。要之法國侵略南淸之成否在俄法之外交上有至大之關繫。俄國張勢力於北淸之日。則亦法人飛躍於南淸領土之時也。英人之汲汲然期不爲二國所乘也亦宜。

十七淸緬鐵道

當法國經營雲南鐵道而不暇他顧。時英國之經營淸緬鐵道。有足使法人吃驚者。從來淸緬間陸上之交通。峯巒重疊。鐵道工事。殆爲不可措手之處。然銳意侵略冒險直進之英政府。於一八九八年二月之條約。獲得延長緬甸鐵道至雲南順寗府之特權。爾來工事著著進步。某法國人嘗有絕叫。謂英國之淸緬鐵道。將法國經營南淸所得之利權。全數奪去云、蓋淸緬鐵道。實與不利益於法國。而獨與利益於英國者。現今雲南省實爲英法角逐之地域兩國間之事端當以是益益劇激据許多旅行家探險家之說。則雲南貴州之礦物極多。其產出之額亦爲巨大。冠於支那全國。其交爭固當日甚。可以懸揣而知之也。顧英國。經營淸緬鐵道之志非以雲南爲最終點而遂滿足也更欲延長之。使聯絡北淸鐵道。而長驅以入北京即自雲南出四川省之敍州重慶更進至漢口連絡南京漢口間鐵道使與津鐵道相通歸著於北淸鐵道而於他方更自敍州出成都西安以握四川陝西之管鑰。如此則淸英間陸上之交通殆無遺憾由此而行之則英國之在支那大陸其通商。上政治上軍事上所有之地位非獨將法國南淸經營之利權全數奪去而已直將支那全國生活之命源。舉而置諸其囊橐中。病夫病夫此後豈復更有生理吾人固不得不贊頌英人規模之宏大而爲四萬萬人種懾魄而亡魂也。

清緬鐵道之現況如何。起於緬甸首府之曼達列而至潞江近傍崑崙之線路。既已竣工。自崑崙至雲南省之順寧府。爲最難之工事。雖未見十分完成。而較最初所計畫之八莫線工事頗爲容易。其竣成亦當不遠。据最近之通信。則英國於昨年十二月。既獲得延長清緬鐵道過雲南大理更經過敘州成都重慶而至湖北漢口之鐵道敷設權。果若所言。則英國之計畫線。固已如願相償也。

十八　京江及福建鐵道

京江鐵道。爲自北京至江西省之九江之線路。係由美國資本家之手所定之計畫。曾於日美雜誌。傳此間之消息云。京江間鐵道設置之計畫。大有成就之望。其線路自北京經直隸省之大名府。至山東曹州。終達於九江之對岸。此鐵道之結局。挾於法比經營之盧漢鐵道。英獨經營之津鎮鐵道之中央。將來與是等鐵道。自然生絕大之競爭。故此等四國。必將極力阻止美國線之敷設。雖然。美國有志者。已通款於宮禁之內。藉榮祿李蓮英之援助。約捐助頤和園修築費百二十萬兩。以交換該線路之敷設權云。据此段消息。可以知其大體。而此鐵路。當自九江而延長至於福州廈門等處。侵入日本之勢力圈內。爲我日本人所不可放任之事。吾人於此。不得不思及我邦所企望之福建鐵道。聞福建鐵道。在拳匪之亂前。曾經一度實地查察。又爲攫取敷設權。曾爲一度之要索。及亂後。遂置而不問。今尚寂然無所歸宿。前日西電所報。謂福建鐵道。將落於日本之手。爲內田公使所奔走營畫。此回公使歸國之事。實關係此路問題。頃內田公使既一度還朝。而來月下旬首途歸任。

吾人不知公使歸朝之故。果若人言。關於福建鐵道之計畫與否。然不得不希望其信然。且希望有十分滿足之結果。若一度此線路敷設權失去。則我國在淸國詎得有半哩之鐵道耶。

其他之鐵道計畫

俄國之經營正太鐵道。既如前所述。然此鐵道非僅限於前所云線路之區畫而已。更當導之出蒙古之野。（欲延長至陝西省西安府。然以與英國互異其利害。故避此葛藤而出塞外）過天山北路。出庫爾濟亞。至塔什干。而聯絡中央亞細亞之大鐵道。恰與英人之淸緬鐵道欲聯絡北淸線路者相同。爲俄政府多年之所企望。又務所經畫云。如此則俄人在西伯利亞鐵道之外。更有貫串歐亞之一大線路。其高掌遠蹠。欲將歐亞壁爲二大分。而自占其一。可知也。此外俄人西伯利亞之計畫。以託木司克市爲起點。而經由八爾納仙米帕拉停司克威爾尼諾市。以達於塔什干市。聯絡中央亞細亞之大幹線。俄國鐵道王馬門脫夫氏專尸其任。又西伯利亞鐵道之本線。當初所計畫之黑龍江沿岸線路。現亦必欲敷設之。已決定支出費用一千六百五十萬磅云。其志望之壯大爲何如耶。

總　括

以上吾人既列舉支那大陸既成未成及屬於計畫中各鐵道之大要。又將英俄二國之饞涎毒吻。在吾人所列舉以外。尚有許多之計畫。亦已呈其大畧如右。讀者試開亞細亞地圖。即見各鐵道線路印書其上。然則廣衍饒沃四百餘州之山河。自今若十年若二十年之後。自東自西自南自北。當見滊車之縱橫馳驟。頗極頻繁者而最不可忘者爲直通歐亞之三大線即一爲既成之西伯利亞鐵道一爲蘆漢鐵道之分歧線自正太鐵道西走而聯絡中央亞細亞大鐵道者一爲清緬鐵道自雲南出緬甸之曼達列至蘭貢連絡於將設置之蘭貢卡爾卡此克線路而西方貫通阿富汗波斯等而達於土耳其之君士但丁者。而此等三線內二線爲俄國所有其一線路屬於英國屬地之下。又可以知將來列强在東亞之勢力有强弱消長互異之傾向而此四百餘州之舊主人翁者則已如行沙漠中而認荒殘之人馬骨僅留一二歷史上之痕跡。供人唾罵供人嘲弄。爲無獨立性無團結力無國家思想之殷鑒而已嗚呼此歐亞交通上之大變化於將來世界貿易上政治上軍事上及社會百般之事物上當有如何之變遷爲今日所當切實研究之絕大問題。吾人際此大變化之時機。在對岸大陸無一哩半哩之鐵道。尙能與歐美列强分臠此一塊肉而染指於其鼎耶吾人不決破此急裝緊縛之徽纆。則所謂清韓經營者。畢竟歸於空論。是我日本於事實上不免放棄推亡固存之天職。坐觀弱肉强食之舞臺。而不能提足以求便利也噫

譯者曰。前古陸路交通時代。則所重在於通衢達道中古河流內海交通時代則所守在於河流海峽近世。大洋交通時代則範圍一變而海權之說起焉(海權者與領海權者異領海權者內海及大陸近傍海面國際法所公認之領有權海權者甲國大洋交通之勢力最盛爲乙國所不及則甲國往來乙國之大洋航線如經乙國默許爲甲國所獨有者然)自今以後則自大洋交通時代而入於全球大陸交通時代於是。立國於陸地者全恃鐵路爲生活之命脈。各國之所爭競。皆在於此。英人之滅杜蘭斯哇爾也。以欲造縱貫

非陸之鐵路。德人之欲據南美爲殖民地也。則攬巴西之鐵路。欲據小亞細亞爲殖民地也。則攬小亞細亞之鐵路。而支那大陸以饒沃聞於全球。欲分割而盤踞之。莫如奪取其重要之鐵路。則不必顯居分割之名。而陰享分割之實。近年以來。各國勢力範圍之劃定。實藉攘奪鐵路礦產爲切實施行之證據。事實昭然。明白共曉。然而我國民腦蒂中猶不震不動。不聽不竦。若無足措意者。何也。今遍數國中之鐵路。不曰俄羅斯所經營之某線路。則曰英吉利所經營之某線路。不曰法蘭西比利時所經營之某線路。則曰德意志美利堅所經營之某線路。儼然名從主人之例。地球各國公認之。本民族亦袖手旁觀。而莫之恠者。試問英吉利國中有某線路爲某別國所有者乎。問法蘭西國中有某線路爲某別國所有者乎。問俄羅斯德意志國中有某線路爲某別國所有者乎。曰某線路爲某別之所有云者。即此線路之地域爲某國屬地之代名詞也。曰某國屬地之代名詞者。爲全國土爲無主之物也。舉支那全國爲無主之物者。即歷史上大書特書曰支那帝國滅亡之一紀念的事實也。吾民族今日決不得爲有國之民。過此以往。此支那地域。決不得有一支那民族之遺種。未有國亡而種族不銷蝕者也。夫礦產鐵路。明知爲大利所在。不能以民族全力從事於此。是錮祖國之利源。以待他人之刼取也。或者樂藉他民族之資本。以圖餘利於槽櫪鞭策之下。是賣祖國而自爲餓虎之倀者也。雖然。吾民族欲自發達其實業。非亟亟趨向於地方自治之規模。不可地方自治制。與實業有密接之關繫。凡一地方之實業。其合同組織之力。惟其本地方居民之所搆成。而在今日。則以實業之組織。寓地方自治制之組織。即藉地方自治制之組織。以益興發實業之組織。今世歐美諸國所稱國民

論著門　二十　四二一八

教育者。尋其結果所增進之活動力無一不影響於實業所成長之組織力無一不歸宿於地方自治制。是在吾民族之自爲之也。

(未完)

歐美各國立憲史論

第一編 英國憲法成立史（本目前兩號皆漏錄出今補錄之以醒眉目）

第二章 第一改革時代（續廿八號）

第二節 大憲章成立之始末下

貴族者平民政治之蠹障而亦平民政治之媒介也君主之專制與平民之權利二者對峙必常相水火而各趨於極端有貴族柴立其中央則可代平民以受君主之敵亦常抗君主以爲平民之援故時而君主惡貴族之逼則以自由餌平民假其力以裁抑貴族彼威廉第一之世結合民庶以削弱諸侯斯其明效大驗也迨乎君主專橫貴族首受其害則又與平民聯爲一體合大衆以力當其衝彼約翰持『朕卽國家』之謬

見蹂躪所及玉石俱焚雖下級之民庶固亦有咒詛而無謳歌然添士河島之役則因貴族首爲發難而平民爲之從貴族前敵陷陣而平民爲之援者也

貴族之與王抗爭也既假平民以限制君權故其定立盟約也自不能不與平民均沾利益故大憲章六十三條之約可略分爲二事一曰各級諸人特別之權利一曰國民全體普通之權利

甲　各級諸人之特別權利

（一）教士之權利　王與貴族決裂以前已許教士自有選權今更優與以權利之特典保護其選舉之自由載在盟府世守不渝

（二）貴族之權利　嚴定封建賦役之限制務使王權不能溢出範圍其大憲章之十二條曰『朕於國中徵賦補助諸費必待國會之議決惟賠償贖金（謂國王有被俘於外國之事則納金贖之）及太子加冠公主初嫁之時則不在此限然亦止徵收恰當之稅不得逾額濫徵』

貴族既限制王權確定大地主之權利矣因推此權利以及於間接領士之小地主其十五條曰『不求領主之允諾而徑徵倍臣之稅朕將來決不爲此惟賠償贖金

及太子加冠公主初嫁之時則不在此限』其十六條曰『凡自由地主之在士籍者除對其領主盡應盡之職分外不得別强以他種之賦役』蓋不獨王權有所節制即貴族亦同受覊限而小地主得免橫徵之苦其窘稍紓矣

(三)平民之權利　十三世紀之時英國平民固所謂組織地方自治團體之自由民也其人口最占多數故其特權亦別有專條十三條曰『倫敦市將古來之自由及自由之習慣不論水陸咸保存之其他之都會港邑朕皆許其保持自由之權利』二十五條曰『凡州郡之地租均從古來之稅額不得妄增新稅惟直隸於國王之領土不在此限』四十一條曰『凡商人之貿易英國者無間水陸皆得有出入居留之自由徵收關稅悉按成例不許加課他稅惟國家方有戰事與敵國之臣民不在此限』蓋市村州郡之民庶以至往來貿易之商人殆無不確定權利而可保生命財產之安全矣

乙　國民全體之普通權利

(一)議會　國王既不許擅徵賦稅故課稅之贊否悉待國會議決而後行議會之

權力既如是之重大。則其集會之法。則亦自勒有明條。據大憲章十四條之所規定。凡集召國會之時。其大敎正敎正敎盟侯伯大地主。則國王特發敕書以徵召之。其餘諸人。則須普通徵詔於地方官吏。令其傳詔召集。徵詔之內。必明定會期會所。及所以開會之理由。其須發徵詔。必先在四旬而外。至是而議會之組織。遂以法律而制定。

(二)司法。　那耳曼朝以來。中央集權之制。日益鞏固。一切司法之權。已自地方法廷。移而歸之中央之王室。然王室之法廷。隨國王之行幸而日有轉移。控訴每苦其艱阻也。則以十七條規定之。自後民事高等法院。設一定所。不隨國王而遷移。王濫任私人以讞獄。訟事必至枉縱也。則以四十五條規定之。非精通法律且能執法不移者。不許就法官警吏之職。國王專有法權。將濫用之以顛倒曲直也。則以四十條規定之。國王不得私賣公裁。及阻人控訴。延其讞訊。凡一切良民。非經同列之裁判。非援國家之法律。則不得逮捕繫獄。不得褫奪權利。不得籍役家產。不得流放處死。雖在國王。不得倚勢侵犯法令。悉本於正理。國民始得保其自由矣。

凡此數者皆勒爲定制垂之久遠者也然約翰當時之弊制不亟除之則亦未足以救一時之急於是明定約章令其釋還人質召用逐臣給復籍產散遣客兵諸弊悉革民乃少蘇然國人知約翰之狡詐反覆非監以權力則將有空言而無實事也乃於貴族之內公選二十五人以爲執行大憲之委員王與法官苟渝此盟二十五人者可以直言極諫諫猶不悛則可與國民協議執干戈以迫脅之附之憲章之末以爲王之炯戒矣於明神誓於大衆親署王名載在盟府盖英人之所以坊限王權者至嚴且密矣夫讀大憲章之條令彼約翰割其大部之權利以分賜臣民豈不誠損上益下之賢主哉烏知乎約翰之專橫恣睢如彼英人之激搏抗爭又如此累十餘年之口舌劍戟然後成此君臣媾和之盟約也且英人之崎嶇生死稱兵犯闕合三族爲一致悍然從事於改革者豈若法人之輕躁剽疾好爲是急激之舉動哉徒以中央之君權積一百五十餘年而日益膨脹古來地方之制度世襲之自由日漸爲所鏽蝕習於自由之國民寧能久耐專制之苦故遂欝極思逞執軒利第一之憲章以爲左劵以責自由之逋負彼大憲所云云要不過畫中央集權與地方自治之界限率由英國古代之習慣法以

復撒遜人種自由之面目而已蓋英人者富於保守性質之人種故雖當其改進要亦出於保守之政策者也

西哲有恒言曰無物不可以與汝然汝必出此代價彼十餘年激搏抗爭之代價尚未足得此大憲章之報酬也故憲章約定以來下則期於必得上則靳而勿與累八十餘年紛擾不絕綿延至赫華第一之世其憲章乃始實行蓋添士河島之役上下爭權之發端而非君民媾和之結局國民革弊之立案而非君主讓權之確證也夫約翰之詭詐百端豈區區口中之誓言紙上之條約所能縛束方其歃血之初已陰懷敗盟之志彼知己力之不足以抵禦貴族也思假教皇之力以鉗制之乃遣使嗾教皇曰『寡人不德逼於叛黨而發布憲章雖然貴族無禮敢爲叛亂寧獨寡人之羞是直蔑視英國主宰之教皇也』教皇果怒移書嚴詰貴族命其竭忠王家苟有要求可提議於羅馬有不從命者科以破門之罰大教正蘭格頓抗不奉詔命解其職十二月復發破門之令指懲貴族之罪魁悉使就罰於是王與貴族復敗好而爲仇王既敗盟率客兵以圍羅奢士達陷之進略北方與沙里士勃雷伯聯兵南下略定科爾參士貴族嫉王之反

覆。知其愎悍而終不一悟也。乃與王絕。迎法王腓膩布之子路易而立之。千二百十六年五月。路易行氐須特。約翰率師禦之。然約翰之客兵。半皆募之法國。及見路易。遂解甲倒戈而不復戰。師潰。約翰奔於內地。路易遂長驅以入倫敦。英人望風歸欵。簞食壺漿以迎。約翰鬱鬱不樂。十月約翰殂。

初貴族之迎立路易也。非有所愛於路易。徒以憤激之餘。不暇熟慮。遂不惜舉其國以奉之他人。約翰既殂。太子軒利煢煢孤立。英人感念故主。憐其嗣子之無依也。愛戀祖國。不忍舉國以聽命異族也。於是捐釋舊怨。援軒利而立以爲王。軒利方在弱冠。乃令瑪沙爾伯攝政。而以代理教皇之教正羅揸士輔之。戮力王家。誓攘法寇。貴族之依附路易者。稍稍引去。千二百十七年春。大敗法軍。遂立林勃斯之條約。英人償以軍費。路易辭王位而撤兵。國難既平。遂發布大憲章於國內。未幾瑪沙爾卒。姚巴德繼之。與蘭格頓平章國事。方是時也。外難雖平。而內患尙劇。外則教皇委員干與國務。內則外國黨徒。隱握政權。且諸侯分立。各席封建之餘勢。陰懷自立之心。攝政者知不平此三患。則國難尙未有艾也。乃請之教皇。令撤委員之駐劄。散遣客兵。鎭撫叛徒。舉國喁喁。靡然向治。一千二百二十五年。政府更宣大憲章而確認之。於是國人大悅。獻其動產十五分之一以爲謝。

第三節　西蒙議會

英人有恒言曰『君主不能爲惡』此實英國憲法之根柢。而立憲政治之妙用也。夫立憲之國。君主實爲行政部之長官。使其實握大權。斯不能不身負責任。實握大權。則威福在所不免。身負責任。則溺職必當變置。變置君主。將不免革命之慘。是非國家所甚利也。於是盡取行政之大權。移之國務大臣之掌握。而吏主但尸其名以總其成。其政策之得失。國政之理亂。皆大臣代負其責任。而君主常立於無過之地。故大臣常有陟黜。而君主獨保安存。是以君主立憲之國。無不以君主無責任之語。勒爲憲法之明文。

英國千二百二十七年。在福士科德之會議。軒利已宣告親政之論矣。然有王室顧問之官。常仕輦轂之下。以代理國事。而通常議會更有權以選薦宰相。代國王以總理政綱。而宰相之就任。待議會爲去留。而非國王所能用舍。（涅威士就職之時明言非有議會之要求則不肯去職此例之尤著者）故軒利之專恣。未見其大愈於先王也。然瑪沙士諸人攝政之時。則民權能伸。國事大治。蓋宰相代君主以負責任之制各國皆規模英國而英國之制雖成立於十七世紀。而後而當軒利即位之始其制度固已萌芽矣。然而軒利之專權怙勢固愎悍而有父風者也。日持『王意即國法』之謬見。奉爲惟一主義。故其親政之後。即務削宰相之力而獨攬大權。姚巴德羅搘士諸人皆失寵而先後罷職。軒利之心自以爲獨裁萬幾。大權不復旁落矣。然内有佞幸寵臣以干預朝政。外有法王委員以掣肘王權。二者狼狽爲奸。太阿倒持。而軒利遂爲其傀儡。夫國政爲外人所干涉。則其國軏杌而不能一日安。於是上則王室與教皇生齟齬之嫌隙。下則國民與教會釀激烈之爭端。而君民之間亦遂復見約翰前王之事變。

初補助金之徵收也。悉隨王意爲輕重。蓋此爲封建之賦稅。隸於國王之特權者也。大憲章之發布始定王權之限制。非得國會之允許不得擅徵補助金。千二百二十五年大憲章之再布。雖暫撤此條欵。然當時之人民固咸謂課稅之事非復國王固有之權利。特人民愛敬王室而姑爲讓與者也。一千二百四十二年。軒利以外征之故。要求軍費於議會。議會拒之。王求不已。議會乃要其三事以爲報酬。一則使王確認大憲章。二則使王認議會有選定大臣之權三則使王設立監督政治之常置議會三者不行則稅金必不可得然軒利持舊日之主義以爲口實謂徵收稅金本屬國王之特權議會則持近世之理論以相抵塞謂徵收稅金必待國會之承諾二者各執一義相持不下亘十年而議卒不决千二百五十四年王征士科尼攝政諸人爲王召集議會以籌募軍費約翰以來各州之代議員出席議會實始於此逾年軒利償敎皇之債開議會以徵稅金議會私念此事之足以制王死命也乃商定善後之計以限制王權公推里舍斯達伯西蒙 Simon de Montfopt 執牛耳而爲之長一千二百五十八年四月開議會於倫敦已得王之允許六月復提此改革法案於福士科德之議會貴族皆戎裝佩劍從西蒙之後以請求之正式奉呈改革法案於王選定二十四人之委員王與貴族各選十二人以草定條例是所謂福士科德法規者也

按歐西人之言曰賦稅者製造權利之材料也斯言豈不信哉十九世紀之間歐洲君民之抗爭不絕於目流血暴骨累數十年甚者至演革命之慘劇則曰賦稅之故人民挾此藩楯以坊制王權脅求參政之公權要索自由之幸福亦曰賦稅之故故

十八世紀之時英人徵印花重稅於美人美人抵死力抗血戰八年而美乃由是而獨立十九世紀之初法國之僧侶貴族不負納稅之義務一切重稅皆取之一部之平民平民不堪其苦至演大恐怖之革命而法國乃由是而易爲民主其餘諸國之革命其所要挾之詞莫不曰不出代議士者不負租稅之義務蓋君主專制於上挾雷霆萬鈞之力作威作福何求不得其不能不低首下心柔氣屈志以請求於小民者止此賦稅一事而已是故西人之重視賦稅不啻第二之性命出死力以與官吏爭雖絲毫不肯假借彼英國憲法之進步固無非用此術矣孟的斯鳩之言曰「人民之供納租稅固欲割財產之一分藉以保其餘財產之安全」蓋出若干之代價必可得相當之報酬斯固賦稅之正理而天下之公義也嗚呼我國民以納稅爲唯一之義務以貢賦爲唯一之天職絞盡膏血而絕無報酬傾竭囊橐而反購壓制負義務而無權利猶喁喁焉以租稅輕薄爲大幸嗚呼何不一引歐美前事而鑒之也

福士科德之法規其最重要者則常設小數之大臣議會委以總持政務監督財政之權然此新制實近於寡人政體固非改革之嚳者也夫立法理財之評議會其職權既已

狹隘今新制更蹙而挾之以其權力移於小數之一委員會。彼其會員固非皆諳達政務。且互相傾軋勢所不免。其制度之不能持久而卒至於潰裂固不待智者而後知矣。未幾而西蒙果與格羅舍士伯有隙。而貴族遂至瓦解。王知貴族之無復足畏。宣言擺士科德之條例已成廢約不足遵奉。敗盟背約遂與貴族復啓釁端。

西蒙者最富於統治之政才者也。當擺士科德之會議。爲貴族所牽制不能盡行其政見。故會議之結果僅成一寡人政體之委員會。西蒙知貴族之抗王也。類皆迫於身家私計。苟得蹋足政府則志得意滿無復改革之熱心。且其粥粥無能。王黨乘其敝而操縱之。約翰前王之專制行復出現於英國。於是決然舍去別樹一幟。自爲主將重改革憲法之大軍。昔日之貴族同盟遂縱裂而分爲二派。其多數趨隸國王之軍麾易初心而盡爲王黨。其助西蒙以從事改革者寥寥之少數而已。方是時也。王內擁貴族之大援。外假教皇之威力。且交驩法國。遙爲聲援。威燄赫奕。勢將滅此而朝食。然西蒙者果斷沈毅之英雄也。當其沈幾觀變。碌碌無異於常人。及其定計赴義內決諸心。則攘臂直前。曾不知天下有艱阻之一境。崎嶇於九死一生之中。百折不回而必求達其目的雖極人世至可畏怖之境曾不能懾其氣而遏其鋒當其會戰於理司也。王師十倍於我軍西蒙奮其絕倫之將畧夷然不以爲意激厲士卒叱咤風雲呼聲動天無不一以當百。千二百六十四年五月十四日大破王軍虜軒利及其太子。於是西蒙遂握英國君主之實權。

盟約既定。乃召集各州之議員。以六月二十二日。開議會以議定新制。國家之主權雖仍屬之君主。惟新置顧問員九人。贊襄大政監督王權然西蒙之心固欲取平民主義以擴張國會之範圍也。十二月乃大發徵詔令州出議員二人市出議員二人千二百六十五年開大議會以議賦稅及一切政務此世所稱爲西蒙議會者也西蒙知貴族之離心勢將孤立而無助。乃結平民之黨援以制貴族之勢力。今日此舉或出於自利之私心然市府之議員出席於中央政府者實以西蒙爲嚆矢雖議院制度至三十年後而始大定然創代議之新制建平民之議會彼西蒙篳路藍縷之功其又烏可沒也。

（未完）

英國商工業發達史（續廿七號）

無名氏

第二章　革命之際英國商工業之狀況

一　商工與地主勢力之消長

惹迷斯二世廢位以前。(即千六百八十八年以前)。土地所有之人。握政治上社會上最上之勢力。舉國工商莫與爲敵也。後因商業社會之勃興。舊時之形勢。爲之一變。自民政派王統派二政黨發生。分國民爲二分。而資本家與紳商之勢力日益發達。革命以後。所起各經濟上之事。更足以揚其燄而起之。如千六百九十四年之創設英國銀行。千六百九十三年之許東洋印度公司以擴張新案。及同年之募集國債。皆是也。故是時英人之務商工業者。其勢力與財力並進。漸有壓倒地主之勢。唯社會之尊敬商工業者。猶不如其尊地主。故商人欲占位置于社會者。皆爭買土地。以求地主之榮焉。

英國人者。最帶尊敬地主之性質者也。故地主常占國之上位。欲求盛名高位者。亦先求其有土地。復工商業之勢力。日益發達。此習遂變。千七百八十四年。新叙惹迷斯洛柴爲伯爵。是東方貿易商之裔也。克亞尼之第一等伯爵。亦商業界之子也。而貴族與商人之婚媾。初所不許者。至此時亦復許之。時有德福者。嘗爲說曰。凡從事商業者。皆宜稱君子。當時驚以爲新奇。今則無復有怪之者。德福之言曰。

世動以爲貿易者。非君子所可爲之事。此豈然乎。貿易者。產君子之地也。吾見百年以後。凡貿易者之子弟。必當爲英國善良之君子。爲政治家。爲司法官。爲議員。爲貴族。爲高等教徒。而無所於愧。彼之品性。必較之名族之子弟。無所讓也。

然而德福之說。不數年而遂驗矣。

工業革命者。使商工業家與地主勢力消長之大機關也。其初之地主專權。商工不得有地位於社會者。非獨政治上之階級有以限之。亦因財力之不敵地主之富度高于商工也。而工業改善以後。資本家與製造業之富。驟倍于前。社會上政治上之勢力。遂隨之而增加。漸壓倒地主。與之並驪。斯威扶德之言曰。「昔之權力。附隨于地主者。今

忽移于富者之手」此言實足寫當時之實況而平民勢力之擴張推倒王室而鞏固民權亦商工業家之勢力有以致之也

按歐洲之貴族其初出于封建皆保有莫大之土地傭其領民以為耕作傳之子孫世襲不絕故貴族政治之時即地主權力最盛之日國之地主皆帶貴族之性質者也及人智發達交通日盛商工業日益興盛國之富不盡仰于耕種而製造者運輸者其財力反出于農業以上故土地所有之人其勢力不得不衰于是貴族政治變而為富族政治有財者不獨于社會占無上權力且及于政治之上而平民政治生矣故平民政治之發達與否觀地主與商工勢力之消長而知之地主代表貴族商工代表平民商工之勢達于極度即平民政治達于極度之時也是非獨英國歐洲各國皆然世界之欲發達其平民之勢力者亦當盡如此

二　資本勢力之漸分

當時之商工既以一瀉千里之勢壓倒地主然其間資本家與勞働者之階級猶不如今日之懸絕也今之資本家設鐵道起工廠於起業之先皆先投巨資其能得若干

利息。尚不能定。故冒險之性。誠有足多者。而百年以前之英人。尚不如此。其營一事業也。資本薄。規模窄。一切之組織。不如是之複雜。投巨資以營大業。彼之所不敢爲者也當時之海外貿易公司。殊有大資本規模亦宏。而內地諸業則窄小殊甚。其資本家皆技藝家兼爲之。自以資起業。而自力作者。比比然也。故資本家即勞働者。勞働者即資本家。其間區別不甚巨。且其工人。亦多兼從農事。斯密亞丹氏之分業法。於當時實不廣也。

其現狀如此。然商工業漸發達以來。資本之進步既速。故製造業之規模。大異於昔。資本家與勞力者之分漸甚。人之起業者。皆欲於其監督之下。使用無數勞力之人。以圖大舉。據阿撒楊克之說。當時有一製絹者。其所用之工人。至百五十二名。是在今日固不可謂之大。而十八世紀之初。則此實空前之巨業也。時之勞力者。漸不自經營資本。唯自其雇主受工値以爲生活。而擁資本者。則美衣玉食。不復自操作矣。是亦資本之膨脹。有以致之也。

製造業之規模既大。勞力者徒工作而不事經營。資本家事經營而不自力作。其結果。

非獨使業有所專而生產力日巨也利息之分配亦日歸于均平勞力者與資本家皆各有其分之所宜得不復如前之自經營而自操作贏者累富虧者坐折嘆報酬與忍苦之不相償也而當時之工值則較今日爲賤勞力者之食物及房租亦不及今之半據阿撒揚克之言北部中部之地技藝者一禮拜之值爲九先令六本士一家之租不過六本士又二分之一而肉類之價最高者一磅僅值三本士又四分之一麵包一磅不過一本士又四分之一而已而一千七百六十年前後技藝之中尤以紡紗者机布者爲最盛云。

亞丹斯密所著原富中當證此時之狀況曰「時不獨穀物低廉而已工作勞力者既得質良而價賤之食物則其所製之物亦莫不低廉」故觀當時物價之低廉而知英國工業界之富盛而尤有一事足以證之者時英法戰爭之結局在一千七百六十三年十餘萬之戰士一瞰解甲歸休求職業于社會而社會容之工業界不受一毫激動如行所無事者則當時之富盛之進步從可知矣

三　商工與農業之比較及人口之增加

英國古以農立國者也。故人民多事農業。其數殆居全國四分之三。即從事工業者。亦每年以數月之功。勞于耕稼。千七百七十年以前。英國尚以重農主義爲國是、據阿撒揚克之說。時英國農業之收入較之商工之收入爲多數。其大部皆入于地主及豪農之手。勞力者之所得餘潤而已。今據其調查之數。以知當時農業與商工比較之狀況焉。阿氏調查之數列表如左。

各業中收入表

金利	五〇〇〇〇〇〇磅
貧民	一五〇〇〇〇〇
文武各官	五〇〇〇〇〇〇
專門各業	五〇〇〇〇〇〇
商業	一〇〇〇〇〇〇〇
工業	二七〇〇〇〇〇〇
農業	六六〇〇〇〇〇〇

總計 一一九五〇〇〇〇〇

各業人數表

貧民	五〇〇〇〇〇〇一人
文武官	五〇〇〇〇〇
專門家	二〇〇〇〇〇
商業家	七〇〇〇〇〇
工業家	三〇〇〇〇〇〇
農業家	三六〇〇〇〇〇
總計	八五〇〇〇〇〇

據此二表觀之。農業家之人數。較之工業僅多五十餘萬人。而其收入之數。則較之工業所得在二倍以上。是其故。一基于農事之改良。一基于工業之新機未出。其製作皆以手工。故人數雖多。而收入少。也自工業革命以後。其形勢忽變。占英國無上之財力者。不在農事而在製造業矣。

十七世紀之上半期。英國工業之進步。既如上所述。而人口之增加。亦復超絕前代。殆及八百萬以上。其原因則由外國貿易所得之富。使工業因而進步。農事因而改良也。蓋國富增加。則人民之生活。益歸于愉快。人民之謀生。日益容易。生活愉快。謀生益易。則產子之數。自衆多也。然人口既繁。則從事諸業者益衆。英國之富。豈偶然歟。

四　英國內地之工業之狀況

十八世紀之大發明以前。農業與工業二者。皆不與田地分離。於時之工人。多住于山野。製造之外。兼從事農業。故其時之制度。備極簡畧。機布之工。自製絲。自紡織。更運于市塲而自售之。以爲常。後此法漸廢。以所製之絲。經商人之手。售之機布者。分業之法漸盛。然猶未備也。後交通日盛。商人乃備織机數十。於小都會或村落。自管理而製造之。然組織不備。於工業之制度。僅萌芽耳。後發明日多。製造之事。皆用機器。以些小資本。微細工廠。無論如何。不足以辦也。於是改變制度。致今日之巨觀焉。

（未完）

批評門

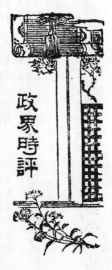

政界時評

（內國之部）

▲試辦印花稅之滋事

袁世凱奏請試辦印花稅民心甚爲不平以爲稅歛繁苛將以厲已也故北京之告示一出旋即爲人撕毀雖査拿一二人而阻抗尚未有已也

印花稅不甚累民而大裨國用辦之誠善小民可與樂成難與圖始自古已然豈以一二之阻撓而遂中輟然東西賦稅之重也合一國之民平均計之多者人負數十元之稅額少者亦七八元乃至一事一業一犬一豚無不有稅然未聞有小民抗阻之事我中國以租稅輕薄甲於天下自康熙以來奉永不加賦之論百餘年間有豁免而無增加今以國庫支絀議徵他稅然每一舉行必至百端阻撓者何也曰外人之稅公取民之財皆所以任民之事且取之也必經議院之議決得百姓代議人之允可其用之也既有豫算復有決算布之國中一絲一毫皆有清數爲舉國國民所共見民知國家之稅我者皆以衛我割其財產之一分以保其財產全部之安全計固甚得故雖數數加稅而民樂奉行中國之稅也私取民之財固非盡任民之事矣且其取之也政府數人密室聚謀突出一令而勒民强從其用之也揮霍浪費用如泥沙甚者乃至以供一二人之奢淫飽一二人之私橐其財一出於民手則擲之虛牝塡之溝壑而民皆不得過問不復聞知故國家有急議徵一稅則百呼而曾不一應且復咨嗟痛恨詈爲厲民雖曰中人愛國之心不如外國人之懇切然絞膏血以供一二人

批評門

之奢淫。縮衣食以飽一二人之私橐。民固有所懟矣。

凡爲一國之國民、即負兵役納稅二者之義務。此誠天下萬國之所同。然賦稅者、固限制君權之第一捍楯。製造幸福之第一材料也。故歐洲諸國變革之初其民無非挾此賦稅。以要求權利。蓋上之所求於下者曰賦稅。下之所求於上者曰權利。二者交易。則各如其欲。故莫不視賦稅爲購換權利之物品。彼英國自由之祖國也。然其憲法之進步無非當君主急需之際國民挾此賦稅。要其改革弊政。確認憲章。故英人之憲法直可謂爲賦稅之出產物。今西人之恆言。且謂不出代議士者。不負納稅之義務。若美之抗印紙稅而獨立法之爭平民稅而革命且其尤甚者也。我國。民方在幼稚之期。未必能有此權利思想。然無權利而但責以義務。小民雖不深知其故。而其心固有所不甘矣。

凡舉一事。必有他事與有關係。亦必有他事爲之原因。但貿然舉此一事而悉置他事之關係。原因於不問。則其事必窒礙而不可行。我中國之做行西法。偏舉一端。而不深察其全體。斷取一節。而不追究其本源。一切大小諸事。靡不然矣。印花稅固東西諸國所通行。而未有議爲敝政苛斂者也。然諸國行之而民不怨。我國即能强行而民必怨。何也。外國裁判之制。至完極善。苟有訟事。判決公平。曲盡情僞。訊鞫迅速。案無留牘。印花稅之行也。苟不購此印花者。有事涉訟。官不受理。由不得訟。則所損實多。民知苟吝小費。將受大損。故不待强迫而自樂奉行。我中國衙獄。穢亂無章。甚且顛倒是非。闇無天日。苟有財產訟事。則更視爲利藪。一涉公庭。必至破家。否亦以其無關考成。擱壓忘置。十餘年不得了結。而吏役之騷擾。已屬不貲。故民寧忍屈。而以涉訟爲大戒。今印花稅既已舉辦。不購印花者。官固亦嘗不受理矣。其購印花而有訟事。則官果能判斷公平乎。官果能訊結迅速乎。若仍復曩者之顛倒擱壓。則購印花與不購印花者等。且受損將較不購印花者爲尤多。小民雖愚。寧能無怨。故印花稅之行於外國者。初非弊政。苛稅若其行於我國。則亦不免爲弊政。苛稅今見外國行之而有裨國用。則漫不深察。貿貿然取而行之。曰我倣西法。是猶諺所謂『倣半個伯夷』也。民之不平。非無故矣，

（國際之部）

▲開門揖盜

桂撫王之春以粵西之亂。滋蔓難圖。勦撫半載。毫無成效。竊計自力必不足辦賊。乃乞援於屯駐諒山之法軍。請其代我平亂。越南法督。慨然許之。立派軍隊由陸路馳往赴援。猶恐兵力單薄。更派小砲艦載運軍士。由內河駛往各地之要隘。以爲進軍之準備。嗚呼。廣西錦繡之江山。從此斷送於王之春之手矣。叔寶全無心肝。一至於此。

初西亂之起也。法國公使曾言於慶王。謂法國自固吾圉。必不濫然干涉貴國之內政。至於輸助軍器。煽動土匪。更爲必無之事。惟亂勢蔓延。及我邊境。則出兵勦禦，難保其必無。請從速邊平。以避此不祥之事。既而西亂日熾，不可撲滅，法人遂更以干涉爲必不可已。法使本以四月歸國。頃以事變日急。前日忽奉法國政府之訓令。令其暫緩歸國。法人之注力廣西。視眈眈而欲逐逐。雖微王某之求。亦且染指於鼎，今忽蒙敦請。正中下懷。出師有名。更無顧慮矣。王之春素任封圻。曾使外國。非必盡懵於外情者也，且數年以來。外人干涉之事。轇轕而深受虧損。雖至聾極瞶之人。未有不動於耳目者也。王之春乃張目。

飲酖悍然蹈此覆轍者何哉。吾聞桂撫之缺，優肥幾甲於諸省，而又地方僻遠，不甚聳動耳目。宦場中號爲暗缺。王之春以罷職閑員，極力鑽營，而得授斯任。今亂事日棘，又奉嚴譴，人言藉藉，位恐難保。數年資緣之心力，營幹之資本，一旦付之東流，豈不可惜。彼深知外人兵力平土匪，如掃落葉。今敢請檜替以姑繳此卷。亂既平則位可保，雖或有言官彈劾，政府不悅，然法人受吾重禮，感我厚情，必能設法爲我挽留，我既能得法人之驩，彼畏獨如虎之朝廷，寧敢逆外人而動我。但使保此數年之富貴，高車駟馬，以終暮年，則雖朝廷盡失主權，西人永淪異族，區區身外之小事，寧足介我大老之懷。故悍然不顧，舉全省以奉贈他人。不然，國家委我以平亂，亂不能平，避賢路以辭職可也，請鄰省之協勦可也，而必出此開門揖盜之妙策。中國達官之思想，絕非人類所能思議者。嗚呼。王某賤豎，曾何足責。不知我同胞亦甘以身家性命財產廬墓，斷送於一賤豎之手否耳。燕雲十六州。竟無一壯士。其又柰此石敬塘何哉。

四 ▲又借外債

王之春以請兵法國，猶不足以亡廣西也。頃以軍費支絀，議借巨欵於亨達利洋行。俟亂事平定，則以西省之鐵路礦山及一切特別利權，讓與該洋行以爲酬報。現方在商議中。事之成否雖尚未可知，然吾既肯以重酬酬彼，則外人以區區之資本而盡得路礦及一切特權，廣西全省，豈不在其掌握。又何憚而不借欵於我耶。

埃及亡國，全由外債，天下所共聞也。我國自光緒四年以來，始借外債。至光緒二十七年，二十四年之間，國債已及十萬萬。脂膏日竭，生命已蹙矣。然國家借之，猶以賠欵逼迫，出於勢不得已也。自庚子之秋，張之洞借五十萬於英國。首開督撫自借外債之例。各省督撫漸將效尤。中央負此重債。既蹈埃及之覆轍。地方又各自借債。務使二十一行省。各備二十埃及之資格。即無內患外侮。而國非其國矣。去年張之洞去兩湖之任。交代之後。乃知其虧空數百萬。及署兩江。又即與上海洋商議借巨欵。政府同知其事。深惡其謬妄專擅也。乃電飭各省。且遍告各國。謂此後督撫借債。爲督撫擔任清還。政府必不承認。煌煌中旨。王之春獨未有聞見邪。聞之見之。而又公然議借外債。違抗詔旨。悖謬橫肆。其目中豈復尚有政府邪。夫借外債以築路開礦。而利權遂盡歸外人。興利而即以亡國矣。然既曰興利。則猶冀其獲利。幸其萬一有還復之一日也。今乃更借供軍費。擲之虛牝。且惟恐外人之不我許。不惜盡舉全省之路礦利權以爲酬謝。嗚呼。舉全省之路礦利權以與人。是以全省奉獻外國。驅我全省之人而爲奴矣。路礦利權。固我國民之身家財產也。蓋括吾民之身家財產以賂外人。假外人之力置兵購械。以鋤刈同種。奴其良民以殺其莠民。是不啻邇來州縣捕盜之新法。囚其兄弟於獄。毀其親族之屋。勒具花紅。以購捕爲盜之一人也。天下橫凶無理。闇無天日之事。孰有過此者邪。中國官吏之舉動。誠有非人類所能思議者。

▲守護滿洲之新約

月之八日。爲俄國撤兵之第二期。頃英美日三國公使各遣察視撤兵之委員於滿洲。將以查察俄國撤兵之實情。歸報本國。以爲之備。而各國人士。亦皆囂然謂俄人叵測。必不能實踐撤兵之約。務當諸國聯合。迫其實行。嗚呼。彼巧於外交之俄國。固常以假信假義。塗塞人之耳目者也。彼豈肯蔑視條約。犯天下之不韙。爲列國之怨府。出此下策。以授人口實哉。俄國當別有妙策以處此。月之二日實撤兵第二期之前六日也。俄之東關總督亞歷希佛果與盛京將軍增祺。吉林將軍長順。署理黑龍江將軍薩保。立守護滿洲新約七條。備錄如左。

第一 盛京將軍吉林將軍黑龍江將軍。各自於其境內。保其治安。而俄國之敷設鐵路。開採礦山。修改道路。以及一切軍事之措置。三將軍不可不協力以襄助之。

第二 滿洲苟有變亂。中國軍隊不能鎮定之際。或他國以強梗手段。變動滿洲之現狀。致令其地之中人俄人。有震動不安之意。則俄國應三將軍之請求。或自迫於勢不得已。可調守護鐵路之俄兵。派赴該地以效援護之勞。

第三 於前列諸事之外。苟有事變。俄國必保三將軍及其親族之生命身體財產。與以特別之保護。雖在平時。亦保其安全之地位而施適宜之處置。

第四 三將軍各於其屬下。優待有軍事關係之俄人。且當爲謀旅舍糧食及一切生計之便利。

第五 以統治滿洲而需用一切軍事上之防禦器械。兵器武庫及火藥局。皆當令俄兵當其保護之責任。

第六 俄國派遣官吏。謀畫滿洲之警備。及有管轄諸務之全權者。駐劄於奉天吉林齊齊哈爾三府。倘有要事。三將軍必當與該辦理官協商。

第七 中俄兩國聯合以鎮定內亂。或抗禦他國之時。則軍隊中最高之司令官。必於俄國將領中。選一人以任之。以總指揮之事。

嗚呼。此種條約。此等語氣。豈復以平等之國視我邪。

彼辦路礦。我當爲之守護。彼之軍人。我當供其糧餉。而我有政務。聽彼訓令。我有軍事。聽彼指揮。我有軍器。聽其監轄。我有官吏。受其保護。是滿洲爲彼之印度。而我爲之土酋。滿洲爲彼之安南。而我爲之傭役耳。彼雖踐約撤兵而去。我寧復有絲毫之主權。主權既彼之主權。土地即彼之土地。俄國藩屬之兵。撤不撤於我何與哉。昔尼科拉士第一表示政策之言曰。『俄國之國旗一建豎。則必不可撤下』彼七八年之經營設施。根深蔕固。牢不可拔。豈以虛行撤兵之形式。而滿洲遂能脫俄人之羈絆哉。

▲美國開放滿洲之提議

中美改訂通商條約。美國將添入一條。欲開放奉天府及大孤山港。爲各國通商市塲。外人咸謂俄國曾有開放滿洲之公約。今美國有此提議。可以驗俄人之情僞。雖然。俄國之東清鐵道。縱橫午貫於滿洲之中。一切繁盛之都市。皆在其沿道之旁。不啻爲俄人專有之領土。其礦產之富源。亦皆俄人得有特許。而專利。後來之他國。豈能甜其餘唾。美國雖主開放。其能與俄爭哉。然則中國其許美乎。曰。中國一切舉動。主權皆在外人。但有外人之命令。中國無不奉行。惟讜者也。然主權在一外人。則奉行自易。雖天府陸海之區。祖宗發祥之地。決然捨棄。割愛無吝。今俄人曰。吾當專有。俄固一外人也。其命令敢不敬從。美人曰。吾欲開放。美亦一外人也。其命令亦烏可違逆。主權既在兩外人。兩外人又不直接交涉。而令中國居間。於是中國窘矣。狐裘蒙茸。一國三公。吾誰適從。事齊乎。事楚乎。我政府中之大外交家。恐無所措其手足矣。

▲交還牛莊問題

交還牛莊之約。至今日尚未實行。俄人所藉爲口實者。則曰某道員今尚未至。無從實踐條約。而爲正式之交代也。而道路傳聞。則謂某道員實被俄人拘留於奉天。俄人之狡險詭譎。誠不可測。我中國在其股掌之上。屈辱亦可謂至矣。然而袞袞諸公。猶有以俄爲最可依賴。而主聯俄之政策者也。其柰之何。

▲俄國撤兵事件

俄國撤兵。既及期矣。月之六日。奉天之俄兵九百餘人。既出營舍而赴停車場矣。忽奉電旨止之。令且緩行以待後命。於是復引還於城內。其屯駐牛莊者。僅撤退一里許。而有戒嚴急戰之準備。且渤海灣之俄國軍艦。其舉動倉皇。若有戰事者然。或謂俄恐撤兵之後。有他國大伸勢力於滿洲者。故爲此示威運動耳。

據木斯科中之泰晤士通信員之報告。則謂俄國政府之大臣。雖有爲强硬之反對者。而滿洲撤兵。實財政上有不能稍緩之勢者。已決議實踐條約。必如期而撤去之。

俄人之詭詐百出。風雲變幻。其用心如何。誠不可以逆覩。然既有明約。則雖傍若無人之俄國。當亦不肯食言背約。以駭列國之聽聞。況撤兵者外觀耳。其勢力既充滿於內。深植根柢。又寧必置此區區之兵。悚動諸國之聽聞。而招忌叢謗乎。況鐵路既通。朝發夕至。既撤者又何不可以復來乎。且吾聞去年十月之撤兵也。俄兵方去。即有草賊竊發。襲伯都納之市。虜中國之官。而幽禁之。焚燒民舍。虜掠無所不至。西伯利亞之俄國第二兵團。乃運砲二尊。遣兵一隊。馳往赴援。撲滅草賊。出中吏於囚而復其位。我國之官。感激無地。請於其將。留一隊守備之兵。以爲地方之護衛。且俄人巧於懷柔。務施小惠以結人心。故滿洲之人。咸苦我國官吏之虐。而深戴俄人。是則俄雖撤兵。

其勢力已深入於人心而莫之能拔也俄兵雖撤而東三省之官民且將三揖三讓而請之來也自我致戎則又誰咎。

▲英阻烟稅

兩廣總督欲將粵東全省熟烟膏店抽一新捐所有烟膏通由承捐人出售粵俗謂之烟碼香港及南洋羣島凡英屬以至荷屬無不行此辦法粵省此舉固倣香港南洋而照辦者也駐粵英領事聞之立即照會粵督謂英國斷不能允許此事因鴉片入口時已納重稅如再抽新捐則於英國鴉片之貿易大有防礙今英領事已以此事稟於駐華英使設法阻止。各國稅則輕重均由自主其採用保護稅法者則已國所缺乏而需用之物輕稅免稅以招徠之已國有此物產恐他國物來攙奪則重稅以抵拒之至於侈奢物品非日用所必需者則嚴課極重之稅甚者乃至數倍於其本價彼國受此國之限制則彼國止能對於此國亦徵重稅以抵報之不能容喙於其間也鴉片毒害中國寧獨侈贅之比徵此區區入口之稅豈可謂重然中國誤入稅則於約章受制於人加稅既能不自主矣今生土變爲熟膏則貨物已變其性質且售之者爲吾國商人內地商店則已爲吾國內稅牙稅落地稅之類矣今吾自徵內稅而曰有礙銷路不許徵收然則吾國人戒烟亦將曰有礙銷路不許中國人戒煙乎手足束縛轉側皆難自主主權已失之國夫復何言。

（外國之部）

▲美國陸軍學校之創立

美國創立陸軍學校於華盛頓以前月舉行開校之典大統領各省長官以及各國公使皆往臨視其大

統領羅斯福氏之演說曰。大地之風雲日急。驅我美國爲世界中之一大强國。美國今日對於東西而負其義務。苟不儲實力則必不足以擔保平和云云。蓋曩者派將校於歐洲各國。以講求陸軍大學之規模。固將爲立學之基礎也。美國內力之膨脹。實已達於極點。蓄之既久。不能不爲尾閭之洩。於是一變其門羅主義而爲帝國主義。固將飛揚跋扈。與列强角逐於二十世紀之舞塲矣。今日武裝和平之世。舍實力其何以自立。美國今汲汲於擴張武備。今日議增軍艦。明日又創立陸軍學校。寧獨以擔保和平。固將欲雄飛於大地也。牽一髮而全身皆動。彼擁萬里沃壤而爲世界列强之的者。其又將何以待之。

▲亞巴尼亞之擾亂

亞巴尼亞人蜂起倡亂。舉兵襲密德域亞。與土耳其之戍兵激戰。土耳其更增四大隊之戍兵以拒之。君士但丁堡中。莫不驚皇失措。瑪塞尼亞人之革命運動。亦既累有年月矣。亞巴尼亞人之叛亂。與瑪塞尼亞人絕不相蒙。亞巴尼亞人殆嫉瑪塞尼亞人之改革。而激爲反動者也。密德域亞者。實亞巴尼亞之一都府。昨年之秋。俄人新建領事署於其地。其地居人。無不視若仇敵。亂事既起。俄領事遂爲所狙擊而負重傷。彼其野蠻之舉動。固非文明之瑪塞尼亞。欲得獨立自由者比。然其人凶悍粗暴。實有回教教徒之特性。而深爲歐人所恐怖者也。土耳其今既有革命黨人之運動。復又亂民土匪之騷擾。巴爾幹半島之亂機。將蔓延而不可收拾。而歐洲列强之干涉。又復紛至沓來。其國步之艱難。蹙蹙不可終日。泰西泰東兩病夫得無同病相憐。

▲美國大統領拔用黑人

美國大統領羅斯福氏。力主拔用材能智略之黑人。

雖尙有輿論之反對。然南北戰爭以來。至於今四十餘年。一時朝野人士。亦多有主持此議者。大統領之政略。行將大獲勝利。拔用黑人之議。當可見之實行。從此人種之累。當可漸平矣。畢竟自由祖國。尙有公理。

▲俄國內政之改革

前月十三日。俄皇發布勅諭。許宗教之自由。及地方之自治。盖俄國累年以來。農民窘敝。俄皇欲調查之原因。及其救濟之法。乃設委員以司其事。而命大藏大臣域提爲中央委員長。域氏者固熱心改革。欲以自由主義。輸入於農業社會之間者也。旣受任命。遂抗屆內務大臣佛列夫宗敎大臣呵鑑那斯特夫之反對。而將見之實行。

俄固專制嚴酷之國也。其苛重不平之租稅。權利互異之階級。官吏過度之干涉。集會權利之限制。出版自由之缺乏。保商病農之關稅。旅行不便之制度。凡所以困苦其民者。無所不至。今忽奉此敕諭。實如出黑闇地獄。而重覩天日。東西人士。無不驚此特舉。然或者曰。俄國政治之腐敗。豈能行此美制。一切希望。終歸泡影而已。然深觀俄國之內情。則此舉實有二因。

一曰對內。法人鮑爾之言曰。『二十世紀之中。必無專制政體立足之地。』亮哉言乎。今日自由之風潮。漫天捲地而來。雖以頑悍之俄國。寧能深閉而固拒故邇來改革之運動。擾擾而未知所屆。觀前年學生之暴動。則勢固岌岌不可終日。俄皇逼於時勢。知大勢之終不可抗也。故不能不稍以權利餌其民。一曰。對外。俄人之野心雄略。累世相傳。而未嘗或息者也。今方蓄精萃力。將大肆侵略。以啓其東封。內亂紛挐。則神有所分。將牽掣其外侵之財。故及此速先鎭撫

批評門

以絕其國內騷擾之原因。然後聚精會神。出全力以謀其侵略。由此觀之。則俄人內政之改革。其影響之及於我國者。至重且劇。俄民內寧。我國將不得安枕矣。不識吾國人將何以禦之。

人物時評

讀人物傳記最足激揚精神。且增歷史上之智識焉。而傳記中之評論。又文學之最有趣味者也。故今於批評門內補此一類。所評者以今人爲主。其近代歷史上人物。亦間及焉。若往古豪傑。則不置論也。

○德皇維廉第二

美國紐約週報「政治上最大勢力之皇帝」一題。即評德今皇維廉第二者也。其議論或失於偏激。然讀此亦見德國定覇之原動力矣。今譯其大意以紹介於我國民。至篇中批評之當否。非譯者之責任也。

德皇維廉第二。實今世界最有興味之人物也。彼非徒爲普魯士之王也。非徒爲德意志之皇帝也。彼蓋大政治家也。大教育家也。大軍人也。大文學家也。大美術家也。大遊獵家也。大戲曲家也。彼其智力。其天才。既超羣絶倫。而復有强烈之熱心以佐之。彼其功名心太盛。其熱血太盛。其精神無時或休息。故於彼乎於此乎。無往而不發揮其手段。德皇者。實當今第一之好事家也。他事勿論。請先言其政治的勢力。

欲知皇之政治上勢力。當先論其性格與其境遇。然後及其政績與其功烈。

維廉第二。有敏活之腦髓。有迅速之理解力。有强大之記臆力。有豐富之想像力。此等特性。自其少年時代即已發現。彼其易怒易激。自信甚堅。頗與亞歷山大、該撒、克林威爾、拿破侖諸豪傑同科。彼常信自己之伎倆。信自己之天職。信天帝之對於自己而有特別之保護皇之所以異於常人者首在於是皇有非常之雄辯其演說恒不與常人等富於空想富於妙語。常能以特別之議論而引誘聽衆說服聽衆。聽其演說而其人物之性格躍然如見焉皇有非常之精力有非常之勇氣、其目的所向常固守堅執之而不肯舍己以從人。雖然彼蓋易激之人也往往歷年經營慘淡之政策。因偶爾之激觸。輙破壞之而無所顧惜其深謀久祕之事業。一旦被激常暴露之而不亂。皇之所短在是皇之所長亦在是

普魯士歷代君主除腓力特列大王外其才智伎倆無一能及今皇者。此皇之所自信亦天下所同認也腓力特列當平和時代。則自理萬幾。一國事無大小悉躬親之。當戰爭時代。則自督三軍冒矢石爲士卒先。有餘暇則或吹笛。或作詩。或研究哲學。今皇亦然。以獨力統御此大帝國於國中之商業之教育之學術之音樂乃至全國政治之組織全國國民之生活一切自支配之當皇之方在儲貳也。俾斯麥嘗批評之曰。『吾見皇太子之人格殆無一不與腓力特列大王相類以此性質實可以爲空前絕後之專制君主。嗚呼我國民何幸而得生息於立憲政體之下耶』云云。可謂知言。蓋今皇自尊自信之精神實與腓力特列之專制主義同一模範者也。彼其自視過大而視他人若無物焉俾公既早見之矣。及其即位也俾公又言曰。『新皇必將自兼大宰相』。（案立憲政體君主無責任。其權皆在宰相俾公此言。謂新皇必將攬權侵大宰相之職也。）雖然、俾公能知之而不能於彼時急流勇退。故未幾遂見罷黜俾公於此舉智不如毛奇將軍矣。（案毛將軍於前皇崩後六禮拜即辭職）

腓力特列大王。詩人也。行政家也。哲學家也，著述家

也。然此乃其餘事耳。其本色則軍人也。彼日日以擴張國土爲事。故終腓力特列之世。普國之屬土增至二倍。使普魯士一躍而列於强國。今皇亦然。其本色則軍人也。其擴張國土之熱情。亦與腓力特列同。皇蓋天生之軍人也。彼常混處於陸海軍將校之中。與彼等共談笑。共飲食。若忘其自居尊位。常自視如與彼輩同僚者然。皇以爲此無上上之樂也。若其對於文吏。則殊不然。往往倨見之。訶斥之。彼其尙武之天性。尙武之教育。殆無一不私淑於腓力特列焉也。

（未完）

○美國豪富卡匿奇氏 Carnaga

數天下萬國古今之第一富人。當推美國之卡匿奇氏。

氏之財產總額。實五萬萬美金也。（約中國十萬萬圓）其每年息入則二千五百萬美金也。

一九〇一年。（辛丑年）氏以六十七歲之高齡。始退隱於實業界以外。將爲高尙之生活以終其天年。

氏常言曰。大集者必當大散。知聚財之法者固不易。知散財之法者則尤難。先是氏之未退隱也。已捐美金一千萬圓。分附於紐約市中六十五所之圖書館。旣又設工業大學於必珠卜。捐五千萬以爲經費。天下方翹首想望以覩氏之公益事業。而氏已營菟裘於法蘭西南部風光明媚之地。去美國而至歐洲。先至其故鄉蘇格蘭。捐二千萬圓分贈四大學會。自今以往。凡蘇格蘭之學生皆豁免學費云。

卡匿奇氏今年六十八歲之老人也。其餘命當復能幾。使氏而壽至八十也。則其生存於此世界者亦不過十二年耳。此十二年間而欲將五萬萬餘之金錢。散布之於有益事業。使得其所。毋失其宜。決非易易也。嘗有好事者爲之統計。卡氏若欲散其所集之財。

則每年必須散出四千萬圓。四千萬巨額也。就令卡氏不寢不食不休息。日手五圓一枚之紙幣。每一分鐘以十枚親授於人。則一年僅散得二千五百萬元耳。尚餘千五百萬元。若並其息入而計之。則雖一分鐘散八十圓。歷十二年之久。尚餘二萬五千萬元不能散出也。

如許之巨資。幸落於善集善散者之手。大爲一世之所注目。咸欲覩其舉動之如何。於是有某大藥房主人作八百萬部美麗之小冊子。記卡匿奇之小傳及其財產總數。而頒之於美國。募人投票論卡匿奇當用何法以散其財於公益事業。蓋藉此爲賣藥之廣告也。於是應募投書者凡四萬六千餘通。其類別如下。

自請贈與者	一二、二四六
請施送此藥房之藥以濟世者	五、二九六
請贈與於別人者	二、二六八
請助教會傳道事業者	二、〇四四
請施救貧民者	一、五六二
請施恤南非戰死之孤兒寡婦者	一、四五八
請用以養老人者	一、三二〇
請以設醫院者	七〇九
請施入孤寡院者	六五一
請捐印度濟飢者	六二九
勸卡氏讓財產於其女者	五〇九
請給家宅與老人及廢疾者	四〇三
請給家宅與貧民者	三九三
請捐助俱樂部者	三八九
請捐助瘋狂院者	三四一
請投諸殖民事業者	三三二
請爲工人建模範家宅者	二七八

請贈少年子弟爲資本者　二七七
請設立學校者　二六四
請給家宅與鰥寡孤獨者　二四八
請代償國債者　二三七
請爲美國預備戰費者　二三六
請建設圖書館者　二〇四
其他　七、六七〇

此投票紛紛騷擾之時。卡氏乃始著手以處置其財産。當首途紐約之前一日。氏乃發一公函於紐約市。氏捐一千萬圓爲建立六十五圖書館之費。首途後數日。復發兩函。其一與彼所設諸公司之總辦。其一與必珠卜之市民。內捐與必珠卜市之圖書館者二百萬圓。給與各公司之工人之養老金及作工受傷者之療養費共八百萬元。都爲一千萬圓。

計氏退隱以前凡設必珠卜工業大學捐五千萬元。紐約市圖書館一千萬元。紐約以外美國諸市之圖書館凡一千萬元。必珠卜圖書館及工人救恤費一千萬元。都合捐出者八千萬元以上云。

卡匿奇雖常助金錢於種種團體。然始終未嘗一助敎會。未嘗一助政治運動。

卡匿奇不助不自助者。彼常言曰。自發心欲上梯子者。從後助之可也。若不欲上者。雖助之亦不得上。徒令其受墮落之苦而已。是非益之。卻害之也云云。

嗚呼。觀卡匿奇之舉動。是眞可爲普天下富人師矣。

雜評

●待野蠻人之法

黑龍江額爾古納等處貧民向以淘挖金沙爲業。前日俄人忽以爲匪鎗斃二百餘人之多。黑龍江將軍現正擬理辨此事。然事甚棘手。殊費躊躇。嗚呼。人命之賤。賤至華人則眞螻蟻之不若矣。歐美有保護動物協會。雖一雞一犬一蟲一魚苟有以非理而虐待之者則必加以懲罰。文明國之雞犬蟲魚。尚有凴藉而不受虐待。今黑龍江之二百餘人固翹然高等動物之人類也。顧橫被蹂躪。曾不得與雞犬蟲魚比四萬萬之人口雖多。其亦何堪此禽獮

庚子之役。義和團仇殺敎士。泰西諸國。譁然狂吽。謂爲文明之蟊賊。人道之公敵。及京津既陷。彼乃更肆意掠殺。良莠同殲。其所殘殺。乃百十倍於義和團所殺之洋人。自津至京。數百里幾無人烟。而彼更揚言解釋。謂待野蠻人之法。例應爾爾。然此猶曰激戰之仇憤也。今黑龍江數百人。又無端橫受屠戮。文明乎人道乎。待野蠻人之法。例應爾爾乎。德意志學者之論。惟強者乃有權利。豈惟權利。文明人道。亦惟強者所私有耳。彼挾強國之勢力。我乃無國之羈民。彼刀俎而我魚肉。固其宜矣。無父何怙。無母何恃。孤露窮兒。其將何所訴耶。

西士之言曰。強者與強者遇。以道理爲勢力。強者與弱者遇。則以勢力爲道理。我而弱者。我而無勢力。則區區二三百人之生命。曾何足算。

●嗚呼榮祿

北京電報云。十四日早榮祿死。

嗚呼。榮祿死矣。固一世之雄。而今安在。嗚呼榮祿竟死。

批評門

榮祿固數年來爲我國政界中主動力之人也。戊戌之秋，幽囚皇上，推翻新政，盡復其頑錮昏謬之舊政。而顛倒抑又加甚，遂使我中國黯黑無復天日，慘沮無復生氣。內則壓軛國民，外則橫挑強敵。庚子之間，嗾釀義和團之大變，以至損失國權，重負賠欵，擧我中國而置之列強監制轄治之下。遂使虛弱垂危之中國，經此峻伐吐泄，而氣息奄奄，病成不治。雖中國之衰，其原因不獨在榮祿，然數年以來，彼獨攬大權，噓欲揚波，絕我中國之生機，速我中國之死期。以一人之力，乃至大局敗壞，不可收拾。今日雖死，死已晚矣。

雖然，彼數年來飛揚跋扈於政界，守舊仇新，犯上謀篡，割地鬻權。天下人士，側足怒目，無不思食其肉而寢其皮矣。今一旦自斃，爲我中國去一附骨之大毒，扳一喉咽之大梗，使政界有一線光明之望。天下人士，喜可知也。雖然，天下人士其無遽喜。

一國之興，必其國民之熱心強力智識才能卓然足以自立，而後其國乃興。一國之敗，亦必其國民心渙力靡，智下才劣，靡然日趨於腐敗，然後其國乃敗。其在上之興之敗之者，不過乘此潮流而爲之代表耳。今我國民方在蒙昧幼穉之中，無自治之才，缺自立之力。而上之在政界者，又如積糞之孳蛆。今榮祿死，豈無他榮祿之繼起，一榮祿死，豈無衆榮祿之叢生。即果無榮祿之繼起矣，以我國民今日智識才力之程度，中國果遂即能振起乎。不自培其國民之智識才能，以自爲一國之主人翁，一國之主動力，而徒冀幸於一二在上之去留生死，即此心力，已缺國民獨立之性質，已非中國前途之佳兆矣。榮祿不死，將如之何。榮祿雖死，又將奈何。

雖然，榮祿固我國政界中主動之人也。今一旦自斃，則政府必稍有變動。從此中國政界，或可少有活氣。

二

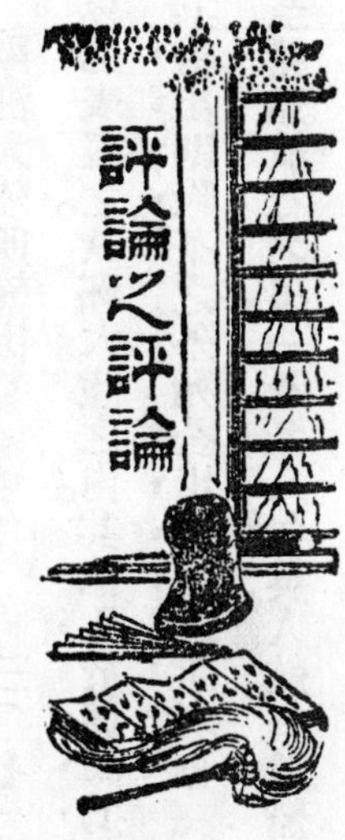

（歐美之部）

○德國與揚子江沿岸

德國伽爾尼雪官報

此德國政府機關報之論說也。其於揚子江沿岸中德國之位置及其政府之意見。即此可見一斑。擇譯之以爲鑒省。

一舉揚子江沿岸之名詞。即顯有政治的地理的意義。此自一八九八年以降而始然者也。德租膠州俄租旅大而後。漸開勢力範圍之例。諸國繼起紛紛效尤。英國恐其勢力落他人之後也。乃急取其昔日之注意西藏者。一舉而移其勢力範圍於支那中部。

一千八百九十八年二月九日。駐華英使要求於中國政府。請其勿以揚子江沿岸讓與他國。是月十一日。中國政府答書。謂揚子江地方爲中國中央要地。決不租貸割於他國。

當是時也。德國方注全力於膠州。未遑他顧。其時德人咸謂中國大矣。諸國在中國各謀利益。不可互相衝突。爲英國計。徒妨害德國而受其疾視。非計之得者也。德國既占膠州。則英國更謀他地。德人不可妨礙英國之舉動。此「小德國」之政策。當時喧播於國中。既而上海德商以本國之支那政策過於狹小。不足振德國東方之商業。乃創立「德國協會」以謀德商之利益。協會既成。德國東方之商業駸駸凌駕他國。然中國稅關統計。不詳列各貨出地之子目。雖英國與其屬地分別表示。然其餘諸國。除俄國外。惟渾言歐洲大陸。故德國輸入之貨物。未能詳也。今略舉揚子江二大中心之上海漢口貨物入口之數。表列於左。

上海

英國所輸入(屬地不計)三九九五八、五三二兩

歐洲大陸所輸入 一一五一、六四二三兩

英國所輸出 七六七七、五二三兩

歐洲大陸所輸出 二八六三八七一二兩

漢口

英屬所輸入(英國不計) 三三一、〇〇〇兩

歐洲大陸所輸入 一六四二、一六〇兩

英國所輸出 二〇八五兩

歐洲大陸所輸出 三〇七一七兩

以此表觀之。歐洲大陸之內。其輸入於德國爲最多。其輸出則除茶之外殆全出德商之手者也。

至輪船航行之事。一八九八年英人航華輪船噸數、千二百二十八萬噸。占總數百分之六十一。德人航華輪船之噸數。則六十萬噸。不過百分之三。及一千九百〇一年。英船千五百七十三萬噸。占總數百分之五十一。德船則五百三十六萬噸。已達百分之十七。故德國揚子江航船之位置。一八九九年尚位第四。一九〇一年則已位第二矣。使德國先數年能知中國之內情。則不止如今日之進步也。一八九八年春。上海之德國銀行。奉命與中國政府商議。求滬寗鐵路之權。有成議矣。突爲英人之所奪。一八九八年五月。滬寗鐵路與蘇杭寗波支路之權。悉入英人之手。於是德國在揚子江。遂失强固之地位。以此觀之。德人怠緩失機。不誠可惜也。爾來英人之報。方囂然狂叫。謂英與日美。當力保中國。勿介他人之侵奪而已。則實舉中國之半部。置之英國勢力範圍之下。其用意所在。亦既可覩。然則

今日德人之在中國。其最危險亦最可敬重之强敵。其惟英國乎。其惟英國乎。

記者案德人之入我國也。遠在諸國之後。其手段之强横。氣勢之驚悍。如飢鷹脫韝。餓虎出押。搏擊縱噬。莫之敢當。其商務之繁盛。駸駸度越驊騮前。數年而後。奪英國之正統而代興。直意中事耳。嗚呼。彼中人士所議論。無一非謀拓勢力於吾國。較量輕重。不讓絲毫。彼進一寸。此進一尺。中國雖大。豈能饜其競爭之心。飽其無厭之欲哉。强盜縱橫於寢門。而主人尚鼾睡於臥榻。悲夫。

（日本之部）

○俄羅斯大藏卿察視東部亞細亞之報告

東京外交時報

俄大藏大臣域提。察視東部亞細亞。歸俄。官報載其報告書。驟而觀之。似止比較大連灣與浦鹽斯德市塲之性質。實則述其經營東方之大方針大抱負也。今擇述其要旨如左。

一　西伯利亞鐵路及滿洲鐵路。實歐亞間世界之通路也。

二　既爲世界之通路。則有影響於世界者有三事。第一使中日韓三國。與歐洲有密切之關係。第二使東洋人增需用歐物之度。第三使歐人事投本於東洋市塲之利益。

三　其於地方之影響。則發達西伯利亞之生產力。鑛業亦從而興盛。故自歐俄而移住殖民。實爲要務。

四　欲使西伯利亞鐵路及滿洲鐵路完備。則不可不速竣貝加爾線之工事。

批評門

五 大連灣之築港。一年可以竣工。工竣之後。則可使爲世界市場之中心。俄國欲擴充商權。而收之手中。則當使商民握有此市之不動產所有權。

六 此市既成。浦鹽斯德有所不利。然亦一時之損而已。他日必能償其失。夫論要港之性質。浦港實不如大連。然當設一適宜之法。勿使二港有此盛彼衰之弊。其法如何。則分劃浦港與大連之商業範圍。浦港則以黑龍沿岸及東北滿洲爲其範圍。大連則以南滿洲爲其範圍。而浦港又定爲自由港。斯則兩得其宜。

七 西伯利亞滿洲兩鐵道之璧林瑪特拉士支路。域加里丁布爾支路及貝加湖邊之鐵路。其工事之費。殆逾十億。其成績如何。決非今日所能懸定。縱令今日受非常之虧損。而他日必能獲莫大之利益者也。

四

此其報告之大旨也。讀者於此有三事不可不措意者。一則西伯利亞之鐵道發達西伯利亞之生產。果爲事實乎。一則大貫鐵道之價値。其終點在於不凍港之大連灣。一則達於大連灣。則不可不橫貫滿洲。不通貫滿洲之要部。不能達大連灣也。

自第一事而觀之。吾國人多謂俄國之拓殖事業。有必至於失敗者。曩有某博士游閱其路。歸而評論之曰。

俄人投數十億萬之巨資。以與西伯利亞之大工。西伯利亞之總面積。無慮十餘萬里。其地屬凍土。帶類皆磽确不毛。其有林木之地。不及十分之一。且材質不良。搬運不便。雖欲興工業而利息昂貴。警察不備。則營業難而不安。西伯利亞之氣候地質與其生產力惡劣不良。信如世人之言。俄人之謀此絕大之拓殖事業。必全歸於失敗而已。

斯言也。誠非無理。然域提氏固知其有非常之損失。而明言之矣。惟此路通行而後。則今日種種之損失。必日漸減少而利益更足以相償。蓋亞細亞之最便市港。與歐洲之市場互相聯絡完備鐵路之效用。而後此路之眞價可見也。余竊以爲此路旣成。則不出期年。大連灣之港市竣工。則鐵路之效用可見而利益必足償損失。俄人商畧政畧二者皆有所藉手。吾人其不能一日高枕而臥乎。

至第二第三之事。則不問而可知矣。俄國之撤兵於滿洲也。名撤之而實未嘗撤。即果撤矣。而其勢力之潛布。亦不過飾人耳目而已。有此鐵道以橫亘其中。則俄人在滿洲之位置。其又何待問也。

記者案俄人擲億萬之黃金以營此大工於荒曠之野。其氣象之偉大。謀畧之宏遠。性質之堅忍。皆足令人驚悚。今工事已畢。羽翼成矣。振翮而下。金翅蔽天。勢如河出伏流。已非復隄防所能限制。茫茫禹域。首當其衝。今俄旣拊我背而扼我吭。滿洲已非復我有矣。今又有移六十萬住民之大舉。其拓地殖民之偉略。磅礴而未知所極。彼先皇彼得之遺訓。殆可實行於今日矣。日人謂自此無復安枕之日。誠非過慮。故舉國皇皇。日謀抵禦之策。而在彼爪指之下者。尙熟視而無覩。豈謂委棄東三省。即足飽此飢鷹之欲。而不復噬人邪。嗚呼。東三省特先作一犧之嘗耳。

叢錄門

日本專門學校教授松平康國著
新會梁啓勳譯述
飲氷室主人案語

出書廣告

全二冊
定價九角

史也者敘述羣治之原因結果也因果不一而最繁賾者莫如近世史**近世史者十九世紀史之毋也**此編起十五世紀末迄十八世紀其中如學問之復興宗教之革命君權之變遷諸大業皆孕育百年來之文化者也故**欲知最近世史之果不可不求其因於近世史**此篇爲專門學校講義**煌煌巨帙**東國史籍中**第一善本**也譯者夙有家學文辭斐然復經飲冰室主人校閱**加案語百餘條**將書中要點逐一剔出以**卓特之學識雄奇之文筆**論斷之而**一以資鑑於我祖國**學者苟讀一過則於史學之常識思過半矣

發行所　廣智書局　發賣所　新民叢報支店

外交家之狠狙

（續廿七號）

法國某著
中國某譯

諸君豈忘之邪。俾斯麥欲偪英國入三國同盟以傾法國。而欲借德法和好之議以操縱之。其所恃以爲手段者。即法國外務大臣所曾署名之和議書也。而此文件。現爲俾斯麥所握。余之使命。正在繳還此書。可幸俾斯麥未嘗與德皇一商。而竟行此策。是眞天之尙未絕我法國也。然則我之第一急着。惟當及俾斯麥與德皇意見未融洽。速將該條約書取而消之耳。余前在柏林公使館時。頗知俾公爲人。他將一切緊要文書。不藏諸首相官邸之密室。卻用一黃色手盒帶在身邊。晝夜不離左右。余因其如此。遂想出一計。以商德皇。德皇亦以爲然。乃即按電鈴遣使命俾公即入見。無何使者反命。稱奉召即來。余乃避之隣室以覘之。

不及數十分鐘。俾公果挾一黃色手盒於膝下。蹣跚而來。余不見彼。忽忽六年。而彼依然故我。仍是一肥胖短小眉毛倒豎令人一望生畏之老夫。先將手盒鄭重放下。然後從容與皇爲禮。德皇問曰。俾斯麥汝今日風濕疾如何。對曰。苦累實甚。全是年老所致。計臣奉職已四十年矣。非遂屏逐更選英才。實不堪命。德皇曰。汝胡爲作此言哉。俾斯麥。以余觀之。維廉口雖如是。而其心料非爾爾。於時德皇更不命坐。即提起德俄通商條約有所盤問。俾公不得已開手盒。取出德俄通商條約各要書。德皇假意一閱。遽握俾斯麥手曰。盍樓上去。寡人近日作一樂譜。令皇后彈之。甚悅耳焉。敦迫俾公即行。俾公狐疑瞻顧。睜眼向桌上所放手盒一望。點頭自語曰。房門下鎖。必無他虞。於是不得已隨德皇登樓而去。

轟然一聲。房門忽閉。余乃自密室出。忙開黃色手盒。一看。見有一物最先映吾眼簾。則一大封皮盖有法國外務省關防。而已經開口者。余自會意。遂即攫之。嗚呼。法國存亡所繫之一封要書。已入余手矣。余正將文書抽出。維廉帝忽走進來。此乃預先約定。以忘帶樂譜爲口實。登樓至半。便復下來。素知俾公不艮於行。其來必遲。乃匆匆以文書示帝。見上面寫有德法兩國所結攻守同盟之議。下面署名法國外務大臣孚羅理輿指以示帝。無何俾公之足音。已蹬然至門外。

維廉帝見此。嗒然若喪。張首四望。而余已以此時將此緊要文書。揷入衣袋。更從衣袋內取出一封同樣文書。依舊揷入封皮之內。在帝面前放還手盒內。遂卽退還。藏於密室。俾公開門入來。氣踹眉皺。維廉帝忙開桌上各抽屜。假爲搜索樂譜者。然俾公覷帝不見。急將手盒關鎖妥當。又自挾之。忿忿然叫曰。今不見樂譜。臣將再來。帝曰。何忙乃爾。皇后久不得見汝。胡可不一登樓。寡人便來也。俾公不便强辭。只託言足痛。悻悻然登樓而去。

余與維廉帝雖曾有約。然盜取文書一事。初未言及。於是再從密室出。帝熟視余曰。君何故奪彼文書。余對曰。陛下曾言此和約全出俾公獨斷。我一切不預聞。固可作爲罷論。外臣亦曾言。苟如此。敝國政府亦願注銷此案。此言猶在耳。陛下豈忘之邪。此文書實由俾公用詭計騙來。今更無再授彼手之理。故取還之耳。帝曰。此固無不可。然何必如此偷取邪。言下稍帶怒容。余曰。此或爲外臣之過。然此事若爲世所知。則彼此均不利耳。又曰。今所揷入封筒之文書。其標題依然與前書無異。亦是出自爭羅理輿手筆。

俾公匆匆。未必能看破机關。得陛下恕外臣之無狀。今願將忠義俾公未與陛下商量而遽自斷行之一事。謹以奉聞。維廉帝面紅耳。彼文書中未嘗言及他事。此外豈尚有之邪。對曰。不然。此外誠無有矣。然俾公以禮拜六日為期。正攘臂以驅美國入三國同盟。然吾恐其計或不就耳。

維廉帝未及詳究底蘊。余一揖而別。遂去皇宮。馳至郵政局。即飛電至駐巴黎英國大使曰。此事乃君誤聞。無此文書。噫。安得再有此文書哉。余赴電報局之時。在車上已將此文書帛裂而粉齏之矣。

曾無幾時。余及英國大使以所聞于駐紮柏林之同僚者。為余詳述之。蓋俾公至禮拜六日。始在維廉帝前。與英國大使相會。其先猶不知其文書之被人偷換也。原來俾公以在老維廉之時。一切外交事件。尚委以全權。絕不容喙。而今帝年尚幼。乃反事事干涉。俾公大憾之。竊欲暗中辦一大事。使帝口塞。無可再言。故於此事與帝並未嘗有一語商量。此事將來為帝所知。必不滿帝意無疑。然苟能牽英國入三國同盟。則此等細事。料必不復計較。俾公立意如此。乃槩以禮拜六日與英國大使會見于維廉帝之前。先將會合之意。陳奏於帝。得意揚揚。顧英國大使而言曰。何如。今待君回答矣。英國亦加入三國同盟乎。英國大使因駐巴黎之英國大使得余電報。即有授意。不肯中其計。乃曰。欲我回答。不可不以法國欲攻英國之確據相示。俾公聞言。忙敲手盒一下。傲然曰。確據在此。法國政府與我相約攻英國。其原書可相示也。維廉帝於是會意。始知余用計奪還彼文書之故。乃反身撚鬚。袖手而旁觀之。英國大使仍不動容。曰雖然。公或有誤。法蘭西未必遽有此事。俾公莞爾而笑。從封筒中將余所易之文書。遞之於英國大使。維廉帝無從止之。其心中一憤余之狡。一欲得見傲慢不遜之俾斯麥。今將受困。以洩平日之氣。乃頻撚鬚。注目相視。英國大使展文書。高聲誦曰。

一　法蘭西日耳曼互結攻擊同盟之議。

俾斯麥聳鼻如山。吐氣言曰。何如。英國大使再朗讀曰。

佛蘭西政府。據日耳曼政府所送來提議。再四商定。已決意於此等同盟。斷不加入矣。

讀至此。俾斯麥怒吼一聲。躍然而起。將英國大使所持之文書。狂命一奪。兩眼突出。張口將此文書一啖。當時俾公忿怒之色。悔恨之色。驚怪之色。失望之色。一時並顯。眞是可笑又是可憐。

維廉二世又從旁而嘲弄之曰。俾斯麥。汝果何爲邪。汝不受勅許。而擅與人結攻擊同盟。以欲離間朕所親愛之友邦。是果爲何事邪。俾斯麥一時狀如狂犬。喃喃亂語。將口中所銜文書擲地曰。第一次。第一次。我緊要手盒不知被誰偷開。此爲第一次矣。陛下與大使請聽老夫一言。此提議眞非老夫意。實出自法蘭西政府者耳。

維廉二世反身側顧。佯爲不聞。英國大使聳肩自去。俾公一場妙計歸之水泡。於是英國依然自翔于三國同盟之外。未及一月而俾公不任日耳曼首相之報。已遍達於五洲矣。

（未完）

飲冰室詩話

飲冰子

昔在上海譚復生嘗以其舊作八律見示。蓋丙申春就官浙江留別湘中同志者也。余讀而愛焉。顧此後茫不復憶得一字。此詩未見於莽蒼蒼齋詩中。無刻本也。故每念及之輒養養若有失。頃邱菽園以其近著揮麈拾遺見寄。中乃有其全文。吾喜可知矣。亟錄諸詩話中。……睡觸屏風是此頭。也曾開絹向荆州。生隨李廣眞奇數。死傍要離實壯游。洛下埋名王貨舂。蘆中託命伍操舟。東家書劍同槃狗。南國衣冠借沐猴。……白龍魚服辦輕裝。紫鳳天吳舊業荒。盡有乾坤容電笑。斷無雅頌出雲章。傳觀怕造金樓子。落寞乘愚水部郎。去馬來舟多歲月。北山翻覺稚圭狂。……寰海惟傾畢士馬。逢時差喜衛哀駘。風雲烟鳥堂堂陣。河洛龜龍的的才。秦粟擬因三晉泛。蜀山虛遣五丁開。禪心劍氣相思骨。并作淮南一寸灰。……射虎誰言都飲羽。辟蛟何處好文身。種來天上榆將老賦到江南草不春爲撫銅駝尋洛社更騎銀馬降濤神袁公弦上堪容我溫尉桃中別有人……楚囚遼鶴兩無歸重向危時謁帝扉鐵騎角聲殷地發玉龍鱗甲滿天飛山河風景皆殊異城郭人民有是非幾句猶然況鄉里絕糧誰爲解匡圍……莫嫌南宋小京都句踐錢鏐有霸圖枳棘鳳鸞魂九逝人文龍虎淚雙懸成軍自是滇君子亡國偏來作大夫剩水殘山憐馬遠天教留得一西湖……大好湖山供宦學妄憑愚魯到公卿生爲小草陶公願誰寄當歸魏武情七尺杖拋離葛杵八分書密愧王荆會稽誓墓徒淒苦回首師門感易生……經年焚却硯君苗何意投來策繞郭淒矣其悲今麥秀思之爛熟古弓招點頭自拜生公石拗項爭趨御史橋手版倒持裘反著是儂吳市一枝簫……復生自刻莽蒼蒼齋詩題曰東海褰冥氏三十以前舊學第二種蓋斷自乙未前也此八章即其所謂三十以後新學之初唱矣沈雄俊遠誠在莽蒼蒼齋之上但篇中語語有寄託而其詞瑰瑋連犿斷非尋常所能索解唐紱丞嘗語余云此詩惟我能解之余時匆匆未暇叩紱丞也而今紱丞亦云亡誦元遺山獨恨無人作鄭箋之句又愴然涕下焉矣

復生自憙其新學之詩。然吾謂復生三十以後之學固遠勝於三十以前之學。其三十以後之詩未必能勝三十以前之詩也。蓋當時所謂新詩者頗喜挦撦新名詞以自表異。丙申丁酉間吾黨數子皆好作此體提倡之者爲夏穗卿而復生亦綦嗜之。此八篇中尚少見然襄海惟傾畢士馬已其類矣。其金陵聽說法云綱倫慘以喀私德法會盛於巴力門。喀私德即 Caset 之譯音蓋指印度分人爲等級之制也。巴力門即 Darliment 之譯音英國議院之名也。又贈余詩四章中有三言不識乃雞鳴莫共龍蛙爭寸土等語。苟非當時同學者斷無從索解。蓋所用者乃新約全書中故實也。其時夏穗卿尤好爲此。穗卿贈余詩云滔滔孟夏逝如斯亹亹文王鑒在茲帝殺黑龍才士隱書飛赤鳥太平遲。又云有人雄起瑠璃海獸魄蛙魂龍所徒。此皆無從臆解之語。當時吾輩方沈醉於宗教視數教主非與我輩同類者崇拜迷信之極乃至相約以作詩非經典語不用。所謂經典者普指佛孔耶三教之經。故新約字面絡繹筆端焉。譚夏皆用龍蛙語蓋時共讀約翰默示錄。錄中語荒誕曼衍吾輩附會之謂其言龍者指孔子言蛙者指孔子敎徒云。故以此徽號互相期許。至今思之誠可發笑。然亦彼時一段因緣也。

穗卿有絕句十餘章。專以隱語頌教主者。余今不能全記憶。憶其一二云、冰期世界太清涼。洪水茫茫下土方。巴別塔前分種教。人天從此感參商。此其第一章也。冰期洪水用地質學家言。巴別塔云云用舊約述閃含雅弗分闢三洲事也。又云帝子采雲歸北渚。元花門石鎮歐東。□□□□□□□。一例低頭向六龍。六龍冉冉帝之旁。三統芒芒軌正長。板板上天有元子。亭亭我主號文王。所謂帝子者。指耶穌基督自言上帝之子也。元花云云。指回教摩訶末也。六龍指孔子也。吾黨當時盛言春秋三世義。謂孔子有兩徽號。其在質家據亂世則號素王。在文家太平世則號文王云。故穗卿詩中作此言。其餘似此類之詩尚多。今不復能記憶矣。當時在祖國無一哲理政法之書可讀。吾黨二三子號稱得風氣之先。而其思想之程度若此。今過而存之。豈惟吾黨之影事。亦可見數年前學界之情狀也。

此類之詩。當時沾沾自憙。然必非詩之佳者。無俟言也。吾彼時不能爲詩。時從諸君子後學步一二。然今既久厭之。穗卿近作殊罕見。所見一二。亦無復此等窠臼矣。瀏陽如在。亮亦同情。

過渡時代必有革命。然革命者當革其精神非革其形式。吾黨近好言詩界革命。雖然若以堆積滿紙新名詞爲革命是又滿洲政府變法維新之類也。能以舊風格含新意境。斯可以舉革命之實矣。苟能爾爾則雖間襍一二新名詞亦不爲病。不爾則徒示人以儉而已。儕輩中利用新名詞者麥孺博爲最巧。其近作有句云。聖軍未決薔薇戰黨禍驚聞瓜蔓抄又云微聞黃禍鋤非種欲爲蒼生賦大招皆工絕語也。吾自題所著新中國未來記二詩。有云青年心死秋梧悴老國魂歸蜀道難亦頗爲平生得意之句。莽蒼蒼齋集中有詩云。身高殊不覺四顧乃無峯但有浮雲度時時一盪胸地沈星盡沒天躍日初鎔半勺洞庭水秋寒欲起龍蓋晨登衡嶽祝融峯作也。瀏陽人格於此可見。南海先生己丑出都作一律云。滄海飛波百怪橫唐衢痛哭萬人驚高峯突出諸山妒上帝無言百鬼獰漫有漢廷追賈誼豈教江夏殺禰衡陸沈忽望中原歎他日應思魯二生。南海人格於此可見。『身高殊不覺四顧乃無峯』『高峯突出諸山妒』此何等自負語。兩先生作此詩時皆未出任天下事也。先時之人物其氣魄固當爾爾。

麥孺博本多爲詩。然有作必佳。余最愛誦其贈韓孔首一律。末四句云。憂歲坐聞山鬼曛臨江東指海雲生。中年哀樂應消盡。背近彈碁恨不平。兀首名曇首。孔广之從昆也。三年前已爲異物矣。

余向不能爲詩。自戊戌東徂以來。始強學耳。然作之甚艱辛。往往爲近體律絕一二章。所費時日與撰新民叢報數千言論說相等。故間有得一二句頗自憙而不能終篇者。輒復棄去。非志行薄弱。不能貫澈初終也。以爲吾之爲此。本以陶寫吾心。若強而苦之。則又何取。故不爲也。記去年正月廿六日在東海道滊車中遇三十初度。欲爲一長古不能成。僅成四語云。風雲入世多。日月擲人急。如何一少年。忽忽已三十。今年正月廿六日在太平洋滊船中遇三十一初度。欲爲四律不能成。亦僅成四語云。十年十處度初度。頗感勞生未有涯。歲月苦隨公碌碌。人天容得某栖栖。片鱗碎甲。拾而存之。亦一紀念也。余十年來度生日凡得十處。無一復者。癸巳在家鄉。甲午在黃海舟中。乙未在京師。丙申在上海。丁酉在武昌。戊戌在洞庭湖舟中。己亥在日本東京。庚子在夏威夷島。辛丑在澳洲雪梨市。壬寅在日本東海道滊車中。今年癸卯航海遊亞美利加。在太平洋舟中。

與新民叢報記者書

公人

中國今日人心道德之墮落。可歎可歎。貴報以藥石之言振之。所以轉移風俗者不少。誠敬誠敬。如貴報批評門中。語語值萬金。何敢異言。然某更欲進一言于中國之新民。弗以某辱附學生。乃阿留學生。某知彼二人者。乃爲彼二人解罪。不過曾讀法理學。知有言論之自由。有所知。故欲言之耳。學生中日譯數千字。以易數金供其游學之資。若而人者。比比皆是。誠以今日游學界之困難也。彼等拋父母妻子。離故國。赤手空拳來游日本。亦可憐矣。其有不穩。糾之正之。固主清議者任也。然我輩知甘苦者。必諒其苦而不言。且我國民資格卑下。言者弗歸。譯書雖不佳。灌輸于內地人之腦中。亦非毫無影響。某來東京一年。未譯一書。誠以譯書任重事艱。爲此言者。明非爲私。爲中國之新民知苦者也。倘願聞之。夫英雄豪傑之異人者。以其不欲等於常人耳。當其事業未成。潦倒之時。其所作爲。必有駭常人耳目者。敗名喪檢。亦所不顧。彼盧騷畢斯馬克可爲之證。某非曲護其短以爲若而人者。或非無爲之人歟。況今日中國之無教育。必不能比受教育完全之國民。彼著吾妻鏡之二人。爲之主者。年已三十餘。生平好奇。有僻見。蓋其腦質已鑄成矣。學日文日語已三年餘。非若僅讀和文漢讀法而操筆者。遍學歐美物質上學問。而無一卒業。然其製作程度。在日本高等學校上。心不可謂不熱。而識不足以濟之。故爲事往往失當。所見往往過度。所語往往過偏。惜乎生于三十年前。無教育以濟其才。若爲之附者。年不過十餘。其腦質之聰鋭。學術之

叢錄門

猛進。蔚然異日之大人物。我敢言之。且不徒富于思想。而兼有記臆力者也。吾妻鏡即銷數萬千部。彼不得一讀。再觀中國青年。持道德心如彼者蓋尠。非諛諂也。他日出現于世界。觀之可知。中國之新民。誓有權殺此二人。毋乃過乎。某非黨彼二人。爲之鳴冤。公言也。幸察之。中國之新民。已往美洲。望貴報館轉寄之一覽。以爲然。更要求登錄貴報。以示至公。

專件

廓爾喀記

明夷

有新日本而闚于吾西。名爲吾藩屬者。廓爾喀也。其地曰泥巴。中國稱爲廓爾喀者。其王之種族也。其國位于須彌山上。四面環山。東西橫長二千餘里。南北五百餘里。東北界西藏。東南界哲孟雄布丹。下須彌而爲印度。其都會曰珂多瑞。大乃極險之山國也。其人分兩大種。其雪山以北之境。皆爲藏種。風俗語言飲食室屋僧寺。亦用藏俗。其雪山以南之境。皆爲印度種。其風俗語言飲食室屋僧寺用印俗。其他非藏非印之種尚多。有巴爾婆種。信佛而異于印藏之傳。至今猶有梵語大乘佛典也。廓雖全國皆山。然有五河流之當雪山南麓。亦有廣原。種稞麥。其人民五百萬。蓋一夫多妻。故民繁也。人民性勇敢而敏銳。亦似日本人。自英得印度。即遣大臣子弟。就學于印中學校。故歐美政治學術。傳之已久。通達大地情勢。百年前已先學英國之兵法醫藥。近于民法刑部審判。皆改用英制。其國都有大學。師範學。武備學。皆用英式。但貧薄未能徧于全國耳。其留學于印中者甚多。近者更派學生十人入日本學製造礦務。其常備兵三萬五千。後備兵八萬。其兵皆用英式。蓋雇英兵而學之。其槍砲皆用新式。乃購之於印度者。蓋英人或資之以防俄耶。其王年少壯武。吾見其操兵影圖。服西式兵衣。端坐于中。而百官環坐其後。氣象英武。吾竊聞廓所最心醉者。取西藏也。如日人之伺遼東矣。蓋廓之與藏。風俗語言教制皆同。而藏地大民衆。又多實藏。廓人商於藏中者無數。閒常有兵數百駐藏中。護其商旅，間知藏中守備兵窳器鈍。取之若探囊也。獨深計郤顧者。慮中國之大。徘徊少待耳。當吾國庚子之變。廓之君臣。厲兵秣馬。欲襲藏。既以餉不足。吾事定而暫沮。夫以肥牛腯豕。置之于餓虎之旁。其必噬不待言也。夫以廓數百千變法之才。久鍊十餘萬之兵。而投之數千里無兵無械無才之藏地。其席捲可立待也。自廓境入藏。旦夕可至。而自四川入打箭爐。自爐至拉薩。以達于江孜阿里。非兩月餘不能至。一旦有變。全藏數千里非吾有也。昔光緒戊寅時吾以日本變法之强。必注意于高麗遼東之地。大呼于國而上言之大臣莫我達也。而國人相率笑吾爲狂。欲逐吾出都。不五年而甲午之變作矣。今吾又言廓難矣。廓不東封藏地。安所展其新變法之國。練兵有年。亦有不思耀其兵以振其威名者也。藏地雖大。人雖多。夫以[illegible]窺藏。猶以虎入羊羣也。藏不濟矣。吾今又發現廓事于國中。若不亟謀固藏。則又有甲午之變。有西日出焉。恐吾言之再驗也。吾今雖得罪。不在其位。然藏固吾土地。藏亡而川蜀隨之矣、吾北望崑崙。西望須彌。悄悄憂懼。而歎藐茲小國。大有人焉在也。吾不得不爲吾國當塗者大呼之。火然藥伏。雷驚地覆。嗚呼無再爲甲午之續也。

雜俎

新智識之雜貨店

▲貨幣種類

英國博物館所蒐集世界之貨幣。其種類約二十五萬種。

▲街燈費用

倫敦巴黎及紐約三大都會。年年街燈之費用。倫敦五十六萬磅。巴黎百七十五萬磅。紐育四十萬磅。巴黎實三倍於倫敦有幾。

▲世界長流

尼羅河長四千三百哩。其次南美之亞瑪遜河。長四千哩。又其次北美之密士失卑河。長三千哩。

▲法國自轉車稅

法蘭西每年所收自轉車之稅。約二十四萬二千五百磅。

▲光線速力

一秒鐘間。光線能週地球八回。

▲印度水蛇

印度之水蛇。棲息於淡水者無毒。棲息於鹹水者皆有毒云。

▲多子免稅

法蘭西荷有子女七人以上者。有免稅之特典。今日之沐此特典者。有十五萬家。

▲犬之酒店

美國紐育有爲犬而設之酒店。每日牽犬到店用膳者。約一百頭。

雜錄門

▲軍用犬

德國軍中所用之犬訓練最嫻若發見死者時則鳴吠報告苟無人應則銜其軍帽或號數而歸又見負傷者時負傷者與帽子於犬則犬即銜帽而歸報其管理者。

▲軍用鴿

德國之軍隊飼養傳書鴿八千羽

▲小兒之生長

小兒科醫生某云小兒之生長全在睡眠中。

▲日本之習慣

日本人產兒後每植木一本以爲紀念及此兒成長結婚之時伐此木而爲衣笥夫婦皆視此衣笥爲家中之重要裝飾品。

▲長壽短命因職業而別

最長壽者牧師最短命者醫生牧師之平均年齡六十五歲商人六十二農夫六十一軍人五十九法律家五十八技藝家五十七醫生五十五

▲高價御車

德國皇帝之御用汽車價約百五十萬磅製造時日三年始成云。

▲食肉食蔬之心臟

醫師實驗謂食蔬者之心臟一分間鼓動五十八回食肉者之心臟一分間鼓動七十二回。

▲一分間世界生死之數

一分間世界死亡數六十七人生產數七十八人是一年之後世界人口增加一百二十萬人

▲心臟之鼓動

人之心臟橫臥時比之起立時每一分間其鼓動減少十回。

▲長舌

動物中其舌最長者。以麒麟爲首。其長約一尺五寸。

▲世界之結婚數

世界一日中結婚之數約三千起。

▲不許專利國

文明國中於發明品不許專利者。獨瑞士一國。

▲最精衡器

美國貨幣局之衡器極爲精細。取同一重量之紙二枚。於其一枚以鉛筆書二三之字。後量兩紙衡器即欹側不平。

▲男女之優劣

以腦髓論男女之優劣。則女子確劣於男子。女子之腦髓至三十歲以後。漸次減其重量。若男子非滿四十歲決不減少云。

▲拿破侖功名之價

一將功無萬骨枯。其慘已極。今據某史家之言。謂拿破崙當日之功名。實以二百萬人之生命而買得云。

▲死於地震者

世界自有歷史以來。死於地震之人。千三百萬人以上。

▲葬式之奇習

俄國於青年及小兒死去時。蔽棺之布。用桃紅色。成人女子。則用深紅色。寡婦則用褐色。決無用黑色者。

▲茶與珈琲

英國人用茶五倍於珈琲。美國人用珈琲八倍於茶。

▲種痘與結婚

瑞典及播威。凡結婚之男女。其兩人非有種痘之明證者。不許結婚。

▲英國之自轉車

英國十五年前每年所製之自轉車。不過三千輛。至昨年所製造則出五十萬輛以上。

叢錄

▲澳洲之四季

澳大利亞洲。春則以八月二十日始。夏則以十一月二十日。秋則以二月二十日。冬則以五月二十日。

▲毆妻之處刑

德國處毆妻者之刑。頗爲奇妙。其禁錮之法。禮拜六之夕。則捕彼入獄。禮拜一之朝。則放還之。使謀生計。下一禮拜。亦復如是。以滿其刑期爲止。

▲自殺之數

每年世界中自殺之數。約十八萬人。自殺者以七月爲最多。九月爲最少。

▲睡眠與火車之衝突

當火車　突之際。凡睡眠者。十中八九。不受損傷。即有損傷。亦甚輕微。

▲步行之數

壯健之男女。平均一分間。可行七十五步。

▲休息日之各異　四

一禮拜中。各國異其休息日。禮拜日則爲耶穌教國人之休息日。禮拜一則爲希臘人之休息日。波斯人則以禮拜二。握西里人則以禮拜三。埃及人則以禮拜四。土耳其人則以禮拜五。猶太人則以禮拜六。惟中國人則週歲之間。無一休息日。

▲英國人之迷信

英國普通之迷信。謂家中無故失猫。則其家必有災禍。又謂未滿一年之小兒。不可使之對鏡。否則此兒成長後。多不幸之事。又謂在家中開傘。即來不吉之事。途上遺傘。必有失望之事。若他人拾此傘。則失望之事。移之拾傘之人。

▲逆鬢之作俑

逆鬚之式。始於西班牙王之腓列四世。英國查里士一世傚之。其後傳播之於比利時、德國、瑞典、及法蘭西至採用逆髮最終之帝王。則爲法之路易十三世。今日復用此式者。則爲德國之今皇也。

▲美國政府之猫

美國政府。飼養猫三百頭。觀其遞信省每年之豫算。必有養猫費一項。蓋各郵政局。必養猫數頭以防鼠之嚙郵便物及郵便袋也。

▲七月與太陽

一年中最暑之七月。實地球離太陽最遠之時。

▲馬之耳

馬之眠時。其一耳必傾於前方。雖極淹博之博物學家。不能說明其故。

▲海中之黑闇界

日光透射海中。能及若干尺。以前尚未得確據。今有以最精妙之攝影機器。探入海中測驗之。依其實驗。則吾儕之透入海中者實六百尺。六百尺以外。光線不及。純乎黑闇世界云。

▲電氣肥料

美國老農約翰赫遜。以電氣種植瓜果。稱爲電氣肥料法。其瓜果之生長。與常無異。惟碩大則迥異常種。味亦極甘美。

▲英國海岸線之延長

歐洲諸國海岸線。以英國爲第一。其延長實二千七百五十五里。意大利次之。長二千四百七十二里。俄國次之。法國又次之。

▲美國人口與各國人口

華盛頓統計局。據一千九百年之統計。美國本國人口。共七千五百九十九萬四千五百七十五人。并各屬地計之。則擬八千四百二十三萬三千人有奇。較之世界各國。中國第一。英國第二。兩國有四億萬或三億五千萬之人口。俄有一億三千一百萬之人口。

雜錄門

可位第三。美國則位第四。法國有八千三百六十六萬六千之人口。可位第五。

▲一腕之保險金二萬元

澳大利波耶密亞府有名之彈唱者格伯列。現方旅遊美國。以右腕苟傷則不能彈唱。特以其右腕一時購保險二萬元。

▲虐待金魚之罪

倫敦之博物學堅格。偶閉其盆魚之蓋。外出閒遊。適保護動物協會委員察見。謂其閉絕空氣。金魚至死。控之於官。罰堅格二十元。且令其出堂費二十二元云。

紀事

（內國之部）

◎議覆武備學堂規制　北洋大臣袁世凱遵旨籌議陸軍武備學堂一切規制。擬將學堂分爲三等。曰小學堂。曰中學堂。曰大學堂。合計通籌以十二年爲卒業程度。惟以現在中國風氣初開。根柢尚淺。中學大學規制雖不可不備。而階級斷難驟躐。故擬大學中學從緩設立。趕緊興辦小學。以爲造端之基。並別設速成學堂一區。以爲救時之用。庶幾按期運業。循序程功。既可收捷效於目前。仍可期大成於異日。日前已將所擬章程奏呈御覽。旨交政務處核議奏覆。

◎挑練旗兵　袁世凱以此次所挑旗兵。其間資性樸勇者固多。而聰穎識字者甚少。以之入營訓練。則精壯有餘。以之就學肄習。則啓迪匪易。故附片奏請飭令八旗外火器營暨圓明園健銳等營。另選天資聰秀文理稍通者。分別考試。分遣武備醫學農工機器電報鐵路各學堂肄習。切實講求。以期成就。其四五品以下世職各員。並八旗舉貢生監有志嚮學者。亦准其一律送考。以廣造就。已奉硃批飭知各旗營矣。

◎北洋海軍近聞　北洋海軍都司藍建樞何品璋林文彬守備程璧光又山東題奏道嚴道洪等五員。因甲午之役。威海不守。北洋水師全軍淪陷。經前直隸總督王文韶查明定擬。聲明威海一役。實因水陸援絕。該員等情有可原。才堪任使。奏奉硃批革職留營在案。茲北洋大臣袁世凱以該員等自革職留營以後。頗知愧奮。或委令管帶師船。或隨同辦理交涉。莫不操巡匪懈。應付適宜。深足以資臂助。遂具摺奏請。援照同時被議之遊擊林穎啓之案。懇將藍建樞何品璋林文彬程璧光嚴道洪等五員開復原官。並請將嚴道洪仍留山東原省補用。以策後效。業已奉旨俞允矣。又北洋海軍統領薩鼎銘參戎近亦經袁奏保。奉旨以水師總兵記名簡放。

◎尙待斟酌　袁張兩宮保奏減鄉會中額一摺。奉硃批政務處會同禮部妥議具奏。近聞政務處於此事頗費躊躇。擬俟張之洞陛見後。會同袁慰帥詳細參訂。再行覆奏云。

◎奏議要政　開缺江督張之洞此次入京。聽奏聞及與政務軍機各大臣面商之事頗多。茲據所聞揭之如下。

一賠款用金用銀一事。擬商請美國政府轉與各國協議。

一擬請政府與墨西哥政府互商。公請美政府籌防銀價低落之法。並由政府電諭駐美公使務期意見貫徹。

一擬立各國在中國築造鐵路及要求築造鐵路利權之新章。務使就我範圍。以防蠶食國利之弊。

一改訂通商條約。於外人在內河航輪游歷內地、並敎士傳敎等事均須妥定章程。以防藉口。

一議定約束海外留學生之法。及將來錄用之法。

一奏請推廣武昌武備學堂。及增設一陸軍大學校。

一請軍機處復興北洋水師。

◎榮祿薨逝　北京電大學士榮祿于十四日逝世。

◎議行國家鈔票　政府頃向五國銀行商議。擬發行國家鈔票三百萬元。請予通行。以豁國帑。聞各國皆不贊成云。

◎西粵亂紀　粵西亂事猖獗。傳聞已久。日前紛傳該黨軍備充足。將有侵患雲南貴州廣東湖南等省之勢。且謀通某國購買鎗砲藥彈。不知凡幾。並有外國士官爲之練兵及參謀攻戰等事。軍機諸公得此消息。不勝驚愕。故有催令桂撫王之春速籌勦辦之諭。無如官軍力微。且王之春與蘇元春意見不合。因循坐誤。遷延時日。致亂事日益猖獗。刻聞法國擬遣軍艦數艘駛赴廣州灣。爲保護本國商民之計。外部知之。惶恐異常。百計阻止。並開蘇元春之缺。令其來京陛見。聞政府擬令蘇王皆轉他任。惟未諗所遺之缺。簡授伊誰。

◎**擬開商埠**　駐京各國公使有開通北京爲商埠之意。惟俄使不以爲然。英法美德日本等國皆謂事在必成云。

◎**俄圖礦產**　奉天將軍增祺電達外部云。俄國領事擬在關外遼河一帶地方開採礦山。刻下發見礦苗者已有五處。並云將來開辦時。願與中國合股開採各等情。特爲電達。速議覆電。以便遵辦等語。據外部人員傳說。此事業經議准合股開辦。經已電覆矣。

（外國之部）

半月大事記　西歷三月下半月

▲十五日路透電。張伯倫行抵素森彌湯地方。及倫敦時。迎見之人。有如雲集。張君在素森彌湯宣荅國民頌詞時。嘗謂南非洲和局雖成。然吾人尚不可以成功自安云云。

▲十六日路透電。俄京聖彼得堡管理內地事務大臣轄下之某會。現正計畫整頓各省之策。

同日電。臺斯數鬱察報。習欲聘德人一事。俄國大不謂然。現土耳其國王擬聘那威瑞典二國之人充當其職。

同日電。据俄京電稱。俄國國家所派定整頓各省治理地方之法之各專員。已在俄京商議辦法。以內務大臣爲主坐。

▲十七日路透電。近年以來。下議院人員所行歡迎之禮。無優于此次迎張伯倫者。先派專員一隊互陪張伯倫入下議院。當至議院時。全院之議員。均高聲狂呼曰。演說演說。其聲滿于全院。張伯倫自游南非洲歸來以後。所遇之懽迎。無如此次感彼之深者。當爲之鞠躬不已。祇演說數語而罷。旁聽之各報館訪事閧之不甚清楚云。

同日電。意大利議員瑪凌士在議院宣言。謂據某法員稱。英國已將杜國之房博島佔據。故羅馬各報咸嘗譏之。

同日電。德國聯邦塞宣尼國王現已佈謝民間。蓋王前此能立爲承統太子者。實民間之力也。

同日華盛頓電。此間傳說杜國所限定二十四點鐘內驅逐出境之外國人。二十七名之中有三名係美國人。現在美國外務大臣已留意此事。

▲十八日路透電。英政府擬籌六百三十一萬二千八百磅爲整頓水師經費。此事已在下議院決議。當時以此事爲然者有二百五十二人。反對者二十七人。下議院各員亦均謂此等鉅費。實勢所難免云。又大臣武勒擬向各屬國籌捐欵項。以備保固宗邦之用。水師書記官弗斯達嘗謂水師經費之多寡。即關我國之强弱。而環球各國。則又不可一例言也。

▲十九日路透電。加拿大總督羅力亞在下議院創議旅居美屬各處華人人頭稅。須由一百元增至五百元。此後應納之欵。擬實成運載華人前往各

該處之輪船收繳。

同日電。美國議院已經將與哥倫比亞所訂巴拿馬運河之約批准。

同日電。德國豫算表之專員。已將本年所定在北直隸駐兵之經費裁減馬克三百萬枚。

同日倫敦電。希臘王與其樞密院各大臣不和之事。現更較前爲甚。其所以不和之故。因兵部大臣近日在議院擬一章程。欲將太子統兵之缺開去。此章程未擬以前。並未告知于王。故王甚怒之也。

▲二十日路透電。英政府現已照會意政府。謂前傳英國將杜屬房博地方佔據一節。實屬謠言。

同日電。英議院近將古巴條約宣讀一次。惟尚須上議院認可。故刻下此事尚未了結云。

同日倫敦電。駐土耳其之英使。以阿剌伯之土屬亞們之官員游移及負約。與土耳其皇力辨。謂如其仍照前轍。則英國必自行前往該處辦理劃界之事。不再與土耳其商議。土皇聞此消息。大懼。告英使云。已命亞們官員從意辦理劃界之事矣。

▲二十一日路透電。法大臣康柏士頃演說法國宗教時。謂日前某某教士所上法政府之書。甚爲侮慢。幷謂政府此後務宜禁止各教士不得干預國政。

同日電。張伯倫接到倫敦商會頌詞。荅云。此次南非洲游歷之事。望後任理藩院亦能奏曹隨之功也。現在爲英國歷史上緊要之時代。從來舊議之意。謂以一母國統攝諸藩。今則此種議論。須行更改。凡爲母國者。須顧全藩屬之利益。以治之也。

同日電。南非洲維新黨聞南非洲各礦。擬雇用土人。以充礦工之法。其意甚怒。言照此法辦理。則將與土人改作奴僕無異。而殖民大臣張伯倫則謂並無此意云。

同日電。英國由海線傳電至香港及遠東每年電費共計三十萬磅。

▲二十二日路透電委內瑞拉總統現擬辭職。惟議院尙未允從。

同日電，美國元老院已將古巴所立之商約。按照近日修改各部批准。惟尙須代議院核准。方能施行。此例未施行以前，古巴之權。不能運進美國。

同日電。美總統于去年十月所派查攷倫西瓦宜煤工罷市專員。現已查明。以工人之罷市爲然。近已斷將工金加增。但工人雖爲此一事而得勝。而觀其判語。亦不過礦工與礦主彼此遷就了結而已。工人所要求之工金。雖略行加增。但判語之中。痛詆工人連橫之制一事之非。謂連橫所用挾制之法。較之戰爭更爲凶猛、將來必須嚴禁也。

▲二十三日路透電。据美國外務部某大員稱說。委內瑞拉國總統所以辭職之故。因彼欲讓位于他人。俾委國內應國事。有堅强之力也。聞其弟繼彼爲總統云。　又據美國某大員稱說委內瑞拉既易總統。則委國與翻師各國商定和約各欵。美國不承認云。　又委總統因辭職一事。深得全國上下之人心。其人民擬于下次選舉總統之期再行選之。

▲二十四日路透電。南美洲玻利非亞國普司奔口岸之人民。因政府創一飲水新例。民情不洽。以致滋鬧。亂民先用石擲擊政府衙署。後放火焚燒一空。亂民擁滿于道。巡捕用槍擊散。方開有一路俾巡撫各議員脫逃。亂民被巡捕擊死者數名。傷者甚多。現由英國巡船拍拉司及英國滅魚雷船洛克調水師登岸彈壓。但亂民尙躁擾非常。甚爲危

險也。

▲二十六日路透電。委內瑞拉總統已將辭職一事作爲罷論。

▲二十七日路透電。英國兵部財政大臣述登歷當議論陸軍費時。嘗言英國各項槍械。近均改良製造。現軍中所用新式之鎗。已有一千桿。如此進步。實爲國人所樂聞之。

同日電。摩洛哥亂黨。現仍猖獗異常。該國國王已束手無策。

▲二十九日路透電。俄屬斯拉多士達各鐵匠近迫請政府將被拘之首領三人釋放。幷聚衆圍攻該省總督衙署。嗣經官軍開砲轟斃二十八人。受傷五十人始散。

▲三十日路透電。美國水師提督杜威在麻式秫爾雉方宣言。美國海軍爲天下最強者。在彼之意。以爲德國之海軍人人稱譽之。實屬太過。美國近日操演海軍之事。足爲德皇所效法。美總統羅君聞之。請該水師提督至華盛頓。斥其如此措詞實屬鹵莽。該提督答云。彼之發此議也。並無意開罪於友邦。彼之此語。不過一時之議論。而至於各處宣布。實足爲之驚訝。聞柏林之人聞得此語。甚爲不悅。但大約德美兩國不致爲此一語而生一交涉案件也。

同日電。泰晤士報刊有電文兩通。由紐約寄來。共有一百五十字之長。係用無綫電打來者。

同日電。美屬米薩諸塞厰工人約一千七百人已于日昨罷工。蓋因求加工資不遂也。

▲三十一號路透電。英皇英后將于本年西七八月遊幸愛爾蘭。

同日電。英軍在南非洲西境。于十四日佔據蘇科

叢錄門

多。是英國又滅一百年以前所立之一大國矣。自此英國所管轄之地與民。又多五十萬方里地方。及二千萬人民。

（明治三十一年十二月廿七日第三種郵便物認可）

新民叢報

SEIN MIN CHOONG BOU

P. O. Box 255 YOKOHAMA JAPAN.

每月二回發行　　第叁拾號　　十四二十九回

●飲冰室文集出書

本局所印之飲冰室文集前已屢登各報想爲天下同志所共見茲以問訊頻頻不便久延故特日夜加工趕速出書以副諸君先睹爲快之意今幸全集付印已成敬告已購股票諸君早日携票到本局印刷無多除股票外存書有限如欲購者務請從速遲則恐不及矣本書共釘成十八本分爲二函裝潢精美最便携帶定價每部六元五角外埠郵費另加三角

上海南京路同樂里　**廣智書局啓**

新民叢報第參拾號目錄

●售報價目表

全年廿四冊	半年十二冊	每冊
六元	三元三角	三角

日本各地全年五元半年二元六角每冊二角五分日本及日郵已通之地每冊加郵費一分全年二角四分其餘各外埠每冊加郵費六分全年一元四角四分

●廣告價目表

洋裝一頁	洋裝半頁
十元	六元

惠登廣告至少以半頁起算刋資先惠論前加倍欲登長年半年者價當面議從減

編輯兼發行者　馮紫珊
印刷者　陳侶笙
發行所　橫濱山下町百五十二番　新民叢報社
上海發行所　四馬路老巡捕房對面　新民叢報支店
印刷所　橫濱山下町百五十二番　新民叢報活版部

看!!!看!!!看!!!

清議報全編出書

洋裝布皮精本價九元六角
洋裝通行本　價八元
外埠加郵費　壹元五角

此報刱始于戊戌年迄于辛丑共出百册當時經已風行海內外久爲士林所推賞後以各處紛紛索購乃復將全部分類排印共成**十六厚册**字數**三百餘萬言**今已全帙告成定購者可向各代售處取書此報經**兩湖總督兩江總督中國政府迭次嚴禁**昔噶蘇士所出報紙亦屢爲政府禁其刊行而國人爭相購讀其報驟增數十萬帋今此報屢爲當道嚴禁其**聲價正與噶蘇士之報**同則其**議論之嚴正思想之新奇**當爲海內外所公認而不可不讀者也刷印無多愛讀諸君請速購取中國各書坊均有寄售

南海先生最近政見書

洋裝全一冊　定價二角

是書爲南海先生最近之著　一爲『答海外華商論今日中國可行立憲不能行革命書』一爲『與同學諸子論印度亡國由于各省自立書』兩種合刻而成其主義在于聯合各省以行平和立憲而不主張各省分立以行破壞革命夫立憲革命二者孰可行孰不可行行之而後來之結果如何正今日我國之最大問題而所當研究者也爰亟印行以備志士之參考

三

新書出版廣告

日本醫學士三島通良著

學校衛生學

全一册
定價二角

學校所以養人才而身體者所以代表此才而施行之者也故衛生爲學校之要素惟必通醫學光學化學建置等科始可言衛生此書著者爲日本有名醫士深通德國學校制度且曾任調查日本學校衛生之事者其規則全從德國大教育家所出故所言皆詳密精當可師可法誠今日中國言教育者所當人手一編矣

日本久保田貞則編纂

德育及體育

洋裝全一册
定價二角五分

物競酷烈若公德缺乏終爲天演界所蝕生當二十世紀以後之人類固不可不愼也即生理衛生亦爲助此生存之要素否則育智感情意志三者欲發達而有所未逮此篇論議之基礎專屬此點意深微而顯露非尋常汎義可比言長養自然者亟宜寶之

發行所 上海 廣智書局

發賣所 上海 新民叢報支店

新書出版廣告

教育學問答

全一册　定價二角五分

今日中國固莫急于教育矣教育之道種種不一惟當從淺近入手以植其基礎焉本書將教育之學設爲問答最便學者言教育者不可不人手一編也

傳記小叢書第三種　加里波的傳

全一册　定價一角五分

意大利建國三傑昔飲冰室主人曾著其傳刋諸新民叢報中其言論行事固卓卓在人耳目間矣此爲加里波的將軍之專傳其記載爲特詳欲識加將軍之眞相者請速購取

世界諸國名義考

全一册　定價二角五分

社會主義

全一册　定價二角

史學小叢書第八種　埃及史

全一册　定價一角五分

再版　政治學中編上

全一册　定價三角五分

再版　日本維新三十年史

全六册　定價一元六角

本書爲羅君孝高所譯去年初版未及數月即已售罄可知此書之爲海內學界所歡迎矣玆本局特細加校正重出再版自問精審足饜雅望且字板玲瓏紙張潔白較之初版實有過之無不及也

發行所　上海　廣智書局

發賣所　上海　新民叢報支店

新書出版廣告

社會黨

全一冊　定價二角

均產之說出現於十九世紀之歐洲雖未易達其目的而擲汗血爲最大多數謀最大幸福者已非尠淺我國勞働者一蜷伏于資本家之肘腋曾未一伸其氣亦可謂放棄自由權利之甚者也此篇臚敍歐洲勞働社會之舉動其發因結果盛水不漏而譯筆足以副之留心經濟問題者不可不以爲覺筏也

腓尼西亞史

全一冊　定價七分

英儒斯賓塞謂人羣不外兩種一曰尚武之羣一曰殖產之羣可知凡立國于大地者尚武之精神殖產之實業爲人羣之要素也以蕞爾之腓尼西亞而居然爭富强于小亞細亞者何以故曰惟尙武故曰惟殖產故我中國富强之資料不知幾倍蓰于腓尼西亞然而如此豈不可哀讀玆史者可以興矣有國家思想欲振我精神籌我實業者不可不急手一編也

發行所　上海大馬路同樂里　廣智書局　發賣所　上海四馬路　新民叢報支店

電話發明家克剌謙俾爾及其夫人

Mr. Mrs. Graham Bell

無線電信發明者馬哥尼

Marcronnl

巴黎七月革命紀念塔

The Colamn of July, Paris

巴黎自由神像

The Colosal Statue Liberty at Paris

論著門

壬寅年之

新民叢報

新民叢報

壬寅春季

布皮金字精本分春夏秋冬四季裝訂合四大厚册照原價發售不加分文外埠郵費照加裝訂無多請速購取

橫濱山下町百五十二番

新民叢報社

論說

論獨立

獨立者與隸屬對待之名詞也英人謂隸屬爲 Dependent 而 Independeent 即爲獨立故不能獨立斯爲隸屬不爲隸屬當求獨立

獨立者自有主權而不服從於他人者也荷蘭之被圍於路易十四也大兵壓境窘蹙而不能自存然荷蘭人不肯損棄其主權以服從於法人乃撤其禦水之堤坊決北海以灌沒其國都寧盡舉其土地都邑田園廬墓擲之洪流而必保其自主之國權於艦隊之上强毅不撓而荷蘭遂以獨立美之隸於英也蟄伏爲其屬土日受重稅之軛制美人不肯損棄主權以服從於英人乃舉兵抗爭八年血戰寧盡殲十三州之人民而必欲脫離母國務使星條之國旗飛揚於北美之大陸堅忍不屈而美國遂以獨立意

大利之中衰也東縣於法西軛於奧中央隸於西班牙山河破碎數百年呻吟憔悴於敎政帝政之下意人不肯損棄其主權以服從他人乃樹其青白赤三色之國旗奮起革命以謀國家之統一一敗於那巴倫再敗於桑安啓羅三敗於肥拉夫蘭卡而卒能合幷南北之意大利排斥異族建一新羅馬之名邦一往無前而意大利卒以獨立比利時脫荷蘭之統治而分離希臘絕土耳其之羈絆而自立匈牙利斥奧大利之干涉而特別自治自餘諸國若羅馬尼亞若塞耳維亞若門的內哥雖以蕞爾彈丸亦必求於異族之掌中奪回主權而自建新國彼諸國者其土地有廣狹其人民有衆寡其國勢有強弱然國於歐美列強之間類皆享平等之權利握自主之國權而國家之內政國民之自由雖絲毫不受外人之干涉者也壯矣哉獨立之國偉矣哉獨立之國民

國者積民而成體者也國能保其獨立之威嚴必其國民先富於獨立之性質我中人以服從聞於天下也久矣二千餘年俯首蜷伏於專制政體之下以服從爲獨一無二之天職撫我而后也固不忍不服從虐我而仇也亦不敢不服從但得他人父我則不惜怡色柔聲而爲之子但得他人主我則不憚奴顏婢膝而爲之奴一若無父主之

怙恃則孤兒逐僕將伶仃孤苦不能自立於天地養成服從之習慣深種奴隸之根性故草澤之劇賊大盜幸而躡足九五則四海歸以謳歌他國之異族胡人一旦攘奪神器則億兆爲之臣妾今日仇敵明日父母今日蠻夷明日神聖外人稔知我中人爲服從強者之人種必無強悍抵抗之足畏者也則割略我土地干涉我內政握奪我主權奴視我民族我中人止知盡其天職而已獨可服從於甲者今何不可服從於乙於是四百餘州遂爲歐美列強之公藩屬四億萬人遂爲歐美列強之公奴隸以泱泱大國而曾不得與荷蘭比利時希臘羅馬尼亞齒哀哀同胞胡獨立性質缺乏若斯之極也」然而藩屬奴隸固天下至慘極酷之境遇而亦醜賤最不名譽之名詞也我中人寧必好人所惡而樂爲此服從哉綜其服從之病其根源悉生於倚賴英人之言曰吾英人不以金錢財產遺貽子孫所遺貽於子孫者金錢所不能購買財產所不能蓄積之敢爲活潑之精神獨立自活之能力而已是以盎格魯撒遜人種類皆有強矯自助之風彼其幼年童稚在家庭學校之中其父母教師皆不視爲附屬之物務使活潑自由練習世事不依賴他人而可以自立其自助之精神最強雖艱阻而強立不返其權利之

思想最富雖絲毫亦不肯讓人故其在家庭也無倚賴父母之心其自治也不倚賴政府之力其殖民於外也亦不倚賴母國一蹴足於新地雖百數十人即已自成團體自定規律隱然創立第二之故鄉是以區區三島而國旗遍於日所出入之地孳殖其種於五洲之內駸駸爲全世界之主人翁法國社會學者直壓蘭較法德與英之優劣謂法人教育止能養成官吏而不能造活潑有爲之人物德人則偏於國家主義其人皆視政府爲萬能故個人之獨立心爲之衰頹而國家之基礎亦以薄弱惟英人能發揮自立之志氣故能養成獨立自營之偉大國民我中人之性質其競私利則知有我而不知有人其任公事則知有人而不知有我舉一國自上至下之思想舉一人自幼至老之生涯無不奉一倚賴主義其在家庭也則子弟倚賴父老其在地方也則百姓倚賴政府其在朝廷也則官吏倚賴君上夫子弟百姓官吏固國人中之占最大多數者也以多數而倚賴少數事已不治而國已不支然使其父老政府君上之果能事事則猶有少數者足以維持其獨立乃子弟倚賴父老父老亦倚賴子弟百姓倚賴政府政府亦倚賴百姓官吏倚賴君上君上亦倚賴官吏我既倚人人亦倚我名雖四萬

萬人實無一人能挺然自負其責任奮然自完其義務人人互相倚賴終至無一可倚可賴之人羣盲相扶於道途衆跛牽仆於山谷國內既無一可恃勢不得不變計而倚賴外人嗚呼法德人責望政府稍重耳直摩蘭猶恫其國家基礎之薄弱我中人專倚政府已至呼籲而莫肯我顧尫羸而無以立足矣乃復適其覆轍且更舉其生命財產託之不同利害之外人彼外人者固日以兼并野蠻半化人之土地代開其富源導進之文化囂然自負爲天職者也我既有仰庇之心三揖三讓而致此重託彼外人寧復謙讓引嫌不爲我負此重任特恐以倚賴始者必以服從終中國將爲印度越南之續而我民族無復有仰首申眉之一日也

然則吾人當知變計矣變計奈何首當奮其獨立之精神孟子曰待文王而後興者凡民也若夫豪傑之士雖無文王猶興夫豪傑之所以能成就偉業創造世界者類皆挺身崛起自拔於舊日風氣之中任天下所不能任爲天下所不敢爲排除衆議淩冒艱阻强矯不倚獨往獨來於世界之上以一人而造舉世之風潮者也故哥白尼之倡地動也世人皆以爲狂譁之笑之斥之駭之乃至下之於獄然哥白尼奮其獨立之精

神堅持其說而不屈卒能發表新理為天下後世所宗信哥倫布之尋新地也說豪貴而豪貴笑之干葡國政府而政府斥之及其航海西行累月不見寸土同舟之人皆挾異議百端阻尼至欲羣起殺之哥倫布奮其獨立之精神孑身孤行而不反卒能發見北美大陸為歐人開一新世界馬丁路得之改革宗教也世人欲殺仇為大敵諸國之君主羅馬之教皇壓以雷霆萬鈞之力逮捕讞訊罪以非聖然路得奮其獨立之精神昌排舊教而不諱卒能創成新教靡然風偃於諸洲寧惟諸賢而已古來志士之建邦忠臣之殉國大政治家大發明家之成就事業何一非內斷之已冥心孤往固未聞有扶牆摸壁依草坿木碌碌因人而成事者也嗚呼天下之可恃者『我』耳我有腦筋而自能思想我有手足而自能運動操縱進退皆一已自有主權放棄其主權而不用而乃望援求助於他人我而不能自助而謂他人乃能助我邪且他人即能助我則固他為主動而我為被動矣成則他人之功敗亦他人之責我乃為被牽之傀儡日蝦之水母傀然為他人一坿屬物是世界中不啻無我之一人無我一人何足輕重然使他人而亦復如我則國事亦復何望耶孤軍深陷於重圍之中非人自為戰必不突出敵圍

扁舟漂泊於重洋之外。非鼓棹孤行。必不能到達彼岸。為生為死。是誠在我而非他人之所能援手者也。

既奮獨立之精神。尤當蓄獨立之能力。英人之言曰。吾英人百人。與他國百人。雜然錯處於新闢之一地。不數年間。吾英人團合經畫。蔚成一獨立之國。而他國之百人。將受治於英人主權之下。夫他國之愛獨立。寧必不如英國。而英人能保其獨立。而他人反是者何也。曰獨立之資格。惟視其自治之才能。彼童稚之受治於長老。奴隸之受治於家主。野蠻之受治於開化人。皆以缺於自治之力。故不能不屈為隸屬。我國人誠欲獨立。則不可不先謀自治。國者個人之積也。故自治不必責之團體。而當先謀之一身。職業足以自活。智識足以自敎。道德足以自善。才能足以自修。個人能自治矣。推而及之團體地方。能自治矣。推而措之國家。一國之治畢舉。內力完固。他力自不足以相侵。如是則獨立之資格既完。而獨立之威嚴可保。否則雖有獨立之精神。恐無以持久而善其後也。

抑吾聞之。羣者天下之公理也。處競爭之世。惟羣之大且固者。則優勝而獨適於生存。

吾人久以散沙見誚於外人。今乃紛言獨立。其羣不彌渙矣乎。曰獨立者。謂合衆獨以強其羣。非謂破一羣而分爲獨也。謂人人不相倚賴。非謂人人不相協力也。譬之機然。千百之輪軸。各自司其運動。然必互相聯貫。總合一體。而成爲全機。獨立云者。亦各分輪軸一體之勞。以效全機轉運之用焉耳。若夫挾持私見。而互相齟齬。排擠同類。而互相嫉忌。是直孤生之人而已。敗羣之蠹而已。獨立云乎哉。獨立云乎哉。

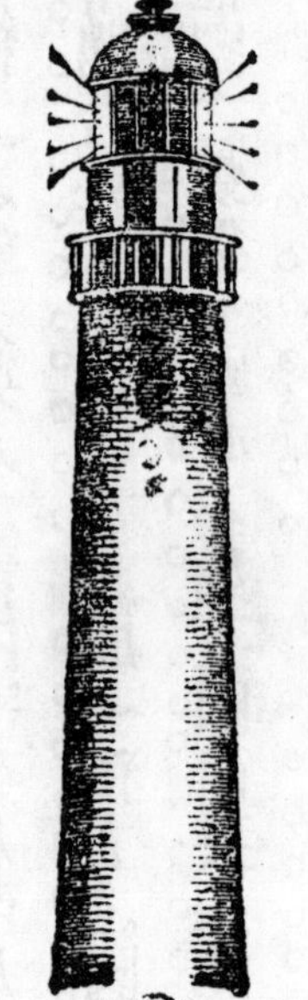

彌勒約翰之學說（續廿九號）

君武

二　女權說（附社會黨人女權宣言書）

歐洲所以有今日之文明者皆自二大革命來也二大革命者何曰君民間之革命曰男女間之革命

歐洲君民間革命之原動力則盧騷之民約論 Contrat social 是也。歐洲男女間革命之原動力則彌勒約翰之女人壓制論 The Subjection of women 是也。

彌勒約翰之女人壓制論。不滿二百頁之區區一小冊子耳。然自其書出世以後。各國爭譯。（法文譯之名 L'assujetissement des femmes）人心大變。煽其流潮者隨在而是也。文人掉弄筆墨之力。顧如是其巨哉。

女人壓制論一書。力主男女同權之說。然全書之要理。大略有五。

其一曰女人之權。與小兒之權不同。女人有爲其國之政府所善治之權。小兒亦有爲其國之政府所善治之權。此固同也。然小兒徒有爲其國之政府所善治之權而已。無監督政府之權焉。無組織政府之權焉。女人則不如是。蓋小兒之人能 personal capacity 未全。故人權亦不全。女人固不爾。

其二曰公私權不同之制度。不可不改良也。女人之私權。雖若爲其夫之一守護兵。然而猶有管理其財產之權焉。則男女二類。猶同等也。至於公權則不然。收女人之賦稅而不許其置喙於公務。不平莫甚焉。女人之能力與男人等。其權必不可不相等。

其三曰事之最可奇者。即今世之國民。不許女人有政治權。而偏許一女人據其國之王位是也。自羅馬帝赫劉加把魯司 Heliogabalus 許其母入議院爲議員。爲羅馬女人有政權之始。條頓種人之王位。常限以男人得之。而英國不然。龍把得 Lombards 尤常以女文所出之子孫。繼其王位。近數百年以來。女人之據王位者甚衆。若英倫。若奧大利亞。若俄羅斯。若西班牙。若葡萄牙諸國。雖其政府之造法各不同。而既莫不有女人據其王位矣。女人可爲其國之王。而獨不許掌其國中之高等職務。豈不異乎。

其四曰。在家庭間之女人。常有與其父或夫得同等之權者。以此推之。其夫可被選。其妻亦可被選。其父可被選。其女亦可被選。家庭者國之脊骨也。在家庭間如是。在一國中亦何獨不如是。

其五曰。女人之有政治權也。乃終必不可免之事也。雖今日之女人。絕無公權。而惟服受其父夫之壓制。一旦公理大明。女學大興。世人皆脫出古昔之習俗。洗淨野蠻之汚染。女人遂能與國相直接。而有國民之責任。爲此必至之勢也。

彌勒約翰之男女平權說。大畧如此。雖然。彌勒氏不但能言而已。其在議院。爲議紳也。力爭男女平權之案。欲遂以見諸實行。彌勒氏誠女權革命之偉人哉。

彌勒氏之女權論。旣風靡全歐。反對者皆撟舌不能置一辯。德人伯倫知理 Bluntschli 著國家論。The theory of the State 其第四篇之第二十節曰女人之地位。the position of Women 曾著論駁之。而其論無力已甚。今不詳 固不能與彌勒氏爲勁敵也。

彌勒氏之同調。有若法蘭西之拉布累爾。Laboulaye 有若德意志之卑卑爾。Bebel 有若瑞士之查爾臏克累通。Charle,ss ecr,eton 及當世諸法律著述家新聞雜誌發行家皆推波助流。以揚男女同權之大風潮者也。

近年以來。社會主義日益光明。社會黨之勢力日益盛大。社會主義者以男女同權爲其主義之一大原理。而社會黨人者即實行男女同權論之人也。

千八百九十一年。社會黨開談話會於比利時京城布呂碎勒。Bruxelles 以同意宣其會議之大綱如下。

今日此會請通世界之社會主義黨人。定男女同等之細目。凡我會員皆公認女人與男人有同等之人民權及政治權。盡力以廢除世界各國所有不與女人以同等權利之法律。

千八百九十一年十月。社會黨之分部德意志黨。聚於爾府特。Erfurt 其最初宣言之一條曰。

凡我民黨黨人。無男女之分。黨員之數。男子與女子。亦不須有一定之比例。

更有一條曰

廢除屈女人以利男人之一切法律盡力以保女人之公權私權。

女人之必當與男人同權何也既爲一人則必有其人之權焉爲世人所公認爲法律所保護不如是者不能名之爲人夫人之有一切特權及一切義務也原於有生根於人類本然之道德蓋人之所以自別於其他之下等畜類惟在於是蓋以獨立不羈有完全箇人權之女人屈爲奴隸必致缺損其天職閉塞其能力廢墮其工事此人所易知也。

社會黨人所主張之女權問題大約有五。

第一教育權 Pedagogique 凡人類一切事業皆不能不原於教育男人固然女人何獨不然文明之女人所以別異於野蠻之女人而能有其他之諸等權者首在於此。

第二經濟權 Economique 女人者人類也人類者有能力以自養而決不當待養於夫父之屬者也則女人當各營其生活職業焉女人之工規工價當與男人之工規工價相同而不容有所差異。

第三政治權 Les droits politiques 女人無政治權而一切委諸男人此野蠻之俗非文明

之則也。故歐美各國。女學日進。其要求於國家。請討於議院。欲一律得政治權。與男人無所歧異者。今方未已也。

第四婚姻權 mariage 專制婚姻。不由男女自由選合之婚姻也。此爲世界極野蠻之俗。稍進文明之國民。斷不如是。

第五人民權 Les droits civils 人民之權甚繁。凡國中人民所應得之公權。男人所已得者。女人當同等得之。而無所歧異。

凡一國而爲專制之國也。其國中之一家。亦必專制焉。凡一國之人民而爲君主之奴僕也。其國中之女人。亦必爲男人之奴僕焉。二者常若影之隨形。不相離也。人民爲君主之奴僕。女人爲男人之奴僕。則其國爲無人。無人之國。不國也。苟欲國之必自革命始。必自革命以致其國中之人。若男人若女人。皆有同等之公權始。（完）

中國興亡一問題論

觀雲

第三章　地理（續廿九號）

日本東京經濟雜誌。其題有曰於支那鐵道之競爭與讀賣新聞所載。互有詳略。要之我國人視之。皆足寒心膽而驚夢寐者。茲譯述之於後。

河海與道路者。運輸交通之要具也。支那者。僅東方之一面為海洋。不能供全國交通之用。其河川。皆東西流。而南北流者少。故河川者。又僅能供東西交通之需。而不能為南北交通之用也。至於道路。則荒廢已甚。車馬。難通。故欲中國運輸交通之便利者。不可不俟人工。而依人工。以為運輸交通之機關。世界現時所恃以進步者。尤無過於鐵路。支那於鐵道勃興之時。即支那所以完備其運輸交通之缺乏也。支那之國勢。必因此開發而為之一變乎。

茲據最近之調查。述支那之鐵道大略如左

論著門

京津鐵道（北京天津間） 八〇哩

津榆鐵道（天津山海關間　即關內鐵道） 二一四

津沽鐵道（天津大沽間） 四

牛莊鐵道（山海關牛莊間　即關外鐵道） 一六〇

東清鐵道（哈爾濱大連灣間　即滿洲鐵道） 二、四一四俄里

淞滬鐵道（吳淞上海間） 一三

以上既成鐵道

蘆漢鐵道（北京蘆溝橋漢口間） 八〇〇

粵漢鐵道又稱漢廣鐵道（漢口廣東間） 七五〇

西山鐵道（北京宮城頤和園間） 一〇

山東鐵道（青島濟南府間） 四五〇

津鎮鐵道（天津鎮江間） 二、二〇〇

津保鐵道（天津保定間）

北京九江鐵道（北京九江間）

正太鐵道（正定太原間）

重慶漢口鐵道（重慶漢口間）

澤浦鐵道又稱晉寧鐵道（從山西省澤州府至南京對岸之浦口）

南京上海鐵道（上海南京間）

閩漢鐵道又稱福建鐵道（厦門漢口間）

雲南鐵道（從法領印度支那老開至雲南府）

緬甸鐵道（緬甸雲南間）

成都漢口鐵道（成都漢口間）

以上工事中或計畫中之鐵道

亞細亞橫斷鐵道（從埃及亞山大山港至上海）

中央亞細亞鐵道（俄國之中央亞細亞鐵道延長經青海地方出甘肅蘭州及北京達於漢口）

蒙古鐵道（從賣買城經張家口達於北京）

遼東鐵道（牛莊義州間）

以上希望敷設之鐵道

此等鐵道使爲支那官民所經營。則列國於支那之勢力。無甚關係。然其大多數皆外國人所經營。茲述如左。

俄國經營之支那鐵道

一東清鐵道（滿洲鐵道）　二蘆漢鐵道（北京漢口鐵道）

三正太鐵道（柳太鐵道）　四（蒙古鐵道）

五中央亞細亞鐵道

英國經營之支那鐵道

一關內外鐵道（北京牛莊鐵道）　二淞滬鐵道（上海吳淞鐵道）

三上海南京鐵道　四寧波鐵道（上海寧波鐵道）

五澤浦鐵道（晉寧鐵道）　六河南鐵道

七津鎮鐵道（天津鎮江鐵道）　八成都漢口鐵道

九滇緬鐵道（雲南緬甸鐵道）　十亞細亞橫斷鐵道

十一潞安襄陽鐵道　十二修武炭鑛鐵道

法國經營之支那鐵道

一北海南寧鐵道　二雲南龍州鐵道

三雲南鐵道

德國經營之支那鐵道

一山東鐵道（青島濟南府間）

美國經營之支那鐵道

一粵漢鐵道（廣東漢口鐵道）　二北京九江鐵道

日本經營之支那鐵道

一福建鐵道(閩漢鐵道)　二宣城炭鑛鐵道

支那自營之鐵道

一津保鐵道(天津保定鐵道)　二萍澧鐵道

三西山鐵道　四西陵鐵道

如斯所述之鐵道皆依諸外國人之經營者爲多其竣工之期足之開發支那然同時列國於支那之勢力必起變動其結局則爲爭奪支那之原因也可不注目以視之乎

第十一節航路內地雜居　淼茫洋海之間除國岸砲彈線爲一國之所領有權外而當陸地影盡惟天與水一碧無際此風濤之區域鱗貝之世界孰主宰是孰綱維是於是乎有海權之問題而航路者爲其交通之血脈管也英之强也自英倫三島越地中海、紅海、印度洋、南洋、東太平洋舉其大者若直布羅陀峽、毛爾塌島、亞丁、新加坡、香港、舟山隨在有其停泊之島嶼而有添給煤炭糧食之區故焉俄之欲由黑海出地中海也謀畫數十年爭戰數次尚不能盡遂其欲乃築西伯里亞鐵路經營海參崴旅順大連灣以出東海乃若虎之出於柙鵬之摶於霄而莫可制也其爭海權蓋若是其亟也我中國民族之蹤迹遍東南洋。而無航路以聯絡之。凡出洋者。皆附乘他國之船。他國者以中國之爲弱國而其人可欺也。羣侮辱之凌轢之。甚者若吾中國人不得坐頭等艙而食無與之同席者。近雖有人謀自香港至墨西哥之航路。然無國力以保護之。其不爲他國人之所推倒與否。蓋未可知也。夫海外之航路已矣。沿中國海岸線之航路。及內河之航路。非中國所當自保其權者乎。夫中國兩大河流。曰黃河曰長江。而由人工造成。與長城竝著。可稱爲中國之兩大工程者。則運河是也。黃河下駛竹箭奮騰剽悍。而兩岸多平土。有灌溉之功。而失舟楫之利。昔日之文化。易於發生。而今日之文化。難於輸入者。由此之故。若夫長江。則中國之功德水也。自出三峽以後。逶迤數千里。襟楚帶皖。通蜀扼吳。中幹之陽。南幹之陰。其所出之水。皆匯焉以歸於海。而波平浪靜。一舸下水。兩岸看山。佳麗都邑。數十里數百里間。星羅碁置。而土地所產。人工所成。去帆迴檣之間。百貨輸通。而上下江交收其利焉。自通商以後。爲南中國內地輸進之孔道。而長江遂爲世重。雖然。中國之河與江。皆順地勢走東西線。獨運河以人工之力。午貫爲南北線。昔者海道未通以前。南北交通。省車馬之勞。而就舟檣之逸者。實惟此河之故。然自德州以降。乾涸不時。必至清江浦而流始大。則山東之道。迤邐以達江蘇者。稍阻滯矣。而兩粵之間長流貫注。揚百粵之文明。而與南海相呑吐。以榮衛嶺表之都居者。則西江是也。是皆中國之至大河流也。其餘導源於一方流域所經。或數百里。或數千里。或自歸海。或匯於大川以入海。爲吾中國發生財富之源。而傳布文化之導線者。不悉具陳。而試數蒸滊船之航路。自上海出帆。沿中國界海線而至於北方之東三省直隸山東。及南方之甌甬閩粵者。又出海入江。泝流以上。而至於漢口。又自漢口以至於宜昌者。僅招商局之船數艘。而外國公司若怡和太古美最時等。其船數且過之。又小蒸滊船之航路。若滬杭間、滬蘇間、滬湖間。及清江浦之鎭江間。九江之江西間。漢口之湖南間。西江至梧州間等路。雖多自中國人爲之。而外國公司。亦參雜其間。而昔年吾國人擬辦天津至德州之航路不成。又去年童學錡擬辦上海至杭至甬之外海航路。而自杭之錢塘江。泝流以達富陽浦陽江之航路。已集本金。不見許於商務大臣而止。而日本則既營大東公司於上海。以達蘇湖杭州間。而又擬開湖南之三航路。其湖南路開辦之始。由國家津貼之。夫外人之開航路於中國也。非獨與我分運送之利已也航路所至之處其國家之權力及民族遷徙之迹內產之所運出外貨之所輸入皆於是有力焉況乎允內地雜居之約外人得隨地以自開廠製物而內地之收取釐金力不及於外人而但抑勒本國之商是則外人之於內地日益利便而本國人之於內地勢日微弱吾恐不數年間碧眼皙顏隆準紫髯與夫榑桑三島間之人種者皆將入吾之堂履吾之閾我之智不能與之爭力不能與之敵財不能與之抗勢不能與之角其爲政府者開門揖之求自保其富貴而已而一國之利害非其所計焉其爲人民也者蚩蚩然不奴隸而爲奸利即野蠻而思暴動夫揖而進之帖耳搖尾而乞憐者犬貍之行也奴隸而求生活者牛馬之質也不量度而恣殺戮以爲快者虎豹之性也是三者皆不能競存立於今日世界人類間而足以亡國亡種者也然吾恐吾國人之對外人蓋不出於此三事也

第十二節道路少樹木多墳墓　道路者公共之產也國家藉是爲灌輸之脈絡社會藉是以爲交通之機關貨物藉是以爲出入之利便人民藉是以爲適宜之衛生是故王道蕩蕩王道平平者太平之現象也道路不治者亡國之預兆也彼歐洲人之得新

地也未營宮室先營道路其縱線橫線之所至寬逾數丈其直如矢行者投足有便利之心爽塏之觀焉以道路爲主室屋爲賓未聞有以私產而敢犯公產者異哉我民族之性質知有身家而不知有國家知有個人而不知有社會遂至知有私產而不知有公產當其建一國立一市也湊集其個人務各飽其私體營宮築室以爲此我一家之所有者而不得已也留其餘以爲道路但求能容足而足以至吾宅而已是故甲也者務占土地以爲其家宅以是爲己利也乙焉亦然丙焉亦然而人人無公用道路之觀念遂無公治道路之議論因無公守道路之法律凡夫名都大邑殷市巨鎮非無豪富之家搢紳之族輪奐翬革壯巽其居而至道路間所出入無不傾斜險側狹隘惡陋汚濁窪濕凹凸黑闇糞屑泥汁醞釀粘和晴則坌涌十丈飛糞揚塵滲口入鼻雨則滑澾沾濘泥淖三尺粘衣着履三歲不滌而尤甚者乃挖溝渠於衢路之中以爲傾撥汚穢之所而人於是矢焉畜於是糞焉過者刺鼻蹙額腦氣爲之不淸而心欲作三日嘔而環其旁者萬戶千家若入鮑魚之肆久而不聞其臭而氣質且與之俱化者此豈有高尚其性格活潑其身體者之人物出於其間耶吾聞歐人之游士耳其者曰其都城之

不潔不下於支那嗚呼我支那人種何爲以不潔之名轟轟於全地球而至援我人種以爲比例且若居於彼回族人種之下者我同胞聞者烏可不求一雪此言也且也今日之文明國其居處所在必蒔種植物丹楹素壁與翠幹蒼柯相輝映而道路間列樹整齊綠蔭蘙薆日光瀉宕於其間雲影迷疊於其際以一方居住之人物吸養呼炭而一方之植物常吸炭吐養相抵換而足於用則一方之空氣常新鮮而不至有惡濁之患故一望其國焉葱葱鬱鬱然若可稱爲世界之公園者則必興盛之國而所謂文明之制度者亦於此標其現象焉我中國人者生計之國民非政治之國民故以道路爲無益於已事也者而不治焉以樹木爲無益於已事也者而不植焉當人烟稠密之處連闤接巷齷齪湫隘求其能留三弓之地壅一尺之土滋一花一葉以含潤空氣而爽亮心目者不可得焉而道路之間行人雜沓流汗揮熱駢趾摩肩求其能蔭暍于林樾而休憩於繁蔭者蓋亦不可得焉夫入山林則人人有軒爽之心而居城市則人人有昏濁之概必使城市之間備有山林之樂而後人治乃一進步不然而惟是鬱伊以長子孫局促以謀衣食而氣象失其淸明精神失其敏活志慮失其飛揚思想失其高

潔則所謂人類之費果何有焉且夫樹木之益非獨用於居處之間已焉以潤空氣而生雲雨以吸水土而固堤岸以榮山嶺而供材用不然而吾種植之地行將變易爲沙漠而憂臏堤坊所在或衝激以波濤而易潰而又材料告乏無以供大工程之用昔者吾漢中盖多材木故秦時用之而築爲阿房宮。至前明時惟用蜀中之材木。迄近日惟東三省多大樹林。而北方之山。童童赤赭。南方山谷間亦無巨材至大建築。乃用運自美洲之洋木。而工虞官廢。無種樹之令。伐木之禁。其必峰巒之間。日濯濯焉無疑也。西人謂吾中國豈有樹木者乎。其言近謔。然而未嘗不中吾國人之病也。且吾中國之九令人憎者原阜陵麓之間纍纍然如瘡痏如麻瘢者皆堆積人肉餡饅頭之墳墓也試游人國其鐵道線經於曠野之間眼簾所接惟峯巒林木之相掩映而已我中國之道路間可植之山可耕之地若以供死者之用而爲萬鬼之城市焉墟落焉夫土地有盡而生人無窮以七尺之軀而必佔尋丈之土將化全國爲墟墓而尙不足於用彼西人之於葬也。擇一地層累而上。以與地平而樹石焉。日本多火葬。其土葬者棺直桶式。而或在於寺院之內。或擇一處而叢葬之。是故佔地無多。而全國之內。皆乾淨土焉。我中國敎化益重傳體重傳體故重墳墓而風水之說遂萌芽於人心風俗之間而日益繁昌益植於相宜之社會間故也夫吾古者本有族葬之法今當師之而不封不土與地線平樹一石碣以誌記念足矣豈有生無益於人而死乃奪生人有用之地而徒留若堂若坊若馬鬣封者以爲土地上之障礙物耶且使其人而賢而有功於人羣也者遺蛻所委之處過其下者或憑弔焉或崇拜焉以爲此古某名人之墓也若汶汶無聞徒營高官積臭錢爲子孫作馬牛而子孫乃從而崇奉之雖崔巍祁連高冢若雲而宰木摧薪石馬磨刀數傳而後卒歸平夷耳夫人者血肉之軀而神明寓焉血肉所聚不能不散故號之曰死死者神明之脫離軀殼則殘骸賸骼亦正與土石等耳故謂神明爲可貴而尊之者是也以神明所不寄之體魄而寶視之其見與印度河畔之積石者無以異（印度人於人死積石河畔以厭勝之崩則謂有鬼子來取乃再積之崩則又再積之而以爲常）此我國所當革除之俗以埽除此地理上之污點者也

（未完）

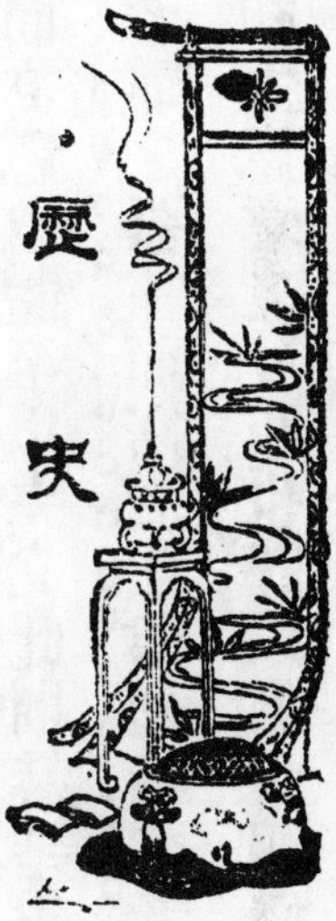

歷史　佩弦生

歐美各國立憲史論

第一編　英國憲法成立史

第二章　第一改革時代（續廿九號）

第四節　模範國會

西蒙議會。於英國憲法史中。實有重要之地位者也。代議制度。雖久行於地方議會之內。乃至國民議會。亦漸見代議之萌芽。然以州市爲政治組織之原料。立劃然之區別。且確定國民許議租稅。參與國政之權。以明定立憲之原則。則實一二六五年之議會所制定。而西蒙實尸其功者也。既而西蒙威權浸盛。貴族忌之。乃戴太子而與之敵。依普遏之戰。西蒙敗死。旰利復位。懲於前事。乃布瑪波羅之條例。而王國遂以小康軒利旋殂赫華嗣位。軒利之死也赫華方從十字軍而遠征貴族乃以正式之宣誓遙戴爲王蓋已由王位選立之古代舊主義遞而入於王位世襲之封建新主義矣他日確定君主世襲之權至有「王決不死」之成說實基於此

赫華者最富於法律思想者也登極之始即布發著名之法典以從事於革新其威士綿斯達之第一法律曰王國與教會之治安必當維持曰國民普通之權利無論貧富皆當保護曰一切選舉皆得自由無論何人不得以强力干涉妨其權利曰關於司法之官吏皆由民選且廢地方領主之私有裁判所以謀司法統一求地方中央之法廷聯合發布二大法例是誠可謂英人之幸福矣夫鞏憲法之基礎建善良之政府以完成立憲君主政體是寧可謂非赫華之功然赫華之初心則僅欲治道去其太甚以建立秩然有序之專制政體而已然而英國當日之情勢則固與專制政體兩不相容其人民與制度皆有自由之精神而不能置之無限君權之下赫華既啓革新之緒而法律所布王權亦受種種之限制而赫華遂能發而不能收其結果也迥異赫華之初心而立憲政體卒以完立此則赫華意料之所不及者也

然而赫華固非恣睢之暴主而富於法律之精神者也司法之制度大定乃竭力以釐正國會之體裁初大憲章之發布也既以第十四條規定議員之制然普通之召集格

於事而卒未實行。西蒙柄政。乃始召集都中之代議員。然國會之組織。尙曖昧而未有定制。一千二百八十二年。適有威勒士之戰事。軍費浩繁。經入窘於供億。將欲增課租稅。非得國民全體之承諾。則未易徵收也。乃開代表國民之議會。方是時貴族多從征於威勒士。而戰地又不能開會。乃開國會於英倫。而復於約爾格及那沁普頓就近以召集議會。是蓋迫於事勢。而亦將以減殺其抗爭者也。國會三分。各自獨立以議事。其議員則以高等教士、下級教士之代表者、及州所選出之四名士族議員。都市選出之二名代議士充之。自是而後。歲開議會。未嘗中斷。一千二百九十年。召貴族僧正。開純粹之封建議會。以議決直接地主之稅金。旋又加以各州之二名士族議員。以議定十五分一之動產課稅。至一千二百九十五年。赫華積數年之經驗。欲定憲政之基礎。乃宣言曰。『一切政事。其影響有及於國民者。不可不得國民之同意。』乃模倣西蒙國會畢集國民之代表者。以組織完全之議會。發特別徵詔於貴族教正。而下級教士則令選代議之人。發普通徵詔於州宰。令其州各選二人之士族議員。州有市府者。則其市各選二人之市民議員。其組織制度。迥異於昔日之國會。而永爲後世所準據。此歷史家所稱爲模範國會 Model Parliament 而斯達別士博士 Dr. Stubbs 所謂英國第一期國會在於一千二百九十五年者也。

國會之開也。適當國家多事之時。固將以公共之協商定公共之危難也。國民大悅。允供軍費。赫華遂得以平威勒士。定蘇格蘭。逾年復與法戰。軍資告竭。乃更開國會以集軍資。敎士拒之。赫華怒。藉沒領內敎士之私地。專領軍費於貴族。貴族抗不奉命。赫華乃下詔暴貴族之罪。貴族堅持不屈。方是時。王方征法。王子攝政。貴族乃從倫敦市民之軍隊。與王定約。謂非確認大憲章以爲酬報。則必不肯獻納軍費。十月六日。不以召集之正式復開國會。補設防弊之新法以爲要求。攝政不得已爲致之王。王卒徇其請。遂於敬特批準之。其防弊之新法。謂國王今日濫徵之稅則固當廢止。他日不經國民之承諾。非關舉國之利益者。亦不得加徵賦稅。條約既定。勒爲明文。於是國會議決課稅之權利。遂以確定。八十餘年君民抗爭之事。至是而始有定議矣。

第五節　兩院制度之發生

國會之組織。至赫華而制遂大定。然以駁雜之分子。組成龐大之團體。發言盈廷。人尨。

議雖勢固有所不便夫赫華時之國會既自封建制度進而爲階級制度則議會組織之中三級諸人固各占平均之勢力彼下級之教士苟於國會主持其代表之權利則國會殆將分爲三院然教士類多專力於教政而不屑措意於俗務乃別設所謂宗教國會 Convocation 以專議教事而俗界之政務則盡委之教中貴族 The Spiritual lords 及選出下院之教士使於上下兩院分任國政於是國會之組織遂止有貴族平民之二大原素馴至十四世紀之中貴族循太古之慣例踞議會之舊基合大教正教正諸員而組成貴族議院其諸州選出之士族議員 Knight 與都府選出之市民議員 Burgess 亦相合而別組庶民議院蓋貴族院者威坦之適嗣而庶民院者實行於州市之代議主義所分娩而誕生者也

各國憲政之發達未有不植基於地方自治者也法國革命之初歐洲大陸諸國無不模倣英國設立國會法美德意墺荷西班牙皆先後採用兩院之制英國國會之制度遂爲世界民政之模型夫英國代議政治之發生何以當十四世紀之初而即能完備則豈不以地方自治制久完密而國民皆習於政才哉夫貴族院之誕生遠導源

於賢人會議其成立固宜完善矣若庶民創立新規之團體分支於國會之中而遂能成國民代表之機關確立而不至搖動若是者何也威廉第一以來村團之委員久已出席於州郡而州郡之集會以會員全體而同爲判事勢實有所不便乃專託其權於委員選少數之人使代任全體之事蓋所謂選舉代議之主義久實行於地方集會之中司理地方一切之政務運用人民自治之機關實習政才不啻爲國會之豫備學校及十三世紀之初出代議士於中央議會遂能諳練政務舉措裕如政治進化而庶民院遂以分立雖士族議員與市民議員本非同等其組織未免駁雜然二者皆出於選舉習之既久遂皆同其利害而實行議權浸且吸集大權爲國政之所自出而貴族院僅能修正其法案而權力反不能與之抗爭於是所謂巴力門者幾若爲庶民院專有之名詞而貴族院乃瞠乎在後蓋英國國會之歷史實與英國國民之歷史同爲不斷之發達而英人自治之力實足以肩國務而爭政權也

第六節　國會之權力

巴力門者英國政治之中心而庶民院者又國會政治之中心也一千三百十二年赫

華二世始定歲必一開國會之制國會權力遂以確定既而國多戰事王有兵役軍費之急需國會乃藉此要求務擴其權力範圍於政界於其舉國政治皆爲其權力之所及而其權力之最大者約有四端

(一)監督財政之權租稅者平民權利之媒介也國王欲得租稅不能不割一部之政權以餌臣民故約翰召州郡議員於國會使於承諾納稅也赫華集三級國民於國會亦便於承諾納稅也民知租稅之可以購易權利則亦居爲奇貨務拒君上之要索而自握財權約翰之世固明定不得議會之承諾不能妄徵補助諸費勒之大憲章之中矣然屢經蹂躪大憲章漸成虛文一千二百九十六年赫華以法事之故屢徵軍費於民間貴族乃率國民而反對之赫華爲所迫脅乃勉從人民之請求而裁可其法案是所謂康化瑪治阿卡他林 Confirmatio Cartarum 法律固嚴定大憲章及山林條例之主義而褫奪國王擅課租稅之權者也當是時也『不得國民同意不許濫徵賦稅』之一大主義已深入於國民心腦之中然條約之未全律文之未備尚未足以護此主義國王每陽守法律陰行他術抵法律之缺隙以肆其暴斂之私謀百餘年來國會務制

定法律補正缺漏以制王者之特權而防其侵害至赫華三世之時屢徵軍費於國會國會乃乘此機會挾求權利迨至赫華二世之季年定收直稅間稅之全權始悉歸國會之掌握及一千四百七年財政案必先起草於下院之制亦漸確定至是而庶民院監督財政之權已圓滿而無所缺漏矣

（一）立法之權上古之世君主實爲國法之淵泉一切條令國王制定於上舉國民庶俯首奉行而已約翰之朝君主以求金之故賣自由於人民人民以納稅之故買自由於君主一千二百二十五年之大憲章實爲臣民參與立法之創例至一千三百二十二年以成文法令公布庶民院有參與立法之權百年之間君主立法每求國會之同意然其所謂立法者亦以供納金錢之酬報爲改革秕政之要求議院以請求之案捧呈國王國王允可而賜以敕答遂酌制條例公布之而成爲法律觀十四世紀之國會記錄其條例殆無不基於請求者矣然其時王與貴族每以命令之權發布行政上之法律雖當國會閉會之際或以應一時之權宜然赫華二世之時庶民院立法之權實未確然成立直至赫華四世之初國會乃自定條例於是數百年王室之立法易而爲

國民之立法而國會之威權遂以日張

(一)彈劾宰相之權樞密院者顧問院之蛻化而負輔弼國王之責任者也『國王不能爲惡宰相代負責任』之憲理已胚胎於軒利三世幼冲之時自是以來以樞密院限制王權而即以國會監督樞密院其法制之精密殆與今日之責任內閣同實而異名故樞密議官之進退陟黜皆國會握其大權間接以監督國王之行事然彈劾之制尙未曾行也一千三百七十六年庶民院藉黑太子 Black Prince 之援助力攻政府求易樞密之議官料涅威路及拉提瑪 Lord Nevill and Lrtimer 二貴族及其他權要之重罪劾之於貴族院之法廷貴族院乃讞訊其罪科以嚴罰彼國會之悍然改革執法不撓後世所頌爲善良國會 The Good Parliament 者也故政府之專橫政策之惡拙國會皆能昌言排擊訐摘無遺其勢力之强殆無異今日之議會耶士陘美謂『十四世紀之國會但能進忠告於政府而不能有强政府必從忠告之法所恃者徒以金錢買其同意』證以此事殆有不盡然者歟

(一)廢立國王之權當日之國會固欲置其君主於憲法之下而使爲憲法之國王也

故赫華一世以來國王世襲之制幾若循爲成例而國會之意則必不肯放棄其選立之權蘭加士達公軒利之與理查抗爭也舉兵以襲虜理查國會因而廢之且舍繼承正統之瑪典而以王冠授於革命巨魁之軒利彼軒利固利此王位而國會亦欲實行選立君主之制以定憲法之原則而已軒利之世規定繼承王位之制前後且及四回軒利受國會擁立之恩不能不酬之以權利於是國會之勢力遂直凌駕於王權之上國會握此四大特權遂植不拔之基礎雖其後屢經妨礙然卒能矗立不動綿延以傳之至今自赫華一世以至約爾格王朝百餘年間固可謂爲國會發達之時期而未嘗稍受阻力者也（未完）

傳記

商君傳

蛻菴

第一節　發端

中國之弱於歐美者其原因不止一端而其相反之至大者則曰中國人治歐美法治夫合一羣之人以成一團體苟不勒定一羣之法而公守之各求其欲人競於私紛然絕無規則殺然無復秩序則其羣之人必不能一日安而其團體亦不能持久一族然一鄉然一國亦靡不然法律者齊一國國民之規則而所以定其秩序者也是以西士之言曰能得良美法律者上也苟無良法則惡法猶愈於無法故徵之歷史來喀瓦士立法而斯巴達强鎖龍立法而雅典霸十二銅表之法定而羅馬之民政興自由憲章之法布而英國之基礎固彼數者其法之完缺良惡不一致要皆有公布之法律舉其

國民齊而範之規律之中皆足以齊民志而善羣事者也中國一上下紛擾而絕無規律之國也數千年來曾未聞有立法之事惟求之二千年上其有足與來喀瓦士鎖龍相彷彿者於齊則得一管子於秦則得一商君

商君者法學之鉅子而政治家之雄也奉一『法律萬能』之主義舉凡軍事生計風俗制度無一不齊之以法定一公布之法凡一國之平民貴族治者被治者靡不受治於同一法律之下以其總覈精悍之才排萬夫之抗議逆一國之輿論毅然不撓驅其國民爲積極之進取遂以與國勢定霸業後世因用其法卒成統一之偉功雖其慘覈寡恩幾與雅典時德拉康之血書相等法治之流弊遂爲天下後世所詬病賈子之論之曰『商君棄禮義背仁恩并心於進取行之二歲秦俗日敗秦人家富子壯則出分家貧子壯則出贅父借耰鉏慮有德色母取箕帚立而誶語抱哺其子與公並踞婦姑不相悅則反唇而相稽其慈子嗜利不同禽獸者希矣』夫商君之治專持功利主義而偏缺道德教育甚者乃至詆仁義孝弟爲六蝨賈子之所譏議何嘗不洞見病源然爲治者恒視其國家之時勢與其國民之程度以因時制宜則其立法不固能無弊惟

祝後人承用其法者有以補其缺而匡其偏若徒懲羹吹虀怵於其弊而動色相戒。遂并其法之善者而亦被排斥。甚者羣犬吠聲。日拾迂腐疏濶之餘論。而詆爲雜霸毀爲急功。遂使古人之良法美意湮沒不彰。而我國民之散漫蘼弱遂積數千年而不得一振。嗚呼吾人於他國之來喀瓦士鎖龍則日敬之慕之尸祝之崇拜之。獨於吾國之來喀瓦士鎖龍則任其湮沒不彰。而良法美意不可復見。豈非吾人之咎也。太史公之傳商君詳矣。然於其政略尙或缺焉未備。日以今人之眼光觀察古人則古人必有特別之新面目。用敢次其行事。條其政策。剌其箸書之政論。比以今日之政治。我國民其有尸祝崇拜之同情歟。作商君傳。

第二節　戰國之時勢及商君以前秦國之位置

戰國之初。齊秦最有强力。角立而爲東帝西帝。齊秦者皆具有帝國之資格者也。管仲用齊而齊霸。商鞅用秦而秦亦霸。二子者其才固足以霸國。然亦有此大國以爲之藉手。足以竟其用而盡其才也。故欲觀商君之措置。當先察其所憑藉。欲察其所憑藉。當先詳其內外之形勢。今於戰國中深觀秦國。秦之優於諸國者有三事。

（甲）戰國錯立而秦之國勢高踞上游也地理者建國之第一要素凡文化風俗政治軍事皆與有密切之關係者也以文化言之則利於交通以其易於輸進文明也以軍事言之則利於險阻以其便於進取退守也秦國國於黃河流域之上游與山東諸國相隔絕其接壤爲鄰者獨南界於楚東邊於魏耳而又扼殽函之險要一人守隘則萬夫莫敢敂關故有事則東向以爭中原無事則閉關以作內政顧炎武謂『秦地華陰縮轂關河之口雖足不出戶而能見天下之人能聞天下之事一旦有警入山守險不過十里之遙若志在四方一出關門亦有建瓴之勢』蓋關中之地利固有控制中原之形勢也山東諸國六雄角立國皆四戰日尋干戈疲於奔命民不得息而秦則閉關固守我能往而寇不能來可以勤修內政厚內力以承人之敝此實如俄之高踞絕北窺伺歐亞其地形有獨優者也而商君實利用此地形以固帝國之基礎

（乙）民族競爭而秦之國民勢能優勝也戰國時之民族固皆黃帝之子孫而同爲漢族者也遷徙轉移浸相離遠交通不便聲息隔絕地勢既殊民風各別遂至血胤嗜

好言語習慣風俗。一切皆互相歧異。乃如希臘之分爲德利安等之四族。以同種而視如胡越。以兄弟而日相鬩牆。勢所必然。無足怪者。秦族僻處西垂。而又數被戎患。故其民獨樸儉堅悍。有首功好武之風。讀小戎駟鐵諸詩。其剽悍尚武。自古然矣。夫生存競爭。優者必勝。彼斯巴達人之雄覇希臘。斯拉夫人之雄視地球。固皆以尚武之民族而占優勝之權利。以此例彼。則秦人立於競爭之場。固最適於生存之民族也。而商君實利用此民族。使成軍國之資格。

(丙)戰國爲重農時代。而秦地宜於農業也。人羣之進化。必由行國之游牧進而爲居國之農業。由周以來。久定井田之制。農業固已日盛矣。春秋以降。獨魏文侯能用李悝。以盡地力自餘。諸國類皆騖於外征。而缺於內治。秦擁關中之腴壤。其人又習於農。故太史公之傳貨殖也。論之曰。『關中自汧雍以東至河華。膏壤沃野千里。自虞夏之貢以爲上田。而公劉適邠。大王王季在岐。文王作豐。武王治鎬。故其民猶有先王之遺風。好稼穡。殖五穀。地重重爲邪。及秦文、孝、繆居雍。隙隴蜀之貨物而多賈。獻孝公徙櫟邑。櫟邑北卻戎翟。東通三晉。亦多大賈。』蓋其時商業已始萌芽。民漸

玩巧而事末而秦本農國農業實居其大部也而商君實利用此農業以爲國人之富源

然而秦之弱於諸國者亦有二端

一則諸國之文化漸開而秦尙習於戎俗夫人羣之進化以漸進而不能頓成山東諸國其立國皆在周初沐中央之文明移而植之封地且經數百年之發達故上之冠裳禮樂下之羣俗民風文物彬彬盛於大河以北沿及戰國文學勃興而魏文齊威諸君復能招禮賢豪振興文學中原文化盛於時矣秦受封於東遷之際建國僅三百餘年且又僻邇西戎化於蠻族父子無別同室而居男女混淆家族之制未備是以諸國皆遇以夷翟不得與於上國之會盟蓋秦國之羣治方在野蠻蒙昧之域而不齒於開化之邦者也

一則秦國之內亂日劇而國勢遂以驟衰穆公以來覇業中墮桓景之世屢敗於晉而秦兵不復能東出降及厲躁日益多事方是時也諸國皆在貴族政治之時代而君權未能確立秦之國政亦悉在貴族之手廢君立君實爲貴族之特權故懷公方立

貴族可圍而弑之出子繼世貴族可廢而沈之獻公居外貴族可迎而立之內憂方熾未遑外事而諸侯力政競相侵幷魏築長城自鄭濱洛以北有上郡楚自漢中南有巴黔强敵日逼其勢浸蹙而河西之屬地亦爲三晉所蠶并盖自開國以來國勢未有如是之迫促者也

嗚呼非長袖不足以顯善舞秦固一長袖也非錯節無以別利器當日之秦亦一錯節也百年霸氣金劍沈埋百二河山風雲凄黯英雄造時勢乎時勢造英雄乎商君乃挾其雄偉之政略揮其嚴辣之手腕出而獻技於舞臺

第三節　商君之入秦及其進用

商君名鞅姓公孫氏衛之庶孽公子也衛爲魏藩故仕魏事魏相公叔痤痤以爲奇才薦之於王王無用意痤請殺之退而告鞅令其速亡鞅曰彼王不能用君之言任臣又安能用君之言殺臣乎盖豪傑之才略固非尋常人之所得而用亦非尋常人之所得而殺者也既而聞秦孝公下招賢求治之令乃去魏而入秦

嗚呼北走胡南走越不得志於宗邦即投身於他族殉一已之功名雖仇害祖國而有

所不顧此後世愚少無賴無愛國心者之所爲耳商君賢者顧亦出此醜行邪昔戈利爲羅馬貴族欲廢護民官而民不聽不得志於羅馬乃奔倭西亞國假其兵以仇伐羅馬蓋愛國之義未明東西人固有同此不德者矣雖然戰國之初諸國固雖獨立然同在中國之內且名義尙受治於周王則是猶封建之諸藩其國界未如今日之嚴峻故當時諸國任客卿而無所猜疑而其時功名之士急欲以才自見朝秦暮楚不以爲非雖以孔孟有道之士亦皆適齊適楚乃至干七十二君然則背祖國而急功名固不能爲商君諱要亦不足嚴持此義以深責商君者也

商君旣已入秦乃因景監以見孝公說以帝道孝公時時睡不聽說以王道亦不中旨卒乃說以霸者强國之術孝公大悅語累數日不自覺其膝之前席太史公謂商君天資刻薄人也其欲干孝公以帝王術挾持浮議非其本質夫商君所挾持帝王之術果如何其爲浮議與否誠非吾人所能知然商君之言曰前世不同教何古之法帝王不相復何禮之循又曰古有堯舜當時而見稱中世有湯武在位而民服三王者萬世之所稱也以爲聖王也然其道不能取用於後且謂國用詩書禮樂孝悌善修治者必削至

亡則其不肯蹈襲虞夏之舊治循用文武之遺教可斷言也然而商君任政之初即自歎難以比德於殷周蓋其治專重功利主義而偏缺道德教育彼固預見他日之必有流弊而歉然不能自滿矣知有流弊而不先匡正則或亦當日國家之形勢國民之程度有所捍隔而不能驟達者歟

第四節　商君之政略及其變法

自古偉人之任人國家必統籌內外之大勢以先定偉大之目的後此一切之政策皆紆廻曲折以達其目的者也故管仲之見桓公先期以王霸之政諸葛之輔先主首志以帝王之業固未有補苴罅漏小就苟安而可成建國之偉業者也孝公之世秦固積弱然席膏腴之廣土具强武之民族固未失覇國之資格商君說孝公曰『秦之與魏猶人有腹心之患今以君之賢國賴以盛因此伐魏魏不支秦必東徙東徙秦據河山之固東嚮以制諸侯此帝王之業也』蓋當商君受政之初固久已定此主義至是始發表其策略以試雄飛於海內故商君者非取消極政策而取積極政策非持保守政策而持進取政策者也是故帝國主義實爲商君第一政略

然商君之宗旨雖求進取而非保守而其政策則不能不以保守爲進取夫欲爲對外之競爭必先求國內之統一秦俗渙靡上下無紀驟而驅之對外是驅羣羊於野耳故商君之初政首務搏一民力夫今日之帝國主義固非謂以政府之權力强制干涉滅殺箇人之自由謀其一致行此偏狹之國家主義而可冀成功也英美二國之人民可謂最不喜國家主義者矣然其民族外競能實行此帝國主義而德法之干涉者乃反遠不能及故但使保持國家全體之統一則可任各部運動之自由其終極之成功卒能完成帝國主義雖然當日戰國之民族固非今日歐洲民族之比若不整而齊之搏而一之則勢渙力散豈能外爭故商君之治務先融化箇人團合於國家政治之內使箇人盡如器械以服從國家無上之命令使箇人犧牲私益以爲組織國家之一員寧必愚弱其民蓋舍是不能擴張其國也是故國家主義實爲商君第二政略

欲達此二大政略則必當整畫制度變易舊法然非有果斷之決心與堅悍之心力則未易抗衆議而排萬難也吾今以是觀商君之變法

(更法)公孫鞅曰臣聞之疑行無成疑事無功君亟定變法之慮無顧天下之議之

也。（中略）法者所以愛民也。禮者所以便事也。是以聖人苟可以彊國。不法其故。苟可以利民。不循於禮。甘龍曰。不然。臣聞之。聖人不易民而敎。智者不變法而治。因民而敎者。不勞而功成。據法而治者。吏習而民安。今若變法。不循秦國之故。更禮以敎民。臣恐天下之議君。願孰察之。公孫鞅曰。子之所言。世俗之言也。夫常人安於故習。學者溺於所聞。此兩者所以居官而守法。非所與論於法之外。三代不同道而王。五霸不同法而霸。故智者作法。愚者制焉。賢者更禮。而不肖者拘焉。拘禮之人。不足與言事。制法之人。不足與論變。君無疑矣。杜摯曰。臣聞之。利不百不變法。功不十不易器。臣聞法古無過。循禮無邪。君其圖之。商鞅曰。前世不同敎。何古之法。帝王不相復。何禮之循。（中略）臣故曰。治世不一道。便國不必古。湯武之王也。不循古而興。商夏之亡也。不易禮而亡。然則反古者未可必非。而循禮者未足多是也。君無疑矣。孝公曰。善。

古來之從事於改革者。未有不先定國是者也。朝定一制。而羣起議之。夕革一弊。而羣起撓之。豈徒無益。適滋紛擾而已。西諺曰。必然Necessity者創造之母。故希臘哲人瑪里特士以必然爲天下第一之强力以其可以使人捍百難而不顧也商君沈觀時勢確知變法爲必然之事豐於自信力奮然身任而不疑乃以明決精審之政論數言而決此重大之政治問題遂以得主權者之信任政權出一國是大定雖輿論未能一致然已排除第一重之阻力得從事於改革之實行（未完）

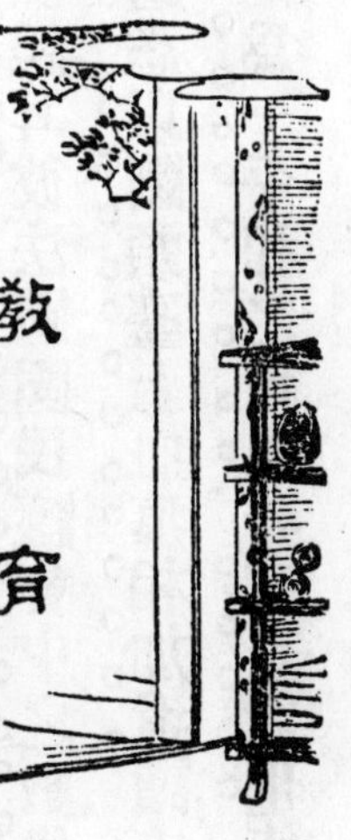

國民心理學與教育之關係（續第廿五號）

梁啓勳

第三節　種族特性之變化及其制限

種族各有特性。其變化甚難。雖然、非全不可變化者。如彼克林威爾時代之英人。與今世之英人。其相差別幾何。現世狡猾深沈之意大利人。與昔時猛烈敏捷之意大利人其相差別幾何。此稍有識者所能見也。其他或百數十年間或數年間。其國民性質頓生變異者。歷史上蓋數見不鮮焉。若國民議會時代（即大革命時代）之法國人。其殘虐若彼。拿破侖帝政時代之法國人。其順良又若此。前後不及二十年。而截然成反比例。此尤其最彰明較著者也。夫同一種族也。而其現象之變幻若是。其不可思議何也。蓋人之一身。無論生理上心理上。皆各有兩種特性。其一曰根本之特性。不變者也。其二曰附加。

之特性可變者也彼畜牧家之馴鳥獸種植家之栽果木不能變雁爲鶩變鹿爲馬變李爲桃以其有根本之特性存也而圉人之良者園丁之巧者往往能變動植物之外質進其種而改良之以其有附加之特性存也國民心理學之有關係於敎育即在此附加之特性焉耳

且人之良能常有伏而不現者苟非遇其時則或終身不一發表苟時機一與之相激盪則突然成一新性格而大改其常度國民亦然歷觀古今之歷史往往當政治上宗敎上有一危機之相迫則其國民驟變易其特性乃至風習思想一切有形無形之現象皆爲之變化雖然此不過其偶然耳譬猶萬頃平湖忽値暴颶雲譎波詭遽一移時而舊象悉復矣所謂時勢造英雄此類是也彼英雄者當其平時碌碌然無以異於凡人一乘時機而驟若奔軼絕塵焉其實彼亦本一凡人特此時勢與彼伏而不現之良能相撥故驅之使起耳彼法國國民議會中之數偉人若丹頓若羅拔士比當其威壓全歐遇一切反對悉以斷頭臺上血痕相加遺讀史者幾疑其性質與吾儕非同類者雖然彼實與吾同爲一平和之市民非有差別也使其生於數十年百年之後或爲一

尋常之教士之官吏之學者之商民安常處順以度歲月蓋未可知徒以外界劇烈之現象忽起刺激其腦中細胞之一部分遂至一舉一動震駭天下後世之耳目云爾故苟生彼時代而逕認此等現象爲法國國民之特性焉不可也使法國國民特性而果爾爾則何以不及數年而拿破侖遂能鞭箠之馴畜之使戢戢就範圍也準此以談則知國民之性有可變者有不可變者而不可變之性其力之偉大雄遠視可變之性常倍蓰焉而彼可變之性若善用之亦常能收非常之效教育之能力視此而已

變化氣質一語。無論中外教育家。莫不以此爲施教之不二法門。雖然、此事顧易言哉。即以箇人論吾中國古哲有自謂七年始治一矜字二十年始治一怒字者蓋其固有之特性自無始以來受無量無數之熏染根深蒂固苟欲拔之則必霹靂之手段與浸潤之工夫兩者並施然後其效可期所謂霹靂手段者所以刺激其久伏之良能也所謂浸潤工夫者所以發揮其可變之附加性也然霹靂之力收效速而不能持久不轉瞬而復其現象焉浸潤之力收效遲而一進之後可以不退此乃教育之所以爲貴也。

李般曰『甚矣新性格之不可恃也法國今日號稱民政然以法國之民政比諸英國之民政相去天淵矣十七世紀末之革命固乘專制政體之極敝而爲反動力者也雖然革命時代之山嶽黨其中央集權之强盛獨斷專制之嚴峻與前此千五百年來遺傳之君主制度果何擇乎無他專制政治者拉丁民族固有之習慣決非旦夕所能去也故拿破侖一起而蘇復其故常論者以爲人民眩惑於戰勝之餘威而已而豈知前此之樂自由乃其變而後此之返專制乃其常遺傳之惡質使然而竟莫之易也故後此拿破侖第三亦乘人民之倦於自由乃利用其奴隸性一攫而自加帝冕於其首彼等之得有此幸運者非恃其所訓練之兵士而恃千年來法國人服從卑屈之精神也以十七世紀末二三豪傑所製造之新性格不轉瞬而澌滅殆盡吾故曰新性格之不可恃如此其甚也』梁啓勳曰可痛哉斯言可懼哉斯言豈惟法國即凡拉丁民族皆如是也故如意大利如西班牙葡萄牙如南美洲中諸拉丁族之新建國其革命豈屢起不一起而至今能成一完全之民政者幾何拉丁民族猶然而國民特性猶在拉丁人之下者其滋可戒矣故欲造成堅實完全之新國民不能徒恃外界刺激之力於

一時也而當求內界浸潤之力於永久若是者舍敎育何以哉舍敎育何以哉

又案外界刺激之力雖不能持久然每激一次則其心理之一部分必有所變化法國之民政今雖未如條頓民族之完全然以視法國以外之拉丁民族則過之遠矣此百年來數次刺激之效也然則刺激亦爲敎育之一法門昭昭然矣志救中國者於此事亦安可忽諸

（未完）

批評門

日本專門學校教授松平康國著

新會梁啓勳譯述
飲冰室主人案語

出書廣告

全二冊

定價九角

史也者敘述羣治之原因結果也因果不一而最繁賾者莫如近世史**近世史者十九世紀史之毋也**此編起十五世紀末迄十八世紀其中如學問之復興宗教之革命君權之變遷諸大業皆孕育百年來之文化者也故**欲知最近世史之果不可不求其因於近世史**此篇爲專門學校講義**煌煌巨帙**東國史籍中**第一善本**也譯者夙有家學文辭斐然復經飲冰室主人校閱**加案語百餘條**將書中要點逐一剔出以**卓特之學識雄奇之文筆**論斷之而**一以資鑑於我祖國**學者苟讀一過則於史學之常識思過半矣

發行所　廣智書局　發賣所　新民叢報支店

政界時評

（內國之部）

▲印花稅又停止矣

直隸施行印花稅。則民間譁然不肯納稅。某御史劾其擾民。諭令停止。謂該稅既有煩累之虞。可徐俟之他日。且令各省不得巧立名目。濫徵雜稅。自表面觀之。是亦可謂愛民之惠政乎。然吾謂朝廷之徵稅固非。即停稅亦非也。民間納稅固非。即不納稅亦非也。租稅者國費所從出。凡爲一國之國民。即負此納稅之義務者也。我國稅輕。不足維持國費。數十年來財政支絀。司農仰屋。不議加稅。國用將何從出。今以民間浮議。遽令停止印稅。今日計臣百端羅掘。既有此取財之道。果能以今日之停止而遂不徵收乎。他日猶是徵收。則所謂停止者。要不過掩耳盜鈴之計耳。中國財政紊亂已極。不亟思整頓財政之策。以維國家之大計。不廣開小民謀生之路。以濬民間之富源。而徒以姑息嫗煦之言。塗飾一時之耳目。以是謀國。未見其能謀國也。以是愛民。更未見其能愛民也。西人之言曰。國民負最重之稅額者。則亦享最大之權利。蓋租稅者製造權利之原料。故西人不抗鉅額之租稅。而但要相當之權利。彼固深知國費爲國民應負之担任。而權利則納稅應得之報酬也。我中國不知與權於民。而但知徵稅於民。民之不平。寧曰無故。然我小民亦不知權利之可貴。任在上者蹂躪。壓抑不以爲苦。而不知租稅之可以製造權利。徒斷斷於一絲一粟之稅。但使在上者不我徵求。則我亦無所要求於上。豈知國家者我國民之公產。國用不足則國事不能振興公產衰敗我小民固身受其害且國費者國民所擔任我縱無要求於上上亦不能不徵求於我不求以此易彼則徒負此無報酬之勞苦而已上不謀久遠之大計但爲一時之蠲租減賦即囂然自表曰惠政民亦無權利之思想但聞一時之蠲租減賦亦讙然和之曰惠政嗚呼其亦不思之甚也

或曰袁世凱方銳意於財政之改革內府有惡之者將以是掣其肘也斯言也或亦可信

▲岑春暄之督粵

王之春之撫桂也亂事日以蔓延桂事日壞不可收拾岑春暄新定四川之亂朝廷乃移之使督兩廣陳文恭而後岑爲第二次破格之粵督矣

岑督以戊戌開藩於粵鋤除豪猾實心爲民粵人頌之至今今聞其來莫不踴躍歡迎企足翹首以覩其昔日措施未竟之政績數十年來粵事最爲腐敗督粵者但知朘剝綑載而去未嘗爲粵中興一利除一害其上者亦以臥治爲唯一主義但能不酌貪泉已稱賢吏陶模之來則稱爲最能留意民事興舉新政者也然魄力不足動被掣肘且在任日淺措置多有未竟夫廣東通商最早風氣開通其措施一切視他省爲較易且財富之區籌款不艱有所興舉亦視他省爲較易岑督壯年氣盛絕非暮氣昏耄者比則任事程功視他督爲優且深得粵人之心聯上下之情藉商民之力則有所舉措亦視他督爲優是以岑氏督粵之命下粵中舉省之視線莫大之希望咸注集於岑之一身岑督處此易地席此優勢其或能爲粵中一洗數十年腐敗之積習乎

▲幣制統一問題

中國財政日艱上下交病頃朝廷下一整頓圜法之

諭旨。令設鑄幣總局於京師。明定畫一銀式。此後完納錢糧釐捐關稅。均用此貨。以期掃除補平申水諸弊。特令慶王瞿鴻禨與戶部會辦此事。

東西諸國各有一定之幣制。行之國中。釐然劃一。而外國之幣。則不能行用。此非獨利權所在。抑亦體制宜然也。我國向無一定之幣制。所謂紋銀者。則挾持不便。裁剪維艱。蠢然不適於用。於是外國之貨幣。反大流通於我國。遂爲一大漏巵。十年以來。改鑄新幣矣。然各省自行鼓鑄。形式之大小。成色之高低。紛然殽亂。阻閡而不能相通。湖北之幣。不能行之廣東。廣東之幣。亦不能行之湖北。甚者本省之幣。不能行之鄉鎮。或更不能行之城市。幣制之混紊。誠地球萬國之所無者也。今改革財政。首謀幣制之統一。寧可謂非切要之圖。然我國舉措。類不以實而以名。今謀幣制之統一。使不先於各省自鑄之貨與外國行用之幣。亟謀一善法以處之。而皇皇然徒從事於新鑄。則紛紊幣制之中。多添一種新幣。以滋其紛亂而已。

▲中國鐵道之現狀

各國以鐵道行其侵畧政策。十年以來。爭索鐵道敷設權於中國。其鐵路之所及。即勢力範圍之所在也。今揭諸國之鐵路。以比較列强在中國之勢力。

第一既成鐵道

鐵道名	所有者	里數
京津鐵道	中國	八〇里
津榆鐵道	英國	二一四
津沽鐵道	中國	四
牛莊鐵道	英國	一六〇
滿洲鐵道	俄國	二、四一四
淞滬鐵道	英國	一三

第二未成鐵道

鐵道名	所有者	里數
盧漢鐵道	俄國	八〇〇里
粵漢鐵道	美國	七五〇
西山鐵道(由宮城至頤和園)	中國	一〇
山東鐵道	德國	四五〇
津鎮鐵道	英國	二二〇〇
津保鐵道		
北京九江鐵道	美國	
正太鐵道(由正定至太原)	俄國	
重慶漢口鐵道	英國	
晉寧鐵道(由澤州至浦口)	英國	
寧滬鐵道	英國	
閩漢鐵道	日本	
雲南鐵道	法國	二九〇
滇緬鐵道(由雲南至緬甸)	英國	
成漢鐵道	英國	

第三計畫鐵道

鐵道名	所有者	里數
橫斷亞細亞洲鐵道(由埃及亞力珊德利亞至上海)	英國	六四〇〇
中央亞細亞鐵道{接續俄國之中央亞細亞鐵道經青海出蘭州過漢口達北京}	俄國	
蒙古鐵道{自賣買城經張家口以達北京}	俄國	
遼東鐵道(自牛莊至義州)	日本	

中國之內驟興數萬里之鐵道。而我國所有者乃僅二十二里。自餘則皆他人之勢力範圍矣。數年而後。鐵軌之縱橫午貫遍於腹心之內。臥榻之側。羣盜鼾睡。而主人無復轉側之餘地矣。鄰之厚。君之薄。每一

念至。毛骨悚然。

（國際之部）

▲俄國之新要求

滿洲撤兵之事。俄人既不能如約退兵。乃更提議七事。以要挾我國政府。其手段之强横、誠有不可思議者。其要求之事如左。

一中國不可將東三省之地賣與或租賃與别國。

二沿營口至北京之中國電線線路。俄國可於其旁另自架設别線。

三不問何事。中國於北清有所舉措。不得傭聘他國之人。

四營口之海關税務。當使中俄銀行究理其事。其税關長必使俄人充之。且當令此税關兼管檢疫事務。

五東三省諸地除營口以外。不得開放爲諸國通商市塲。

六蒙古之行政組織。不得有所變更。

七團匪亂事以前。俄人所得之權利。不得有所損壞。

嗚呼。是固援特許專利之例。置東三省於其勢力範圍之内。東三省非復我有矣。甲午以來。形見勢絀。瓜分之言。日聒於耳。茫茫禹域。孰思攫而啖之。然列强相視。莫敢首爲發難。於是創勢力範圍之例。立勿讓他人之約。其地之名義。雖尚隸屬於中國。而其地之主權利益。則已盡入外人之手。彼爲之主者。我爲之傭。其意固曰此地者我之所有。特吾方有顧慮。未暇分割。爾姑爲我守土。勿使他人覬覦而牟我利。英人之於揚子江流域。法人之於兩廣雲貴。德人之於山東。日人之於福建。皆此術也。俄人經營滿洲。已近十年。勢力深植。寧他人所能攫奪。至於中國則更一守土之傭耳。主人自經營其所有土地。奚須過問於傭。彼其爲此要求者。特以一嘗諸國之意。以覘可以分割與否耳。

英日美三國聞之。瞿然驚起。咸致警告於中國政府。美以新訂奉天通商條約。乃更令駐俄大使詰問俄國政府。俄人知分割之未可也。乃答之曰。俄人非獨無壟斷滿洲之意。且深欲與美國通商。望美人出置資本於滿洲。以振起商務。且謂政府初無此意。是悉由代理公使之專斷云云。夫俄人之外交。行以橫悍之手段。而又濟以柔和之政策。彼方爲無理强硬之要求。有他國出而干預。則彼不憚斂手退讓。他國旣罷。彼又出而徐申前請。人進彼退。人退彼進。堅忍不撓。積數年乃至數十年。卒必達其目的。今日對美之退讓。固猶是其平日之政策而已。且俄人外交。咸以全權委之公使。其公使雖爲橫悍無理之要求。政府若不知也者。其成也。政府固收其功。其敗也則諉之公使之專斷。陽雖或加詰責。陰實大加獎勵。今日之藉詞推諉。亦猶是平日之政策而已。

七事之要求。我政府已決詞拒絕。我政府而敢出此强硬之手段。固已難能可貴矣。雖然。我一守土之傭耳。主人意有所欲。寧以傭之一言爲進退。彼俄人之退讓。固憚失美人之歡。而少遲緩之云耳。西士不云乎。兩平等者相遇。則以道理爲勢力。兩不平等者相遇。則以勢力爲道理。以一積弱之中國。對一莫强之俄國。可謂極不平等者矣。我不速修明其內政。亟擴充其勢力。彼虎狼之搏噬。寧道理所能解免。空言所能卻拒者耶。願我大夫邦人諸友。速謀後援之實力。勿徒以旦夕苟安。遂謂空言爲可恃也。

▲撤兵乎增兵乎

奉天中俄國四千之守備撤去經已過半。尚餘七八百人耳。牛莊之政廳稅關。尚未交還中國。然其守兵亦漸有引退之勢。其撤散之兵。皆散入於礦山或採伐林木。然則所謂撤兵者。特脫去兵服耳。且聞鳳凰城附近之地。兵數更有增加。且屯駐於各要隘之俄兵。亦皆戒嚴整備。遊弋於我國海岸之艦隊。紛紛採買無烟炭。其所購之麵包。乃至三萬餘斤。彼俄人之汲汲兵備。胡爲者耶。我國人乃翹首日望其踐約撤兵。寧非痴想。

▲俄將以華人殺華人乎

亞洲者。歐人飛躍之舞場也。數十年來。侵略經營。不遺餘力。然白人生命之貴。不欲輕死於黃人之手。於是募土人而練爲兵隊。使之同類自相殘殺。以土人征服土人。英人一用之印度。法人再用之安南。今日俄人乃三用之於中國。

俄人於滿洲募集中國之兵三十營。其統帶月給百圓，哨者月給四十圓，什長月給二十圓，兵丁月給十五圓。組成兵隊。日訓練之。訓練既成，將分配之於要隘各地，其兵均不易俄服。而練之之士官。反易中國冠服，使無別異，以泯其嫌疑，俄人之舉動險狠，誠有不可思議者。

嗚呼，中人之無愛國心至是而極矣。所利者十五圓耳，多亦百圓而止耳。乃不惜爲異族竭力。以殘殺同類。爲他國致死。以征伐已國。嗚呼，何其惘也。然中國小民困苦。無以爲生，政府視若土芥。賤爲牛馬。坐聽其輾轉溝壑，膜視焉而曾不收恤。其爲兵者月止一金。而又加以扣折，彼視政府官吏直路人耳，況其人皆不識字。絕無教育飢寒交迫。救死不暇，苟可自活。遑知所謂國家。今當困頓呼號之際。忽得此十五圓之厚糈。生死人而肉白骨，俄人固不啻其父母，爲父母而戰路人，斯固事理之常耳，嗟乎國家自棄其民。而外人因而利用，民既被棄於國家，挺走而依於外。人國家實尸其咎矣，而何尤於小民，而何尤於外國」中人之無愛國心，南北一耳，俄國既開其端，他國必將繼起，我國人既可應俄人之募，又何不可應他人之募，夫歐人之力保和平者，固愛惜其國人之生命耳，今有中人以爲之致死，則驅中人以鬥中人，彼復何所愛惜，吾恐自茲以往，外國與中國搆釁，固將以中人戰中人，即外國自相衝突，亦且以中人戰中人，四萬萬之人口雖繁，代十數國以担負戰務，幾何不殄夷而盡也。

或謂俄人之募中兵，增祺實使之，將以爲保護鐵路之用，而中國地方官供其兵餉，（華字諸報及東報均言之）其言而果信也，增祺之肉尚足食邪，嗚呼王之春召法兵以平亂，假異族以殺同種，增祺供俄人以兵餉，使異族督同種以殺同種，其賣國賊民，則一也，而增祺之罪，則更浮於王之春，叔寶全無心肝一至此極，雖食其肉，何裨於國邪，嗚呼噫嘻。

▲加拿大去年入境之華人

去年中國人之往加拿大者三千五百八十五人，其所納之入國稅及其他收入之額，共三十六萬四千九百七十二圓。加拿大課華人之入國稅，自一千八百八十五年八月始，其時人課美金五十圓，一千九百一年正月增至百元。加拿大之增稅也，固將以拒絕華人也。然華人之往者，仍復源源不絕，加拿大政府乃更有增稅二百圓至四百圓之議，其課稅五十圓之時，每年華人之至者約四千三百餘人，加至百圓之後，第一年則至者二千五百十八人。第二年則三千五百二十五人云，

自美國禁逐華工之後各地紛紛效尤獨加拿大例

尙稍寬。我國出洋者。遂恃此爲一線生路。自增稅百元之後。至者已驟減其半矣。今更議增二百元至四百元。將更足音蛩然。寡能西渡。我小民向以此爲衣食者。今將生計日蹙矣。擁泱泱無盡藏之膏腴。顧乃廣田自荒。至於孑身萬里。丐他人之餘瀝而不可得。彼肉食者。持粱齧肥。寧暇一籌及我小民之生計。然國家者。國民之公產。我國民託鉢無門。飢來驅我。柰何亦坐視其公產之蕪廢。而不一致力經營以自謀生活耶。

（外國之部）

▲列國海軍力與其海運及海上貿易額之比較

嘗見中國海關統計表。列中國商船之出入于中國通商口岸者。尙不如英國之多。（去年統計表。英國商船之出入于中國口岸者。爲百分之四十九强。中國自已之商船。爲百分之十七强）又中國商人之往來于海外者。年不下數十萬人。而中國無一船可以運載之。故觀中國之衰亡。正不必待國之屢敗。政治之愈壞。而唯此等處可以卜之矣。今列國欲伸其國力。則注意于貿易。欲盛貿易。則注意于爭海運權。欲爭海運權。則汲汲于修海軍。今觀其海軍海運力海上貿易之盛。而知其可畏也。今列泰唔士報所揭之統計表如左。

國名	海軍費	歲入	商船噸數	商船一噸之海軍費
英國併領地	三三、九八八、二八〇磅	二七五、六七九、三七三磅	一〇、九〇八、四八七磅	三、一磅

俄國	九、九四四、七五一	二一三、一三六、〇〇〇	六三三、八二一	一五、七
德國	九、六二四、九五六	九三、八七一、〇〇〇	一、九四一、六四五	四、九
法國	一三、三五六、一〇二	一四七、〇二六、〇〇〇	一、一一〇、九八三	一二、〇
西班牙	一、四三七、六八八	三八、九七八、〇〇〇	七七四、五七九	一、九
意大利	四、六六六、〇九三	七三、一三六、〇〇〇	九九九、九一八	四、六
澳大利	一、八一二、一一七	一一六、〇〇〇、〇〇〇	二五八、四二〇	七、
美國	一六、〇一二、四三八	一四五、六九一、〇〇〇	八八九、一二九	一、三
日本	三、七一一、五二六	二八、一三五、〇〇〇	八六三、八三〇	四、

右商船與海軍之比較表

國名	入口貨 磅	出口貨 磅	總計 磅	貿易額百磅之海軍費 磅
英國附領地	七六九、四九一、五〇三	五八七、二五三、〇四八	一、三五七、七四四、五五一	二、五
俄國	三三、二九五、〇〇〇	四五、三八八、〇〇〇	七八、六三三、〇〇〇	一二、六
德國	三〇〇、八一一、〇〇〇	二四一、二六〇、〇〇〇	五四二、〇七一、〇〇〇	一、八
法國	一六九、九九九、〇〇〇	一四二、四〇二、〇〇〇	三一二、四〇二、〇〇〇	四、二
西班牙	三一、七二二、〇〇〇	二七、九六七、〇〇〇	五九、六八九、〇〇〇	二、四
意大利	四九、二三九、〇〇〇	三〇、一一二、〇〇〇	七九、三五一、〇〇〇	五、九
澳大利	一二、九四五、〇〇〇	一二、九六二、〇〇〇	二五、九〇七、〇〇〇	七、
美國	一七五、三七〇、〇〇〇	三一〇、一四一、〇〇〇	四八五、五一一、〇〇〇	三、三

日本	三一、八一八、〇〇〇	二七、八三二、〇〇〇	五九、六五〇、〇〇〇	六、二

右海上貿易與海軍之比較表

據右表觀之。則以海軍費論英爲第一。美次之。法又次之。俄德意日墺又次之。以海上貿易額論。亦英第一。美次之。德法又次之。意俄日墺又次之。以商船論。亦英第一。德法次之。意美日西墺等又次之。而其盛大也。誠有非衰弱之國所得而比者。

此其盛大與其位次。固不深論。而最宜注意者。則列國之政治家。恒比例其商船與貿易之多寡。而修軍備也。今日列國汲汲然開航路。注資本于我國。國人渺不注意。而孰知彼之勢力一來。不可去其一船。其一人。皆有海軍力隨其後耶。

即後有一言爲愛國者所宜知者。即外人之來。挾其國力勢必不可拒。縱拒之。亦無益。惟有自起諸業。以與之競爭也。蓋世界之事。彼能辦。我亦能辦。我有地主權。有先得權。則彼雖强。必不能與我敵。否則徒拒彼之來。日皇皇然恐其奪我利權。而思可以保守之。其果得保守耶。其保守也。有益于國耶。

▲美國之進步

財富之增殖。美國當首屈一指。觀其商務省之統計。昨年之國內貿易額約二千億圓。與全世界之海外貿易額殆相匹敵。嗚呼盛矣。

今請將其歷年之進步。一爲比較。當一八五〇年。其國內貿易額約二十億圓。一八六〇年則三十五億圓。一八七〇年則六十二億圓。一八八〇年則七十七億五千圓。一八九〇年則百二十億圓。最後之十年（即一八九〇年至一九〇〇年之間）則增十分之一。以至昨年（即一九〇二年）較之一八五〇年五十年間。實增十倍云。

且非獨國內貿易之驟增十倍也。一八五○年間。其人口不過一千三百萬。至一九○二年。實爲七千九百萬。五十年間。約增三倍有奇。我中國素稱膨脹人種。生殖力號爲最盛。以視美人。瞠乎後矣。

其人口既與財富同爲進步。今試調查其所謂國富。一八五○年時。共七十一億三千五百七十八萬圓。至一九○二年。增至九百四十三億圓。平均計之。則每人所得。應自三百八圓。乃至一千二百三十六圓。至其海外貿易額。一八五○年一億七千三百五十萬九千五百二十六圓。至一九○二年。進至九億三百三十二萬九百四十三圓。其輸出之額。一八五○年爲一億四千四百三十七萬五千七百二十六圓。至一九○二年。增至十三億八千七十一萬八千四百一圓。

夫美國之有此可驚之進步。赫然突出於世界之上者。雖由其國內之富源本無盡藏。然其實效。實多出人力之經營。而其人力之獨能發達。則由國家與個人以「有效力」。夫個人苟無發達之力。則雖編完善之法律。定整備之制度。亦祇成紙上之空文而已。我國源。寧讓美國。然美人則安擁厚貲。我國則上下交窘者。人力發達與不發達而已。欲謀人力之發達。當普國民之教育。舍此而外。更無他術。我國人其有欲炙之色乎。臨淵羨魚。不如退而結網。美人之財富。寧必天降地出者邪。歸而求之。何渠不若漢。

教育時評

◎中國之慈善教育

今中國競言教育矣。其最難者曰籌款。而問其款中之最巨者。則首推膏伙。教師器械之費又次之。夫學生而至求款作膏伙。則宜乎學堂之難辦也。列國之與國民教育。皆以義務迫民就學。取其學費。受其束脩。毫無假借。何論膏伙。中國則不然。中國亦嘗有類似國家教育者矣。曰書院。書院之膏伙。多者十數兩。少者數兩不等。使學者于糊口之外。猶得以其餘贍家。故中國書院之性質。則教育而兼慈善事業者也。人之有教育。恐國民智識之不發達。而思所以發達之。中國之有教育。防國民貧窮之無所歸。思所以贍之。而智識之發達與否。則置不問。故人之教育使民進步。中國之教育使民退步。

吾不悉西洋。請言東洋之學西洋者。日本全國學校。皆取學費。即以其學費充學堂經費。雖間有官立學校不取學費者。然學生卒業後。則充義務教師以償之。嗚呼。今全國有爲之青年。豈盡嗷嗷待哺之人哉。唯其哺之。則待哺者愈衆矣。蓋國民之性質之最惡者。莫如依賴心。國民有依賴心。則國爲之不救。嘗見有小說載漢末某君之事。(忘其書名)曰。某君幼喪父。家貧。與弟同居。某刻苦自勵。終得大任。人皆以其兄弟富矣。而某乃與弟析居。一切產業財帛。皆一人擁之。其弟怒。其鄉人詈某不顧也。因而其弟憤甚。亦刻苦自勵。終得其兄同等之地位。于是某乃言曰。某非愛此產業。不欲以與弟也。所恐弟習于依賴。不圖自立。故甯負惡名以勵之。今復何如。今即以財產之半

批評門

與弟。恐弟不屑受也。若某者誠可謂愛其弟者矣。夫有人者累。見有于人者憂。天下有見有于人者。則有人者之過也。國家以慈善事業與教育。而人之望慈善者衆。國民之依賴心生。則將不受教育之利。而反受其害。今人動曰。國家若干年養士之澤。夫國家而養士則國亡矣。是故中國有無數慈善事業之學堂。則不如其無國家。而養士則不如其殺士。

或曰。以慈善事業之性質與教育。則誠不可。然今日中國學者。素多寒士。不有贍之。則受教育者將無人。是非諸公過也。不知因寒素而起慈善事業。固不可謂過。而造此寒素者。又誰之過與。致之以無用之學。而令其不能謀生。于是從而養之。其養者固自以爲累。而不知其有益于被養者否也。且經濟競爭之勢日劇。而不知興商工業以廣民謀生之路。其教育不知造就實業之民。而教以無用之學。則無怪乎其不養則無人能受教也。國家數百年深仁厚澤民已入骨。而更加以養士之澤。吾民其何堪乎。〇

◎神戶同文學校國文教習之辭職

三月十五日。神戶同文學校國文教習總辭職。其辭職之故。一因總理不與教習相商私逐學生三人。一因新有提議。凡中國官吏過境。教習須督學生肅衣冠至碼頭迎迓。教習以其舉動過於腐敗。且禮貌淩衰也。遂辭去。

同文學校。神戶華商所公立。每年公舉値理以司校事。麥某向爲總理。麥某者素稱熱心任事。校事多其主持。邇來或於細人陳某之言。頓異疇昔。陳某者絕無知識之妄人。專以媚麥爲事。本非學校値理。以媚麥之故。時時干預校事。學生積不能平。嘖有煩言。陳已銜之。被逐之學生三人。初來自廣東上海漢口。本

與陳某不識面。故見之不與爲禮。陳以其輕己也。尤怒。接官議起。學生大譁。三人者經已於初九日退校。擬暫假脫數日。揶揄一切。即入東京。陳某乃嗾麥某逐之以示威。且益實行接官之議。苟有官過。則全校學生必須往接。否則罰其父兄。蓋此事固陳某爲主動力而麥某則爲之傀儡者也。

學生者中國將來之主人翁也。辦事者與敎習者。均宜以愛護學生爲目的。寧可無故驅逐摧折而屈辱之。且不與敎習一商而逕行驅逐。是直蔑視敎習而奪其主權也。敎習之辭職宜矣。

學校者。將以養育國民。固非以製造奴隸也。吾國國人素有奴隸之根性。無事則奴顏婢膝以取富貴。有變則奴顏婢膝以媚外人。柔媚無骨。專以服從爲主義。稍有人心者。方爲太息痛恨日籌所以挽救之法。今乃更驅天眞爛漫毫無習氣之幼童。使習爲奴隸之醜行。是直以學校爲一奴隸製造場矣。麥某陳某何人。寧足齒數。獨恨其驅我聰穎俊秀之後生而戕賊之耳。內地學堂學生日與總辦董事相衝突。以爲所謂總辦董事者。固官中人。其腐敗固不足責。海外華商素稱愛國。素稱自好。不料亦有此官中人腐敗之惡習。以爲我海外華商之玷也。

人物時評

○德皇維廉第二（續廿九號）

維廉第二實專制之人物也不特其政治上之理想為然耳其所有演說常以獨斷命令之口吻出之彼其論宗教論藝術論教育論社會主義者常若藉君主之權威傲然以臨反對論者往往然矣

各國之君主常超然立於政黨之外惟德皇不然自恃其勇自恃其才好投入一黨派之中而為其驍將其以此而招失敗者既屢見不一見而皇之氣不為少挫彼嘗放言於演壇曰「社會民主黨者自朕視之實國民之公敵祖國之公敵也」此實敵黨首領相訴罵之公言而出於立憲國君主之口實可稱咄咄怪事

論德國之憲法其皇帝之權力已遠在英國皇帝之上而維廉第二猶以為未足常欲殺政府及議會之權吸集之於己之一身此非直其專制性使然亦其功名心使然也德國憲法第十七條聲明皇帝之勅令必得宰相副署（簽名）乃能施行而今皇乃悍然不顧其發勅令不經宰相之副署者往往而有也

當俾公時代德國政治實一無責任之政府也然雖以大政治家如俾公者其措置內治外交各事務卒未嘗敢以專斷行之俾公之政策必奏於前皇前皇必諮於皇后前皇老成謹慎而不性急皇后愛平和尊自由故往往遇有大事件俾公激於感情或欲出劇烈之手段前皇輒以沈着之態度以調和之前皇之意見又常得皇后之溫和思想以平劑之前皇者俾公之制動機也皇后者又前皇之制動機也俾公

之有前皇。其猶英國下議院之有上議院也。（案英國下議院有激烈議論。上議院常調劑之）故俾公與皇帝。合而賢明周到之政治出焉。

俾公之在職也。德國內治外交一切政略。皆循一定之軌道而進行。蓋俾公雖大胆之人。而非好冒險之人也。彼常集注其非常之精力。以專向於一二至重至要之問題。蓋俾公之政略與其性格。同極偉大而又極單純也。此俾公之外交所以大成功也。今皇外交之才不及俾公。其謹愼亦不能勝俾公。而又不能集注其精力以專向於一單純之大目的。今皇之聰明才力。其散擲之於海軍於陸軍於商業於航業於教育於藝術及其他種種事務者。不知凡幾。其用之於外交者。不過精力之一小部分耳。故近者德國外交政策游移無定。曖昧不明。往往從今皇之激情而屢有所變動。其視俾公時代遠有慚色矣。

二

普法戰爭以後。俾公之外交政略。有兩大目的。其一則鞏固三國（德奧意）之同盟也。其二則專防俄法之交親也。俾公晚年之精力。殆專集注於此點。故當俾公時代。常能使俄法相離隔。而無復外顧之憂。德國遂爲歐洲第一强國。及俾公罷黜後。德國遂漸失此位置。而俄國駸駸乎代之以興矣。

俄德之交誼。自今皇以後而始疏。俾公罷黜後。僅閱十五月。（一八九一年七月）法國艦隊遂訪俄國之軍港。而俄法同盟之局以成。昔俾公之結三國同盟。其意不專在三國也。而實以離俄法之交爲一巧妙法門。今皇不能繼述此志。反一舉而破之。是俾公畢生之遺恨也。今皇即位之初。卽親英而疏俄。未幾而復與英遠。近數年來。又復爲親英政策矣。然英杜戰爭之役。英人以爲英杜戰爭之起。實由德皇外交政略慫恿成之。（案一八九五年杜人破英之殖民軍。德皇以電賀之。）是英人所歷切而不能忘者也。英德之交。今猶皮相而已。

（未完）

雜評

學生軍

俄人以七事要我。警報日迫。日本留學生聞之。憤氣坌涌。乃集衆會議。十八省之學生咸至。議合諸學生組一義勇隊。北往赴敵。致死於俄。滿堂一致。撫掌贊成。於是議定章程部勒一切。名之曰學生軍。先致電於北洋大臣袁世凱。請其拒絕俄人。否則寧與之決戰。且告以學生軍之組織。請隸其麾下。求其援助。今備錄其規條如左。

第一　定名　學生軍

第二　目的　拒俄

第三　性質　甲代表國民公憤　乙担荷主戰義務

第四　體制　在政府統治之下

第五　組織　甲本部職員　乙隊中職員

本部職員
- 部長一人　運動科長一人
- 經理科長一人　會計科長一人
- 書記科長一人　參議科長一人

其餘運動員經理員會計書記參議等均無定員

隊中職員
- 隊長一人　特務長一人
- 副長一人　參謀員每十人選一人
- 分隊長三人

編全隊爲一中隊

第六　會議　爲全軍之總機關其議員以二種人員組織之

甲　本部部長及諸科長

乙　隊中隊長副長分隊長及特務長

會議中應立議長一人臨時選定

批評門

第七　軍紀　甲謹守秩序
乙服從命令

第八　餉欵　甲出發欵項（豫先運動臨時取欵）
乙尋常欵項（學生義務捐特別捐）

第九　講習　甲操習｝每日均各一時以上
乙講課

第十　出發　俟特派員得確實警信覆信之後即行出發

第十一解隊　甲目的已達
乙目的消滅

第十二附則　甲編隊秩序　每日照常在校上課課餘輪班至講習所講習
乙退校次序　出發既有定期即當報告監督及校長退學

二

或謂以區區之學生。投之虎狼之俄。於事未必有濟也曰成敗利鈍。是寧人之所能逆覩。語不云乎。一人致死。萬夫莫當。岳飛以五百背嵬軍而破兀朮十萬之大兵。謝玄以八千羸兵而殲符堅百萬之大衆。勝敗之數。豈必決於衆寡者邪。且學生驅於義憤。動於熱誠。奮然以一死報國。是誠足振我國人柔弱之積習。雪中國人無愛國心之恥辱矣。天下事何者爲成何者爲敗。即令於事無濟。然奮我國人敵愾之心。發我國人積弱之氣。其有濟於事也亦多矣。國所與立者民氣耳。使我國人而盡如日本之學生。則俄雖强。悍曾何畏焉。

方會議時。警報頗急。學生不勝憤懣。多有先行退校者。越數日俄事浸緩。其學生欲請監督復送入校。聞監督頗以其舉動爲疑。辭不肯送。嗚呼、人至脫屣其身家。犧牲其性命。赤手空拳。出萬死不欲一生以殉國家之急。其熱誠宜可共諒矣。乃虹貫荆卿之心。而見者猶以爲淫氛。碧化萇宏之血。而覽者猶以爲頑石。嗚呼、彼監督者。獨非中國人也耶。

借法兵之抗議

王之春借法欵法兵以平亂。上海諸人聞之。咸動公憤。大會議於味蒓園。發電力阻其事。粵人之商於滬者。亦聯合集議於會館。務必設法力爭。其事備詳本號紀事門中。

夫土地者。我國民之公財產也。王之春爲其公僕。爲之守土。既不能守。又將盜賣之外人。若不出其主人之權利。詰責而懲戒之。將紛紛效尤。紛紛盜賣。二十一行省之地。可以一旦立盡。夫僕隸於主人之財產。亦復何所愛惜。惟視主人之權力。足以監視之否耳。彼僕隸既日以盜賣土地爲專業。我國民亦既知之矣。知之而不速預實力以監其後。則是默許其盜賣。而不自有其土地也。則又於王之春何尤。

總督食賑

天下有水旱之災。則督撫司道府州縣等官。應籌欵以賑之。甚則朝廷發帑開捐以賑之。所以重民命也。然所賑者。極貧之民。乞丐等耳。次貧則僅糶之而已。夫次貧尚不食賑。奈何以總督大員而食賑乎。奎俊督川。以首府阿麟多鷹犬。陰濟其貪。吏治不修。釀成拳匪巨患。逮開缺回京之日。食賑銀五千兩。派船價銀五千兩。而貪乃顯著。光緒戊戌己亥間。山東大災。天下奉旨籌賑。四川官紳集捐甚鉅。其時賑欵解司。並未收庫。咸交西商蔚長厚代收。除匯山東外。存賑欵銀六千數百兩。壬寅秋。奎俊臨行。頻向新督及藩臬患貧。臬司曹穗。奎之私人也。與藩司員鳳林。藩幕沈蔭餘商之。於是定計提山東賑款五千兩。作爲新督及在省司道餽贐之儀。又勒令成都華陽兩首縣

批評門

函派沿江二十州縣。自彭山縣起至巫山縣止。共出船價銀五千兩。此萬金巨款。奎俊竟笑納焉。前以阿麟明爲首府。暗爲爪牙之計。於是昭然若揭矣。其提山東賑款也。欲掩人耳目。故爲轉折。先於西商協同慶借紅票銀五千兩贈行。後於蔚長厚撥賑款五千兩還之。其派州縣船價也。不用藩臬出名。而令兩首縣一面函派。一面墊送。皆曹員沈三人之謀也。聞尚餘山東賑款壹千數百兩。亦經若輩侵分矣。協同慶之西商乃雷子布。蔚長厚之西商乃郭松庭。其借紅票。提賑欵。皆應有號簿可稽。至派船價則二十州縣奉有信函。出有銀兩。是均不可掩者。方今天下困窮。由督撫大吏之不職者釀成巨患。多賠兵費所致。奎俊乃既釀巨患。又侵賑欵。可謂不職之極矣。至新督削平峯匪。有大功於蜀。惟與曹穗同鄉。至戚提用賑欵一事。不免爲其巧言所動。亦宜責備者也。

評論之評論

（日本之部）

○英法之接近（日本報）

據近電英皇至巴黎。與大統領相見。大受法國之歡迎。此舉實使英法兩國之交際。忽成親密。歐洲全局。被如何之影響。是誠一大疑問。據德國之波士新聞。則謂其無甚影響。頗不以爲意。然兩國主權者。至親相會合。實近世稀有之例。此列國所爲注目而視者也。

夫德皇之行幸倫敦。而與英皇相見。俄帝行幸丹麥。而於丹麥王宮。與英皇相會。俄帝於軍艦上而會德皇。法國大統領入俄京而見俄帝。雖皆近數年間事。然彼等或因親戚之關係。或修敦睦之舊好。故人皆視爲尋常。不復置意。至英法兩主權者。今日之相會。既非因親戚。又本無舊好。其別有深意。斯可知矣。昔喧傳德皇欲幸巴黎。至今尙未見其實行。今英皇忽有此舉。寧非先發制人耶。

當時南非之戰爭。於杜蘭斯哇最表同情者。莫法國若。且其大統領古魯家之入巴黎時。法人歡迎之狀。舉國若狂。且向英國時加侮辱之語。是時法國實明示其排英之意。然英國人向於他國之批評。絕不置意。且於歐洲大陸列强之嫉妒己國。亦初不記之腦中。惟伺隙而動。苟有機會。即乘之以操縱一切。是英國之所長也。今英皇之行幸巴黎。得無亦其一例歟。

英法有關係之事。本只印度中國之問題。此外地勢上兩國不能相避者。復有達達尼爾海峽。惟於地中海之入口治勃拉路。則與法國關係最切。故英國靜俟時機務與法國握手交歡。以相協議。今英皇之行幸巴黎。可謂英國政略上近日之一大成功。

至法國則今日仇視德國之熱。已大減退。對東鄰之政略。雖不必依賴英國。然於其內政。則欲鞏固其現在之共和政府。不得不與英親。蓋法國之反對政府黨。常仇視德國而親愛英國。彼俄法同盟。至今日已形勢略變。舉國對此政策之熱情。亦漸冷淡。故今日與英國接近之事。實慰藉反對黨之一策。亦即所以聯合政府黨者也。法人之謳歌英皇不措者。實由於此。

彼歐洲最舊之兩文明國。已創特別之交際。則德俄諸國。亦將為其所牽掣。歐洲平和。益可永續。於歐洲既能永續其平和。則不可不求一尾閭。以泄其舉國之動力。故此後之運動。東洋而外。幾無用武之餘地。故今日英國之對法國政策。所以惹世界之注目。而惱殺俄德之政治家也。或視此舉為牽掣俄國之經營東方。是殆未深知英國政府之意者耳。

記者案和平者歐洲以內之和平也。歐洲之和平既鞏固。則戰爭更不能不移於歐洲以外。而亞東遂為白人用武之劇場。夫英之與法忽結親交。其為牽掣俄人之經營東方與否。雖不可知。然英法既親。俄德必相顧忌。如是則歐洲晏然。乃萃全力以角逐於遠東之大陸。可無疑也。夫兩主權者之相見。自表面視之。寧非修好睦鄰之常事。然我遠東為歐人之的。則彼之一舉一動。我無不受其影響。牽一髮而全身皆動。寧獨俄德政治家之瞿然注目也。

(歐美之部)

○俄國遂可為立憲國乎

(美國評論之評論)

此耶努埃斯頓氏論俄國之內亂之論文也。深悉俄國之內事。而言之深切著明。用擇譯之如左。

俄國之內政。自古以來。未有如今日之危急者也。彼俄皇發布自由主義之敕諭。因數年來國人反抗運動之結果。夫學生之騷動。累數十年。農民之暴發。亦幾百年之久。然朝廷鎮以陸軍之力。一起而旋即平定。故雖有代議政治之請求。屢請而未嘗得其一盼也。

然至於今日。而情勢一變矣。學生之騷擾。農民之激暴。地方議會貴族之反抗運動。以及波濤洶湧。促成革命之勞働問題之困難。諸種之勢力。一致聯合。向專制政府而大試反抗。堅忍持久。務必陷其專制之壁壘。遂有不能成功不肯中止之勢。

大藏大臣域提者。夙受西洋文明之教育。不啻一自由國之政治家也。一千八百九十一年。俄國大飢。農民不能納稅。國庫空乏。而國債亦不能募集。域提乃建言於俄帝。招集諮問會於各地方。以講求整理財政之法。彼地方之民。漸得議論國政。將潛俟時機。以大攻政府。自訴窮困。要求政府使施行立憲政治。適西比亞聖死。伯理威繼為內務大臣。伯理威者。心醉於獨裁政治。務撲滅自由思想者也。彼立於俄皇之背後。挾大勢力。而以俄皇為傀儡。深不以小議會為然。乃命各地知事。强壓其自由之言論。甚者逮捕下獄。域提之所策畫。遂以失敗。

地方議會雖已失敗。然人民歡迎失職之代議士。以示威政府。且地方議員以是而始為請開國會之運動。學生之騷擾。既屈政府而使之讓步矣。然增革命黨之新分子者。則衣食於傭工一千萬人以上之勞働者也。彼多數之窮民。實革命家所倚為後勁。五六年來。其暴動殆不能僂指。去冬羅士圖鐵道之同盟罷工。集三萬人於野外。高唱自由萬歲。狂叫傾覆獨裁政治。警官束手莫可如何。是雖兵力所能鎭定。然固非恒久撫綏之計也。

今日發布使諸國驚視之敕諭。固內務大臣伯理威對於自由主義之第一讓步矣。然今日俄國之人民有悍然不顧死生利害之勢。則得於區區之讓步。必未能饜其期望之心。且以今日之讓步。知政府有畏怯之隱情。政權可要挾而得也。於是要求代議政治之聲。益囂然遍於國內。

嗚乎時機已迫。大勢已成。政府雖力加鎭壓。必無以息其要求政權之思想。中止其請求代議政治之運動也。夫俄國政治之組織。固自韃靼人侵入之時。繼承而至於今日。其朽廢腐敗。誠當改造。今政府其順此風潮。許代議政治之請求和平立憲以保自家之存立乎。抑將破裂已有先兆之革命運動。賭王室之之存亡。抵死以拒人民之要求乎。此後數年俄國政府之政略。必有大可觀者。嗚呼、風潮獰惡。咄咄逼人。俄國專制政治之餘命。殆不能久延殘喘。況代議政治之急要。實爲域提諸人所素認者乎。嗚呼、俄國其遂行立憲政治乎

記者案俄人自由今已萌芽。雖其代議政治未必遽能成功。然發生成熟之期。當不遠矣。西人有言。自由者購之以血。俄人雖未嘗爲激烈之革命。然學生之騷動。農民之暴擧。勞動者之激發。地方議員之反抗運動。累數十年之紛擾。所以購此自由。其價固已不貲矣。我國民其亦希望自由邪。顧乃欲安坐以致之也。然而俄國專制之積威。政府之强力。伯理威之才畧。卒至有屈於人民之勢。固知風潮所迫。非人力所能抵抗。彼握政權而欲保此專制之舊者。觀於俄國之大勢。其當有所鑒戒也。

紹介新書

政法學報（原名譯書彙編）

東京譯書彙編社刊　月出一冊　全年二元五角

此報即譯書彙編所改名者也。譯書彙編久爲學界所推賞。然類近叢書。頗非報體。去年第九期而後。體例大加改良。今乃更易爲是名。其中門類。首爲社說。次爲論說。次爲學說。中復分爲政治、法律、經濟、歷史、哲理五種。次爲訪問。次爲講演。次爲雜纂。中分警醒錄、他山集諸種。次爲附錄。詳東西留學界中之事。月出一冊。每冊一百二十葉。主持其事者。皆久留學於日本。專研政治諸學。學問具有根柢。出其所得。以貢獻於國民。專主實學。不事空談。且其議論皆平正通達。不爲偏奇詭激之言。於我國之學界政界。皆有絕大裨益。是誠報界中之錚錚者也。第一冊經已出版。深願與吾黨共歡迎之。

日本國會紀原

東京譯書彙編社刊　定價五角五分

是書爲日本細川廣世遺稿。日本號稱和平立憲。然自五事誓衆以來。自由主義。日漸發達。其國中志士。日爲請立民選議會之建白。呼號奔走。日聒於耳。風潮所激。其勢日急。政府知民心之不能久遏。乃於明治十四年十一月。宣布敕諭。定二十三年爲開設國會之期。而政黨亦漸萌芽。遂以成今日之國會政治。此書著於議會未成之先。述政治變遷之大勢。臣民要求之情形。至詳且備。譯者以其可爲我國前車之鑒。譯以餉我國人。我同胞有希望憲政者乎。誠宜亟覽此書以爲借鑑也。

批評門　二　四四〇八

日本行政法綱領　仁和董鴻禕編譯

譯書彙編社刊　定價四角

此書共分五編。一內務行政。二軍務行政。三財務行政。四外務行政。五司法行政。是非獨日本爲然。歐美諸文明國之行政法。大約不外是矣。我國行政機關。缺然絕不完備。而或者又傷於複雜。非大加改革。則雖有良法美制。亦終隔閡而不能行。譯者譯輯是編。賅簡精審。固將以爲行政改革之良藥。我國政治家所必當一讀者也。

世界近世史　新會梁啓勳譯

上海廣智書局刊　定價九角

此爲東京專門學校講義。松平康國所著。起於十五世紀。迄於十八世紀。歐洲自黑闇時代之中古。至近世而大放光明。其中古學復興、宗敎改革、諸事。皆孕產十九世紀之文化者也。是編擇精語詳。誠可謂東

國史籍中第一善本。譯者覃精譯述。文詞斐然。而欽冰子復爲之校訂。加以案語百有餘條。引伸發揮。足資國民之鑑戒。學者欲求史學之常識。是書誠爲佳本矣。

叢錄門

全一幅縱橫各四尺

定價 一 袖珍布皮摺本銀一元四角
一 上製掛軸銀一元八角

廣東地圖向無善本自高要梁韜晉手自輯著其外無聞然距今二十餘年久已不適于用本圖係由某君費數年之心力親自游歷各地踏查測量復參以中外各輿圖精心結搆繪成茲特托日本著名製圖專家鑄成銅版印刷出售圖中自各府州縣廳司汛墟市鄉村埠頭山川河道以及將來擬築鐵路之處無不詳細備載界線分明至于字畫之玲瓏著色之鮮彩猶其餘事誠向來所無廣東人皆當人手一幅也本社及上海四馬路本社支店香港上環海旁和昌隆廣東省城雙門底開明書局天平街華洋書局皆有寄售

談叢

華年閣雜談

觀雲

年齡之與嗜慾

日本教科書收賄事件。有人查其受賄各人之年齡。大抵均在四十歲以上。孔子云。少之時戒之在色。壯之時戒之在鬬。老之時戒之在得。某以爲非獨人有然也。一人種之年齡。亦可以是分之。野蠻時代。男女野合。知有母而不知有父。（苗族凡一部之中女子將嫁人者必先送酋長御之）聖人惡其亂也。爲之定夫婦之制。而人類一進步。此猶戒之在色意也。及其成爲部落成爲國家之後。往往習用干戈。喜逞威武。其時戰征殺伐。多無公法無名義。此當戒之在鬬時也。至於經歷久計慮熟務實得不務虛名于時也。則往往鄙吝之心生。而既貪錢又惜死。（昔時岳武穆之言曰文官不受錢武官不惜死天下太平矣中國大病無他亦正坐貪錢惜死二事而已貪錢惜死二事嘗相連屬爲同一根性之所發貪錢者未有不惜死惜死者未有不貪錢者也明永樂之難王艮與胡廣解縉俱集吳溥舍慷慨陳說相約死節獨艮涕泣不語客去溥子與弼曰胡叔乃能死節大佳溥曰不然獨王叔死耳須臾聞廣隔舍呼家人謹視豬溥曰一豬尙不能舍能舍生乎後廣果不死）此人種將衰老而退落之時期也當戒之在得者也我中國人種於三時期間其爲老之一時期乎世之稱我國人曰生計的民族又曰老大帝國夫字人曰老此至賤人之詞也凡世間英雄之普通性皆不服老他詬詈語可受獨老之一字不可受英雄人與夫英雄國豈有異耶彼詈我之仇吾國人胡不報之

學校與鬼神與官府之衝突

日本俗有七福神。壽之神曰壽老人。武之神曰毘沙門天王。美之神曰弁財天女。福祿之神曰福祿神。富貴之神曰大黑。衣裳之神曰布袋神。漁之神曰惠比壽。又鎌倉之八幡宮。有大石二。立旌於上。標其一曰殿石大明神。一曰如石大明神。示其爲雌雄二石也。云有難產者禱是輒應。其石一無以異於常石。今日本學校中人無不笑之。彼七神。

者與夫殿石如石之神。俎豆其將斬矣。我中國多鬼神之俗。較日本尤甚。京師祀堂子。其神最怪。河運官祀蛇以爲河神。曰金龍四大王。行河海者祀天后神。上海有天后宮。一匾額署曰湄洲聖母。撰字之怪誕如是。余昔者曾有詩曰。瀛笛飛鳴江海濶。湄洲聖母倘年年。盖紀其事也。杭州以青蛙爲金華將軍神。俞曲園築樓於西湖。見青蛙於樹上。以爲金華神之降臨也。紀其事以爲瑞。又若官者皆於朔望至城隍廟拈香。而又有祭門、祭庫及用兵時祭旗之禮。若異日者敎育普及。政治維新。此弊風盡當革除。而諸神行將就餒。是故祀廟之與學校。香火之與敎育。實互相消長而爭存亡者也。戊戌之歲。改寺觀爲學堂。是寺觀與學堂之開始之衝突也。未幾政變。寺觀仍舊。然亦竟有已改爲學校者。如杭州求是書院等是也。此一戰也。互有勝負。去歲廣東大學堂之事。張之洞梁鼎芬實怒總辦姚氏。移其中奉祀之木主。而改爲學生之飯廳。慮他日死後。不得留名臣鄉賢之一席地。梁鼎芬之電責姚氏也。有曰神人共憤。將食汝肉。其言神誠哉。道其實也。是又祀宇與學校戰爭之一大活劇也。雖然彼學堂不絕迹。吾恐鬼神國必有爲彼所蹂躪之一日。落落少年軍。必非牛頭馬面神之所能制勝也。且夫此一班敎育的軍人非獨與彼鬼神界爲敵已也若赫赫專制之帝王若依帝王作威福之大小官彼學校中人出行將一舉而覆之鬼神者以愚民而得受香煙者也官府者以愚民而得享俸祿者也一則土木而衣冠之一則衣冠而土木之皆與學校者相剋伐而不能兩存者也是故開一學堂官府忌之若鬼神有知鬼神亦必忌之

隱居者殘廢之一流人也不能當兵者殘廢之一流人也

人自呱呱墮地而後仰見光而俯見土已若負戴此責任二字而來所謂聖賢能盡此責任者也所謂英雄能荷此責任者也所謂愚不肖不能勝此責任而又不欲擔此責任者也人者非以具五官百體有知覺運動能飲食男女之謂也能負此責任之謂也是故既號之爲人矣則其對于社會而有責任對於國家而有責任對於世界而有責任對於家庭而有責任對於一已而有責任其間可卸去責任之日惟在未成丁以前或六十歲以後耳曩者吾聞吾國人之詩曰濟世利物非吾事自有周孔大聖人又友人爲誦近人某之詩曰嘯吟風月天留我整頓乾坤世有人嗚呼是皆放棄其責任之言也乾坤我之所居住也民物我之所環對也我不整頓之誰實當整頓之我不利濟

之誰實當利濟之。若人人不整頓。人人不利濟。吾恐天地間日月不光明。山川不秩序。草木不馨香。庶物不亭毒。吾凡何從而得此偃息歌詠之所焉。日本法律禁人之隱居。惟殘疾者不具者年在六十以上者受裁判所之許可。乃得隱居。是則隱居者與殘廢之一流人等也。又日本法律以年滿二十爲丁年。凡男子皆有當兵之義務。其間受醫官之檢查。若殘疾者不具者免役。學校中人恐學業中止。得緩數年之檢查。期至二十八歲而止。仍受檢查當爲兵。惟有教育之人自中學校及中學校以上畢業者。可僅爲一年之志願兵卒役。非此則皆爲三年期。三年卒役。退歸爲豫備兵三年。爲後備兵五年。有時則徵調。後備兵五年後。終身爲國民兵。國民兵則雖殘疾者不具者皆屬之。示國有大事。豫備後備兵盡出後。則國民兵皆當備戰爭。與國同生死者也。昔時爲僧侶者得免役。故往往有冀免當兵而遁入于僧侶者。維新後僧侶一律當兵。而國人亦皆以當兵爲榮。若獨子若王公大臣之子。無不當爲兵者。其家貧而在營僅得官給之衣食些許之花錢。（中國之零用錢）不給於用。或父母親戚在家而不能養贍者。各町村有徵兵慰勞會。或給其家或給其人以銀與米。是故儘有三年卒役。願再當兵者。則得升爲下士官可留至三十五歲而止。惟全國兵額有定數。而每年之當檢查爲兵者。往往合人數計之。或十倍過於兵額。則除殘疾不具者毋庸當兵外。其餘以抽籤法行之。使若干人可不當兵。故百人中大抵當兵者亦僅得十人耳。要之當兵者國人之一大義務也。未有國人而可不當兵者也。其可不當兵。則殘廢之一流人也。嗚呼我中國人人可無當兵之苦。而又人人可有隱居之樂。是一養殘廢之大病院也。夫殘廢者天刑也。以好男兒具堂堂七尺之軀。而甘與天刑者爲伍。是不當復齒之於人類。而欲國家之無危亡者。尤當設法定若而人者之罪。如禁其婚娶之類。不然。吾恐弱種覆國之不絕於天地之間也。

譯叢

歐美公德美談

日本育成會編

(一) 總說

歐美諸國。凡一國莫不各有其特別之國風。然凡宇內之第一等國。其國民之品位及風俗。莫不夐乎高尚而自然與衰弱之國不同。詳察之可知也。曾有某氏巡遊歐美歸國。（皆指日本下仿此）直尋出我國與歐美比較之劣點。謂人曰。余之未至歐美也。竊思我國所以不及歐美者。特物質之文明而已。若夫修身道德之事。則我國舊崇儒佛。道理湛深。必不讓歐美也。及遊西洋諸國。居彼間數年。然後慚汗浹背。瞠乎若失。乃嘆我國之不及彼國者。固不惟物質之文明而已。即修身道德之事。亦實遠不相及也。試詳觀夫實際品格之高尚。行狀之方正。家庭之純潔。西洋人之高過東洋人不啻倍蓰。今而後乃知西洋人強盛之道。固實有其本原焉。余倡此論。雖世人盡詈我爲崇拜西洋之流。余不辭也。

懷金殼錶。乘自由車。招醜業婦(即娼妓)公然恣淫樂而不顧家庭之門風。是非東洋國之所謂縉紳大夫歟。以吾所見西洋之婦人。則過於東洋者遠矣。彼中之所謂淑女者。其程度決不較男子稍弱劣。能解事理。任子女之敎育。任一家之經濟。任親族隣里之交際。凡烹調裁縫之事。條理井井。不稍煩男子也。是非眞所謂淑女歟。謂予不信。試細心觀察住居橫濱神戶間之西洋人如何可知也。

此君素深於和漢學。年過四十。其巡遊西洋歸國之言如是。是焉能謂之爲心醉西洋。徒肆誕說乎。

歐美諸國社會之組織。甚少闕典。其所以能立于今日之宇內。爲優等强國者。惟在修身道德堅固根底之上。修身道德者。一切事業之根底也。有根底而後有枝葉。竊願我國民深究歐美立國之根底。採其所長。以補我之所短。勿囂囂然徒自大而不悟也。

歐美人之生活。乃共同的而非個人的也。夫歐美之個人。張權利。行義務。重名譽。貴財產。其志趣爲我國人之所不及。所謂共同的生活者何也。曰如遊戲之類是也。其目的常共同一致。故歐美人之個人遊戲極少。而共同遊戲。殆占遊戲之全體。其在家庭也。老幼男女共同奏樂。歌謠跳舞。歡喜無間。白髮之翁媼。與五六歲之幼兒共同樂家庭之團欒。以家庭爲此生之樂園焉。夫有夫之樂。妻有妻之樂。小兒有小兒之樂。家有來客。則無論爲夫之客。或妻之客。皆其家庭之客也。乃供特別之饌。主人夫婦相伴。一家族共飲食。共談話。共娛樂焉。即此家庭之一端論之。可知歐美社會之狀態。固箇人莫不自重。而尤注意於共同之生活焉。要而言之。彼以獨立心爲箇人之基礎。而建設公共心之家屋。此其所以爲文明社會也。公德者。即此公共心之所引出也。

(二) 往來

西洋文明之各國。往往投極多之金錢。以修道路。而便人民之通行。甚至窮村僻邑。亦道路整潔。不爲降雨泥濘而有所不便。至於大都會之道路。則莫不以極堅固之木材土石敷設之。其表面不留泥土。故婦人之下衣。常曳地而行。亦不沾一塵焉。法國巴黎之大道。尤爲奇潔。全體敷石。其石常以藥水煮之。車輪通過。靜不聞聲。甚至以香水灑之。其所以擲巨欵而不惜者。以是固爲居人應享之權利也。

其道路間往來行人之狀。則大概中央爲車馬道。左右兩旁爲人道。車馬決不侵入人道。人亦決不侵入車馬道。境界劃然。車馬與人決不相侵。而各國依其習慣。往者由左。來者由右。往來之人。不相衝突。雖當非常羣集之際。老人婦女小子等亦可坦然行路。而無衝突擁逼之患。雖田舍間之細道亦然。雖至狹之道。亦可并列二三人。往來者先後有序。秩序井然。雖小學校之生徒。亦行路有規矩而不淩亂焉。

往來之人。莫不注意保護道路之淸潔。市內無論矣。即在市外。皆無論晝夜。道路之傍。絕無有人大小便者。雖童子亦皆知保道路之淸潔。爲公共安寧之必要。而在路傍大小便之決不合於公理也。道路傍之僻處。皆設有共同便所。以便行人。

共同便所之淸潔。實有可驚者。無一點之汚迹焉。雖由掃除之勤。亦因其國人無論上下貴賤。皆知共同便所爲人所公用。注意淸潔而不敢汚穢之。以免後來者之煩惱。而人人有淸潔便所之責任。汚穢之則爲得罪於公衆也。倫敦之共同便所。尤爲奇潔。蓋英人最重氣節。以汚穢公共物爲莫大之恥辱。試以我國東京市中之共同便所比之。則汗顏當何如也。

西國之人。皆不妄在道路之間唾吐痰涎。有肺病之必須吐痰者。當外出之時。常以小瓶盛消毒藥藏入衣囊。吐痰之時。則取此小瓶出而吐入之。蓋人人有德義之心。既罹肺病。則恐因妄吐痰涎之故而傳染於他人也。我國之患肺病者不少。隨處妄吐痰涎。於國民衛生之道。其危險千萬可勝言哉。

西國之大都會。莫不人馬雜沓。異常擁擠。然因雜沓之故而生紛紜者極少。則因公衆莫不受警察官之指揮也。倫敦爲天下最繁華之所。通過四達之區。最爲危險。何則。四達之區。車馬與人紛馳而來。併向一所。則不能不賴警察官居其間以進止之。通過之人。乃無所害。當是之時。無論如何之縉紳豪族。皆不能不受巡查之指揮而從順之。以爲一巡查之指揮。即國家之命令。而不能背之。其不受指揮者。是自求踐踏之禍之狂人也。

人人以保護路上之秩序而整齊之。爲共同安寧之必要。故雖遇有特別之事。老幼婦女。非常羣集。而不患騷擾。壯者以保護老弱及婦人爲自己心得之義務。老弱及婦女泰然出入於羣集紛沓之中。而不患衝突。雖偶有甲乙當衝相觸之事。亦不生惡言以相詈罵。以是乃二者偶然之粗忽。皆不免於過。無所用其罵詈也。英國之人以爲當道路之衝。因粗忽而發惡言相罵詈者。爲最下等無教育之人焉。

彼等平生往來。皆在道路之左右。道路之中間。皆車馬往來之所。非往來遊步之所也。

各學校之學生。亦無在大道上散步者。惟大運動之時則一行之耳。

在野蠻未開之國。凡遇不具廢疾之人行路。或羣眺視之以爲奇異者。西洋文明之國則不然。凡遇廢疾不具之人。莫不心憐其苦痛。而代爲之不快者。

道路之兩側。菓樹纍纍。幾百千本。春開紅白燦爛之花。秋結青黃陸離之菓。纍纍滿枝焉。往來之人。無論誰何。無摘其花採其菓者。其菓既熟。則取而集之於市塲。以其價充其地公共之費用。我國某氏曾遊德意志。在田舍間見夾道菓實纍纍連枝。路傍有一羣小學校之生徒。其中一人哭泣。有人問曰。此小子何哭之悲也。他人代答曰。此人誤取落枝之一菓。人皆責以妄取公共物之罪。逼其向管理者謝罪乞宥。是以泣。嗚呼。此不過小子無知誤取一菓耳。乃以侵犯公共物之故。力逼之使謝罪。亦可見泰西人之重公衆物矣。

要之泰西人之道路修理。最爲整潔。雖陰雨連天。亦無泥濘沒脛之虞。雖田舍之間。其道路亦最爲上等。人人皆有熱心以圖道路之造築修理。又道路往來皆有一定之規則。其規則皆務實行。往來之人皆莫敢犯焉。

(三) 馬車及電氣車

歐美各國交通之機關。馬車電氣車幷汽車爲同發達。歐美無東洋車也。東洋車以人力拖之。同人道於牛馬。爲最不合公理之事。歐美之最通用者爲馬車。稍富有者皆自備有乘用之馬車。都會之中。皆有馬車電氣車。往復於一定之線路。以乘載來往之人。其馬車多下敷鐵線。而以馬拖車行於其上。今者用馬車之處。已漸漸多變爲電氣車矣。

德國之漢爾雷。英國之倫敦。此鐵道馬車及電氣車甚不可思議。車無御者及掌車者。善御者惟運轉車輛。不問乘客收取賃錢。乘客自如數納與而不短少。營業者信用乘客之德義。乘客知自貴重而不爲騙錢之卑劣行爲。車中有通示價單。有集金函。乘客自各投賃錢於其中。御者決不注意於乘客之投金與否。而乘客自皆自投金而不相欺焉。無論何國何處。御者自掌車。乘客自納賃金。而自無卑劣之行爲焉。

同車之乘客。無論知與不知。皆互守禮儀。而謹愼不致惹起他人之煩厭。如初入者時値人少。而一人占二人之地位。則自起而讓之。落雨之日。或傘上所落之雨滴。偶沾他人之膝。則引之爲大痛恥焉。年壯之人。旣坐於車。遇有老弱及婦女來。則卽起立讓之。無論知與不知。皆如是。故老弱及婦女之在馬車中或電氣車中。皆甚爲安心。無所不便。在車之人。皆互守禮儀。而不爲猥褻之談話。乘客上車下車之時。皆先後有序。行禮簡而不繁。乘客皆務極力自修。以免他人之煩厭焉

當乘客數人同上一車之時。大約壯者必讓老弱及婦女先登。而己則居後。又數人同時下車之時。壯者必讓老弱及婦女先下。而己則最後下焉。

馬車之御者。必甚愛其馬。而不稍加虐待。雖持鞭而決不輕易撻之。鞭馬太多。則御者社會皆視之爲莫大之恥辱。凡馬旣疲而苦暑之時。苟御者不察馬之苦。而更加以虐待。則御者必致失其職。馬雖牲畜。御者自不能不施以愛情。一馬服役之時間及里數。皆有一定之規則。而不可犯之。又務考求馬之衛生法。而不害其健康。酷暑之際。馬之

頭部特戴冰囊。即其例也。

乘客既入車輛。則咸愛惜此車輛。不啻若己之所有然。不稍汚其車內也。苟有婦人同在車中。則必不吸烟。吸烟之時。甚留心其烟草灰。免致落於車中。遺有燒痕。以損車中之物。而必投之於盛烟灰之盒中焉。視傷損共用之車輛。爲最輕薄之俗。在車中不妄吐痰。不妄出鼻液。其拭鼻液之紙片亦不妄投。以免人之見之而生厭也。總之乘客之在車中時時務爲清潔。車中之塗澤修飾。皆留心愛護之。而不加破損焉。

德義之厚薄。於經濟上大有關係、如乘馬車電車者愛惜其車。不妄加破損。則營業者可免用甚多之修繕經費。則乘車之賃金。又可減爲低廉。是誠營業者與乘客莫不兩受其利益也。

（未完）

文苑

詩界潮音集

降將軍歌

人境廬主人

銜圍一舸來如飛衆軍屬目停鼓鼙船頭立者持降旗都獲遣我來致詞我軍力竭勢不支零丁絕島危乎危龜鱉小豎何能爲島中殘卒皆瘡痍其餘鬼妻兵家兒鍋底無飯枷無衣紇干凍雀寒復饑六千人命懸如絲我今死戰彼安歸此島如城海如池橫排各艦珠纍纍有礮百尊鎗千枝亦有彈藥如山齊全軍旗鼓我所司本願兩軍爭雄雌化爲沙蟲爲肉糜與船存亡死不辭今日悉索供指麾乃爲生命求恩慈指天爲正天鑒之中將許諾信不欺詰朝便爲受降期兩軍雷動懽聲馳燐青月黑陰風吹鬼伯催促不得遲濃薰芙蓉傾深巵前者闔棺後輿尸一將兩翼三參隨兩軍雨泣咸驚疑已降復死死爲誰可憐將軍歸骨時白幡飄揚丹旐垂中一丁字懸高桅迴視龍旗無

子遺海波索索悲風悲悲復悲噫噫噫

挽古今之敢死者　觀雲

俗人重富貴君子不偷生一笑看屠刀屠刀芒且平轉瞬塗路間血肉醃泥塵終勝困床褥酸吟多苦辛

磨刀復磨刀持以殺豕羊磨刀復磨刀英雄多此亡羊豕與英雄豈不兩分將羊豕供啖食人間足蒸嘗英雄爲犧牲衆生福穰穰

男兒抱熱血百年待一洒一洒夫何處靑山與靑史靑山生光彩煌煌前朝事靑史生光彩飛揚令人起後日馨香人當日屠醢子屠醢時一笑一笑寧計此

鳶亦飽我肉蟻亦飽我脂犬亦舐我血蟲亦穿我髓吾聞佛家言以身爲布施於物苟有益狼藉奚足辭

藁薦爲斂衾斧鉞爲含玉人生貴英靈不足寶軀殼君看英雄人意氣猶在目多少厚葬者歲久化石骨石骨有時盡英名無時落

獄吏與屠卒對我意何尊逡巡視含目有若繞兒孫爾輩亦何爲未足置一言是非與

功罪付與萬古論。

牛有時伏軛，鄉有時當車。牛身非不大，泥淖徒軒渠。鄉身非不小，氣若吞有餘。爲國重民氣，强弱從此殊。彼爭自由死，寧肯生爲奴。

病死最不幸，吾昔爲此語。瞀儒列五福，考終世所與。儒者重明哲，後人若畫鼠。君子養浩然，明神依大宇。强釋生死名，生死去來爾。

癸卯三月過漢陽感事（用康南海己丑出都原韻） 晋昌十四郎

霍嶽之巔雲氣橫，大江之水波濤驚。黄民有血朝官狠，碧眼無情鬼隸獰。黠虜未平悲去病，功名自古妬匡衡。風潮已急時將逝，怎得同胞共死生。

波搖滄海蟹初橫，雷火奔馳世界驚。曾見深林來燕啄，何堪當路盡狼獰。安劉今更思周勃，頌漢昔頻苦士衡。學劍未成江海濶，問天何日聖人生。

二十世紀之梁父吟 劍公

匹夫當有濟時心，閉戸高吟梁父吟。秋菊落英木蘭露，夕餐朝飲滌塵襟。

夢裡春風滿袖囂，新機頃刻盡萌芽。十方一切菩提樹，觸鼻奇香吐艷花。

祖生愧煞著先鞭冒險精神七札穿爲語塵中諸佛子能離恐怖即生大
神州盧孟化身多壓力千鈞一笑呵可奈民心終不察靈修浩蕩怨如何
百端交集病淹淹默坐焚香月一簾種種衆生種種佛云何平等爲莊嚴
髯蘇雅不合時宜惡鬼揶揄一聽之邑犬狺狺吠所怪笑余衣服太離奇
墨花歐錦色鮮妍盡把凡夫腦殿鐫發起大悲精進力儘教法雨遍三千
平原絲繡我情痴絕世雄才絕世姿九死此心猶未悔澧蘭沅芷最相思
房州廢置痛含寃竟遣朝端雀鼠喧一夕誰知魂九逝高邱無女涕潺湲
形骸久矣類俘囚惟有靈魂許自由替以蕙纕申攬茝蜿蜿時駕八龍遊
人生容易髩星星天演驚心演不停頓觸美人遲暮感微霜初降草先零
黃鐘毀棄釜鳴雷蠟炬燒殘恨未灰結得幽蘭復延佇芙蓉憔悴孰爲媒
盤腸騷鬼送愁來怨誹端推小雅才懷瑾抱瑜無處示衆芳蕪穢絕堪哀
自由鐘響意飛馳鑄舜陶堯慰所思從此修治方便慧衆生一切涅槃之

送高山孝入都　蜕庵

旭日曈曈大道開，爭看天馬絕塵來。似聞絳帳宜傳學，可有黃金為築臺。捫蝨且譚天
下事，紅羊休話刼餘灰。素衣不怕緇塵染，新向扶桑濯足回。
胡雛驕倚東門嘯，黯黯黃塵欲蔽天。羅馬解綱憂祖國，士龍入洛正華年。橫行鐵騎天
無塹，泣到銅駝海已田。莫過市中屠狗肆，健兒多半已華顛。
中原車馬正風塵，一着儒冠便誤身。世界羣龍方見首，國門桀犬解驕人。金仙有淚悲
辭漢，漁父無源說避秦。莫夢櫻雲更回首，洛陽桃李豔初春。
橫覽燕雲十六州，處堂燕雀自啾啁。眼中所見皆餘子，才氣如君弟幾流。休作參軍蠻
地語，應多嫠婦杞天憂。湖山鬧道酣歌舞，漫向新亭泣楚囚。

叢錄門

寄書

弔榮祿文

玉橋愛惠

嗚呼。榮祿得死所矣。「周公恐懼流言日。王莽謙恭下士時。若使當時身便死。一生眞僞有誰知。」是詩豈非君子憂讒小人作僞之肖象乎。榮祿適與是詩成一反比例。蓋榮祿致於作奸。甘犯不韙。所謂「不流芳百世亦遺臭萬年者。」求則得之。功成撒手。榮祿得死所矣。世界詛罵部有榮祿。歷史奸佞傳有榮祿矣。若是者予固爲榮祿賀。

嗚呼。榮祿不得其死矣。「一失足成千古恨。再回頭已百年身。」此二語若深求之。豈非言人既失足。即向失足處做去。若一躊躇顧慮。便已百年者哉。若是乎榮祿固有志未逮。實恨黃泉者也。樊增祥密奮有云。「欲正千載之名。仍應於大處落脈。」又云。「今上座獲眷更隆。內外帖服。不於此時力爭上游。萬一事機轉變。吾輩身名俱敗。猶是小事。上座將何以對崇文忠乎。」云云。榮祿昧昧思之。豈不有悔不從子言之恨乎。此其彌留之際。所由對某某大臣而痛哭乎。做一不完全之小人。榮祿不得其死矣。予因是爲榮祿吊。

不寧惟是。我國政界。後日不知流入於何種盤渦。則榮祿若不死。其萬不能不置身於此地位與盤渦中也。亦明矣。凡事不阻則不進。不壓則不漲。榮祿如在。則借彼爲反動之主人翁。俟進至極點。漲至極度。然後將所阻所壓者。一舉而推倒之。豈不甚善。無如榮祿先事而死矣。彼不死於政變。不死於義和團。不死於各聯軍要挾之手。不死於李文忠溘逝之先。而死於光緒二十九年三月之十四日。嗟乎惜哉。嗟乎怪哉。今固儼然下軫惜之諭矣。封爵矣。賜祭矣。予謚矣。且謚文忠矣。本國人曰。嘻某死矣。外國人曰。噫。中國之某宰相死矣。爲列一比較狀如下。

中國	對於榮祿	死榮生哀
外國	對於榮祿	生榮死哀

又轉一式如下

榮祿	對於中國……	生亦榮死亦榮
榮祿	對於外國……	生亦哀死亦哀

榮祿死矣。我國人舉無不知之矣。除附榮祿之勢。以取功名者。食榮祿之恩。以思報答者。與乎同榮祿之宗旨。以覬覦者。借榮祿之主義。以要挾者。之數種人外。皆無不額手歡呼。以爲去一大蠹。此余所敢斷言也。然則凡爲國人。烏有弔之者哉。弔且無之，遑有賀者。不佞亦國人之一也。且亦不列於前數種之林也。而爲文弔之。容不盭於多數乎。且不特弔之。而又賀之。抑豈不更拂於人情乎。然而猶有說。

民主國無論矣。即立憲君主國。其責任皆宰相負之。其去之留之也。議院得而議之。君主得而決定之。要之無論如何政體。其大臣無不有更代年限者。不過善者其退職稍遲。而惡者速耳。且善者可再舉而爲之。而惡者則一蹶永不復振耳。故立憲君主國之大臣。斷無去一盜來一盜之患也。我中國則不然。蓋中國數千年名爲專制政體。而求其實能操專制大權之君主。十不得一焉。而其大權旁落於宰臣之手者。不知凡幾。貴族專政之禍。浮於歷史。即以我朝而論。除聖祖世宗高宗外。貴族執政者。比比皆然。觀髮捻以前。漢人雖能有異權者哉。自沈文定後。曾左輩興。漢人有政權。此其嚆矢。剛毅起而中興之。榮祿起而為後勁。满權自茲復漲。由此觀之。中國國人。既無有去留樞要之權利。其何以能當此復漲之風潮哉。則一榮祿死。能保無百榮祿之相繼而生乎。去一榮祿。能保無來百榮祿乎。余之所以弔者在此。非弔過去之榮祿也。弔未來之榮祿也。非弔榮祿之過去。弔榮祿之又將復來也。

若弔也。奚賀也。雖然。予固將為國民賀。為皇上賀。為皇太后賀。

何以為國民賀。榮祿之當國。越七年矣。國之蹙也。民之困也。外交之棘也。財政之艱也。外人之壓制也。日甚一日。或者曰。此豈獨榮祿之罪乎。然榮祿有此權力。有此勢位。固不難舉是數者而一甦之也。否則尸位。且不能不舉是數者而一甦之也。否則溺職。嗚呼。以尸位也溺職也責榮祿。未免高視榮祿矣。榮祿而不能高視之也。則不如其死矣。榮祿死而後之榮祿復相踵而起。則死如不死。仍不能為國民賀。而或者天祐中國。不忍使四萬萬黎元。為亡國之民於榮祿之手。是天愛中國。故使之不亡也。亦即推愛中國者以愛榮祿。故使之死也。榮祿死。我中國庶有豸乎。榮祿死。我國民其不死乎。是足以為賀。

何以為皇上賀。榮祿在之固非皇上福也。夫人而知之矣。然或者謂回鑾以後。榮祿從前之密謀。漸就消滅。雖不足為皇上福。而仍不敢為皇上禍也。是固然矣。然榮祿是否將初心消滅淨盡。殆不可知。且是否以今日大勢趨於帝黨。榮祿見機暫息此念。更不可知。即使其已消滅。已息。又安知不為樊增祥輩誘動煽惑。觸撥機捩。有以使其死灰復燃耶。且張氏之方針。近已一轉而直指於壓帝黨之線者也。現正投閑置散。能保其不以浸潤膚受之術。以激動榮祿之耳鼓耶。且榮祿縱不實施其秘策。然一日不死。則皇上一日不能親政況夫梟晉戾色日所宸聽雖甚聖明。何克當此幸也而今已矣後起者斷無如斯之酷矣。假其有之則可死一榮祿何嘗不可死百榮祿耶此固中國前途一綫之幸福也此固帝室前途一綫之生機也是又足以爲賀。

何以爲太后賀榮祿固太后之寵人也不知寵之適足以害之太后固榮祿之愛主也不知愛之適足以賊之何也且夫貴族專政女主擅權權臣跋扈外戚橫恣有一於此靡或不亡姬周以來可作冰鑑（與新民叢報第二十一期「論專制政體有百害於君主而無一利」一篇參看）即以榮祿最近之歷史言之大阿哥之立義和團之變新政之行有名無實媚外之術精益求精即此彰彰在人耳目者數事以至天下之憤怒怨恨咸集于太后之一身而不可思議之事或將起焉而不可思議之禍亦是生焉豈非至危極險之一因哉嘻榮祿眞死矣蠱惑太后者又少一人矣太后其及今順輿情窺大勢而撤簾乎而頤養於極樂世界之頤和園乎是更足以爲賀。

中國乎中國之民乎其佇看榮祿死後之榮光乎外國乎外國之人乎其佇看我中國榮祿死後之榮光乎余不敏更演一希望狀如下。

榮祿
- 生之中國
  - 榮祿之中國
  - 太后之中國
  - 外國之中國
- 死之中國
  - 中國之中國
  - 中國國民之中國

以爲游戲亦不游戲不以爲游戲亦是游戲游戲視之也可不游戲視之也亦無不可是在乎游戲之人與非游戲之人耳著者牽連記

華年閣雜錄

觀雲

▲黴菌燈

奧國大學校教授馬理西者。近日發明製一種用黴菌物（中國舊譯名黴生物）之燈。其燈用燐質之黴菌物。裹以浸硝石與膠之布片。納入於玻璃球中。黴菌物漸漸生育。遂發爲一種強烈綠青色之光。約三週日可以不消。用此種燈於鑛山火葯庫內。不至如通常用燈有破裂危險之憂云。

▲馬尾之長度

英國陸軍省。近時發有訓令。凡在印度所使用之軍馬。其尾均須有一定之長度。馬之拂除蠅蚊等物。常用其尾以拂拭之。故馬尾之長短。於馬之健康快樂。極有關係。嗣後泰西諸國。於普通乘馬。亦禁尾之切斷。且自二月至十月。則禁翦除馬尾云。

▲黑人嬰兒之白色

德國某醫師者。住阿非利加多年。據其所見。謂黑人初生之嬰兒。與歐洲之嬰兒白色無異。二三月後。稍帶薄黑色。凡經十日。更起薄栗色。又過三四月。漸成爲黑人之色云。

▲世界第一之大砲

美國陸軍省。於數年前設計。擬製造一最有破壞力之大砲。近於紐育兵器製造所中鑄造。已漸告完成。該大砲之大。於世界實無其比。砲腔十六吋。長四十九呎半。重量百三十噸。極度之彈程達二十哩六。正確之彈程。五哩。裝填無煙火葯六百四十封。砲彈之重量二千四百封。一秒時頃。砲彈之速力有二千三百六呎。鑄造之費用上十萬元。美國陸軍省擬多鑄此種大砲以供國防之用云。

▲心理與生理之一斑

人之性質。據服度氏之說分爲四種。即强而速。强而遲。弱而速。弱而遲之四種也。分列如下

强
速　膽液性（熱濃的）Choleric
遲　沈鬱性（神經質）Melancholic
弱
速　多血性（輕快的）Sanguine
遲　冷淡性（粘液質）Phlegmatic

再以人之一生分四時期。則小兒多血性也。少年神經質也。成年膽液性也。老年冷淡性也。又以各人種之特性言之。法人多血性也。英人沈鬱性也。西班牙及意大利人。膽液質也。德意志人冷淡性也。又高加索人。多血性也。蒙古人。沈鬱性也。黑人冷淡性也。馬來人。膽液質也。然大抵混合性者多。單獨性者少。惟據其近多者言之。又文明人較野蠻人。其性質不易顯露。蓋文明之人。常有教育以節制其性。非若野蠻人之純任天然。多血性者易感發。而常爲一時之感情所使。膽液質者其勢力所傾之方向達其强度。而常居於一偏。沈鬱性者。耐思慮而常能用心于未來之時。冷淡性者於外界不易感發而於行爲上則有決心云。

又英國某教授六年來於諸學校生徒。研究其身體上之徵候與品性之關係。其研究之結果有與俗說全符合者。亦有與俗說全反對者。玆以其研究所得者舉數種言之如云。自覺力者黑眼人所乏。茶色人少。黑毛人尤少。赤眼人有之。赤毛人尤多。又赤毛人者性急。黑毛人者執拗。長頭人者智慮概深。短頭人者智慮概乏。巧於游戲者多才能。拙於游戲者少才

能然亦有數種人認其全與此例相反對云。

▲世界大富之王

今世界第一有權力者 Trust 度蘭斯度之法是也。度蘭斯度者集合巨額之資本金高下全世界之價値。壟斷世間一切之利權世界大利。遂握於第一等資本家之手小資本家。無可着手之處遂至貧富之堦級愈離愈遠有判若天淵之勢此近世紀社會上之趨勢也美國人稱度蘭斯度之王馬路庚者。於某雜誌中揭其小傳曰美國人之於馬路庚者。無異法國人之於拿破倫馬路庚擲幾億萬元之金與起各種事業爲美國人謀利益若爲其一己豪奢之用彼固不作是想也依昨年九月之計算馬路庚於美國管理鐵道里數總爲五萬五千五百五十五哩。比之合英國德國及愛蘭之鐵道爲多此等諸鐵道之資本金額總六十億圓。其他所管理之度蘭斯度一流船之度蘭斯度。十三個工業之度蘭斯度。三個電信之度蘭斯度七個保險會社及巨多種種之小度蘭斯度。其總資本金爲七十億圓。馬路庚者。其對金物。若無格外之愛情曾向一婦人云錢者余之所不貪。惟欲造成爲錢所由來之事此余所最奮往相從。而以爲生平快意之事云云。其爲人之性質可知矣。馬路庚者其生平最好美術品之物現藏美術品之物。價値二千萬圓以上。然非僅以自慰其身多寄贈於諸所之博物館及美術館中聞何處有珍貴之美術品。不問其適己意與否必求得入手而後已。雖至如何之高價亦所不計。至一度入手之後其置處不甚措意。或置倫敦或送紐育或寄附於其土地之美術館中不少馬路庚者若世人一見其容貌。即可知其體力氣力能得其十分之一者不過千人中之一人。其身長六呎。其體量則有廿五貫（約日本之八斤爲一頁）六百目（一目與一匁同）云。

按今世界稱巨富者二人。一馬路庚。一卡匿奇也。馬路庚起於赤貧數十年致巨富其在美國開墾之地。聞募集中國人至六萬日本人至三萬之多。近日擬漫游至日本云。

▲世界至速之電車

從來電車之有强速力者以美國爲最近美國於電車工場。又製一最有速力之電車此電車於一時間。可發百五十哩之速力有百二十五馬力之發動機四個。合計爲五百匹馬力。內部造以堅材車體爲抵抗風力之用以鋼鐵製之云。

▲世界帝王之口才

俄國皇帝赴演說時多患口吃時時無語大臣助之。漸漸能了演說而德國皇帝則議論風生辨才無礙云。

▲牛何故驚赤色

牧場之牛。每見有着赤色衣服之婦人。必至驚駭。暴起迴旋。牛驚赤色之故。尚未發明。近有一生物學者。據所說明。謂赤色者常與綠色無相離之時。若食牧草慣居綠色之物。一見赤色。則神經自然激動。此不獨牛爲然。惟牛性殺伐。故多一層激感云。

▲美國蟲害之預定額

據美國人之計算。於一年間被蟲類之損害。其總額爲三億五千萬元。其內一種名拍烏蟲者。其害爲一千萬元。名哈異埃蠅者。其害爲五千萬圓。蟋蟀之害。爲九千萬圓。食棉花之虫三種。其害爲六千五百萬圓。食馬鈴薯之虫。其害爲八百萬圓。林檎之虫。其害爲一千萬圓。食一種生食菜之毛蟲。其害爲五百萬圓云。

紀事

（內國之部）

◎礦務學堂　北京創立礦務學堂。內設英俄語言文字。聞係以從前張振勳報効銀二十萬兩爲開辦學堂的欵。一切事宜。歸張翼管理。

◎關埠彙記　各國要索開北京爲商埠一節。玆聞所定地段。係從崇文門以西至順治門以東北起前南至珠市口大街。除俄國外。他國意見皆同。▲有某國照請中政府將滿洲闢爲商埠。俾俄國不得恣意横行。現政府已擬將奉天及大東溝兩處開作商場云。▲天津新闢租界。計奥國河東大佛寺一帶一千二三百餘畝。比國入直沽七百餘畝。意國河東祖師廟一帶七百餘畝。

◎擬借國債　政府前電致荷比兩國。商借國債八百萬。以備舉行要政之用。旋得兩國覆電。應允。惟須他國担保。方可照辦云。

◎錫良懼外　新授閩浙總督錫良。深恐外人執難。有具摺請開去閩浙總督一缺之意。電商某相。乞爲先容云。

◎維持電政　會辦電政大臣吳重熹侍郎。以電局新舊股票轇轕甚多。各商皆情願退股。宜須籌定鉅欵。方能變通盤利等詞。電懇政務大臣。侯袁盛兩宮保到京。將華洋合股辦法會議約章。于商情電政兩無窒礙。以便次第維持云。

◎廢科有待　直隸總督袁世凱。前召對。請停罷科舉。遍設學堂儲材。必以專精爲切近要圖。請飭妥速會議。上意未甚決。但言學堂出路。較科舉爲易辦理得法。自有舍彼就此之效。科舉不減而自廢。命進前旨會同原奏大臣詳細集議。不得操切云云。

◎譯學招生　京師大學堂日前咨行各省招考譯學館學生。並附告示。略謂譯學館辦法。按照欽訂章程。酌予出身。無非為將來各省中小學堂洋文教習。並充當出使外洋譯官隨員。與各省稅關洋務局所委員。來學者限五年卒業。專習英法俄德日五國語言文字。年歲限十六以下二十二以上。自出示之日起。有報名投考者。須取具同鄉官印結一紙。在旗取具本佐領圖片。親赴本大學堂總辦處報名注冊。塡明籍貫。七月初一日考試頭場。初二日考試二場。頭場試修身倫理大義一篇。中外史論一篇。各國文字六問。未經習過不作者聽。二場試四書五經義一篇。物理學一篇。算學六問。未經習過不作者聽。題分一深一淺。深者以待成材。淺者以觀初學。臨時取定額數百二十名。除由本大學堂速成專科撥入習會英法俄德日五國文字之學生外。尚須招考住學肄習。有志之士。不得自誤云云。

◎鐵路購地　湘粵鐵路公司。近派人在湘潭境內十八總石嘴對河一帶。勘定地址。由太平街經七里冲下濠司易家灣直抵長沙。刻已購買民地。不久即將興工矣。

◎立志維新　新任湘撫趙爾巽到鄂後。凡局廠學堂各營均親往考究。某日鄂撫端芳設宴祖餞。趙暢談時局。謂到湘後。首以提倡新學為宗旨。一切設施。均照義甯陳公之規模云云。可為湘中得人慶矣。

◎會議彙記　廣西寓滬紳商于二十八日在張園集議廣西巡撫王之春擅借法欵假法兵以勦匪亂事。集者約有三四百人。先由廣西人龍君積之演說此會發起之故。後又有在會諸人繼行演說。當經某君擬一電完。由寓滬粵人及各省人各發一電致政府。請免王之春之職。勿認法約。其電文云。

北京軍機慶親王各大臣鈞鑒。桂撫王之春擅借法欵法兵。此端一開。各國藉詞干涉。全局瓦解。乞電責阻。并奏另簡賢能撫民督軍。國民幸甚。

又由兩廣紳商發一公電致北京同鄉京官。揭參王之春。又致電兩省本地紳商。請其公電政府。請撤去王之春。又請其罷市罷工以阻止此約。又因日本留學生曾有電至滬商議辦法。故特覆一電。囑逕由學生致電政府。請解王之春之任。並致電兩廣約本省人阻難法約。翌日又在廣肇公所集議。商定辦法。議得三欵如下。

一請阻止法兵入西境。自任平亂之事。毋庸法人干預。

一請起用馮子材宮保。授以督師之任。

一請速撤王之春。另簡明幹大員署理桂撫之缺。

又寓滬各省紳商志士等。因俄人强我立滿洲退兵新約。相與聚集張園會議。公議全國人民當拒而不認。并議致電各國外務部。申明國民不認俄約之由。衆皆公同應允。當時演說者約有十餘人。茲將公同擬定致外務部及各國外務部電文照登如下。

呈外務部電。　外務部王大臣鈞鑒。聞俄人立約數欵。迫我簽允。此約如允。內失主權。外召大衅。我全國人民萬難承認。

寄各國外務部電。　聞俄人强敝國立滿洲退兵新約數欵。逼我簽允。現我國全國人民為之震憤。即使政府承允。我全國國民萬不承認。倘從此民心激變。徧國之中。無論何地。再見仇洋之事。皆係俄國所致。與我國無涉。幸垂意焉。

◎俄事彙記　俄國逾期不交還牛莊。藉口于道台未經來此。無從交接。其實道台爲俄人勒留奉天。弗許越雷池一步也。▲東三省俄兵間有撤退者。然多未幾復回。如牛莊之兵。僅退駐一里許之地。而且形踪詭異。頗有預備戰亂之概。其游弋渤海灣之軍艦舉動。亦如鬼蜮、因之該處民心惶惑異常。▲日前俄官派令前爲巨盜後經俄人招爲哨弁之劉單子林七冷振東馮年閣朱某李某等十餘人。分往東西南北各路。招募匪黨多人。編成數軍、名曰大俄國保險衛植軍。增將軍雖詳知其事。然不敢過問。▲政務處某公云。奉天俄國退兵半途而返。更招聚鬍匪立成一軍。幷將俄兵改爲礦路夫工。以爲除去兵之名目。所有商務礦務。大有久假不歸之意。幷於吉林琿春雙城子及奉省以東之通化城鳳凰城鴨綠江一帶緊要口岸佔住。其有利權未能遽佔者。亦串通華人出名賄託會辦。必將利權佔據而後止云云。▲鴨綠江西岸一帶木山。本經中國封禁。不准採伐。以保長白山風水。乃近日俄人竟據爲己有。日本人因欲保全中國起見。出而干預。現在俄國在韓公使已與日本人交涉。俄兵官日日加兵前往保護。不遺餘力。▲青泥窪海關。現在尚未收稅。聞俄人之意。若將來退兵之後。該處海關作爲自主之稅務司。不歸赫德節制。所有公文。逕達中政府。業經旅順總督派委本衙門文案委員卜內得體夫氏爲青泥窪稅務司▲俄政府近派技師五六人前往東三省勘察礦務。勘得奉天之錦州復州金州岫巖寬甸通化吉林之三姓。黑龍江漠河之觀音山都魯河等處。皆有金礦可採。而漠河之觀音山礦苗尤旺。聞已擬擇要向中國要求開採。▲奉天牛莊等處。所撤俄兵。間有一部派往鴨綠江採伐森林。一部分往各處採掘礦山。此外遣往他處或歸本國。人數幾何。無從知悉。▲東清鐵路條約並無載明鐵路防兵人數。現俄國已撥撤退之兵一部爲鐵路防兵。

（三外國之部）

半月大事記 西歷四月上半月

▲一日路透電。英國本年會計單。擬于本月二十三日宣布俾衆週知。

同日電。本年英皇萬壽。外洋各埠慶賀之期。已定十一月九日云。

同日電。法國本年會計單現已宣布矣。

同日電。本年英國所需粮餉。共銀一萬五千一百五十五萬一千六百九十八磅。較之去年已多八百五十三萬三千六百九十九磅。惟据議員畢赤去年所預算。則又較少六十三萬三千三百零二磅。

▲二日路透電。此次土耳其所屬亞洛柏尼地方亂黨在彌沼畢薩揭竿起事。刻下儼成一戰禍。該處砲台已有土軍三千名。後土政府復派兵四營前往接濟。現在土京各處因此殊覺張皇。官軍亂黨已在彌赤竹彌沼畢薩兩處劇戰。聞兩軍統計陣亡以及受傷者有二百人之多。

同日電。據美京華盛頓棉花業所發傳單。計本年美國所產棉花。以商袋計之。共一千一百○七萬八千八百八十二袋。若照足袋則僅有一千○六十三萬九百四十五袋云。

▲三日路透電。英國殖民大臣張伯倫。嘗受意理威與前與英人反對之錫蘭島杜會長互通消息。觀此彼輩可有釋回杜屬質柏之望矣。

同日電。三月二十九日英參將格弗所統之軍。嘗與素瑪勒亂黨在抵濮南屬某處鏖戰。是役亂黨頗稱奮勇。然後爲英軍所敗。計陣亡二十七人。並喪失驢駝四百頭。英軍則毫無損失。

▲四日路透電。德皇駕抵丹京時。彼都人士甚踴躍歡迎。又英皇駕抵葡京。迎者亦甚歡悅云。

同日電。美國因傳聞謂目下中國大局甚危。故決定添派巡艦三艘來華。以厚亞洲美國海軍兵力。

同日電。英皇在葡京接見各國公使時。該國官紳特請入覲者甚衆。葡國各官覲見時。無非奏陳親密之詞。略謂英葡兩國交好。已五百年云云。英皇亦謙詞以答。謂今日得聞諸君之言。兩國交誼更加親睦。自今以往。兩國人民及各屬國。自必共守和平云。英皇擬于二十七日以至三十日啓蹕前往意京羅馬遊歷云。

同日電，華盛頓財政部，現又購銀三十八萬四千五百兩。鑄造非律賓銀圓之用。

同日電。英意兩國水師兵艦。現已駛赴阿格尼亞。迎迓法總統。因總統現行抵阿格尼亞幷渦尼士兩處。

▲六日路透電。英軍未據素瑪勒所屬之格拉直地方時。該軍曾與素瑪勒亂黨大戰，是役該黨陣亡者五人。被虜者十五人。其餘一萬二千人均敗走距格拉直日半程途某處。

▲七日路透電，華盛頓傳言美國在亞東水師兵艦現已設法加增。故人咸以美國在遠東水師勢力。必大加整頓云。

▲八日路透電。本年三月間。英國各屬進口貨物價值較之去年此月。增多六百萬磅有奇。出口貨物價值。增多三百萬磅。英國商務之日有起色。觀此可見。

同日電。此次英國所訂學校章程。輿論頗有不滿。

▲九日路透電。美國大總統在福岡地方宣言時。極贊美非律賓總督前按察司泰福達。謂爲當今關心民瘼之第一人云。

同日電。中國海關總稅務司赫德。現已派令某俄員充當牛莊稅務司之職。

同日電。法國內閣各大臣在法京巴黎會議定法總統以及各大臣。均于五月一日同至火車站迎迓英王。并于二日在爾勒士高設筵恭宴英皇云。

▲十日路透電。据俄國電。駐扎土屬彌多密薩地方俄國領事官。于土屬亞柏尼亞匪亂之後。前往亂區遊覽。忽被土匪開砲擊傷。旋即斃命。

同日電。英京泰晤士報得俄國墨斯科信稱。俄國現已決計將滿洲一律交還中國。刻下雖有某大臣反對。然政府之意已決云。

同日電。荷蘭大商埠爾麥斯達各處。昨夜黑暗異常。蓋因煤氣燈電光各公司工人爭鬥停工也。

▲十一日路透電。法國某報云。英皇來法游歷之後。法總統想必前往回拜。

同日電。華盛頓戶部現仍陸續購買銀兩鑄造非律賓銀元。

同日電。俄國兵部大臣阿洛璧金云將前赴東方遊歷兩閱月。其中兩禮拜擬赴旅順青泥窪日本海參崴各處。

▲十三日路透電。德皇兩太子現已行抵希臘京城。

同日電。英皇曾在質博理地方觀閱各砲台兵丁操練。

同日電。倫敦斯丹達報云。英法德三國已于前禮拜訂結條約。此後英法德三國公同管轄柏德鐵路。至該鐵路所需經費。須將土國海關爲質。聞英人管路之員。現已選舉矣。

叢錄門

▲十四日路透電。法總統巳于禮拜日由法京巴黎起程前往亞格尼亞。行抵瑪西洛士時。迎者甚衆。

同日電。英皇現巳由質博理地方啓蹕。

同日電。土耳其國家所建柏德鐵道。係由土京君士但丁起建。資本一千五百萬元。該路總辦人員。現巳選擧德國某銀行總理爲該路正總辦。巴黎某銀行總辦爲副總辦。惟英員目下尙未擧定云。

▲十五日路透電。荷蘭國鐵道工人爭鬥之事。現已平靖。

同日電。土耳其之柏德鐵路總辦。計有德人九員。法人七員。瑞士人二員。奥人一員。所議英人攤分資本之事。目下尙未議定。至所云該路計値資本三千萬。實按股本計算也。

重訂 坤輿兩半球圖告成

大地之體如球故名曰地球此圖分作東西二球以便檢閱地球之面水居十之七陸居十之三水分作五曰大東洋曰大西洋曰印度洋又名南洋曰北冰洋曰南冰洋陸亦分作五中央曰亞細亞洲北西曰歐羅巴洲西南曰阿非利加洲此三洲土壤相接又東南有澳大利洲俱在地球之東面而在西面者曰南北亞美利加洲合之爲五大洲中分大小各國無慮阡陌此外有無數島嶼星羅棊布於五大洋中亦一一縮寫細大無遺而各洲交界分以五彩高山大川都會城邑以及鐵路電綫船艦航程等務加博採摹繪精緻眉目分明譯以華字詳注地名印用潔白洋紙掛之壁上一目瞭然誠爲輿學之捷徑也

●每張價洋二角伍分批發另議●上海四馬路樂善堂化學儀器館文明書局寄售

日本東京銀座大街　樂善堂敬白

日本 三松堂新刊の地圖

三松堂編輯局編纂

大清國疆域分圖

石版着色入 定價金五角

三松堂編輯局編纂

最近 漢文萬國地圖

石版彩色入 定價金五角

三松堂編輯局編輯

大清國 廣東省全圖

石版密刻彩色入 定價金一圓

上等幅製定價金一圓五角

製圖系泰斗赤松範靜先生製圖

最新 東亞三國地圖

石版彩色入 定價金四角

三松堂編輯局編纂

清國明細全圖

石版密刻 定價一角半

赤松範靜先生編纂

近世萬國地圖

彩色入美麗 定價一圓五角

吉倉精次郎先生編纂

新案萬國地圖

彩色入美本 定價三角半

發行所 東京京橋區弓町 松邑三松堂

第五高等學校教授 兒島獻吉郎先生著

新刊 續漢文典

全一冊

洋裝上製本菊判 紙數百五十頁 定價六角五分 郵稅金八分

著者曩有『漢文典』之著今更進而編述『續漢文典』以闡明斯學之巨細蓋漢文學研究者唯一之指針也漢文教授上之缺陷本書皆補正之以臻于完備若用以爲高等學校教科書及各種學校教員諸君之參考書最爲適當江湖諸彥其已讀正編者不可不讀續編也

再版 漢文典 定價金七角 郵稅金八分

發兌元（東京神田 裏神保町）合資會社 富山房

浙江潮第四期目錄

癸夘四月二十日發行　洋裝百八十頁　半年六冊　價銀　一圓七角　全年十二冊　三圓二角　郵稅酌加　零售每冊……三角　十四

每月一回陰歷二十日發行

▲總發行所　日本東京神田區駿河臺鈴木町十八番支那留學生會館　浙江同鄉會雜誌部

▲總代派所　浙江省城萬安橋　杭州白話報　上海英大馬路壽康里　永記書報代派所

浙江潮緊要告白

一本誌第一期同人以體例未盡完善方滋媿恨乃謬承海內閱者不棄疊加贊詞慚感何似第二期大加改良第三期更添入插畫爲中國報界開未有之特色此後更當精益求精以副閱者諸君之雅望

一本誌第一期業經售罄第二期改良後銷路更拓各地來函索購紛紛竟致無以報命用特將　第一期第二期再版並將第一期體例駁雜之處悉加釐訂贅者去之不足者增益之誤字更糾正之俾與第二期體例一律現已付印不日再版出來內地閱者請速向各代派處定購可也

一第一期再版以浙江全省輿圖係屬舊本廢棄不用俟十一府新地圖及沿海港灣新地圖逐期刊畢全省總圖再行刊登俾閱者購閱本誌一年可得全浙地圖十數頁無殘缺不全之弊

一本誌自第二期改良後頁數每溢出百八十葉以外加以五彩地圖及添入插畫印費陡增成本不敷過半每期由同鄉會捐欵賠貼良由本誌以輸入內地文明爲天職非同牟利主義賠貼固所不辭惟同鄉會中捐欵甚微全恃各代派所速將售貲收清隨收隨寄不致延擱庶能竭力支持區區苦衷應所共悉閱者諸君鑒之代派諸君鑒之

啓者。本店開設日本東京經已三十有餘年。專製造機器字粒及各種花邊電版一切印刷物件其精緻秀美。久已四海馳名。迥非別家之可比。至字粒之式樣大小高低。全仿歐美所製。而且字體玲瓏堅固。雖日久用之。永無殘破糢糊之弊。凡印刷書籍地圖繪畫等。皆極鮮明精巧。版面用墨不多。額外着色。本店不惜工本。專心製造。近更日加改良。精益求精。一切印刷物件。實較歐美有過之無不及。倘蒙 諸尊光顧。請移 玉步。貨眞價實。童叟無欺。

又本店之機器字粒及各種花邊電版一切印刷物件。皆印有圖形。如遠地 諸君欲購何種。而欲先行取閱式樣者。可列明函告本店。當按照寄上。

登錄商標 Ⓗ

日本東京市京橋區築地二丁目十七番地

株式會社 東京築地活版製造所

學堂必需教育圖書告白

天地現象掛圖 第壹輯五枚壹組 價金貳圓五拾錢

同第貳輯 貳輯亦同價

右日月星天體形狀及雪、雨、震雷、噴火、等之美圖也

熱帶植物圖 第壹輯五枚壹組 價金貳圓五拾錢

右椰子、鳳梨、タコ木、甘蔗、珈琲、樹膠等鮮明美圖

海獸類正圖 五枚壹組完結 價金貳圓

右臘虎、膃肭獸、海馬、儒艮、一角魚等各種海獸之美圖

實業教育掛圖之內 漁業圖 第壹輯五枚壹組 價金貳圓五拾錢

潛水器鮑採取○土佐珊瑚取質況○鯨臘其他數圖

腔腸動物圖 五枚壹組完結 價金貳圓

珊瑚○海綿○海鰓○階老同穴○等奇異動物數種

人體寄生虫及黴菌之圖 五枚壹組完結 價金貳圓

黑死病○虎列剌等傳染病黴菌及人體虫放大精圖

世界人種風俗掛圖 第壹輯五枚壹組 價金貳圓五拾錢

○エスキモ人○アイヌ人○臺灣生蠻人○北米土蕃

印度人○南洋土人○其他歐米各國人生活狀態圖

海藻類正圖 五枚壹組完結 價金貳圓

昆布○荒布○海苔其他重要海藻二十種之最美圖

人體生理解剖圖 貳拾枚壹組完結 價金七圓

郞大諸機能無比教授上最適當之掛圖

東洋水產貝殼正圖 東洋貝殼百餘種之美圖 貳枚壹組 正價金貳圓

有毒無毒菌蕈正圖 第壹輯五枚壹組 正價金貳圓

爬虫類及水陸兩棲動物圖 蛇鰐魚蛙等之圖 壹輯五枚金貳圓

乳大動物圖 獅子虎猩猩等各種 壹輯五枚金貳圓

甲殼動物圖 ○蝦○蟹○等有甲殼動物五枚金貳圓

植物正圖 五枚壹組壹輯第壹輯起第四輯止出來壹輯金貳圓圖

魚類正圖 各種之魚獸精巧美麗 第壹及第貳輯出來壹輯貳圓

鳥類正圖 保護鳥及各種鳥類鮮明美麗 壹輯起貳輯迄壹輯付貳圓

本邦農業有益有害蟲類正圖 第壹輯起第四輯止出來壹輯金貳圓

鑛石實寫圖 全壹張 金參圓

養蠶示教圖 八張壹部 金參圓

前所載之外有益圖書壹百餘種

●售法●本館圖書目錄定價一據日本法貨店準即書金幾圓幾錢與中國市場價低昂不相關●欲購本館圖書諸君定價金要先惠但郵送費別照加本館圖書目錄壹冊遂致有命不論遠近即呈上

日本東京新橋出雲町

東京造書館

學校要品 中國暗射地圖出版廣告

定價五元

凡學校教科莫要于暗射地圖暗射者圖中不明載地名惟畫其輪廓而加以許多符號標識懸諸講堂教師指其符號以教學生明日還以質問之故于**助記性最有功焉**凡各國**小學校中學校**無不用之而學生亦多自備一份以助暗記蓋**教地理學地理最要之品**也本局特仿外國最新之法頃製成世界地圖不日即行售罄今中國地圖亦已製成**橫直各五尺符號繁備眉目清晰**一見令人悅目其間用小字記注最要之地名取便教師也近來學校之議漸興不可不人手一帙矣

發行所 上海大馬路後街同吉里 **廣智書局**

第三種郵便物認可
新民叢報第三十號 明治三十六年四月二十六日發行